다중언어·다문화 사회에서 한국어 교육의 역할과 방향

Korean as a Second Language in Plurilingual and Multicultural Societies

다중언어·다문화 사회에서 한국어 교육의 역할과 방향

Korean as a Second Language in Plurilingual and Multicultural Societies

정임숙, 김국진 엮음

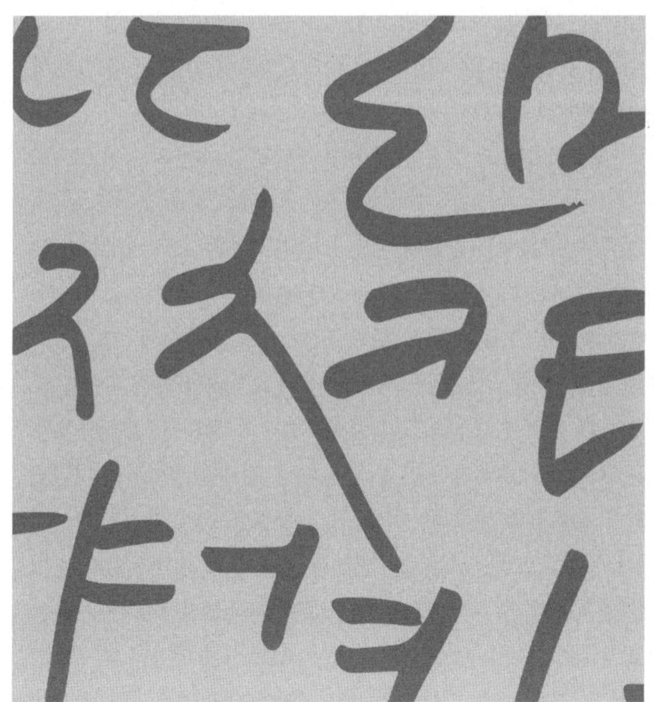

제10회 유럽한국어교육자협회 워크숍 논문집

KONG & PARK

머리말

21세기 초입부터 오늘에 이르기까지, 세계는 그 어느 때보다 빠르게 다문화적·다언어적 사회로 전환되고 있다. 국경을 넘나드는 인적 교류와 디지털 네트워크의 확장은 다양한 언어와 문화의 접촉을 일상화하였으며, 이는 교육 현장과 언어 교육 전반에 전례 없는 도전이자 기회이다. 이러한 변화의 흐름 속에서 한국어 교육 역시 새로운 지평을 모색하고 있으며, 더 이상 단순한 언어 습득의 도구적 차원을 넘어 정체성 형성·문화 간 소통·사회 통합의 매개로서 그 역할과 의미를 재정립하고 있다.

유럽한국어교육자협회(European Association for Korean Language Education, EAKLE)는 이와 같은 시대적 요구에 응답하고자, 2024년 8월 29일부터 30일까지 이탈리아 시에나외국어대학교와 부설 윤동주 한국학연구소(CeSK)와 함께 제10차 워크숍을 개최했다. "다중언어·다문화 사회에서 한국어 교육의 역할과 방향"이라는 대주제 아래 열린 이번 워크숍은 유럽 내외의 한국어 교육 연구자·교사·대학원생 등 100명이 넘는 발표자들이 참여한, EAKLE 역사상 가장 큰 규모의 학술 교류의 장이었다. 이번 워크숍은 다양한 배경을 지닌 학자들이 함께 모여 한국어 교육의 현재를 점검하고, 미래의 방향성을 탐색하며, 학제적 담론과 교육 실천 간의 간극을 좁히는 데 있어 중요한 전환점이 되었다.

총 6부로 구성된 본 논문집은 EAKLE 2024에서 발표된 논문 중 학문적 기여도와 완성도가 높은 원고를 선별하여 수록한 결과물이다. 1부는 다문화 및 다중언어 환경 속에서 한국어 교육의 과제와 가능성을 다루며, 제3언어로서의 한국어 교육, 민화를 활용한 DEIB 중심 교수법, 제스처 교육 및 메타포릭 카드 활용 등 교육 현장의 생생한 사례들을 통해 한국어 교육의 실천적 확장을 보여 준다. 2부는 문학·역사·문화와의 통합 교육을 중심으로, 결혼이주여성의 생태적 정체성 형성, 고급 학습자를 위한 역사 교육, 외국 학습자의 문화 인식 연구 등 문화 간 이해를 심화하는 다양한 교수 전략을 제안한다. 3부는 언어의 구조적 요소에 주목하며, 발음·문법·화용 등의 요소가 다양한 언어 배경을 지닌 학습자에게 어떻게 수용되고 변용되는지를 면밀히 분석한다. 특히 프랑스·불가리아·이탈리아 학습자들의 사례 연구는 지역적 특수성과 보편적 교수 원리를 함께 조망하게 해 준다. 4부에서는 한국어 교재 및 교육과정 개발을 중심으로, 그리스·일본·튀르키예·헝가리 등 유럽과 그 외 지역의 현장에 적합한 커리큘럼 및 자율 학습용 자료 개발의 실제를 담았으며, 이는 한국어 교육의 지역화·세계화를 동시에 지향하는 노력을 반영한다. 웹툰 번역 수업, 게임 기반 학습, 디지털 콘텐츠 활용, 번역 교육의 실험적 실천을 다루는 5부는 혁신적 접근이 돋보인다. 특히 다중언어 사용자의 기계 번역 활용 양상 연구는 기술 변화 속에서 학습자의 자율성과 비판적 사고 능력 함양이라는 새로운 과제를 제기한다. 6부에서는 한자 교육을 중심으로 한 한국어 어휘 교육의 가능성을 조망하며, 한자어 간 상호 이해력을 통한 학습 전략 및 한자 유래 어휘를 활용한 어휘 추론 교육 모델 등 다층적 어휘 교육의 방향을 제시한다.

이번 논문집은 단순한 학술 성과물의 차원을 넘어 한국어 교육을 둘러싼 담론이 세계 각지의 교육 현장에서 구체적으로 어떻게 실천되고 있으며, 이를 통해 새로운 학문 공동체가 어떻게 형성되고 있는지를 생생히 증언하는 기록이기도 하다. 나아가 한국어 교육이 단일언어·단일문화적 관점을 넘어 다언어성과 상호 문화성을 기반으로 학제 간 융합과 지역 간 연대를 실현할 수 있음을 보여 주는 소중한 실천의 결과이다.

끝으로, 본 논문집 발간을 위해 귀중한 연구 성과물을 보내 주신 국내외 필자 여러분과 편집, 제작 등 모든 과정에 열정을 가지고 임해 주신 공앤박 편집진 여러분께 깊은 감사의 말씀을 드린다. 또한 이번 학술 대회 및 논문집 발간을 위해 아낌없는 지원을 보내 주신 유럽한국어교육자협회 임원진 선생님들, 한국학중앙연구원 해외한국학지원사업단, 그리고 시에나외국어대학교 인문학부 및 한국학 연구소 소속 선생님들과 인턴생들에게도 감사의 뜻을 전한다. 본 논문집이 한국어 교육의 이론과 실천, 지역성과 보편성을 잇는 가교 역할을 하여, 향후 한국어 교육의 지속 가능하고 포용적인 발전을 위한 밑거름이 되기를 기대해 본다.

2025년 5월

정임숙, 김국진

차례

II. 문화, 문학, 역사와 한국어 교육

III. 문법, 발음, 화용과 한국어 교육

IV. 한국어 교재 및 교육 과정과 한국어 교육

V. 혁신적인 한국어 교육 방안

VI. 한자와 한국어 교육

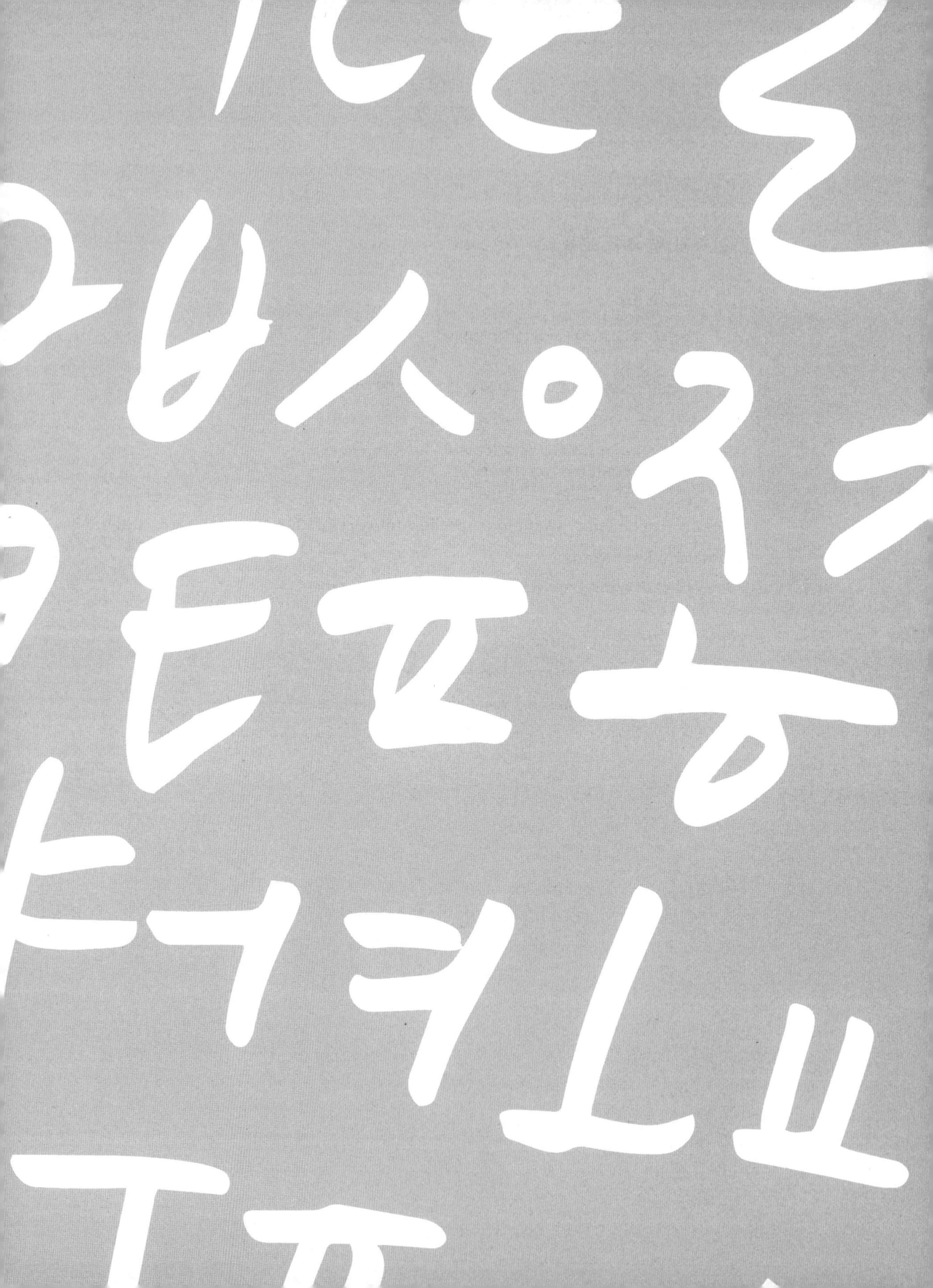

다문화 및 다중언어 환경과 한국어 교육

다문화 및 다중언어 환경과 한국어 교육

제1장

다중언어 다문화 사회에서 제3언어로서 한국어 교육의 필요성

김정아
한국 이화여자대학교
Ewha Womans University

1. 들어가며

1.1. 연구의 필요성

인간은 언어를 통해 세상과 소통한다. 일반적으로 정규 교육을 받은 사람들은 사회의 요구나 개인의 필요에 따라 자신의 모어(母語, mother tongue)를 포함하여 한 개 이상의 언어를 학습[1]하거나 습득한다. 교류와 소통이 원활한 사회·문화적 맥락에서는 자연스럽게 다양한 언어 환경을 접한다. 이미 언어학이나 외국어 교육 분야에서는 다양한 배경에서 여러 언어를 습득하는 학습자를 대상으로 한 연구가 활발히 진행되고 있다. 이민자들의 영어 교육을 중심으로 관심을 갖기 시작한 미주 지역과 다민족·다문화 사회로 대표되는 유럽이 대표적이다. 이들 지역에서는 2000년대 전후로 다중언어와 다문화 사회에 관한 관심이 매우 높아졌으며 언어 교육과 연계하여 논의가 활발하다(Bardel, Falk, 2007: 460; Hammarberg, 2009: 1; Rothman, 2011: 107; Hermas, 2015: 588; Kim, 2017: 59; Kim, Kim, 2018: 104; Lorenz, 2023: 1). 최근 한국어 교육 분야에서도 이중언어주의나 다중언어주의에 대한 개념이 논의되면서 '제3언어' 관련 연구에 관심을 갖기 시작했다. 사회언어학적 관점에서 접근한 연구가 주를 이루고 있었으나 점차 다중 언어 배경에 대한 고찰에서 한걸음 나아가 교육적 실천으로 확장되고 있다는 점은 주목할 만하다(최희재, 2014; 김가연, 2021; 조수진, 2022; 정재영, 2023; 이경, 2023 등).

경제협력개발기구(OECD)는 총인구의 5% 이상이 외국인이면 '다인종·다문화 국가'로 분류한다. 한국은 지금껏 '단일 언어 국가', '단일 민족 국가'로 인식되고 있었지만 근래 국제결혼 가정과 외국인 근로자가 빠르게 증가하면서 이미 다문화 사회(multicultural society)에 진입한 것으로 본다. 이러한 사회·문화적 변화는 지금까지의 교육적 관점에 변화가 필요함을 의미한다. 한국 사회는 현재 다문화 사회와 다중언어 사회의 방향으로 나아가고 있으며 한국어 교육 분야에서도 이에 발맞춰 학문적 접근 방식이나 관점에서 변화가 필요할 것이다.

한국어 교육 분야의 연구는 주로 국내에서 가장 많은 수를 차지하는 유학생들을 대상으로 이루어졌다. 유학생들은 '외국어로서 한국어(KFL: Korean as a Foreign Language)' 학습자로서 대부분 성인이 된 이후에 한국어를 접한다. 이들은 국내외 교육 기관에서 초급부터 고급 수준까지 체계적으로 한국어를 학습한다. 또한 한국 사회의 사회언어학적 환경 변화에 따라 이주 배경 여성이나 아동·청소년 학습자도 꾸준히 증가하는 추세이다. 이들은 '제2언어로서 한국어(KSL: Korean as a Second Language)' 학습자로 구분하며 주로 이중언어 습득 분야와 사회언어학적 관점에서 연구가 진행된다. 해외에서는 초창기부터 해외 동포를 중심으로 '계승어로서 한국어(KHL: Korean as a Heritage Language)' 연구가 시작되었고, KSL 학습자와 비슷한 '이중언어 습득'의 맥락에서 주요 연구가 진행됐다(김윤주, 2018: 346). 최근에는 K-콘텐츠의 확산으로 해외의 한국어 학습자가 크게 증가하고 있는 상황이며, 국내외를 막론하고 세계 곳곳에서 연령과 언어권, 학습 목적 등에서 다양성을 가진 한국어 학습자들[2]을 만날 수 있다. 교육학에서 학습자 대상을 이해하고 '학습자 요인'을 분석하는 것은 필수이다. 특히 새로운 언어를 습득하는 과정에서 특정 학습자군이나 개인의 언어적 특징은 여러 변인으로 작용할 수 있으며(Hiromi, 2013: 15) 이에 대한 이해와 분석을 바탕으로 더 효과적인 교수 학습 방안을 수립

---

[1] '습득(習得, acquiring)'과 '학습(學習, learning)'의 개념을 엄격하게 구별하는 경우도 많이 있으나, 본고는 '언어 교육'의 측면에서 '학습'으로 표기하고 '언어 사용'의 측면에서 '습득'으로 표기한다.

[2] 세종학당의 경우, 2023년에 대면·비대면 수업을 통해 한국어를 수강한 학생은 약 21만 명에 이른다. 해외 초·중등학교에 공식적으로 개설된 한국어 교실도 총 47개국의 2,154개에 달한다.

할 수 있다. 따라서 다양한 배경의 한국어 학습자들이 증가하고 있는 현 시점에서 학습자의 언어 배경 양상과 한국어 습득에 관한 인식을 살펴봄으로써 다중언어와 다문화 사회에서 나아갈 한국어 교육의 방향을 모색해 볼 필요가 있다.

1.2. 연구의 목적

본 연구는 한국어 학습자들의 다중언어 배경과 제3언어로서의 한국어 습득에 대한 인식을 살펴봄으로써 제3언어 습득의 관점에서 한국어 교육이 필요한지를 고찰해 보는 것이 목적이다. 이를 위해서 우선적으로 이 분야에서 현재 논의되고 있는 개념과 용어를 정리하고자 한다. 연구의 목적을 이루고 실행하기 위한 연구 질문은 다음과 같다. 첫 번째, 이론적 배경에서 정리한 내용을 바탕으로 하여 한국어 학습자의 언어 배경이 어떠한 양상을 보이는지 살펴본다. 이를 위해 국내 한국어 학습자 가운데 비중이 가장 큰 대학 기관의 유학생들을 대상으로 언어 배경에 관해 설문 조사한다. 두 번째 질문은 한국어 학습자들이 현재 한국어를 습득하는 과정에서 자신의 모어와 제2언어의 영향을 어떻게 인식하고 있는지를 분석함으로써 한국어 교육 분야에서 제3언어 습득 이론의 관점이 필요한지에 관해 알아본다. 제3언어 습득의 이론적 배경을 바탕으로 설문 조사의 방법을 통해 모어와 제2언어의 영향에 관한 인식을 조사한 후 자료를 분석하고 결과를 도출한다. 전체적인 분석 결과를 종합하여 '제3언어'로서의 한국어 교육이 어떠한 함의를 지니는지에 관해 논의하고자 한다.

2. 이론적 배경

2.1. 용어의 정의

유럽 지역에서는 오래 전부터 다문화 사회와 다중언어 교육에 관한 논의가 이뤄졌다. 유럽의 언어 정책 시행의 근간에는 사회적 분위기와 정치적 배경이 강하게 작동한다. 특히 두 번의 세계 대전을 전후로 국제어(international language)를 중심으로 공용어(official languages) 습득과 언어 교육에 주목하기 시작했다(Maher, 2017: 3-4). 1950년대부터 본격적으로 학문적 논의가 진행되었고 1993년 마스트리흐트 조약(Maastricht Treaty)을 배경으로 유럽연합이 결성된 후부터는 '다중언어주의(plurilingualism)', '다문화주의(multiculturalism)', '상호문화주의(interculturalism)' 등의 주요 개념이 정립됐다(최희재, 2014: 186). 1990년대부터 현재까지 유럽의 다중언어 정책과 사회 문제에 관한 여러 분야의 고민과 연구가 이어지고 있다(Edwards, 1994: 1; Kemp, 2009: 11; Kim, 2017: 60). 미주 지역의 경우는 이민자를 위한 영어와 프랑스어 교육을 중심으로 다중언어 교육에 관심을 갖기 시작했다. 캐나다의 몰입 교육(Language immersion)과 미국 이민자 대상의 이중언어 프로그램(ELL/ESL) 등이 대표적이다. 오랜 역사를 지나오면서 다양한 민족과 언어가 공존하는 유럽과는 달리, 미주 주역은 사회·문화적 맥락에서 이민자들의 이중언어 습득과 다중언어 교육, 소수민족 언어의 계승어 교육 등의 주제가 논의되었기 때문에 학문적인 배경이 다르다. 이러한 차이는 다문화 교육 분야에서 더욱 뚜렷하게 나타나지만 본 연구에서는 다중언어 습득에 방점을 찍고 있으므로 사회언어학적 측면과 언어학적 측면에서 개별 학습자의 다중언어 배경을 다루고자 한다.

2.2. 다중언어와 다중언어주의

다중언어 분야의 용어와 개념은 아직 명확하게 정리되지 않았거나 혼재된 양상이다. 가장 중요한 개념인 '다중언어'와 '다중언어주의'는 지리적 배경과 근접 학문과의 연관성에 따라 여러 용어로 표기됐다. 'multilingualism', 'multilinguisme', 'plurilingualism', 'plurilinguisme' 등이다. 모두 여러 개의 언어를 습득하거나 사용한다는 의미지만 관점에는 차이가 있다. 일반적으로 '다중언어 사용주의', '복수언어주의', '다언어주의', '다중언어주의' 등의 용어가 쓰인다. 언어 사용에서 'multilinguisme(사회의 다중언어 사용)'과 'plurilinguisme(개인의 다중언어 사용)'의 용어를 사용한다. 이 둘은 사회적 차원과 개인적 차원의 사용 범위를 일컫기도 하지만 '개인적 차원이 사회 개념까지 포함'한다고 보기도 한다(조수진, 2022: 93–94).

한국어 교육 관련 분야에서는 다중언어주의를 많이 사용하는데 'multilingualism'과 'plurilingualism'을 모두 지칭할 수 있는 번역이다. 엄밀하게 볼 때 두 용어는 사회·문화적 측면과 개인의 언어 사용 측면이라는 부분에서 차이가 있다. 'multilingualism'은 '이중언어주의[3]'에서 확장된 개념으로 다문화와 관계가 깊고, 사회·문화적 언어 양상을 일컫는다. 'plurilingualism'은 개인의 언어 구사 능력과 관련되며 언어를 통한 의사소통과 상호작용에 방점이 찍혀 있기 때문에 더 복합적인 개념이다(Beacco, Byram, 2007: 10; 최희재, 2014: 188, 재인용). 각 용어와 원어의 개념을 살려 파생된 개념을 분리해서 번역할 수도 있으나 큰 의미로서는 모두 다중언어주의로 번역할 수 있다. 개념과 용어 번역에 관해서는 앞으로 더 구체적인 논의가 필요할 것으로 판단된다. 본 연구에서는 다중언어주의의 개념을 중심으로 하면서 '개인의 의사소통적 언어 능력'이라는 공통 분모를 포함하였고, '학습자의 언어 환경과 사회언어학적 언어 배경'이 통합된 개념으로 사용하고자 한다

둘째, 이중언어와 다중언어, 이중언어주의와 다중언어주의의 개념과 연구 범주에 관한 문제이다. 이중언어(bilingual)는 기본적으로 두 언어를 거의 원어민 수준으로 구사하는 것을 의미한다(Bloomfield, 1935: 56; 송지희, 2014: 8, 재인용). 이중언어의 기준에서는 두 언어를 거의 동등하게, 완벽에 가깝게 구사하는 데 반해, 다중언어는 각 언어의 활용과 상호작용을 더 중요하게 본다. 일부에서는 다중언어의 범위를 '한 개 이상의 언어'로 규정하여 이중언어까지 포함시키기도 한다(Franceschini, 2009: 33; Lorenz, 2023: 3). 유럽연합의 다중언어 교육 정책에서 제시하듯이 개인의 언어 능력은 특정 시기의 일시적 능력이 아닌 평생을 두고 습득하고 발달시켜 나가는 능력이기 때문에 다중언어 배경의 학습자들은 목표 언어에 대한 개별적인 학습 목표를 설정할 수 있다. 교육자의 입장에서도 학습자의 개별 목표에 맞는 교수 전략을 제시할 필요가 있는 것이다(Coste, Moore, Zarate, 1997: 11–12, 최희재, 2014: 189, 재인용). 아직까지 다중언어 연구가 이중언어 분야의 일부로 논의되거나 '제3언어 습득'이 '제2언어 습득'의 일부로 다뤄지는 경우도 존재한다(Kim, Kim, 2018: 121; Brown, 2019: 3). 그러나 갈수록 새

[3] 나카지마 카즈코(2012: 26)는 이중언어의 개념을 '두 언어를 원어민 수준으로 구사하는 것'이라고 정의하는 것은 좁게 해석한 것이라고 보고, 세부 유형을 제시했다. 사회의 다수 또는 소수 언어를 모어로 하는 경우, '가산적 이중언어(additive bilingualism)'와 '감산적 이중언어(subtractive bilingualism)'로, 두 언어의 상위/우위 관계에 따라 '고도 이중언어(proficient bilingualism)', '부분적 이중언어(partial/dominant bilingualism)', '제한적 이중언어(limited/double-limited bilingualism)'로 나눴다(나카지마 카즈코, 2012: 41). 일부에서는 '이중언어 사용주의'로 표현하며, 언어 사용 환경에 따라 '복합적 이중언어 사용주의(compound bilingualism)'와 '병행적 이중언어 사용주의(co-ordinate bilingualism)'로 구분하기도 한다(한국어교육학 사전, 2022: 237).

개인적 언어 상황 (Individual languages situation)	사회언어학적 배경 (Sociolinguistic background)	언어학적 배경 (Linguistic background)
단일언어 (monolingual)	단일언어주의 (monolingualism)	제1언어/모어 습득 (First Language Acquisition)
이중언어 (bilingual)	이중언어주의 (bilingualism)	제2언어/이중언어 습득 (Second Language Acquisition/ Bilingual Acquisition)
다중언어 (multilingual)	다중언어주의 (multilingualism/ plurilingualism)	제3언어/다중언어 습득 (Third Language Acquisition/ Multilingual Acquisition)

로운 학문 분야로서 자리 잡고 있으며 사회 변화와 기술의 발전, 연구 방법이 다양화되면서 학문적인 진보와 성과를 이루고 있기 때문에 앞으로 더욱 체계를 갖추게 될 것으로 기대한다.

2.3. 다중언어와 제3언어 습득[4]

다중언어(multilingual)는 라틴어 어원에서 보듯이 'multus(많은)'와 'lingua(언어)'를 결합한 단어이다. 습득한 언어의 수를 의미하지만 연구자에 따라서 복합적인 의미로 해석된다. 다중언어는 여러 언어 공동체와 사회·문화적인 개념으로 해석되기도 하고(Maher, 2017: 3) 개인의 언어 능력이나 그러한 언어 능력을 지닌 사람[5]으로도 쓰인다(나카지마 카즈코, 2012: 21). 일반적으로는 '세 가지 이상의 언어를 구사하는 능력이나 그러한 사람'을 'multilingual(다중언어 또는 다중언어자)'라고 칭하고, 언어 습득의 관점에서는 세 번째 언어 또는 그 이상으로 습득하게 되는 언어를 '제3언어'로 정의한다(Hammarber, 2014: 97; 정미애, 2020: 28). 즉, 개인의 다중언어 사용과 사회언어학적 측면에서는 다중언어의 개념으로 설명할 수 있지만, 언어 교육과 언어 습득에 관련된 언어학의 관점에서는 제3언어의 개념을 적용한다.

    다중언어를 습득한 구체적 사례를 보면 크게 두 종류로 나눌 수 있다. 첫 번째는 모어 화자가 공용어를 습득한 후, 추가로 다른 언어를 습득하는 경우이다. 예를 들어, 중국인이 영어를 습득한 후 한국어를 습득했다면 모어인 제1언어는 중국어, 제2언어는 영어이며, 제3언어로 한국어를 습득한 것이다. 두 번째의 경우는 이중언어자가 추가로 다른 언어들을 습득하는 경우이다. 영어와 스페인어를 모어로 구사하는 미국인이 추가로 한국어를 습득하게 된 경우, 제3언어로서 한국어를 습득하는 것이다. 다중언어 습득의 관점에서는 모두 다중언어 습득의 범주에 해당한다. 한 개 이상의 모어 화자가 세 번째로 습득한 언어를 제3언어라고 한다.[6]

모어/제1언어 습득(FLA)	제2언어 습득(SLA)	제3언어 습득(TLA)
이중언어 습득(BA)		

---

[4] '제2언어 습득(Second Language Acquisition)'은 'SLA'로 약칭하고 '모어 및 제1언어 습득(First Language Acquisition)'은 'FLA'로, '이중언어 습득(bilingual Acquisition)'은 'BA'로 약칭하며 '제3언어 습득(Third Language Acquisition)'은 'TLA'로 약칭한다.

[5] 흔히 언어 사용자를 '단일언어자(mono-lingual)', '이중언어자(bilingual)', '삼중언어자(trilingual)', '다중언어자(multilingual)'로 구분한다. 삼중언어자는 다중언어자에 포함되나 이중언어자의 포함 여부는 일부의 견해이다.

[6] 제3언어 연구 범위와 용어 등에 관한 논의도 활발하다. 본 연구에서는 '제4언어', '제5언어' 등의 개념은 모두 '제3언어' 연구 범위에 해당한다고 규정했다.

　제3언어 습득(TLA)의 개념과 이론은 제2언어 습득(SLA) 이론에서 발전한 것이다. 그러나 제2언어 습득의 개념에 비해 복잡하고 복합적인 양상을 보인다. 현재 응용언어학 분야에서는 제3언어 습득 연구가 제2언어 습득 연구와는 별개의 독립적인 영역으로 논의되고 있으며(Hammarberg, 2009: 1; Rothman, Cabrelli, 2010: 192-193) 아직 초기 단계이지만 새로운 이론을 제시하며 발전해 나가고 있다(Aronin, Hufeisen, 2009: 1; Rothman 2011: 121). 제3언어 습득 분야는 1987년에 첫 번째 책인 Hakan Ringbom의《외국어 학습에서 L1의 역할(The Role of L1 in Foreign Language Learning)》이 출판된 이후, 1990년대 이후부터 본격적으로 연구가 시작됐다. 이 책에서는 이중언어 화자가 단일언어 화자와 비교했을 때 제3언어인 영어 학습에서 더 긍정적인 결과를 보인다는 내용을 담았다(Kim, 2017: 60). 제3언어 습득 연구는 2000년을 전후로 도약했으며 2004년부터 학회를 설립하고 학술지(International Journal of Multilingualism)도 발간하게 됐다(Marx, Hufeisen, 2004; Kim, 2017: 60, 재인용).

　제3언어 습득에서는 다중언어적 관점에서 '학습자 요인'의 언어 특성을 다각적으로 해석하며 제2언어 습득 양상에 비해 구성이나 작용 원리(mechanism)를 복합적으로 밝힌다(이성은, 2017: 385-386; Lorenz, 2023: 19). 특히, 교차 언어적 영향(Crosslinguistic Influence), 언어 전환(Code Switching), 전이(Transfer) 및 역전이(Backward Transfer), 인지언어적 기제 이론 등을 통해 새로운 언어를 학습하고 습득하는 과정을 더 구체적으로 설명할 수 있다. 다중언어 배경의 학습자는 기존의 각 언어에 대한 지식과 사용 능력을 바탕으로 복합적인 상호작용을 일으키며 '제3언어 습득 모형'과 '언어 간 전이 모형'을 형성한다(임현정, 2023: 6). 모든 개별 학습자들의 언어 배경을 일반화할 수는 없으나 다중언어 배경의 학습자들을 새로운 시각으로 분석할 수 있다. 앞으로 수업 현장에서 제3언어 습득 연구물을 적용한다면 더욱 효과적인 교수 방안을 적용할 수 있을 것이다(조수진, 2022: 98-99).

　Cenoz(2000: 40)는 제2언어 습득과 비교하면서 다중언어 습득의 양상을 총 12가지로 설명했다. 이 가운데 4가지 양상이 제3언어 습득의 가장 대표적인 모형이다. 세 언어를 순차적으로 습득하는 경우와 일부만 동시에 습득하는 경우, 동시에 모두 습득하는 경우이다. 예를 들어, 중국어 모어 화자가 학교에서 영어를 습득하고 대학에서 한국어를 전공한 경우에는 1번, 가정에서 중국어만 구사하다가 취학 후에 영어와 한국어를 모두 습득한 경우에는 2번에 해당한다. 중국어와 영어를 구사하는 이중언어자가 학교에서 한국어를 습득한 경우는 3번, 중국어와 영어, 한국어를 동시에 습득할 수 있는 환경에서 성장한 아동의 경우는 4번이다. 각 언어의 습득 수준

〈표 3〉 제2언어 습득과 제3언어 습득 양상의 예[7]

제2언어 습득	제3언어 습득
(1) 영어 – 한국어 (순차적)	(1) 중국어 – 영어 – 한국어 (순차적)
(2) 영어 / 한국어 (동시적)	(2) 중국어 – 영어 / 한국어 (순차, 동시적)
	(3) 중국어 / 영어 – 한국어 (동시, 순차적)
	(4) 중국어 / 영어 / 한국어 (동시적)

[7] 순차적 습득: -, 동시적 습득: /

에 관한 세부 사항은 5~12번에 제시한다. 본 연구에서 다루고자 하는 다중언어 배경 학습자의 언어 배경은 Cenoz(2000: 40)가 제시한 12가지 중 1~4번에 해당한다.

3. 다중언어 배경 양상과 제3언어로서의 한국어 인식 조사

3.1. 연구 문제

한국어 학습자들은 한국어를 학습하기 이전에 언어 환경과 국적에 따라 다양한 배경을 가지며 모국어를 비롯해 여러 언어를 학습하거나 습득한 경험이 있을 것으로 예상된다. 따라서 먼저 모어와 습득 언어에 관해 자료를 수집하고 분석할 필요가 있다. 본 연구는 한국어 학습자들의 다중언어 습득 양상을 고찰함으로써 다중언어 배경의 학습자 요인을 분석하고자 한다. 또한 제3언어 습득에서 중요한 개념으로 다루는 언어 간 영향을 바탕으로 한국어 학습자들이 제3언어로서의 한국어에 관해 어떻게 인식하는지 살펴보고자 한다. 본 연구의 목적이 한국어 학습자의 다중언어 습득 양상 분석과 언어 간 영향에 관한 인식을 통해 제3언어로서 한국어 교육의 필요성을 제고하는 것이므로 이를 알아보기 위해 다음과 같은 연구 문제를 설정한다.

1) 한국어 학습자들의 다중언어 습득 양상은 어떠한가?
2) 한국어 학습자들은 한국어 습득에서 모어의 영향을 어떻게 인식하는가?
3) 한국어 학습자들은 한국어 습득에서 제2언어의 영향을 어떻게 인식하는가?

3.2. 연구 참여자 정보

연구 참여자는 총 4개 대학의 유학생을 대상으로 선정했다. 언어 교육 기관에 등록된 학생들과 학부 과정, 대학원 과정의 유학생으로 분포하며 초급부터 고급까지 분산됐다. 유학생은 국내에

〈표 4〉 설문 참여자들의 기본 정보

항목							
	- 참여 인원: 32명　- 설문 기간: 2024. 6. 3.~6. 16.						
1. 국적	중국	베트남	튀르키예	일본	몽골	우크라이나	우즈베키스탄
	13(40.6%)	10(31.3%)	4(12.5%)	2(6.3%)	1(3.1%)	1(3.1%)	1(3.1%)
2. 성별	남성 6(18.8%)			여성 26(81.2%)			
3. 언어 수준	1급	2급	3급	4급	5급	6급	
	7(21.9%)	7(21.9%)	3(9.4%)	5(15.6%)	7(21.9%)	3(9.3%)	
4. 나이	20세 이하	21~25세	26~30세	31~35세	36~40세	41세 이상	
	3(9.3%)	11(34.4%)	15(46.9%)	2(6.3%)	0	1(3.1%)	
5. 학습 기간	3개월 이하	4~6개월	7~12개월	1~2년	2~5년	5년 이상	
	10(31.3%)	5(15.6%)	2(6.3%)	5(15.6%)	6(18.7%)	4(12.5%)	

서 가장 많은 한국어 학습자 대상이며 단기 연수생부터 장기 유학생까지 체계적으로 한국어를 공부하는 학습자이므로 언어 수준별로 습득 정도가 균질할 것으로 기대할 수 있기 때문이다. 설문 기간은 2024년 6월 3일부터 16일까지로 연구 참여를 위해 구글의 설문지 링크를 제공했다. 연구 윤리 절차에 따라 참여 의사를 확인한 후 선착순 32명이 최종적으로 설문에 참여했다.

전체 참여자들의 언어 수준은 초급과 중고급을 기준으로 나눴으며, 표집 인원이 분산되도록 최대 인원수를 제한했다. 언어교육원 학생 중 자국에서 고등학교를 졸업하고 바로 한국으로 유학 온 학생 1명은 성인 학습자로 간주했다. 언어교육원의 경우 현재 수강하고 있는 학급을 언어 수준으로 선택하도록 했고, 학부생과 대학원생은 마지막으로 확인한 토픽(TOPIK) 급수를 답하도록 했다. 국적은 전체 7개국으로 중국과 베트남 학생들이 가장 많았다.[8] 참여자 개인 정보를 포함해 연구 문제에 관한 문항은 총 15개 문항이다. 리커트(Likert) 척도형 객관식 문항 3개와 서술식 문항 6개를 포함했다. 설문 참여자들의 기본 정보는 〈표 4〉와 같다.

3.3. 자료 수집 및 분석

다중언어 배경 학습자의 제3언어로서의 한국어 습득에 관한 인식을 알아보고자 준비한 설문 문항에는 선택 문항과 서술 문항을 모두 포함했다. 양적 연구 방법만으로는 인식 내용을 충분히 담아낼 수 없을 것으로 판단해 서술식 문항과 기타 의견을 선택할 수 있는 문항을 추가했다. 총 32명의 설문 결과를 수집하여 1차로 5개 문항의 기초 정보를 수집, 분석했고, 연구 문제에 관한 10문항의 자료는 다중언어 배경에 관한 응답과 제3언어 인식에 관한 응답으로 나누어 분석했다. 서술식 문항은 참여자가 학습한 언어의 수를 순서대로 답한 후, 이어서 현재 구사하는 언어를 답하도록 했다. 따라서 참여자들은 모어를 포함해 이전에 학습한 언어와 현재 구사할 수 있는 언어의 수를 모두 표기했다. 학습자들이 소통할 수 있는 구어 수준과 읽고 이해할 수 있는 문식성(literacy)을 언어 습득의 기준으로 삼아 문항을 구성했다.

이론적 배경에서 다루었듯이 '다중언어주의' 관점의 언어 습득 기준은 원어민 수준의 언어 구사 수준을 요구하지 않을 뿐 아니라 읽기, 말하기, 쓰기 등 일부 언어 기능을 통한 의사소통에 대해서도 습득으로 보기 때문에 이러한 기준에 맞춰 설문 문항을 구성하였고 설문지에도 간단한 설명을 제시했다.

선택 문항은 4점 척도로 설정하여 중간값을 최소화했으며 참여자들이 최대한 모호한 판단을 하지 않도록 했다. 또한 먼저 긍정적 영향이나 부정적 영향에 관한 항목을 선택한 후, 구체적인 설명이나 이유 등의 의견을 기술하도록 했다. 기타 의견을 표시한 경우에도 추가 설명을 적을 수 있다. 이러한 연구 방법을 선택한 이유는 학습자들이 다중언어 배경에 대한 학문적 이해가 부족한 경우 언어 습득의 기준이나 인식을 명확하게 표현하기 어렵다고 판단했기 때문이다. 또한 객관적 검사 도구가 아닌 설문 조사를 통한 양적 연구만으로는 주관적인 인식을 분석하기 어렵기 때문에 종합적인 분석을 위해 질적 분석도 필요하다고 보았다. 앞으로의 연구에서는 학습자들의 다양한 언어 배경을 객관적으로 측정하기 위해 언어 기능별 수준을 구체적으로 수집할 수 있는 측정 도구가 필요할 것으로 보이며, 설문 조사 후에도 심층 면담 등과 같은 연구 방

[8] 전체 인원 구성이 2024년 교육부 자료와 비슷한 양상으로 나타났다. 교육부의 2024년 '외국인 유학생에 관한 통계 자료'에 따르면, 유학생들의 출신 국가는 중국 37.4%(68,065명), 베트남 23.8%(43,361명), 우즈베키스탄 5.7%(10,409명), 몽골 5.7%(10,375명), 일본 3.2%(5,850명) 순으로 아시아 국가의 비율이 75.8%로 매우 높게 나타났다(2023년 국내 고등교육기관 내 외국인 유학생 현황).

법의 보완이 필요할 것으로 판단된다.

　문항의 점수 분석은 기본 문항을 제외한 문항의 통계 분석을 위해 4점 척도를 10점 만점으로 환산한 후 코딩했으며 '기타'를 응답한 경우는 긍정적 영향과 부정적 영향의 중간에 해당한 경우이므로 중간 점수인 5점을 부여했다. 언어 간 영향에 관한 문항은 3개로, '일반적 영향', '모어의 영향', '제2언어의 영향'에 관한 것이다. 선택 문항에 대해 왜 그렇게 생각하는지 서술 문항을 추가로 제시함으로써 참여자들의 선택 문항에 대한 이해를 재확인했다. 신뢰도 검사와 상관관계를 분석하기 위해 '통계 분석을 위한 3문항'에 더해서 '참여자가 답한 3개 문항의 평균값'을 추가 문항의 결과값으로 분석했다. 전체 문항의 수가 적고 코딩할 수 있는 자료의 개체가 충분하지 않아 상관관계를 분석하기에는 한계가 있었다. 선택 문항의 자료를 분석할 때 사용한 프로그램은 jamovi 2.3.28 버전이며 문항 신뢰도는 크론바흐 알파 계수(Cronbach's Alpha)로 0.737을 나타냈다.

3.4. 연구 결과 및 논의

3.4.1. 다중언어 배경 양상

수집한 자료를 분석한 결과, 한국어 학습자들은 32명 모두가 한국어를 포함하여 3개 이상의 언어를 학습한 경험이 있었다. 초급 학습자가 14명이었으나 전체 한국어 학습자 가운데 12명이 아직 한국어를 습득하지 못한 것으로 인식했다. 제2언어인 영어를 습득하지 못한 것으로 답한 학생은 8명이었다. 특히 중국, 베트남, 일본 학습자의 경우는 제2언어인 영어의 습득 수준을 다양하게 답한 것으로 보아 개인 간의 편차가 클 것으로 예상할 수 있다. 32명 가운데 1명은 3개의 언어를 학습했지만 현재는 모어 하나만 습득한 것으로 인식했다. 즉, 언어 기능의 일부를 의사소통 기준으로 제시했음에도 32명 가운데 19명은 자신이 '학습'한 언어보다 '습득'한 언어가 적다고 인식했다. 또한 이중언어 화자 3명 중에서 1명은 현재 모어인 2개의 언어 가운데 1개를 상실했다고 응답했다. 이는 제3언어 습득 분야와 관련하여 '역전이' 개념이 적용된 사례이지만 이중언어 학습자가 상실한 언어의 수준과 사용 양상을 종합적으로 분석하기 위해서는 추가 연구가 필요할 것이다. 다중언어 습득 양상을 분석할 때 학습자의 인식 이외에도 언어 사용과 의사소통에 기반한 도구의 측정과 분석을 보완할 필요가 있다. 〈표 5〉는 참여자들이 학습한 언어 순서와 습득한 언어를 바탕으로 구성한 다중언어 습득 양상이다.

〈표 5〉 설문 참여자들의 다중언어 습득 양상[9]

국적별 언어 학습 순서		인원	습득 언어	초급	중고급	합계
중국 (China)	C1-E2-K3	9	C1-E2-K3	2	2	4
			C1-E2	2	0	2
			C1-K3	0	2	2
			C1	1	0	1
	C1-E2-R3/K3	1	C1-E2	1	0	1

[9] K: 한국어, C: 중국어, E: 영어, Ui: 위구르어, R: 러시아어, V: 베트남어, T: 터키어, J: 일본어, M: 몽골어, G: 독일어, P: 폴란드어, Uk: 우크라이나어, Uz: 우즈베키스탄어

Ⅰ. 다문화 및 다중언어 환경과 한국어 교육

	C1/E1-K2	1	C1/E1	1	0	1
	Ui1/C1-E2-K3	2	Ui1/C1-E2-K3	0	1	1
			C1-K3	0	1	1
베트남 (Vietnam)	V1-E2-K3	8	V1-E2-K3	1	3	4
			V1-E2	1	0	1
			V1-K3	0	3	3
	V1-E2-K3/C3	2	V1-E2-K3/C3	0	2	2
튀르키예 (Turkiye)	T1-E2-K3	4	T1-E2	4	0	4
일본 (Japan)	J1-E2-K3	1	J1-K3	0	1	1
	J1-E2-C3/K3	1	J1-E2-K3	0	1	1
몽골 (Mongolia)	M1-E2-K3	1	M1-E2	1	0	1
우크라이나 (Ukraine)	Uk1/R1-E2-P3/ G3/K3	1	Uk1/R1-E2-P3/G3	0	1	1
우즈베키스탄 (Uzbekistan)	Uz1-R2-E3/K3	1	Uz1-R2-E3/K3	0	1	1
합계	(단위: 명)	32		14	18	32

3.4.2. 제3언어로서의 한국어 인식

제3언어 습득의 관점에서 본 연구에 참여한 32명의 유학생들은 '일반적 인식'과 '자기화 인식'에서 유의미한 차이를 나타냈다. '일반적으로 다중언어 배경이 제3언어로서 한국어 습득에 영향을 준다고 인식하는가'라는 질문에 1명을 제외하고 모두가 긍정적인 응답을 했으며, '매우 긍정적'이라는 답변이 전체의 75%를 차지했다. 그러나 자신의 모어와 제2언어가 한국어 습득에 끼치는 영향에 관해서는 부정적인 응답이 많았다. 즉, 참여자들은 일반적으로는 다중언어 배경이 긍정적인 영향을 줄 것이라고 여기지만 정작 본인에게는 긍정적인 영향이 적다고 인식한다. 이는 참여자들이 한국어 습득에서 어려움을 체감하고 있기 때문이며, 교육 현장에서는 다중언어 배경에 대한 이해와 교육적 처치가 필요함을 시사한다. 또한 1명의 참여자는 가장 많은 언어를 습득한 다중언어자임에도 '다른 언어의 영향이 없다'고 응답했다. 자신은 여러 언어를 학습할 때 각 언어의 특성으로만 접근하기 때문에 다른 언어의 영향을 인식하지 못한다고 설명했다. 이는 학습자들의 언어 배경이 다른 학습자들과 매우 다른 경우로서 다중언어 배경을 질적으로 살펴볼 여지가 있음을 의미한다.

학습자들의 기본 정보와 습득 언어의 영향과의 상관관계를 분석했을 때, 다른 요소는 유의미한 결과가 나오지 않았으나 '한국어 숙달도에 따른 모어와 제2언어의 영향 인식'에는 유의미한 결과가 있었다. 즉, 초급 한국어 학습자들은 중고급 학습자들에 비해 한국어 습득에서 모어나 제2언어의 영향을 크게 인식했다. 긍정적이든 부정적이든 영향을 받는다는 것이다. 본 연구 결과만으로 판단할 때, 초급 학습자일수록 기존의 언어 지식에 의해 한국어 습득에 긍정적 또는 부정적 영향을 받을 수 있으므로 이 점에 주목하여 교수 방안 등을 적용할 수 있을 것이다.

연구 참여자들은 제2언어의 영향에 관해 복잡한 양상을 나타냈다. 특히, 유학생들에게 영어는 비교적 중요한 역할을 할 것으로 예상했으나 영어 숙달도가 다양하게 분포했고 따라서 제2언어의 영향에 대해서도 복잡한 양상을 나타냈다. 선행 연구에 제2언어 숙달도와 제3언어 습득의 관계를 규명한 연구가 많은데, 한국어 교육 분야의 연구물 중에도 학습자들의 제2언어 숙달도와 제3언어인 한국어 습득의 상관관계를 다룬 연구물이 적지 않다(한경인, 2015; 임현정, 2023; 오미라, 2024 등). 본 연구의 자료를 분석한 결과, 연구 참여자들은 한국어를 습득할 때 모어와 제2언어에 대한 영향을 인식하고는 있으나 후속 연구에서 보다 구체적인 분석을 다루기로 하겠다. 그리고 제2언어가 영어가 아닌 참여자들의 경우에는 영어를 기준으로 전체 참여자들의 인식과 단순 비교하기 어렵기 때문에 제2언어의 영향은 언어권별로 나누거나 개별적으로 분석할 필요가 있다. 즉, 학습자의 모어와 제2언어의 영향을 다루는 '대조 분석 가설(Contrast Analysis Hypothesis)'이나 '중간언어(Interlanguage)'의 개념에서 더 나아가 제3언어 습득의 관점에서 학습자의 다중언어 배경을 복합적으로 분석할 필요가 있는 것이다. 다음은 참여자들이 제3언어로서 한국어를 습득하는 과정에서 모어와 제2언어가 어떠한 면에서 영향을 주는지에 관해 서술식으로 응답한 내용을 종합한 것이다.

연구 참여자들이 응답한 자료의 분석을 통해 몇 가지 결론을 얻을 수 있었다. 첫째, 외국인 유학생인 참여자들은 모두 다중언어 배경의 학습자들이지만 언어 습득 순서와 양상은 다양하게 나타났다. 참여자 모두가 한국어를 포함해 3개 이상의 언어를 학습한 경험이 있었으며 언어권별로 다중언어 습득 양상이 다양하게 나타났다. 다중언어 배경 학습자에 관한 결과는 김가연(2021: 12)의 연구와 유사하다. 현재 우리나라 유학생 구성이 중국과 베트남 등 비서구권이 60% 이상을 차지하고 있는 상황에서, 이러한 결과는 학습자 변인 가운데 학습자의 언어 배경과

<표 6> 설문 참여자들의 언어 간 영향에 관한 인식 내용

	모어의 영향	제2언어의 영향
긍정적 영향	• 어휘 • 발음 • 문법, 어순이 같다. • 같은 한자 문화권으로, 어휘의 발음과 의미를 더 쉽게 파악할 수 있다. • 문화	• 발음과 억양 • 외래어 어휘 • 언어 구조 이해, 문법 • 어휘, 암기법 등 학습 경험을 활용할 수 있다. 영어로 된 다양한 학습 자료 활용이 가능하다.
부정적 영향	• 존댓말 등 어휘 • 조사와 어미 등 문법 • 같은 한자 문화권으로, 어휘 이해는 도움이 되나 발음이나 쓰임이 조금씩 달라 부정적인 영향을 준다.	• 발음, 억양 • 문법 • 어순과 표현 방식의 차이 • 두 가지 어휘가 혼동되고 영어 어휘만 떠오른다.
기타	• 여러 언어를 공부하는 것이 인지적인 영향을 주지 않는다고 생각한다.	• 영어 수준이 낮아 거의 영향을 받지 않았다.

관련한 연구의 필요성을 시사한다. 아울러 점차 증가하고 있는 국내의 이주 배경 여성과 아동 등 다양한 학습자들과 해외 여러 언어권의 학습자들을 대상으로도 후속 연구가 필요할 것이다.

둘째, 다중언어 습득 양상 자료를 분석한 결과, Cenoz(2000: 40)에서 제시한 다중언어 습득 맥락이 여러 언어권에서 공통적으로 나타났다. 그러나 일부 참여자의 개별적인 언어 특성에서 는 Cenoz가 제시한 5~12번의 예시도 볼 수 있었다. 학습한 언어 가운데 모어만 남거나 이중언 어 가운데 하나의 모어를 상실한 경우 등은 언어의 습득과 언어 사용의 관계를 더 복합적으로 분석해야 할 근거를 제공한다. 반면, 언어 습득의 기준이 의사소통과 상호작용에 있음에도 학 습한 언어에 관한 지식의 일부가 제3언어 습득에 어떠한 영향과 효과를 주는지에 관해서는 추 가 연구가 필요하다. 모든 학습자가 다중언어 화자를 목표로 하는 것은 아니지만 개인의 다중 언어 습득과 언어 사용에 효과적인 적용을 위해서 모어와 제2언어, 제3언어 사이의 교차 언어 학적인 영향을 이해하고 인지언어학적 접근 방식을 현장에서 적용하는 연구가 필요할 것이다.

마지막으로, 참여자들이 제출한 서술식 답안을 분석한 결과에서 참여자들은 어휘와 발음, 문법에서 긍정적인 영향과 부정적인 영향을 동시에 서술했다. 통합적 인식에서 나아가 한국 어 습득에 관한 세부 영역에서 교육적 관점과 적용, 교육 현장에서의 효과에 관한 추가 연구가 필요함을 알 수 있다. 예를 들어, 한자 언어권의 학습자들은 한자 어휘나 발음을 습득하는 과 정에서 비슷한 의미를 알고 있어서 쉽게 이해할 수도 있지만, 발음이 헷갈려서 부정적인 영향 도 받을 수 있다. 따라서 교실 현장에서는 제3언어의 관점에서 각 언어 영역과 항목에 대해 부 정적인 영향을 제거해 주는 노력이 필요하다. 또한 같은 국적이라도 단일언어를 쓰는 학습자 와 이중언어자의 인식이 같지 않거나 제2언어 숙달도에서 차이가 있으므로 영어를 메타언어 (metalanguage)로 제시하는 교수 방법에서는 세심한 접근이 필요할 것이다.

4. 나가며

국내외적으로 다문화·다중언어 사회로 변화하면서 한국어 학습자도 양적 증가와 질적 다변화 를 보이고 있다. 그동안 미주와 유럽을 중심으로, 다중언어를 사용하고 다문화 배경을 가진 지 역에서는 이미 영어를 비롯한 주요 국제어와 관련한 제3언어 연구가 활발하게 진행돼 왔다. 그 러나 한국어 교육 분야에서는 아직 제2언어 습득 이론과 이중언어 습득 이론의 범위에서만 논 의되고 있다. 그런 측면에서 본 연구자는 교육 분야의 핵심 개념인 '학습자 요인'의 하나로서 한 국어 학습자의 다중언어 배경에 주목했다. '한국어 학습자의 다중언어 배경'을 분석하고 그 결 과를 현장에 적용하는 데 있어서 필요한 관점과 접근 방식에 대해 고찰하고자 하였다. 특히, 사 회언어학적 배경의 용어인 '다중언어'와 언어 습득 용어인 '제3언어 습득' 개념을 이론적 배경으 로 정리함으로써 한국어 교육 분야에서 다중언어와 제3언어 습득이 논의되어야 함을 제시했다.

본 연구는 한국어 학습자들의 다중언어 배경과 제3언어로서의 한국어에 관한 인식을 분석 함으로써 한국어 교육 분야에서 제3언어의 관점이 필요한지에 관해 고찰하는 것이 목적이다. 이를 위해 국내에서 유학생으로 재학하고 있는 한국어 학습자를 대상으로 설문 조사를 진행했고, 이론적 배경과 선행 연구에서 고찰한 것과 유사한 다중언어 습득 양상을 관찰할 수 있었다. 연구 참여자들은 모두 여러 언어를 학습한 경험이 있었고, 모어와 제2언어가 한국어 습득에 긍정적인 영향을 끼칠 것이라는 인식을 가졌다. 일반적인 인식과 개인화한 인식에서 차이를 보였던 것은 앞으로의 연구를 통해 학습자들에게 다중언어 배경의 부정적인 영향을 제거하고 최대한 긍정적인 영향을 제시하는 교수 방안이 필요함을 의미한다. 또한 기존의 접근 방식에서 나아가 다중언어 배경과 언어 간 영향, 전이 등의 제3언어 습득의 관점에서 한국어 교육에 관한 연구와 적용이 필요함을 함의한다.

본 연구는 한국어 학습자의 전반적인 언어 배경과 습득 양상을 다룬 분석임에도 유학생만을 대상으로 하고, 인원을 32명에 한정하여 진행되었다는 점에서 아쉬움이 있다. 학습자의 언어 배경을 분석할 때 언어 요소별로 측정하거나 각 언어별 숙달도를 객관적이고 구체적인 항목으로 분석하지 못했다. 학습자들의 모어와 습득한 언어들의 수준에 관해서도 인식을 중심으로만 분석이 이뤄졌다는 점은 연구의 한계이다. 후속 연구에서는 연구 방법적 측면에서 진일보할 필요가 있다. 충분한 실험 참여자를 선정한 후, 먼저 참여자들의 모어와 제2언어 숙달도, 한국어 숙달도를 객관적으로 평가하고, 구체적이고 다양한 설문 항목을 설정하여 각 항목의 상관관계를 분석할 계획이다.

한국어 교육 분야에서 학습자의 다중언어 배경을 전반적으로 분석하고 언어 간 영향에 대해 분석한 연구는 거의 없었다. 본 연구는 학습자들의 다중언어 습득 양상과 제3언어로서의 한국어에 대한 교차 언어적 인식을 확인했다는 점에서 의의가 있다. 아울러 같은 언어권 학습자라도 다양하고 복합적인 언어 습득 양상을 보이고 언어 간 영향에서도 제3언어 습득의 관점에서 분석할 수 있다는 가능성을 확인했다. 앞으로 한국어 교육 분야에서의 제3언어로서의 한국어 연구가 활발하게 진행되어 새로운 시각과 접근 방식으로 학습자 중심의 교수 방안이 적용되어야 할 것이다. 본 연구가 한국어 교육 연구 분야의 외연을 확장하는 데 기초 자료로 쓰이고, 한국어 학습자들의 언어 배경을 입체적으로 분석하여 교육 현장에서 교수 학습의 방향성과 전략을 고민하는 데 밑거름이 되기를 기대한다.

참고문헌

김가연. 2021. 한국어 학습자에 대한 다중언어주의적 접근-국내 외국인 유학생의 외국어 학습 및 사용 경험을 중심으로. **한국어 교육**. 32-3. p. 12.

김도희. 2024. "다문화 사회를 맞이한 한국 직장에 필요한 것". **오마이뉴스**. https://omn.kr/29jdc/.

김윤주. 2018. 재외동포 대상 한국어교육 관련 연구 동향 분석과 과제(1)-지난 50년간의 학위 논문을 중심으로. **우리어문연구**. 61. pp. 346-347.

나카지마 카즈코(中島和子). 2012. **이중 언어와 다언어의 교육: 캐나다·미국·일본의 연구와 실천**. 한글파크. pp. 21-41.

서울대학교. 2020. **한국어교육학 사전**. 夏雨. p. 237.

세종학당 경영기획본부 전략기획팀. 2024. 2023년 세종학당재단 연차 보고서. 세종학당재단. https://www.ksif.or.kr/cop/bbs/selectBoardArticle.do?nttId=9220000006322&bbsId=BBSMSTR_000000000016&pageIndex=1&menuNo=30101550/.

송지희. 2014. 이중언어 사용자의 제3언어 습득에 관한 연구. 숙명여자대학교 석사 학위 논문. p. 8.

오미라. 2024. 제3언어 폐쇄음 산출에 대한 제2언어 능숙도와 언어 간 유형적 유사성 효과. **어학연구**. 60-1. pp. 1-28.

이경. 2023. 해외 한국어 학습자의 다중언어 및 다중문화 능력 신장을 위한 교육 내용 연구-언어·문화 매개자(intermediaries)로서의 인식을 중심으로. **돈암어문학**. 44. pp. 355-387.

이성은. 2017. 제2언어 능력이 초기 제3언어 학습에 미치는 인지적 영향성-주어-동사 일치관계 처리에 대한 뇌파측정(EEG)을 활용한 융합연구. **獨逸文學**. 142. pp. 385-406.

임현정. 2023. 베트남 학습자의 제3언어로서의 한국어 기능동사 습득 연구. 한국외국어대학교 석사 학위 논문.

정미애. 2020. 한국 대학생 L2와 L3 언어 학습자의 학습 동기체계 변인 비교 연구. **언어연구**. 36-1. pp. 25-40.

정재영. 2023. 다중언어 및 다중문화주의에 기반한 중도입국 청소년 대상 한국어-사회 교과 통합 교육 연구. 계명대학교 박사 학위 논문.

조수진. 2022. 다중언어와 다중문화 사회에서의 한국어 교수 학습의 방향. **국제한국언어문화학회(INK) 제34차 추계 학술대회 자료집**. pp. 92-102.

최희재. 2014. 한국에서의 다중 언어 교육 구현 가능성 모색. **어학연구**. 50-1. pp. 185-205.

한경인. 2015. 몽골인 학습자의 제3언어로서 한국어 격조사 습득 연구. 한국외국어대학교 석사 학위 논문. p. 19.

한국교육개발원. 2023. 2023년 국내 고등교육기관 유학생 현황. 교육부. https://www.moe.go.kr/boardCnts/viewRenew.do?boardID=350&lev=0&statusYN=W&s=moe&m=0309&opType=N&boardSeq=97337/.

한국교육개발원. 2023. 2023년 교육기본통계 주요 내용. 교육부. https://www.moe.go.kr/boardCnts/viewRenew.do?boardID=351&boardSeq=97755&lev=0&searchType=null&statusYN=W&page=1&s=moe&m=0310&opType=N/.

한국교육원. 2015. 최근 3년간 해외 초·중등학교 한국어 채택 현황. 교육부. https://www.moe.go.kr/boardCnts/viewRenew.do?boardID=350&lev=0&statusYN=W&s=moe&m=0309&opType=N&boardSeq=58745/.

한국교육원. 2024. 2023년 해외 초·중등학교 한국어반 개설 현황. 교육부. https://www.moe.go.kr/boardCnts/ viewRenew.do?boardID=350&lev=0&statusYN=W&s=moe&m=0309&opType=N&boardSeq=98660/.

Aronin, L. & Hufeisen, B. 2009. *The exploration of multilingualism: Development of research on L3. multilingualism and multiple language acquisition.* John Benjamins Pub. Co. p. 1.

Bardel, C. & Falk, Y. 2007. The role of the second language in third language acquisition: The case of Germanic syntax. *Second Language Research.* 23. pp. 459–484.

Beacco, J. C. & Byram, M. 2007. Guide pour l'élaboration des politiques linguistiques éducatives en Europe, *De la diversité linguistique à l'éducation plurilingue.* Editions du Conseil de l'Europe. p. 10.

Bloomfield. L. 1935. *Language.* Allen & Unwin. p. 56.

Brown, H. D. 2019. 언어 학습과 교수의 원리. 피어슨에듀케이션. p. 3.

Cenoz, J. 2000. Research on multilingual acquisition. *English in Europe: The acquisition of a third language.* edited by Ceonz, J., Jessner, U. Multilingual Matters. pp. 39–53.

Coste, D., Moore, D. & Zarate, G. 1997. *Compétence plurilingue et pluriculturelle,* Editions du Conseil de l'Europe. https://rm.coe.int/CoERMPublicCommonSearchServices/DisplayDCTMContent?documentId=090000168069d29c.

Edwards, J. R. 1994. Multilingualism. Routlege. p. 1.

Franceschini, R. 2009. The genesis and development of research in multilingualism: Perspectives for future research. *The exploration of multilingualism.* edited by Aronin. L., Hufeisen. B. Benjamins. pp. 27–62.

Hammarberg, B. 2009. *Processes in third language acquisition.* Edinburgh University Press. p. 1.

Hermas, A. 2015. The categorization of the relative complementizer phrase in third-language English: A feature re-assembly account. *International Journal of Bilingualism.* 19(5). pp. 587–607.

Hiromi, O. 2013. "Cross-linguistic influence in third language perception: L2 and L3 perception of Japanese contrasts." The University of Arizona PhD thesis. p. 15.

Kemp, C. 2009. *Defining multilingualism. In The exploration of multilingualism.* Benjamins. pp. 11–26.

Kim, J. D. 2017. Issues with different models of third language acquisition (TLA). *Journal of Linguistic Studies.* 2(3). pp. 59–78.

Kim, Y. J. & Kim, J. D. 2018. A Review of Diverse Variables Affecting Third Language Acquisition (TLA). 언어학연구. 233. pp. 103–124

Lorenz, E. 2023. *Crosslinguistic influence in L3 acquisition.* Routledge. pp. 1–9.

Maher, J. C. 2017. *Multilingualism: a very short introduction.* Oxford University Press. pp. 3–4.

Marx, N. & Hufeisen, B. 2004. Review article: a critical overview of research on third language acquisition and multilingualism published in the German language. *International Journal of Multilingualism*. 1(2). pp. 141–154.

Ringbom, H. 1987. *The role of first language in foreign language acquisition*. Multilingual Matters.

Rothman, J. 2011. L3 syntactic transfer selectivity and typological determinacy: The typological primacy model. *Second Language Research*. 27(1). pp. 107–127.

Rothman, J. & Cabrelli Amaro, J. 2010. What variables condition syntactic transfer? A look at the L3 initial state. *Second Language Research*. 26(2). pp. 189–218.

제2장

다문화 사회에서 언어적·문화적 상호작용을 위한 한국어 교육
– 민화를 활용한 DEIB 중심 교수

최호중, 김태나
미국 프린스턴대학교
Princeton University

1. 들어가며

최근 발표된 2023년 MLA(Modern Language Association) 외국어 등록 통계 자료에 따르면, 미국 대학에서 전반적인 외국어 수강생 감소에도 불구하고 한국어 학습자 수는 꾸준히 증가하고 있다. 이러한 현상은 무엇보다 한국 대중문화의 인기가 전 세계적으로 확산된 것에 기인한다. 한국어 교육의 이러한 양적 성장에는 한국어 학습자의 다양한 학습 동기와 요구가 반영되기 마련인데, 이는 학습자의 문화, 언어, 인종적 다양성을 강화하는 결과로 이어질 뿐만 아니라 학습자의 한국 문화에 대한 요구 또한 과거에 비해 다양해지고 있음을 시사하는 것이다. 실제로 많은 한국어 학습자가 케이팝, 한국 드라마, 한국 영화 등 한류의 영향으로 한국어를 배우기 시작했으며 일부 학습자들은 경제적·사회적·정치적 관심으로 한국어를 수강하고 있다. 따라서 다양한 한국어 학습자의 다양한 동기를 효과적으로 충족하기 위해서는 언어 교육에서 의사소통 능력과 아울러 문화적 소통 능력, 즉 다문화 의사소통 능력 역시 강조될 필요가 제기되며 현실적인 의사 소통 맥락을 고려한 한국 문화 교육을 위한 다양한 시도가 이루어지고 있다.

문화적 소통 능력이란 언어에 대한 단순한 이해를 넘어서 다른 문화에 대한 깊은 이해와 존중을 바탕으로 효과적으로 의사소통하는 것을 의미한다. 이는 다양한 문화적 배경을 가진 학습자들이 같은 교실에서 함께 학습하는, 특히 미국과 같은 환경에서 더욱 중요하다. 다시 말해, 현재 한국어 학습자의 언어적·문화적 배경이 계승어로서 한국어 학습자 중심에서 벗어나 다양화되었기 때문에 더욱 포괄적이고 효과적인 교육 과정을 제공할 필요가 있다. 이러한 교수 현장에 대한 경험을 바탕으로 본고는 한국어 교육 정규 수업 과정 안에 민화 워크숍을 설계함으로써 다양한 배경을 가진 한국어 학습자들에게 다문화 의사소통 능력을 제고하는 기회를 제공하고자 한다.

본고에서 제시된 한국어 프로그램의 민화 워크숍은 초급 한국어 학습자들이 전통적인 한국 문화를 체험하고 다양한 문화적 관점을 학습할 수 있는 기회를 갖게 하기 위한 것이다. 민화는 한국의 전통적인 생활 풍습, 정신적 가치, 그리고 예술적 정서를 담은 회화의 한 형태로, 이를 통해 학습자들은 한국 문화에 대한 깊고 넓은 이해를 얻을 수 있다. 즉, 한국 전통문화의 여러 분야 중에서도 민화는 한국의 역사와 문화, 민담 등의 다양한 문화 콘텐츠를 담고 있어 학습자들로 하여금 수월하고 친근하게 한국 문화를 이해하고 자신의 문화와 비교·분석할 수 있는 기회를 제공할 수 있다. 구체적으로 말하면, 이러한 배경을 바탕으로 한 민화 워크숍은 기존 한국어 교육 정규 과정에 한국 문화 체험을 통합하여 한국 문화를 탐색할 수 있는 기회를 제공하고, 학습자들의 한국 문화에 대한 이해를 돕기 위한 다양한 요구를 수용하면서 좀 더 포용적이며 소속감 형성을 유발하는 긍정적인 학습 경험을 제공하기 위해 설계된 것이다.

학습자는 민화를 통해 자문화와 상호작용하면서 다양성에 대한 포용력을 키우고, 이를 통해 정서적 연결감과 소속감을 경험하게 된다. 이러한 과정에서 학습자는 문화적 역량과 더불어 다문화적 의사소통 능력을 배양하며, 나아가 글로벌 환경에서 요구되는 비판적 사고 능력을 강화하게 될 것이다. 또한 다양한 인종과 민족, 문화적 배경을 가진 사람들이 함께 사는 다민족 국가의 주요 과제인 DEIB(Diversity, Equity, Inclusion, and Belonging: 다양성, 형평성, 포용,

소속감), 즉 다양한 집단 속에서 포용적인 사회 분위기 형성에 필요한 가치 구축을 위한 적합한 교수 요목으로서 민화 워크숍이 그 역할을 하게 될 것이다. 민화 워크숍을 통해 DEIB의 가치를 실현하며 다양한 문화적 배경을 가진 학습자들이 좀 더 효과적으로 소통하고 협력할 수 있는 교육 환경을 조성할 수 있을 것이다.

따라서 본고는 교수자들과 학습자들에게 문화적 다양성을 통합할 수 있는 새로운 교수 방법 즉, 한국어 교육 현장에서 한국의 독자적인 전통 예술인 민화를 활용해 DEIB 가치를 실현하기 위한 교수 방안을 제시하고 그 효과를 살펴보고자 한다. 이는 궁극적으로 다문화 사회에서 언어적·문화적 상호작용을 증진하는 한국어 교육에 밑거름이 될 것이다.

2. 이론적 배경 및 연구 방법

2.1. 이론적 배경

문화 역량은 다양한 문화적 배경을 이해하고 이를 바탕으로 효과적으로 소통할 수 있는 능력을 의미한다. 미국 외국어 교육 협회(ACTFL: American Council on the Teaching of Foreign Languages) 표준인 5Cs(Communication, Cultures, Connections, Comparisons, Communities)에서 제시된 바와 같이 문화 항목은 학습자가 목표 언어의 문화적 맥락을 이해함으로써 단순히 언어를 사용하는 것을 넘어서 그 언어가 가진 사회적·역사적·관습적인 의미까지 파악하게 한다. 이러한 문화 이해를 통해 학습자는 특정 상황에서 문화적 맥락을 고려한 적절한 언어 사용 능력을 갖출 수 있으며, 이를 통해 다문화적 배경을 가진 사람들과 더욱 효과적으로 의사소통하며 상호 이해를 증진할 수 있다. 다문화 의사소통 능력은 단순한 언어 구사 능력뿐만 아니라, 상대방의 문화적 배경, 가치관, 관습을 존중하고 그에 맞게 소통하는 능력을 포함하며, 이는 글로벌 사회에서 원활한 대인 관계와 협력의 기반이 된다. 또한 이는 외국어 교육에서 중요한 요소로 작용하여 학습자의 문화적 이해와 수용력을 높이는 데 기여할 뿐만 아니라, 언어 습득에도 필수적이다(윤여탁, 2003, 2013; 차숙정, 2021). 이러한 관점에서 외국어 학습은 단순한 언어적 기술 습득을 넘어, 그 언어가 사용되는 문화적 맥락을 이해하는 과정을 통해 더욱 심화될 수 있음을 시사한다.

본고에서 다루는 민화와 같은 전통 문화 활동은 이러한 문화적 역량을 강화하는 데 매우 유용한 도구로 작용할 수 있다. 선행 연구들은 민화 그리기 등 예술 및 전통적인 문화 체험 활동이 학습자들의 문화적 인식을 높이고 다문화 의사소통 능력을 향상하는 데 긍정적인 영향을 미친다고 보고하고 있다(Bamford & Wimmer, 2012; Tsou, 2005). 또한 전통 미술 활동을 통한 문화 교육이 학습자의 문화 이해도와 학습 동기를 높이는 데 효과적이며(Gao, 2019), 전통적인 노래와 춤을 활용한 교육이 학습자의 언어 습득 및 문화 이해를 증진하는 데 긍정적인 영향을 미친다고 강조한다(McIntire, 2020; Zhang, Scouthcott & Gindidis, 2021). 이행선(2023) 역시 한국 문화를 교수 및 학습할 때 한국어 학습자의 흥미와 문화에 초점을 맞추기 위해 한국 설화를 활용하여 학습자가 자국의 문화에서 찾을 수 있는 유사한 설화를 통해 한국 문화를 자국의 문화와 스스로 비교함으로써 언어 습득 및 문화 이해를 증진할 수 있다고 주장한다.

선행 연구에서 살펴본 바와 같이 민화와 같은 전통문화 체험 활동은 문화 역량을 강화하고 이에 따른 다문화 의사소통 능력을 배양하는 데 적절한 교수 요목이라 할 수 있다. 또한 본고는 민화 워크숍이 DEIB 가치 또는 관계적 틀을 실현할 수 있는 교수 요목이자 교육 과정임을 제시하고자 한다. 미국에서 DEIB는 기업, 교육 기관, 비영리 단체, 정부와 같은 조직에서 중요시하는 가치로, 이는 미국이 역사적으로 다양한 인종과 문화가 공존해 온 것에 기인한다. 다양성(Diversity)은 인종, 성별, 종교, 나이 등 다양한 배경을 가진 사람들의 존재를 인정하고 그 가치를 존중하는 개념으로 이는 차별과 불평등을 줄이고 다양한 목소리가 사회와 조직에서 더 많이 반영되기를 바라는 요구이다. 형평성(Equity)은 이러한 다양성 속에서 모든 사람이 공평하고 공정한 기회를 얻을 수 있도록 소수 집단과 사회적 약자들을 위한 평등한 출발, 평등한 경쟁을 지향한다. 포용성(Inclusion)은 다양한 사람들이 똑같이 존중받고 자신의 의견을 제시할 수 있는 환경을 만들고자 하는 가치로, 실제 미국의 많은 기업과 기관이 포용적인 문화를 강화하기 위해 정책을 세우고 교육과 훈련을 통해 이를 실천하고 있다. 마지막으로 소속감(Belonging)은 공동체의 구성원들이 자신이 속한 공동체에서 소속감을 느끼며 자신의 정체성을 표현할 수 있는 분위기를 조성하는 것으로, 이는 다양한 네트워크와 소통의 장을 통해 실현할 수 있다.

이와 관련하여 DEIB 가치와 교육을 연결해 제시한 ACTFL(2012a, 2012b, 2019)에서는 다양한 배경의 교수자와 학습자는 각각의 정체성에 소외감을 느끼지 않도록 제2언어 학습 기회에서 환영받아야 하며 학습 기회와 접근권을 제공받아야 한다고 언급한 바 있는데, 이는 결국 교실 환경에서도 다양한 교육 내용과 기회를 제공해야 한다는 DEIB 가치를 반영한 것이다. 또한 Lafayette(1972, 1973a)와 Lafayette & Strasheim(1984)는 교수자가 아닌 학습자 중심의 프로그램으로 제2언어를 배우고 싶어하는 다양한 능력을 지닌 다양한 학습자들을 끌어들일 수 있다고 보았는데, 이는 학습자들을 신뢰하고 학습자들의 개인적·집단적 필요를 인정함으로써 교수자의 권위를 분산시켜 학습자들이 성공할 수 있는 조건을 제공해야 한다는 의미다. 이러한 교실 현장에서 학습자들은 학습 욕구를 느끼고 배우고 싶어하며 자신의 개인적인 이야기를 통해 교실 공동체에 완전하게 속한다고 느끼게 된다. 즉 개인의 필요와 공동체 상황에 반응하고 미리 정해진 결과가 아닌 과정에 초점을 맞춘 교육이 학습자들에게 힘을 실어 주고 스스로를 변화의 주체로 여기는 주도적인 학습자로 만들어 준다. 따라서 민화 워크숍은 다양한 문화를 가진 학습자들이 민화를 통해 다시 한번 자신의 문화를 인식할 수 있도록 기회를 제공하는 바, 학습자 중심으로 문화를 인식할 수 있는 과정 중심의 DEIB 가치 충족 교육 과정이라 할 수 있을 것이다.

민화는 대중의 욕망을 단순하고 소박하며 자유롭게 표현한 그림이다. 특히 한국어 교육에서 문화 체득의 도구로서 유용하게 활용되는 한국 민화는 그만의 특수성을 가지고 있다. 민화는 세계 여러 나라에 존재하지만 중국이나 일본의 경우 판화로 제작되어 저렴하게 판매된 것과 달리 섬세한 붓으로 그려진 한국의 민화는 자유로운 구성, 오방색으로 단장한 화려한 색채, 풍자와 해학을 담은 민중의 그림으로서 특수성을 지닌다. 학습자는 이러한 한국의 민화를 직접

그려 보면서 그 특수성을 체험하고 한국 민화의 주제 및 내용을 통해 학습자의 문화와 동일하거나 반대되는 내용, 또는 똑같거나 없는 내용들을 비교·분석하며 공감하고 정서적으로 연결되는 기회를 가질 수 있다. 민화를 직접 그림으로써 학습자는 민화 속에서 나타나는 한국 문화의 특징을 더욱 잘 이해할 수 있고 나아가 자신이 원하는 대로 그린 민화의 주제 및 내용을 자신의 문화 속에서 비추어 보며 유사성에서는 정서적 연결과 응집성을, 차이점에서는 문화의 다양성을 느끼며 문화적 교류를 체험하는 기회를 가지게 될 것이다.

또한 이러한 민화의 특징들은 본고의 주된 교육적 가치 틀이자 앞에서 언급했던 현재 미국이 국가적 차원에서 강조하고 있는, 시민 권리와 사회적 정의를 추구하는 관계적 틀인 DEIB와도 닮았다. 다시 말해, 21세기에 커다란 지지를 받은 동시에 최근 몇 년간 더욱 그 유효성을 인정받고 있는 DEIB 가치는 다양한 정체성을 가진 사람들의 가치를 존중하고 포용하며 더 나아가 소속감을 느끼게 하는 철학관으로서, 자유로운 표현과 정서적 연결, 인정을 통한 상호작용과 동기 부여를 가능하게 하는 민화와 닮아 있다. 다문화 사회에서 학습자들은 민화의 다양한 주제 및 내용을 통해 자신들의 문화를 살피고 공유하며 다양성을 인식하고 공감하게 될 것이다. 민화 워크숍에서 나타나는 상호작용은 학습자들이 가지고 있는 고유의 문화 다양성을 표출하고 그 다양성을 인정받게 하여 학습자들이 누려야 할 형평성을 충족시킬 수 있다. 게다가 학습자들은 주도적인 참여로 포용성, 응집성, 정서적 연결 및 소속감 또한 느끼게 될 것이다. 응원하는 공동체의 존재를 느낀 학습자들은 이후 다양한 문화를 접하게 될 때, 한층 향상된 문화적 역량 및 다문화 의사소통 능력, 그리고 비판적 사고 능력까지 갖춘 자신을 발견하게 될 것이다.

2.2. 연구 방법

본 연구의 참여자는 미국 동부의 한 대학에서 초급 한국어를 한 학기 반 동안 수강한 한국어 학습자이며, 민화 워크숍은 'Novice Mid'와 'High' 수준의 학습자들로 봄 학기 8주 차에 90분 분량으로 진행되었다. 2024년 봄 학기 초급 한국어 수업에 참여한 총 36명의 학습자들은 한국계 미국인 11명, 중국계 미국인 6명, 필리핀계 미국인 2명, 히스패닉계 미국인 2명, 말레이계 미국인 2명 등으로 구성되었는데, 이 학습자들은 학기 초에 실시된 설문 조사에서 각자의 계승어와 계승어 문화에 대한 설문 항목에 응답했다. 설문 조사에 따르면 학습자들은 자신이 계승어 학습자라는 사실을 자각하고 있었고, 한국어 학습 과정에서 모어인 영어뿐만 아니라 자신의 계승어 문화를 포함한 다양한 문화적 시각과 이해를 갖추고 있었다.

민화 그리기의 소재로는 토구도(兎臼圖)와 모란꽃을 선정했는데, 민화에서 토끼는 무속 및 도교의 소재로 많이 사용되었으며, 무병장수, 풍요, 다산 등을 상징하고, 모란은 장식용 소재로 흔히 사용되었으며 부귀영화, 화합, 행복 등을 상징한다. 해당 소재를 활용한 민화 워크숍을 진행하기에 앞서 다문화에 대한 이해를 돕기 위해 한·중·일에서 공통적으로 나타나는 토끼와 계수나무 설화를 제시하고, 한국의 동요인 〈반달〉, 추석 보름달과 소원 빌기 등의 문화적 배경 지식 및 모란꽃의 상징과 자문화 맥락에서 꽃의 상징적 의미 등을 들려줌으로써 관심을 유발했다. 이는 한국 민화를 체험하기 전에 자문화를 인식하고 한국 문화와 비교·분석할 수 있게 하려

© 김소연, Stephanie S. Lee

는 의도이다. 즉 자신의 문화 맥락에서 토끼나 모란꽃의 상징적 의미에 대해 이야기하고, '사랑'과 같은 단어를 탐색해 보는 기회를 제공하여 자신의 문화 및 그 안에서의 개인적인 경험과 한국의 문화를 살펴볼 수 있도록 하였다.

민화 워크숍에서 학습자들은 민화 작가의 주도 아래 민화의 역사적 배경, 의미, 그리는 방법 등을 배우고 직접 채색하며 한국의 민화를 체험했다. 체험하는 동안 학습자들은 민화 워크숍이 진행되기 전에 나눴던 이야기들을 다시 한번 나누는 시간도 가졌는데, 이는 한국 문화에 대한 이야기뿐만 아니라 앞서 배운 한국어 어휘와 문법을 사용해 보는 기회가 되었다. 민화 워크숍이 끝난 후에는 학습자들에게 한국 문화와 자신들의 문화적 배경을 토끼와 꽃을 통해 비교·분석하고 관련한 에세이를 짧게 작성하도록 했다. 이는 학습자들이 개별적인 경험과 문화적 배경을 되살피고 한국 민화에 담긴 문화적 상징을 해석하여 자문화와 비교하는 등의 과정을 통해 비판적 사고 능력을 함양하도록 돕기 위함이다. 에세이는 60~100개 단어 분량으로 짧게 작성하도록 요구했는데, 토끼나 꽃 또는 사랑 중에서 하나를 골라 학습자에게 친숙한 문화적 맥락에서 해당 주제가 가지는 의미들을 기술하게 했다. 문화적 내용을 기술하기에는 학습자들의 한국어 구사 능력이 아직 부족해 영어와 한국어 중 원하는 언어를 사용하게 했다.

민화 워크숍은 문화 학습 접근법 중 '대상 문화에 몰입하고 모방을 통해 배울 수 있는 총체적 몰입 및 모방 접근법'과 '문화적 사건을 관찰하고 문화적 관습을 분석하도록 유도하는 비판적·분석적 관찰 접근법'에도 부합한다.

〈그림 1〉은 민화 워크숍에서 사용된 토구도와 화훼/문자도이다. 학습자들이 완성한 작품은 세 번째 사진에서 보듯이 사람의 왕래가 잦은 복도 한쪽에 전시해 다른 학습자들이 감상하고 공유할 수 있게 했다.

3. 민화 그리기 활동을 통한 DEIB 교수 효과

본 연구의 목표는 초급 한국어 수업에 민화 그리기 활동을 도입해 학습자의 문화적 다양성 인식과 다문화 의사소통 능력을 향상하는 데 있다. 앞에서 언급한 것처럼 민화는 한국의 전통적인 생활 풍습, 정신적 가치, 그리고 예술적 정서를 담고 있는 예술 형태로 이를 통해 학습자들은 한국 문화를 깊게 이해할 뿐만 아니라 시각적이고 창의적인 활동을 통해 문화적 상징과 그 안에 담긴 이야기를 쉽게 접할 수 있다. 본고에서는 특히 영어 모어 화자와 이민을 통해 미국에서 성장한 계승어 학습자들의 문화적 배경을 고려하여 학습자들이 제출한 에세이를 분석하고, 문화적 비교를 통한 문화 역량, 다문화 의사소통 능력, 비판적 능력의 제고를 중점적으로 다루고자 한다.

한국어 학습자들이 한국 문화의 다양한 면을 경험할 수 있는 민화 워크숍 활동은 문화 역량, 다문화 의사소통 능력, 비판적 사고력, 그리고 학습 동기 증진에 긍정적인 영향을 미친다. 학습자들은 민화에 표현된 다양한 상징과 이야기를 통해 한국인의 생활 방식과 가치관을 자연스럽게 이해하게 되며, 이를 자신의 문화적 배경과 비교하여 문화적 다양성에 대한 이해와 존중의 태도를 기르게 된다. 예를 들어 학습자들은 한국의 동요 〈반달〉과 추석의 보름달 소원 빌기 전통을 통해 한국 명절의 의미와 풍습을 파악하고, 민화 속 꽃이 번창과 화합, 행복을 상징하며, 궁중의례, 혼례, 제례, 장례 등에서 많이 사용된다는 것, 달 토끼 또는 옥토끼가 무병장수, 풍요, 다산을 상징하며 벽사진경(辟邪進慶)을 위해 사용된다는 것 등을 배우면서 이러한 상징들이 자신들이 속한 문화와 어떻게 다른지 혹은 유사한지를 비교·대조하여 분석할 수 있는 기회를 갖게 된다.

다음 3편의 에세이를 통해 학습자들의 문화 역량을 엿볼 수 있다.

> When I was younger, during the Mid-Autumn Festival, my parents would share with me <u>the legend of the Jade Rabbit</u> who lives with the beautiful Lady on the Moon, Chang'E. (……) The story of the Jade Rabbit is like that of the Moon Rabbit in Korean culture; however, the Jade Rabbit is tasked to make <u>immortality potions versus rice cakes</u>. (Participant 4)

> Growing up, I do not think that I have heard any folktales about rabbits in Philippine culture. However, I always heard about <u>the Tortoise and the Hare</u> when I was young. I remember my parents would reference this story quite a lot, as they wanted to teach me that <u>diligence and persistence</u> is essential to success; acting carelessly can be one's downfall. Today, I apply this folktale to <u>my study habits and work ethic</u>. (Participant 11)

> I'm Filipino, and rabbits are also in Filipino culture and stories. A lion and a rabbit were friends, but all the animals in the forest died. The lion wanted to eat the rabbit, so the rabbit wanted to cross the river to escape. The rabbit jumped on the crocodile's back and survived. This tale <u>warns of bad friends and to run away from these kinds of relationships</u>. (Participant 12)

에세이를 통해서 알 수 있듯이, 대부분의 미국인 학습자들은 '꽃'이라는 공통된 주제에서 발렌타인 데이, 프로포즈를 위한 사랑의 매개체를 떠올렸다. 한 학습자는 색깔에 따라 꽃을 어떻게 인지하는지 알게 되어 흥미로웠다고 적었는데, 중국에서 흰색 꽃은 죽음의 의미로 부정적인 인식이 크지만 흰색 꽃을 순수와 순결의 의미로 생각하는 서양 문화에서는 결혼식 등에서 사용되고 있다며 문화적 맥락에 따른 다양성이 재미있다고 말했다. 또한 히스패닉계 학습자는 '죽은 자들의 날'인 멕시코 명절 기간 사용되는 금잔화를 연상하며, 죽은 사람의 영혼을 끌어들이는 꽃으로 여겨지는 금잔화는 영적인 의미를 가졌을 뿐만 아니라 그 생생한 빛깔은 죽음의 날을 슬픔이나 애도의 날로만 간주하지 않고 긍정적인 분위기를 자아내려는 노력과 의지를 담고 있다고 적었다. 또 다른 학습자는 말레이시아에서 결혼식 피로연 선물로 주고받는 말린 꽃들을 연상하며 꽃의 희망과 달콤함에 관한 상징을 기술했다.

'토끼'라는 주제에서는 미국 문화와 학습자의 계승어 문화에서 토끼와 달이 상징하는 의미를 비교하며 두 문화 간 유사점과 차이점을 이해했는데, 영어권 문화에서는 토끼가 주로 부활절과 관련한 상징으로 인식되는 반면, 한국에서는 달과 관련된 설화와 연결되어 있음을 서술했다. 토끼와 거북이의 이야기에서는 성실함과 인내의 교훈을, 또 다른 설화에서는 불멸의 약을 만들 수 있는 토끼의 능력과 나쁜 친구를 멀리하라는 교훈을 얻었다는 학습자는, 중국에서 토끼는 장수와 진심, 행운을 상징하기 때문에 자신은 토끼라는 동물에 신비함을 느낀다고 기술했다.

'꽃' 그리고 '토끼'라는 공통된 주제 하나로 모국어 및 계승어 문화와 타문화의 차이점을 인식하고, 문화적 다양성을 이해하고 해석하며, DEIB 가치를 체화할 수 있는 학습 경험이 되었다.

계속 언급해 왔던 것처럼, 민화 그리기 활동은 단순히 미술 활동에 그치지 않고, 학습자들이 서로의 문화적 배경을 공유하고 토론할 수 있는 기회를 제공한다. 학습자들은 미국 문화와 자신의 계승어 문화에서 토끼와 달의 상징적 의미를 비교·분석하며, 서로 다른 문화 간 유사점과 차이점을 이해하게 되었는데, 이는 학습자들의 다문화 의사소통 능력을 강화하는 데 중요한 역할을 한다. 이러한 기대 효과는 다양한 문화를 비교하고 체험하는 것이 학습자의 문화적 감수성을 높이고, 이는 곧 의사소통 능력 및 비판적 사고 능력 향상에 효과적이라는 기존 선행 연구 결과와 일치한다(Annenkova & Domysheva, 2020; Drobot, 2022; Paige, Jorstad, Siaya, Klein & Colby, 2000; Risager, 2007; Stone, 2018).

학습자들이 작성한 에세이들을 추가로 더 살펴보자면 다음과 같다.

> Personally, flowers do not hold a significant cultural meaning to me or my culture, but it does intrigue me how some colors could affect how <u>some flowers are perceived</u>. I know that white flowers in Chinese/Korean culture can be received badly because white represents the color of death, but in Western culture white flowers are openly used in weddings because they represent purity and innocence. I think it's very interesting to see how the

same color can <u>mean vastly different things depending on the cultural context</u>. (Participant 1)

There are many stories about different types of flowers, with my favorite being the <u>fictional "Hanahaki Disease" (or 하나하키병 in Korean)</u>, a disease where a person who suffers from <u>one-sided love coughs up flowers</u> until their love is reciprocated, or they pass away. I've written and read many stories utilizing this trope. (Participant 2)

In my personal experience, the most significant cultural association I have with flowers pertains to the Cempazuchitl, or marigolds, used during the Mexican holiday, Day of the Dead (el Día de Muertos). On this day, it's believed that marigolds attract <u>the souls of the departed back to the altars their loved ones set up</u>. (Participant 3)

In Chinese culture, rabbits symbolize <u>sincerity and longevity</u>. In particular, in Chinese folklore, rabbits are often depicted as <u>clever and peaceful</u>. During elementary school, I thought of rabbits as playful and pure. Now, my connotations are very similar, but I also think rabbits symbolize good fortune. Because of hearing more folk stories, I associate rabbits with mysticism. In folk stories, rabbits are depicted as <u>kind-hearted and powerful against predators</u>. However, <u>because I don't often see rabbits, I don't understand their meaning or importance</u>. (Participant 4)

미국에서 달 모습 때문에 보통 어린이가 달에 있는 사람에 대해 이야기해요. 달 모습이 얼굴 같아요. 그런데 한국 문화에서 <u>달 모습은 떡을 만드는 토끼</u> 같아서 보통 한국 어린이는 달에 있는 토끼에 대해 이야기해요. (Participant 6)

In my own culture, Malay, Bunga rampai is a mixture of dried flowers to create <u>a fragrant plant</u>. It is commonly used at Malay wedding receptions to give away. They are given away in bunches. It is <u>a symbol of hope and sweetness</u>. My grandma used to give out bunga rampai to others when it was time to feast and celebrate. (Participant 9)

The childhood story I grew up with relating to rabbits was the Tortoise and the Hare, a story with the moral essentially being 'slow and steady wins the race'. (⋯⋯) The hare in Tortoise and the Hare is projected in <u>an entirely different light than the story from the folk painting workshop</u>. (Participant 10)

학습자들은 한국 전통문화 체험 활동 후 작성한 에세이를 통해 영어권 문화와 한국 문화를 비교·분석하였으며 이를 통해 다양한 문화적 배경을 가진 사람들과 효과적으로 소통할 수 있는 능력을 배양하게 되었다. 한국 대중문화뿐만 아니라 망가 및 애니메이션으로 대표되는 일본 대중문화를 소비하는 영어 모어 학습자는 '사랑'이라는 문자도의 배경이 된 꽃을 설명하면서 일본 망가에서 짝사랑하는 사람이 생기면 꽃을 토하는 가상의 질병 '하나하키병(Hanahaki Disease)'을 연상하게 되었다고 기술하였는데, 한국 민화의 소재인 모란과 가상의 하나하키병에 대한 이야기를 비교함으로써 학습자가 동아시아 문화권 내에서의 문화적 교류와 변형을 이해하고 소비하고 있다는 사실을 확인할 수 있었다. 이러한 학습자 피드백은 한국어 학습자가 가지는 문화적 감수성, 문화적 상상력과 다문화적 이해, 다문화 의사소통 능력을 보여 준다. 이는 학습자들이 한국어 교실에서 제시되는 문화 활동을 통해 단순히 언어를 배우는 것을 넘어, 다양한 문화적 맥락에서 의미를 해석하고 소통하는 능력을 키운다는 사실을 시사한다. 학습자들은 미국과 멕시코 등 서양 문화에서 꽃과 꽃 색깔이 갖는 문화적 상징과 함의가 한국 문화와 상이하다는 것을 충분히 이해하고 있었다. 민화의 또 다른 소재였던 달 토끼와 관련해, 학습자들은 미국 문화에 널리 알려진 이솝 우화《토끼와 거북이》속 토끼와 달 토끼를 비교하는 경우가 많았다. 특히, 중국계 미국인 학습자는 자신이 배운 중국 문화 속 토끼의 의미와 미국에서 성장하며 형성된 토끼에 대한 문화적 이해를 비교하며 서술하였다. 이는 한국 민화 활동이 학습자 개인의 계승어 문화인 중국 문화와 미국 문화를 자연스럽게 비교할 수 있는 기회를 제공함으로써 다문화적 이해와 소통 능력을 효과적으로 향상할 수 있음을 보여 주는 긍정적인 사례라 할 수 있다.

본 연구에 참여하고 피드백을 제공한 초급 한국어 학습자들은 민화 워크숍과 같은 실제 교실 활동을 통해 문화적 다양성을 깊이 있게 이해할 수 있었다. 학습자들이 제출한 피드백을 분석한 결과, 참여자들이 자신의 경험과 문화적 배경을 열린 자세로 공유하였으며, 한국 민화에 담긴 다양한 문화적 상징을 해석하고 비교하는 과정에서 비판적 사고 능력을 발휘했음을 확인할 수 있었다. 특히, 학습자들은 민화의 해석과 토론 활동을 통해 서로 다른 문화적 시각을 이해하고 존중하는 태도를 기를 수 있었고, 나아가 민화의 표면적인 상징뿐 아니라 각자의 문화에서 나타나는 상징과의 유사점 및 차이점, 그리고 그러한 상징성이 형성된 배경에 대해서도 깊이 있게 탐구하였다. 이러한 활동은 학습자들이 한국 문화를 직접 체험하며 자신들의 문화적 배경과 비교·분석할 수 있는 기회를 제공함으로써 다문화 의사소통 능력을 향상하고 비판적 사고 능력을 강화하는 교육 효과를 가져왔다. 즉, 학습자들이 민화에 사용된 다양한 문화적 소재를 접할 때 그 문화적 맥락에 맞추어 사고할 수 있도록 도왔으며, 이는 결과적으로 비판적 사고를 신장했다.

In American culture, the rabbit is often <u>used as a symbol of good luck</u>. For example, the common superstition "rabbit rabbit rabbit" is said on the first day of the month to ensure good luck for the rest of the month. In addition, some people carry around <u>a rabbit's foot</u> (used to be an actual foot in the past, but is now typically just a manufactured clone) to bring good luck to them. (Participant 8)

In the United States and many Western countries, flowers have shared meanings. While I don't use the meaning of flowers in everyday life, I come across its importance when reading or writing literary works. For example, in the book I am writing, one character has the name Amara, and she is an <u>immortal being who continuously reincarnates</u>. Amaranths, within the folklore of this world, are named after her, and thus signify undying or immortal, as they signify in our world as well. <u>Using the meaning of flowers</u> greatly enhances literary works and understanding of themes. (Participant 12)

이 같은 예시들에서 알 수 있는 바와 같이 초급 한국어 학습자에게 제시된 문화 체험 활동은 학습자들의 비판적 사고 능력을 강화하는 데에도 기여하였다. 한 학습자는 한국의 추석 보름달과 미국의 추수감사절을 비교하며, 두 문화에서 달과 감사의 의미가 어떻게 다른지 서술하였다. 이러한 활동은 학습자들이 자신의 문화적 배경을 비판적으로 성찰하고, 이를 통해 새로운 문화적 이해를 형성하는 데 도움을 주었다.

또한 행운의 부적으로 사용되는 토끼 발을 예로 들며 한국과 미국 문화에서 나타나는 토끼의 의미를 비교함으로써 두 문화 사이에 존재하는 차이점과 미신이라는 문화 양상에 대해 분명히 인식할 수 있었다. 꽃이 갖는 상징성에 대해서는 문학 수업에서 읽은 작품 속 등장 인물 아마라(Amara)와 아마라의 이름을 딴 꽃에 대한 이야기를 통해 문학적 주제를 이해하는 데 꽃이 어떤 역할을 하고 있는지를 설명하였다. 이러한 기술은 민화 활동을 통해 연관된 문학 수업 속 꽃의 상징성과 문학적 기능에 대한 심도 있는 이해가 가능하며 학습자의 비판적 사고 능력을 향상할 수 있음을 보여 준다.

이러한 결과는 민화 워크숍 활동이 단순히 한국어 학습이나 전통문화 체험에만 머무르지 않고, 학습자들이 다양한 문화적 배경을 깊이 있게 이해하고 서로 존중하는 태도를 기르는 데 중요한 역할을 수행하고 있음을 보여 준다. 따라서 향후 한국어 교육에서는 이러한 문화 체험 활동을 적극적으로 도입하여 학습자들이 다문화 사회에서 효과적으로 소통하고 협력할 수 있는 역량을 갖추도록 지원할 필요가 있다.

민화 워크숍은 학습자들에게 학습 동기를 부여하는 효과적인 활동이다. 창의적이고 참여 중심적인 활동은 학습자의 학습 동기를 높이는 데 중요한 역할을 수행한다. 특히 민화 그리기 활동은 학습자가 적극적으로 참여하여 워크숍 시간 내에 자신만의 작품을 완성하고 즉각적인 성취감을 느낄 수 있도록 유도함으로써 학습 동기를 더욱 촉진한다. 또한 이러한 문화 활동 중심의 외국어 교수 활동은 학습자들이 한국어 학습에 대한 흥미를 지속적으로 유지하는 데 도움을 주며, 결과적으로 학습 동기와 학습 성과에 긍정적인 영향을 미친다.

민화 워크숍에서는 한·중·일 문화권에 공통적으로 등장하는 '토끼와 계수나무' 설화를 주요 소재로 다루었으며, 한국의 '반달' 동요와 추석의 보름달을 보며 소원을 비는 풍습과 같은 문화적 지식을 함께 제공하였다. 더 나아가 미국의 부활절 '에그 헌트(Easter Egg Hunt)' 활동을 소개하며 학습자들의 개별적 지식과 경험을 적극적으로 공유할 수 있도록 유도하였다. 이러한 자발적이고 적극적인 학습 참여를 통해 학습자들은 자신들의 문화적 배경과 한국 문화를 비교하며, 문화적 다양성을 이해하고 존중하는 태도를 기를 수 있었다. 또한 민화 제작 과정에서 사용된 색깔 관련 어휘, 채색 시 필요한 표현, 그리고 '토끼, 꽃, 사랑'과 같은 민화의 주요 소재 및 이와 관련된 파생 어휘들을 자연스럽게 활용함으로써 의미 있고 실제적인 언어 학습이 이루어졌다.

본 연구에 참여하고 피드백을 제공한 초급 한국어 학습자들은 민화 워크숍을 통해 교실 현장에서 문화적 다양성을 깊이 있게 이해할 수 있었으며, 자신의 경험과 문화적 배경을 열린 자세로 공유하였다. 나아가 한국 민화에 담긴 다양한 문화적 상징을 해석하고 비교하는 과정에서 비판적 사고 능력을 보여 주었다. 이러한 결과는 한국어 교육에서 문화 중심 교수 요목의 중요성을 재확인하는 것으로, 민화와 같은 전통문화 활동이 학습자의 문화적 다양성에 대한 이해와 포용성, 비판적 사고 능력 향상에 긍정적인 영향을 미친다는 점을 보여 준다. 이는 궁극적으로 다문화 사회에서 한국어 학습자들의 언어적·문화적 교류와 이해를 증진하고, DEIB 원칙을 실제 교수 현장에 효과적으로 실현하는 교수 활동 설계에 기여할 것으로 기대된다.

4. 나가며

본 연구를 통해 우리는 민화 그리기 활동이 초급 한국어 학습자들의 문화적 다양성 인식과 다문화 의사소통 능력을 향상하는 데 긍정적인 영향을 미친다는 것을 알 수 있었다. 민화 워크숍에서의 관찰, 학습자 피드백 등을 종합한 결과, 민화 그리기 활동에 참여한 학습자들은 한국 문화에 대한 이해와 다문화 의사소통 능력이 향상되었음을 에세이를 통해 보여 주었다.

본 연구는 민화 워크숍 활동이 초급 한국어 학습자들의 문화적 다양성 인식, 다문화 의사소통 능력, 비판적 사고 능력, 학습 동기 부여 등을 향상하는 데 중요한 역할을 한다는 것을 확인했다. 이러한 활동은 학습자들이 국가 단위의 다문화 사회에서뿐만 아니라 대학교 한국어 교실에서 효과적으로 소통하고 협력할 수 있는 능력을 배양하는 데 기여한 것이다. 향후 한국어 교구·학습 과정에 실제적인 도움이 될 수 있는 제언으로는 전통문화 활동의 도입 및 활용, 학습자들의 문화 역량 강화 방안 탐색 및 교수자 교육 및 연수 프로그램 강화 등을 들 수 있다. 이에 대해 자세히 살펴보면 다음과 같다.

우선 전통문화 활동의 도입 및 활용에서는 한국어 교수 요목을 설계하고, 교수 활동을 계획하는 과정에서 다양한 전통문화 활동을 외국어 교육에 적극 도입하여 학습자들의 문화 역량을 강화하는 방향으로 나아가야 할 것이다. 전통 미술, 음악 등 다양한 문화 체험 활동은 학습자들이 목표 언어의 문화를 깊이 이해하고 이를 통해 언어 학습의 동기를 강화하는 데 도움을 줄 수 있기 때문이다.

게다가 이러한 활동은 다양한 문화적 배경을 가진 학습자들이 DEIB 가치를 인지하고, 효과적으로 소통할 수 있는 교육 환경을 구축하는 배경이 될 것이다. 이를 통해 학습자들은 자신의 문화적 배경을 존중하며 다른 문화에 대한 이해와 수용력을 높일 수 있을 것이다. 따라서 자신의 문화적 배경을 비판적으로 성찰하고 이를 통해 새로운 문화적 이해를 형성할 수 있도록 돕는 교육 프로그램이 반드시 필요하다.

마지막으로 이러한 문화 체험 활동을 교수자들이 효과적으로 지도할 수 있도록 교육 및 연수 프로그램을 강화해야 한다. 한국어 교수자는 다양한 문화적 배경을 이해하고 이를 바탕으로 학습자의 요구를 확인하여 적절한 문화 교육 콘텐츠를 지속적으로 발굴, 제공할 수 있어야 한다. 또한 한국어 교수자는 학습자들의 피드백을 지속적으로 수집하고 이를 바탕으로 교육 프로그램을 개선하는 과정에서 학습자들의 문화적 이해와 다문화 의사소통 능력을 평가할 수 있는 효과적인 방법을 모색할 필요가 있다.

본 연구는 소규모의 참여자를 대상으로 진행되었기 때문에 연구 결과를 일반화하는 데에 한계가 있다. 연구에 참여한 36명의 학습자들을 대상으로 관찰 및 피드백을 분석한 질적 연구 방법을 사용하였기 때문에 문화적 이해와 의사소통 능력의 변화를 측정하는 등 정량적 데이터를 수집하는 데는 한계가 있었다. 따라서 앞으로의 연구에서는 더 큰 규모의 표본을 대상으로 하고 정량적 분석을 병행하여 연구 결과의 일반화 가능성을 높이는 것이 바람직하다. 또한 다양한 문화적 배경을 가진 학습자들을 대상으로 반복적으로 연구를 수행한다면 민화 워크숍 활동이 한국어 교육에서 갖는 문화 교수 요목의 의의를 명확히 할 수 있을 것으로 기대된다. 이러한 한계에도 불구하고 이 연구는 외국어 교육에서 문화 체험 활동이 학습자의 문화적 역량과 다문화 의사소통 능력을 강화하는 데 중요한 역할을 한다는 것을 시사한다. 앞으로의 교육 현장에서는 이러한 문화 체험 활동을 더욱 적극적으로 도입하여 학습자들이 다양한 문화적 배경을 이해하고 존중하는 태도를 기를 수 있도록 교수 요목을 확대하고 변화하는 학습자의 요구에 부응하는 교육 환경을 구축하는 것이 중요하다.

참고문헌

윤여탁. 2000. 한국어 교육에서 문화의 위상과 역할. **국어교육연구**. pp. 291–308.

윤여탁. 2013. 다문화 사회의 문식성 성장을 위한 한국어교육의 전략–문학교육의 관점을 중심으로. **새 국어교육**. 94. pp. 7–29.

이행성. 2023. 일본과 한국 설화를 활용한 한국 문화 교육 연구. **한국민족문화**. 86. pp. 155–182.

차숙정. 2021. 학문 목적 한국어에서의 문화 교육 연구 동향. **교양교육연구**. 15-5. pp. 297–307.

Annenkova, A. V. & Domysheva, S. A. 2020. Developing critical thinking skills for overcoming stereotypes in intercultural communication. *European Proceedings of Social and Behavioural Sciences 90*. pp. 1028–1038.

Bamford, A. & Wimmer, M. 2012. The role of arts education in enhancing school attractiveness: A literature review. *European Expert Network on Culture*(EENC). pp. 7–16.

Beth Wassell. & Julia Koch. 2023. DEI In World Language Education: Are We Really Committed to Advocacy and Action?, *NECTFL Review*. 90. pp. 85–93.

Bodrova, E. & Leong, D. J. 2003. The Importance of Being Playful. *Educational Leadership*, 60(7). pp. 50–53.

Chen, Y.C. & Chen, P.C. 2009. The effect of English popular songs on learning motivation and learning performance. *WHAMPOA-An Interdisciplinary Journal*. 56. pp. 13–28.

Drobot, I.-A. 2022. Multilingualism and awareness of cultural differences in communication. *Multilingualism: Interdisciplinary Topics*. edited by X. Jiang. IntechOpen.

Gao, H. 2019. The Value and a Preliminary Study of the Integration of Traditional Chinese Painting and Calligraphy & Modern and Contemporary Art in Primary School Art Teaching. *International Education Studies*. 12(6). pp. 75–82.

Jerry L. Parker. 2023. Curriculum, Instruction, and Leadership as a Practice of Reflexivity in World Language Education: A Systematic Review of Literature. *Journal of Educational Leadership in Action*. 8(3). pp. 1–41.

MacIntyre, P. D., Baker, S. C. & Sparling, H. 2017. Heritage passions, heritage convictions, and the rooted L2 self: Music and Gaelic language learning in Cape Breton, Nova Scotia. *The Modern Language Journal*. 101(3). pp. 501–516.

Magda Tarnawska Senel. 2023. Contextualizing DEIA in the German language classroom: Terminology and history, DDGC and recent develpoments, and practices and resources. *Die Unterrichtspraxis/Teaching German*. 2023. 56. pp. 157–172

McIntire, A. M. 2020. Musical text: An effective instrument in teaching language and culture. *Journal of Visual Literacy*. 39(3–4). pp. 185–200.

Paige, M. R., Jorstad, H., Siaya, L., Klein, F. & Colby, J. 2000. Culture Learning in Language Education: A Review of the Literature. *Culture as the Core: Integrating Culture into the Language Curriculum*. edited by R. M. Paige, D. L. Lange & Y. A. Yeshova. Minneapolis, MN: University of Minnesota. pp. 47–113.

Risager, K. 2007. *Language and culture pedagogy: From a national to a transnational paradigm.* 14. Multilingual Matters.

Stone, B. A. 2018. *Intercultural Sensitivity Development through Experiential Learning.* University of Minnesota.

Tsou, W. 2005. The effects of cultural instruction on foreign language learning. *RELC journal.* 36(1). pp. 39–57.

Zhang, N., Southcott, J. & Gindidis, M. 2021. Integrating dance and language education: A pedagogical epiphany. *The Qualitative Report.* 26(10). pp. 3112–3126.

제3장

다문화 사회 한국어 교수자 제스처에 관한 교육적 제언

김지영, 심주희
한국 연세대학교
Yonsei University

1. 들어가며

본 연구는 외국어로서 한국어 교육에서 제스처가 중요한 학습 요소임을 보이는 데 목적이 있다. 제스처를 학습의 평가 도구로서 다룬 연구들은 설문 조사 등의 양적 연구만을 진행해 왔다. 이에 본고는 기존 연구와 차별을 두고자 질적 연구를 기획하고 실행했다.[1] 실제로 제스처의 본질을 이해하려면 직접 보고 사용하고 그 과정에서 의미와 의의를 해석해야 한다.

제스처의 기원은 고대 그리스에서 신체가 수사학에 어떻게 사용될 수 있는지에 대한 고민으로부터 시작됐다(Kendon, 2004: 17-20). 이후 20세기 제스처에 대한 연구는 다소 제한적으로 이루어지는데 이는 제스처가 순수언어 체계에서 제외되는 경향 때문이다(지영은, 2022: 127). 이는 20세기에 태동한 순수언어학, 생성문법, 랑그 중심 언어관의 확산과 관련이 있을 것이다. 제스처는 《표준국어대사전》에서 다음 3개의 의항으로 정의된다. 첫째, '말의 효과를 더하기 위한 몸짓이나 손짓', 둘째, '마음에 없이 남에게 보이기 위한 태도, 형식뿐인 태도', 셋째, '무대 위에서 배우가 하는 동작'. 이러한 정의는 '제스처는 말의 범주에 속하지 않는가?', '제스처가 그 자체로 부정적인 의미를 가지는가?' 등의 쟁점을 유발하지만 이는 본고의 논의에서 벗어나므로 여기에서 다루지 않는다. 다만 중요한 것은 제스처가 담화에서 사용되며 구어와는 구별되는 동시에 특정한 태도를 나타낸다는 점이다.

제스처는 나라별로 형태나 의미에서 차이가 있다. 나라마다 수화가 다른 것을 고려해 보면 제스처도 나라에 따라 차이를 보이기 마련이다.[2] 그러다 보니 제스처에 대한 서로 다른 이해는 의사소통에서 오해를 불러올 수 있다. 예를 들어, '오라'는 의미를 전달하고자 할 때 한국은 손바닥을 아래로 향하는 손짓을 취하지만 미국에서는 손바닥을 위로 향하는 손짓을 취한다. 이러한 미국인의 제스처는 한국인에게 불쾌감을 줄 수 있다. 따라서 제2언어 교육은 해당 언어권의 제스처를 가르치는 일을 간과할 수 없다. 이미 다문화 사회의 깊은 터널을 지나고 있는 시점에서 제스처 교육은 필수 불가결하다.

우리의 관심사인 외국어로서 한국어 교육으로 돌아가면, 한국어 교육에서도 제스처를 교수하는 일이 필요하다. 이는 단순히 한국어의 제스처를 학습하는 문제만은 아니다. 교수자도 각 나라의 제스처 전반에 대한 이해를 기반으로 교실 상황에 맞추어 적절히 제스처를 활용할 수 있어야 한다. 하나의 학습 대상으로 제스처를 교수하는 일은 그다음 일이 될 것이다. 이 지점에서 제스처는 교수자의 역량이 큰 학습 요소라고 할 수 있다.

본 연구는 다음과 같이 전개된다. 2장에서는 제스처에 대한 개념 정립과 한국어 교육에서 제스처를 다룬 기존 연구들을 확인한다. 3장은 연구 방법으로 파일럿 연구와 본격적인 연구가 진행된 절차를 논의한다. 4장은 면담의 결과로 외국어로서 한국어 교육의 교수자가 각종 제스처를 어떤 역할로 인지하고 담화에 활용했는지를 심도 있게 밝힌다. 나아가 각 제스처와 관련한 교육적 제언을 논한다.

---

[1] 장채원 외(2016)에서도 질적 연구의 필요성을 언급한 바 있다.

[2] 수화 연구는 제스처 연구와 밀접한 관련이 있지만 본 논의에서는 제외한다.

2. 이론적 논의

2.1. 제스처의 개념과 외연

제스처는 정신적 이미지를 눈에 보이는 형태로 변환하기 때문에 의사소통에 필수적이며, 음성 언어 자체로 표현하기 어려운 생각을 전달한다(McNeill, 1992). 제스처와 언어 간의 관계를 지속적으로 연구한 선구자 McNeill은 제스처를 구어(spoken language)와 구별되는 코드나 몸의 언어로 여기는 것은 심각한 오류라고 밝힌다(McNeill, 2005: 4). 그는 제스처가 언어의 한 부분이며 발화에서 '독립'된 것이 아님을 강조한다. 이에 더해, 제스처에 이미지가 내재되어 있으며 언어와 함께 보편적이고 자동적으로 발생한다고 보았다. 이때 언어와 이미지 간 변증법을 강조하며 제스처가 생각과 언어를 촉진하는 것으로 간주했다.

Müller(1998) 역시 제스처와 발화 간 의존성을 밝히며 제스처는 언어와 유사한 구조를 가지고 있고, 이로써 언어와 동반적인 기능, 즉 발화와의 의존성을 가진다고 보았다(Heiko Droste, 2001). 제스처는 동시 발생하는 발화와 함께 표현되는 관계이지 어느 한쪽의 의존 관계가 아니다. 사용자는 이 2가지(소리, 제스처)를 함께 표현하면서 궁극적으로 하나의 의미를 강조하게 된다(McNeill, 2005: 22-24). 이처럼 제스처가 발화와 상호 관계에 있다는 사실은 누구도 부정하기 어렵다.

앞서 언급했듯이 McNeill(2005)은 제스처가 '자동적'으로 발생한다고 보았다. 즉, 무의식적으로 산출된다는 것이다. 반면 김현강(2017)에서는 대화의 내용과 직접적 관계가 없을지라도 대화 중에 쉬는 시간을 갖거나 상호작용을 조절하기 위해 물을 마시고 핸드폰을 만지작거리는 행동도 제스처로 보았다. 여기에서 더 나아가 옷차림이나 어떤 의도가 없는 발걸음을 제스처로 보기도 한다. 한편 Kendon(2004: 1-7)은 제스처와 제스처가 아닌 것의 경계를 명확히 규정하기가 어려움을 드러내며, 자세의 변화, 물체 조작, 머리 만지기 등이 제스처인지 확실히 판단하기 어려운 경우가 있음을 보여 주었는데, 궁극적으로 상호작용에서 참여자들이 의도한 행동만 제스처로 정의한다.

본 연구에서는 제스처의 독립성과 의도성의 유무라는 2가지 쟁점에 대해 다음과 같이 정리하고자 한다. 제스처는 발화에 의존적인 경우도 있지만 독립적인 경우도 존재한다. 우리는 발화 없이 특별한 동작으로 어떤 의미를 나타낼 수 있다. 예를 들어, 팔짱을 끼고 있는 몸짓만으로도 상대에게 말을 걸지 말라는 의미를 나타낼 수 있다. 이런 점에서 제스처가 발화에 항상 의존적이라고 보기는 어렵다. 의사소통에서 제스처는 발화만큼이나 중요하며, 독자적인 영역을 차지하고 있음은 분명하다. 또한 제스처는 의도적, 의식적으로 생성되기도 하지만 무의식적으로 나오기도 한다. 마치 혼잣말처럼 주체의 지배를 받지 않는 경우를 떠올릴 수 있다. 우리는 의도를 가지고 담화를 이끌어 가려고 하지만 분명히 무의식적으로 산출되는 제스처가 있다. 예를 들어, 본인이 의식하지 못한 채로 눈빛을 통해 감사의 의미를 전달하는 행위 등이 그렇다. 따라서 특정한 의미를 전달하는 데 기여하는 동작이라면 의식적이든 무의식적이든 제스처라고 정의할 수 있다.

마지막으로 본 연구에서 활용한 McNeill(1992)의 제스처 유형은 다음과 같다. McNeill (1992)에서는 손 제스처의 유형을 지시(deictic), 도상(iconic), 은유(metaphoric), 내침(beat) 의 4가지로 구분했다. 지시적 제스처는 참여자가 방향을 가리키거나 이전에 논의된 무언가를 언급하는 것을 포함하여 실제로 존재하는 개체를 가리킨다. 도상적 제스처는 손이 동그랗게 공 모양을 표상하는 것과 같이 일종의 물리적 현상을 반영한 것이고, 은유적 제스처는 추상적인 아이디어를 구체적으로 표상하는 것이다. 다만 은유적 제스처는 해석하기가 다소 어려운 측면 이 존재한다. 특히 전문 영역에서 사용되는 제스처는 일반인이 이해하기가 어렵다. 마지막으로 내침의 제스처는 어떤 의미를 나타내지 않는 단순 반복 동작으로, 발화의 속도를 반영하고 강 조하기 위한 것, 흔히 두드리기와 같은 것을 포함한다. 본 연구에서는 McNeill(1992)의 4가지 유형을 토대로 삼아 연구 자료를 분석할 것이다. 이때 제스처는 'G', 지시적 제스처는 'DG', 도 상적 제스처는 'IG', 은유적 제스처는 'MG', 화용적 제스처는 'PG'로 간략히 표시하였다.

2.2. 한국어 교육에서 제스처

앞서 언급했듯, 제2언어 교육은 다문화 사회를 반영할 수밖에 없다. 다문화 교육은 학습자가 목 표 언어를 '제대로 아는 것'에 기여하는 바가 크다. 모두가 아는 사실이겠지만, 언어를 배운다는 것에는 언어 그 자체 이외의 학습이 함축되어 있기 때문이다. 이 중 하나로 본 연구는 제스처를 다루고 있다.

김영순(2000)에서는 외국어 교수에서 비언어적 소통에 대한 연구가 간과되어 온 점을 지적 하며, 문화를 이해하는 능력 차원에서 신체 언어의 중요성을 강조한 바 있다. 외국인을 위한 한 국어 교수법에서 제스처와 관련한 연구로는 임지룡·김영순(2000)이 있는데, 한국어 수업에서 교수자의 비언어적 양태들 즉, 표정, 시선, 손짓, 몸의 움직임 등은 한국어 수업의 목표를 달성 하기 위한 중요한 교수법적 요소임을 언급했다. 하지만 여전히 한국어 교육에서 제스처 교수는 적극적으로 도입되지 못한 실정이다(조현용, 2007).

홍민표(2007)는 상징적 제스처[3]에 해당하는 12개의 손가락 제스처가 한국, 일본, 중국, 미국 의 언어별로 어떻게 다른지를 계량적으로 확인하고 그 결과를 사회언어학적 관점에서 고찰한 연구이다. 그 결과 4개국이 모두 같은 의미로 사용되는 경우도 있지만 나라마다 조금씩 다른 의 미로 사용되는 제스처(양손의 검지를 세워 뿔 모양을 만드는 동작, 오른쪽 검지 끝을 구부리는 동작, 오른손을 들어서 상하로 흔드는 동작)가 있음을 제시했다. 이 연구는 제스처가 문화권에 따라 다르게 해석될 수 있음을 계량적으로 비교하여 사회언어학적 해석을 시도했다는 점에서 의의가 있다.

노경희·배현명(2011: 121)은 초등 영어 수업에서 교수자의 제스처가 학습자에게 미치는 영 향과 제스처의 의미, 기능에 대해 자극회상(stimulated recall)을 이용한 면담법으로 질적 분석 을 시도한 연구이다. 연구 결과 제스처는 인지적 기능, 수업 운영 기능, 정의적 기능, 언어적 기 능, 다기능의 기능을 수행한다는 것을 밝혔다.[4] 또한 학습자는 교수자의 의도보다 제스처를 훨 씬 다양한 기능으로 받아들이고, 매우 민감하게 정의했다. 이 연구는 제스처가 인지적 측면만

---

[3] 홍민표(2007: 36)에서는 Wundt(1985)의 지시적·서술적·상징적 제스처 분류를 따르고 있다. 홍민표 (2007)는 그중 '상징적 제스처'만을 연구 대상으로 삼고 있는데, 이때 '상징적 제스처'란 "추상 개념을 나타내는 제스처로 제스처와 의미의 결합이 자의적(恣意的)이기 때문에 문화 차가 크고 때로는 오해를 일으키는 원인이 되기도 한다."라고 하였다. Wundt(1985)의 제스처 분류에 대한 자세한 기술은 홍민표(2007)에서 확인할 수 있다.

[4] 노경희·배현명(2011)에서 제시한 제스처의 5가지 기능은 다음과 같다. 첫째, 인지적 기능은 학습의 이해도와 관련한 것으로 문장과 문법의 의미를 더 확실하게 확인하고 유추하게 도와주는 기능을 의미한다. 둘째, 수업 운영의 기능은 주의 집중 유도, 지목, 상호작용을 이끌어 내는 것을 의미한다. 셋째, 정의적 기능은 격려, 부정적 감정 전달, 편안한 수업 분위기 등 학습자의 감정이나 태도에 영향을 주는 것을 의미한다. 넷째, 언어적 기능은 통사적 언어 단위나 발음을 강조하기 위해 사용한 것으로 강세, 문장의 음보 등 리듬을 제스처로 보여 주며, 마지막으로 다기능은 제스처를 사용해 앞선 여러 기능을 동시에 수행한 것을 의미한다.

이 아니라 다양한 학습 기능과 효과를 가진다는 사실을 제시했다는 점에서 의의가 있다.

조현용(2007)은 한국어 교수에 활용할 제스처(비언어적 행동)를 목록화하여 제시했는데, 이때 신체 부위를 머리, 목, 눈, 팔 등으로 1차 구분했다. 그리고 절하는 행위 등 현대성이 떨어지는 경우를 제외한 제스처를 한국어 교재에 나타난 담화 기능(화행)에 따라 정리했다. 교재에 제시된 화행을 기준으로 제스처를 나누었기에 실제 한국어 교육에서 바로 적용이 가능한 장점이 있다. 비교적 최근 연구인 송수희(2020)는 한국어 발표 교육으로 한정하여 비언어적 요소가 중요함을 역설하고 해당 요소 안에서 제스처를 다루었는데, 이때 표정, 시선 처리는 제스처와 구분했다. 한국어에서는 과장된 제스처를 사용하지 않는다는 점을 강조하면서, 한국인의 문화적 특성을 반영해 겸손한 제스처에 관한 교수가 필수적임을 강조했다.

지금까지 살펴본 연구들이 한국어 교육에서 이루어진 제스처 연구의 대부분이라 할 만큼 제스처에 대한 언어학적 관심은 미흡한 상태이다. 제스처에 대한 연구는 인공지능(AI)이나 인터페이스를 다루는 곳에서 주로 이루어졌다. 문어와 구어로 된 언어 교육을 주로 하는 한국어 교육 분야에서 제스처를 구체적으로 언급한 논의는 찾기 어렵다. 따라서 주된 요소(문·구어) 이외의 연구는 아직 걸음마 수준이며, 이에 본 연구는 한국어 교육에서 제스처를 본격적으로 다루는 논의로서 해당 분야의 포문을 연다는 의의가 있다.

3. 연구 방법

본 연구는 외국어로서 한국어 교육에서 교수자의 제스처가 중요한 학습 요소임을 보이기 위해 실제 수업을 촬영하고 한국어 교수자를 대상으로 심층 면담을 실시했다. 수업에서 사용된 제스처는 사용자인 교수자의 특성, 학생의 특성, 사회·문화적 요소 등과 밀접한 관련이 있다. 제스처는 수업의 맥락과 발화, 화·청자의 긴밀한 상호작용 속에서 진정한 의미가 산출되기 때문이다. 그런데 기존의 제스처 연구에서는 제스처를 이미지화한 자료로 한정하여 실제 맥락 속 제스처의 의미나 사용 의도, 참여자의 특성 등을 파악하기 어려웠다. 이에 따라 실제 수업 분석과 심층 면담을 통해 수업에서 사용된 제스처의 의미와 인식 등을 질적인 면에서 알아보고자 하였다. 이를 위해 한국어 수업을 맡고 있는 교수자를 대상으로 수업 관찰 및 면담을 실시했다. 본 연구에 참여한 교수자와 학습자 기초 정보는 〈표 1〉과 같다.

〈표 1〉 연구 대상

연구 장소	수업	주 차 및 수업 내용	교수자	학습자
대구대학교 (경상북도 경산시)	AI 통번역의 이해	12주 차 8과. 한국 미용(K-BEAUTY)과 한국어	정○○	52명 (제2언어 학습자)

본 연구는 2024년 2월부터 7월까지 6개월 동안 진행되었으며, 연구 계획, 선행 연구 조사, 파일럿 연구, 본 연구 준비, 수업 관찰 및 분석, 심층 면담, 결론 도출의 단계를 밟았다. 구체적

〈표 2〉 연구 기간 및 절차

연구 기간	절차	내용
2024. 2. 1.~2024. 2. 15.	연구 계획	• 연구 주제 선정 • 연구 방법 논의 및 확정
2024. 2. 16.~2024. 3. 31.	선행 연구 조사	• 선행 연구 목록 선정 • 선행 연구 정리
2024. 4. 1.~2024. 4. 30.	파일럿 연구	• 파일럿 수업 영상 분석 : 한국어 교육 실습 교과목 운영을 위한 강의 참관 콘텐츠 분석
2024. 5. 1.~2024. 5. 22.	본 연구 준비	• 연구 참여자 선정 • 수업 관찰 계획 및 관찰 항목 정리 • 모의 촬영 연습
2024. 5. 23.~2024. 5. 31.	수업 관찰 및 분석	• 수업 관찰 및 촬영 • 영상 편집 및 수업 영상 분석
2024. 6. 1.~2024. 6. 30.	심층 면담	• 심층 면담 질문 선정 및 질문지 작성 • 심층 면담 실시 및 분석
2024. 7. 1.~2024. 7. 31.	결론 도출	• 결론 도출

인 연구 기간 및 절차는 〈표 2〉와 같다.

　　본 연구는 설문 조사를 통한 정량적 관찰에 한정되었던 제스처 연구에서 나아가 정성적 관찰, 분석을 시도하고자 했다. 이에 따라 교수자의 실제 수업을 관찰하고 심층 면담을 진행하는 계획을 수립하고 진행했다. 제스처의 유형은 McNeill(1992; 2005)의 'Iconic(도상)-Metaphoric(은유)-Deictic(지시)-Beat(내침)' 4형 분류를 토대로 화용적(Pragmatic) 제스처를 추가했다.[5] 다만 'Beat'의 경우 본 연구 자료를 분석하는 데 유용하지 않아 이 연구에서는 제외했다.

　　이후 파일럿 연구를 진행했는데, 파일럿은 세종학당재단의 '한국어 교육 실습 교과목 운영을 위한 강의 참관 콘텐츠'를 대상으로 삼았다. 이는 한국어 초급 학습자를 대상으로 수업한 무료 배포 영상이며, '세종한국어 초급 2B 교실 수업 1(세종한국어 3과 초대, 대화 1)'을 통해 실제 수업 장면에서 어떤 종류의 제스처가 나타나는지 양상을 살펴보았다.

　　파일럿 수업 영상 분석을 통해 동음이의어 '부르다'를 제스처를 통해 효과적으로 설명할 수 있음을 확인했다. '배가 부르다'와 '친구를 부르다'를 발화와 함께 손 모양을 달리하여 각 어휘가 사용되는 장면을 효과적으로 구분해 제시했다. 교수자는 오른손으로 배를 두들기며 "배가 불러요(속이 꽉 찬 느낌이 들다)." 제스처와 오른손을 펼쳤다 굽혀 휘저으며 "오세요(주의를 끌어오다)." 제스처를 시각적으로 잘 보여 주며 동음이의어를 설명하고 있다. 또한 앞선 '부르다'가 뒤의 '부르다'와 다름을 설명하기 위해 '아니다'의 의미로 손을 좌우로 흔드는 제스처를 사용하고 있다. 파일럿 연구는 전반적인 제스처에 대한 포착과 영상 전사 방법을 결정하는 데 도움을 주었다. 파일럿 이후 실제 수업을 관찰, 촬영하여 교수자의 제스처를 분류하고, 발화와 제스처를 함께 전사했다. 전사 방법은 파일럿과 동일하며, 교수자 발화와 함께 '신체 부위_구체적

5 이후 분석할 때는 도상적 제스처(IG), 은유적 제스처(MG), 지시적 제스처(DG), 화용적 제스처(PG)로 간략히 표시하였다.

신체 부위_제스처 유형_동작 서술' 방식으로 제스처를 분류하고 전사했다. 이후 관찰 및 수업 영상 분석을 바탕으로 심층 면담 질문 항목을 구성하고 심층 면담을 진행했다. 심층 면담은 제스처 영상 부분만을 cut[7] 작업해 연구에 참여한 교수자와 함께 보며 진행하였고, 2시간 반 동안 이루어졌다. 심층 면담은 교수자의 동의를 얻어 녹음했고, 면담 이후 전사했다. 이와 같은 수업 관찰 및 분석, 심층 면담을 통해 수업 제스처에 관한 의미 있는 결론을 얻을 수 있었다.

4. 제스처의 유형과 실제

본 장에서는 McNeill(1992; 2005)의 제스처 유형 중 3가지, '지시', '도상', '은유'에 '화용'을 추가해 범주를 구분했다. 제스처 유형에 대한 구체적 내용은 아래 각 절에서 다루도록 한다.

4.1. 지시

지시(deictic)는 현실 공간의 개체나 발화자와 수신자의 정신 공간, 상상 공간 등에 존재하는 개체를 가리키는 표현(장경희, 2004: 52)이다. 쉽게 말하면 교실 현장에서 시계를 손으로 가리킨다거나 학교 앞 서점이 '오른쪽'에 있다고 표현하는 식이다. 지시적 몸짓은 손가락, 팔, 머리, 턱 등 방향을 나타낼 수 있는 신체 부위를 사용해 개체를 가리키는 제스처를 의미한다. 일반적으로 사람과 사물, 방향 등을 가리킬 수 있다. 지시는 상황 맥락에 따라 지시 대상이 바뀔 수 있는데 이는 언어적 표현뿐만 아니라 비언어인 제스처의 경우에도 동일하게 적용된다. 실제 수업에서 확인한 지시적 제스처를 표로 정리하면 〈그림 1〉과 같다.

〈그림 1〉 지시적 제스처의 실례

예시	(1가)	(1나)
영상 자료		
제스처	[손_양손_DG_손바닥을 안쪽으로 펴 X 자로 겹쳐 가리키기]	[손_오른손_DG_분필 쥐어 지시하는 사물을 가리키기]
발화	선생님은.	이게 뭐예요?

(1가)는 교수자가 자신을 지시하기 위한 행동으로 가슴 중앙에 두 손을 모았다. 발화자가 자신을 지시하기 위해서는 손가락을 자신 쪽으로 향하거나 손바닥을 가슴에 얹는 등의 제스처를 취할 수 있다. 두 손을 모아 자신을 지시한 것은 일부 겸양의 표현으로 보이는데, 이는 해당 교수자가 학습자들에게 일관성 있게 존댓말을 쓰며 존중하는 모습과 상응한다. 이와 동시에 교수

---

[7] 영상 편집은 'Adobe premiere Pro' 프로그램을 사용했으며, 수업 도입부터 마무리까지 제스처가 사용된 부분만 잘라 하나의 영상으로 구성했다.

자는 자신을 '나', '저'가 아닌 '선생님'이라고 지칭함으로써 자신 또한 존중받아야 할 개체임을 자연스럽게 나타낸다. 발화와 제스처가 모순되는 것처럼 보이나 교수자와 학습자라는 관계를 고려할 때 상호 존중의 의미로 해석할 수 있다. 이처럼 제스처는 발화자가 스스로 어떻게 보이길 바라는지를 드러내며, 교수자와 학습자라는 관계적 정보 또한 담고 있다.

(1나)는 교수자가 칠판에 얼굴 모양을 그리고 각 신체 부위를 지시하고 있다. 이는 머리의 다의적 의미를 설명하기 위한 것이다. 이처럼 제스처는 구체적인 실체를 지시하는 것 이외에도 추상적 개념을 지시할 수 있다. 교실 현장은 학습자가 학습 언어의 발화에서 자유롭지 못하므로 이와 같은 대화 방식이 자주 일어나곤 한다. 지영은(2022: 127)에 따르면 제스처는 3차원 공간에서 수행되는 행위인데 상상으로 추상적 생각을 공유하는 대화 공간에서 이루어지는 시각적 자극이다. 제스처는 발화가 제한되는 공간에서 위와 같은 3차원 공간의 제약을 보완하는 의사소통 수단으로 기능한다. 따라서 교수자는 추상적 의미를 구체화하고 교실 현장의 제약을 극복하기 위한 교수 학습의 요소로 다양한 제스처를 활용할 필요가 있다.

4.2. 도상

도상적 제스처는 구체적인 지시 대상이나 행동을 표상하는 것으로, 지시 대상(사람, 사물, 행동)의 움직임, 형태 등 구체적인 정보를 담고 있다. 또한 지시물 자체와 유사하게 표상되기 때문에 다른 범주의 제스처보다 그 의미와 기능을 파악하기 쉽다. 예를 들어, 주먹을 쥔 상태에서 검지와 중지를 펴 두 손가락을 붙였다 떼면 '가위' 또는 '가위질하는 행위'를 나타내는 도상적 제스처가 된다.

다음 〈그림 2〉에 제시된 (2가~2라)는 도상적 제스처의 예다. (2가)는 가위로 '자르다'의 행위를 구체적으로 시늉하여 보여 주며, (2나)는 립스틱을 바르는 행위, (2다)는 약을 바르는 행위, (2라)는 카메라로 찍는 실제 행위를 그대로 본떠 구체적으로 형상화한 것이다. (2가)에서 교수자는 오른 주먹의 검지와 중지만 펴서 두 손가락을 붙였다가 떼며, 가위로 자르는 시늉을 하고 있다. 이 제스처와 함께 교수자는 목표 어휘인 '(머리카락을) 자르다'를 설명했다. 심층 면담에서 교수자는 '자르다'의 의미를 전달하기 위해 해당 제스처를 사용했으며, '자르다'가 목표 어휘이기 때문에 이 어휘를 모르는 학생들에게 행동으로 보여 주기 위해 의도적으로 사용했다고 밝혔다. 또한 교수자는 이 제스처가 학생들의 이해에 도움이 되었으리라고 판단했다. 실제로 가위를 가지고 무엇인가를 자르는 행위는 나라 또는 문화에 따른 차이가 거의 없다. 따라서 한국어 어휘를 가르치기 위해 그 어휘의 구체적인 행동이나 대상을 묘사하는 도상적 제스처를 사용하는 것은 수업의 이해에 도움을 줄 수 있다.

(2나)는 손을 가볍게 쥐어 입 주변에서 좌우로 움직이며, 립스틱을 바르는 시늉을 하고 있다. (2다)는 손바닥을 아래로 향하게 하여 펼친 왼손 위에 동일한 방식으로 펼친 오른손을 올려 원을 그리는 듯한 움직임을 보여 주며 약 바르는 시늉을 하고 있다. 각 제스처와 함께 교수자는 '립스틱을 바르다', '약을 바르다'를 발화하며 '바르다'를 설명하고 있다. 이 어휘는 무엇을 바르는지에 따라 제스처가 달라질 수 있다. 《표준국어대사전》에서는 물, 풀, 약, 화장품 따위를 물체

〈그림 2〉 도상적 제스처의 실례

예시	(2가)	(2나)
영상 자료		
제스처	[손_오른손_IG_가위 모양을 만들어 자르는 시늉]	[손_오른손_IG_손을 가볍게 그러쥐어 립스틱을 바르는 시늉]
발화	머리 잘라요.	립스틱 발라요?
예시	(2다)	(2라)
영상 자료		
제스처	[손_양손_IG_펼친 왼손 위에 동일하게 펼친 오른손을 올려 원을 그리며 무엇을 바르는 시늉]	[손_왼손_IG_손가락을 동그랗게 말아 카메라로 찍는 시늉]
발화	약을 바르다, 뭐 바르죠?	지금 뒤에서 카메라로 찍고 있어요. 여러분.

의 표면에 문질러 묻히는 행위로 '바르다'를 뭉뚱그려 정의하여, 사전적 정보만으로는 '바르다'를 언제, 어떻게 사용할 수 있는지 명확하게 이해하기 힘들다. 따라서 해당 어휘를 어떤 상황에서 어떻게 사용할지 제대로 이해하기 위해서는 제스처로 보여 주는 것이 효과적이다. 심층 면담에서 교수자는 연구자들과 유사한 생각을 보였다. 교수자는 립스틱이 약을 바르거나 두드리는 행위가 아니라 입에 바르고 문지르는 것임을 동작으로 설명할 수 있으면 좋겠다고 응답했다.

또한 제스처를 수정하지는 않겠지만, 가방 안에 립스틱이 있어서 실물로 보여 줘도 좋았겠다는 아쉬움을 밝혔다. 이처럼 도상적 제스처는 실물의 형상이나 움직임을 모방하는 것이기 때문에 실물을 보여 주면 더욱 좋겠지만, 그렇지 못할 경우 도상적 제스처를 활용하면 인지적 측면에서 수업의 이해도를 높일 수 있다.

(2라)에서 교수자는 카메라로 찍고 있다는 행위를 구체적으로 묘사한 도상적 제스처를 사용하고 있다. 왼손의 손가락 끝을 맞대어 둥글게 원을 만들어 눈에 가까이 대는 제스처를 하며, "카메라로 찍고 있어요."라고 발화했다. 교수자는 심층 면담에서 이 제스처를 '카메라가 찍고 있다, 보고 있다'는 의미로 사용했으며 본인도 인식하지 못하는 상황에서 사용했다고 밝혔다. 즉, 무의식적으로 나온 제스처라는 것이다. 다만 초급 한국어 학습자 대상의 수업이다 보니, 어휘를 설명할 때 동작을 곁들인 복합적인 제스처를 사용한 것 같다고 덧붙였다. 이처럼 도상적

제스처는 비의도적으로 사용되었더라도 실물의 움직임을 구체적으로 보여 주어 학습자의 이해를 도울 수 있다. 특히 한국어를 제2외국어로 배우는 초급 학습자에게 어휘 차원에서 도상적 제스처를 사용하는 것은 수업 이해에 유용하다. 다만 도상적 제스처를 사용할 때, 대상이나 행동 표상을 명확하게 해야 학습자의 이해에 도움이 된다. 명확하지 않은 제스처는 오해를 양산하거나 의미 전달에 방해가 될 수 있음에 유의해야 한다.

4.3. 은유

은유는 근원적인 영역 및 목표 영역의 존재와 이 두 영역 간 매핑(mapping)을 핵심으로 한다. 예를 들어, '삶'은 우리가 시간의 흐름 속에서 새로운 것을 발견하고 경험하고 새로운 사람을 만나는 과정이라는 의미에서 은유적으로 '여행'이라고 표현된다. 이때 은유적 제스처는 추상적 아이디어와 대화 구조를 시각화하고 구체화한다. 은유적 제스처를 통해 인간의 인지 체계가 은유적으로 구조화되어 있으며 인간이 추상적인 개념을 신체화된 경험적 개념인 이미지 스키마에 투사하여 이해함을 확인할 수 있다(지영은, 2022: 170).

〈그림 3-1〉 은유적 제스처의 실례 1

예시	(3가)	(3나)
영상 자료		
제스처	[손_오른손_MG_자신을 기점으로 왼쪽으로 움직여 방향 가리키기]	[손_양손_MG_양손을 바깥쪽으로 펼쳐 보이기]
발화	두 달 전에.	길어요.

(3가)에서 교수자는 자신이 축이 되어 시간의 개념을 나타낸다. 자신을 기점으로 왼쪽은 과거를, 오른쪽은 미래를 나타내는 것이다. 여기서는 특정한 위치가 은유적 의미를 내포하고 있다. "두 달 전에."라고 말하면서 검지와 중지를 정면으로 펴 보인 후, 오른손으로 왼쪽을 가리킨다. 이 제스처가 사용된 수업 장면은 교수자가 학생의 답변을 재진술하는 상황으로, 면담에서 교수자는 이 제스처가 학생의 말을 잘 이해하고 있음을 보이는 반응이었다고 설명했다. 즉, 의도적으로 제스처를 사용해 청자 반응을 나타낸 것이다.

(3나)는 길이의 폭을 시각화하고 있다. 교수자는 양팔을 바깥쪽으로 넓게 벌리며 '길다'를 표현한다. 한자 '長(길 장)'의 뜻을 설명하기 위해 두 팔을 활짝 펴 보인 것이다. '머리가 길다'라는 예문을 제시하면서 핵심 의미인 '길다'를 강조했는데, 이해를 돕기 위해 손이 서로 멀어지면서 길이가 길어지는 것을 나타냈다. 이처럼 은유적 제스처는 추상적 개념을 구체화한다.

예시	(3다)	(3라)
영상 자료		
제스처	[손_오른손_MG_검지와 엄지손가락으로 원 모양 만들기]	[손_왼손_MG_엄지손가락만 세우기]
발화	오케이.	

(3다)는 교수자가 오른손 엄지와 검지를 구부려 붙여 원 모양을 만들고 있다. 흔히 '좋다', '알겠다'라는 의미를 전달하는 것으로, 이는 긍정적인 제스처이자 관습적인 표현이다. 이 제스처는 발화 없이 그 자체로 의미를 전달할 수 있을 정도로 한국 사회에서는 보편적으로 사용되고 있으며 이 수업에서는 '알겠다'는 의미를 나타낸다. 수업 맥락을 살펴보면, 한 학습자가 부득이한 사정으로 지각한 상황을 교수자에게 설명하고, 이에 교수자는 확인의 표시로 '오케이' 손짓을 내보인다. 교수자는 학습자의 말을 잘 이해했으며, '알겠다'는 의미를 나타내고자 해당 제스처를 사용했다고 밝혔다. 이 제스처는 해당 상황에서는 긍정적인 의미로 사용되었지만 다른 문화권에서는 부정적인 의미를 내포하기도 한다. 프랑스에서는 '오케이' 제스처가 쓸모 없다는 뜻의 부정적 의미를 나타내고, 터키, 브라질 등에서는 성적 모욕의 뜻을 내포한다. 따라서 교수자는 은유적 제스처가 가진 다양한 의미를 파악하고 사용에 주의해야 한다.

(3라)는 또 하나의 긍정적인 평가를 전달하는 제스처로 엄지손가락을 치켜세워 지문 방향을 상대에게 보여 준다. (3다)의 제스처보다 좋음의 강도가 높은 것으로 '훌륭하다', '으뜸이다'의 의미를 전달한다. 다섯 손가락을 사람에 비유하면 그중 첫손가락인 엄지는 말 그대로 '제일이다', '중요하다'의 의미로 환원되므로 그 추상적 의미를 엄지손가락으로 구체화한 것이다.

4.4. 화용

화용적 제스처란 제스처만으로 상대가 어떤 행위를 수행하게 만드는 것으로, 화자의 의사소통 목적과 관련된 힘, 즉 화행의 기능을 하는 제스처를 의미한다. 이 연구에서는 비언어인 제스처도 화행의 기능을 가진다고 보며, 발화가 수행하는 언어 기능으로서의 발화 수반력을 지닌다고 본다. 예를 들어, 발화 없이 손을 밖으로 휘젓는 제스처만으로도 '나가라'고 하는 명령 화행을 수행할 수 있다. Huang(2006, 이해윤 역; 2009: 128)에서는 발화 수반력을 화자가 이행하고자 의도하는 유형으로 보고, 발화 시 수행되는 행위로서 관습적으로 규정된 힘이라고 언급한 바 있다. 본고에서는 화용적 제스처가 교실 수업 상황에서 교수자와 학습자의 의사소통을 원활하게 하는 주요한 부분이라고 본다. 제스처가 가진 일차적 의미 이외에도 교실 수업 맥락에 따라 다르게 해석되는 부분이 있으리라 생각했고, 실제 수업 분석을 통해 확인하고자 했다. 수업 분석을 통해 확인된 화용적 제스처로는 '명령, 경고, 요청, 허락, 감사, 인사' 등이 있다.

<그림 4-1> '명령', '경고' 제스처의 실례

예시	(4가)	(4나)
영상 자료	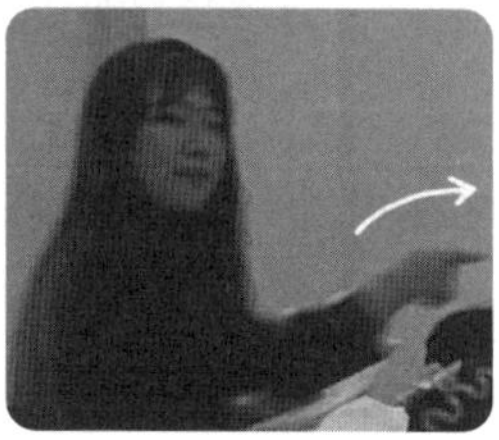	
제스처	[손_오른손_PG_손을 뒤에서 앞으로 끌기]	[손_양손_PG_왼손을 주먹 쥔 채 검지만 펴서 오른쪽 손목 위에 여러 차례 내려치기]
발화	앞으로 오세요.	Late.
예시	(4다)	(4라)
영상 자료		
제스처	[손_오른손_PG_주먹을 쥔 채 검지를 펴 상대를 가리키기]	[손_오른손_PG_손가락을 좌우로 가리키기]
발화	(발화 없음)	어허.

(4가)는 오른손 검지를 펴 뒤에서 앞으로 끄는 제스처로, 명령 화행을 수행하고 있다. 이는 함께 발화된 "앞으로 오세요."를 통해서도 확인할 수 있다. 학생을 앞으로 오게 하기 위해서는 손바닥을 펴서 앞쪽을 향하거나 책상을 두들길 수도 있는데, (4가)와 같이 상대방을 손가락으로 가리켜 명령의 의미를 나타내는 것은 다소 위압적인 태도가 반영된 것으로 해석된다. 이 지점에서 손가락과 손바닥 사용이 나타내는 화용적 차이를 상기할 수 있다. 즉 명령 화행을 수행하는 데 있어 손바닥을 펼쳐 사용할 때와 손가락을 사용할 때 공손성에 명확한 차이를 드러내는 것이다. 다시 말해 제스처는 그 형태의 차이가 미묘하더라도 완전히 다른 태도를 보여 줄 수 있다.

(4나)는 손가락으로 손목을 여러 차례 내려치는 제스처로, 교수자는 이 제스처와 함께 "Late." 즉 '늦었다'는 발화를 사용하고 있다. 일차적으로 교수자의 발화와 제스처는 학습자가 늦었다는 사실을 알려 주는 기능을 한다. 다만 교수자는 손목을 가리키는 제스처가 으레 시간을 표현하기 때문에 경고의 의미로 이 제스처를 사용했다고 밝혔다. 이를 통해 (4나)의 제스처가 단순히 늦었다는 객관적 사실을 진술할 뿐만 아니라, 앞으로 수업 시간에 늦지 않도록 경고

하는 의미도 내포함을 알 수 있다.

(4다)는 오른손을 주먹 쥔 채 검지만을 펴 학습자를 가리키고 있다. 이 제스처는 본래 상대를 가리키는 지시적 기능을 한다고 볼 수 있으나, 맥락상 교실에서 시험을 치르는 상황임을 고려하면 화용적 제스처로 기능하고 있음을 알 수 있다. 즉 시험 중간에 다른 학습자의 답안지를 보지 말라고 주의 주는 경고 화행을 수행하고 있는 것이다. 이때 일반적인 경우라면 발화가 동반되겠지만 시험 중에 다른 학습자들에게 피해를 줄까 봐 교수자는 발화 없이 제스처만 취하고 있다. 앞서 발화 없이 독립적으로 사용할 수 있는 제스처의 특성에 대해 언급한 것처럼, (4다)에서 교수자는 발화 없이 해당 제스처를 두 번 반복하는 것으로 경고의 의미를 강조하고 있다. 이처럼 발화 없이 제스처만으로 화행의 기능을 충분히 수행할 수 있다.

(4라)는 (4다)와 동일한 기능을 수행하지만, "어허."라는 경고성 발화와 함께 제스처를 취하고 있다. (4라)는 흥미로운 제스처 중 하나로, 교수자가 항상 지켜보고 있다는 감시의 의미를 가지며 이로써 학습자에게 주의를 주고 있다. 검지와 중지만을 펴서 손가락의 방향을 교수자의 눈에서 학습자로 향한다. 이는 관습적으로 '지켜보고 있다'의 의미를 가지며, 주로 윗사람이 아랫사람에게 사용하는 강한 표현이다. 교수자는 면담 과정에서 (4라)의 제스처가 사실상 무의식적으로 이루어졌다고 밝혔다. 이론적 논의에서 언급했듯이 제스처가 늘 교수자의 계획에 따라 이행되는 것은 아니며 자연스러운 상황에서 무의식적으로 나오기도 한다는 점에서, 제스처는 교수자의 언어 처리 과정을 뛰어넘는 일차적이고 자동적인 표현이다. 따라서 교수자는 수업 전에 제스처에 대한 교수·학습 방안을 계획할 필요가 있다. 무의식적으로 이루어지는 제스처를 모두 통제할 수는 없지만 수업에 도움이 될 만한 제스처는 미리 고려할 수 있기 때문이다.

〈그림 4-2〉 '요청', '허락' 제스처의 실례

예시	(4마)	(4바)
영상 자료		
제스처	[손_오른손_PG_손 펼쳐 내밀기]	[머리_고개_PG_위아래로 끄덕이기]
발화	주세요.	갔다 오세요.

(4마)는 학습자가 시험 시간이 끝났음에도 답안을 제출하지 않은 상황이다. 교수자는 오른손 바닥이 위로 가게 하여 학습자에게 내미는 동시에 "주세요."라고 발화하며 요청의 의미를 수행하고 있다. 학습자는 시험지를 제출해야 함을 인지하고 교수자의 요청에 따라야 할 것이다. 아마도 학습자는 "주세요."라는 발화 없이 제스처만으로도 요청의 의미를 인지했을 것이다. 일

반적으로 무엇을 달라고 요청하는 행위는 '양손' 또는 '한 손'을 사용하며, 교수자가 한 손을 내민 것은 학습자보다 상위에 있음을 나타낸다. 일반적으로 양손 내밀기는 상위 화자–하위 청자의 관계에서 나타나고, 상위 청자에게 한 손 내밀기는 사용되지 않는다. 이처럼 요청의 제스처에는 화자와 청자의 관계적 위치가 반영된다.

(4바)는 학습자가 수업 중 교실을 벗어나려는 상황이다. 교수자는 얼굴을 찡그리며 "어디 가요?"라고 묻는데 학습자가 별다른 기척 없이 교실을 벗어나 화가 난 상태다. 이후 학습자가 화장실에 다녀온다고 말하자 교수자는 안도하는 표정을 짓고, 학습자의 이동을 허락하는 의미로 고개를 끄덕이며 "갔다 오세요."라고 발화한다. 고개를 끄덕이는 행위는 대개 상대에게 동조하는 의미로 사용되는데 위 사례와 같이 허락의 화용적 기능을 수행하기도 한다. "갔다 오세요."라는 발화와 함께 동반되는 고개 끄덕임은 학습자에게 해당 행위를 용인한다는 사실을 보여 준다.

허락의 제스처도 정서적으로 다양한 표현이 가능하다. (4바)에서 교수자는 좀 더 단호한 제스처를 사용하면 좋았을 것이라는 아쉬움을 남겼다. 또 한편으로는 다른 방식('오케이' 제스처)의 허락하는 제스처를 사용하기도 했는데, 이때는 조금 더 다정한 제스처를 사용했으면 좋았을 것이라는 의견을 남겼다.[8] 이처럼 동일한 화행을 수행하더라도 다양한 표현이 가능하므로 교수자는 화용적 제스처의 중요성을 인식하고 제스처에 대한 전반적인 이해 역량을 높여야 한다. 지금까지 살펴본 것처럼 제스처는 단독으로도 특정한 화행을 수행할 수 있으므로 화행 사례를 발화에만 제한하는 데 대한 재고가 필요하다.

[8] 엄지와 검지 손가락을 구부려 원 모양을 만드는 '오케이' 제스처는 허락의 화용적 기능을 수행했다. 앞서 살핀 '오케이'가 은유적 제스처로 쓰인 경우와 그 기능이 구분되며, 이는 동일한 제스처가 2가지 이상의 기능을 가질 수 있음을 보이는 예이기도 하다. 지면 관계상 이를 자세히 다루지 않는다.

〈그림 4-3〉 '감사', '인사' 제스처의 실례

예시	(4사)	(4아)
영상 자료		
제스처	[머리_숙이기_PG_고개를 살짝 숙이기]	[손_양손_PG_손바닥이 밖을 향하게 하여 두 손을 펼쳐 흔들기]
발화	고맙습니다.	수고했습니다.

(4사)는 고개를 숙이는 제스처를 통해 감사의 화행을, (4아)는 손을 흔드는 제스처를 통해 인사하는 화행을 수행하고 있다. 상대에게 고마움을 표현하는 감사, 만나고 헤어질 때나 대화를 시작하고 끝맺을 때 나누는 인사는 모두 관습적인 영역이다. '고개 숙이기'는 한국의 사회·문화적 관습과 관련이 있다. 한국 사회에서는 의례적으로 나이가 많거나 지위가 높은 사람에게 허리를 굽혀 인사한다. 고개 숙이기 역시 허리를 굽히는 것보다는 덜 공손하나, 상대를 존중

하는 의미를 담은 인사 방식 중 하나다. 상대와 시선을 맞추는 것을 중요시하는 타 문화에서는 고개 숙이기를 인사로 받아들이지 않을 수 있다. 또는 고개 숙이기를 복종의 의미로 받아들이는 문화권에서는 '감사'의 의미는 전달되지 않은 채 오해를 불러일으킬 수 있다. 무엇보다 화용적 제스처는 교수자가 무의식적으로 본인의 문화권에 익숙한 제스처를 사용할 수 있기 때문에 더욱 주의를 기울일 필요가 있다. 따라서 교수자는 문화권별 화용적 제스처의 의미를 면밀하게 살펴야 할 것이다.

마지막으로 (4아)는 "수고했습니다."라는 발화와 함께 양손을 흔들어 인사 화행을 나타내고 있다. 양손을 흔드는 제스처는 '잘가요'의 의미를 나타내며, 정서적 친근감을 드러낸다. 교수자는 이 제스처를 좀 더 진지한 방향으로 수정해도 좋을 것 같다는 아쉬움을 남겼다. 인사 화행이라는 비교적 간단한 상황에서도 제스처는 상대에게 특정한 태도를 드러내므로 교수·학습을 미리 계획하는 것이 좋다.

5. 나가며

본 연구는 실제 수업 장면에서 교수자의 제스처 유형과 기능을 정성적으로 살펴보았다. 그리고 이를 통해 외국어로서 한국어 교육에서 제스처가 핵심적인 학습 요소로 자리매김할 필요가 있음을 확인했다. 제스처는 나라별·문화권별로 다양하게 나타나기 때문에 의사소통에서 미처 알아차리지 못하는 경우가 있으며, 동일한 제스처가 서로 다른 의미를 나타내기도 한다. 따라서 교수자에게는 다양한 문화권의 제스처를 인지하는 능력이 요구되는데, 이러한 점을 고려할 때 제스처는 교수자의 역량이 크게 작용하는 학습 요소라고 할 수 있다.

한편 외국어로서 한국어 교육에서 제스처를 본격적으로 다룬 연구를 찾아보기 힘든 국내 현실은 제스처를 연구하는 것이 쉬운 일이 아님을 방증한다. 제스처에 대한 구체적인 정의와 외연이 합의되지 않았고, 몸짓언어, 보디랭귀지 등 서로 다르게 명명하고 있어 종합적인 논의가 필요한 상황이다. 본고에서는 의사소통에 초점을 맞춰, 제스처를 '특정한 의미 전달에 기여하는 동작, 구어와 독립적인 또 다른 언어로서 독자적인 기능을 하는 언어'라고 정의했다.

언어를 학습하는 과정은 단순히 언어의 구조와 내적 체계 이해를 넘어 의사소통에 성공하는 것까지 포함한다. 즉, 언어를 배운다는 것은 언어가 쓰이는 상황과 맥락을 이해한다는 의미다. 본고에서는 제스처의 실제 유형 분석을 통해 상호 소통 과정에서 제스처가 상당히 중요한 역할을 하고 있음을 확인했다. 지시적 제스처에는 교수자와 학습자의 관계에 대한 정보가 담겨 있는데, 본인을 가리킬 때 양손을 사용하여 상호 존중과 겸양의 태도를 드러냈다. 도상적 제스처의 경우 사전적 정보만으로 파악하기 어려운 어휘, 다의어 등을 구체적 형태로 보여 줌으로써 수업 이해에 도움을 주었다. 은유적 제스처는 문화권, 상황 맥락에 따라 서로 다른 의미를 내포할 수 있으므로 다양한 은유적 의미를 파악하고 사용 시 주의해야 한다. 화용적 제스처로는 명령, 경고, 요청, 허락, 감사, 인사 등이 있으며, 제스처가 가진 정의적 기능, 관계적·화용적 정보를 인지하여 학생들에게 어떤 제스처를 쓰는 것이 적절한지 교수적 차원에서 논의될 필요가 있다.

한국어 학습자라면 한국에서 수용되거나 금지되는 제스처들을 파악하고, 상대(관계적 위치)나 상황에 따라 다르게 사용되는 제스처를 학습하여 진정한 의사소통에 도달해야 한다. 즉, 교수자에게는 문화권별 제스처 이해 및 제스처에 대한 사전적인 교수·학습 방안 마련이, 한국어 학습자에게는 상대와 상황에 맞는 제스처에 대한 학습이 요구된다.

본 연구는 실제 수업을 촬영하여 교수자가 사용한 제스처들을 4가지 범주에 따라 구분하고 분석했다. 기존 연구와 달리 질적인 접근법으로 제스처를 다루었다는 점에서 연구의 의의를 찾을 수 있다. 다만 문화권별 서로 다른 제스처의 풍부한 실례 제시 및 제스처 활용 시 주의해야 할 교수 요소들에 대한 깊이 있는 논의 등은 추후 연구 과제로 남긴다.

참고문헌

김영순. 2000. 한국인 손동작의 의미와 화용. **한국어의미학**. 6. 한국어의미학회. pp. 27–47.

김만행. 2012. **제스처로 사람을 읽는다**. 현대미디어.

김현강. 2017. **제스처**. 서울: 커뮤니케이션북스.

노경희, 배현명. 2011. 초등영어교사 제스처의 기능과 학습자의 인식. **초등영어교육**. 17-3. 한국초등영어교육학회. pp. 119–143.

송수희. 2020. 한국어 발표 교육에서 비언어적 요소 교수 방안. **학습자중심교과교육연구**. 20-5. 학습자중심교과교육학회. pp. 1235–1253.

임지룡, 김영순. 2000. 신체언어와 일상언어 표현의 의사소통적 상관성. **언어과학연구**. 17. 언어과학회. pp. 59–78.

장경희. 2004. 국어 지시 표현의 유형과 성능. **한국어 의미학**. 15. 한국어의미학회. pp. 51–70.

장채원, 박은실, 이우진. 2022. 8-35개월 유아들의 제스처 어휘유형에 관한 연구. **언어치료연구**. 31-3. 한국언어치료연구학회. pp. 25–34.

조현용. 2007. 한국인 비언어적 행위의 특징과 한국어 교육 연구. **이중언어학**. 33. 이중언어학회. pp. 269–296.

지영은. 2022. 은유적 제스처-정치가의 연설 분석 사례. **독어교육**. 84. pp. 117–142.

홍민표. 2007. 한국, 일본, 중국, 미국인의 신체언어에 관한 대조사회언어학적 연구. **日語日文學研究**. 67-1. 한국일어일문학회. pp. 359–382.

Beilock, S. L. & Goldin-Meadow, S. 2010. Gesture changes thought by grounding it in action. *Psychological Science*. 21(11). pp. 1605–1610.

Droste, Heiko. 2001. Review: Corenelia Müller(1998). Redebegleitende Gesten. Kulturgeschichte-Theorie-Sprachvergleich. *Forum Qualitative Social Research*. 2(2).

John R. Ockendon. 2004. *Waves and compressible flow*. New York: Springer.

Kendon, Adam. 2005. *Gestures: Visible Action as Utterance*. Cambridge University Press.

McNeill, David. 1992. *Hand and mind: What gestures reveal about thought*. Chicago: University of Chicago Press.

McNeill, David. 2005. *Gesture and Thought*. University of Chicago Press.

국립국어원 표준국어대사전 https://stdict.korean.go.kr/main/main.do

제4장

다문화 교실에서 한국어 교육을 위한 은유적(메타포릭) 카드 사용

최인나
Inna Tsoy
러시아 상트페테르부르크 국립대학교
Санкт-Петербургский государственный университет

1. 들어가며

한국어를 가르치는 과정에서 다양한 방법이 활용될 수 있지만, 특히 다문화 교실에서는 학습자의 다양한 배경과 문화적 차이를 고려한 교육 방법이 필요하며, 다양한 과제를 해결할 수 있는 창의적이고 유연한 사고 또한 요구된다.

외국어 학습의 가장 효과적인 방법 중 하나는 시각적 원칙에 기초한 것이다. 대부분의 연구자들에 따르면, 어휘 습득과 대화 및 독백 말하기를 위한 가장 효과적인 방법은 시각적 채널과 기타 감각 기관에 영향을 미치는 시각적 원칙에 기반해 교육하는 것이다. 적절한 외부 도구 사용은 학습 과정의 구성력과 통제력을 높인다.

이러한 맥락에서 은유적(메타포릭) 카드는 효과적인 도구가 될 수 있다. 메타포릭(Metaphoric) 카드에는 여러 의미와 정보가 숨겨져 있어 메타포의 작용을 나타내며, 이는 상담 실습에 사용 가능할 뿐만 아니라 외국어 말하기 학습에도 중요한 도구이다. 단순히 그림을 설명하는 것이 아니라 상상력, 추측, 해석의 여지가 있는 작업이다(Kuvarina, 2022). 은유적 카드는 학생들이 추상적인 개념을 더 쉽게 이해하고, 자신의 경험과 연결시켜 배운 내용을 내면화할 수 있도록 돕는 시각적·상징적 도구이다. 여기서 중요한 규칙은 카드에는 특정한 해석이 존재하지 않으며 모든 연상을 허용 가능한 것으로 받아들여야 한다는 점이다.

2. 은유적 카드의 정의와 특징

40년이 넘는 역사를 가진 은유적 카드는 사람, 사건, 자연, 추상 이미지 또는 단어를 묘사한 이미지들로 구성된 세트로, 하나의 주제와 저자의 아이디어로 통합된다. 최초의 덱은 캐나다의 미술학자이자 화가인 엘리 라만(Ely Raman)이 1975년 예술의 대중화를 목적으로 제작하였다. 이 카드는 1983년 심리치료사 모리츠 에겟마이어(Moritz Egetmeyer)에 의해 심리 도구로 사용되기 시작했는데, 환자들과의 작업에서 처음으로 이를 활용했다(Gorobchenko & Evmenchik, 2010).

은유적 카드는 이미지, 단어, 문장 등을 통해 어떤 개념이나 감정을 상징적으로 표현한 카드로, 언어 학습 과정에서 자신의 생각을 시각적으로 표현하고, 타인과 소통을 촉진하는 데 유용하게 쓰인다. 예를 들어, 학습자가 '행복'이라는 감정을 표현하고자 할 때 단순히 말로 설명하는 대신, 행복을 상징하는 이미지를 고르고 이를 통해 자신의 감정을 설명할 수 있다.

수업 중에 은유적 카드를 사용하면 학생들의 창의적이고 자율적인 사고를 촉진할 수 있고 깊이 있는 외국어 습득이 가능하다. 최근 시장에서는 연상 및 투영 카드를 비롯한 다양한 은유적 카드와 보드게임을 제공하고 있다. 수업에서 사용할 은유적 카드를 직접 개발((예) 신경망을 사용해 나만의 카드 덱 만들기)하거나(Mukhamadyarova, 2023) 기존 세트를 활용할 수도 있다.

3. 다문화 교실에서 활용 방안 및 교육적 효과

3.1. 다문화 교실에서 활용 방안

- **문화적 다양성 존중:** 은유적 카드는 학생들이 각자의 문화적 배경을 반영하여 자신을 표현할 수 있게 돕는다. 예를 들어, 서로 다른 문화에서 하나의 개념을 어떻게 다르게 인식하는지 탐구할 기회를 제공한다. 이는 학생들이 한국어뿐만 아니라, 서로의 문화를 이해하고 존중하는 태도를 기르는 데 도움이 된다.
- **언어 장벽 극복:** 다문화 교실에서는 다양한 한국어 수준을 가진 학생들이 함께 공부하는 경우가 많은데, 이때 은유적 카드를 활용해 언어 능력의 차이로 발생할 수 있는 소통의 어려움을 해결할 수 있다. 예를 들어, 한국어 실력이 부족한 학생들도 이미지를 통해 자신의 생각을 표현할 수 있으므로, 자신감을 잃지 않고 수업에 적극 참여할 수 있다.
- **창의적 사고 촉진:** 은유적 카드는 학생들이 창의적으로 사고하고, 다양한 시각에서 문제를 해결할 수 있도록 돕는다. 예를 들어, 특정 주제에 대해 카드를 사용해 이야기를 구성함으로써 창의력을 발휘하고, 언어 표현 능력을 향상할 수 있다.

3.2. 교육적 효과

- **언어 능력 향상:** 은유적 카드는 학생들이 한국어 단어와 표현을 더욱 생동감 있게 배우고 기억할 수 있게 돕는다. 이미지와 단어의 의미를 연결함으로써 더 쉽게 단어를 기억하고, 실제 상황에서 활용할 수 있다.
- **자기 표현 능력 강화:** 은유적 카드를 통해 감정이나 생각을 구체적이고 명확하게 표현할 수 있다. 이는 자신감 향상과 의사소통 능력 강화로 이어진다. 은유적 카드를 활용해 자신의 경험을 이야기하는 과정에서 한국어로 자신을 표현하는 능력을 자연스럽게 키울 수 있다.
- **협동 학습 효과 상승:** 은유적 카드를 활용한 활동은 그룹 활동에 적합하다. 학생들은 카드를 선택하고 이를 바탕으로 그룹 내에서 토론하거나 발표할 수 있다. 이는 협동 학습의 기회를 제공하고, 사회적 기술을 함양하는 데 도움을 준다. 또한, 서로 다른 배경을 가진 학생들이 협력하여 과제를 해결하면서 서로의 문화와 관점을 이해하게 된다. 이와 같은 작업은 개별적으로, 짝을 지어서 또는 그룹으로 진행할 수 있다. 외국어 사고 훈련을 위해 과제 수행 속도를 높일 수 있다.

또한 한국어 교육을 위해 다음과 같은 방법으로 은유적 카드를 활용할 수 있다(Vitkovskaya & Amelyanovich, 2020).

- 교사는 학생이 이미지(그림)를 선택해 이야기를 창작하도록 제안한다(스토리텔링, 학생이 이미지를 자유롭게 선택하거나 무작위로 선택).
- 교사는 학생에게 특정 카드가 왜 마음에 드는지 또는 왜 마음에 들지 않는지 한국어로 설명하도록 요청한다.

– 교사는 학생에게 이미지(그림)에서 무슨 일이 일어나고 있는지 한국어로 설명하도록 요청하고, 모든 사물을 나열하게 한다.
– 교사는 전체 카드 더미에서 임의로 일정 수의 카드를 선택하고, 카드 사이의 연관성이 적더라도 이를 기반으로 이야기를 만들어 한국어로 말하도록 요청한다. 선택된 카드 순서에 따라 이야기가 전개되는 경우 말하기 연습과 사고 자극 효과가 극대화된다.
– 필요에 따라 교사는 과제 수행을 위한 특정 문법 조건을 부여할 수 있는데 특정 시제에서 이야기를 작성하고, 특정 전치사, 보충어 또는 동사 그룹을 사용하도록 지시할 수 있다.

외국어 교육과 관련하여, 이 도구의 성공은 연상적 시각 이미지를 생성하는 데 있다. 이는 '이미지/연상이 기억에 떠오름 → 학생이 필요한 단어나 구를 기억하고 사용함'이라는 체계로 작동한다(Vitkovskaya & Amelyanovich, 2020).

은유적 카드를 활용한 외국어 교육의 또 다른 이점은 다음과 같다.

– 편안한 환경에서 학습할 수 있다.
– 학생들과 교수자 사이의 신뢰 관계 구축에 용이하다.
– 게임 형태로 진행되어 주의 집중 시간이 길고 피로가 적다.
– 학생들의 문제 상황을 조기에 진단할 수 있다.
– 자기 인식에 도움을 준다.
– 창의적 사고와 활동을 자극한다.

이와 같은 은유적 카드 교육법은 시각 기억 및 인지 능력이 발달한 학생들에게 더욱 효과적이지만, 일반적인 학생들의 시각 기억과 인지 발달 가능성을 높이는 데에도 크게 기여할 수 있다.

4. 여러 사례

러시아 상트페테르부르크국립대학교 한국학과에서 은유적 카드를 활용한 한국어 수업이 진행된 사례를 소개하고자 한다. 이곳에서는 러시아 내 각기 다른 지방(또는 인근 국가)에서 온 학생들이 한국어를 배우고 있으며, 학생들의 한국어 수준과 문화적 배경은 매우 다양하다. 교사는 은유적 카드를 활용한 다양한 활동을 통해 학생들이 한국어에 흥미를 잃지 않도록 유도하고 있다.

학습 과정에서 사용된 은유적 카드 세트는 'K. Kruger-She(2013)', 'He(2021)', 'Me and All-all-all(2016)', 'Everything is in my hands(2019)', N. Zhigamont(2018)의 'Colors and Feelings' 카드 세트와 'Minions' 캐릭터 세트이다.

1 〈그림 1~그림 3〉은 Rech 출판사의 허가를 받아 사용했습니다(https://rech-deti.ru/contacts/).

〈그림 1〉 은유적 연관성 카드 세트 '나와 모든 것'[1]

[학생 1] 바라노바 타티아나(Tatyana Baranova) – 말하기 연습(형용사 복습)

이 그림에 보이는 여성들은 매우 닮은 사람이고 아마도 어머니와 딸인 것 같습니다. 그들은 밝은 붉은색 곱슬머리, 하늘과 같은 파란 눈과 통통한 볼을 가지고 있습니다. 하지만 어머니와 딸의 스타일은 다릅니다. 어머니는 클래식한 원피스를 입고 보석으로 만든 목걸이를 차고 모자를 쓰고 있는데 그런 원피스를 입은 딸은 어린 공주처럼 보입니다. 어쩌면 그들은 바닷가를 따라 걷고 있고 바다에서 불어오는 바람에 소녀의 머리카락이 휘날립니다. 어머니는 따뜻하고 사랑스러운 눈빛으로 딸을 바라보고 있습니다. 사실대로 말하면 엄마와 딸이 함께 시간을 보내는 것보다 더 좋은 것은 없습니다.

〈그림 2〉 은유적 연관성 카드 세트 '나와 모든 것'

[학생 2] 나브로드스카야 엘리자베타(Elizaveta Navrodskaya) – 쓰기 연습(문법 복습)

내 앞의 그림에는 아늑한 데다가 마음이 훈훈해지는 가정이 보인다. 이 가족은 모두 네 명이고 강아지가 한 마리 있다. 아버지는 회색 바지와 셔츠를 입고 어머니는 예쁜 빨간색 드레스를 입었다. 자매들은 둘 다 무늬가 있는 녹색 드레스를 입었기 때문에 쌍둥이처럼 매우 비슷해 보인다. 강아지는 너무 귀엽고 작아서 아마도 태어난 지 2달 밖에 되지 않았을 것이다. 가족이 앉아 있는 파란색 소파는 편리한 데다가 크므로 식구들은 언제든지 푹 쉴 수 있을 뿐만 아니라 흥미로운 이야기를 나누면서 저녁 시간을 즐겁게 보낼 수 있으니까 금상첨화라고 할 수 있다. 나는 이 그림을 볼 때마다 아늑한 분위기를 느끼고 생각이 정리된다.

[학생 3] 호드코프스카야 에벨리나(Evelina Hodkovskaya) - 말하기 연습

이 그림을 보면 나이를 먹은 의사와 의자에 앉아 있는 어린 소녀 그리고 소녀 다리 위에 앉아 있는 큰 고양이를 볼 수 있습니다. 이 소녀는 잠옷처럼 보이는 파란색 드레스를 입고 있습니다. 이 소녀는 조용히 앉아 있습니다. 그런데 다리 위에 앉아 있는 고양이는 모르는 사람을 본 듯 겁이 많은 것 같습니다. 아주 친절해 보이는 의사가 소녀의 머리를 어루만집니다. 이 소녀는 아픈 것 같고 그림은 의사가 아픈 소녀를 방문하는 것 같습니다.

〈그림 1~3〉은 학생들에게 '가족'을 상징하는 은유적 카드를 선택하도록 한다. 각 학생은 자신이 선택한 카드를 설명하고, 이를 통해 자신의 가족을 소개하는 시간을 갖는다. 이 과정에서 학생들은 자신의 문화적 배경을 자연스럽게 공유하고, 다른 학생들의 이야기를 들으며 서로를 이해하는 기회를 가진다.

〈표 1〉 미니언즈 이미지

[학생 2] 나브로드스카야 엘리자베타 - 쓰기 연습	나는 캐주얼 옷스타일을 좋아하는 작은 바런이라는 미니언이다. 어떤 사람은 나를 보면 내가 가난하고 이상한 사람인 줄 알 수도 있는데 틀린 생각이다. 사실은 내가 부자의 집에서 태어났다. 그리고 똑같은 이름을 가지고 있는 바런 형이 있다. 자유 시간이 생길 때 서커스에 다니는 것을 너무 좋아한다. 그리고 과학 공부가 내 취미인데 아이작 뉴턴처럼 대표적인 과학자가 되고 싶은 꿈이 있어서 상징으로 머리 위에 항상 사과를 한 개 놓고 걸어다닌다. 기분이 변덕스러워서 나빠진다면 이 사과를 먹을 수 있다.
[학생 4] 클리마초프 데니스 (Denis Klimachev) - 쓰기 연습	내가 자수성가한 슈퍼히어로이다. 사람들이 대식가라고 부른다. 나는 크고 아름다운 도시인 시카고에 살고 있다. 나는 외계인의 침입으로 도시를 구하는 인기 있는 유튜브 동영상으로 인해 세계적으로 유명해졌다. 나는 군중 속에서 쉽게 알아채는 사람이다. 나는 큰 귀, 두꺼운 구레나룻, 날카로운 손톱을 가지고 있고 <u>아주 간단하고 약간 더러운 옷</u>을 입고 있다. 나는 착하고 용감하다. * 밑줄 친 부분은 '단순하고 약간 지저분한 옷'으로 교사가 수정함.

<표 1>은 '인물'이라는 주제로 카드를 활용해 이야기를 구성하는 과제가 주어진다. 학생들은 '미니언즈'라는 인물 카드를 바탕으로 자신이 이루고 싶은 꿈이나 목표를 이야기한다. 이 활동을 통해 자신의 생각을 논리적으로 표현하고, 다른 사람의 의견을 경청하는 능력을 기를 수 있다.

실험 결과, 한국어를 초급 수준(학습 2년 차)에서 배우는 학생들은 전통적인 방법(암기, 반복 연습, 의미화 등)보다 은유적 카드를 사용한 학습에서 더 많은 외국어 단어와 구문을 습득하는 것으로 밝혀졌다. 학생들은 시각적 이미지를 이용해 적은 노력으로 새로운 어휘를 재생산할 수 있으며 언어 학습의 성공률이 높아짐에 따라 학습 동기도 증가할 것으로 예상된다.

5. 은유적 카드 사용의 효과 평가(Reznikova, 2023)

외국어 수업에서 은유적 카드를 도입할 때 중요한 측면 중 하나는 그 효과를 평가하는 일이다. 교사들은 자신의 실무 경험과 표준 평가 매트릭스를 사용하여 평가를 수행할 수 있다.

카드 사용의 효과를 평가할 때 고려해야 할 몇 가지 요소는 다음과 같다.

- **동기 부여:** 카드 사용이 학생들을 얼마나 자극하고 집중시키는지 평가한다. 이는 과제 참여도, 활동 및 언어 학습에 대한 전반적인 관심도를 통해 알 수 있다.
- **기술 발전:** 카드 사용이 문법, 어휘, 듣기, 말하기 및 쓰기와 같은 다양한 기술 발전에 어떻게 기여하는지 확인한다.
- **의사소통의 질:** 카드 사용 시 학생들 간의 의사소통 수준을 파악한다. 학생들이 의견을 교환하고, 질문하고, 자신의 생각을 외국어로 설명하는 정도를 측정한다.
- **학습 내용 습득:** 카드를 사용해 학습할 때 학생들이 학습한 내용을 얼마나 성공적으로 습득하는지 확인한다.
- **전문적 의견:** 교사들은 수업에서 카드 사용 경험을 분석하고, 학습 과정에 얼마나 효과적으로 통합되어 목표 달성에 기여하는지에 대한 전문적 의견을 제시한다.
- **학생들의 피드백:** 카드 사용에 대한 학생들의 피드백과 의견도 중요하다. 설문 조사나 대화를 통해 그들의 인상, 만족도 및 카드의 유용성에 대한 평가를 확인할 수 있다.

6. 나가며

은유적 카드는 다문화 교실에서 한국어를 가르치는 데 있어 매우 유용한 도구로서, 학생들의 문화적 배경을 존중하는 동시에 언어 능력의 차이를 극복할 수 있게 해 주며, 창의적 사고와 자기 표현 능력 향상에 큰 도움을 준다. 다양한 활동과 사례를 통해 은유적 카드의 교육적 효과를 살펴본 바, 앞으로 다문화 교육 현장에서 더욱 널리 활용될 수 있는 잠재력을 확인했다.

은유적 카드는 외국어로 새로운 자료를 학습하고 기억하는 과정, 사고 자극 및 창의적 능력 개발에 실질적으로 기여하는 보조적인 교수 도구이며 성인 연령대에서도 충분히 적용 가능한 학습 방법이다. 따라서 은유적 카드 사용은 한국어를 학습하는 모든 연령, 모든 수준의 학습자에게 효과적이며 학습 과정을 풍부하고 다양하게 만들어 학습의 효율성을 높이고 창의적 발달을 촉진하는 새로운 기회를 열어 준다.

시각적 자극으로 비판적 사고를 개발하고, 교과 간 학습 가능성을 열어 주며, 언어와 정서적인 연결을 가능케 하는 은유적 카드 학습법은 학습자가 외국어를 효과적으로 학습하는 데 유용할 뿐 아니라 다양한 기술을 개발하는 데에도 크게 기여할 것이다.

참고문헌

Куварина Е.Н. 2022. Метафорические ассоциативные карты как способ обучения г оворению студентов на иностранном языке. *Philological Aspect: International Scientific and Practical Journal*. 7(87). Retrieved from: https://scipress.ru/philology/ articles/metaforicheskie-assotsiativnye-karty-kak-sposob-obucheniya-govoreniyu-studentov-na-inostrannom-yazyke.html.

Горобченко А. & Евменчик М. 2010. Метафорические ассоциативные карты и ино странный язык. Уникальные колоды метафорических ассоциативных карт. *ADUKATAR*. 2(18). Retrieved from: https://www.oh-cards-institute.org/wp-content/ uploads/2011/10/Metaphoric-Cards-Gorobchenko.pdf. pp. 33–36.

Мухамадьярова А. Ф. 2023. Метафорические ассоциативные карты и нейросеть-как и х использовать при изучении иностранных языков?. *I. A. Baudouin de Courtenay Graduate School of Foreign Philology and Intercultural Communication*. Retrieved from: https://vk.com/@orzf_ifmk-metaforicheskie-associativnye-karty-i-neiroset-kak-ih-ispolz.

Витковская Т. И. & Амельянович В. П. 2020. Применение метафорических ассоциати вных карт в преподавании иностранных языков. *Teaching foreign languages in a multicultural world: traditions, innovations, perspectives: proceedings of the international scientific and practical online conference, Minsk, March 26, 2020. Belarusian State Pedagogical University*. edited by A. V. Torhova, O. Yu. Shimanskaya et al. Retrieved from: https://elib.bspu.by/handle/doc/47680. pp. 259–262.

Резникова А. 2023. Метафорические карты для интересных уроков иностранного языка. *Dzen*. Retrieved from: https://dzen.ru/a/ZWuBNB-iwBpXyN6A.

Navigating Identities:
Motivations and Engagement of Generation Z U.S. College Korean Language Learners in Multifaceted Language Environments

강하나
미국 노터데임대학교
University of Notre Dame

김인희
미국 노스웨스턴대학교
Northwestern University

1. Introduction

Korean language students in U.S. college classrooms today differ significantly from those in the 1990s. Many of today's students are part of Generation Z, a cohort shaped by profound sociocultural and technological shifts. Previously, most intermediate and advanced learners were 1.5 or second-generation Korean heritage speakers. However, there has been a marked increase in students learning Korean as a foreign language, largely due to global interest in Korean culture, driven by K-Pop and Korea's growing economic and soft power. Additionally, the backgrounds of Korean heritage learners have shifted, with more third-generation learners and students with mixed heritage now present in classrooms, creating new dynamics. The COVID-19 pandemic further accelerated the integration of digital technology in education, with platforms like Zoom and app-based tools becoming central to K-12 learning. Numerous online tutoring services now offer affordable Korean language instruction, influencing how students engage with language learning. These developments challenge educators to adapt their teaching methods to fit a generation deeply embedded in technology.

This study explores the evolving landscape of Korean language education by examining the motivations and engagement of Generation Z learners in U.S. colleges. It considers their diverse social, racial, and linguistic backgrounds, aiming to understand how their unique perspectives and experiences shape their learning. Recognizing their motivations is key to designing interactive and engaging educational environments that resonate with this digital-native generation. Understanding the interplay between students' backgrounds, experiences, and motivations will help inform more effective instructional strategies.

2. Background

2.1. Korean Language Learners in the United States

Korean language enrollments in U.S. higher education have experienced significant growth. As reported by the Modern Language Association in Fall 2021, enrollments jumped from just 26 in 1958 to 19,270 in 2021, representing a 74,015.4% increase—the highest percentage rise among all languages. Enrollment at two-year colleges increased by 20.3%, while four-year institutions saw a 37.8% rise. At the graduate level, enrollments surged by 217.7% between 2016 and 2021, recovering from a steep decline between 2013 and 2016. This consistent growth reflects the rising demand for Korean language education across all academic levels.

The K-12 sector also shows significant growth. The 2017 American Council's National K-16 Foreign Language Enrollment Survey Report notes that 936 students are enrolled in Korean classes across 43 schools in 22 states, with half of these schools in California. Schools are increasingly adopting technology in language education, utilizing web-based programs and computer-assisted instructional materials. Additionally, Duolingo's 2022 Language Report shows a 29% rise in Korean learners from the previous year, making it the app's seventh most-studied language with 10.7 million users. These developments highlight the expansion of Korean language learning through both traditional and digital platforms, reflecting its growing appeal in diverse educational settings.

2.2. Generation Z

Several studies have investigated the characteristics of Generation Z in educational settings(Akdemir & Akdemir 2023; Demir & Sönmez 2021; Whitehead 2023). These studies emphasize the importance of understanding Generation Z's learning habits and how they differ from previous generations. Shaped by global challenges such as racism and inequality, Generation Z exhibits distinct traits. According to Kingston(2014) and Carter(2018), they are innovative and passionate about societal and community issues. However, they are also noted for their individualism. They prefer individual tasks to collaborative tasks in an EFL(English as a Foreign Language) setting(Chen 2022).

Generation Z's tech-savviness in educational contexts requires adjustments in teaching methods. They favor interactive, visual, and technology-driven learning and are particularly drawn to social media, smartphones, and the internet, which significantly influences their social interactions(Parzyck & Brown 2023). Their shorter attention spans and reliance on online resources demand that educators provide concise, structured guidance and task-oriented activities(Mohr & Mohr 2017). Despite these strengths, challenges such as low motivation, reluctance to traditional learning methods, and a preference for quick solutions are common obstacles(Shatto & Erwin 2016). While much of the existing research focuses on general education or English classrooms, understanding the specific characteristics and motivations of Generation Z students in Korean language classes is crucial for creating more effective and inclusive learning environments.

2.3. L2 Motivational Self-System Model

This study investigates the motivations and engagement of Generation Z U.S. college students learning Korean, considering their diverse social, racial, and linguistic backgrounds. Utilizing Dörnyei's L2 Motivational Self System(L2MSS), it explores the relationship between globalized identities, motivation, and engagement in Korean language courses. Understanding the motivations of Generation Z learners is vital for developing effective language learning environments tailored to their unique experiences. The L2MSS comprises three core components: the Ideal L2 Self, the Ought-to L2 Self, and the L2 Learning Experience. A well-defined Ideal L2 Self enhances motivation by bridging the gap between current and envisioned selves; however, a poorly defined Ideal L2 Self can impede motivation by making it difficult to translate aspirations into actionable steps. While the literature generally supports the predictive validity of the Ideal L2 Self(Dörnyei & Ushioda 2011; Dörnyei 2009; Ghanizadeh & Rostami 2015), complexities exist. For instance, Kim and Kim(2011) found that the Ideal L2 Self did not predict academic success among Korean secondary students learning English, suggesting a lack of correlation with achievement.

The Ought-to L2 Self captures external expectations, such as societal norms and familial pressures, motivating learners to avoid negative outcomes. While it complements the Ideal L2 Self, the Ought-to L2 Self often lacks the energizing force needed to convert intentions into action, as external pressures do not always correlate with improved academic performance(Dörnyei & Chan 2013). The L2 Learning Experience includes the actual learning context, such as classroom dynamics and teacher-student relationships. Positive experiences can enhance motivation, while negative experiences can deter it. For digital-native Generation Z learners, integrating technology and cultural content, such as K-pop, is crucial for fostering interest in the language and shaping identities, thereby promoting a sense of belonging within the Korean cultural context. This paper further adapts the L2 Learning Experience component to include aspects relevant to Generation Z learners, such as their self-evaluation of Korean proficiency, digital engagement in language learning, and heritage learner experiences.

3. Methodology

3.1. Survey and Interview Questions

This study employs a combination of surveys and follow-up interviews, grounded in Dörnyei's L2 Motivational Self-System(L2MSS) model. A 6-point Likert scale was used to assess participants' responses. To gain deeper insights into learners' out-of-class experiences, qualitative data from in-depth interviews were integrated. Both the survey and interview questions were designed to examine the three core components of the L2MSS: the Ideal L2 Self, the Ought-to L2 Self, and the L2 Learning Experience. Descriptive statistics were used to analyze the survey data, and based on these findings, participants were selected for follow-up interviews.

3.1.1. Ideal L2 Self

This section investigates participants' envisioned proficiency in Korean language and culture. For heritage learners, additional questions explore their Korean American identity and their intention to pass on the Korean language and culture to future generations. Sample questions include:

- I want to improve my Korean listening/speaking/reading/writing skills.
- I want to learn more about Korean culture.
- I want to join Korean culture clubs.
- How important are social interactions and connections in your Korean language-learning journey?
- How do you feel about maintaining and passing on the Korean language and culture to future generations? (Heritage learners)

3.1.2. The Ought-to L2 Self

To assess external expectations and learners' motivation to avoid negative outcomes while achieving their goals, the following questions were posed:

- I will continue taking Korean courses to the highest level.
- I am interested in pursuing a Korean minor or major.
- I want to take courses related to Korean culture, history, or other related topics if offered.
- How often do you seek help or support from friends, language tutors, or your learning community when encountering difficulties in Korean language learning?

3.1.3. L2 Learning Experience

The L2 Learning Experience section is divided into four areas: Current Self, Digital Self, K-pop Culture Experience, and Heritage Learners' Language Learning Experience.

Current Self assesses participants' current proficiency in Korean.

- Have you studied Korean before?
- I can listen/speak/read/write Korean.
- I feel comfortable responding in English, even though I understand Korean.

Digital Self explores how learners use digital media and social platforms for Korean language learning, reflecting Generation Z's technological engagement.

- How did you start learning Korean? Please select all that apply.
- How do you utilize social media (e.g., Instagram, Twitter, TikTok) for learning Korean? Please select all that apply.
- Any additional comments on using technology, social media, or K-pop for learning?

K-pop Culture Experience examines the role of Korean popular culture in motivating learners to study Korean and engage with global communities.

- How have K-pop and Korean media impacted your motivation and interest in learning Korean?
- Do you actively participate in online communities related to K-pop or Korean media? If yes, how has this influenced your learning?
- How confident are you in understanding and engaging with Korean content from K-pop, movies, and dramas?

Heritage Learners' Language Learning Experience investigates the linguistic and cultural experiences of heritage learners, comparing familial support across generations.

- Are you proud of your Korean cultural heritage?
- Are there any family cultural traditions important to you? If so, please describe.

• Have you experienced challenges being accepted as Korean (Korean American)? If so, please explain.
• What support have you received from your family in learning Korean?

3.2. Participants

This study was conducted at two private universities in the Midwest, United States. University A, with a more diverse student body and a larger Korean program, offers both a major and minor in Korean studies. In contrast, University B, located in a suburban area, offers only a minor in Korean and has a more homogenous student body. At both institutions, foreign language courses are not mandatory for all students, which may influence enrollment patterns in Korean language classes. Data for this study was collected from Spring 2023 to Spring 2024.

A total of 168 students participated in the study. University A had 90 heritage and 50 non-heritage students, while University B had 11 heritage and 17 non-heritage students. Overall, 101 heritage and 67 non-heritage students were involved across both universities. University A's Korean program is larger and offers four levels of instruction: 1st Year, 2nd Year, 3rd Year, and 4th Year Korean, compared to University B, which offers Elementary(slow-track 1st Year), 1st Year, and 2nd Year Korean. Both universities show a trend where heritage learners are more likely to enroll in higher-level Korean courses.

〈Table 1〉 Participants' Data by University and Course Level

Courses	University A		University B		Sub-total	Total
Elementary Korean	N/A		Heritage	3	3	15
			Non-Heritage	12	12	
1st Year Korean	Heritage	57	Heritage	4	61	108
	Non-Heritage	45	Non-Heritage	2	47	
2nd Year Korean	Heritage	8	Heritage	4	12	19
	Non-Heritage	4	Non-Heritage	3	7	
3rd Year Korean	Heritage	2	N/A		2	3
	Non-Heritage	1			1	
4th Year Korean	Heritage	23			23	23
	Non-Heritage	0				

4. Results

4.1. Ideal L2 Self

The findings related to the Ideal L2 Self indicate that this concept embodies learners' goals to become proficient users of the Korean language. Participants rated their responses on a 6-point Likert scale, where 1 indicates 'strongly disagree' and 6 signifies 'strongly agree'.

Non-heritage learners, who typically have less cultural exposure, are highly motivated by their desire to engage with Korean culture, which significantly shapes their Ideal L2 Self. In contrast, while heritage learners possess a certain level of proficiency, they may not prioritize cultural engagement to the same extent. At University A, both heritage and non-heritage learners emphasize the importance of speaking fluency in their language development. Conversely, students at University B also prioritize speaking skills but place a stronger emphasis on listening abilities, likely reflecting the limited course offerings at their institution. Interestingly, heritage learners at University B recognize the importance of all language skills, demonstrating a comprehensive approach to their language learning.

Heritage learners at both universities place a high value on peer interactions as a means of experiencing and engaging with Korean culture. Interestingly, students at University B demonstrate a slightly higher Ideal L2 Self score, which may be linked to their focus on available lower-level courses and the more homogeneous nature of their student population. This emphasis on college-based interactions could be attributed to a limited number of external opportunities for cultural engagement, making peer interactions a crucial aspect of their language learning experience. ⟨Table 3⟩ illustrates the participants' intentions for future interactions with Korean speakers, highlighting their commitment to developing proficiency in the language and fostering a deeper connection to Korean culture. The combination of higher

⟨Table 2⟩ Ideal L2 Self "I want to improve my Korean skills."

	Univ. A	Total	Heritage	Non-Heritage	Univ. B	Total	Heritage	Non-Heritage
Listening		4.25/6	4.53/6	5.54/6		5.95/6	6/6	5.59/6
Speaking		5.24/6	4.86/6	5.62/6		5.93/6	6/6	5.53/6
Reading		4.97/6	4.71/6	5.44/6		5.82/6	6/6	5.35/6
Writing		5.04/6	4.79/6	5.48/6		5.86/6	6/6	5.41/6
Culture		4.74/6	4.41/6	5.35/6		5.64/6	5.59/6	5.73/6

〈Table 3〉 Participants' Future Interaction Intentions with Korean Speakers

	University A	University B
Heritage	4.36/6	4.64/6
Non-heritage	3.7/6	4.47/6
Total	4.12/6	4.54/6

Ideal L2 Self scores and a focus on college interactions suggests that these learners are motivated to enhance their language skills primarily through their immediate academic environment.

The survey question, "How important are social interactions and connections with others in your Korean language-learning journey?" reveals notable differences in social engagement between the two universities. University A's higher scores indicate greater opportunities and emphasis on social engagement in Korean language learning, likely attributed to its location in a multicultural city that offers diverse avenues for interaction with Korean speakers. Conversely, University B's lower scores suggest limited opportunities for meaningful social interactions, which may negatively impact their language learning experiences.

〈Table 4〉 Social Engagement in Language Learning

	University A	University B
Heritage	4.2/6	3.91/6
Non-heritage	4/6	3.82/6
Total	4.13/6	3.85/6

Heritage learners at both universities exhibit a strong commitment to their cultural heritage. While the smaller sample size at University B reflects a slightly greater emphasis on cultural aspects relative to language compared to University A, the overall commitment remains significant across both institutions. Moreover, University

〈Table 5〉 Heritage Learners' Commitment to Cultural Heritage

	University A 45 Students	University B 9 students
Korean Language	5.27/6	5.22/6
Korean Culture	5.27/6	5.33/6
Total	5.27/6	5.26/6

B has a higher representation of mixed-heritage and third-generation learners, further enriching the diversity of cultural perspectives within its student body.

4.2. The Ought-to L2 Self

The Ought-to L2 Self reflects learners' perceptions of external expectations related to their language learning. To examine this construct, the study assessed participants' willingness to continue taking Korean language courses, take Korean content courses, and pursue a major or minor in Korean. Students at University B demonstrate a stronger sense of obligation to pursue higher-level Korean courses and consider a Korean minor. This inclination may arise from the fact that University B offers only a minor in Korean and limits participants to enrolling in up to second-year Korean courses, making the addition of a Korean minor appear feasible and manageable. In contrast, participants at University A, who are majoring in Korean, encounter more challenging course requirements, which may deter them from committing to a Korean major. Overall, the data indicate that while students are generally willing to enroll in upper-level language and content courses, they face challenges in balancing these additional requirements with their other academic obligations, ultimately impacting their language-learning journey.

4.3. L2 Learning Experience

4.3.1. Current Self

Current Self encompasses learners' self-perceptions regarding their language skills and prior exposure to the Korean language. Students at University A express a strong desire to enhance their speaking skills as part of their Ideal L2 Self; however, they currently assess their writing skills as the weakest among the four language competencies. This discrepancy highlights a significant gap between their present proficiency and their ideal aspirations. Data reveal differences in language proficiency

〈Table 6〉 The Ought-to L2 Self

	Univ. A	Total	Heritage	Non-Heritage	Univ. B	Total	Heritage	Non-Heritage
Higher-Level Korean Courses		3.8/6	3.67/6	4.04/6		4.46/6	4/6	4.5/6
Major/Minor		2.36/6	2.04/6	2.94/6		4.42/6	4.24/6	4.72/6
Korean Content Courses		3/75/6	3.47/6	4.36/6		4.64/6	4.63/6	4.65/6

and prior knowledge between heritage and non-heritage learners at both institutions. At University A, despite achieving higher proficiency in certain skills, students identify writing as an area needing improvement, underscoring the contrast between their Current Self and Ideal L2 Self. Their preference for English over Korean suggests a reliance on English that may influence their language-learning experience.

Regarding prior Korean learning experiences, most heritage learners at both universities reported having studied Korean at home before entering elementary school. In contrast, the majority of non-heritage learners at University A had no prior exposure to the language, while approximately half of non-heritage learners at University B indicated some previous learning experience. Notably, many non-heritage students from University B are affiliated with K-pop dance clubs or have social ties to K-pop-related groups, which may have influenced their survey responses. This context is essential for understanding the varying language proficiency dynamics between heritage and non-heritage learners.

4.3.2. Digital Self

At University A, many non-heritage learners began their Korean studies through online platforms, whereas heritage learners predominantly relied on formal education. Conversely, non-heritage learners at University B demonstrated a greater reliance on online resources from the outset, highlighting differences in initial learning methodologies.

Heritage learners at University A often use social media to enhance their Korean learning experience, suggesting that these platforms are essential for exposure to Korean content and cultural insights. In contrast, while non-heritage learners at

〈Table 7〉 Current Self

	Univ. A	Total	Heritage	Non-Heritage	Univ. B	Total	Heritage	Non-Heritage
Studied Korean Before		Yes 90	75	15		Yes 19	9	10
		No 50	17	33		No 9	2	7
Listening		3.1/6	3.95/6	1.5/6		2.75/6	3.64/6	2.17/6
Speaking		2.75/6	3.58/6	1.24/6		2.17/6	2.81/6	1.76/6
Reading		2.81/6	4.37/6	1.5/6		2.32/6	2.63/6	2.12/6
Writing		2.42/6	3.03/6	1.32/6		3.11/6	3.64/6	2.76/6
English over Korean		3.96/6	4.4/6	3.16/6		4.61/6	5.18/6	3.71/6

⟨Table 8⟩ Digital Self

Online & Korean learning	University A	University B
Heritage	16/90	3/11
Non-heritage	27/50	11/17
Total	43/140	14/28
Utilizing social media		
Heritage	67/90	3/11
Non-heritage	42/50	11/17*
Total	109/140	14/28

University B actively engage with social media to follow Korean influencers, heritage learners utilize these platforms less frequently, likely due to their current proficiency levels. This disparity reflects varying engagement patterns with digital resources, as non-heritage learners at University B view social media as a critical tool for language acquisition. Overall, the data indicate that social media is a vital resource for language learning at University A, particularly among heritage learners. In University B, heritage learners engage with social media less frequently, but it remains significant for non-heritage learners. Participants also noted that they typically consume Korean content to improve their language skills, with Duolingo cited as a useful initial resource, although perceived as only effective for the early stages of language learning.

4.3.3. K-pop Culture Experience

This study explores how K-pop music and Korean films/TV dramas influence learners' motivation and interest in the Korean language. Non-heritage learners report that K-pop culture significantly shapes their motivation and engagement, with both universities indicating a notable impact. University B, in particular, demonstrates a stronger overall influence, suggesting a more immersive experience with K-pop content. Regarding confidence in understanding and engaging with Korean media, heritage learners at University A show greater assurance than their non-heritage counterparts, likely due to their higher proficiency and deeper cultural knowledge. Conversely, confidence levels among learners at University B are more balanced, with non-heritage learners exhibiting higher confidence, potentially because some are content creators or dedicated K-pop fans. This highlights how learners' backgrounds affect their ability to engage with Korean language content.

⟨Table 9⟩ K-pop Culture Experience

K-pop culture Learning motivation	University A	University B
Heritage	3.34/6	3.55/6
Non-heritage	4.32/6	4.59/6
Total	3.69/6	4.18/6
Engagement with K-pop culture		
Heritage	4.28/6	3.27/6
Non-heritage	2.6/6	3.47/6
Total	3.68/6	3.39/6

4.3.4. Heritage Learners' Language Learning Experience

This study investigates the linguistic and cultural experiences of heritage language learners, particularly focusing on their home language, Korean identity, and identity practices in daily life. The survey results regarding the languages spoken by heritage learners' parents reveal significant differences between University A and University B. At University A, a substantial majority of both mothers and fathers communicate in Korean, with a smaller proportion also using English or a combination of Korean and English. This indicates a strong presence of the Korean language in the home environment of these students. In contrast, at University B, the majority of parents primarily speak English, with only a limited number using Korean. This suggests that heritage learners at University B experience less exposure to Korean within their family settings.

This contrast underscores the varying levels of Korean language immersion that heritage learners encounter at the two universities, which may subsequently influence their language-learning experiences and cultural engagement, particularly in relation to their Digital Self and experiences with K-pop culture. The examination also explores heritage learners' pride in their Korean cultural heritage and their experiences of acceptance as Korean Americans. While most participants express pride in their Korean heritage, many report frustrations related to acceptance as Korean, which can arise from issues pertaining to physical appearance, identity, or interactions with other minority groups.

This complexity is illustrated by a direct quote from a University B participant, who stated, "I am only 1/4 Korean and I do not look Korean at all, so I am never recognized as being part Korean. It seems like people don't believe me when I tell them I am part Korean, and it doesn't feel like I am accepted in Korean student groups. People sometimes question my motives in learning about the Korean language and culture, which sometimes makes me embarrassed about engaging in Korean cultural practices in front of them." These experiences reflect the intricate interplay between identity, acceptance, and cultural pride for Korean Americans. Despite these challenges, heritage learners continue to value and take pride in their Korean heritage, as evidenced by their appreciation for cultural traditions and practices related to their family's genealogy. At University A, a majority of students emphasize the importance of holidays, food culture, and elements of Korean American culture, indicating a strong connection to a diverse range of Korean traditions. In contrast, fewer students at University B identify specific cultural practices, though some highlight traditional rituals like 제사(*jesa*), food culture, or express a general appreciation for their heritage.

This difference suggests that heritage learners at University A engage more broadly with Korean cultural practices, while those at University B may have a more focused connection to specific traditions. Furthermore, the study examines the support heritage learners receive from their families in their Korean language education. At University A, students benefit from a Korean-only policy and the experience of attending public school in Korea, which provides a highly immersive language learning environment. In contrast, students at University B receive encouragement to take Korean courses at the university or participate in tutoring. While this support is valuable, it is less immersive compared to the experiences at University A. These variations in family support reflect different approaches to facilitating Korean language learning, potentially influencing heritage learners' proficiency and cultural engagement.

〈Table 10〉 The Languages of Heritage Learners' Parents

Language	University A		University B	
	Mother	Father	Mother	Father
Korean	69	68	7	6
English	8	11	2	4
Korean/English	12	11	1	1
Other	1	0	1	0

4.4. Different Attitudes

The results from interviews conducted with heritage and non-heritage learners reveal distinct perspectives and priorities regarding their experiences and motivations in learning the Korean language. Heritage learners highlighted several key themes. They expressed challenges in accessing quality language learning resources outside of formal classes, indicating a reliance on structured environments to facilitate their Korean language acquisition. One participant noted, "It is very difficult to find good language-learning resources outside of an official class, so as a college student, I think it is important to take advantage of this resource that is available to me." Motivations for learning Korean varied among heritage learners, with some emphasizing the importance of basic communication skills and stating, "For them, I think it is more important to be able to communicate and be understood in an online setting, with speed and pronunciation not as important." Others expressed a desire for fluency for personal reasons, such as connecting with family members and traveling to Korea, with one learner mentioning, "I personally want to learn Korean to travel to the country and speak with my relatives."

A common sentiment among heritage learners was the perceived limited career benefits associated with learning Korean. Many noted that heavy coursework and competing academic commitments hindered their ability to pursue a Korean major or minor, with one student stating, "I don't see Korean opening up too many doors for my career," and another adding, "Heavy coursework means no time to invest in a Korean major or minor." For many, the primary motivation for learning Korean stemmed from a desire to improve communication with family rather than for academic or professional advancement, as articulated by one participant who said, "I want to try to learn Korean since I do think it's important in many regards. However, the main goal I have in learning Korean is just to speak with my family better."

In contrast, the interview data from non-heritage learners revealed that they actively utilized social media platforms and YouTube for language acquisition. One participant mentioned, "Native speakers often have accounts on social media platforms to give simple and short vocabulary and grammar lessons to those who are willing to learn." This emphasizes the significant role of digital tools in the early stages of language learning. They noted that other online resources, such as YouTube, enabled them to advance their skills before enrolling in formal courses, with one stating, "Other online sources such as YouTube have allowed me to take a step ahead and learn how to read Korean(Hangeul) before taking a Korean language college course."

Although non-heritage learners do not identify as Korean, they recognize that learning the language has contributed to their sense of identity. One participant remarked, "Despite not identifying as Korean, I do believe that learning Korean has helped shape a part of my identity, which is being bilingual." They emphasized the importance of language learning in connecting with their own heritage, stating, "I am not Korean and thus do not hold a Korean identity, but to speak for my Spanish or Egyptian identities, I would say that language learning is paramount to feeling connected and a part of your heritage."

While non-heritage learners did not plan to major or minor in Korean, many expressed intentions to study abroad to enhance their language proficiency through immersion. One participant reflected, "I believe that the best way to become as fluent as possible in a language is to immerse yourself in the environment and culture fully, and through study abroad, I plan to do just that." Their motivation for learning Korean was primarily driven by personal and cultural identity rather than academic or professional objectives, highlighting a different approach compared to heritage learners, who faced challenges related to resource availability and perceived career relevance. Overall, these findings illustrate the different experiences, motivations, and priorities of heritage and non-heritage learners in their Korean language-learning journeys.

5. Discussion

The findings of this study highlight the differing motivations and learning experiences of heritage and non-heritage learners in acquiring Korean as a second language. At University A, students predominantly focus on improving their spoken Korean, driven by a strong desire for oral proficiency and meaningful interactions with Korean speakers. In contrast, learners at University B exhibit a broader aim of enhancing their overall Korean skills, possibly influenced by the limited offerings of only first- and second-year courses within the program. Despite these differences, both groups share a common aspiration for communicative competence, demonstrating a desire to engage with Korean culture and speakers in their future lives.

The distinction between the 'Ideal L2 Self' and 'Ought-to L2 Self' reveals important dynamics among heritage learners. While both are influenced by familial and cultural expectations to learn Korean, they do not perceive the language as critical for their career aspirations. Instead, their primary motivations align more with personal fulfillment, such as the desire to travel to Korea and communicate effectively with their family members. This emphasis on pragmatic goals reflects a broader trend where emotional and relational motivations often outweigh instrumental objectives like career advancement.

Non-heritage learners, on the other hand, display a more active engagement with digital resources, leveraging platforms like social media and YouTube to enhance their language acquisition. Their enthusiasm for Korean media, particularly K-pop, significantly influences their language-learning journey, indicating that popular culture can serve as a powerful motivator. However, both groups expressed dissatisfaction with the availability of effective language-learning applications, pointing to a critical gap in the digital resources currently on the market.

Heritage learners emphasized the necessity of formal education due to the scarcity of quality resources outside the academic setting, focusing on practical communication rather than fluency for professional reasons. In contrast, non-heritage learners approach language acquisition as a means of connecting with their cultural identities, with many planning to study abroad for immersive experiences. The data also suggest a diversity within heritage learners, particularly among third-generation individuals and mixed-heritage learners, whose attitudes and motivations may differ from those of their first- and second-generation counterparts.

6. Conclusion

This study underscores the need for tailored curriculum development and resource enhancement that address the unique challenges faced by heritage learners while also leveraging the interests of non-heritage learners. Given the emphasis on spoken proficiency and communicative competence, language programs should recognize the diverse motivations of these learners and develop strategies that align with their goals.

Investment in high-quality, engaging digital resources, including language-learning applications and online platforms, is crucial for enhancing the language acquisition experience. Encouraging the integration of social media and online communities as supplementary tools can provide additional support, particularly for non-heritage learners who thrive in these environments. Furthermore, educators should consider employing motivational strategies that harness students' interests in K-pop and Korean culture, enhancing both engagement and motivation. By fostering an inclusive and responsive learning environment, educators can better support the diverse needs and aspirations of heritage and non-heritage learners alike, ultimately contributing to their success in mastering the Korean language.

Bibliography

Akdemir, A. S. & Akdemir, Ö. A. 2023. "From Theory to Practice: Teaching English to Generation Z." *Shanlax International Journal of Education*. 12(1). pp. 114–116.

American Councils for International Education. 2017. "The National K-12 Foreign Language Enrollment Survey Report." Accessed September 28, 2024. https://www.americancouncils.org/.

Carter, T. 2018. "Preparing Generation Z for the Teaching Profession." *SRATE Journal*. 27(1). pp. 1–8.

Choi Jae-hee. 2023. "A snapshot of Korean language now". The Korea Herald. https://www.koreaherald.com/article/3032661.

Chen, R. 2023. "Generation Z Students' Characteristics and Attitude in a Chinese English Language Teaching Classroom." *Lecture Notes in Education Psychology and Public Media*. 2. pp. 765–778.

Cook, V. 2015. "Engaging Generation Z Students." *Center for Online Learning Research and Service, University of Illinois Springfield*. Retrieved from https://sites.google.com/a/uis.edu/colrs_cook/home/engaging-generationz-students.

Demir, B. & Sönmez, G. 2021. "Generation Z students' Expectations from English Language Instruction." *Journal of Language and Linguistic Studies*. 17. pp. 683–701.

Dörnyei, Z. 2009. "The L2 Motivational Self System. In Z. Dörnyei, & E. Ushioda (Eds.)." *Motivation, Language Identity and the L2 Self*. pp. 9–42. Bristol: Multilingual Matters.

Dornyei, Z. & Ushioda, E. 2011. *Teaching and Researching Motivation*. Harlow: Pearson.

Dörnyei, Z. & Chan, L. 2013. "Motivation and Vision: An Analysis of Future L2 Self-images, Sensory Styles, and Imagery Capacity across Two Target Languages" *Language Learning*. 63(3). pp. 437–462. https://doi.org/10.1111/lang.12005.

Ghanizadeh, A. & Rostami, S. 2015. "A Dörnyei-inspired Study on Second Language Motivation: A Cross-comparison Analysis in Public and Private Contexts." *Psychological Studies*. 60(3). pp. 292–301. https://doi.org/10.1007/s12646-015-0328-4.

Kim, Y.-K. & Kim, T.-Y. 2011. "The Effect of Korean Secondary School Students' Perceptual Learning Styles and Ideal L2 Self on Motivated L2 Behavior and English Proficiency." *Korean Journal of English Language and Linguistics*. 11(1). pp. 21–42.

Kingston, A. 2014. "Get Ready for Generation Z." Accessed September 28, 2024. https://www.macleans.ca/society/life/get-ready-for-generation-z/.

Lusin, N., Peterson, T., Sulewski, C. & Zafer, R. 2023. Enrollments in Languages Other Than English in US Institutions of Higher Education, Fall 2021. *Modern Language Association of America*. Accessed September 28, 2024. chrome-extension://efaidnbmnnnibpcajpcglclefindmkaj/https://www.mla.org/content/download/191324/file/Enrollments-in-Languages-Other-Than-English-in-US-Institutions-of-Higher-Education-Fall-2021.pdf.

Mohr, Kathleen A. J. & Eric S. Mohr. 2017. "Understanding Generation Z Students to Promote a Contemporary Learning Environment." *Journal on Empowering Teaching Excellence.* 1(1). https://doi.org/10.15142/T3M05T.

Parzyck, A. & Brown, A. 2023. "Exploring the Needs of Generation Z Adult Learners in College and in the Workplace." *American Association for Adult and Continuing Education.* pp. 110–113.

Shatto, B. & Erwin, K. 2016. "Moving on From Millennials: Preparing for Generation Z." *Journal of Continuing Education in Nursing.* 47(6). pp. 253–254.

Whitehead, E. 2023. "Augmented Skills of Educators Teaching Generation Z." *Excellence in Education Journal.* 12(1). pp. 32–54.

제6장

한국의 다문화 사회 현상과 국제적 역량을 지닌 다문화 자녀 교육 발전 방향

김혜란
러시아 모스크바고등경제대학교/국립인문학대학교
Национальный исследовательский университет
«Высшая школа экономики»

1. 들어가며

우리는 '다문화 현상', '다문화 교육'이라는 개념에 주목하지 않을 수 없는 세계화 시대에 살고 있다. 다문화 교육 개념의 본질은 민주 시민권, 세계 시민권 개념과 유사하며, 현재 대한민국의 학교는 현대 사회 및 교육적 요구에 부응하여 관련 주제에 대한 연구를 수행하며 다문화 교육을 제공하고 있다. 대한민국 다문화 교육 과정에서 형성된 인간의 이미지는 '교양인'이자 '함께 사는 사람'으로서 민주 시민 교육과도 긴밀한 연관이 있다. 가치관의 관점에서 다문화 교육은 문화적 다양성에 대한 이해와 수용, 인간의 존엄성과 보편적 인권에 대한 존중, 지구촌에 대한 책임, 지구에 사는 모든 사람에 대한 존중을 핵심 가치로 삼으며, 교육 콘텐츠로는 평화, 연대, 인권과 평등, 문화 다양성, 학습 콘텐츠에 중점을 둔다.

　　본 연구는 한국의 다문화주의와 다문화 교육의 성장을 분석하고, 국제적 역량을 지닌 다문화 자녀 교육 방향을 러시아 다문화 교육과 비교·분석하는 데 목적이 있다. 또한 다문화 교육의 정의와 원리, 방법을 분석함에 있어서 서울시교육청, 한국학자, 러시아 심리 및 교육학자, 그리고 미국학자 뱅크스(James A. Banks)의 연구를 고찰했다.

　　초등 다문화 교육의 교수·학습 방법에 대한 다문화 교육의 의의를 분석함에 있어서 형평성 교수법, 건설적 학습 교수법 등 상호적·협력적 개별화 학습 전략을 도출할 필요가 있다.

　　본고는 한국의 교육 관련 통계 요약, 한국인의 국제 결혼 통계를 활용한 분석을 통해 다문화 학생 수 증가와 단일민족에서 다문화 사회로 나아가고 있는 현대 한국 사회 다문화 현상을 고찰하고자 한다. 연구 결과, 세계화 시대 다문화주의 확산으로 국제적 역량을 지닌 다문화 학생을 위한 교육법 및 학생들의 정체성과 깊이 관련된 심리적 회복 탄력성을 강화하는 긍정적 심리 교육 프로그램의 수립 및 지원이 필요함을 강조하고자 한다.

2. 다문화주의 개념과 등장

'多(많을 다)'에 '문화'라는 말이 붙은 다문화는 '여러 나라의 생활 양식'으로 정의되며 다양한 생활 양식 및 사는 방식, 가치 체계 등 한 국가라는 공동체 안에 함께 존재함을 의미한다. 킴리카(W. Kymlicka)에 따르면, 서구 사회 선진국의 저출산과 고령화로 인한 이주 노동자 유입, 1960년대 인권 운동으로 인한 내국인과 소수 인종 집단의 권리 의식 고양, 민주주의 확립, 냉전 종식으로 인한 지정학적 안전 확보와 소수 인종 집단 억압 및 통제의 필요성으로 다문화주의가 등장했다(마르코 마르티니엘로, 2002: 88).

　　다문화주의는 퀘벡에서 급속히 성장하는 프랑스어권 민족주의에 직면하여 새로운 영불 타협을 달성하려고 시도한 이중언어 및 이중 문화주의 왕립위원회(1963)에 대한 반발로 캐나다에서 시작됐다. 캐나다는 둘이 아닌 세 개의 국가에 의해 건국됐다는 주장, 원주민은 최초의 토착민이므로 버릴 수 없다는 목소리, 또한 캐나다의 인종적 복잡성이 2가지 문화로 축소될 수 없다는 주장 등이 퀘벡 민족주의에 대한 확고한 반대자인 피에르 트뤼도가 이끄는 국제주의 자유당 정부에 들리게 되었고, 1971년 10월 연방정부는 다문화주의를 공공 정책 목표로 공식 선언

했다. 소수 민족의 문화유산을 보존하고, 인종 차별 및 기타 형태의 차별에 대한 조치를 통해 집단 간 관계 개선 및 평등화, 기회 균등 촉진에 중점을 둔 정책 슬로건은 '하나의 국가, 두 개의 언어, 다양한 민족과 문화'였다. 1972년 국무부 산하에 다문화국이 설치되었고, 1990년대 중반까지 연방 내각에는 다문화 문제를 다루는 공식 책임을 맡은 장관이 포함됐다. 다문화 지향은 권리와 자유 선언(1982), 다문화주의법(1988)에 명시되어 캐나다 자결주의의 핵심 특징이 되었다. 캐나다의 다문화주의는 퀘벡 민족주의와 영국식 캐나다 사이의 이중 문화 갈등 및 충동이었다.

미국은 다문화주의를 공식 정책으로 채택하지는 않았지만, 이민 패턴은 항상 호주, 캐나다, 뉴질랜드보다 문화적으로 더 다양했다. 1990~1991년에 호주 이민자의 70% 이상이 유럽, 뉴질랜드, 북미 출신이었으며, 캐나다에 거주하는 이민자 중 유럽과 미국에서 온 이민자의 비율이 60%에 달했다. 그러나 미국에서는 공식적으로 등록된 이민자 중 25%만이 유럽이나 캐나다 출신으로 인종 정치와 다민족 연합을 형성했다. 미국에서는 다문화주의가 1970년대에 등장했지만 캐나다나 호주와는 다소 다른 맥락의 페미니즘, 특히 문화적·민족적 페미니즘, 흑인이나 아프리카계 미국인, 게이와 레즈비언 등과 관련한 시민권 운동의 의미를 가졌다. 저항의 중심지는 대학교와 고등교육 전문대학이었으며, 가장 시급한 요구는 소수 민족 할당제, 다문화 교육 과정, 차별적 발언과 성희롱 금지에 대한 법적 규정이었다.

다문화주의는 1980년대 중반에 유럽의 정치 및 학문 용어집에 포함되었지만 공식적인 정책은 아니었다. 그러나 스웨덴 정부가 이민자들에게 모국어로 공부할 수 있는 기회를 제공하는 특수 교육 프로그램, 이민자 협회, 공공 민속 축제 등을 지원하는 것은 다문화주의 정책이라고 볼 수 있다(Терборн, 2001: 51-52, 필자 번역).

다문화주의는 현재 세계적으로 자본, 노동력, 기술 이동에 따른 다문화, 다종족, 다언어적 글로벌시티를 출현시키며, 네트워크를 통한 자유로운 국제 이주를 가능하게 하는 디아스포라 현상의 일환이라고 볼 수 있다.

윤언진(2004: 5)에서는 현대적 개념의 디아스포라는 국제 이주, 난민, 이주 노동자, 민족 공동체, 문화적 차이(다문화), 정체성 등을 모두 포괄하는 개념으로 정의하며, 고전적 개념으로 유대인과 그리스 역사에서 비롯된 민족 분산, 민족 이산의 의미를 지닌 디아스포라(diaspora)는 어원적으로 'dia(over, ~넘어)'와 'speiro(to sow, 씨 뿌리다)'의 합성어로 경계를 넘어 흩어진 민족을 의미한다고 밝힌다.

한 나라 안에서 몇 가지 문화가 공존하는 것으로 정의되는 다문화는 인간 사회의 다양성, 인구학적인 면에서 문화적 다양성과 관련된 사회적·정치적·철학적 답변과 연결된다. 베르토백(Vertovec)은 다문화를 "다양한 구성 요소가 상호 공존하며 각자의 색깔과 냄새, 그리고 고유의 개별성을 유지하면서도 서로 조합되어 또 다른 통합성을 이루어 내는 것"이라고 정의했고, 킴리카는 "협의의 제도적 차원에서 다문화주의는 자유민주주의에 대한 광범위한 합의와 지지가 선결 조건이며 다양한 문화적 주체들의 특수한 삶의 권리에 대한 제도적 보장"이라고 정의한다(마르코 마르티니엘로, 2002: 88). 소이잘(Soysal)은 "세계화 시대, 보편적인 인권에 대한 광범위한 합의와 지지를 토대로 비국적자 및 체류 미비자를 포함하는 방식"이라고 정의하며, 지젝(Zizek)은 "단순히 현실의 다문화 사회를 관용한다는 의미의 다문화주의와 종족, 인종, 종교, 문화 집단의 권리를 법적으로 인정하고 보호한다는 의미"라고 정의한다. 또한 인글리스(Inglis)는 다문화주의는 첫째, 인구-기술적 관점에서 "한 사회나 국가 내의 다양한 민족적·인종적 분포"이고, 둘째, 이념-규범적 관점에서 "민족적·인종적 다양성에 대한 인정은 사회 내에서 이들에 대한 완전한 법적 보장이나 참여를 통해 획득 가능"하며, 셋째, 프로그램-정책적 관점에서 "민족적 다양성을 유지하기 위해 고안된 구체적인 각종 프로그램이나 정책"으로 정의한다(한승준, 2008: 102-103). 다문화 내용에 따라 추진되고 있는 각국의 주요 정책에는 주류 사회의 언어 및 문화의 이해에 대한 법적·제도적 지원, 종교의 자유와 고유문화 향유를 위한 소수 민족 학교 및 공공 단체 지원, 참정권 및 이주자와 주류 사회 국민의 갈등 완화와 교류 확대를 위한 다언어 및 다문화 교육 추진 등이 있다(지종화 외, 2009: 113).

지종화(2009)에서는 이와 같은 여러 학자가 주장한 다문화주주의 의의를 다음과 같이 4가지로 요약했다. 첫째, 소수 다문화 이주자들에 대한 문화적·정치적·사회적 차이를 인정하고, 이들에게 정당성을 부여하는 것이다, 둘째, 문화적 다수 집단이 소수 집단을 동등한 가치를 가진 집단으로 인정하는 '인정의 정치'이다, 셋째, 각 인종·민족의 전통적 문화, 언어, 생활 습관을 국가가 적극적으로 보호하고 유지하기 위한 정부 정책과 프로그램이다, 넷째, 다문화주의 용어는 각국의 사정에 따라 다양하게 사용되므로 일반적 정의를 내리기 힘들다(임채완, 2012: 325-226, 재인용).

지금부터 세계적 초국가주의 시대의 국제 이주, 정체성 정치, 글로벌 네트워크, 국제결혼으로 인한 국제적 이동, 자본·노동력·상품의 국제적 이동 등 다아스포라[1] 현상의 일환으로 한국과 러시아의 다문화주의, 다문화 교육에 대해 살펴보고자 한다

3. 대한민국의 다문화 현상과 다문화 교육

대한민국 내외의 경제적 상황과 국가 간 교류 증가, 노동 수요에 따른 외국인 노동자 증가, 고려인의 한국 귀화 증가, 국제결혼에 대한 가치관 변화, 혼인 수급의 불균형, 한류에 따른 긍정적 이미지 상승으로 인한 외국인 이주자 증가 등 한국에서 국제결혼이 자치하는 비율이 상당히 빠른 속도로 증가하고 있으며, 이와 같은 국제결혼 증가, 유입되는 외국인 노동자 가족 증가, 고려인 및 외국인 귀화는 다문화 가정 증가, 다문화 학습자 증가로 이어지고 있다. 2023년 대한민국 내 초·중등학교의 다문화 학생 수는 181,178명으로 역대 최고치를 나타냈다. 이것은 한국에서 국제결혼의 증가, 혼인 수급의 불균형에 따른 국제 결혼의 증가뿐만 아니라 국제적 이동의 증가 및 한류 영향으로 인한 국제결혼 증가, 다문화 가정 증가, 다문화 학습자의 증가를 보여 준다고도 할 수 있다.

통계청에 따르면 2023년 대한민국 초·중·고 다문화가정 학생 수는 18만 1178명으로 전년보다 1만 2533명(7.4%) 늘었다. 2012년 조사 당시 46,954명이던 다문화 학생 수는 2023년까지

[1] 최근 학계에서는 글로벌 네트워크 구축, 문화 브랜드 창출, 정체성 형성, 커뮤니티 발전 등에 대한 논의가 진행되며 디아스포라의 정체성과 학문적 발전에 관심이 크다. 또한 디아스포라는 국제 이주, 정체성 정치, 글로벌 네트워크, 다문화, 국제적 망명 및 난민, 자본·노동력·상품의 국제적 이동과 관련된 문제들을 연구의 대상으로 삼는다.

130,000명 이상 증가했고, 전체 학생 인구 대비 다문화 학생의 비율이 계속 증가하여 2021년에는 3.0%에 이르렀다. 2022년에는 2%, 2023년에는 3.5% 증가율을 보였다.

또한, 연도별, 부모의 국적별 다문화 학생 수를 살펴보면 다음과 같다. 2012년에는 부모가 중앙아시아 출신인 다문화 학생이 782명, 러시아 시민권을 가진 다문화 학생이 738명인데 반해, 2023년에는 중앙아시아 부모를 둔 다문화 학생이 6,661명, 러시아 부모를 둔 다문화 학생이 3115명이었다. 부모 출신국별 다문화 학생 분포를 살펴보면, 부모의 국적이 베트남인 경우가 32.4%(54,722명)로 가장 높았고, 이어 중국 24.3%(41,009명), 필리핀 9.6%(16,210명), 중국(한국계) 7.1%(11,914명), 러시아 및 중앙아시아 2.9%(고려인) 등 아시아권 학생이 많았다.

우리는 TV나 인터넷을 통해 외국인들이 한국에서 경험한 일상과 문화, 본인과 가족이 겪었던 교육적 어려움, 극복 방법 등을 이야기하는 콘텐츠를 쉽게 접할 수 있다. 한민족으로 불렸던 한국인은 이제 다문화 사회의 일원이 되었으며, 한 사회에서 다양한 민족, 성별, 종교, 문화가 공존하면서 발생하는 갈등을 평화적으로 해결하고, 서로를 더 잘 이해하기 위한 노력이 필요하다. 학생들, 특히 다문화가정 학생들의 심리적 안정을 도모하는 교육적 노력 또한 반드시 필요한 실정이다.

또한 다문화가정 아동의 경우 사회 적응에 어려움을 겪을 뿐만 아니라 정서적 부적응으로 고통받거나 편견과 차별을 견디지 못하고 초등학교 입학부터 적응상의 어려움을 겪다가 중고등학교 진학을 포기하는 사례가 늘고 있다. 진학을 포기하는 학생들이 일으키는 청소년 비행이나 성인기 범죄, 정신 건강 등의 문제는 사회적 문제로 확산될 가능성이 높다고 볼 수 있다.

한국 교육 개발원에 따르면, 2018년도 다문화가정 학생들의 고등학교 졸업률은 28%로, 초등과 중등 교육 과정에 비해 학업 중단율이 높게 나타났다고 밝혔다. 학령기는 긍정적이고 합리적인 사고로 전환이 가능한 시기이며 초등학교 저학년의 경우 고학년에 비해 정서 표현이 다양하고 정서적 중재와 지원이 용이하다는 특징을 갖는다. 다문화가정 자녀들은 언어적 문제 및 이중 문화 생활 배경에서 오는 부적응, 사회적 편견으로 인한 소외 등으로 지나치게 소극적이거나 반대로 충동적이고 공격적인 정서 장애를 나타내기도 한다. 이러한 정서적 불안과 부적응 등 부정적 정서를 겪은 아동일수록 전 생애 발달에 있어 심각한 장애를 겪을 가능성이 높기 때문에 다문화가정 아동에 대한 지속적인 사회적 관심이 요구된다.

러시아에서는 학문적 용어로 다문화라는 단어를 사용하지만, 교육으로 다민족의 민족성을 유지하며, 한 국가로 통합하려는 교육 현장에서는 잘 사용하지 않는다. 국제결혼으로 러시아에서 태어난 학생 또한 다문화 학생으로 여기지 않으며, 중앙아시아나 이전 공산권 동맹국인 중국, 베트남, 아프리카, 이란, 인도 등에서 온 이주 학생은 이주 국가의 민족 학생으로 칭한다. 러시아는 영토가 세계에서 가장 넓은 나라로 자국 내 한 지역에서 다른 지역으로 이주한 학생 또한 이주 학생으로 칭한다. 사회적·교육적 측면에서 러시아 다문화 교육 과정은 이주 학생의 심리적·정서적 안정을 중요시하며, 문화적 상호 소통을 기반으로 한 이중언어 교육에 많은 관심을 기울여 이주 학생들을 교육하고 있다. 그 일환으로 학생들의 심리나 스트레스 상태를 확인하는 'CAH 테스트'로 학생들의 내적·심리적 상태를 모니터링 한다. CAH는 컨디션(Самочув ствие), 활동(Активность), 기분(Настроение)의 첫 알파벳을 따 줄인 말로 각각 측정된 지표 점수에 따라 학생들의 심리 상태를 확인하는 테스트다. 이주 학습자의 부정적 정서와 부적응에 대한 심리적 정도를 확인하며, 결과에 따라 교육 심리 상담자와 지속적으로 의사소통할 기회를 준다.

현재 서울 및 경기 지역에서 실시되는 다문화 교육은 주로 서울시교육청 민주시민교육과(서울)와 경기도교육청 민주시민교육과(경기)에서 진행된다. 다문화 교육의 발전과 더불어 화합의 이념을 바탕으로 민주적 시민 교육을 위해 노력하고 있으며, 이와 연계해 세계 시민을 위한 국제 이해 교육 커리큘럼도 개발하고 있다.

서울시교육청(2018)은 다문화 교육을 "동등한 차이"와 "상호 존중하는 차이"로 이해하고, 세계화 시대, 다인종·다문화 사회를 살아가는 사회 구성원 모두에게 필요한 교육으로 정의한다. 이는 기존 다문화 교육의 동화주의적 경향을 벗어나 세계 시민 교육으로 재구성하려는 시도로 볼 수 있다.

권영희(2016: 37-74)는 국제 이해 교육, 반(反)편견 교육, 세계화 교육 등 다문화 교육을 포괄적으로 살펴야 하며, 다문화 교육의 핵심 가치는 '4대 교육'의 핵심 가치를 결합한 교육이 되어야 한다고 결론짓는다. 우리는 국제 이해 교육이 요구하는 평화를 바탕으로, 반편견 교육이 추구하는 민주적 목표를 존중하며, 문화 교류의 다양한 가치와 경험을 확장하여 삶의 영역을 더욱 풍요롭게 하고 보편적인 인간성, 자유, 평등을 실천해야 한다. 모든 인류의 공동 번영을 위해 지속 가능한 발전을 촉진하는 교육을 제공하는 노력은 곧 세계화 교육이 달성하고자 하는 목표다.

3.1. 다문화 교육의 의미와 목표

다문화 교육은 각 사회의 다양한 문화적 경험과 사회의 현실적 요구를 반영하면서 발전해 왔기 때문에 이를 한 단어로 정의하기란 어렵고, 학자마다 서로 다른 정의를 내린다.

다문화 교육에 대한 논의가 가장 활발한 미국에서는 소수자에 대한 사회적 차별을 철폐하려는 시민권 운동에서 다문화 교육이 시작됐다. 이 운동은 소수 민족의 관점과 역사, 경험, 사회에 대한 기여도 등을 교과서와 교과 과정에 공정하고 정확하게 반영해 학생을 교육함으로써 편견과 차별이 없는 학교를 만들고자 하는 운동이다. 이러한 운동에서 시작된 미국 다문화 교육에 대한 주요 견해는 1973년 11월 미국교사교육대학협회(AACTE: The American Association of Colleges for Teacher Education)의 성명서에서도 찾아볼 수 있다. 성명에는 "모범적인 미국인은 단 한 명도 없다."고 적혀 있으며, '다문화 교육에 관한 성명'이라는 문구 아래에는 "다문화 교육은 문화 다원성을 존중하는 교육이다."라고 적혀 있다(허은재, 2019: 7).

람세이(Ramsey, 2009)는 "다문화 교육은 학교가 문화적 차이를 해소하거나 단순히 문화적 다원성을 용인한다는 관점을 거부해야 하며, 오히려 다양한 문화적 대안을 보존하고 향상시키는 프로그램을 통해 모든 젊은이가 문화적으로 부유해지도록 만들어야 한다."라고 밝혔다. 이와 비슷한 견해를 가진 필자는, 다문화 교육은 글로벌 네트워크가 강화되고 국제 이주가 증가한 세계화 시대에 살고 있는 모든 사회 구성원이 받아야 할 교육이며, 문화적 소통으로 다른 문화를 이해하고, 문화적으로 부유해질 수 있는 높은 가치적 요소를 지니는 교육이라고 본다.

한국사회학회(2011), 한국사회연구학회(2011)에 따르면 다문화 교육은 "다양성과 다원성에 바탕을 두고, 자신이 속한 문화에 대한 긍정적인 정체성을 확립하는 것"이다. 서로 다른 집단의 서로 다른 문화를 동등하게, 가치 있게 인식하고, 다른 문화에 대한 편견을 없애며, 서로 존중하고 이해하며 평등한 관계를 강조하는 교육이다. 즉, 다문화 교육은 다양한 집단, 인종, 성별, 언어, 종교 등을 인정하고, 개인이 속한 문화에 대한 올바른 이해를 제공하며, 사회 구성원들이 다양한 문화에 대해 올바른 가치관과 지식, 태도를 갖추는 데 필요한 개방적이고 비판적인 태도를 교육한다.

이 정의에 기초하여 뱅크스는 다문화 교육의 3가지 중요한 구성 요소를 이야기한다. 첫째, 모든 시민에게 평등한 기회를 제공하는 개혁 운동을 목표로 한다. 둘째, 평등, 합법성, 인권과 같은 민주적 이상 구현을 목표로 한다. 마지막으로, 민주주의의 이상과 사회 현실 사이에는 항상 모순이 있다. 변화와 개혁은 항상 시도해야 하는 끝없는 과정이다(Banks, 2002).

이 3가지 요소의 결합에 따라 다문화 교육의 전망은 4가지로 나누어 볼 수 있다. 첫째는 평등과 다양성을 강조하는 다문화 교육, 두 번째는 '과정'으로서 다문화 교육이다. 이 견해는 교육이 성취되는 과정을 강조한다. 즉, 교육 과정에서 다문화 교육이 실천되어야 함을 강조한다. 세번째, 개혁 운동을 강조하는 교육이다. 네 번째, 다문화 교육 실천 프로그램을 제시한다. 이러한 교육은 학생들의 문화적 다양성을 존중하는 교육 프로그램 개발을 집중적으로 논의하는 관점이라 할 수 있다(김선미·김영순, 2008: 45-60).

뱅크스(Banks, 2007)에 따르면 다문화 교육은 "학생 교육의 획기적인 변화를 추구하는 교육 개혁 운동"으로 정의되며, 이 교육의 주요 목표는 다음과 같다.

첫째, 자신의 문화를 다른 문화의 관점에서 바라보게 함으로써 '자기이해'를 향상시켜야 한다. 이에 다문화 교육은 올바른 이해와 지식을 통해 서로 다른 문화를 존중하도록 돕는다.

둘째, 학생들에게 민족적·문화적·언어적 대안을 가르친다.

셋째, 모든 학생이 주류 문화와 지역 문화, 타문화가 공존하는 사회에서 필요한 지식과 기술, 태도를 습득하게 한다.

넷째, 소수민족이 인종적·민족적·신체적·문화적 특성으로 인해 겪는 차별을 없애기 위해 노력한다. 차별로 자신의 정체성을 포기하게 된다면, 완전한 자아실현에 실패할 뿐만 아니라, 정치적·사회적 소외를 겪을 가능성이 높기 때문이다.

다섯째, 학생들이 수학, 읽기, 쓰기 등 생활 기술을 배울 수 있도록 돕는다. 학생들은 다문화 교육을 통해 자존감을 키우고 자신의 문화는 물론 가족과 지역 사회의 문화를 익히고 이해할 수 있다. 이를 위해 우리는 학생들이 문화적 한계에서 벗어나도록 도울 것이다.

여섯째, 다양한 문화적·인종적·종교적·언어적 배경을 가진 학생들이 자신이 속한 다양한 공동체, 즉 국가 공동체·시민 공동체·문화 공동체 및 사회 공동체에서 적절한 역할을 수행하는 데 필요한 태도, 지식 및 기술을 습득하도록 돕는다.

3.2. 다문화 교육의 원리와 방법

다문화 교육의 이념과 발전 방향은 그것이 고수하는 다문화 사회의 이미지, 그리고 사회가 이질적인 문화에 어떻게 반응하는지와 밀접하게 관련된다. 사회가 다양성에 대응하는 방식은 분리주의(segregation), 동화주의(assimilation), 융합주의(cultural fusion) 문화다원주의(cultural pluralism) 4가지 영역으로 나눌 수 있다. 여기서 무엇에 주목하는가에 따라 다문화 교육을 실시하는 방법이나 관점에 차이가 나타난다(이인재, 2010: 253-271).

이전에는 법적 비공식적 문화나 인종 그룹이 구별되는 차별 및 배제 정책인 분리주의, 이민자들이 기존 민족 정체성을 버리고 새로운 문화에 흡수될 수 있도록 하는 동화주의가 다문화 교육에서 많이 적용되었지만, 최근 세계화 시대, 디아스포라와 관련된 다문화주의 확산은 새로운 집단의 문화가 주요 문화와 혼합되어 전혀 새로운 문화를 만들어 내는 양방향 과정의 융화주의('용광로 정치'로도 불림), 사회의 모든 구성원이 고유한 문화적 정체성을 유지하면서 동등하게 상호 작용하며 함께 살아가는 문화다원주의 교육으로 강조되고 있다. 러시아 심리학자, 교육자들은 모자이크나 샐러드 속 채소를 문화다원주의 교육의 이미지로 자주 언급한다.

다문화 교육에 대한 접근 방식인 Banks Model of Curriculum Reform에서는(Banks, 2004; 허은제. 2019: 16) 다인종 콘텐츠를 교육 과정에 포함하는 방향으로 초·중등 교육 과정을 개편하기 위한 단계적 교육 과정 접근 방식으로 기여 접근법(Contribution Approach), 추가적 접근법(Additive Approach), 혁신 접근법(Transformation Approach), 사회적 행동 접근법(Social Action Approach) 등 4가지 방안을 제시하였다. 다양한 문화적 요소에 중점을 두고 해당 나라의 국경일 및 공휴일, 훌륭한 인물에 대한 기여 접근법을 첫 단계로 시작하여, 기여 접근법에서 개념과 주제 및 관점을 확장하여 가르치는 추가적 접근을 두 번째 단계로, 학생들이 다양한 문화 및 인종 집단의 관점에서 문제, 사건 및 주제를 볼 수 있는 교육 과정 설계에 중점을 둔 혁신 접근법을 세 번째 단계로, 학생들이 중요한 사회 문제를 판단하고 이를 해결하기 위한 실제 조치를 취할 수 있도록 돕는 사회적 행동 접근법을 마지막 단계로 설정하였다. 본고는 기여 접근법에서 다문화 속 훌륭한 인물에 중점을 둔 학습으로 부모가 가진 한국 성(김 씨, 이씨, 정 씨 등)을 인지하고, 이해하며, 해당 성(본관)을 가진 사회적·역사적 인물을 소개한 뒤, 추가적 접근법으로 해당 업적 및 사회적·공헌적 관점으로 확장, 문화적 요소에서 사회적 영역으로 확대하여 가르칠 수 있는 방법을 제언하고자 한다. 한국 내 국제 결혼이나 국제적 이주로 태어난 다문화 아동들에게 부모의 성에 대한 이해는 올바른 정체성 형성에 도움을 줄 수 있을 뿐만 아니라, 같은 성을 가진 위인들에 대해 배우고 본보기로 삼을 기회를 줄 수 있다. 러시아에서 국제결혼으로 이루어진 다문화가정 자녀나 고려인 자녀들은 부모가 가진 성의 본고지(경주 김, 밀양 박, 전주 이씨)를 방문하고 뿌리의 근원을 알고 싶어 한다. 이는 또한 역사를 배우고자 하는 동기가 되어 줄 것이다.

3.3. 초등 다문화 교육의 교수 학습 방법

다문화 교육 방법과 관련하여 뱅크스는 다문화 교육 과정이 학생의 참여를 장려하고 상호 작용적·협력적, 개별화된 학습 전략을 통해 실행되어야 한다고 주장한다. 교사들은 다양한 성별, 인종, 문화, 언어를 가진 학생들의 목소리에 귀를 기울이고 그들의 다양성을 인정해야 한다.

다문화 교육에서 흔히 강조하는 형평성 교육학을 활용할 수도 있는데, 공평한 교육 관행을 통해 다양한 민족, 인종, 문화적 배경을 가진 학생들이 사회에 적극적으로 참여할 수 있다. 또한 형평성 교육은 학생들이 인도적이고 정의로우며 민주적인 사회를 유지하는 데 필요한 지식, 기술 및 태도를 개발하도록 돕는 학습 전략이자 교실 환경이다.

평등 교육은 다문화주의를 유효한 세계 관행으로 인식하고 자신과 다른 문화, 인종, 민족, 사회 계층, 성별, 종교 등에 대한 차별과 편견을 없애도록 도우며, 정체성 형성에 도움을 준다. 평등 교육은 학생들에게 민주적이고 정의로운 사회를 만드는 독립적인 개인이 되기 위한 기본 지식과 기술을 가르치는데, 이와 함께 이러한 기능을 적극적으로 활용하는 방법에 대한 교육도 제공한다. 다문화 교육은 학생들의 요구에 부응해야 하며, 이를 위해서는 모든 활동이 학습자 중심이어야 한다(허은제, 2019: 62-64).

교수와 건설적 학습의 대표적인 방법 중 하나가 협동 학습이며, 다문화 교육에서 협동 학습은 일반 학생과 다문화 학생 모두에게 적합한 교수법이다. 1970년대 다문화주의 개념이 등장한 시대의 외국어 교수법을 살펴보면, 당시는 인지주의적·심리적 배경, 학습자의 심리적 안정을 중요시하는 외국어 학습이 주를 이루었다. 1960~1970년대 다문화 개념의 등장과 함께 침묵 교수법, 전신 반응 교수법, 공동체 언어 학습법 등 주요 외국어 교수법이 등장했다. 다문화 시대를 살고 있는 지금, 인지주의적·심리적 배경을 중요시하는 모든 외국어 학습법의 절충이 필요하며, 학습자의 심리적 안정을 도모하고, 학습자의 참여를 기본으로 하는 학습자 중심 교수법이 반드시 논의되어야 한다고 제언하는 바이다.

다문화가정 아동은 학교에 입학함과 동시에 새로운 사회 환경을 접하며, 가정에서 인식하지 못했던 이중 문화 정체성 및 학습 가치와 관련한 어려움을 겪을 수 있고, 또래 아이들과 자신을 비교하며 정체성과 문화적 배경에 혼란을 경험하게 된다. 이는 정서적 부적응 문제를 야기하며, 정서 장애 및 학습 장애를 초래할 수 있다. 이에 긍정적인 심리 성향을 증진하기 위한 이중언어 학습과 긍정 심리 프로그램 개발이 동시에 이루어져야 한다. 긍정적 심리 향상을 위한 한국어 교육 활동에 대해 필자가 다문화 교육을 지도한 경험을 바탕으로 〈표 1〉로 제시해 보았다. 친밀감 형성, 강점 발견, 긍정적·부정적 느낌, 분노 조절, 불안 극복, 감사와 용서, 희망, 그리고 사랑과 친밀감 등의 긍정적 감성을 위한 한국어 교육 활동으로, 필자가 대한민국 교육부 인가 유럽 유일의 모스크바 한국학교에서 약 2년간 유치원 4세에서 초등학교 3학년까지 한국어 다문화 교사로 재직하며 러시아 다문화 학생들과 같이한 수업 내용이다.

	한국어 교육 활동
1	자기소개하기(이름, 나이, 가족), 노래를 부르며 원을 그리다가 한국어 숫자별로 뭉치기
2	자기 생일, 부모님 결혼 기념일, 선물에 감사하기, 축하 표현 익히기
3	부정적·긍정적 감정을 표현하는 형용사 익히기, 기분-느낌 말하기, 369 숫자 게임하기
4	한국어 노래와 춤, 놀이 게임으로 감정 행동 표현하기
5	민속 동화나 전래 동화를 통한 선함과 악함에 대해 말해 보기, 긍정적·부정적 인물 손가락 인형 역할극 하기, 선함과 악함에 해당되는 형용사·동사 한국어 배우기
6	전래 동화를 한국어로 읽거나 교사가 읽어 주기, 사과하거나 용서하는 말하기 또는 그림으로 그리기
7	마피아 게임 등을 하며 한국어로 질문하고, 생각하고 답하기, 기쁘고 감사했던 일 그림책으로 만들기, 도움을 준 친구와 가족에게 감사 편지 쓰기
8	꿈, 하고 싶은 일에 대해 말하기, 나만의 보물 지도를 그리고 보물에 대해 말하기, 화나거나 놀림받는 상황에 긍정적으로 대처하고 대화하기
9	사랑하는 사람을 위해 케이크와 쿠키를 만들면서 재료와 만드는 방법을 한국어로 배우기, 종이 접기, 작은 모형 만들기 등 만들기를 통한 성취감 형성

4. 러시아의 다문화 교육

4.1. 현대 러시아 사회의 다문화 교육

러시아는 국제 교육 분야에서 귀중한 경험을 축적하고, 이를 통해 학생들을 평화와 인도적인 의사소통의 정신으로 교육하는 임무를 맡아 왔으나, 러시아 사회의 폐쇄성으로 인해 국가 내에서 청소년의 국제 교육이 제한되었다. 20세기 후반에는 민족 교육학이라는 새로운 학제 방향이 형성되었는데, 민족 교육학은 민속학, 민족지학 자료, 민속 교육 전통, 게임 및 장난감, 민속 명절 등에 축적되어 대대로 이어진 경험적 교육학 지식의 한 분야다.

민족 교육학의 주요 목표는 다국적 국가로 통합되는 과정에서 모국어, 고유한 민속 문화 및 민족 정체성을 잃을 위험에 직면한 개별 민족 집단의 교육적 이익을 고려하는 것이다. 민족 교육학을 평가하는 다양한 입장이 존재하는데, 일부는 민족 교육학의 임무를 자연 속에서 인간의 위치에 대한 전통적인 민속 사상 교육 과정에서 연구하고 활용하는 것이라고 생각한다. 교육의 이상과 전통 등에 따른 접근 방식은 민족 교육학을 가족 양육 및 초등 교육 영역으로 제한한다. 전통적인 민간 교육에만 관심을 집중하는 것은 민족에 따라 학생들을 특정 주요 민족과 소위 국가 소수 민족에 속하는 학생으로 나누는 것을 강화한다.

다른 전문가들은 교육 과정에서 민족적 특성의 고려를 중요시하고 민족 교육학을 국가 및 세계 문화의 가치를 숙달하는 일반 교육 구축 도구 중 하나로 간주한다. 여러 학자에 따르면, 학교는 개개인이 속한 원주민 집단을 보존하고 지원할 뿐만 아니라 교육 수단을 통해 더 넓은 사회 세계에서 자유로운 자기 결정과 자기 실현의 기회를 제공하도록 설계되었다. 이러한 학설의 대표자는 아루츠노프(S. A. Arutyunov), 볼코프(G. N. Volkov), 쿠즈민(M. N. Kuzmin)으로 이들의 견해는 다문화 교육 사상과 부합한다.

현대 러시아 교육학에서는 다문화 교육의 목표, 기능, 내용 및 기술을 개발하고 명확히 하려는 시도가 이미 이루어졌으며, 러시아 학자 주린스키(A. N. Dzhurinsky), 마카예브(V. V. Makaev), 말코바(Z. A. Malkova), 수프루노바(L. L. Suprunova)의 주도로 국립언어대학교 비교교육학 연구실에서 러시아와 외국의 다문화 교육 문제 연구 및 비교 분석이 진행되고 있다. 1997년에는 러시아 퍄티고르스크에서 다문화 교육과 관련해 '현대 러시아의 다문화 교육' 세미나가 열린 바 있다.

다문화 교육을 연구하는 과학자들은 교육의 일반적인 목표와 인종 간 관계에서 발생하는 다문화 교육 개념을 구현하는 구체적인 과제, 방법 및 수단을 확인했고, "다문화 교육의 목표는 다른 문화에 대한 이해와 존중 의식을 키우고, 다양한 국적의 사람들과 평화롭고 조화롭게 살아갈 수 있는 능력을 갖추며, 다국적·다문화 환경에서 적극적이고 효과적으로 생활할 수 있는 사람을 양성하는 것"이라고 밝혔다.

러시아의 다문화 교육 목표는 다음과 같이 정리할 수 있다.

(1) 다른 문화와 통합을 위해 필수 불가결한 조건인 자국 문화에 대한 학생들의 깊고 포괄적인 숙달을 돕는다.
(2) 세계와 러시아의 문화 다양성에 대한 학생들의 아이디어를 개발하고 인류의 발전과 개인의 자기 실현 조건을 보장하는 문화적 차이에 대한 긍정적인 태도를 배양한다.
(3) 학생들이 다른 민족의 문화에 통합될 수 있는 조건을 조성한다.
(4) 다양한 문화권의 사람들과 생산적으로 상호작용할 수 있는 기술과 능력을 개발한다.
(5) 평화, 관용, 인도적인 인종 간 의사소통 정신으로 학생들을 교육한다.

러시아의 다문화 교육은 다양한 문화에 대한 지식 습득, 전통과 생활 방식 및 문화적 가치에 대한 공통성과 특수성에 대한 이해를 촉진하기 위해 고안되었는데, 이 방향의 교육 대표자들은 학생들에게 외국 문화의 시스템 전달자에 대한 관용을 배우도록 강조한다. 이는 다문화 환경에서 학생들의 교육 수준을 높이고, 사회적 성공을 달성하도록 돕는다. 이러한 교육은 다국적 환경에서 적극적이고 효율적으로 생활하는 문화인을 기르고, 다른 문화에 대한 이해와 존중, 평화롭고 조화롭게 살아갈 수 있는 능력을 갖춘 창의적 인재를 기르는 것을 목표로 한다.

다문화 교육 아이디어는 문화 다양성 문제, 세계 모든 언어와 관련된 문제를 해결하는 데 핵심이 되며, 현대 러시아 과학은 다문화 교육 주제와 일치하는 문제에 큰 관심을 보이고 있다. 또한 민족 교육학 격언, 민속 가족 교육학 등 지역적 측면을 고려한 지역 교육 구조 모델도 개발되고 있다.

2006년 러시아 연방 교육과학부는 '러시아 연방 국가 교육 정책 개념에 관한 명령'을 발표했는데, 이 개념은 다언어주의와 다문화주의, 다문명주의와 다종교주의뿐만 아니라 민족과 문화의 역사적·영적 공동체와 같은 러시아 사회의 다민족적 성격에 의해 결정되는 국가 교육 정책의 견해, 원칙 및 우선 순위 시스템이다. 이 개념은 러시아 사회의 다차원적으로 복잡한 인종 구성의 특성이 교육 시스템에 2가지 유형의 차별점을 가져왔다고 명시한다. 첫째, 민족 문화적 지역(국가 지역) 구성 요소로 일반 교육 프로그램을 구현하고 모국어(비러시아인)로 훈련을 받는 보편적 통합 교육 시스템 기관으로 조직한다. 둘째, 러시아어(비모국어)와는 다른 비러시아어권 문화를 바탕으로 한 인문학 교육 내용을 담는다. 주요 목표, 내용, 구조 및 조직 측면에서 젊은이들에게 동등한 훈련을 제공하고 그들의 민족 문화적 교육 요구를 충족시키는 이러한 기관은 교육 시스템의 필수적인 부분, 통일된 러시아 교육의 동등한 요소를 대표해야 한다.

러시아 사회의 다민족성으로 인한 또 다른 문제는 러시아의 다국적 민족을 단일 정치 국가로 통합하려는 목표를 교육의 주요 우선 순위에 포함하려 하는 것인데, 이는 사회, 국민, 시민의 필요와 이익, 그들 사이의 협력 관계 형성, 러시아 국민의 언어 및 문화 발전과 교육 분야의 국가 이익, 필요의 조정 및 통합을 전제로 한다. 즉, 다차원적으로 복잡한 다민족 러시아 사회를 내부적으로는 동질적인 시민 사회로 통합하려는 사회·문화적 변혁을 의미한다.

러시아 연방의 국가 교육 정책은 러시아 연방의 문화 및 국가 발전을 목표로 이러한 우선 순위를 구현하기 위한 연방 및 지역 수준의 주 교육 당국, 지방 정부 및 국가 공공 기관의 목적, 그에 따른 조정된 활동으로 이해될 수 있다.

해당 목표를 달성하기 위해 다음과 같은 일련의 문제를 해결 과제로 삼는다.

(1) 비교 분석, 민족 언어 및 민족 문화 환경을 고려하여 이중언어 및 이중 문화를 구축하고, 인문학 교육 내용에 대한 과학적·방법론적 연구, 문화 간 상호 작용의 원리 및 메커니즘 개발, 인문학 교육의 "수평적" 결합이 모든 수준의 교육에서 이루어져야 한다.

(2) 입법 체계를 개선하여 민족 국가 교육 정책의 목표 및 우선 순위에 맞는 연방 및 지역 교육 수준의 규제 체계를 조정한다.

(3) 주 교육 표준의 연방 및 지역 구성 요소가 제시하는 인도주의 내용을 조정하고 연결하기 위한 조직 및 관리 메커니즘을 창설한다.

(4) 지역 언어 및 민족 문화적 특성을 고려하여 국가가 접근성 및 양질의 교육을 받을 수 있는 기회 균등을 보장하는 조직 및 관리 메커니즘을 창설한다.

(5) 교직원의 전문 훈련 및 자격 수준을 향상한다. 모국어(비러시아어) 및 러시아어(비모국어)로 교육하는 민족 문화적 지역 요소를 갖춘 일반 교육 프로그램 시행 기관을 만든다.

(6) 과학 및 교육학 인력을 전문적으로 훈련하여 자격 수준을 높이고 교육의 민족적 문제에 대한 과학적이고 이론적인 방법론을 제공한다.

(7) 러시아 연방의 국가 교육 정책 개발 및 시행을 위한 국가 및 공공 메커니즘을 개발하여 국가 문화 엘리트 대표를 광범위하게 포함시킨다.

(8) 러시아어 및 이중언어 분야의 프로세스를 포함하여 러시아 지역의 민족 문화적 교육 요구를 충족하기 위한 프로세스 개발 동향 모니터링 시스템을 구축한다.

(9) 이중 문화 및 다문화 영역(러시아의 다양한 문명 및 문화 영역 포함)을 기반으로 인문학

주제에 대한 차세대 교과서를 제작한다.

(10) 북부, 시베리아 및 극동 지역 원주민의 교육 발전 개념을 업데이트한다.

(11) 모국어(비러시아어) 및 러시아어(비모국어)로 교육하면서, 민족 문화적 지역(국가-지역) 구성 요소를 갖춘 일반 교육 프로그램을 구현하는 교육 기관을 위한 모범적인 커리큘럼의 실험적 버전을 개발한다(Балицкая И.В., Лим Э.Х., 2011: 발췌, 필자 번역).

러시아어를 외국어로 공부하는 주요 목표는 언어적 현상으로서 러시아어를 익히는 것이 아니라 의사소통 및 사고 표현의 도구로서 실용적으로 러시아어에 동화되는 것이며, 다른 민족의 아이들에게는 특별한 "외국어로서의 러시아어" 방법(РКИ)을 사용하여 언어를 가르쳐야 한다고 보고 있다.

이상 200개 민족으로 구성된 러시아의 다문화 교육에 대해 간략하게 살펴보았다. 이는 현재 중앙 아시아나 러시아 등에서 한국으로 이주한 러시아어권 이주민들이 한국에 정착하기 위한 방법을 제시하는 간접적인 지침서가 될 수 있다.

5. 국제적 역량 강화하는 다문화 교육

필자는 심리적 불안감, 정체성 혼란을 겪는 다문화 학생들의 긍정적 심리를 증강하고 국제적 역량을 강화하는 다문화 교육으로 음악(노래 부르기, 가사 쓰기, 음악 감상), 오케스트라 악기 합주, 미술, 단체 스포츠 등과 같은 활동을 전제한다.

음악은 인간의 삶에서 중요한 요소로 우리는 음악을 통해 공감하고, 위로 받고, 동기를 부여하며, 안전한 환경에서 자신을 드러내고 표현한다. 음악은 사회적 행동을 경험하고 가장 자연스러운 의사소통과 표현의 도구이자(Boxill, 1985), 인지, 감정 및 정서, 동기와 행동에 변화를 주어 삶의 질을 향상하는 도구다(신정아, 2015). 또한 악기를 배우는 활동은 행동장애 학생의 부정적인 자기 진술을 감소시키고 긍정적인 자기 진술을 증가시켜 존중감 향상에 영향을 준다(Kivland, 1986: 25-29).

서승미(2005: 14)는 음악 감상이 청소년 내면의 깊은 감정을 탐색하게 하여 자신의 존재를 확인하게 하고, 이를 통해 정체성 확립과 자존감 향상을 돕는다고 밝혔다. 한류를 통해 세계화된 케이팝, 트로트, 댄스 등을 활용해 다문화 학생과 협동 학습을 진행하면 정신적 안정, 피로 회복, 불안 감소 등 정서 영역에 도움을 줄 수 있을 것이다.

러시아의 경우 주로 음악, 악기, 춤, 조각, 미술 등의 예술 영역에서는 아르메니아, 조지아, 아제르바이잔과 같은 민족이 많은 활동을 하고 있으며, 타타르스탄 공화국의 타타르 민족 등 주변 소수 민족들은 운동 영역에서 뛰어난 기량을 보인다. 다민족 국가인 러시아에서도 민족의 정체성, 좁게는 민족 자아 정체성을 강화하기 위해 어릴 때부터 자녀의 예체능 교육에 많은 노력을 기울이며, 자아 발견 및 긍정적 심리 향상과 다양한 감각 및 정서 발달에 큰 도움을 준다고 여긴다. 여러 민족 문화가 공존하는 속에서 자아를 발견하고, 건강한 정체성과 더불어 자신이 속한 여러 문화를 다른 사람들에게 소개하고 알릴 수 있는 사람으로서 하나의 문화에 동화되지 않고 여러 민족 문화와 융합하고 어울리며, 민주 시민·세계 시민으로 자라날 수 있는 국제적 역량을 키우기 위해서는 교육 심리, 한국어 교육과 관련된 이중언어, 예체능, 전문 기술 교육 프로그램의 필요성이 강조된다.

긍정적 심리 증진을 위한 긍정 심리 프로그램, 다양한 문화를 학습하기 위해 한국어 교육과 연계한 음악, 뮤지컬, 연기, 악기, 스포츠 등은 자존감을 향상시키고, 자기 정체성을 강화하며, 자아를 찾는 데 도움을 주는 학습 요소이자 치료 매체이다.

앞서 밝혔듯이 정서 발달과 관련하여 오케스트라와 같은 악기 합주, 노래 합창은 특히 청소년의 사회적 상호 작용과 자기 표현에 도움을 준다. 개개인에게 할당된 몫을 이행하는 과정에서 그룹 내 협동심과 자발성을 이끌어 낼 수 있기 때문이다. 또한 악기 연주, 사물놀이, 한국 무용 같이 한국어로 된 연습 과정을 준비하면서 성취감과 교감 능력, 소속감 등 다양한 정서도 경험할 수 있다. 음악과 언어의 결합인 노래는 인지 정서 영역을 자극하여 가창자의 생각과 감정의 변화를 더욱 손쉽게 이끌어 낼 수 있다(Gardstrom & Hiller, 2010: 147-156). 한국어의 언어적·비언어적 의사소통을 활용하여 자기 표현을 적극적으로 유도할 수 있고, 또한 한국어 노래를 이중언어로 번역하면 언어에 대한 자신감, 성취감을 느낄 수 있다.

한국의 케이팝, 대중가요를 선호하는 학습자들은 노래로 공감대를 형성하고, 자신의 모습을 노래 가사에 대입해 내면을 표현할 수 있으며, 이는 자아 정체성과 자존감을 향상시킨다. 한국어나 이중언어로 된 노랫말과 노래의 감성이 청소년의 사회적·문화적 배경 형성에 영향을 미치고 정서와 가치관을 대변할 수 있다.

2000년대 이후 한류와 함께 한국의 아이돌 그룹이 세계의 청소년들에게 끼치는 영향력이 커졌고, 이들을 응원하는 팬덤이 하나의 문화적 현상이 되었다. 우상이라는 뜻을 가진 한국의 아이돌(Idol)은 10대들의 엄청난 문화 흡수력을 보여 주며 전 세계적인 문화 생산자가 되었다. 다문화 청소년들의 심리적 안정과 창의력, 언어 표현 능력을 높이는 데 기여하고 있는 케이팝 및 한국 문화는 다문화 학습자를 통해 다문화 학습자의 나라에 한국 문화와 한국 음악을 번역된 이중언어로 알려 주며 또 다른 다문화 청소년들에게 긍정적인 영향을 줄 수 있다.

긍정적인 정서를 함양하고, 자기 정체성을 강화해 주는 음악 감상, 노래 부르기, 작사·작곡 등 재창조 활동을 통해 다문화 학습자들은 자존감과 성취감을 높일 수 있고, 긍정적인 대인 관계가 가능해지며, 이는 곧 한국어 학습 능력 향상에 도움을 준다.

세계적으로 주목받고 있는 한국의 아이돌 그룹 방탄소년단이 사회·문화적으로 크게 조명받는 이유도 그들의 노래가 주로 십 대의 고민과 그에 대한 철학적 메시지를 담고 있기 때문이다. 이는 다문화 학습자를 포함, 국적을 불문하고 십 대 학습자들의 공감을 이끌어 낼 뿐만 아니라 위로와 성찰, 도전의 재료가 되며, 더 구체적으로는 노래 자료를 활용한 노래 개사하기 등의 활동을 통해 미래에 대한 희망과 기대감을 표현하고 정서적 안정과 균형에 다가서는 데 도움을 줄 수 있다.

6. 나가며

일반적으로 학령기 아동은 빠르게 성장하며 발달적 변화를 경험하기 때문에 이 시기의 아동은 일상생활에서 긍정적인 경험뿐만 아니라 불안, 긴장, 스트레스, 감정 조절의 어려움 등 부정적인 경험도 하게 된다. 감정 조절은 시기 적절하게 해결되지 않으면 부정적인 심리적 경험으로 남으며, 성적 저하, 또래와의 관계 형성 어려움 등으로 이어질 수 있다.

다문화가정 자녀의 경우 다른 문화에 적응하는 데 정서적 어려움을 겪을 뿐만 아니라, 편견과 차별에 노출될 위험도 크다. 앞서 밝혔듯이 학령기는 긍정적이고 이성적인 사고로의 전환이 가능한 시기로, 다양한 감정을 긍정적인 방향으로 조절하기 쉬운 시기이다. 따라서 다문화가정의 가족 구성원 간 내적 갈등 완화, 긍정적 정서 함양 및 스트레스 대처 능력 향상, 부정적 정서 완화를 위한 심리적 지원이 반드시 동반되어야 할 것이다.

다문화 학생의 역량 강화를 위해서는 부정적 정서를 감소시키기 위한 긍정적 심리 지원 프로그램을 개발하고, 음악, 미술, 오케스트라 악기 연주, 스포츠 등과 같은 예체능 프로그램을 활성화할 필요가 있다. 또한 예체능 및 기술 교육을 통해 전문인으로 성장할 가능성을 열어 주는 동시에 이중-다중 문화 배경을 가진 학습자가 다양한 문화권에서 기술과 능력을 지닌 국제적 역량의 세계 시민으로 성장할 수 있도록 '국경 없는 전문가'를 키워 내기 위한 국가 간, 기업 간의 긴밀한 노력도 요구되는 바이다.

참고문헌

권용희. 2016. 다문화교육과 국제이해교육, 반편견교육, 세계화교육의 비교 연구—한국에서의 수용 양상을 중심으로. **다문화와 인간**. 5-2. pp. 37-74.

김선미, 김영순. 2008. **다문화교육의 이해**. 서울: 한국문화사. pp. 45-60.

김은경. 2010. 다문화가정 모-자녀의 긍정심리성향 증진을 위한 긍정심리프로그램 개발. 명지대학교 석사 학위 논문. pp. 68-70.

마르코 마르티니엘로. 윤진 옮김. 2002. **현대사회와 다문화주의: 다르게, 평등하게 살기**. 서울: 한울. pp. 77-90.

서승미. 2005. **청소년의 음악 감상 행동에 관한 연구. 인간행동과 음악연구**. 2-2. pp. 1-14.

서울특별시교육청. 2018. 2018학년도 다문화교육 지원 기본 계획.

서울특별시교육청. 2018. 2018학년도 학교민주시민교육 활성화 지원 기본 계획.

신아정. 2015. 청소년의 심리치료를 위한 음악치료 프로그램의 개발과 효과: S-Curve이론을 중심으로. 명지대학교 석사 학위 논문. pp. 98-103.

윤인진. 2008. 한국적 다문화주의의 전개와 특성. **한국사회학**. 42-2. pp. 72-103.

이선호. 2023. 다문화 학생 현황. **교육정책포럼**. 362. pp.3-4.

이인재. 2010. 다문화사회에서의 초등학교 반편견교육. **윤리교육연구**. 22. pp. 253-271.

임채완, 이소영. 2012. 글로벌 디아스포라의체계화. **한국동북아논총**. 63. pp. 325-326.

한승준. 2008. 동화주의모델 위기론과 다문화주의 대안론. **문화행정연구회 학술회의 자료집**. pp. 102-103.

허은제. 2019. 초등 다문화교육과 민주시민교육의 원리와 내용 비교 연구. 서울교육대학교 석사 학위 논문. pp. 4. 12-20.

지종화 외. 2009. 한국의 다문화 국가 현상과 새로운 정책 모형. **지방정부연구**. 13-2. pp. 113-115.

Терборн Г. 2001. Мультикультурные общества, Социологическое обозрение Том 1. *Центр Фундаментальной Социологии*. 1. pp. 50-57.

Балицкая И.В. & Лим Э.Х. 2011. *Поликультурные аспекты образования*. Южно-Сахалинск: Иностранный язык. pp. 1-15.

Banks, J. A. 2002. *An introduction to multicultural education*. Boston: Allyn & Bacon.

Banks, J. A. 2007. *Educating citizens in a multicultural society*. New York: Teachers College Press.

Boxill, E. H. 1985. *Music Therapy Developmentally Disabled. Rockville*. MD: Aspen Systems. pp. 12-14.

Kivland, M. J. 1986. *The use of music to increase self-esteem in a Conduct Disordered Adolescent. Journal of Music Therapy*. 23(1). pp. 25-29.

Kymlicka W. l995. *Multicultural citizenship: a liberal theory of minority rights*. Oxford: Clarendon Press. pp. 67-80.

Ramsey, P. G. 2009. Multicultural education for young children. *The Routledge international companion to multicultural education*. edited by James A. Banks. London: Routledge.

Gardstrom, S. C. & Hiller, J. 2010. Song discussion as music psychotherapy. *Music Therapy Perspectives*. 28(2). pp. 147-156.

Therborn G. l995. *European Modernity and Beyond. The Trajectory of European Societies l945-200*. London: Sage. pp. 50-57.

한국교육개발원 교육통계서비스 https://kess.kedi.re.kr

Hangeul as Ideology for Accessibility and Equity

홍정은

미국 로스앤젤레스시티칼리지
Los Angeles City College

1. Introduction

The invention of Hangeul is best encapsulated in Twitter(present 'X')[1] that refers to *Hunminjeongeum*(The Correct Sounds for the Instruction of the People) as the most well-written abstract in the world.

[1] pic.twitter.com/rLDe7ku2YJ

The origin of the problem:
"As the language of the nation differs from that of China, the two are mutually unintelligible in terms of their writing systems."

The negative impact:
"And therefore, when the unlearned people have a will to speak, it's unavoidable that many of them cannot achieve the intent."

The solution and positive outcome:
"I, for the pitiable situation, made twenty-eight new letters, and wish to let everyone easily learn and improve their daily work."

King Sejong's explicit intent is to make literacy accessible to the uneducated. Even in the 15th century, when the king of any country was all-powerful, the promulgation of Hangeul was met with opposition by the literary elite, Choe Man-ri[2], and other Confucian scholars. Despite bans throughout history, what was once called *eonmun*(vernacular script) made its way into popular culture and became history; what was once called *eonmun*(vernacular script) made its way into popular culture and Hangeul, the official writing system of the Korean language.

[2] He was an associate professor in the Hall of Worthies who led the protest against Hangeul.

2. The Global and Local Context of Hangeul and Korea in the 21st Century

Hallyu(the Korean Wave) has piqued worldwide interest in South Korean popular culture, increasing fans' desire to learn the Korean language. No matter how accurate the subtitles and translations are, fans wish to directly access and experience K-drama, K-pop, and K-webtoons, the three globally recognized elements of modern Korean culture. K-drama and K-pop fandom had an upshot during the pandemic since everyone was forced to stay home, and many watched Netflix and YouTube, which offered an array of Korean cultural products. K-drama and K-pop were no

3 "Google's Year in
Search." *Google
Trends*. trends.google.
com/trends/yis/2023/
GLOBAL/.

longer just for teens. According to Google, the popular Korean dish *bibimbap* was the number one trending recipe of 2023.[3] One could even say that *kimchi* and *kimbap* have become as Americana as apple pie and hamburgers, especially in Southern California.

Even before the globalization of Korean culture, many residents of Los Angeles Koreatown, who were mostly Latinx, were motivated to learn Korean. Los Angeles Koreatown is a total area of 7km^2 dominated by Korean businesses with signs mostly in Hangeul. It is genuinely a plurilingual and multicultural location where English, Spanish, and Korean are mainly spoken, and Korean, Latin, and American cultures coexist and create a unique fusion of cuisine, architecture, and language.

While the usage of Hangeul is decreasing on company or shop names, public slogans and ads in South Korea, the ubiquity of business signs in Hangeul marks the territory of Koreatown in Los Angeles. Hangeul business signs in Los Angeles Koreatown started popping up in the early 1970s with a campaign. Civil rights groups consistently defeated attempts to enforce English-only business signs, citing the First Amendment protecting free speech.

Following the 1992 Los Angeles uprising, Korean Americans recognized the urgent need to build bridges with other communities of color in order to combat racism and strengthen their political presence during the rebuilding of Koreatown. The destruction of Koreatown was also a blow for non-Korean Americans who lived and worked in the area. They responded by attempting to educate themselves about the Korean language and culture. Learning Korean equals better networking and better job opportunities in Los Angeles Koreatown. Ultimately, learning Hangeul and Korean means gaining socioeconomic equity and possessing the soft power of being cool.

Most of Koreatown's business owners are ethnically Korean, but the majority of its residents are not. The Hangeul business signs could be alienating and unwelcoming to those who do not know Korean. Still, it also became a challenge for some residents to learn Korean to claim their neighborhood of Koreatown. Even if one is not ethnically Korean, they could belong to Koreatown—not only by being born, raised, living, and/or working in Koreatown, but also by eating Korean food, consuming Korean products, and knowing the Korean language and culture. It is not unusual to find non-Korean cashiers, nurses, and servers who speak Korean in Koreatown.

Cultural practices blur between what is Korean and Latin in Koreatown, the birthplace of *bulgogi* tacos by Chef Roy Choi of the Kogi Korean BBQ food truck, who started putting *bulgogi* and other Korean dishes like *kimchi* in corn tortillas in 2008. The Guelaguetza, one of the top Oaxacan restaurants in the U.S., has occupied the former VIP Palace Korean restaurant with traditional Korean architecture since 2000.

Sometimes, K-pop groups face criticism for appearing overly Westernized or for engaging in cultural appropriation. Yet, Kiera Fox—who descends from the prominent Cheyenne leader Black Kettle—points to BTS's continued use of Korean in their music as something deeply affirming. For Native communities, she explains, it is powerful to witness artists creating in their own language without feeling pressured to switch to English to gain acceptance or success. Fox reflects on a profound personal experience—being surrounded by her native language her entire life, yet unable to speak or understand it as much as she cannot interpret Korean. It expresses the paradoxical intimacy and distance many heritage language learners or diasporic individuals feel. For example, being spoken to in an unfamiliar yet ancestral language still holds power. It is about embodied heritage—language not as a skill, but as a sensory and emotional experience. The voice, rhythm, and emotion behind the words transmit meaning and belonging, even when literal understanding is absent. It is a testament to how cultural connection does not always require fluency—and how the experience of not understanding can still be meaningful. It holds space for longing, complexity, and rootedness at the same time.

When K-pop artists refuse to compromise, conducting interviews and performing in Korean, watching them empowers American fans who are BIPOC(Black, Indigenous, People of Color). They are encouraged to discover and be proud of their own heritage.

There is a contradicting phenomenon happening in Korea and the U.S. In Korea, Hangeul is being phased out in the 'hip areas of Seoul', and the aesthetics of the Latin alphabet are more appealing to the Korean youth. As a 20-something resident of Yongridan-gil says, "The vivid colors of English signboards look good in pictures(Choi 2023)."

Some of the hippest restaurants in San Francisco and Los Angeles, such as Ssal, Tokki, and Yangban Society, feature Korean cuisine and the Korean language in their names, logos, and interiors.

3. The Challenges of Teaching Hangeul and Korean

The only statue of King Sejong outside of Korea was unveiled at Los Angeles City College on October 5, 2023. The next day, the Los Angeles City Council unanimously passed a resolution recognizing October 9 as Hangeul Day. Korean American Council member, John Lee, introduced the resolution. Consequently, the back-to-back events in Los Angeles just before Hangeul Day attracted mass media attention in Korea.

The project announcement was made public with a ceremony on campus on April 26, 2022. Even if I was responsible for coordinating the statue installation and had been involved in every step, including funding, communication with the artist, state-licensed architect, and the Los Angeles Community College District for a year and a half, the ceremony felt surreal.

Community colleges in the U.S. are two-year public institutions of tertiary education offering undergraduate education and mostly associate degrees. LACC is one of nine colleges in the Los Angeles Community College District, the largest in the world. LACC campus instruction went entirely online starting in Summer 2020, when the pandemic hit. LACC Korean Program was already the strongest among California community colleges. Los Angeles Koreatown has the highest concentration of Koreans in the U.S. and outside Korea, and LACC is the college closest to Koreatown. However, when the program enrollment jumped from 125 students in 6 sections in Spring 2020 to 331 students in Fall 2021 with ten sections, it was a sudden shock.

The rationale for the boost in the program included:
a. All the four-year college and university students being sent home to take transferrable credit community college courses.
b. An increase in K-Drama and K-pop fans during the lockdown.
c. The availability of contactless instruction.

One and a half years after the COVID-19 State of Emergency terminated in California, our enrollment is stable, close to 800 students per year. In fact, registration has resurged now that we can offer more classes due to hiring a second full-time faculty member, partnering with local high schools, and developing an asynchronous online course.

The main factor for the success of the LACC Korean program is accessibility. Anyone who wants to learn Korean can do so at LACC, a community college— no matter one's age, educational background, or distance from campus. Tuition for California residents is USD 46 per unit, which is very affordable (most Korean language courses are five units). We try to uphold the idea of equity in education —that all students deserve what they need to reach their full academic and social potential. King Sejong, who invented Hangeul to increase literacy, was one of the earliest champions for DEIA(Diversity, Equity, Inclusivity, & Accessibility) in world history.

When people ask me if Korean is hard to learn, I answer honestly yes, but I add that learning to read Hangeul is easy. Jeong In-ji's estimation of the learning curve of Hangeul was correct when he wrote in the postscript of *Hunminjeongeum*, "A wise man can acquaint himself with them before the morning is over; even a stupid man can learn them in the space of ten days."

King Sejong created Hangeul so that the writing would match the Korean language and Koreans could become literate. Over 600 years later, with the global popularity of Korean culture, Hangeul is "perhaps the most scientific system of writing in general use in any country," according to Edwin O. Reischauer and John K. Fairbank of Harvard University. It could become one of the world's most widely readable writing systems, even if one does not speak the language.

Hangeul is so intelligently designed that even blind and deaf students can learn to read and write. LACC has more blind students than other community colleges because it is next to the headquarters of the Braille Institute of America. The shapes of the consonants and the lines of Hangeul vowels are distinguishable. They could be easily verbally described and/or represented with tactile teaching materials like raised or bead stickers. With the aid of sign language interpreters, a deaf student could approximate the sounds of the Hangeul syllables because the letters of the five basic consonants are based on the shape of the speech organs used to pronounce them. The purpose of creating Hangeul is to make it easy to learn. Even if King Sejong had not intended it, Hangeul is not only for the success of his people but also for all humanity.

In the speculative world of Yi In-hwa's novel 《Year 2061》, Hangeul stands out as the most efficient and adaptable script, outperforming other writing systems in a future where functionality is paramount. Hangeul becomes the only surviving language adopted by many countries, including the U.S. Science fiction aside, the realistic goal of increasing Hangeul users could be possible if we remove the barriers of cost, distance, schedule, and language from instruction. Hangeul and Korean already have eager students.

4. Providing Access to Learning Hangeul and Korean for Everyone

The Hangeul Project was born when LACC reached its staffing limit. California is not yet a member of the State Authorization Reciprocity Agreement(SARA), a voluntary, regional approach to state authorization of postsecondary distance education. Only 22 other states are eligible to take LACC online classes. We wanted to reproduce the online instruction of LACC Korean Program on a mass scale.

The Hangeul Project is a simple online 7-step system for learning to read Hangeul. It integrates tutorial videos, interactive listening and speaking exercises and evaluations, typing activities, printable worksheets for handwriting practice, and quizzes.

Even the logo functions as a tool for learning how to read Korean. It was developed with graphics designer Meeta Panesar, whose clients include Google, Apple, Sephora, Facebook, etc. Its trademark is pending: the application was filed in May 2024 with the U.S. Patent and Trademark Office. The system is not based on rote learning—the logo and method help students develop critical thinking about the Korean alphabet. Learner data can be collected directly from the progress of the registered users. The online course will be free, self-paced, and accessible. We anticipate launching the English beta version in Summer 2025 with the support of Sejong City, the *de facto* capital of South Korea, named after King Sejong.

Bibliography

Bates, Karen Grigsby. "How Koreatown Rose from the Ashes of L.A. Riots." *NPR*. 2021. https://www.npr.org/2012/04/27/151524921/how-koreatown-rose-from-the-ashes-of-l-a-riots.

Ledyard, Gari K. 1988. *The Korean language reform of 1446*. Shingubook.

Chang, Nicole. 2023. "Los Angeles City Council Adopts Resolution Recognizing Hangeul Day." *The Korea Daily*. https://www.koreadailyus.com/los-angeles-city-council-adopts-resolution-recognizing-hangeul-day/.

Choi, Jae-hee. 2023. "Hello Hangeul: Korea Needs to Talk about Invasion of English Alphabet in Everyday Signage." *The Korea Herald*. https://www.koreaherald.com/view.php?ud=20230604000072.

Julienne. 2022. "K-drama, K-pop, and K-webtoon: Korean Wave Rise." *CCC International*. https://ccci.am/k-drama-k-pop-and-k-webtoon-korean-wave-rise/.

Kang, Hyun-kyung. 2021. "Hangeul in the Age of AI: Survival of the Fittest?" *The Korea Times*. https://www.koreatimes.co.kr/www/culture/2024/07/135_316422.html.

Korea News Review. 1988. Korea News Review. 17(27–53). Korea News Review Incorporated.

LACC Catalog 2024–2025, 20. "Online Distance Education States." Los Angeles City College. https://www.lacc.edu/sites/lacc.edu/files/2024-07/LACC_Catalog_2024-2025_All_072924.pdf.

Park, Kye-young & Jessica Kim. 2008. "The Contested Nexus of Los Angeles Koreatown: Capital Restructuring, Gentrification, and Displacement." *Amerasia Journal*. 34(3). https://doi.org/10.17953/amer.34.3.d03g386u007n286w. pp. 126–150.

Sejong the Great. Hunminjeongeum–The Correct Sounds for the Instruction of the People. *Wikisource*. https://en.wikisource.org/wiki/Translation:Hunminjeongeum.

Yazzie, Renata. 2024. "Native American K-Pop Fans Spread the Love." *SPIN*. https://www.spin.com/2024/05/indigenous-k-pop-fans-spread-the-love/.

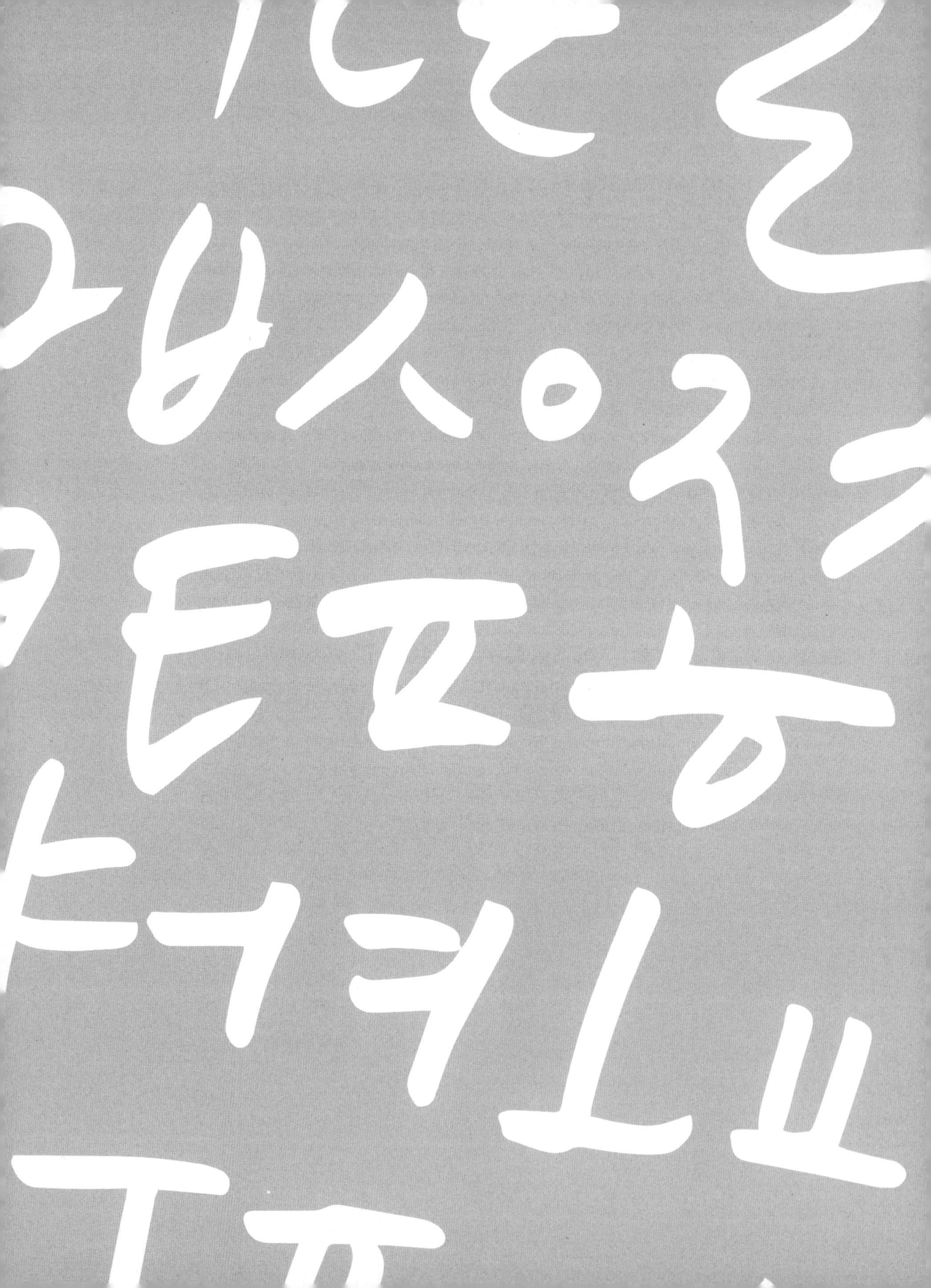

문화, 문학, 역사와 한국어 교육

II

문화, 문학, 역사와

제1장

고급 한국어 수업에서
한국사 통합 교육 방안

박찬영
미국 매사추세츠대학교 애머스트
University of Massachusetts Amherst

1. 들어가며

언어를 배울 때 그 언어가 사용되는 사회와 문화에 대해 아는 것은 중요하다. 언어에는 문화가 녹아 있고, 언어는 그 문화와 사회 안에서 생성·사용되며 변화한다. 따라서 문화에 대한 이해는 효과적인 의사소통을 가능케 한다. 한국어 교육에서 문화 교육에 대한 논의가 활발하게 이루어지게 된 것은 1990년대로서, 현재는 주류 교수법이 된 '의사소통 중심의 외국어 교수법'이 1980년대에 도입된 후 활발히 적용, 연구되고 있던 때였다. 문화 교육에 대한 논의는 주로 무엇을, 어떻게 가르치는가 하는 방법론에 관한 것이었다. 한국어 교육에서 한국사는 이러한 '문화 교육'의 틀 안에서 논의되었는데, 2000년대 중반에 들어오면서 한국사 교육의 필요성을 주장하는 연구들이 나오기 시작했고, 다양한 시도가 이루어지고 있다(김국진, 2023; 민현식, 2006; 김혜영, 2011; 진대연, 2016).

현재 한국사는 문화 교육의 중요한 부분으로 여겨지며 한국사 교육의 필요성에 대해서도 교사들의 공감을 얻고 있으나 한국사에서 무엇을 어떻게 가르칠 것인가에 대한 논의는 아직 부족하다. 기존의 한국사 교육은 인물이나 사건을 중심으로 세부 주제를 선택해 가르치는 경우가 많았는데, 그에 반해 통사적 방식의 교육은 제약이 많고 어렵게 생각하는 듯 보인다(김국진, 2023). 사건이나 세부 주제를 깊이 있게 다루는 것도 중요하지만, 전체적인 역사의 흐름을 알고 그 속에서 각 사건들의 인과 관계와 상호작용을 이해하며 다각적인 방면에서 역사를 이해하는 것도 중요하다. 본고에서는 현재 미국의 대학에서 한국사를 교과목으로 하는 고급 한국어 수업의 내용 중심 사례와 함께 통사적 교육 방식의 장점과 주제별 방식의 장점을 통합한 모델을 제시하고자 한다.

2. 이론적 배경: 한국사 교과목 내용 중심의 한국어 교육

2.1. 내용 중심 언어 교수법

내용 중심 언어 교수법(CBI: Content-Based Instruction)은 언어 학습과 내용 학습을 통합하는 언어 교육의 한 접근법으로 내용과 언어를 동시에 배우는 것을 목표로 하는데, 이때 '내용'은 단순히 언어 연습을 위한 도구가 아니라 오히려 '언어'가 내용을 탐구하는 도구로 사용된다(Stoller & Grabe, 1997; Eskey, 1997). 따라서 교육 과정을 설계하는 데 있어서 학습자들이 알아야 할 문법이나 기능을 나열하는 것으로부터 시작하지 않고, '내용' 즉, 관심 주제가 설계의 시작점이 된다(Eskey, 1997). 학습자들은 흥미 있는 주제를 탐구하면서 언어를 습득하고, 동시에 그 주제에 대해 배우게 된다. 내용은 교과목이나 학문 내용일 수도 있고 연결된 주제의 연속인 경우도 있는데, Stoller & Grabe(1997)는 결국 내용 중심 언어 교수법은 주제 중심 교수법(Theme-based Instruction)이라고 주장한다. 그 이유는 대부분의 교육 현장에서 학문의 내용이나 교과목들은 주제별로 다루어지고, 교과 과정의 단원들도 주제별로 정리되는 경우가 보편적이기 때문이다. 또한 인지 심리학과 교육 심리학의 스키마 이론(Schema theory)도 이를 뒷

받침한다. 사람들은 정보를 처리하고 학습할 때 새로운 정보를 기존의 지식 구조에 연결·통합하여 기억하는데 이때 정보를 주제별로 조직하는 것이 스키마 형성과 관련되기 때문이다.

Stoller & Grabe(1997)는 이러한 주제 중심 교수법을 핵심으로 하는 내용 중심 언어 교수법의 개발 지침으로 6T를 제안했는데, 6T는 주제 또는 테마(themes), 텍스트(texts), 소주제(topics), 연결 고리(threads), 과제(tasks), 이행(transition)으로 이루어진다. 여기서 연결 고리는 내용의 측면과 언어의 측면으로 나누어 살펴볼 수 있는데, 우선 내용 면에서는 각 주제의 핵심 내용과 직접적으로 관련이 없더라도 여러 주제에서 반복되는 의미 있는 내용을 찾는 것으로, 보통 추상적인 개념이며, 예를 들면 힘, 윤리, 책임 같은 것이다. 한국사의 경우 정치와 군사, 대외 관계, 여성, 사회, 경제 등 전혀 다른 주제들 간에도 '힘'이라는 연결 고리를 통해 교과 과정에 통일성을 주며, 내용과 언어를 새로운 시각으로 볼 수 있게 도와준다. 연결 고리는 특히 언어적인 면에서 중요한데, 반복적으로 보이는 언어 사용의 공통점을 찾아 이를 언어 학습 목표 및 내용으로 발전시킬 수 있기 때문이다. 특히 주제에서 시작하는 내용 중심 학습법에서 구체적인 언어 학습 목표 및 내용을 찾는 열쇠가 바로 이 연결 고리에 있다.

2.2. 한국어 교육에서 한국사 활용에 대한 논의

민현식(2006)은 한국에서 유학하는 외국인들이 한국사 교육을 제대로 받지 못해 심층의 한국 정신사를 배우지 못한 채 표면적인 이해에 그치는 상황을 지적하면서 한국사 교육의 필요성 및 한국사와 문화사를 아우른 한국 문화사 교재 개발의 필요성을 논했다.

문화 교육에 관하여 김정은(2004)은 의사소통 능력 함양이라는 목표가 빠진 단순한 문화 소개에 그치는 점, 단원의 맨 뒤에 제공되는 문화 항목이 본문의 내용과 유기적 관계를 맺지 못한다는 점 그리고 전통문화에 치중하는 점을 지적했으며, 언어 문화 통합 교육의 체계화 필요성을 주장했다(민현식, 2006에서 재인용).

김혜영(2011)은 듀크대학교의 내용 중심 접근법을 활용한 한국 현대사 수업 사례를 소개하면서 Stoller & Grabe(1997)의 6T 지침을 적용해 테마를 중심으로 텍스트를 선정하고 학생들이 텍스트를 이해할 수 있도록 돕는 해석 과제, 소그룹 또는 전체 토론의 상호 대화 과제, 추가 텍스트 요약 발표, 특정 테마의 영화 소개 등 작문·발표 과제 사례를 보여 주었다. 또한 텍스트 선정과 과제 설계에 있어서 Coffin(2006)의 역사 장르 분석을 적용해 그가 제시한 역사 기술 방식의 3가지 유형인 '기록', '설명', '주장'을 담은 텍스트를 선정했다. 또한 그의 역사 담화 분석을 과제 설계에 참고했는데, 역사 담화 이해를 돕기 위해서 학습자들이 공적 시간과 연대를 숙지하고, 사건의 인과 관계와 추론 방식을 파악하며 내재된 저자의 입장과 관점을 인식할 수 있도록 독해 질문과 상호 대화 과제를 설계했다.

김국진(2023)은 5.18 민주화 운동을 주제로 한 내용 중심 언어 교수법 기반 한국어-한국사 통합 수업 모형을 제시했다. 교수용 파워포인트는 학습자의 모국어로 작성해 이해를 높일 것, 읽기 자료는 초등 또는 중등 학교 교과서 수준의 텍스트를 사용할 것, 〈택시 운전사〉, 〈오월의 청춘〉 등의 영화나 드라마, 《소년이 온다》, 《오월의 달리기》 등의 문학 작품도 보조 자료로 활용할 것을 제안했다. 이렇듯 한국어 교육 안에서 한국사 교육에 대한 논의는 다양하고 활발하게 이루어지고 있다.

2.3. 문화 교수 활동 및 방법

Cullen & Sato(2000)는 문화 수업에서 사용할 수 있는 다양한 교수 활동 및 효과적 방법을 소개한다. 퀴즈, 활동 일지 쓰기, 짝에게 들은 내용을 재구성하여 말하기, 비디오 시청 전 주목할 내용 미리 알려 주기, 이야기 결말 예측하기, 연구 과제 수행하기, 게임, 역할극, 답사 여행, 읽기, 듣기, 쓰기 활동, 토론 활동, 노래 부르기 등 학습자들이 몰입할 수 있는 활동이다.

교수 학습 방법 기준으로는 학습자의 개인화(personalization), 초급에서는 토론 대신 간단한 활동하기, 학습자 수준에 맞춰 난이도에 따른 단계별 활동하기, 학습자의 입장에서 흥미롭게 수업 구상하기를 제안한다. 또한 모둠 활동(group-work)을 적극 활용하며, 모든 것을 다 가르치려 하지 말고 상호 이해의 입장에서 교사는 학습자의 문화를 배우고, 학습자는 자신의 문화를 이해하고 공유할 것을 제안하고 있다(Cullen & Sato, 2000; 민현식, 2006에서 재인용).

3. 한국사의 통사적·주제적 접근법의 통합 사례

매사추세츠대학교(University of Massachusetts, UMass)의 한국어 프로그램에서는 4년 차 한국어 수업에 한국사 교과목을 중심으로 하는 언어 수업을 진행하고 있다. 전근대사와 근현대사로 나누어 두 학기에 걸쳐 진행되는 이 수업은 미국 내에서 한국어 초급, 중급, 고급반을 마친 외국인 학생들 외에도 한국어를 듣고 구사할 수 있는 한인 2세나 3세, 또는 중고등학교 때 한국에서 미국으로 건너온 유학생들을 대상으로 한다.

미국 내의 많은 학교에서 한국어를 학습하는 학생 수가 증가하고 있으나 고급반 이상이 되면 점점 줄어드는 학생 수 때문에 작은 규모의 한국어 프로그램에서는 고급반 수업을 제공하는 것이 쉽지 않은 현실이다. '한국사'라는 교과목을 활용한 내용 중심 언어 교수법은 외국어로서 한국어를 공부하는 학생 외에도 조기 유학생과 교포 학생 들을 대상으로 수업할 수 있다는 장점을 가진다.

이 글에서는 전근대사 수업의 교재 개발, 교과 내용, 과제 및 활동 내용을 제시하고, 내용과 과제들이 서로 어떻게 연결되어 있는지, 언어와 내용의 통합이 어떻게 이루어지는지에 대해 논의하고자 한다.

3.1. 교재 개발

교재는 《한국 전근대사로 배우는 한국어(The Premodern History of Korea)》(박찬영, 유혜주, 2023)를 직접 개발해서 사용하고 있으며, 본 교재는 한국의 전근대사를 주제별로 다루되 각각의 주제는 시대의 흐름에 따라 기술되었다. 총 8장으로 구성되어 있으며 각 장에서 다루는 주제는 다음과 같다.

제1장 정치와 군사

제2장 대외 관계

제3장 종교와 사상

제4장 사회

제5장 경제

제6장 여성과 가족

제7장 문화

제8장 민족의식과 정체성

본문의 내용은 위의 주제들을 중심으로 고조선 또는 삼국시대부터 조선까지 한국 역사의 흐름을 반복해 접하면서 첫 장의 뼈대 위에 새로운 내용을 추가하며 전체적인 그림을 그릴 수 있게 했다. 예를 들어, 제1장 정치와 군사는 고조선부터 조선까지 한반도에 존재했던 국가와 왕조들의 흥망성쇠를 다루고, 제2장 대외 관계에서는 각각의 시대에 존재했던 주변국들 및 그들과의 관계, 외교적 사건 등을 중심으로, 제3장 종교와 사상에서는 고조선의 토속 신앙부터 유교, 불교, 기독교의 유입과 사회에 미친 영향 등을 다룬다.

일반적인 통사는 전 시대를 시간의 흐름에 따라 다루며 각 시대의 모든 사건을 기술한다. 그러나 이 책에서는 시대의 흐름을 각각의 분야로 나누어 주제를 바꿔 여러 번 다시 서술하는 방식을 취했기에 일반적인 통사의 서술 구조는 아니지만 통사적 접근법의 특징적 요소를 포함한다. 예를 들어 역사적 맥락을 이해하고 사건들을 구조적 관계와 상호 작용 중심으로 보도록 본문과 토의 질문을 구성했고, 다각적인 시각으로 탐구하고 복합적인 원인과 결과를 제시하도록 독려했다. 이러한 서술 방법의 장점은 한 번에 많은 내용을 다루지 않아도 되며, 역사의 전체적인 흐름을 각각의 주제라는 렌즈로 여러 번 반복 학습함으로써 학습자의 이해와 기억을 돕는다는 것이다. 본문의 경우 한국사 텍스트를 한국어로 읽거나 배워 본 적이 없는 한국어 학습자들이 한 번에 읽기 부담스럽지 않은 분량으로 제한했다.

각 장은 학습 목표, 읽기 전 생각해 볼 질문, 본문, 어휘 목록, 표현, 내용을 이해했는지 묻는 질문, 토의 질문, 사진 설명으로 구성되는데, 본문 안에는 영어로 간단한 어휘 설명이 있고, 본문의 소주제 뒤에는 어휘 연습 문제, 본문 뒤에는 어휘 설명과 예문을 포함한 어휘 목록이 있다. 어휘 목록 아래에는 본문에서 역사 서술에 반복되어 등장하는 구문이나 관용구 등을 골라 예문과 함께 실었다.

3.2. 수업 및 과제 설계

매사추세츠대학교의 고급 한국어 한국사 내용 중심 수업은 총 26회, 각 75분으로 구성되어 3회에 걸쳐 한 과를 마친다. 1차시 수업의 목표는 본문 내용의 이해, 2차시는 이해한 내용을 말로 표현하고 자신의 생각을 덧붙여 의견 개진하기, 3차시는 어휘·문법·표현 다지기 및 평가이다. 거의 모든 수업이 학생들의 발표, 대화 등 참여 과제로 구성되기 때문에 학생들은 수업 전에 미

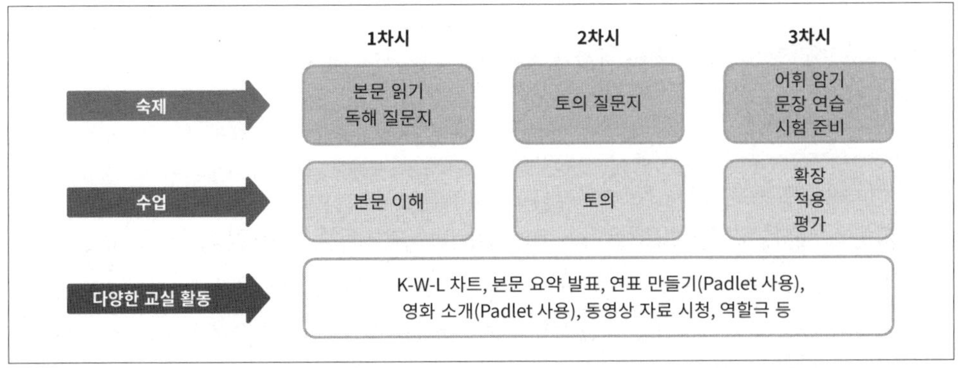

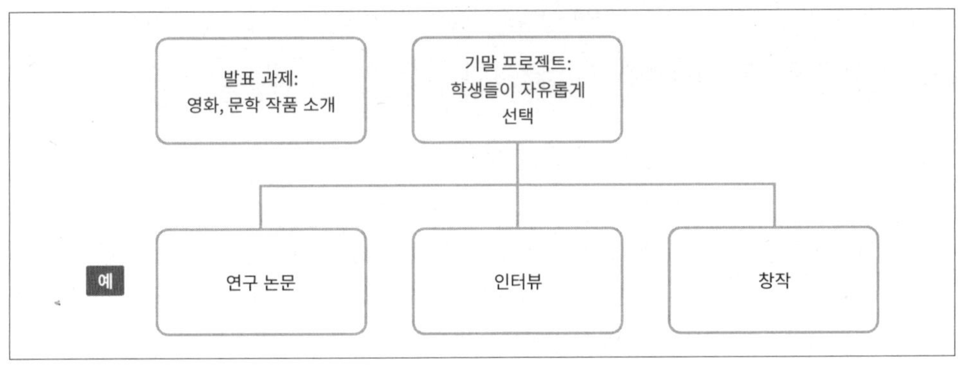

리 준비를 해야 한다. 수업 시간에는 다양한 학생 중심의 활동을 통해 내용을 더 깊고 정확하게 이해하고, 숙제로 읽어 온 역사 내용을 다양한 문맥에서 반복하며 이야기한다.

Coffin(2006)이 역사 담화를 이해하는 데 중요한 요소 중 하나로 꼽은 것이 바로 저자의 입장과 관점 인식하기인데, 이를 위해 고급반 한국사 수업에서는 첫 수업 시간에 역사와 관련된 다양한 인용문을 읽으며 역사를 어떻게 바라보고 어떻게 공부할 것인지 토의하는 시간을 갖고 있다. 이를 통해 학습자들은 역사가의 입장과 관점 및 선택적 기술이라는 한계를 인식하고 역사 텍스트를 대할 것, 역사적 사건과 인과 관계를 다각적·복합적으로 볼 것을 배우게 된다.

수업을 듣는 학생들 중에는 간혹 역사 전공자도 있고 동양학 전공자도 있긴 하지만, 대부분은 한국사에 관심이 있거나 외국어로서 한국어를 선택 수업으로 듣는 학생들이기 때문에 한국 역사에 대한 전문 지식보다는 교양을 쌓고 의사소통 능력을 향상하는 것을 목표로 한다. 고급반은 수준이 다양한 학습자들로 구성되므로 한국사 기초 지식을 쌓고, 이를 통해 한국 사회와 언어를 심층적으로 이해하며, 역사적 사건들과 그 사이의 인과 관계를 한국어로 표현하고 의견을 제시하는 능력을 기르는 것을 목표로 한다. 학생들마다 목표하는 바와 한국어 능력에 차이가 있으므로, 학생들이 자신의 관심사와 능력에 맞는 발표 과제와 기말 과제를 선택할 수 있도록 학생 주도 개별화 교육(individualized instruction) 방법을 적용하면 효과적이다. 학문 목

적의 한국어 수업은 기말 과제로 소논문을 쓰게 하고 연구 방법과 논문 작성 형식에 관한 강의
도 추가하면 좋다. 본 수업에서는 기말 과제로 소논문을 선택한 학생들이 참조할 수 있도록 논
문 작성 형식에 대한 간단한 안내 자료를 제공하고 수업 시간에 따로 다루지는 않는다.

4. 효과적인 수업을 위한 논의

4.1. 잠재적 교육 과정(Hidden curriculum)-상호 존중에 바탕을 둔 의사소통

학습 대상이 한국인만이 아닌 다양한 국적의 학생으로 구성되므로 '내 나라'의 역사가 아닌 '한
국'의 역사를 객관적으로 바라보는 관점을 유지하며 국수주의적 자세를 지양할 것을 원칙으로
삼았다. 특히 침략과 전쟁의 역사와 같이 민감한 주제를 다룰 때 지역을 떠나 인류의 관점에서
접근하고, 학생들이 다양한 시각에서 복합적인 원인과 결과를 살피며 사실에 기반한 역사를 객
관적으로 볼 수 있게 장려했다. 나아가 상생과 상호 존중 의식을 바탕으로 소통하여 세계 평화
에 이바지하는 글로벌 시민으로 교육하는 것이 이 수업의 잠재적 목표이다.

4.2. 균형적 언어 발달-문법적 정확성 향상

많은 연구가 내용 중심 수업의 교육적 효과를 말하는데, 특히 유창성, 내용 학습, 동기 향상
에 긍정적인 효과를 미친다고 보고한다(Snow, 1998; Dupuy, 2000; Rodgers, 2006; Lyster,
2007; 김혜영, 2011에서 재인용). H-Y. Kim(2011)의 연구에서도 유창성, 통사적 복합성, 어휘
의 다양성 면에서 언어 능력이 향상된 것을 보고한다(김혜영, 2011에서 재인용).

반면 내용 중심 수업의 한계로 자주 거론되는 것이 언어 습득에 있어서 문법적 정확성
(accuracy)이 부족하다는 점이다. 내용 중심 교수법의 기본 전제가 '학습자는 언어를 사용하면
서 배운다'는 것인데, 내용에 집중하면서 자연스럽게 실제 언어를 사용하면 유창성에 크게 도
움이 되고 독해력도 발달하지만, 이에 비해 문법이나 언어 사용의 정확성은 떨어진다는 내용
이 공통적으로 보고되고 있다(Eskey, 1997; Dupuy 2000; Lyster, 2007). 이에 대한 보완책으
로 Lyster(2007)는 언어 형태를 강조할 것을 제안하는데, 흔하게 범하기 쉬운 오류를 미리 가르
칠 것과 학생들이 보인 오류에 대해 체계적이고 분명하고 일관성 있게 피드백할 것을 추천한다.
Widdowson(1993)은 쓰기와 말하기 능력을 신장하기 위해 집중 언어 교육이 필요하다고 주문
한다.

실제로 고급 한국어 한국사 수업에서 학습자들의 독해력과 어휘력, 유창성은 눈에 띄게 향
상했으나 문법적으로는 오류가 적지 않고, 이미 암기한 고급 어휘들을 문맥과 그 의미에 맞게
사용하는 데 어려움을 겪는 모습이 종종 관찰된다. 따라서 본 수업에서는 집중 언어 교육 시간
을 교재와 수업 내용에 포함하고 있다. 교재에는 어휘의 뜻과 함께 예문을 실었고, 각 소단원 뒤
에는 간단한 어휘 연습 문제를 실었다. 또한 활용 연습이 필요한 표현들을 본문에서 발췌해 다
양한 예문을 보며 익힐 수 있게 했다. 수업 시간에는 발췌한 표현과 어휘, 또는 역사 담화에서
자주 쓰이는 구문을 선별해 문장을 만들어 보거나 틀린 부분을 찾아 고쳐 보기도 하고, 학생들

의 오류를 모아 피드백을 주고 필요에 따라 연습 활동을 한다. 이렇듯 어휘와 문법 및 용법에 초점을 맞춘 다양한 활동을 통해 언어의 정확한 사용을 도울 수 있다.

4.3. 영상 자료 및 문학 작품의 활용 방안

문학 작품과 영상 자료는 역사 수업에서 중요한 보조 자료로 널리 사용된다(김국진, 2023; 김혜영, 2011). 본 수업에서는 초등학생용 역사 이야기 만화 영상, 영화 클립, 문화 설명 교육 자료, TV 역사 교양 강의 영상 자료 등 학생들의 눈높이에 맞는 영상들을 찾아 내용 이해를 돕는 보조 자료로 사용하고, 개별 발표 과제를 통해 관련 영화나 문학 작품 들에 반영된 역사적 사실을 소개 및 분석하고 있다. 수업 시간에는 비교적 짧고 이해하기 쉬운 영상을 사용하고, 분량이 많거나 한 번에 이해하기 어려운 내용은 학생들이 반복해서 볼 수 있도록 길잡이 및 심화 질문과 함께 쓰기 숙제로 내준다. 수업 시간에는 대화 활동을 통해 숙제로 해 온 내용을 나누되, 그대로 읽지 않고 짝이나 그룹원들과 대화하도록 유도한다.

4.4. 세계 준비 외국어 교육 표준(World readiness standards in learning languages)

미국 외국어 교육 위원회(ACTFL: American Council on the Teaching of Foreign Languages)에서는 학생들이 글로벌 사회에서 효과적으로 소통하고 성장할 수 있도록 언어 능력과 문화적 이해 증진을 목표로 세계 준비 외국어 교육 표준을 제시했다. 이는 기존의 ACTFL 외국어 교육 표준에 비판적 사고, 의사소통 능력, 협력 그리고 창의력 등의 21세기 역량이 추가된 것이다.

이 표준은 성공적인 소통을 위한 5가지 목표 분야(5C)로 의사소통 능력(Communication), 문화적 이해(Cultures), 연결성(Connections), 비교(Comparisons), 공동체 참여(Communities)를 꼽고 있는데, 한국사를 활용한 한국어 수업을 구상할 때 유용한 길잡이가 된다. 의사소통은 상호 대화(interpersonal), 해석(interpretive), 발표(presentational)의 방식으로 이루어지는데, 수업의 활동과 과제를 설계할 때 이 3가지 의사소통 방식을 다양하게 포함하도록 고려할 필요가 있다. 본 수업에서 학습자들은 읽고, 보고, 들은 내용을 이해하고 분석하는 해석 모드(mode), 내용에 대한 간단한 설명과 요약, 자신의 생각 등을 다른 사람과 함께 이야기해 보는 상호 대화 모드, 그리고 설명, 설득, 서술, 정보 전달 등의 목적으로 메시지를 작성하는 발표 모드를 다양하게 수행한다. 이 중 가장 중심에 있는 것은 의사소통 능력으로 글로벌 시대에 다양한 환경에서 언어를 사용하고 문화 차이를 이해하며 협력하는 데 가장 필수적인 조건이다.

이와 같은 표준 지침에 따라 고급 한국어 한국사 수업에서는 학습자들이 한국의 문화 및 역사, 그리고 언어를 자국의 그것과 비교하며, 그 과정에서 한국어로 조사하고, 분석하고, 성찰하도록 설계했다. 또한 다양한 학문 분야와 한국사를 연결해 비판적인 시각으로 다양한 관점을 찾아보고 평가하도록 했다. 기말 과제로는 부모님이나 친구, 또는 지역 사회의 한국인들에게 역사와 관련한 주제로 인터뷰를 진행해 보도록 독려했다.

5. 나가며

이상으로 한국사를 활용한 고급 한국어 수업 사례를 소개하고, 교재 개발, 과제와 수업 설계, 효과적인 수업을 위해 고려할 사항들에 대해 논의해 보았다. 언어 교육과 문화 교육의 통합, 한국어와 한국사의 통합, 통사적 방법과 주제적 접근 방법의 통합안을 통해 한국어 학습자들의 복합적 언어 능력 발달과 한국사 및 문화에 대한 깊은 이해를 돕고자 했다. 또한 21세기 글로벌 시대가 요구하는 의사소통 능력은 다양한 시각에서 상호 이해와 존중, 협력을 바탕으로 하기에 한국사를 통한 한국어 교육이 이와 같은 다차원적 의사소통 능력을 함양하는 데 유용한 방안이 되리라 기대한다.

참고문헌

김국진. 2023. 한국 현대사를 활용한 한국어 고급 학습자 교육 방안 연구–5.18 민주화 운동을 중심으로. 펜데믹 이후 한국어 교육의 새로운 도전과 모색. **제9회 유럽한국어교육자협회 워크숍 논문집**. 공앤박. pp. 160–171.

김정은. 2004. 한국어 교육에서의 언어문화교육. **이중언어학**. 26. 이중언어학회.

김혜영. 2011. 한국학과의 접목을 위한 내용 중심 한국어 교육. **국제한국어교육학회 제21차 국제학술대회 자료집**. pp. 97–104.

민현식. 2006. 한국어 교육에서 문화 교육의 방향과 방법. **한국언어문화학**. 3-2. pp. 137–180.

박찬영, 백혜주. 2023. **한국 전근대사로 배우는 한국어(The Pre-Modern History of Korea)**. 공앤박.

진대연. 2016. 한국어 교육에서 역사 문화 교수 설계에 관한 연구. **국어교육연구**. 38. pp. 223–251.

Coffin, C. 2006. *Historical Discourse; The Language of Time, Cause and Evaluation*. London: Continuum.

Cullen, B. & Sato, K. 2000. Practical techniques for teaching culture in the EFL classroom. *The Internet TESL Journal*. 6(12). http://iteslj.org/Techniques/Cullen-Culture.html.

Dupuy, B. C. 2000. Content-based instruction: Can it help ease the transition from beginning to advanced foreign language classes? *Foreign Language Annals*. 33. pp. 233–305.

Eskey, D. 1997. Syllabus design in content-based instruction. *The Content-based Classroom: Perspectives on Integrating Language and Content*. edited by M.A. Snow & D.M. Brinton. New York: Longman. pp. 132–141.

Grabe, W. & Stoller, F. 1997. Content-Based Instruction: Research Foundations. *The Content-based Classroom: Perspectives on Integrating Language and Content*. edited by M.A. Snow & D.M. Brinton. New York: Longman. pp. 5–21.

Kim, H-Y. 2011. Writing in L2 for Inter-subjective Engagement: Class Blogs on Films in Advanced Korean. 16th annual conference of the *American Association of Teachers of Korean*. Yale University.

Lyster, R. 2007. *Learning and Teaching Languages through Content: A Counterbalanced Approach*. New York: John Benjamins.

Rodgers, D.M. 2006. Developing content and form: Encouraging evidence from Italian Content-Based Instruction. *The Modern Language Journal*. 90. pp. 373–386.

Snow, M. A. 1998. Trends and issues in content-based instruction. *Annual Review of Applied Linguistics*. 18. pp. 243–267.

Stoller, F. & Grabe, W. 1997. A six-T's approach to content-based instruction. *The Content-based Classroom: Perspectives on Integrating Language and Content*. edited by M.A. Snow & D.M. Brinton. New York: Longman. pp. 78–94.

The National Standard Collaborative Board. 2015. *World-Readiness Standards for Learning Languages*. 4th Edition ACTFL: Alexandria.

Tierney, R. J. & Readence, J. E. 2005. *Reading Strategies and Practices: A Compendium*. Boston: Allyn & Bacon.

Widdowson, H. G. 1993. The relevant conditions of language use and learning. *Language and Content: Discipline-and Content-based Approaches to Language Study*. edited by M. Krueger and F. Ryan. Lexington: D.C. Heath. pp. 27–36.

제2장

Reinterpreting Korean Modern Novels for Ecological Identity Formation in Marriage Immigrant Women:
A Focus on Hwang Sun-won's *Sonagi* in Korean Language Education

공나형
한국 연세대학교
Yonsei University

1. Introduction

This study aims to explore the ecological value of Hwang Sun-won's *Sonagi*, a canonical work of modern Korean literature that is frequently used in Korean language textbooks, and to propose methods for its use and teaching as a material for Korean language education that promotes the internalization of ecological identity in learners. Through this, the study ultimately emphasizes the need for educational improvements in Korean language education that reflect contemporary changes and highlights the importance of an ecological perspective in promoting intercultural exchange and integration.

This paper focuses on marriage immigrant women among the diverse groups of Korean language learners. This is because fostering a positive identity as learners has a significant impact on their sociocultural adaptation and Korean language learning. Marriage immigrant women generally immigrate with the intention of settling in Korea and often experience childbirth and childcare. In this context, cultivating their ecological identity is closely linked not only to understanding the natural environment but also to deeply rooting themselves in Korea's cultural context and social environment. Especially during raising children, understanding and experiencing Korea's natural environment, emotions, and way of life plays a crucial role in helping marriage immigrant women reconstruct and expand their identity.

However, current Korean language education tends to focus solely on grammar or one-sided adaptation to Korean life. Therefore, a new approach is needed to support these women's comprehensive language learning and identity formation. In response to this, the study emphasizes the importance of fostering ecological identity through literary works as a key driver in positively guiding their language learning experiences and proposes concrete educational strategies to achieve this goal.

This study is structured into three main parts. First, it will review the goals and content of Korean language education based on an ecological perspective through existing research. Next, based on this, the study will explore how using *Sonagi* as educational material contributes to fostering learners' ecological identity and will select appropriate educational content. In selecting the educational content related to the ecological aspects of the work, the researcher aims to avoid excessive subjectivity by referring to van Lier's(2004) categories of ecological language learning. Lastly, based on a needs analysis of both learners and teachers, the study will propose a teaching plan using the selected content. Through this, the study seeks to provide a balanced approach to the theoretical examination and practical application of using canonical works to enhance Korean language learning and foster ecological identity among marriage immigrant women.

2. Theoretical Discussion

2.1. Korean Language Education as Ecological Language Education

The key concept of this study is 'language education based on ecology'. 'Ecology' is a subfield of biology that studies the relationship between organisms and their environment. However, in the field of education, 'ecology' is used as a metaphor to describe the sociocultural aspects of teaching and learning(Lantolf 2000). In language education, the ecological approach explores the organic relationships in human life mediated by language, focusing on the dynamic relationships between the learner, the language, and the environment(Kim Kyu-hun 2023, 98). This reveals that ecological language education is a holistic and contextual approach to language learning that emphasizes 'relationships' and is characterized by post-humanism, an integrated view of knowledge, a reform-oriented nature, preventive approaches through systemic change, and educational methods that value diversity and cooperation.

Based on previous research, ecological language education can be defined as shown in ⟨Table 1⟩.

Concepts such as relationality, wholeness, and diversity are crucial in ecological language research. Ecology, which in the natural sciences is based on the idea that all entities are interconnected and form a system, applies this view to language education, where context, systems, affordances, and emergence become

⟨Table 1⟩ The Objectives of Language Education Based on the Ecological Perspective

Category	Content
Philosophy	Values the context in which individuals live and aims for post-humanism, integration, and wholeness.
Epistemology	Recognizes knowledge as holistic and interrelated, aiming for an integrative understanding of everything.
Nature	Seeks a new educational paradigm with a reform-oriented nature.
Approach to Problem-Solving	Takes a macro perspective, approaching problems as systemic rather than individual, and maintaining a preventive stance through systemic change.
Educational Methods	Prefers diverse cultural education, cooperative learning, and theme-based learning methods, including ecological ethics education.

important(van Lier 2004). Therefore, authenticity and context-centered education are core principles of ecological language education(Leahy 2009). In summary, the ecological approach in language education emphasizes a 'relational, contextual, and systemic' nature, aiming to foster learners' 'affordances' and 'emergence' through educational designs that are 'critical' and geared toward 'diversity'(Kim Kyu-hun 2023, 101).

The key attributes of the major concepts that constitute ecological language research are presented in 〈Table 2〉.

In Korea, the discourse on ecological language research has been relatively accumulated within the Korean language education field, focusing on 'holistic epistemology' and a 'relational worldview'. Thus, the need for discussions and applications in Korean language education has been emphasized. The educational application of ecology can be traced back to Bronfenbrenner's(1979) work, but in second language education, more recent studies, such as Garner & Borg(2005), are representative. These studies applied an ecological perspective to English for

〈Table 2〉 Categories and Content of Ecological Language Learning

Category	Content
Relationality	Negotiation between language and the world. Language learning is achieved through negotiation between language contexts and learner contexts.
Contextuality	Context-dependent meaning. Language learning is achieved when an appropriate context is provided.
Systematicity	Organizational forces that rely on each other. Language learning is about understanding language rules through language use.
Emergence	Encourages reorganization through transformation, not a deposit of knowledge. Language learning is acquired through emergence based on experience rather than reductionism.
Quality	Combines cognitive level with emotional domain. Language learning aims to cultivate awareness of the target language.
Value	Ethical and moral perspectives. Language learning should prevent confusion of learner identity during the process.
Criticality	Expansive understanding at the personal and social levels. Language learning presupposes a deep understanding and exploration of the target language.
Variability	Cultural and personal vitality. Language learning should constantly change rather than remain in a fixed form.
Diversity	The multiplicity of language and surrounding factors. It aims to integrate native speakers and secondlanguage learners.
Activity	Maintaining performativity rather than a fixed entity. Language learning must be performed through active engagement.

Academic Purposes(EAP) education, recognizing language use as holistic and dynamic and emphasizing genuine participation in language use within various academic communities. This approach suggested that content-based learning can create authentic academic language use environments.

Similarly, van Lier(2010) emphasized that the ecological approach prioritizes the quality of learning opportunities, classroom interactions, and the overall quality of the educational experience. He argued that this approach integrates learners' emotional, social, and cultural contexts into a comprehensive educational experience, offering more educational value than simply standardized outcomes. Furthermore, the ecological approach stresses that language learning occurs through interaction, allowing learners to use language in real-life contexts, thereby naturally developing their language proficiency. Ultimately, this approach supports learners in actively participating in the learning process, setting their learning goals, and developing strategies to achieve them, thus enhancing long-term motivation and achievement in language learning.

Considering these points, the ecological approach is meaningful for many marriage immigrant women, especially those experiencing childbirth and childcare, as it can offer a broad language learning experience while maintaining an intercultural perspective on Korean society. From this theoretical discussion, it can be concluded that an ecological shift in Korean language education demands a fundamental change in perspective beyond simple teaching method reforms. This means understanding Korean and the process of learning it as part of a complex ecosystem that interacts with learners, the environment, and culture rather than viewing it as an isolated system. Therefore, Korean language education should aim not only at improving language proficiency but also at fostering learners' holistic growth and social adaptation. In line with this, further research is needed to explore sustainable approaches to Korean language education from an ecological perspective.

2.2. Ecological Korean Language Education Utilizing Canonical Works

'Canon' refers to literary works or texts highly valued within a particular cultural sphere and used as significant educational materials in language education(Guillory 1993). As Bloom(1994) pointed out, the educational value of using canonical works is recognized, as it not only contributes to language learning but also enhances cultural understanding and critical thinking. In the context of Korean language education, canonical works can be seen as important resources that contain Korean culture's core values and ways of thinking. For this reason, canonical works are frequently used as major educational materials in Korean language education. However, the modern novels included in current Korean language textbooks mainly consist of works from the 1920s-1930s and those added to the canon after Korea's liberation. Using literary works in Korean language education tends to mirror the direction taken in Korean literature education. However, it raises concerns about whether this usage considers the evolving times and cultural diversity when teaching Korean to foreign learners. Specifically, the lack of diversification in the selection of materials and the tendency to focus on universal Korean emotions reflect a rather rigid approach to utilizing literary works(Kong et al. 2023).

Given that literary works reflect the diverse experiences of the human world and facilitate relational thinking, there is some regret that the current approach does not fully reflect this value. In particular, literary works are often used as part of reading education in Korean language education. Considering that the ultimate goal of reading education is to improve communication skills, the educational value of literature in promoting 'relational understanding' should be more emphasized in the selection process. Furthermore, given that this educational value is aligned with and presupposes an ecological perspective, the attempt to uncover the ecological value of canonical works based on ecological imagination and apply them educationally has contemporary relevance in Korean language education.

Thomashow(1995) especially argued that learning through various media, including literature, in ecological language education plays a significant role in shaping learners' ecological sensitivity and identity, influencing their attitude toward culture. In short, language learning through canonical works enables learners to understand the symbolic meaning systems of Korean culture and, based on this, develop richer and more contextualized language skills. This reaffirms the relationships among Korea's natural environment, culture, and society, ultimately leading to a deeper understanding of the Korean language and improved communication skills.

Meanwhile, the perspective on language-culture education and identity formation proposed by Park In-ki and Park Chang-kyun(2009) is noteworthy, as it provides important insights into the ecological approach to Korean language education using canonical works. Their study maintains the view that Korean is not merely a tool for communication but a medium for understanding culture and forming a new identity. That is, Korean language learners interact with Korean culture through canonical works and, in this process, reconstruct their identity, which leads to deeper language learning. Since canonical works have been widely read in Korean society and deeply embody the essence of Korean culture and emotions, their use promotes an integrative understanding of language, culture, and environment, fostering learners' active participation and creativity. This aligns with the core principles of ecological language learning, as argued by van Lier(2004).

In conclusion, Korean language education using canonical works is meaningful in that it broadens the scope of language learning and allows learners to understand and experience Korean language and culture in a more holistic way. This goes beyond simply improving language skills, as it equips learners with deeper insights into the world of Korean, helps them reconstruct their identities, and ultimately contributes to developing intercultural understanding and communication skills. Based on this theoretical background, this study aims to explore the ecological suitability of Hwang Sun-won's 《Sonagi》 in Korean language education for marriage immigrant women and investigate appropriate ways to apply it.

3. *Sonagi* as a Language Education Material for Fostering Ecological Identity

3.1. The Significance of *Sonagi* as an Ecological Language Education Material

This chapter explores the significance of the novel 《Sonagi》 as an ecological language education material and aims to select ecological educational content that can promote the development of ecological identity among marriage immigrant women.

Hwang Sun-won's 《Sonagi》 is a representative short story in modern Korean literature, depicting a pure boy and girl's brief and beautiful love story. Set in a rural village, the story delicately describes the process of a shy boy and a girl from Seoul becoming close after meeting by a stream. The two protagonists climb a mountain together, experience nature, and develop feelings for each other. The sudden rain shower(*sonagi*) serves as a turning point in the story, symbolizing the deepening of their relationship, particularly in the scene where the boy carries the girl across the swollen stream after the rain. However, their pure love tragically ends when the girl suddenly passes away from an illness, leaving a final wish for the boy to bury the clothes she wore when they crossed the stream. The boy later learns of her last wish. The story lyrically portrays the beauty and purity of first love, along with the pain of loss, while vividly describing Korea's rural landscape and natural environment.

This paper considers *Sonagi* as meaningful material for ecological language teaching because, as various discussions have pointed out, the story delicately depicts the organic interaction between the natural environment and human relationships. The natural elements in the story are not just background but are deeply involved in the emotions and development of the characters' relationship. In the narrative, elements such as the rain shower(*sonagi*), fields, streams, and violets symbolically represent the boy and girl's meeting and parting, revealing the close interaction between humans and nature(Lee 2018).

Such depictions can help immigrant women understand the relationship between humans and nature in their new environment and cultivate ecological sensitivity. The beauty of first love and the pain of loss in the story may also resonate with

〈Table 3〉 Analysis of the Plot Structure and Ecological Elements in *Sonagi*

Progression	Plot	Setting	Event	Ecological Elements
Beginning	The boy and girl meet by chance.	Peaceful scenery of the rural village, by the stream.	The boy observes the girl playing with water.	The shy boy: a native familiar with the local ecosystem. The girl from Seoul: a stranger adapting to a new environment. The stream: nature mediating their meeting.
Development	The boy and girl grow closer.	Peaceful rural scenery, fields.	They take walks and exchange pure emotions with the boy gifting the girl a violet.	Walking: exploring nature together builds closeness. Making a flower crown: interaction using natural materials. Violet gift: understanding the local ecosystem and Korean sentiment.
Crisis	They face sudden rainstorms (*sonagi*).	The stream swells due to the rainstorm.	The sudden rain causes the stream to swell. The boy and girl ran to avoid the rain.	The sudden rain(*sonagi*): A natural event changes the story's flow. The swollen stream: Responding to environmental change. The color purple: Understanding Korean sentiment.
Climax	The boy carries the girl across the swollen stream.	The stream swells due to the rainstorm.	The boy carries the girl across the swollen stream, deepening their bond.	Wet clothes: nature's direct impact on the characters.
Conclusion	The girl dies of illness.	The boy's house.	The boy learns of the girl's last wish: to be buried with the clothes she wore when they crossed the stream.	

the emotions these women experience as they adapt to their new surroundings. Furthermore, cultural symbols like violets and the color purple may play an important role in helping them understand Korean culture. In summary, *Sonagi* holds educational significance in ecological language education by raising awareness of the coexistence and interdependence between humans and nature, connecting traditional views of nature in Korea with modern ecological consciousness, fostering environmental sensitivity and ecological imagination through literature, and functioning as a text for an integrated understanding of language, culture, and environment.

In this study, the plot and key features of the work are summarized as follows to select content for ecological language education.

3.2. Selection of Educational Elements Using *Sonagi* for Fostering Ecological Identity in Marriage Immigrant Women

In section 3.1, we examined the ecological language educational significance of *Sonagi* and extracted educational content based on the plot. In this section, we aim to select meaningful elements for educational applications based on a needs analysis of the extracted content. For this, we conducted a needs survey targeting 10 marriage immigrant women with children and 10 Korean language teachers. The 10 marriage immigrant women had no prior knowledge of the Korean novel 《Sonagi》, so we provided a summary and a video introduction. The results of the needs analysis can be summarized as follows.

First, 80% of respondents indicated that learning Korean language and culture through *Sonagi* is necessary, suggesting a potential need for ecological Korean language education through literary works. Among nature-related themes, 'rain shower(*sonagi*)' and 'stream' were the most interesting to respondents, likely because these elements play key roles in the story's narrative flow.

Regarding the preferred educational content, there was high interest in the 'relationship between nature and people' and 'Korean seasons', which supports the necessity of an integrated language-culture education from an ecological perspective. Additionally, preferred learning activities such as 'discussions' and 'outdoor learning' were highly favored, emphasizing the importance of interactive and experiential learning methods—critical factors to consider when designing practical aspects of ecological language education.

Notably, 87% of respondents believed that this type of learning would help them adapt to life in Korea, suggesting that ecological language education can contribute to language proficiency and cultural adaptation and integration. Finally, the main advantages of learning through *Sonagi* were identified as 'adapting to Korean life' and 'improving Korean language skills', underscoring the effectiveness of integrated language and culture education through literary works.

4. Educational Plan for Fostering Ecological Identity Using *Sonagi* through a Reader-Response Teaching Model

This chapter proposes a teaching and learning guide using *Sonagi*, based on the needs analysis discussed earlier. Considering that the needs analysis highlighted the importance of marriage immigrant women engaging in discussions and experiential activities to understand Korean culture through the work, we aim to apply a reader-response teaching model.

Reader-response pedagogy respects learners' individual and diverse literary responses and encourages them to share their thoughts and interact with others based on these responses. This teaching method promotes active participation and deepens learners' understanding of literary works. The approach is based on the work of Louise Rosenblatt(1994), who emphasized readers' active role in creating meaning from texts. Rosenblatt(1994) defined reading as "a transactional event between the text and the reader" and argued that meaning is generated through this interaction. This theory moves away from traditional text-centered approaches and views the reader's experience, background knowledge, and emotions as essential to interpreting the text(Iser 2000).

The reader-response method can be especially significant in second language education, as highlighted by Ali(1994). This research suggested that this approach can be an effective alternative for teaching literature in a second language, exploring its applicability in the EFL(English as a Foreign Language) context, and concluding that it improves language skills and helps develop critical thinking. Khatib & Nourzadeh(2011) also proposed a response-centered approach for integrating literature into EFL/ESL(English as a Second Language) classrooms, arguing that it enhances both linguistic proficiency and cultural understanding. The value of applying this teaching method in Korean language education can be seen in Yoon Young's(2013) work.

The reader-response teaching model for lesson design can consist of the following stages: pre-reading stage, reading stage, response-sharing stage, analysis and interpretation stage, extension stage, and reflection stage. This model is based on Rosenblatt's theory and is designed to accommodate the characteristics of second-language learners. Each stage focuses on the learners' personal responses while also linking to language learning goals to improve their language skills.

As mentioned in Chapter 3, the needs survey results indicated that marriage immigrant women showed great interest in topics related to natural phenomena and human relationships in their Korean language learning. They specifically found classes dealing with natural phenomena like *sonagi*(rain showers) and the natural environment of rural villages interesting and helpful in real life. Therefore, it would be effective to structure Korean language lessons using *Sonagi* around the relationship between nature and humans. Activities such as story reading, group discussions, role-playing, and audiovisual materials can help learners naturally acquire Korean and better understand Korean culture and the natural environment.

Considering these elements, a teaching and learning plan can be presented as follows.

⟨Table 4⟩ Teaching-Learning Content Breakdown for Three Sessions Based on the Novel *Sonagi*

Session	Teaching-Learning Content
1st Session	**Understanding the Novel 《Sonagi》 and Natural Phenomena** • Goal: Learn Korean vocabulary and expressions through *Sonagi* and familiarize learners with vocabulary related to natural phenomena. Additionally, understand the Korean sentiments associated with the vocabulary. • Activities: Story reading, vocabulary learning, small group discussions.
2nd Session	**Character Relationships and Emotions in 《Sonagi》** • Goal: Learn emotional expressions through character relationships in *Sonagi* and understand the context of these expressions. • Activities: Role-playing, practicing emotional expressions, dialogue practice.
3rd Session	**Nature and Korean Culture in 《Sonagi》** • Goal: Understand the relationship between nature and humans through the setting of *Sonagi*, and based on this, develop an understanding of Korean culture. • Activities: Use audiovisual materials, group projects, presentation.

The following is a lesson plan for the first session as a representative example.

Learning Objectives	• Understand the main content of 《Sonagi》. • Learn Korean vocabulary and expressions related to natural phenomena. • Understand Korean nature and cultural knowledge through the vocabulary in 《Sonagi》.

Learning Materials	• YouTube video of *Sonagi* (15 minutes) • Summarized text of the novel • Vocabulary cards • Worksheets • Violet flower image and color chart
Learning Stages	Instructional Content
1st Stage	'소나기'라는 단어를 보고 떠오르는 것들을 자유롭게 적어 보세요. (예) 비, 갑작스러운, 자연, 시원함 등 '소나기'라는 단어에 대해 어떤 감정이 드는지 적어 보세요. (예) 기쁨, 슬픔, 그리움 등 **Sharing Reactions to the Title** • Freely discuss what comes to mind when seeing the title *Sonagi*. • Encourage free expression by utilizing learners' schema.
2nd Stage	**Forming Responses through Interaction with the Text** Watch the YouTube clip of 《Sonagi》. • Read the summarized 《Sonagi》 text. • Identify key vocabulary and expressions (e.g., *sonagi*, stream, boy, girl, violet, purple). • Think about the images evoked by the vocabulary. 이야기에서 인상 깊었던 부분을 적어 보세요. 이야기에서 새로운 어휘와 표현을 적어 보세요. (예) 소나기, 제비꽃, 개울 '보라색/소나기'을 보면 여러분은 어떤 생각이 드는지 적어 보세요. 보라색/소나기을(를) 보면 나는 __________
3rd Stage	**Sharing Responses and Discussion** Students share their personal reactions within small groups. • Compare and discuss reactions to understand different perspectives. 이야기와 관련된 자신의 경험을 적어 보세요. (예) 소나기를 경험한 적이 있나요? 그때 기분이 어땠나요? 　'보라색'을 보면 여러분은 어떤 기분이 드세요?
4th Stage	Summarize and explain vocabulary related to natural phenomena (e.g. *sonagi*, violet, stream). • Discuss how colors are related to emotions.
5th Stage	**Evaluating Responses and Providing Feedback** • Share reflections on each other's creative expression activities. **[Homework]** • Write down vocabulary related to natural phenomena from the story and explain their meaning. 　e.g. *sonagi* – a brief, sudden rain. 　e.g. violet – a purple flower, associated with melancholic feelings. • Draw a moment when you experienced a *sonagi*(rain showers). • Explore and watch various *Sonagi*-related content.

5. Conclusion

From an ecological perspective, language surrounds learners in complex and diverse forms, becoming an integral part of the physical and social world. Language learning and usage are not separate entities but are intertwined with activities and interactions. The ecological approach emphasizes that language cannot be reduced to just grammar or meaning, nor can it be isolated from the various ways it is used to communicate and understand the world. Based on this understanding, this study examined the ecological value of Hwang Sun-won's 《Sonagi》, a canonical work frequently used in Korean language education, intending to foster learners' ecological identity. The study also proposed ways to utilize *Sonagi* as a teaching resource in Korean language education. Ultimately, this research highlights the need for educational improvements that reflect contemporary changes in Korean language education and underscores the importance of an ecological perspective for promoting intercultural exchange and integration.

In addition to the findings of this study, it is important to emphasize that further promotion should be given to integrating canonical literary works like *Sonagi* into Korean language and culture education. Canonical literature offers rich cultural and ecological insights beyond mere language instruction, helping learners connect with the cultural and historical contexts of the target language. By utilizing these texts, Korean language education can evolve to foster linguistic competence, deeper cultural understanding, and ecological sensitivity. Future educational efforts should focus on incorporating such texts more widely, allowing learners to immerse themselves in the intricate relationship between language, culture, and the environment, thus enhancing their overall educational experience.

Bibliography

공나형, 이경화, 전성규. 2023. 일반 목적 한국어 교재의 문학작품 활용 양상에 대한 문화적 문식성 관점에서의 비판적 검토: 『소나기』와 『흥부전』을 중심으로. **국어국문학.** 204. pp. 87–125.

김규훈. 2023. 생태학적 관점과 한국어 교육에의 적용. **이중언어학.** 92. pp. 97–119.

윤영. 2013. 한국어교육에서 학습자의 능동적 참여를 위한 문학교육 방법 연구: 반응 중심 문학교육의 비판적 수용을 바탕으로. **언어와 문화.** 9-2. pp. 215–243.

이성영. 2013. 국어과 제재 텍스트의 요건. **국어교육학연구.** 48. pp. 65–94.

Iser, W. 2000. *The Range of Interpretation.* New York: Columbia University Press.

Kramsch, C. 2002. *Language Acquisition and Language Socialization: Ecological Perspectives.* London: Continuum.

Lantolf, J. P. 2000. *Sociocultural Theory and Second Language Learning.* Oxford: Oxford University Press.

Rosenblatt, L. M. 1994. *The Reader, the Text, the Poem: The Transactional Theory of the Literary Work.* Carbondale: Southern Illinois University Press.

Thomashow, M. 1995. *Ecological Identity: Becoming a Reflective Environmentalist.* Cambridge: MIT Press.

van Lier, L. 2004. *The Ecology and Semiotics of Language Learning: A Sociocultural Perspective.* Dordrecht: Kluwer Academic Publishers.

제3장

The Role of Culture in Learning Korean as a Foreign Language:
A Didactic Proposal

박손수민
스페인 살라망카대학교
Universidad de Salamanca

1. Introduction

In recent years, thanks to technological advancements, there has been a noticeable increase in interest towards South Korea's pop culture in Western territories, including Spanish-speaking regions. This phenomenon has taken shape as another form of everyday entertainment, manifesting itself through music playlists or OTT(Over-the-top media services, such as Netflix or Amazon Prime Video). This phenomenon is referred to as Hallyu(the Korean Wave), which describes the spread of Korean cultural popularity to international countries, with music and television series serving as primary tools for global outreach. According to Samosir & Wee(2013), the Korean Wave, also known as Hallyu, primarily refers to the worldwide dissemination, largely through the Internet and technological advancement, and popularity of South Korean pop music(K-pop), dramas or series(K-dramas), and films(K-films), and other aspects of Korean culture, such as language, cuisine, fashion, and cosmetics, may also be involved(Samosir & Wee 2013, 1).

Thus, it is not surprising to find that cultural considerations play a significant role when Spanish students are asked to identify the factors that motivated them to pursue Korean studies. In the classroom, students have identified several appealing aspects of Korean culture, including popular music(K-pop), television series(K-drama), and cuisine, among others. These elements represent a significant aspect of Korea's soft power, the ability to get others to want the outcomes that you want(Nye 2004, 5), successfully capturing the hearts of Spain's youth. These categories offer a glimpse into the nuances of Korean culture, and they only represent a fraction of its multifaceted nature. Consequently, there is a pressing need to reflect on and contextualize our understanding of Korean culture, particularly in terms of how we approach its teaching and learning Korean as a foreign language.

Firstly, this paper delves into the concept of culture in the context of learning the Korean language as a foreign language by Spanish speakers. It aims to shed light on the role of cultural elements in the language learning process. Secondly, this paper builds on the work of Inchaurralde Besga(2000), which explores the mutual interaction of language and culture through the examination of the linguistic resources available for communication in two different languages(English and Japanese) to highlight the importance of linguistic and pragmatic similarities and challenges between the receptor language(RL) and the target language(TL). Lastly, it seeks to explore the underlying processes of language learning and culture from a pedagogical perspective by studying and observing students working in pairs to complete a project.

The final point to be made in this paper is to highlight the significance of developing intercultural competence as a critical component of learning Korean as a foreign language. To illustrate this, we will present a case study involving students from the University of Salamanca(Spain) enrolled in the Korean Studies course. Students utilize the platform Genially to explore the cultural parallels and divergences between Korean and Spanish cultures. We anticipate that the qualitative findings from the post-survey will present a positive attitude towards learning Korean culture in a formal environment and enhance the existing knowledge on integrating culture into language instruction, providing practical and valuable pedagogical insights and proposals for teachers.

2. What is Culture?

The significance of culture and its role in foreign or second language acquisition(SLA) has recently received considerable attention. Most studies concur that the process of learning a language is contingent upon both linguistic and cultural factors associated with the target language country in question. Consequently, it is essential to explore the concept of culture, understanding its general definition and implications for educators, given its evolving nature and multiple interpretations.

Edward B. Tylor(1871), regarded as one of the most prominent anthropologists, defined culture as 'the complex whole which includes knowledge, belief, art, law,' morals, custom, and any other capabilities acquired by man as a member of society(Tylor 1871, 1). According to Geertz(1987), culture is fundamentally a semiotic concept. Alongside Max Weber, who examines it from an economic perspective, Geertz argues that 'man is an animal embedded in webs of significance he himself has spun'(Geertzp 1987, 20). Therefore, culture should be understood as these webs, and cultural analysis should be an interpretative science seeking meanings rather than an experimental science seeking laws. From the perspective of structural anthropology, as developed by Claude Lévi-Strauss(1980), the renowned pioneer of modern anthropology, the concept of cultural analysis entails the identification of fundamental structures that organize human thought and social practices. Rather than defining culture in explicit terms, he examines how cultural systems, such as myths, rituals, and kinship structures, reflect these underlying mental systems. In this context, culture is regarded as a system of signs and meanings that are structurally organized and manifested in social and symbolic practices. It would be remiss not to consider the perspective of Geert Hofstede and his cultural dimensions. Hofstede(1984) defines culture as 'the collective programming of the mind which distinguishes the members of one category of people from another.'(Hofstede 1984, 51). The definition of culture is inherently challenging to confine due to its diverse and adaptable nature across different research domains. As demonstrated by its various interpretations in fields such as psychology, anthropology, and business management(Morena 2012, 102), the multifaceted and evolving character of culture makes it difficult to encapsulate within a single, universally accepted definition.

It is worth considering the hypothesis of linguistic relativity, also known as the Sapir–Whorf hypothesis. This hypothesis, which was extensively investigated by American linguists Edward Sapir(1884–1939) and Benjamin Lee Whorf(1897–1941), postulates that the language one speaks shapes one's perception of reality(Lucy 1997). This hypothesis raises questions akin to the chicken-and-egg dilemma: whether culture shapes language or language shapes culture. It is likely that there is a bidirectional influence, with language and culture mutually affecting cognitive processes, behavior, and adherence to cultural norms.

3. Relationship Between Culture and Language

Some questions to be explored in this session are: What is the relationship between culture and language? What role does culture play in language instruction, and why is it important to incorporate cultural education into language teaching? What considerations should educators keep in mind regarding Korean culture when teaching Korean as a foreign language?

To gain insight into the reasons behind the Spanish students' keen interest in Korean culture when learning the Korean language, it is essential to consider the differences between these two cultures from the formal perspective. This paper synthesizes the key points outlined by Inchaurralde Besga(2000) exploring the interplay between culture and linguistic interaction. As he elucidates, his study is an in-depth exploration of the intertwined dynamics between the linguistic resources available for communication in two distinct languages. He concluded that the differences between English and Japanese 'can give rise to distinct forms of communicative interaction,' and that these cultural differences are 'related to the grammatical resources available in each language for the realization of important pragmatic and semantic variables'(Inchaurralde 2000, 181). Hence, If we follow the words of the Strong Whorf hypothesis, how individuals from different cultures perceive the world can vary significantly depending on the language they speak. In other words, whorf claimed, "People from different cultures think differently because of language differences. So, native speakers of Hopi perceive reality differently from native speakers of English because they use different languages."(Holmes 2001)

Along with his definition, the lexicology of culture provides insight into the values and concepts that a community espouses. For example, most students who begin to learn Korean find it intriguing how the words *naui / nae*(나의 / 내) and *uri*(우리) are used to describe *my* in English and *mi* in Spanish to refer to possession. Additionally, *we* or *nosotros* in Spanish is used for *uri*(우리). For example, suppose the phrase *uri nampyeon*(우리 남편) is said by his wife. In that case, students find it implausible to translate it into *nuestro marido* in Spanish or *our husband* in English respectively. The word *uri* emphasizes the concept of community and communal things that is typical of Korean society.

This aspect of Korean linguistics highlights how Korean culture diverges from the students' native culture. Spanish speakers are more individualistic, as the notion of *uri* is not present in Spanish learners' conversations today. Consequently, it is crucial to recognize that cultural differences significantly impact how people of different cultures think and communicate or how the way they think impacts their language and communication. To accurately grasp and interpret the meaning of Korean expressions, students must understand and respect the cultural context in which these words are used. This awareness helps preserve the connotations and nuances of the original language, thus avoiding potential misinterpretations or loss of meaning.

As Inchaurralde observed, the interaction between culture, thought, and language is particularly evident in the realm of grammar and its communicative functions(Inchaurralde 2000, 184). The author draws upon the work of Grice(1975) and Leech(1983), who proposed an expanded scheme incorporating the principles of politeness and irony, in addition to those of processability, clarity, economy, and expressiveness. In all-natural, day-to-day communication in our reality, there are instances when it is necessary to obfuscate the absolute truth to safeguard the respect of others. For instance, the desire to be polite in front of the adversary may result in a transgression of the Courtesy Principle over the Cooperative principle(Inchaurralde 2000, 186).

Koreans tend to eschew confrontation in social settings, particularly in professional contexts. Consequently, when conveying differing ideas or disagreements, they tend to avoid an outright negative response and instead utilize linguistic elements that can soften the tone. This is the case of the grammar *nen geot gata*(Verb/Adj + Modifier + 것 같다), which translates into *I think / it seems to be that* in English and *creo que / parece que* in Spanish. It conveys a sense of approximation or resemblance, as well as predictions. These forms allow speakers to express actions or possibilities while minimizing personal responsibility or direct involvement. Thus, in contexts where students are asked to practice refusals, they are expected to construct sentences utilizing this grammatical structure. This distancing strategy is employed to maintain group harmony and collective identity and to avoid conflict, thereby influencing language use at a pragmatic level. Understanding these nuances is essential for effectively navigating interpersonal interactions within Korean high-context culture. From a linguistic perspective, it is evident that Korean culture attaches considerable importance to maintaining one's personal image. This is reflected in the prevalence of more sophisticated politeness resources. In Asian cultures, communication is structured to foster respect for one's dignity and honor. This is done to avoid damaging one's reputation or causing embarrassment in front of the community or the interlocutor(Inchaurralde 2000, 188–189). Thus, when students do not adhere to this pragmatic criterion, which is socially accepted and understood among Koreans, they may inadvertently come across as rude or harsh by using a more direct form of expression to convey their messages.

Additionally, Korean honorific verbs present a challenge for students, as they are unfamiliar with this form of distinction in their native language. In their attempts to translate Spanish verbs into Korean, they often fail to consider the interlocutor's context or identity. In interactions with older individuals or those of unknown status, students are expected to use honorific forms to maintain appropriate social distance and convey the necessary degree of formality and respect.

According to Chang(1996), speech levels in Korean are classified as low, mid, and high, and these, in turn, are divided into plain low *ta*(다) and intimate low *e*(어); familiar mid *ney*(네) and blunt mid *so*(소); and polite high *(e)yo*(어요) and formal high *(si)pnita*((시)ㅂ니다). As well as the existence of the honorific verbs in Korean(Choo & Kwak 2008), such as the word for *doler o doloroso*(painful), in Korean, the meaning can be conveyed in two speech level, *aphuta*(아프다) as plain noun or *phyenchahusita*(편찮으시다) as honorific counterpart; plain noun *issta*(있다) and honorific counterpart *kyeysita*(계시다) for the meaning of *estar*(be); *mekta*(먹다)

tusita(드시다) or *chapswusita*(잡수시다) for *comer*(eat). These linguistic aspects are not easily integrated into the Spanish students' practice due to the lack of similarity in the Spanish language. Familiarizing learners with honorifics when addressing subjects of higher rank than the speaker may prove challenging at the outset. It is, therefore, notable that Koreans have a greater grammatical and lexical capacity to encode the social aspects of Korean culture pragmatically.

Students must be mindful of these cultural differences to achieve their communication goals effectively. For instance, while Korean workplaces emphasize professionalism and social distance, contrasting with the more informal and friendly interactions typical in Spanish culture, students must understand and respect these distinctions. By applying their knowledge of semantics and grammar rules, students should make informed choices to not only convey their messages effectively but also meet their objectives. For example, when requesting a day off for personal reasons, students need to consider the appropriate level of formality, select suitable vocabulary, and use the correct tone and expressions with their supervisor to ensure a successful pragmatic interaction.

4. Didatic Proposal: Teaching Culture in Classroom

After briefly reviewing some of the lexical and semantic differences between Korean and Spanish, this paper will examine how culture impacts learning Korean as a second language for Spanish speakers. The objective is to enhance learners' cultural competence, which is expected to improve their linguistic competence subsequently.

4.1. Methodology

To deepen understanding of Korean culture and improve intercultural competence, a short-term project (4~5 days) has been developed for 20 students from the University of Salamanca, who are pursuing a degree in Oriental Asian Studies focusing on Korean Studies. This project was inspired since the undergraduate curriculum lacks a dedicated cultural studies course; instead, cultural elements are integrated into Korean language classes, depending on teachers' evaluations of how much emphasis to place on cultural content for each lesson in the classroom.

The participating students are in their third year and enrolled in the Korean VI course, which aligns with the intermediate level(B1) of the Common European Framework of Reference for Languages(CEFR). The course uses the English version of Korean Intermediate 1(2009), which includes vocabulary, grammar, and cultural components in each unit. If we analyze a cultural exercise from Unit 2, Weather and Seasons, the cultural section prompts students to explore differences in seasonal experiences between South Korea and their own countries. Students read a text in English about Korean seasonal activities and then compare them with their home countries' seasons and weather patterns, sharing their findings with the class(국립국어원 2009, 46). However, this method may be ineffective if we adhere strictly to the textbook. Based on my classroom experiences, several reasons contribute to this: (1) the tasks are often not challenging enough for intermediate students; (2) they have previously covered topics related to weather and seasons in other academic contexts, making this type of cultural interaction less interesting and appealing to them. As a result, students tend to resort to easier or more comfortable ways to complete the tasks, even when provided with opportunities to practice challenging vocabulary and grammar, they often revert to using memorized structures; (3) some even use their native language or discuss unrelated topics while the teachers do not monitor their interactions. So, from both a linguistic standpoint and a teacher's perspective, this approach does not provide an engaging way to fulfill the classroom task.

To enhance cultural and linguistic learning and increase student engagement, the digital tool Genially was utilized for this project to create an interactive presentation accessible through mobile devices. This approach leverages digital resources to promote active participation and practical involvement providing opportunities for students to develop digital skills. This short-term project requires students to work in pairs to design a series of interactive activities focused on a specific cultural aspect of their interest. The project follows the following steps:

(1) The instructor provides an overview of the instructions and demonstrates an example of the presentation beforehand to guide students.
(2) Students are organized into pairs, who are allowed to use mobile phones, iPads, or tablets during the initial phase to gather information and engage in brainstorming.
(3) During the subsequent classes, each pair will select a topic and conduct in-depth research. This phase emphasizes the collection of relevant information and additional brainstorming, using mainly laptops.
(4) Following this, students will continue their research and start developing their presentations. This process will involve synthesizing their findings and creating

presentation content, including lexical units, dialogue, interactive questions, and authentic online materials. Additionally, students will critically think about the cultural aspect they have chosen as the last task for the conclusion session.

(5) Upon completion, the presentations will be uploaded to Studium, the University's Learning Management System(LMS). The teacher will check the errors before they present the final version.

(6) Pairs will present their work to the class and participate in discussions and activities. This final phase will also involve the use of laptops or mobile phones.

The project will be evaluated based on two main criteria:

(1) Content, including its quality, accuracy, examples, and critical thinking (DigCompEdu, level C1).

(2) Design, covering the use of graphic materials, question variety, interactivity, and dynamism (DigCompEdu, level C1).

The role of the instructor during this project is to guide the students and ensure that the work is conducted cooperatively and mutually.

After each pair presented their projects to obtain qualitative results, a survey was distributed to gather student feedback on the activity. The survey includes an introductory question to understand students' perspectives on studying Korean. It is followed by 13 questions about using Genially as a digital tool, 3 questions regarding cultural content rated on a scale from 1(strongly disagree) to 5(strongly agree), and a few open-ended questions to capture their experiences. Additionally, observations made by the instructor during classes were supplemented with voluntary interview-style questions to explore students' personal experiences throughout their years of studying Korean Studies.

5. Results and Disscussion

One of the advantages of this project is that it can be conducted collaboratively by two or more students, either through role-playing scenarios or group projects, enabling learners to utilize new technologies. Collaborative work with peers fosters the development of strong relationships within the classroom(Dörnyei 2001). When students engage in group activities and interact with their peers, it promotes a sense of camaraderie, cooperation, and mutual support. The process of working together towards a common goal creates opportunities for communication, teamwork, and the exchange of ideas. These positive interactions contribute to a more inclusive and harmonious classroom environment, enhancing the overall learning experience for students.

Furthermore, this not only aids in developing digital competencies but also cultivates a practical understanding of contemporary technological tools, which are essential in the modern era. Consequently, collaborative work occurs using technological resources, encouraging students to engage with digital technologies and enabling them to utilize these tools for communication and collaboration.

When observing students doing the presentation, they were offered the opportunity to gain insights into Korean culture through translation, as emphasized by Ito and Hilliker(2019). Through translation, students are not only tasked with transferring meanings between languages but also with understanding the cultural nuances of the target language. This requires them to search for the most appropriate terms within their own cultural context to produce refined works. Thus, translation exercises can serve as a stimulating pathway for exploring Korean culture, prompting students to reconsider and deepen their understanding of their own culture. Furthermore, Beaven and Alvarez(2004) also support the notion that translation involves not only the transfer of meaning but also the transfer of culture. This process enables learners to engage with both different and similar aspects of the target culture, including values, principles, and concepts(Vinall & Hellmich 2022, 10). This aspect of cultural exchange and internationalization contributes significantly to the development of students, better preparing them to adapt as responsible global citizens in today's interconnected world(Crose 2011).

According to the survey results, learners selected their topics based on personal preferences, finding the similarities between Spanish and Korean culture interesting, as well as recognizing the practicality of understanding the culture to better adapt to Korean society and communicate effectively with Koreans.

In their self-assessments, students rated themselves as follows: (1) for improvement in linguistic competence, they scored 3.8 points; (2) for enhancement of their lexical repertoire, they scored 4.3 points; (3) and for excelling in creativity through the Genially activity, they scored 3.8 points.

Regarding culture learning, the survey results are as follows:

(1) For Question 1, which asks if the Genially activity helped students learn
    more about Korean culture, the average response was 4.7 out of 5 points.
    This indicates strong agreement that the activity significantly enhanced their
    understanding of Korean culture.

(2) For Question 2, which inquires the importance of learning Korean culture in
    the language acquisition process, all students unanimously rated it 5 points.
    This reflects a consensus on the critical role of cultural knowledge in learning
    the language.

(3) For Question 3, which asks if sufficient time and content are dedicated to
    Korean culture in Korean classes, the average response was 3.2 points. This
    suggests that students feel that additional time and specialized content on
    Korean culture would be beneficial.

Additionally, students were asked to select three out of twelve adjectives that
best describe studying Korean. The most frequently chosen words were difficult,
engaging, and fascinating, reflecting both the challenges and interest in their studies.
In contrast, some responses included tedious and traditional. These words contrast
with responses to the last survey question, which asked for a single word to describe
the project-based task. Students used terms such as fun, creative, innovative, and
new, indicating a positive reception of the activity itself.

Another consequence of this activity is that special emphasis has been placed on
affective variables to reduce language shock and alleviate feelings of embarrassment
and self-consciousness when communicating in Korean. Schumann(1986) describes
cultural shock as the anxiety and disorientation experienced when entering a new
culture. The project aims to minimize stress, anxiety, and fear by fostering critical
thinking, helping students recognize cultural differences and the necessity for various
coping and problem-solving strategies. Motivation, which can be categorized into
integrative and instrumental types, is also a crucial factor. Students in this program
typically display high motivation, driven by a strong desire to integrate into the TL
community and achieve recognition for their language skills. Many students aspire to
study or work in Korea, underscoring the significance of both types of motivation. As
Schumann notes, overcoming both language and cultural shock while maintaining
adequate and appropriate motivation is essential for successful second language
acquisition(SLA)(Schumann 1986, 382–384). Although measuring psychological
factors is complex, acculturation is a dynamic process that evolves over time and

necessitates careful and thorough examination(Schumann 1986, 389).

Overall, using technology resources, this short-term project met the objectives of recognizing the differences and similarities between Spanish and Korean culture and learning about the Korean language. Additionally, it provides opportunities for students to manage factors influencing foreign language acquisition and highlights areas for further enhancement in cultural education within the language curriculum.

6. Conclusion

In conclusion, today, learning about Korean culture is as crucial as mastering the language itself. This short-term project has highlighted the need to allocate time to cultural education, as it significantly motivates Spanish students.

As highlighted by Inchaurralde Besga's research, culture and language are deeply intertwined and mutually influential. Recognizing this bidirectional relationship is essential in the classroom, as the lexicon and grammar of a language shape different communicative practices. Emphasizing pragmatic skills and cultural context is crucial for achieving effective communication and ensuring that speakers successfully reach their intended goals. Furthermore, Schumann illustrates that motivation plays a critical role in language acquisition. This didactic proposal demonstrates that culture should not be treated merely as informational content but should be integrated into interactive activities and research that encourage critical thinking about cultural differences and similarities.

The relationship between language and culture is inherently intertwined; language can be viewed as a component of culture, while culture is expressed through language. Consequently, incorporating culture into language instruction is crucial. While native speakers naturally acquire both language and culture from an early age, foreign language learners do not. Therefore, emphasizing cultural instruction is essential for fostering effective and successful communication and understanding.

Bibliography

Dörnyei, Z. 2001. *Motivational Strategies in the Language Classroom*. Cambridge: Cambridge University Press.

Geertz, C. 1987. *La Interpretación de las Culturas*. Barcelona: Gedisa.

Grice, P. 1975. "Logic and Conversation." *Syntax and Semantics*. 3. edited by P. Cole and J. Morgan. pp. 41–58.

Hepler, Ryan. 2023. "Claude Levi-Strauss: Biography & Structuralism." *Study*. Retrieved from https://study.com/academy/lesson/structuralism-and-the-works-of-levi-strauss.html#:~:text=Structuralism%20is%20an%20approach%20used,structures%20of%20the%20human%20mind.

Hofstede, Geert. 1980. *Culture's Consequences: International Differences in Work-Related Values*. Beverly Hills: Sage.

Hofstede, G. 1984. "National Cultures and Corporate Cultures." *Communication Between Cultures*. edited by L. A. Samovar and R. E. Porter. Belmont: Wadsworth.

Hofstede, G. 1991. *Cultures and Organizations*. London: Harper Collins Business.

Ito, K. & S. M. Hilliker. 2019. "Acquisition of Japanese through Translation." *Rethinking Directions in Language Learning and Teaching at University Level*. edited by B. Loranc-Paszylk. pp. 53–74. Research-publishing.net.. https://doi.org/10.14705/rpnet.2019.31.891.

Inchaurralde Besga & C. 2000. "Cultura e Interacción Lingüística." *Revista Española de Lingüística Aplicada*. 14. pp. 181–196.

J. Holmes. 2001. "Sociolinguistics." *International Encyclopedia of the Social & Behavioral Sciences*. Oxford: Pergamon.

Leech, G. N. 1983. *Principles of Pragmatics*. London: Longman.

Lévi-Strauss, C. 1963. *Structural Anthropology*. New York: Basic Books.

Lucy, J. A. 1997. "Linguistic Relativity." *Annual Review of Anthropology*. 26. pp. 291–312.

MannJanbazam. 2020. "Structuralism." *Slideshare*. Retrieved from https://es.slideshare.net/slideshow/structuralism-239337842/239337842.

Nye, Joseph S. 2004. *Soft Power: The Means to Success in World Politics*. New York: Public Affairs.

Panizo Rodríguez. J. "Sabiduría Popular: Refranes y Otras Expresiones Coloquiales." Miguel de Cervantes Virtual Library. Retrieved from https://www.cervantesvirtual.com/obra-visor/sabiduria-popular-refranes-y-otras-expresiones-coloquiales/html/.

Christine, R. 2017. European Framework for the Digital Competence of Educators: DigCompEdu. Luxembourg: Publications Office of the European Union. https://doi.org/10.2760/159770.

Rodríguez Abella, R. M. 2004. "El Componente Cultural en la Enseñanza/Aprendizaje de Lenguas Extranjeras." La Memoria Delle Lingue. edited by D. A. Cusato, L. Frattale, G. Morelli, P. Taravacci & B. Tejerina. vol. 2. Salamanca: Associazione Ispanisti Italiani. pp. 241–250.

Schumann, J. H. 1986. "Research on the Acculturation Model for Second Language Acquisition." *Journal of Multilingual and Multicultural Development*. 7(5). pp. 379–392.

Sun, L. 2013. "Culture Teaching in Foreign Language Teaching." *Theory and Practice in Language Studies*. 3. pp. 371–375.

Tylor, E. B. 1871. *Primitive Culture*. London: Murray.

United Language Group. "Communicating: High Context vs. Low Context Cultures." Retrieved from https://www.unitedlanguagegroup.com/learn/communicating-high-context-vs-low-context-cultures.

Wong, K. Y. 2011. "The System of Honorifics in the Korean Language." Outstanding Academic Papers by Students(OAPS). Retrieved from City University of Hong Kong, CityU Institutional Repository.

국립국어원. 2009. **중급 한국어 1 영어판**. 한림출판사.

제4장

외국인 학습자의 한국 문화 인식과 스테레오 타입
– 프랑스 내 한국어 학습자를 대상으로

원혜원

프랑스 리옹 3 대학교
Université Jean Moulin Lyon 3

1. 들어가며

대학에 입학하는 한국어 학습자들 중 다수는 취미와 관심사에 따라 어느 정도 한국 문화와 언어를 경험한 학생들이다. 이러한 현상의 배경에는 한류 콘텐츠를 OTT 플랫폼을 통해 쉽게 접할 수 있는 환경적 변화가 있다. 최근 몇 년 사이 한류 콘텐츠의 글로벌한 확산은 한국 문화와 언어에 대한 관심을 크게 높였으며, 이는 한국어 교육의 수요 증가로 이어졌다. 그러나 한류 콘텐츠가 한국 문화를 그대로 투영한다고 볼 수는 없다. 드라마, 영화, 케이팝 등의 콘텐츠는 때때로 과장되거나 특정한 측면만을 강조하는 경향이 있어, 실제 한국 문화와는 다른 인식을 심어줄 수 있다. 이러한 문화적 고정 관념은 한국어 학습자들이 한국 문화를 이해하는 데 오해를 불러일으킬 수 있으며, 이는 교육적으로 해결해야 할 중요한 과제가 된다.

본 연구는 이러한 배경을 바탕으로 한류 콘텐츠가 외국인 학습자의 한국 문화 인식에 미치는 영향을 분석하고, 한국어 교육에서 이러한 스테레오 타입을 어떻게 다루어야 할지 모색하는 것을 목적으로 한다. 연구를 통해 한류 콘텐츠가 실제 한국 문화와 어떻게 다른지, 그리고 이러한 차이가 한국어 교육에 어떤 영향을 미치는지를 밝히고자 한다. 외집단에 대한 고정 관념을 의미하는 스테레오 타입은, 학습자의 제2언어 학습에 영향을 주는 요소 중 하나이다. 스테레오 타입은 목표 문화에 대한 감정 이입의 발달을 막고, 문화 이해에 장벽이 될 수 있으며, 제2언어 학습 시 이문화(異文化) 인식에도 이용되기 때문에 제2언어 학습에서 스테레오 타입을 파악하고 해소하는 것은 한국어 및 한국 문화를 교육하는 데 있어 중요하다(이효영, 2016; 이은희, 2018).

이와 같은 인식 아래 본 연구는 '외국인 학습자의 한국 문화 인식 과정에서 한류 콘텐츠는 어떤 영향을 미치는가?', '한류 콘텐츠를 통해 형성된 스테레오 타입은 어떤 것들이며, 이것은 한국어 교육에 어떤 영향을 미치는가?'에 대한 질문에 답하기 위해 프랑스 학습자들을 대상으로 설문 조사를 실시했다. 본 연구는 프랑스 대학의 한국어학 전공생들을 연구 대상으로 삼는다는 점에서 기존 연구들과 차이점을 가진다. 이 연구를 통해 한류 콘텐츠가 한국 문화 인식에 미치는 영향을 파악함으로써 한국어 교육에서 좀 더 정확한 문화 이해를 촉진하는 방법론을 개발하는 데 중요한 기여를 할 것으로 기대하며, 나아가 도출된 스테레오 타입에 근거하여 대학에서 진행하는 한국 사회와 문화 수업의 커리큘럼을 제시하고자 한다.

2. 선행 연구

스테레오 타입(stereotype)은 사회 심리학에서 특정 민족에 대한 편견을 바탕으로 해당 민족 구성원을 판단하는 개념으로 자리 잡았다. Lippman(1922)에 의해 최초로 소개된 이 개념은 "우리 머릿속에 존재하는 지나치게 단순화된 세상의 이미지"로 설명되었다. 이후 다양한 학자가 스테레오 타입을 정의하고 접근하는 방식에는 약간의 차이가 있었으나, 이 개념은 점차 민족 집단뿐만 아니라 모든 종류의 인간 집단에 대한 일반화된 개념으로 이해되었다. 이러한 일반화는 집단과 그 구성원에 대한 예측과 이해를 시도하는 데 주로 활용되었으며, 초기의 연구는 스테레오 타입의 부정적인 영향과 그 폐해를 규명하는 데 집중했다. 그러나 최근 연구 동향에서는 스테레오 타입을 활용해 개인과 타인, 그리고 집단과 그 구성원 간의 관계를 분석하고 이해하는 데 초점을 맞추고 있다(Lippman, 1922).

제2언어 학습 연구 분야에서도 스테레오 타입이 어떻게 인식되어 왔는지에 대한 논의가 이어져 왔다. 제2언어 학습 분야에서 스테레오 타입을 중점적으로 다룬 연구는 상대적으로 적지만, 문화적 능력을 강조하는 학자들은 스테레오 타입을 중요한 요소로 인식했다. 예를 들어, Valdes(1986)는 제2언어 학습자들이 자신의 배경과 동족의 문화를 표준으로 삼고, 이를 바탕으로 자신이 속하지 않은 문화를 때로는 낯선 행동으로 가득 찬 세계로 인식한다고 설명했다. 이는 자신이 속한 문화의 틀을 기준으로 다른 문화를 판단하기 때문에 발생하는 현상으로 볼 수 있다. 이와 유사하게 Omaggio(1993)는 학습자들이 목표 문화의 행동 양식을 자신의 문화적 틀에서 해석하고 판단하려 한다고 지적하며, 목표 문화의 행동이 예상과 다를 때 이에 부정적으로 반응하거나 이상하게 받아들이는 경향이 있다고 분석했다. 동시에 그는 학습자들이 자신의 반응, 사고, 그리고 감정이 문화적 틀에 얽매여 있다는 사실을 인식하지 못한다는 점도 강조했다.

이러한 관점은 Rees(2002)의 연구에서도 확인된다. 그는 제2언어 학습 과정에서 학습자가 낯선 문화를 접하게 되며, 이때 스테레오 타입을 통해 이문화를 이해하려는 경향을 보인다고 주장했다. 더 나아가 Rees는 스테레오 타입에서 벗어나야 함을 강조하면서, 학습자가 문화적으로 편안함을 느끼는 한계 영역을 넘어설 때 진정한 목표 문화에 대한 이해와 새로운 관점을 얻을 수 있다고 역설했다. 스테레오 타입에 머물게 되면 고정된 사고방식에서 벗어나지 못하지만, 이를 극복하고 한계를 넘어서면 목표 문화에 대한 진정한 통찰을 얻을 수 있다는 것이다. 따라서 스테레오 타입은 제2언어 학습과 문화적 이해에서 중요한 개념으로 작용하며, 이를 넘어서려는 노력이 진정한 문화적 이해의 길을 여는 핵심이 된다.

한국어 교육에서 한국어 학습자의 스테레오 타입에 주목한 연구는 많지 않은데, 황주희(2007), 최수근(2010), 오정배(2012), 이은희(2018), 이현주(2021) 정도이다.

<표 1> 아시아권 한국어 학습자의 스테레오 타입

출현 빈도 순서	중국인 학습자 황주희(2007)	일본인 대학생 오정배(2012)	중국인 학부생 이은희(2018)	대만 학습자 이현주(2021)
1	남성 중심적이다	매운 것을 좋아한다	외모 중시	외모를 중시한다
2	종교적이다	다정, 친절, 소탈하다	뛰어난 외모	성격이 친절하다
3	예의 바르다	정열적, 적극적	과음	성격이 급하다
4	거만하다	예의바르다, 상하 관계 엄격	예의 중시	스트레스가 많다
5	쾌락을 추구한다	공부를 열심히 한다, 노력가	김치 선호	단결한다
6	고집이 세다	애국심이 강하다, 단결력	급한 성격	강하다

　국내 한국어 교육 기관에서 한국어를 학습하는 중국인 학습자 대상의 스테레오 타입 연구는 황주희(2007)를 통해 처음 체계적으로 분석됐다. 이 연구에서는 중국인 학습자들이 한국인에 대해 대체로 부정적인 인식을 가지고 있으며, 특히 한국인의 성격이나 감정보다는 가치관에 대한 스테레오 타입이 더 강하게 나타난 결과를 제시했다. 해당 연구는 중국인 학습자의 스테레오 타입을 분석한 점에서 의의가 있으나, 그 원인과 인과 관계를 규명하거나 이를 교육 방안으로 연계하지 못했다는 한계를 가지고 있다.

　스테레오 타입 연구의 또 다른 측면인 메타 스테레오 타입에 대한 연구는 최수근(2010)에 의해 이루어졌다. 메타 스테레오 타입은 외집단이 내집단을 어떻게 인식하는지를 의미하는 개념으로, 최수근의 연구에서는 중국인 학습자가 한국과 한국 사회를 어떻게 인식하는지를 밝히는 데 주목했다. 연구 결과, 중국인 한국어 학습자의 메타 스테레오 타입은 대체로 부정적인 것으로 나타났으며, 이를 형용사 목록을 통해 분석했다. 이 연구는 메타 스테레오 타입에 초점을 맞췄지만, 분석 도구의 다양성 측면에서 보완이 필요해 보인다.

　이후 스테레오 타입 연구는 한국어 학습자의 긍정적 인식에 대한 조사로 확대됐다. 오정배(2012)는 일본 대학의 한국어 학습자와 비학습자를 대상으로 한국 및 한국인에 대한 이미지를 조사했는데, 한국어 학습자 그룹에서 대체로 긍정적인 반응을 보였으며, 한국에 대한 관심도도 큰 것으로 나타났다. 다만 이 연구는 한국인 교사의 수업 시간에 조사가 진행되어 표본에 편향성이 존재한다는 한계를 지닌다.

　한국어 학습자의 스테레오 타입을 좀 더 구체적으로 분석한 이은희(2018)의 연구는 국내 중국인 학부 유학생을 대상으로 했으며, 외모, 음식, 태도, 성격, 생활과 취미 등으로 나누어 분석했다. 이를 토대로 한국 문화 교육 내용을 제시하는 데까지 나아갔으나, 교육 원리와 교육 선정 기준을 제시하는 데 그쳤다는 점에서 연구의 실천적 적용에 한계가 있다.

　비교적 최근 연구인 이현주(2021)는 대만 내 한국어 학습자를 대상으로 한 설문 조사와 발표 수업을 통해 한국, 한국 문화, 그리고 한국인에 대한 스테레오 타입을 분석했다. 그 결과 음식, 한국 문화, 대중 문화, 외모, 날씨에 대한 스테레오 타입이 빈번하게 나타났으며, 이러한 스테레오 타입은 한국 대중 매체와 여행, 간접 경험을 통해 형성된 것이라고 밝혔다. 이 연구는 한국 문화 교육의 목표, 방향, 교육 단계를 제시함으로써 학습 현장에 적용 가능성을 제시했다.

　한국어 학습자의 스테레오 타입 연구 결과를 종합해 보면, 초기에 진행된 황주희(2007)의 연구에서는 부정적인 스테레오 타입이 두드러졌으나, 약 10년 후에 진행된 이은희(2018)와 이현주(2021)의 연구에서는 긍정적이거나 가치 중립적인 인식이 부각됐다. 또한, 오정배(2012)의 연구에서는 한국어 학습자 그룹에서 대체로 긍정적인 인식을 보였다. 이는 시간이 지남에 따라 한국어 학습자들이 한국과 한국인에 대해 긍정적이고 다양한 관점을 형성해 가고 있음을 시사한다.

3. 조사 대상 및 연구 방법

3.1. 조사 대상 및 기본 정보

본 연구는 프랑스 2개 대학의 응용 외국어 영어-한국어 학과 학사 및 석사 전공생 및 한국어 부전공 과목을 수강하고 있는 학생들을 대상으로 했다. 응답자는 총 99명으로 응답자의 정보는 〈표 2〉와 같다.

〈표 2〉 응답자 정보(학년/성별/과정)

학년	응답자 수		성별	응답자 수		과정	응답자 수
학사1	35		여자	35		응용 외국어 한국어 과정	70
학사2	28		남자	28		3개국어 한국어 과정	14
학사3	23					기타 한국어 과정	4
석사1	9					기타	11
석사2	4					석사2	4

3.2. 조사 방법

본 연구는 연구자의 영향을 최소화하고 폭넓은 내용을 수집하기 위해 예상되는 내용을 미리 규정하여 질문지에 제시하지 않고, 피험자들에게 자유 기술 방식으로 응답하게 하였다. 설문 조사는 2024년 3월 27일에서 2024년 5월 28일까지 진행했다.

설문지는 크게 한국어 학습 동기와 한국과 관련한 관심 주제를 묻는 내용, 한국에 대한 스테레오 타입을 묻는 질문으로 구성됐다. 관심 주제를 묻는 항목들은 다양한 주제를 먼저 제시하고 5점 리커트 척도를 사용해 답하도록 했다. 스테레오 타입을 묻는 항목에서는 "한국은/한국인은/한국 문화는 ________________." 형식의 문장을 제시하고, 관련된 이미지나 생각을 떠오르는 대로 자유롭게 기술하도록 했다. 문항을 작성할 때는 한국어 사용을 권장했으나 표현이 어렵다면 프랑스어를 사용해도 무방하다고 안내했다. 응답자들은 대체로 프랑스어로 기술했으며 일부 응답자는 한국어로 작성했다. 피험자들이 자유 기술 방식으로 작성한 항목 중 분류 대상이 되기 어려운 항목(의도를 파악할 수 없거나 장난 식 답변 등)을 제외하고 총 540개의 항목을 선정했다. 총 3회 이하 출현 항목은 제외하고, 67개 항목을 대상으로 내용의 유사성을 기준하여 연구자가 먼저 범주를 설정했다.

4. 연구 결과

4.1. 관심 있는 주제 조사

가장 먼저, 한국에 대한 다양한 주제에 응답자들이 얼마나 관심을 가지고 있는지를 평가하기 위한 설문 문항에서, 각 주제에 대해 '매우 그렇다(5점)'라고 대답한 응답자 수를 집계했다.

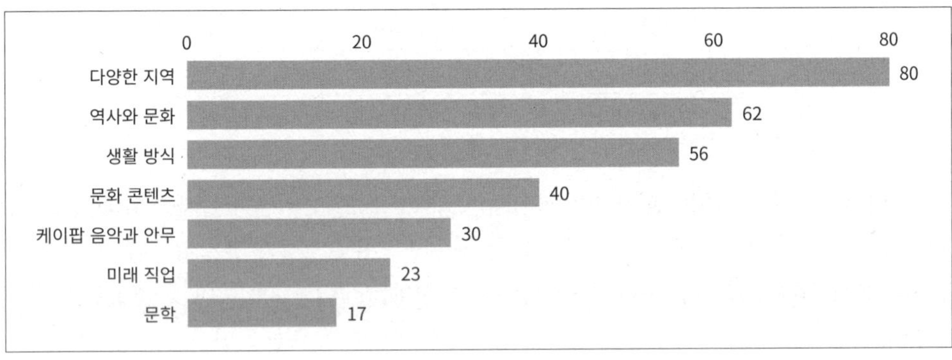

〈그림 1〉 한국과 관련해 관심 있는 주제

　설문 결과 '다양한 지역'에 관심을 보인 응답자가 가장 많았으며, 총 80명이 이 주제에 관심을 보였다. 다음으로 많은 응답자가 관심을 보인 주제는 '역사와 문화' 62명이었다. '생활 방식'에는 56명의 응답자가, '문화 콘텐츠'에는 40명의 응답자가 답해 드라마, 영화, 게임과 같은 한국의 다양한 문화 콘텐츠에 대한 참가자들의 관심을 알 수 있었다.

　'케이팝 음악과 안무'에 대해 관심을 보인 응답자는 30명으로 비교적 낮은 수준이었고, '미래에 한국에서 일하고 싶습니까?'(미래 직업)에 대해서는 23명의 응답자가, 마지막으로 '문학'에 대해 관심을 보인 응답자는 17명으로, 가장 적은 수의 응답자가 이 주제에 관심을 가진 것으로 나타났다.

　이와 같은 결과를 통해 한국의 지리적 특성과 역사, 문화에 대한 참가자들의 관심이 매우 큰 것을 알 수 있으며, 반면에 문학이나 특정 대중문화 요소에 대해서는 상대적으로 낮은 관심을 가지고 있음을 확인했다. 이 결과는 차후 문화 수업 내용을 제안하는 과정에서 참고할 계획이다.

4.2. 스테레오 타입 조사

한국에 대한 스테레오 타입 조사 결과 주제어 없이 묘사하는 언어로만 표현된 '종합 의견'을 제외하고는 문화에 대한 출현 빈도가 가장 높았다. 그 뒤로는 경치, 음식, 사회, 역사, 장소 및 지역 순으로 집계됐다. 한국인에 대한 스테레오 타입에서 빈도수가 가장 높은 대답은 성격이었고, 다음으로는 태도, 생활, 외형, 비교 순으로 집계됐다. 한국 문화에 대한 의견은 마찬가지로 '종합 의견'을 제외하고 대중문화, 전통문화, 생활 문화, 지역 문화 순으로 빈도수가 높았다. 카테고리별 출현 빈도 순위는 〈표 3〉과 같다.

<표 3> 한국/한국인/한국 문화에 대한 스테레오 타입 출현 빈도

출현 빈도	한국은?	한국인은?	한국 문화는?
	종합 의견		종합 의견
1	문화	성격	대중문화
2	경치	태도	전통문화
3	음식	생활	생활 문화
4	사회	외형	지역 문화
5	역사	비교	
6	장소/지역		

스테레오 타입을 주제로 한 가장 최근 연구인 이현주(2021)의 대만 학습자들을 대상으로 한 연구와 비교할 때, 한국 문화에서 대중 문화가 높은 빈도수를 보이는 점은 유사하지만 나머지는 대부분 일치하지 않는다. 이는 연구 대상지가 아시아를 벗어난 지역이며, 한국 문화가 비교적 최근에 유입된 국가라는 점에서 비롯된 결과라고 예측한다. 또한 응답자의 경험에서 온 의견이 아닌 문화 콘텐츠나 인터넷 등에서 얻은 간접 경험을 통한 응답이라는 점에서도 아시아권 학습자의 스테레오 타입과는 다른 빈도수를 보이는 데 영향이 있을 것이다.

4.2.1. 한국에 대한 스테레오 타입 조사 결과

가장 먼저, 응답자들이 한국에 대해 가지고 있는 스테레오 타입은 전반적으로 긍정적인 측면이 두드러지며, 특정 주제에 따라 다양한 의견이 나타났다.

<표 4> 한국에 대한 스테레오 타입 범주별 기술 항목

순서	구분	빈도수	내용
	종합 의견	66	아름답다(11), 발전했다(11), 다르다(4), 평화롭다(3), 흥미롭다(3), 현대적이다(2), 전통적이다(2), 현대적이면서 전통적이다(2), 작다(2), 기타
1	문화	47	문화 콘텐츠(13), 풍요롭다(7), 발전했다(4), 흥미롭다(3), 국제적이다(3), 소프트 파워(3), 기타
2	경치	25	아름답다(12), 다양하다(3), 다르다(3), 산(3), 벚꽃(2), 바다(1), 더 구경하고 싶다(1)
3	음식	21	맛있다(10), 김치(3), 중요하다(2), 불고기(2), 기타(떡볶이, 순대국밥 등)
4	사회	19	스트레스(3), 분쟁(3), 교육 시스템(2), 경쟁이 심하다(1), 안전하다(1), 편하다(1), 현대적이다(1), 기타
5	역사	17	풍요롭다(7), 흥미롭다(3), 슬프다(2), 인상적이다(1), 분단(1), 전설(1), 주변 국가와 관련(1), 다르다(1)
6	장소/지역	9	서울(3), 제주도(1), 볼거리가 많다(1), 카페가 많다(1), 전통적인 장소(1), 여행하고 싶다(1), 남산타워(1)

우선, 종합 의견에서는 66명의 응답자가 한국을 묘사하는 다양한 키워드를 제시했는데, '아름답다'와 '발전했다'는 각각 11명으로 가장 많이 언급된 키워드로 나타났다. 이는 응답자들이 한국을 긍정적이고 현대적인 국가로 인식하고 있음을 시사한다. 또한 '다르다', '평화롭다', '흥미롭다' 등 한국에 대한 다양한 인식을 엿볼 수 있었다.

총 47명의 응답자가 문화에 대해 언급했는데, 이들 중 다수는 한국의 문화 콘텐츠에 긍정적인 평가를 내렸다(13명). 각각 7명과 4명의 응답자가 '풍요롭다', '발전했다'라고 언급하였으며, 이는 한국의 대중문화, 특히 케이팝, 드라마 등 소프트 파워가 글로벌한 영향력을 미치고 있음을 보여 준다.

경치와 관련해서는 25명의 응답자가 한국의 자연 경관에 대해 의견을 제시했다. 12명으로 가장 많이 언급된 '아름답다', 그리고 '다양하다', '다르다' 등의 표현이 뒤를 이었다. 음식 부문에서는 21명의 응답자 중 10명의 응답자가 '맛있다'라는 표현을 사용했고, '김치', '중요하다' 등의 표현이 그 뒤를 이었다. 이는 한국 음식, 특히 김치와 같은 전통 음식이 외국인들에게 긍정적으로 인식되고 있음을 나타낸다.

사회에 대한 인식은 19명의 응답자들이 다양한 키워드를 제시했다. 이 중 '스트레스'와 '분쟁'이 각각 3회씩 언급되어, 한국 사회의 갈등이나 경쟁적인 측면이 부각되었다. 반면 '교육 시스템', '안전하다', '편하다' 등 긍정적인 평가도 동시에 존재하여, 한국 사회에 대한 다층적인 인식이 존재함을 보여 준다.

마지막으로, 역사와 장소 및 지역에 대한 인식은 각각 17명과 9명의 응답자가 참여했다. 역사에 대해서는 '풍요롭다'(7명), '흥미롭다'(3명) 등의 표현이 사용되었으며, 장소/지역에 대해서는 '서울', '제주도'와 같은 특정 지역이 언급되었다. 이는 한국의 역사와 특정 지역이 응답자들에게 매력적인 요소로 인식되고 있음을 시사한다.

이상 한국에 대한 스테레오 타입이 주제별 다양한 형태로 나타나고 있음을 알 수 있으며, 특히 문화, 경치, 음식 등의 주제에서 긍정적인 평가가 우세함을 확인할 수 있었다. 이러한 결과는 한국의 문화적 소프트 파워가 긍정적인 스테레오 타입 형성에 기여하고 있음을 시사한다.

4.2.2. 한국인에 대한 스테레오 타입 조사 결과

한국인에 대한 스테레오 타입을 분석하기 위해 응답자들의 의견을 주제별로 수집하고 이를 정리하였다. 설문 조사 결과, 응답자들이 한국인의 성격, 태도, 생활, 외형, 비교 측면에서 다양한 인식을 가지고 있음을 확인할 수 있었다.

먼저, 한국인의 성격에 대한 응답은 총 88건으로 가장 많은 의견이 수집되었다. 주요한 긍정적인 인식으로는 '친절하다'는 응답이 22건으로 가장 많았으며, '소심하다'(7건), '예의 바르다'(7건), '사랑스럽다'(4건) 등이 뒤를 이었다. 반면, 부정적인 인식으로는 '엄격하다', '심각하다', '차갑다', '폐쇄적이다' 등의 의견이 있었다. 이는 한국인의 성격에 대해 긍정적이면서도 다소 복합적인 인식이 공존하고 있음을 시사한다.

태도에 관한 응답은 총 31건으로, 가장 많이 언급된 내용은 '외모를 중시한다'(7건)와 '윗사

〈표 5〉 한국인에 대한 스테레오 타입 범주별 기술 항목

순서	구분	빈도수	내용
1	성격	88	친절하다(22), 소심하다(7), 예의 바르다(7), 사랑스럽다(4), 개방적이다(3), 보수적이다(4), 성실하다(3), 착하다(3), 호기심이 많다(3), 똑똑하다(2), 성취욕이 강하다(2), 애국심이 강하다(2), 어렵다(2) 기타(긍정): 교양 있다, 내성적이다, 너그럽다, 능력이 많다, 사려 깊다, 정이 많다, 차분하다, 부지런하다 등 기타(중립 및 부정): 엄격하다, 심각하다, 차갑다, 천박하다, 폐쇄적이다, 표현을 안 한다
2	태도	31	외모를 중시한다(7), 윗사람을 공경한다(5), 개인주의(2), 여성 혐오(2), 외국인 혐오(2), 건강을 챙긴다(2) 기타(긍정): 가족을 생각한다, 역사에 자부심이 있다, 이타주의 기타(중립 및 부정): 길에 침을 뱉는다, 단체 행동을 많이 한다, 명품을 좋아한다, 사과/인사를 안 한다, 인종 차별주의자, 정치적이다
3	생활	29	일을 많이 한다(13), 술을 많이 마신다(5), 노는 것을 좋아한다(2), 외모를 가꾼다(2) 매운 것을 좋아한다, 성형수술을 많이 한다, 스트레스가 많다, 운동을 많이 한다, 음식을 좋아한다, 음악을 잘한다, 전자 기기를 좋아한다, 휴대폰 중독
4	외형	6	옷을 잘 입는다(2), 작다(1), 피부가 하얗다(1), 예쁘다(1), 귀엽다(1)
5	비교	4	다르다(3), 좋은 사람들이다

람을 공경한다'(5건)였으며, 이는 한국 사회에서 중시되는 다양한 가치에 대해 인식하고 있음을 보여 준다. 또한, '개인주의', '여성 혐오', '외국인 혐오' 등의 부정적인 응답도 일부 나타났다. 이와 관련해서는 소셜 미디어를 통해 이러한 이미지를 얻게 되었다는 구체적인 내용도 함께 있었던 점을 고려할 때 일부 사례가 스테레오 타입으로 굳어진 경우라고 볼 수 있다.

한국인의 생활에 대한 응답은 총 29건으로, 그중 '일을 많이 한다'(13건)는 응답이 두드러졌으며 이는 한국인들이 매우 근면하다는 인식을 반영한다. 이외에도 '술을 많이 마신다'(5건), '매운 것을 좋아한다', '스트레스가 많다' 등의 응답이 있었다.

외형에 대해서는 '옷을 잘 입는다'(2건), '피부가 하얗다'(1건), '귀엽다'(1건) 등 긍정적인 의견이 많았다. 비교 항목에서는 4건의 응답이 있었으며, '다르다'(3건)와 '좋은 사람들이다'라는 응답이 포함되었다. 이는 한국인에 대해 비교적 긍정적이고 차별화된 인식을 가지고 있음을 시사한다.

종합적으로 한국인에 대한 외국인의 스테레오 타입은 성격과 태도 면에서는 긍정적 평가가 우세한 반면, 생활과 태도에서는 부정적 인식도 함께 존재함을 확인할 수 있었다.

4.2.3. 한국 문화에 대한 스테레오 타입 조사 결과

한국 문화에 대한 스테레오 타입을 분석하기 위한 설문 조사 결과, 응답자들이 한국 문화에 대해 가지고 있는 인식은 종합적으로 풍요롭고 흥미로운 것으로 나타났으며, 대중문화, 전통문화, 생활 문화, 지역 문화 등의 측면에서 다양한 평가가 이루어졌다.

〈표 6〉 한국 문화에 대한 스테레오 타입 범주별 기술 항목

순서	구분	빈도수	내용
	종합 의견	61	풍요롭다(14), 흥미롭다(10), 다르다(7), 다양하다(5), 아름답다(3), 재미있다(3), 전통과 현대의 조화(3) 기타(긍정): 영향을 미친다, 인기가 많다, 확장한다 기타(중립 및 부정): 대조적이다, 보수적이다, 신기하다, 갈등이 많다, 특이하다
1	대중문화	53	케이팝(14), 음악(8), 드라마(9), 영화(6), 한류(5), 문학(3)-인기가 많다, 국제적이다, 이목을 끈다, 스포츠, 패션, 트로트, 뷰티, 댄스
2	전통문화	31	한복(9), 사찰(6), 한옥(마을)(4), 문화재(2), 명절(3), 고성(2), 샤머니즘, 유교사상, 판소리, 불교
3	생활 문화	19	음식(19)-불고기(2), 비빔밥(2), 맛있다(2), 다채롭다(2), 불닭볶음면(1), 기타
4	지역 문화	2	서울(1), 제주도(1)

먼저, 종합적인 의견으로는 총 61건의 응답이 수집되었으며, 그중 '풍요롭다'는 응답이 14건으로 가장 많았다. 이어서 '흥미롭다'(10건), '다르다'(7건), '다양하다'(5건) 등의 긍정적인 인식이 주를 이루었다. 이와 함께 '영향을 미친다', '인기가 많다', '확장한다'는 응답도 나타나 한국 문화의 세계적인 영향력에 대한 평가가 포함되었다. 반면, '대조적이다', '보수적이다', '갈등이 많다' 등의 부정적인 의견도 일부 존재했다.

대중문화에 대한 응답은 총 53건으로, 이 중 '케이팝'에 대한 언급이 14건으로 가장 많았다. 또한 '음악'(8건), '드라마'(9건), '영화'(6건) 등이 뒤를 이었으며, 한류를 중심으로 한 대중문화가 세계적으로 큰 인기를 끌고 있다는 평가가 주를 이루었다.

전통문화와 관련해서는 31건의 응답이 있었으며, '한복'(9건)과 '사찰'(6건), '한옥'(4건) 등이 주요하게 언급됐다. 이는 한국의 전통적인 요소들이 여전히 중요한 문화적 상징으로 인식되고 있음을 보여 준다. 이와 함께, '문화재', '명절', '고성', '샤머니즘' 등의 다양한 전통문화 요소들이 언급됐다.

생활 문화에 대한 응답에서는 총 19건이 수집되었으며, 그중 '음식'에 대한 언급이 가장 많았다(19건). 특히 '불고기', '비빔밥' 등의 음식이 자주 언급됐으며, 한국 음식이 긍정적으로 인식되고 있음을 알 수 있다.

마지막으로, 지역 문화와 관련해서는 총 2건의 응답이 있었으며, '서울'과 '제주도'가 각각 1번 언급됐다. 이는 한국의 특정 지역이 외국인들에게 인상 깊게 다가왔음을 시사한다.

5. 나가며

본 연구에 참여한 프랑스 내 한국어 전공자들은 한국을 장기간 방문한 경험이 없고, 한국에 대한 인식을 형성하는 주요 경로가 문화 콘텐츠와 대학 내 수업 내용에 의존하고 있는 것으로 파악되었다. 이러한 상황에서 학습자들은 한국 문화를 간접적으로 경험하며 스테레오 타입을 형성하게 되는데, 이 과정에서 스테레오 타입이 오해나 편견으로 굳어질 위험이 존재한다. 따라서 교수자는 학습자들의 스테레오 타입이 고착화되지 않도록 상호 문화적인 관점에서 한국 문화를 가르치는 접근이 필요하다(배재원, 2013).

특히, 한국 문화를 설명할 때 한국인의 관점에서만 내용을 전달하는 것을 경계해야 하며, 해외 학습자들의 입장과 배경을 고려하지 않은 일방적인 교육 방식은 오히려 학습자들에게 부정적인 영향을 미칠 수 있다(황주희, 2007). 이는 학습자들이 한국 문화를 단순히 받아들이는 입장이라고 생각할 것이 아니라, 자신의 문화적 배경과 연결 지어 이해할 수 있도록 도와야 함을 시사한다.

따라서 학습자들이 간접 경험을 통해 형성한 한국 문화에 대한 스테레오 타입을 먼저 분석하는 과정이 중요하다. 이러한 분석을 토대로 스테레오 타입의 내용을 선별하고 이를 한국 문화 교육에 반영함으로써, 학습자들이 좀 더 객관적이고 균형 잡힌 시각으로 한국 문화를 이해할 수 있도록 교육하는 것이 바람직하다. 이를 통해 한국 문화에 대한 오해와 편견을 해소하고,

〈표 7〉 한국 문화 수업 내용 제안

구분	회 차	주제	연결 주제
역사와 전통	1	한복과 한옥	한옥 마을/색
	2	불교와 사찰	불교 역사/불국사와 석굴암
현대 사회	3	산업 구조의 변화	경공업-중공업/기술 발전
	4	교육 시스템	학군/학구열
대중문화	5	한류의 발전	한류의 진화
	6	문화 콘텐츠 시장과 정책	정부 정책
	7	케이팝과 드라마	국제적/팬덤
태도와 성격	8	예의와 예절	인사/생활 예절
	9	서열 문화	공경/선후배/기업 문화
	10	경쟁과 스트레스	행복지수/출산율
지역	11	서울의 발전	교통 발전(지하철, 고속도로)/지역 격차
	12	제주도	제주 역사/자연/유네스코
음식	13	지역별 음식	전라도/경상도
	14	한국의 보양식	전통 보양식/사찰 음식/건강식/채식
	15	배달 음식	먹방/비만/요식업의 대기업화

학습자들이 깊이 있고 정확한 이해를 얻을 수 있도록 도울 수 있다.

이러한 점을 고려하여, 프랑스 내 대학의 한국어 과정에서 활용할 수 있는 한국 문화 수업 내용을 〈표 7〉과 같이 제안한다.

위 수업의 목표는 학습자들이 한국 문화를 올바르게 바라볼 수 있는 시각을 키울 수 있도록 돕는 것이다. 이를 위해 한국 문화를 충분히 이해하면서도 객관적이고 비판적인 시각을 기를 수 있도록 하는 것이 중요하다. 또한, 수업 자료로 실제 문화 콘텐츠의 일부를 활용하여 학습자들이 생동감 있게 한국 문화를 접할 수 있도록 할 것이다.

수업의 구체적인 내용은 크게 역사와 전통, 현대 사회, 대중문화, 태도와 성격, 지역, 음식 총 6가지 주제로 나누어 진행된다. 첫 번째, 역사와 전통 부문에서는 한국의 전통 의상인 한복과 전통 건축물인 한옥에 대해 다루며, 관련된 연계 주제로 한옥 마을과 색채의 의미를 살펴본다. 또한, 불교와 사찰을 주제로 불교의 역사와 주요 사찰인 불국사와 석굴암에 대한 심도 있는 논의를 진행할 수 있다. 현대 사회 부문에서는 산업 구조의 변화와 교육 시스템을 주제로 다루며, 경공업에서 중공업으로의 산업 구조 전환과 기술 발전에 대한 내용을 중심으로 학습한다. 또한, 한국의 학군과 학구열에 대한 분석을 통해 교육의 사회적 영향력을 탐구하기를 제안한다. 대중문화 부문에서는 한류의 발전과 문화 콘텐츠 시장 및 정책, 케이팝과 드라마 등의 주제를 다루며, 관련 연계 주제로 정부 정책, 국제적 팬덤, 팬덤 문화 등을 살펴보는 것이 가능하다. 이를 통해 한국 대중문화의 글로벌 확산과 그 영향력을 분석하게 된다. 태도와 성격 부문에서는 예의와 예절, 서울 문화, 경쟁과 스트레스 등의 주제를 다루며, 공경, 선후배 문화, 기업 문화 등의 연계 주제를 통해 한국 사회의 특성을 파악할 수 있다. 또한, 행복지수와 출산율 등의 사회적 지표를 통해 경쟁과 스트레스의 영향력을 이해할 수 있도록 한다. 지역 부문에서는 서울의 발전과 제주도를 키워드로 한국의 지역적 특성과 발전을 다룬다. 교통 발전, 지역 격차, 유네스코 세계유산으로 지정된 자연 경관 등을 통해 한국의 지역적 다양성과 그에 따른 문화적 차이를 분석할 것을 제안한다. 마지막으로, 음식 부문에서는 한국의 보양식과 배달 음식 문화를 다룬다. 전통 보양식, 사찰 음식, 채식과 건강식 등 한국의 식문화와 함께, 요식업의 대기업화 등 현대적 변화 양상 또한 수업의 주제가 될 수 있다.

이상에서 살펴본 바와 같이, 한국어 학습자들의 스테레오 타입은 그들이 한국 문화를 간접적으로 경험하는 과정에서 형성되며, 이는 한국에 대한 이해의 깊이와 방향에 상당한 영향을 미친다. 이러한 스테레오 타입이 학습자들의 인식에 오해나 편견을 불러일으키지 않도록 교육 현장에서의 적극적인 노력이 필요할 것이다. 특히 교육자들은 상호 문화적 관점에서 학습자들의 문화적 배경과 경험을 고려한 교육 방식을 도입함으로써, 학습자들이 균형 있고 객관적인 시각으로 한국 문화를 이해할 수 있도록 도와야 한다. 이를 통해 한국어 교육은 언어 습득을 넘어 학습자들이 한국 사회와 문화를 심층적으로 이해하는 데 기여할 수 있을 것이다. 이러한 노력은 한국어를 배우는 학습자들에게 좀 더 포괄적이고 다층적인 한국 문화에 대한 이해를 제공함으로써, 궁극적으로 한국어 교육의 질을 향상하는 데에도 중요한 역할을 할 것으로 기대된다.

참고문헌

배재원. 2013. 고급 한국어 학습자를 위한 한국문화 교육 방안 연구-한국문화의 상호관계성을 중심으로. **시학과 언어학**. 24. pp. 85-107.

오정배. 2012. 한국어 학습자의 한국인 이미지의 특징과 형성요인: 일본인 대학생 학습자와 비학습자의 비교. **Foreign languages education**. 19. 한국외국어교육학회. pp. 497-522.

이은희. 2018. 한국어 학습자의 스테레오 타입과 한국 문화교육-학부 외국인 유학생의 한국인에 대한 의식을 중심으로. **한국언어문화학**. 15-2. pp. 305-332.

이효영. 2016. 국내 중국인 학습자의 스테레오 타입 연구. **언어와 정보 사회**. 27. 서강대 언어정보연구소. pp. 281-304.

이현주. 2021. 대만 내 한국어 학습자의 스테레오타입 연구. **새국어교육**. pp. 127. 551-582.

최수근. 2010. 중국인 한국어 학습자의 메타 스테레오 타입(Meta-stereotype) 연구. 연세대학교 석사 학위 논문.

황주희. 2007. 한국어 학습자의 스테레오 타입 연구: 중국인 학습자를 대상으로. 연세대학교 석사 학위 논문.

Omaggio, A. 1993. *Teaching Language in Context*. Boston: Heinle&Heinle.

Rees, D. K. 2002. Facing up to stereotypes in the second language classroom. *The Internet TESL Journal*. 8(7).

Valdes, J. M. 1986. *Culture bound: Bridging the culture gap in language teaching*. Cambridge: Cambridge University Press.

제5장

대학에서의 한국어 수업에 한국 대중문화가 미치는 영향

– 리스본대학교와 헬싱키대학교를 중심으로

최은희

포르투갈 리스본대학교
Universidade de Lisboa

김보경

핀란드 헬싱키대학교
Helsingin yliopisto

1. 들어가며

한국 대중문화는 지난 몇 년간 글로벌 차원에서 강력한 영향을 미치며, '한류'라는 새로운 문화 현상을 만들어 냈다. 케이팝, 한국 드라마, 영화, 음식 등 다양한 콘텐츠가 전 세계적인 인기를 끌고 있으며, 이는 한국어와 한국 문화에 대한 관심을 증폭시키고 있다. 특히, 포르투갈, 핀란드와 같은 서유럽·북유럽 국가에서도 한국 대중문화의 영향력은 상당하다. 포르투갈의 리스본대학교와 핀란드의 헬싱키대학교는 한국어와 한국 문화를 교육하는 주요 기관 중 하나로, 한국 대중문화가 한국어 교육에 미치는 영향을 분석하는 것이 본 연구의 목적이다.

한국 문화에 대한 관심이 폭발적으로 증폭되고 있는 만큼 한국어 교육의 저변도 확대되고 있다. 무엇보다 해외 한국어 학습자의 한국어 학습 동기가 한국의 대중문화에 대한 관심에서 비롯되는 경우가 대부분이며, 이를 통해 한국의 대중문화가 한국어 교육과 분리될 수 없으며 점점 밀접해짐을 알 수 있다.

따라서 리스본대학교와 헬싱키대학교의 한국어 수업 사례를 통해 한국 대중문화가 한국어 수업에 미치는 영향을 알아보고자 한다. 구체적으로, 한국 대중문화가 학습자의 동기, 참여도, 언어 습득, 문화 이해 등에 어떻게 기여하는지 파악하고, 이를 통해 한국어 교육의 질적 향상과 발전 방향을 제시하고자 한다.

2. 한국 대중문화와 대학의 한국어 교육

한국 대중문화의 글로벌 확산은 문화적 경계를 넘어 한국어 학습에 대한 세계적인 관심을 불러일으켰다. 케이팝은 그 자체로도 글로벌한 인기를 끌고 있으며, 많은 젊은이가 케이팝 아티스트의 노래를 듣고 춤추는 것을 즐긴다. 이러한 열풍은 한국어 학습에 대한 관심을 불러일으키고, 한국어 학습에 동기를 부여한다. 한국국제문화교류진흥원(KOFICE)에서 발간한 《2020 한류 백서》에서는 한류를 연상시키는 문화 콘텐츠에 대해 지역별로 조사했는데, 유럽의 경우 대표적인 한류 문화 콘텐츠로 케이팝(51.2%)을 꼽았다. 다음으로 영화(40.6%), 패션(37.9%), 한식(36.6%), 드라마(36.1%), 뷰티 제품(31.7%), 예능 프로그램(27.5%)이 그 뒤를 이었다.

한국국제문화교류진흥원이 출간한 《글로벌 한류 트렌드》(2022)에 따르면, 한국 문화 콘텐츠를 경험한 이후 한국에 대한 인식이 긍정적으로 바뀌었다는 응답은 64.2%로 2020년과 비교해 5.4% 증가했다. 코로나19 발생 이전과 비교하여 소비량이 증가한 장르는 드라마(53.5%), 영화(51.8%), 예능(51.5%), 게임(50.2%) 등 주로 영상 콘텐츠였다.[1] 한국 드라마가 학습자들에게 큰 영향을 미치고 있으며, 드라마의 인기 있는 캐릭터와 감동적인 이야기가 한국어를 배우고 싶은 욕구를 자극하는 것으로 보인다.

한국 영화와 음식 또한 대중문화의 중요한 부분을 차지하는데, 한국 영화는 독창적인 스토리와 깊이 있는 캐릭터로 국제적인 찬사를 받고 있으며, 한국 음식 또한 독특한 맛과 다양한 요리법으로 세계 각지에서 사랑받고 있다.[2] 이러한 문화적 요소들은 한국어 교육과 연결되어 학습자의 문화적 관심과 참여를 증가시키는 데 기여한다.

---

[1] 한국 문화 콘텐츠 호감도에 있어서 드라마는 81.6%로 가장 높았고, 2위는 영화(80.6%), 3위는 예능(79.9%), 4위는 음식(78.5%), 5위는 뷰티(78.3%) 순으로 나타났으며, 뒤를 이어 패션(77.3%), 게임(76.7%), 출판물(75.8%), 애니메이션(74.7%), 음악(73.7%) 순이었다. 많은 응답자가 한국 드라마의 인기 요인으로 '짜임새 있는 스토리'(15.9%), '배우의 매력적인 외모'(15.9%) 등을 꼽았다. 가장 선호하는 한국 드라마 1위는 〈오징어 게임〉(21.2%), 2위는 〈사랑의 불시착〉(2.2%), 3위는 〈빈센조〉(1.9%), 4위는 〈펜트하우스〉(1.6%), 공동 5위는 〈갯마을 차차차〉(1.4%)와 〈태양의 후예〉(1.4%)였다.

[2] 한국국제문화교류진흥원이 출간한 《글로벌 한류 트렌드》(2022)에 따르면 가장 선호하는 한국 영화 1위는 〈기생충〉(10.3%), 2위는 〈부산행〉(6.8%), 3위는 〈서복〉(1.5%) 순이었다.

2.1. 포르투갈 리스본대학교의 한국어 교육

리스본대학교는 포르투갈에서 최초이자 현재까지 유일하게 한국어 교육이 정규 교육 과정으로 운영되고 있다.[3] 3년제 학부 과정 내 아시아 전공 선택과목으로 한국어 강좌가 개설되어 있다. 주 4시간 12주 수업으로, 학습자들은 학기당 60시간을 이수하게 된다. 한국어 수업의 주요 목표는 초급과 중급 초반의 한국어 지식을 바탕으로 듣기, 읽기, 쓰기, 말하기를 배우는 데에 있다.

한국어 강좌 개설 첫 학년도인 2017~2018학년도부터는 서울대학교언어교육원에서 출간한 《서울대 한국어》로 수업을 진행했고, 2022~2023학년도 '한국어 1' 강좌부터는 서울대학교언어교육원에서 출간한 《사랑해요 한국어》교재로 수업을 진행하고 있다.[4] 《서울대 한국어》로 수업을 진행한 결과, 학생들이 마지막 학년도에 진행하는 한국어 중급 입문 수준의 《서울대 한국어 3A》를 소화하기 힘들다고 판단되었다. 일반적으로 중급 이상 수준으로 한국어 교육이 이루어지기 어려운 해외 환경과 더불어 절대적으로 부족한 수업 시수라는 문제에 직면한 것이다. 중급 이상 단계 진입 시, 학습자들의 수업 호응도와 참여도가 낮아지는 점을 고려하여, 교과 중심의 전통적인 수업 방식에서 벗어난 새로운 방식을 모색하게 되었다.

리스본대학교의 한국어 수업은 주 4시간 12주 수업으로 학기당 60시간이며, '한국어 6'까지 수강했을 경우 3년간 총 360시간을 이수하게 된다. 그러나 중간 평가, 기말 평가, 국경일 등을 고려하면 실질적인 수업 시간은 턱없이 부족하다.[5]

수강 대상 학생은 인문대학 역사학부 내 아시아 전공 학생들이며, 학생들은 전공 선택으로 개설된 아시아 언어 중 2개의 언어를 선택해 수강해야 한다.

〈표 1〉은 리스본대학교에 한국어 강좌가 처음 개설된 2017~2018학년부터 2023~2024학년까지 과정별 수강 등록 인원 수이다.

본 발표에서 분석 대상으로 삼은 학습자 군은 〈표 1〉의 '한국어 6' 수강생이다. '한국어 6' 수강자들의 연령은 2023~2024학년도에 28세 학습자를 제외하면 20~25세 사이가 주를 이루고 있으며, 성별은 남성 학습자 2명을 제외하면 모두 여성이었다.

〈표 1〉 리스본대학교 학년별 한국어 강좌 등록 인원 수

학년도	과정					
	한국어 1	한국어 2	한국어 3	한국어 4	한국어 5	한국어 6
2017~2018	51	45	-	-	-	-
2018~2019	41	40	13	11	-	-
2019~2020	52	52	18	18	2	2
2020~2021	53	47	20	17	12	11
2021~2022	58	46	22	19	8	7
2022~2023	56	47	21	18	17	18
2023~2024	56	49	21	19	11	13

[3] 비정규 교육 기관에서 이루어지고 있는 한국어 수업은 세종학당 이외에 2024년 7월 현재 포르투의 포르투대학교 내 어학당 한 곳에만 개설되어 운영되고 있다. 과거 리스본대학교 내에 어학당과 브라가의 미뇨대학교 내 어학당에서도 한국어 강좌가 개설되어 운영되었으나 모집 인원 미충족 및 강사 인프라 부족 등의 이유로 현재는 운영되지 않고 있다. 신리스본대학교 언어 센터에서는 한때 한국어 강좌가 개설되어 운영되었으나, 같은 학교 내에 세종학당이 설립, 운영되면서 기존 학생들을 흡수하여 현재는 운영되지 않고 있다. 이와 달리 2024년 7월 기준으로 코임브라의 코임브라대학교에서는 한국어 강좌 개설을 강력하게 희망하고 있다.

[4] 《서울대 한국어》는 1A부터 6B까지 총 12권의 교재로, 한 권당 200시수를 기준으로 설계되었다. 리스본대학교는 《서울대 한국어 3A》를 졸업할 때까지 습득하여 한국어 중급 초반 수준의 언어 사용을 목표로 삼았다.
《사랑해요 한국어》는 60시수를 기준으로 설계되었으며, 총 6권이다. 리스본대학교는 《사랑해요 한국어 4》를 졸업할 때까지 습득하는 것을 학습 목표로 삼았다.

[5] 2022~2023학기부터는 대학의 강의실 부족을 이유로 일주일 4시간 수업을 3시간으로 줄여서 실질적인 수업 시간은 더욱 부족한 상황이다.

학습자들은 '한국어 5' 수업에서 한국어 중급 초반을 접하게 되는데, 초급과 중급 사이의 간극을 극복하지 못해 많이 힘들어하는 모습을 보였다. 이에 한국어 중급 수준의 학습에 있어서 진입 장벽의 부담을 낮춰 줄 방안이 필요했다.

이에 2020~2021학년도의 마지막 학기에 교재 중심 수업에서 벗어나 학습자들이 배웠던 문법이나 표현 중 어려웠던 내용이나 더 알고 싶은 부분을 각자 정하고 해당 문법이나 표현이 등장하는 한국 문화 콘텐츠들을 찾아서 한국어 화자들이 해당 문법이나 표현을 어떻게 사용하는지 살펴보도록 하였다. 다만, 그다음 해인 2021~2022학년도 학습자들은 이러한 수업 방식에 중압감을 느끼는 것으로 나타나 한국어 표현을 배울 수 있는 주제를 각자 자유롭게 정하고 발표하도록 방식을 바꾸었다.

이후 발표가 부담되기는 하지만 한국어를 공부하고 문화를 이해하는 데 큰 도움이 되었으며, 흥미 있는 주제를 모색하고 발표하는 과정을 통해 한국어 학습의 확장성을 발견하고, 자신감과 성취감을 높일 수 있어 좋았다는 긍정적인 피드백이 돌아왔다. 이후에도 마지막 학기에는 한국어 학습은 물론 한국어를 접할 수 있는 한국 콘텐츠를 자유롭게 선정하여 발표하도록 하였다.

발표에 앞서 학습자들은 최소 2주 전까지 발표 수업 PPT 자료와 대본을 교수자에게 보내 피드백을 받고, 발표 시에는 한국어를 80% 이상 사용하도록 했다. 이러한 지침을 '한국어 5' 수업에서 미리 알려 주어 학습자들로 하여금 충분한 선택과 고민의 시간을 갖도록 했다.

대부분 유럽 대학교에서 한국어 교육의 역사가 짧지 않은데, 이에 반해 포르투갈의 경우는 뒤늦게 출발했다고 볼 수 있다.[6] 이에 포르투갈에서 한국어 교육이 제대로 자리매김하기 위해서는 학습자들의 흥미와 관심을 지속적으로 유지하며 양질의 한국어 교육을 제공하는 것이 중요하다. 실제로 포르투갈 현지의 학습자들은 취업이나 생활 등 직접적 필요성보다는 한국을 비롯한 아시아권 문화를 이해하고 교양 언어로서 한국어를 학습하는 데 큰 의미를 두고 있다.[7] 따라서 케이팝을 비롯한 한류 열풍을 통해 한국 문화를 접한 것이 한국어 학습의 주요 동기임을 함께 고려할 필요가 있다.

이에 3장에서는 포르투갈의 유일한 정규 과정 학습자들이 참여 수업에서 보이는 양상을 살펴 향후 한국어 교육의 효율성을 재고하고자 한다.

2.2. 핀란드 헬싱키대학교의 한국어 교육

헬싱키대학교는 한국어 연구와 강의에 있어서 오랜 역사를 지닌다. 핀란드의 언어학자이자 외교관이었던 구스타브 욘 람스테트(Gustaf John Ramstedt) 교수는 1934년도부터 북유럽 국가 최초로 헬싱키대학교에서 공식적으로 한국어를 가르치기 시작했고, 1935년도부터 1938년까지 강의가 개설되었다.[8] 1939년에는 한국어 교과서인 《한국어 문법(A Korean Grammar)》을 영어로 출간했는데 이는 당시 서구 국가에서는 거의 유일한 영어로 쓰인 언어학적 한국어 문법서였다. 1949년에는 《한국어 어원 연구》가 간행되었고 한국어가 알타이어 그룹에 속한다고 주장했다.[9]

이후 헬싱키대학교에서 40년간 한국어 강의가 이루어지지 않다가 람스테트 교수의 제자인

[6] 연재훈(2015: 23–24)에서는 유럽 지역에서 한국어 강좌가 대학의 전공 과정으로 개설된 역사는 짧게는 1960년대, 길게는 1940년대까지 거슬러 올라간다고 하였다. 실제로 1923년에 한국인이 독일 베를린에 있는 훔볼트대학교에서 한국어를 가르쳤다는 독일 정부의 공식 문서 등 관련 기록이 최근 공개됐다.

[7] 이러한 현상은 김재욱(2009: 75)에서 "국내와는 달리 국외에서는 직접적인 언어 능력 향상보다는 한국학에 관한 지식 습득을 목표로 삼는 경우가 많다."고 한 것과 맥을 같이 한다.

[8] Halén, H.(1998)에서 람스테트는 이미 1933년 핀-우그르 학회(The Finno-Ugrian Society)에서 '한국어와 퉁구스어족의 관계(The relation of the Korean language to Tungusic)'에 대해 강의했으며, 같은 시기인 1934년부터 1938년 사이에는 한국어 강의와 더불어 '한국과 만주의 역사'를 강의했고, 뒤이어 1938년에 일본어 강의가 개설되었다고 한다.

[9] 고송무(1982)에 따르면 람스테트는 1917년 헬싱키대학교의 알타이 언어학 교수로 임명되었으나 독립된 핀란드에 외교관이 필요하여 1920~1929년 초대 주일 공사로 일본에 파견된다. 람스테트는 1924년 일본에서 한국인 류진걸을 통해 한국어를 배우면서 한국어에 관심을 갖게 되었고 알타이어와의 연관성을 연구해 1928년에 한국어의 기원에 대해 발표했다.

펜티 알토(Pentti Aalto)에 의해 1972년 다시 개설되었다. 고송무(1982)는 1976년부터 당시 핀란드 학생들은 매년 정기적으로 한국을 방문해서 한국어와 문화를 배웠다고 기술한다. 또한 김정영(2019)은 헬싱키대학교의 한국어 강의는1967년에 헬싱키대학교에서 핀-우그르학을 전공한 고송무 선생에 의해 부활했다고 적고 있다. 고송무는 '소련 중앙아시아의 한인들'이라는 제목으로 박사학위를 받은 뒤, 1987년부터 1993년 카자흐스탄에서 교통사고로 별세하기까지 한국어와 한국 관련 역사 과목을 가르치면서 동아시아학 담당 교수로 재직했다. 고송무 교수가 재직하던 당시에도 레이토넨(Leitonen)과 레혼코스키(Lehonkoski) 등의 핀란드인이 한국어를 가르쳤다고 한다.

고송무 이후 한동안 한국어 강의가 침체하였으나 1999년부터 2001년까지 2년간 부산 외국어대학교의 송향근 교수가 임시직 한국어 전임으로 임용되어 다시 활성화되었다. 송향근 교수가 부임한 자리는 알타이어학을 가르치며 동아시아학을 총괄하고 있던 유하 얀후넨(Juha Janhunen) 교수의 노력으로 마련되었으며, 송향근 교수가 떠난 직후, 2001년 가을 학기부터 정년직이 설치되었고, 대대적인 대학교 내 구조 조정을 거친 혁신적인 개편을 통해 한국어 과정과 한국학 과정이 분리되었다. 현재 한국어학은 세계 언어학부에 편입되어 2명의 한국어 정규직 교수진이 독자적인 한국어학 전공 과정을 가르치고 있는데, 한국학은 동아시아 문화학과 내에 편입되어 1명의 한국학 교수를 통해 별도의 과정으로 개설되었다. 〈표 2〉는 2023년 한국어 봄 학기 수업의 예이다.

헬싱키대학교 한국어 전공 과정은 핀란드 내에서 한국어 교육의 중심 역할을 하고 있으며, 다양한 한국어 수업을 제공하고 있다. 한국어 교육은 학부 1, 2, 3학년의 초급, 중급 과정과 석사의 고급 과정으로 나뉘며, 문법, 회화, 듣기, 읽기 등 다양한 영역을 포괄하고 있다. 한국어 수업의 주요 목표는 학습자들이 한국어를 능숙하게 사용하고, 한국 문화를 깊이 이해할 수 있도록 돕는 것이다.

〈표 2〉 헬싱키대학교 한국어 수업의 예

강좌 기간	강좌명	분야 (한국어/한국학)	주당 수업 시간	수강생 수		대상 학생 (학부/석사/박사)	학점	필수/선택
				등록생	수료생			
2023/1/16~ 2023/5/14	한국어 1B	한국어	2	17	14	학부	10	필수
2023/1/16~ 2023/5/14	한국어 3B	한국어	2	6	5	학부	5	필수
2023/1/16~ 2023/5/14	한국어 작문	한국어	2	4	4	학부	5	선택
2023/1/16~ 2023/5/14	Practical Korean 2	한국어	2	2	2	석사	5	선택
2023/1/16~ 2023/5/14	Speech Styles in Korean	한국어	2	2	2	석사	5	선택

3. 대중문화가 한국어 수업에 미치는 영향과 실제 수업에서 적용 사례

한국 대중문화는 학습자의 흥미를 유발하고, 한국어 학습에 동기를 부여하는 데 중요한 역할을 한다. 참여도 향상은 대중문화 콘텐츠가 수업에 통합되면서 나타나는 또 다른 긍정적인 결과이다. 학습자들은 자신이 관심 있는 매체를 통해 자연스럽게 한국어에 친숙함을 느끼고 이러한 과정을 통해 학습에 대한 욕구도 증가하므로 이를 활용한 다양한 수업 방안에 대한 연구가 진행되고 있다.[10]

또한 대중문화 콘텐츠를 활용한 수업은 학습자들의 언어 습득을 촉진한다. 예를 들면 한국 드라마를 통해 일상적인 표현과 회화 능력을 향상시킬 수 있으며, 이는 언어 학습에 실질적인 도움을 줄 수 있다. 문화 이해 증진 또한 대중문화의 중요한 영향 중 하나인데 한국 대중문화를 학습하면서 학습자들은 한국 사회와 문화를 깊이 이해하게 된다. 예를 들어, 한국 드라마와 영화에서 묘사된 한국의 위상, 문화적 관습, 전통 등이 한국 문화를 이해하는 데 도움을 주며, 이는 언어 학습과 문화적 적응에 긍정적인 영향을 미친다.

대학교의 한국어 수업은 대중문화 기반 교재를 활용하여 학습자들에게 풍부하고 다양한 학습 경험을 제공한다. 한국 드라마의 대사, 영화 클립 등을 교재에 포함시켜 학습자들이 흥미를 잃지 않고 효과적으로 한국어를 학습할 수 있도록 도울 수 있다. 학습 자료의 업데이트는 최신 대중문화 콘텐츠를 반영하여 이루어지는데, 예를 들면 최근 방영된 한국 드라마를 수업 자료로 활용함으로써 학습자들에게 최신 정보를 제공한다.

3.1. 포르투갈 리스본대학교의 한국어 수업에서 대중문화의 적용 사례

여기서는 2020~2021학년도부터 2023~2024학년도까지 마지막 학기에 실시된 학습자들의 발표를 통해 한국어 수업에 한국 대중문화가 어떻게 적용되고 있는가를 알아볼 것이다.

먼저 2020~2021학년도 학습자들에게는 지난 5학기 동안 배웠던 문법이나 표현 중에서 다시 공부하고 싶은 것을 선택하여 해당 표현이나 문법이 나오는 콘텐츠를 찾아보도록 하였다. 학습자들이 발표에 활용한 콘텐츠는 다음과 같다.

〈표 3〉 2020~2021학년도 학습자들의 발표에 활용된 콘텐츠

케이팝(18)	씨스타 〈나 혼자〉, 존 박 〈네 생각〉, 입술을 깨물다 〈늦잠〉, 하현우 〈돌덩이〉, 유재하 〈사랑하기 때문에〉, 박효신 〈사랑한 후에〉, 스트레이 키즈 〈어린 날개〉, 조복래 〈울어도 돼〉, 아이유 〈이런 엔딩〉, 정용화 〈처음 사랑하는 연인들을 위해〉, 앵콜킴 〈할까말까 송〉, 마인드 유 〈회상〉, 이해리 〈But〉, 트와이스 〈Cheer up〉, 위너 〈Fool〉, BTS 〈Love yourself〉, 위너 〈Millions〉
드라마(19)	〈김비서가 왜 그럴까〉, 〈내가 가장 예뻤을 때〉, 〈나의 아저씨〉, 〈내일도 맑음〉, 〈미스 함무라비〉, 〈미스터 선샤인〉, 〈브람스를 좋아하세요?〉, 〈사랑의 불시착〉, 〈사랑의 온도〉, 〈사이코지만 괜찮아〉, 〈여름아 부탁해〉, 〈역도요정 김복주〉, 〈이태원 클라쓰〉, 〈청춘기록〉, 〈펜트하우스〉, 〈하나뿐인 내 편〉, 〈함부로 애틋하게〉, 〈호텔 델루나〉, 〈W〉
예능(2)	〈우리 결혼했어요〉, 〈런닝맨〉

[10] 김훈태(2017)에서는 한국의 대중문화, 특히 드라마를 활용한 한국어와 문화 교육 사례를 제시했고, 박영희·오성아·노하나(2021)에서는 BTS 노래를 활용한 한국어 언어 교육 방안을 제시했다. 또한 오지혜·권미경(2021)에서는 케이팝을 중심으로 한국 문화 교육을 위한 대중문화 교육 방향을 제시했으며, 전하나(2024)에서는 드라마 〈이태원 클라쓰〉를 중심으로 한국어 학습자를 위한 대중문화 교육 방안을 제시했다. 또한 박선희(2006), 이정희(1999), 조영미(2011), 최정순·송임섭(2012)에서는 영화를 활용한 한국어 수업을 제시했다.

II. 문화, 문학, 역사와 한국어 교육

〈표 3〉에서 보는 것처럼 학습자들은 주로 케이팝과 드라마를 발표에 활용했다.

학습자는 자신이 선택한 표현이나 문법이 한국어 관련 콘텐츠에서 활용되는 것을 찾아보고 이를 통해 실제 한국어 화자들이 어떤 상황에서 해당 표현을 사용하는지 좀 더 현실감 있게 이해할 수 있다. 적극적인 학습자들은 해당 표현이나 문법이 나오는 상황을 여러 콘텐츠에서 찾아보기도 하였다.

다음 해인 2021~2022학년도 학습자들은 이전 학년도의 발표 수업 방식에 부담을 토로하였기에, 한국어와 한국 문화 학습과 관련한 주제를 자유롭게 선정하여 발표하도록 하였다. 2021~2022학년도 수강생 7명이 발표한 주제와 활용한 K-문화 콘텐츠는 다음과 같다.

- 한국어 표현: 관용 표현, 반말과 존댓말, 속어
- 신화 및 전래 동화: 단군 신화,《해와 달이 된 오누이》
- 웹툰: 네이버 웹툰 〈독립일기-고양이가 있는 집〉
- 음악: 박군 〈한잔해〉(트로트)

7명의 학습자가 선택한 주제는 이처럼 다양했다. 한국의 트로트 장르를 소개하는 창의적인 주제로 학습자들의 흥미를 유발하여, 한국 문화를 이해하고 가사에 나오는 표현을 익힐 수 있게 했다. 또한 단군 신화와 전래 동화 등 전통문화를 다룬 발표와 한국어의 특성을 주제로 한 발표 등이 이어졌다. 특히 전래 동화《해와 달이 된 오누이》발표 후에는 학습자들이 한국 전래 동화에 깊은 관심을 보였다. 한편 한국어 표현 중 '속어'를 주제로 발표한 학습자는 한국 콘텐츠를 보면서 선택한 용어들을 소개했는데, 발표에는 적합하지 않은 표현들이 다수 있어서 학습자가 발표하기 전에 교수자가 발표문을 함께 살피고 수정하는 시간을 가지면 좋겠다고 판단됐다.

학습자들의 요구 사항과 학습 수준 등을 고려한 2021~2022학년도 발표 수업은 2020~2021학년도와 비교했을 때 훨씬 창의적이고 풍부하며 유연했다. 이후에도 학습자들이 자유롭게 주제를 선정해 발표하도록 하되, 주제의 타당성과 발표 진행 계획을 발표 전에 교수자와 충분히 상의하여 결정했다.

2022~2023학년도에는 '한국어 6' 수업에 18명이 등록하였으나 그중 2명은 수강을 포기했고, 2명은 교환 학생 프로그램으로 수업에 참여하지 않았다. 따라서 실제 발표자 수는 14명이었다. 발표 수업 참여자 14명이 선정한 주제는 전 학년도와 마찬가지로 다양했다. 우선 한국 전통 문화와 관련된 주제는 4개로 한국 전래 동화(《토끼전》과《흥부와 놀부》), 드라마 〈오징어 게임〉에 나오는 한국 전통 놀이, 한옥, 한국의 스포츠 등이다. 한국어 관련 주제는 4개로 드라마 〈빈센조〉에서 자주 등장하는 사업 관련 용어, 한국 예능 프로그램으로 배우는 한국어, 숙어 표현, 한자어 등이다. 케이팝 그룹의 멤버 및 노래를 소개하는 한국 대중문화 관련 주제는 3개로 더 보이즈와 스트레이 키즈, 그리고 BTS다. 이외에 부산 관광을 소개한 발표, 한국의 인기 게임 '쿠키런'에 나오는 등장인물들의 성격을 다룬 발표, 혈액형과 성격을 다룬 발표 등이 있었다. 학습자들은 한국어를 배우는 이유와 한국어 학습에 흥미를 느끼게 된 계기 등을 발표 내용에 잘 녹

여 냈다. 발표를 듣는 학생들은 본인의 관심 분야에 적극적으로 반응하고, 새로운 분야에 대해 배우며 즐거움을 느꼈다.

2023~2024학년에는 케이팝 그룹을 중심으로 한 발표가 현저하게 증가했다. 1명이 수강을 포기해 12명의 학습자들이 발표에 참여했는데 그중 절반인 6명의 학습자가 엔하이픈, 이달의 소녀, 스트레이 키즈, 아이유, NCT, 세븐틴 등 케이팝 가수들을 소재로 발표했다. 나머지 6명 중 전통문화 관련 주제는 3개로 한국의 전통 무술, 전통 춤, 명절 등을 다루었다. 그 외에 웹툰 원작 드라마 〈스위트 홈〉 소개, 한국의 지리 소개, 사투리 소개 등의 발표가 있었다.

발표 주제를 자유롭게 선택하도록 한 2021~2022학년부터 최근 2023~2024학년까지 학습자들이 케이팝을 소재로 발표한 비율을 표로 정리하면 〈표 4〉와 같다.

〈표 4〉 리스본대학교 한국어 수업에서 학습자가 발표 소재로 케이팝을 활용한 비율

학년도	발표 참여 학습자 수	케이팝 관련 주제로 발표한 수	비율
2021~2022	7	1	14%
2022~2023	14	3	21%
2023~2024	12	6	50%

〈표 4〉에서 보듯이 한국어 수업에서 학습자가 발표 소재로 케이팝을 활용한 비율은 점점 증가하고 있다. 이러한 현상은 케이팝이라는 대중문화가 한국어 학습의 주요 동기이며 흥미를 유발하는 요인이 된다는 사실을 보여 주며, 이는 한국어 수업이 전통적인 교과서 중심에서 벗어나 학습자들의 눈높이를 맞추어야 함을 시사한다.

3.2. 핀란드 헬싱키대학교의 한국어 수업에서 대중문화의 적용 사례

핀란드 헬싱키대학교 한국어 과정의 경우 석사 과정 수업에서 학습자들의 요구를 반영하여 한국어 대중문화를 적용한 사례를 제시하고자 한다. 2023년 봄 학기에 개설된 석사 과정 한국어 수업은 'Speech Styles in Korean'과 'Practical Korean 2' 였다. 학기 초에 학습자들과 브레인스토밍을 통해 학습자의 학습 동기, 학습자들이 원하는 수업 내용과 텍스트 및 선호하는 매체에 대해 의견을 나누었다.

〈그림 1〉 학습자 요구 분석을 위한 브레인스토밍

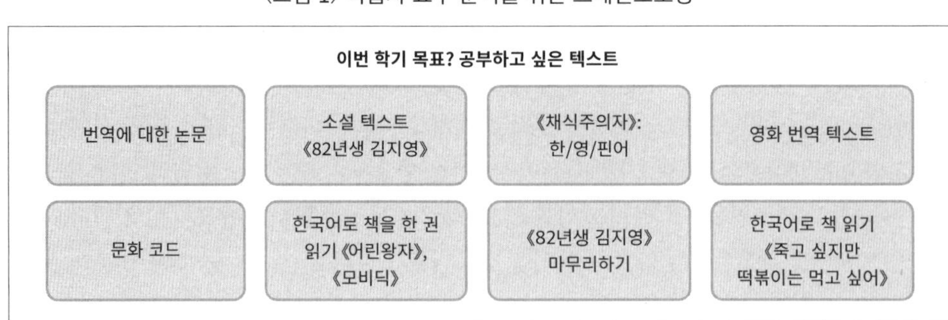

<표 5> 2023년 봄 학기 Speech Styles in Korean 수업 계획

기간	수업 내용	기간	수업 내용
1주	수업 계획 드라마 〈나의 해방일지〉 대본	2주	드라마 〈나의 해방일지〉: 현대 구어의 특징
3주	수필《죽고 싶지만 떡볶이는 먹고 싶어》	4주	수필《죽고 싶지만 떡볶이는 먹고 싶어》
5주	영화 〈기생충〉: 메타포 분석	6주	영화 〈기생충〉: 번역의 쟁점
7주	중간 발표: 관심 있는 문학 소개 및 번역 (시, 소설, 영화 등)	8주	영화 〈82년생 김지영〉: 소설과 영화의 차이점
9주	영화 〈82년생 김지영〉: 번역 상의 쟁점	10주	영화 〈82년생 김지영〉 : 문화 코드 분석
11주	소설《채식주의자》: 내용 분석	12주	소설《채식주의자》: 번역 연습
13주	소설《채식주의자》: 문화 코드 분석	14주	기말 발표

〈표 5〉와 같이 이번 학기 수업 방향과 내용을 계획했다. 이번 학기 학습자들은 번역과 문학에 관심이 많았고, 구체적으로 공부하고 싶은 작품에 대해 의논했는데, 소설《82년생 김지영》, 《채식주의자》, 영화 〈기생충〉, 수필《죽고 싶지만 떡볶이는 먹고 싶어》에 대한 학습자들의 요구가 있었다. 또한 해당 시기에 한국에서 인기가 높았던 드라마 〈나의 해방일지〉를 포함해 위와 같이 총 5개의 작품 텍스트를 수업에 사용하기로 했다.

3.2.1. K-드라마를 통한 현대 구어 및 실제 언어 분석

최근 방영된 드라마의 특정 장면에 나오는 대사를 통해 실제 한국에서 발화되는 언어와 문화를 이해할 수 있다. 예를 들어, 학습자들은 드라마 〈나의 해방일지〉의 한 장면을 분석하여 한국어의 통사적·의미론적 특성을 파악할 수 있을 뿐 아니라 화용론적으로 대화의 맥락과 한국 문화를 학습함으로써 한국어의 특정 표현을 실제 상황에서 어떻게 사용하는지 이해하게 된다. 드라마나 영화 대사를 활용하여 대화 연습을 진행하는 수업 활동은 학습자들이 실제적인 자료를 통해 한국어를 연습하고 현실적이고 자연스러운 한국어 현상을 이해할 수 있게 돕는다.

〈표 6〉 드라마에 나타난 현실 언어 제시

드라마 〈나의 해방 일지〉 어휘
• 경기도민, 서울시민, 한국인
• 갔다오다 = 돌싱(돌아온 싱글) = 이혼한 사람
• 암 말 안 해 = 아무 말 안 해
• 애 딸린 홀애비: 아이가 있고 부인이 없는 남자
• 딥빡 치다: deep + 빡 치다
• 싸늘하다(갑분싸 = 갑자기 분위기 싸늘하다)
• 신랄하게 + (욕하다/비판하다/비난하다)
• 중2병
• 가늠하다 = 추측하다
• 눈빛 신호 = 눈치를 주다
• 시전하다 = 실행하다(행동하다)
• 셋더마우스를 시전했지만 = 말을 멈췄지만

3.2.2. K-드라마 또는 영화에 사용된 어휘 및 의미론적 특성 분석

드라마와 영화를 통해 다양한 어휘와 표현을 찾아볼 수 있다. 예를 들면 영화 〈기생충〉의 제목과 소설 《82년생 김지영》에 나오는 '맘충(이기적 엄마/민폐 엄마)' 등의 어휘를 통해 한국 사회에서 '-충'으로 불리는 혐오 표현, 예를 들면 '급식충(급식 먹는 학생/중고등학생)', '진지충(지나치게 진지한 사람)' 등 신조어의 양상을 살펴보고 이러한 표현이 쓰이는 원인과 한국 사회의 갈등 요소에 대한 학습자들의 의견을 공유할 수 있었다.

3.2.3. K-문학 및 영화를 통한 한국어 학습 및 통번역 연습

한국 문학이 세계적으로 부상함에 힘입어, 학습자들이 선정한 《채식주의자》, 《82년생 김지영》, 《죽고 싶지만 떡볶이는 먹고 싶어》 등의 문학 작품을 정해진 분량만큼 함께 읽고, 내용을 분석하고 어휘를 학습했다. 특히 번역에 관심이 있는 학습자들의 요구를 반영하여 영화의 번역 양상을 살펴보았는데, '짜파구리', '종북 개그', '반지하' 등과 같이 번역이 난해한 어휘들이 영어, 핀란드어, 스웨덴어 자막에 어떻게 나타났는지 비교해 보고 이에 대한 의견을 나눴다.

　　소설 《82년생 김지영》은 영화로 개봉 당시 한국에서 젠더 갈등으로 크게 이슈가 되었는데 한국문학번역원(2021)에 의하면 현재 영어, 중국어, 일본어, 스페인어, 프랑스어, 독일어, 베트남어, 인도네시아어, 헝가리어, 네덜란드어, 체코어, 아제르바이잔어, 아랍어 등 많은 언어로 번역 출간되었다고 한다. 수필 《죽고 싶지만 떡볶이는 먹고 싶어》 역시 국내외에서 큰 인기를 얻은 베스트셀러인데 학생들의 관심과 요구를 반영해 수업에 사용하게 되었다. 또한 통번역 방법과 실제적인 문학 및 영화 통번역에 대한 여러 사례도 알아봤다.

3.2.4. K-드라마 및 영화에서 다루는 사회적 이슈로 토론하기

K-드라마, 영화, 문학에서 다루는 주제들은 이제 한국인뿐만 아니라 전세계인들이 공감하고 어느 사회에서나 이슈가 되는 주제다. 따라서 드라마와 영화 및 문학 작품에서 다양하고 좋은 토론 주제들을 발견할 수 있다. 《82년생 김지영》에서는 성 역할 및 젠더 갈등에 대해, 《죽고 싶지만 떡볶이는 먹고 싶어》를 통해서는 현대인의 '고슴도치 증후군'에 대해 토론할 수 있었다.

　　또한 영화 〈기생충〉에 담겨 있는 은유적인 의미 및 영화에서 보여지는 다양한 공간, 즉 '성북동', '반지하', '계단'이 내포하는 의미에 대해 의견을 나눌 수 있도록 질문과 주제를 제시했다. 이러한 주제들은 한국뿐만 아니라 전세계적으로 공감할 수 있는 사회 문제인데 '빈부 격차', '실업 문제' 등이 영화에서 어떻게 나타나는지 설명하고 의견을 나눌 수 있었다.

4. 나가며

본 연구를 통해 한국 대중문화가 리스본대학교와 헬싱키대학교의 한국어 수업에 미치는 영향을 분석했다. 한국 대중문화를 수업에 통합함으로써 학습자의 학습 욕구와 참여도가 증가하고, 언어 습득과 문화 이해가 함께 증진됨을 확인할 수 있었다. 케이팝, 한국 드라마, 영화, 음식 등 대중문화 콘텐츠는 한국어 교육에 실질적으로 기여하며, 이는 교육의 질을 향상하는 데 중요한 역할을 한다. 연구 결과, 향후 한국어 교수 방향을 다음과 같이 제안한다.

첫째, 한국어 교육에 대중문화를 폭넓게 통합하여 학습자들의 흥미를 유발하고 학습 의지를 북돋워야 한다. 케이팝, 드라마, 영화 등을 교재와 수업에 적극적으로 반영하고, 학습자들이 실생활에서 한국어를 사용할 수 있는 기회를 제공하도록 도와야 한다.

둘째, 최신 대중문화 콘텐츠를 반영한 교육 자료와 교재를 개발하고, 이를 통해 학습자들에게 최신 한국어 정보를 제공해야 한다. 최신 케이팝 음악, 최근 방영된 드라마, 새로운 영화 등을 수업 자료로 활용하여 학습자들이 최신 한국어와 문화를 접할 수 있도록 해야 한다.

셋째, 학습자들에게 한국 문화를 체험할 수 있는 다양한 기회를 제공하여, 언어 학습과 문화 이해를 동시에 증진해야 한다. 한국 전통 명절 행사, 한국 음식 체험, 한국 전통 예술 체험 등을 통해 학습자들에게 종합적인 문화적 경험을 제공, 문화에 대한 이해를 높일 수 있도록 도와야 한다.

참고문헌

김재욱. 2009. 외국 대학과 한국 대학의 한국어교육 전공 학과 교육과정 비교 연구. **새국어교육**. 82. 한국국어교육학회. pp. 73-93.

김정영. 2019. 유럽의 한국어 교육과 연구의 현황과 전망: 헬싱키 대학교를 중심으로. 2019년도 한국학 국제학술회의 발표문. 한국학중앙연구원.

김훈태. 2017. 한국의 대중문화를 활용한 한국어 교육과 문화교육의 사례–루마니아 한국어 학습자를 대상으로 한 '드라마'의 활용 사례를 중심으로. **국제한국어교육학회 학술대회 논문집**. pp. 46-54.

남신혜. 2020. 소셜미디어 해시태그로 본 'Learning Korean'–인스타그램 네트워크 분석을 중심으로. **한국어 교육**. 국제한국어교육학회. 31-4. pp.1-20.

박선희. 2006. 영화를 활용한 한국어 고급반 프로젝트 수업. **이중언어학**. 30. pp. 185-214.

박영희, 오성아, 노하나. 2021. 케이팝을 활용한 한국어 연어 교육 방안 연구–방탄소년단(BTS) 노래를 중심으로. **인문학연구**. 경희대학교 인문학연구원. 48. pp. 351-376.

연재훈. 2015. 유럽 한국어 교육의 쟁점과 과제. **국제한국어교육**. 1-2. 국제한국어교육문화재단. pp. 1-31.

오지혜, 권미경. 2021. 한국 문화 교육을 위한 대중문화 교육의 방향–케이팝을 중심으로. **언어와 문화**. 한국언어문화교육학회. 17-1. pp. 131-153.

이정희. 1999. 영화를 통한 한국어 수업 방안 연구. **한국어 교육**. 10-1. pp. 221.

전하나. 2024. 한국어 학습자를 위한 대중문화 교육 방안 탐색–드라마 〈이태원 클라쓰〉를 중심으로. **다문화사회와 교육연구**. 16. 부산외국어대학교 다문화연구소. pp. 269-294.

한국 국제문화교류진흥원. 2021. **2020 한류백서**.

한국 국제문화교류진흥원. 2022. **글로벌 한류 트렌드 2022**. 한영문화사.

조영미. 2011. **영화를 활용한 한국어 문화 교육 방안**. 국내 석사 학위 논문 부산대학교. 부산.

최정순·송임섭. 2012. 영화를 활용한 한국 문화 교육 방안 〈공동경비구역 JSA〉를 중심으로. **국제어문**. 55. pp. 639-668.

한국문학번역원. 2021. 《82년생 김지영》을 읽은 외국인들의 반응이 궁금하다면. https://blog.naver.com/itlk/222476136768

Go, Songmu. 1982. G. J. *Ramstedt korean kielen tutkijana*. Helsinki.

Halén, Harry. 1998. *Biliktu Bakshi: The Knowledgeable Teacher: G. J. Ramstedt's Career as a Scholar*. Helsinki: Finno-Ugrian Society. pp. 273-274, 354. http://ci.nii.ac.jp/ncid/BA40761141.

제6장

슬로베니아 한국어 학습자의 한국어에 대한 이미지 분석

– 류블랴나대학교 한국어 수강생 설문 조사를 바탕으로[1]

류현숙

슬로베니아 류블랴나대학교

University of Ljubljana

[1] 이 논문은 2022년도 대한민국 교육부와 한국학 중앙연구원(한국학진흥사업단)의 해외 한국학 씨앗형 사업의 지원을 받아 수행된 연구임(AKS-2022-INC-2250001).

1. 들어가며

슬로베니아에서 한국어 교육이 처음 시작된 것은 2003년이다. 1995년에 류블랴나대학교 인문대학에 아시아아프리카학과가 설립되었으나 당시는 일본학과 중국학 두 강좌만이 개설되어 있었다. 이후 대만 관련 과목이 중국학 안에 개설되었고, 2003년 한국어 강좌가 개설된 이래 인도학과 같은 다른 아시아 나라들과 관련된 강좌가 개설되기도 하였으나 독립 전공으로까지는 발전하지 못하였다. 그러나 아프리카 강좌는 개설된 적 없이 2015년 볼로냐 시스템으로 바뀌면서 학과 명칭에서 아프리카가 빠지고 아시아학과로 변경되어 오늘에 이르고 있다.

한국학은 2003년에 강좌가 개설된 이래, KF와 AKS의 지원으로 한국 관련 강좌가 꾸준하게 유지되어 한국학 교수직이 신설되었으며, 2023년 10월에는 공식적으로 아시아학과 내에서 독립된 지위를 얻게 되었다. 2024년 현재 아시아학과 내에 한국학, 중국학, 일본학이 개설되어 있다.

한국어 강좌가 시작된 2003년은 한류 붐이 중국과 일본에서 불기 시작해 인근 아시아 지역으로 퍼진 시기인데, 당시 슬로베니아에서는 한국에서 왔다고 하면 젊은 사람들조차도 북한인지 남한인지를 되물을 만큼 한국은 낯선 나라였다. 그러나 류블랴나대학교 인문대학 아시아학과 교수진들은 한국어 과목을 개설하는 데에 동의했다. 아시아에서 일고 있는 한류 열풍, 동아시아 역사에서 한국이 차지하는 위상과 경제 및 과학 분야에서 발전을 거듭하는 모습 등을 눈여겨 보고 있었던 것이다. 당시 중국학과 일본학은 이미 인기가 높았고, 아시아 역사와 철학 등을 공통 과목으로 가르치고 있었기 때문에, 신설된 한국어 수업은 아시아에 대한 관심이 높은 몇몇 학생만이 수강하는 상황이었다. 이후 슬로베니아에서 한국어를 배우려는 사람이 매년 증가하고 있다는 사실을 접한 후 한국어 학습자를 대상으로 설문 조사를 하게 되었다. 이 설문 조사는 총 10여 차례에 걸쳐 이루어졌고, 본 논문은 이를 바탕으로 류블랴나대학교 한국어 학습자의 한국어에 대한 이미지를 분석했다. 이 연구를 시작하기 전에 한국어 이미지에 관한 선행 연구가 있는지 검색해 보았으나, 한국의 이미지, 특정 상품군에 대한 이미지, 관광지 이미지 등에 관한 연구는 다수 존재하나 한국어 이미지에 관한 연구는 부재했다.

2. 설문 조사

2.1. 기간과 방법

설문 조사는 2005년부터 2015년까지 한국어 1 첫 시간에 실시했고, 인쇄된 설문지를 사용했다. 그중 2008년과 2011년은 설문 조사를 실시하지 못했고, 2016년에 학제가 바뀌어 한국학이 개설되었는데 여러 가지 사정으로 설문 조사를 실시하지 못했다. 그러다가 한국학 전공 지원자가 늘면서 2022년부터 다시 설문 조사를 재개했다. 2022년 설문 조사를 다시 시작할 때는 류블랴나대학교에서 만든 설문 조사 분석 프로그램 1KA를 사용했는데, 앱 기반이라 시간과 장소에 제약을 받지 않아 전 학년에서 설문 조사를 실시했다. 2005년부터 2015년까지의 설문 조사 항목과 2022년부터 다시 시작된 설문 조사 항목 및 측정 방법에는 약간의 차이가 있으나, 본 논문에서 다룰 한국어 이미지 항목은 자유 서술 방식으로 설문지 형식에 관계없이 같은 내용의 설문 항목을 유지할 수 있었다. 다만, 2023년은 한국어 강좌 신입생을 선발하지 않는 해였기 때문에 본 연구에서는 2005년부터 2015년까지의 설문 조사와 2022년의 설문 조사 중 1학년 응답자의 결과만을 분석 대상으로 삼았다.

2.2. 설문 내용

2005년부터 2015년까지 실시한 설문과 2022년에 실시한 설문 항목 중 공통 항목은 다음과 같다.

 (1) 전공
 (2) 성별
 (3) 연령
 (4) 왜 한국어를 공부하기로 결심했습니까?
 (5) 한국어를 배운 적이 있습니까? 기간(년 개월)
 (6) 한국 또는 한국어에 관한 정보는 어디에서 얻습니까?
  TV, 신문, 잡지, 책, 인터넷, 지인, 기타
 (7) 한국어 지식은 어떻게 활용할 계획입니까? (중요한 순서대로 번호를 적으세요)
  유학, 여행, 이메일 쓰기, 통번역, 인터넷 검색, 독서(책, 신문), 취업, 영화 감상,
  TV 보기, 친구와 대화, 기타
 (8) 언어 능력 (초급, 중급, 고급)
  슬로베니아어, 크로아티아어, 영어, 일본어, 중국어, 독일어, 이탈리아어, 프랑스어 등
 (9) 당신이 생각하는 한국의 이미지를 적으세요.
 (10) 당신이 생각하는 한국어의 이미지를 적으세요.

3. 한국어에 대한 이미지 분석

한국어에 대한 이미지를 기술한 내용은 '일반, 문자, 발음, 듣기, 문법, 비교' 6가지 항목으로 나누어 연도별로 정리했다. 연도별로 정리한 〈표 1〉부터 〈표 10〉은 설문 조사 내용을 일부 번역한 것으로, 서로 다른 항목에서 동일한 표현이 자주 등장하나 달리 수정하지 않고 그대로 실었다. 연도별·항목별 전체 응답자 수는 〈표 11〉로 묶어 정리했다.

〈표 1〉2005년도 한국어 이미지 분석

(한국어의 이미지에 대해 기술한 응답자 수 14명/ 총 설문 응답자 수 17명)		
일반	좋은 이미지	재미있다/아름답다/매력적이다/앞선 언어다
	안 좋은 이미지	어렵다/재미있지만 어렵다/복잡하다/아주 어려운 언어일 듯/공식적인 말투가 복잡해 보인다
	기타	수학적이다/논리적이다
문자 (표기)	좋은 이미지	표기 체계가 쉽다
	안 좋은 이미지	
	기타	
발음 (말하기)	좋은 이미지	동글동글한 발음
	안 좋은 이미지	(발음이) 일본어보다 어렵다/복잡하다
	기타	강세가 있다/둥근 발음에 강세가 있다
듣기 (억양)	좋은 이미지	듣기에 매우 재미있다/멜로디가 좋다
	안 좋은 이미지	
	기타	고유의 멜로디가 있다
문법	좋은 이미지	
	안 좋은 이미지	
	기타	
비교	일본어	일본어와 비슷할 것 같다/일본어와 비슷하면 좋겠다
	중국어	중국어처럼 재미있으면 좋겠다
	기타	

〈표 2〉2006년도 한국어 이미지 분석

(한국어의 이미지에 대해 기술한 응답자 수 8명/ 총 설문 응답자 수 8명)		
일반	좋은 이미지	
	안 좋은 이미지	매우 어렵다
	기타	잘 안다/지금은 잘 모르지만 곧 내 이력서에 포함될 수 있기를 바란다
문자 (표기)	좋은 이미지	
	안 좋은 이미지	알파벳(자음과 모음)이 서로 결합하는데, 어려울 것 같다
	기타	
발음 (말하기)	좋은 이미지	
	안 좋은 이미지	
	기타	

듣기 (억양)	좋은 이미지	듣기 좋다
	안.좋은 이미지	
	기타	
문법	좋은 이미지	
	안 좋은 이미지	매우 어렵다
	기타	
비교	일본어	일본어와 비슷하다/문법은 비슷하나 표기 체계는 전혀 다르다/일본어와 발음이 비슷하나, 표기법은 훨씬 쉽다
	중국어	
	기타	

〈표 3〉 2007년도 한국어 이미지 분석

(한국어의 이미지에 대해 기술한 응답자 수 12명/ 총 설문 응답자 수 15명)		
일반	좋은 이미지	흥미롭다
	안 좋은 이미지	까다롭다/쉬울 것 같지 않다/매우 어려울 것 같다
	기타	내가 알고 있는 언어와 다르다/한자를 사용하는 음절 언어
문자 (표기)	좋은 이미지	표기 체계가 쉽다
	안 좋은 이미지	
	기타	
발음 (말하기)	좋은 이미지	
	안 좋은 이미지	매우 어려울 것 같다/복잡하다/발음이 매우 어려운 언어로 알고 있다
	기타	
듣기 (억양)	좋은 이미지	멋진 소리/매우 시적이다/소리가 너무 좋다/다양한 표현이 가능한 시적인 언어다
	안 좋은 이미지	
	기타	
문법	좋은 이미지	
	안 좋은 이미지	
	기타	
비교	일본어	통사론적으로 일본어와 매우 비슷하다
	중국어	음절 문자로 중국어보다 덜 어렵다/중국어보다 배우기에 조금 쉬울 것 같다
	기타	

〈표 4〉 2009년도 한국어 이미지 분석

(한국어의 이미지에 대해 기술한 응답자 수 46명/ 총 설문 응답자 수 50명)		
일반	좋은 이미지	(아주) 흥미롭다/재미있다/다양하다/까다롭지만 아름다운 언어/복잡하지만 재미있고 아름답다/복잡하지만 흥미롭다/어렵지만 아름다운 언어
	안 좋은 이미지	(매우) 어렵다/우리 나라에서 거의 사용되지 않는 언어이기 때문에 모든 사람이 어렵게 느낄 것이다/꽤 흥미로운 언어이나 매우 까다롭다/배우기 어렵다(까다롭다)/복잡하다/언어 자체가 어렵다
	기타	모른다/이국적이다/잘 알려지지 않은 언어/특이하다/다르다/배울 게 많다
문자 (표기)	좋은 이미지	배우기에 어렵지 않다/표기 체계가 쉽다/흥미롭다
	안 좋은 이미지	다소 복잡하다/라틴 문자보다 훨씬 더 복잡하다/문자가 많다
	기타	표기 체계가 매우 특이하다
발음 (말하기)	좋은 이미지	
	안 좋은 이미지	다소 복잡하다/어렵다/따라하기 힘들다
	기타	
듣기 (억양)	좋은 이미지	귀를 기쁘게 한다/마치 노래하는 이야기 같다/매우 아름답고 멜로디가 있는 언어/소리가 매우 아름다운 언어/물 흐르는 듯하고 아름답다/멜로디가 있다(억양이 중요하다)/물 흐르는 듯하고 빠르며 시적이다
	안 좋은 이미지	
	기타	
문법	좋은 이미지	
	안 좋은 이미지	(매우) 어렵다/복잡하다/태(voices)가 많다
	기타	
비교	일본어	문법이 비슷하다/음성학적으로 일본어와 비슷하다/일본어보다 쉽다/일본어와 (발음이) 비슷하다/일본어와 비슷하나 표기 체계가 다르다
	중국어	중국어와 비슷하다
	기타	

〈표 5〉 2010년도 한국어 이미지 분석

(한국어의 이미지에 대해 기술한 응답자 수 29명/ 총 설문 응답자 수 31명)		
일반	좋은 이미지	매우 흥미롭다/다양하다/매우 귀여운 언어/단순하고 정중하고 세련된 언어다/언어에 대한 지식은 미래에 큰 잠재력이다/재미있고 유용하다/흥미롭다/유용하다
	안 좋은 이미지	(매우) 어렵다/까다롭다/여러 해 동안 연습해야 배울 수 있는 어려운 언어/기억하기 어렵다
	기타	다르다/어렵지만 연습을 충분히 하면 쉬워진다/언어에 대한 지식은 미래에 큰 잠재력이다/모른다

문자 (표기)	좋은 이미지	쉽다/한국어의 매력은 문자에 있다
	안 좋은 이미지	
	기타	
발음 (말하기)	좋은 이미지	재미있다
	안 좋은 이미지	매우 어렵다
	기타	
듣기 (억양)	좋은 이미지	물 흐르는 것 같다/재미있다/물 흐르는 듯하고 멜로디가 있다/소리가 매우 아름답다/매우 아름답고 멜로디가 있다/듣기 좋은 언어/듣기에 즐겁다/소리가 매우 좋다
	안 좋은 이미지	
	기타	
문법	좋은 이미지	
	안 좋은 이미지	어렵다
	기타	
비교	일본어	문법이 일본어와 비슷하다/비슷하다
	중국어	비슷하다
	기타	유럽 언어와 다르다/슬로베니아어와 다르다

<표 6> 2012년도 한국어 이미지 분석

(한국어의 이미지에 대해 기술한 응답자 수 35명/ 총 설문 응답자 수 50명)		
일반	좋은 이미지	대단하다/매우 교육적이고 표현이 쉽다/아름다운 언어/흥미롭다/질서 정연한 규칙이 있다/환상적이다/다채롭다
	안 좋은 이미지	복잡하다/어렵다/흥미로우나 어렵다/많이 공부해야 한다
	기타	슬로베니아 사람들이나 유럽 사람들에게 아시아 언어에 대한 첫 인상은 어렵고, 배우기 힘들다는 것이지만, 언어에 대한 지식이 쌓이고 시간이 지나면 그리 어렵지 않다는 것을 알게 된다
문자 (표기)	좋은 이미지	수학적인 표기 체계/쉬운 표기/흥미롭다
	안 좋은 이미지	조금 복잡하다
	기타	선과 동그라미
발음 (말하기)	좋은 이미지	아름답다
	안 좋은 이미지	복잡하다/어렵다
	기타	
듣기 (억양)	좋은 이미지	가장 아름다운 소리를 가진 아시아 언어/흥미롭고, 물 흐르는 것 같고, 귀에 잘 들어온다/소리가 매우 아름답다/소리가 멋있는 유쾌한 언어/아름다운 말소리
	안 좋은 이미지	
	기타	

문법	좋은 이미지	조금 쉽다
	안 좋은 이미지	어렵다
	기타	
비교	일본어	문법이 일본어와 비슷하다/일본어보다 쉽다/일본어와 비슷한 문법, 일부 단어들은 서로 비슷하다
	중국어	중국어와 같은 음절/중국어보다 덜 복잡한 표기 체계
	기타	우리와는 매우 다른 논리적 체계를 갖추고 있다

〈표 7〉 2013년도 한국어 이미지 분석

(한국어의 이미지에 대해 기술한 응답자 수 36명/ 총 설문 응답자 수 46명)		
일반	좋은 이미지	그리 어렵지 않다/(매우) 흥미롭다/배우기에 재미있다/흥미로운 언어/아름답다/색다르고 아름다운 언어/일반적이지 않으나 흥미롭다/다채롭다/점점 더 중요해지고 흥미로워지는 언어/유용하다/즐겁다
	안 좋은 이미지	어렵다/까다롭다/보기에는 아름다우나 (매우) 복잡하다
	기타	기본 지식을 가지고 있다/다르다/일자리를 찾을 때 폭이 넓어진다/우리와 익숙한 언어들과 다르다/특이하다
문자 (표기)	좋은 이미지	흥미롭다/문자 수가 적어 쉬울 것 같다
	안 좋은 이미지	어려운 표기 체계
	기타	
발음 (말하기)	좋은 이미지	
	안 좋은 이미지	
	기타	
듣기 (억양)	좋은 이미지	
	안 좋은 이미지	멜로디가 있다/물 흐르는 듯한 언어
	기타	
문법	좋은 이미지	매우 특이한 음성적 특징을 가진 동아시아 (언어) 구조
	안 좋은 이미지	
	기타	
비교	일본어	일본어보다 쉬운 표기 체계, 덜 복잡하다/일본어보다 쉬운 문자/비슷하다
	중국어	비슷하다
	기타	슬로베니아어와 전혀 다르다

〈표 8〉 2014년도 한국어 이미지 분석

(한국어의 이미지에 대해 기술한 응답자 수 25명/ 총 설문 응답자 수 33명)		
일반	좋은 이미지	그리 까다롭지 않은 언어/TV 쇼와 드라마를 통해 한국어를 접했는데 매우 흥미로운 언어라고 생각되어 배우려고 한다/매우 쉽다/아름답다/배우기 쉽다/의지만 있으면 배우기 어렵지 않은 언어/다른 나라에서도 미래가 있는 언어/아름다운 아시아 언어/이미 한국어를 좀 배웠는데 정말 흥미롭다/처음에는 어렵고 이해하기 힘들겠지만 배울 수 있다/흥미로운 언어/한글이 정말 좋아서 배우고 싶다
	안 좋은 이미지	조금 어렵다/쉬운 언어라고는 생각하지 않는다/어렵다
	기타	내가 사용하던 언어와 매우 다르다/한국어에 대해 아는 건 없지만 배우기 쉽고 즐겁기를 바란다
문자 (표기)	좋은 이미지	문자가 까다로우나 흥미롭다/고유의 표기 체계를 가진 언어/흥미롭다
	안·좋은 이미지	
	기타	
발음 (말하기)	좋은 이미지	
	안 좋은 이미지	좀 어려운 발음
	기타	
듣기 (억양)	좋은 이미지	멜로디가 있다/듣기에 재미있다/소리가 좋다
	안 좋은 이미지	
	기타	
문법	좋은 이미지	
	안 좋은 이미지	구조가 어렵다
	기타	
비교	일본어	구조가 일본어와 비슷하다/소리와 단어가 닮았다/단순화된 일본어, 유사한 어근과 어원/문법이 일본어와 비슷하다/일본어와 조금 비슷하다
	중국어	소리와 단어가 닮았다
	기타	우리가 배워 온 언어와 매우 다르다

〈표 9〉 2015년도 한국어 이미지 분석

(한국어의 이미지에 대해 기술한 응답자 수 17명/ 총 설문 응답자 수 29명)		
일반	좋은 이미지	관심이 많다/어려운 언어 중 하나이자 매우 아름다운 언어/아름답다/흥미롭다/다채롭다
	안 좋은 이미지	정복하기 위해 많은 노력을 필요로 하는 매우 어려운 언어 중 하나/매우 어려울 것 같다
	기타	특이하다

문자 (표기)	좋은 이미지	쉬운 문자/논리적인 문자/좋다
	안 좋은 이미지	
	기타	
발음 (말하기)	좋은 이미지	좋다
	안 좋은 이미지	매우 어려운 발음/어려운 발음
	기타	
듣기(억양)	좋은 이미지	멜로디가 있다
	안 좋은 이미지	
	기타	
문법	좋은 이미지	
	안 좋은 이미지	문법이 어려운 음절 언어/(아주) 어려운 문법
	기타	
비교	일본어	문법은 비슷하나 발음이 다르다(일본어를 배우는 중이다)/일본어와 닮았으나 쉽다/일본어보다 쉽다/일본어와 중국어의 혼합
	중국어	다른 언어와 비슷한 점이 없는데 중국어와는 비슷할 것 같다/비슷하다/일본어와 중국어의 혼합
	기타	슬로베니아어와 다르다

〈표 10〉 2022년도 한국어 이미지 분석

(한국어의 이미지에 대해 기술한 응답자 수 8명/ 총 설문 응답자 수 19명)		
일반	좋은 이미지	처음에는 좀 어려운데 제대로 동기 부여가 되고 잘 유지하면 아주 아름다운 언어가 된다/매일 한국어를 접하기 때문에(드라마, 케이팝) 다른 아시아 언어보다 가깝게 느껴진다
	안 좋은 이미지	복잡하고 배우기 어렵다
	기타	
문자 (표기)	좋은 이미지	정말 예쁘고 재미있다/체계적으로 잘 구성되어 있고, 연습을 통해 배우고 기억하기 쉽다/배우기 쉽고 아름답게 보인다
	안 좋은 이미지	
	기타	
발음 (말하기)	좋은 이미지	
	안 좋은 이미지	단어가 재미있는데 좀 어렵다
	기타	
듣기 (억양)	좋은 이미지	아주 멋있다/재미있고 귀엽게 들린다/듣기 좋다/한국어 듣는 것을 좋아한다/듣기가 아주 즐겁다/흥미롭고 특이한 소리, 음색 때문에 듣기에 즐겁다
	안 좋은 이미지	
	기타	

II. 문화, 문학, 역사와 한국어 교육

문법	좋은 이미지	
	안 좋은 이미지	
	기타	
비교	일본어	
	중국어	
	기타	

앞서 〈표 1〉부터 〈표 10〉은 연도별로 한국어에 대한 이미지를 분석한 것인데, 다음의 〈표 11〉에서 한국어의 이미지가 어떻게 바뀌었는지 한눈에 볼 수 있게 숫자로만 나타내 정리했다. 좋은 이미지는 '긍정'으로, 좋지 않은 이미지는 '부정'으로 간략하게 표시했다. 다른 언어와 비교한 부분에서는 일본어와 중국어가 주된 비교 대상이었으며, 그 외에는 주로 슬로베니아어가 등장하므로 여기에서는 '슬로어'로 줄여 표기했다.

〈표 11〉 2005~2015, 2022년도 연도별 한국어 이미지에 대한 항목별 응답 수

각 연도는 두 개의 하위 열로 나뉘며, 왼쪽 열은 해당 항목의 합계(응답 수)를, 오른쪽 열은 세부 응답 수를 나타낸다.

2005~2010년

연도 (응답자 수)		2005 (14명)		2006 (8명)		2007 (12명)		2009 (46명)		2010 (29명)	
일반	긍정		6		1		2		12		16
	부정	13	7	4	2	7	3	30	10	29	10
	기타				1		2		8		3
문자	긍정				1				3		2
	부정	1		1		1		7	3	2	
	기타								1		
발음	긍정		1								1
	부정	5	2			2	2	7	7	3	2
	기타		2								
듣기	긍정				2		1		3		8
	부정	3		3		1		3		8	
	기타				1						
문법	긍정										
	부정			2		2		4		4	
	기타										
비교	일본어				3		3		1		2
	중국어	4			1		3	3	2	4	2
	슬로어										

2012~2022년

연도 (응답자 수)		2012 (35명)		2013 (36명)		2014 (25명)		2015 (17명)		2022 (8명)	
일반	긍정		17		26		12		8		2
	부정	25	8	43	11	19	4	12	2	3	1
	기타				6		3		2		
문자	긍정		3		2		3		3		3
	부정	5	1	3	1	3		3		3	
	기타		1								
발음	긍정		1						1		
	부정	4	3			1	1	3	2	1	1
	기타										
듣기	긍정		8		5		5		4		5
	부정	8		5		6		4		5	
	기타						1				
문법	긍정				1						
	부정	2		2		1		3		3	
	기타										
비교	일본어		7		2		4		4		4
	중국어	9	2	5	1	7	2	7	2		3
	슬로어				2		1		1		1

앞에서도 언급했듯이, 이 설문은 2005년부터 2015년, 그리고 2022년의 조사 결과이다. 또한 2005년부터 2015년까지는 수업 첫 시간에 수업에 관해 안내한 뒤 종이에 인쇄된 설문지를 배포하여 정해진 시간 안에 설문 조사를 실시했고, 2022년부터는 앱을 사용해 설문 조사를 실시했다. 다음의 〈표 12〉는 연도별 설문 응답자 수와 해당 문항 응답자 수 그리고 비율을 정리한 것이다. 연도별로 해당 항목 설문 응답자 수와 당해 연도 설문 응답자 총수는 2005년에는 14명(해당 설문 항목 응답자 수)/17명(당해 연도 설문 응답자 총수), 2006년 8명/8명, 2007년 12명/15명, 2009년 46명/50명, 2010년 29명/31명, 2012년 35명/50명, 2013년 36명/46명, 2014년 25명/33명, 2015년 17명/29명, 2022년 8명/19명으로 집계됐다. 2015년까지는 정해진 시간 안에 설문에 응해야 했음에도 2022년 앱으로 진행했을 때보다 더 많은 비율의 수강자들이 해당 항목에 응답한 것으로 나타났다.

〈표 12〉 2005~2015, 2022년도 한국어 이미지에 대한 응답 비율

	설문 응답자 수	해당 문항 응답자 수	해당 문항 응답자 비율		설문 응답자 수	해당 문항 응답자 수	해당 문항 응답자 비율
2005	17	14	82%	2012	50	35	70%
2006	8	8	100%	2013	46	36	78%
2007	15	12	80%	2014	33	25	76%
2009	50	46	92%	2015	29	17	59%
2010	31	29	94%	2022	19	8	42%

〈표 13〉에서 나타나는 것처럼, 동일한 설문 조사에서 한국어 학습 경험을 묻는 항목의 응답 결과는 2005년에는 2명/17명, 2006년 0명/8명, 2007년 5명/15명, 2009년 1명/50명, 2010년 4명/31명, 2012년 4명/50명, 2013년 7명/46명, 2014년 3명/33명, 2015년 1명/29명, 2022년 12명/19명으로 집계됐다. 한국어의 이미지에 대해 묻는 항목에 응답율이 가장 적은 2022년도 입학생의 63%가 한국어를 학습한 경험이 있는 학생들이었다. 2022년도에 응답율이 저조한 이유에 대한 추적 조사는 불가능했으나, 응답자들이 이미 한국어에 대한 '이미지'가 아닌 '실체'를 알고 있기 때문이 아닌가 조심스럽게 추측해 볼 수 있다.

〈표 13〉 2005~2015, 2022년도 한국어 학습 경험자 비율

연도	설문 응답자 수	학습 경험자	학습 경험자 비율	연도	설문 응답자 수	학습 경험자	학습 경험자 비율
2005	17	2	12%	2012	50	4	8%
2006	8	0	0%	2013	46	7	15%
2007	15	5	33%	2014	33	3	9%
2009	50	1	2%	2015	29	1	3%
2010	31	4	13%	2022	19	12	63%

<표 14>에서는 한국어 학습 경험자와 한국어 이미지에 대해 응답한 학습자 비율을 비교해 보았다. 매년 첫 수업에서 진행한 조사이긴 하나 응답에 주어진 시간이 일정하지 않아서 맨 마지막에 있는 2개의 서술 문항에 답할 만큼 충분한 시간이 주어졌는지 파악할 수 없다. 다만 전체적으로 응답자 수가 적어지는 경향을 보이며 학습 경험 비율이 낮을수록 한국어 이미지에 대한 응답 비율이 높은 것으로 나타났다.

<표 14> 2005~2015, 2022년도 한국어 학습 경험자 비율과 한국어 이미지에 대한 응답자 비율

연도	학습 경험자 비율	한국어 이미지에 대한 응답자 비율	연도	학습 경험자 비율	한국어 이미지에 대한 응답자 비율
2005	12%	71%	2012	8%	70%
2006	0%	100%	2013	15%	78%
2007	33%	80%	2014	9%	76%
2009	2%	92%	2015	3%	59%
2010	13%	94%	2022	63%	42%

수강생 중에는 한국어를 공부하며 좋은 결과를 얻었거나 좋은 이미지를 갖게 되어서 한국학을 전공으로 선택한 경우도 있고, 한국학을 선택한 이후 입학 전 한국어를 공부한 경우도 있겠지만, 학습 경험자 비율이 높게 나타나는 2022년(63%)과 2007년(33%)에 문법 항목조차 부정적인 기술이 없는 것으로 보아(<표 11> 참조), 어느 경우에도 한국어에 좋은 이미지를 가지고 있는 것으로 보인다.

4. 나가며

슬로베니아 류블랴나대학교 한국어 학습자를 대상으로 한 설문 조사를 바탕으로, 슬로베니아 한국어 학습자가 한국어에 대해 생각하는 일반적인 이미지를 간략하게 정리하면, 2005년부터 2007년까지는 '어렵다', '복잡하다' 등의 부정적인 이미지가 많았으나(이하 <표 11> 참조), 2009년부터는 '흥미롭다', '아름답다', '배우기 쉽다' 등의 긍정적인 응답이 많았다.

'문자' 항목은 2005년부터 2007년까지 응답자가 각각 1명이었으나, 2009년부터 점차 증가하여, 2010년부터는 긍정적인 이미지가 자리 잡고 있다. '발음'에 대해서는 전반적으로 '복잡하다', '어렵다', '따라하기 힘들다' 등 부정적인 이미지가 강한 것으로 나타났으나, '듣기'의 경우는 '멜로디가 있다', '물 흐르는 듯한 소리', '시적이다', '아름답다' 등 매우 긍정적인 응답이 설문 조사를 진행한 10년간 유지되고 있다.

전체적으로 '문법' 항목에 대한 응답이 가장 적었으며, 부정적인 이미지도 강했다. 문법에 대해 한 번도 언급되지 않은 해는 10번의 조사 중 4번이었다. 상대적으로 한국어 학습 경험이 있는 학습자의 비율이 높은 해인 2022년과 2007년, 그리고 2013년에 오히려 문법에 대한 언급이 없는 것으로 나타났다. 또한 문법에 대해 부정적인 응답만 기술된 해는 2006년, 2009년, 2010년, 2014년, 2015년이었으나, 이들의 경우 한국어 학습 경험이 있는 학습자의 비율은 10% 이하였다. 즉, 한국어 학습자들이 한국어를 실제로 학습하기 전에는 문법에 주로 부정적인 이미지를 가졌던 것을 알 수 있다.

한국어를 다른 언어와 비교한 내용을 종합하면, 한국어 수업이 아시아학과 내 일본학 전공의 선택 과목으로 개설되었던 2015년 조사까지는 일본어 전공자가 많았기 때문에 일본어와 비교하는 내용이 많았다. 한국어를 일본어와 비교한 응답으로는 '일본어와 문법이 비슷하다', '표기 체계가 다르다', '발음이 비슷하다', '표기가 쉽다', '일본어보다 쉽다', 중국어와 비교한 응답으로는 '중국어보다 덜 복잡한 표기 체계', '중국어와 비슷하다'는 기술이 많았다. 중국어와 비슷하다는 응답은 한자어에서 온 단어가 많이 사용되는 한국어의 특성 때문인 것으로 보인다.

정리하면, 슬로베니아의 한국어 학습자는 2009년 이후 전반적으로 한국어의 이미지를 긍정적으로 평가했으며, 발음과 문법 면에서는 부정적인 이미지를 가진 학습자가 많았으나, 문자와 듣기 면에서는 긍정적이었다. 향후에도 본 연구자는 슬로베니아의 한국어 학습자 추이와 한국어 이미지 추이 조사를 이어 갈 예정이며, 본 연구에서는 밝히지 못한 '무엇이, 어떻게 한국어 이미지에 영향을 미치는가'에 대한 조사 및 분석도 진행할 계획이다.

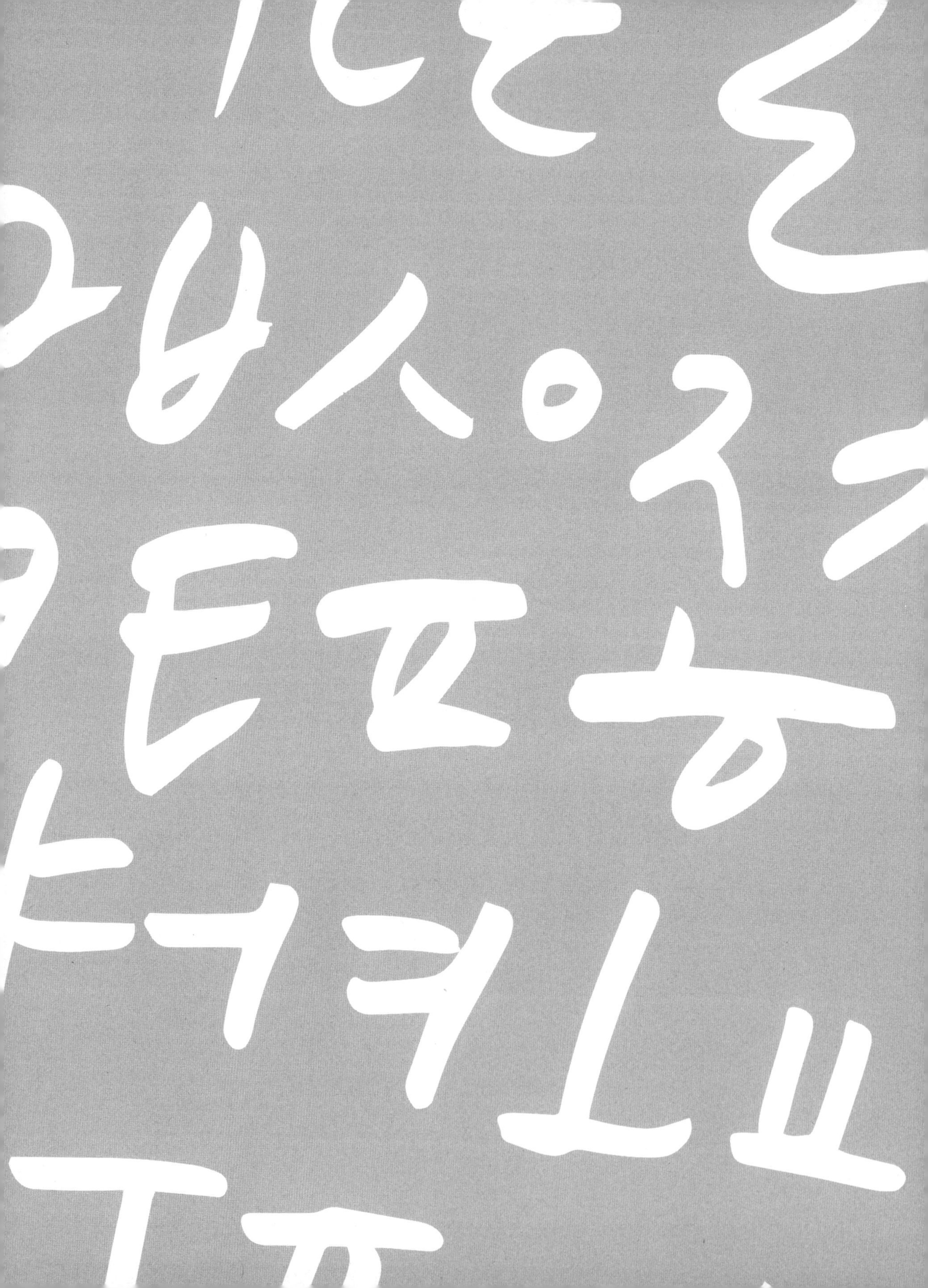

문법, 발음, 화용과
한국어 교육

III

제1장

다중언어 사회에서
한국어 발음 교육의 방법론

강신형
오스트리아 인스부르크대학교
Universität Innsbruck

1. 들어가며

전 세계에는 약 6,000여 개의 언어가 존재한다. 그리고 이 언어의 말소리는 모두 다르다. 왜일까. 15세기 초 한국에 한 언어학자가 있었다. 그는 동서남북의 여러 언어에 능통했다. 당시 국제어로 쓰인 중국어는 물론 몽골어, 일본어, 여진족의 언어까지 구사할 수 있었다. 그래서 그는 일찍이 모든 언어의 말소리가 다르다는 사실을 알게 되었다. 그런데 말소리가 다르면 문자도 달라야 하지 않을까? 같은 문자를 쓰는 중국과 글로는 통하였는데 소리로는 통할 수 없었으니 말이다.

그래서 그는 생각했다. '말이 다르다. 아니다 말이 다른 것이 아니라, 사람이 다른 것이다. 아니다. 사람이 다른 것이 아니라, 그들이 사는 곳이 다른 것이다. 그들이 사는 곳이 춥거나 덥거나, 산이 높거나 낮거나, 습하거나 건조하거나 하는 등의 환경이 다른 것이다. 환경이 다르면 사람의 기질이나 풍습이 달라진다. 기질이나 풍습이 다르면 사람의 호흡이 달라진다. 그래서 동쪽 사람은 이로, 서쪽 사람은 볼로, 남쪽 사람은 입술로, 북쪽 사람은 목으로 말한다(《동국정운》, 신숙주 외).'

그는 말소리마다 청각적 인상이 다름을 인식한다. 그리고 청각적 인상과 조음 기관의 상관관계를 관찰하여 위와 같은 사실을 발견한다. 사실 말소리를 듣는다는 것은 말소리의 음향을 듣는 것이다. 따라서 말소리의 청각적 인상이란 음성의 음향에 대한 인상을 말한다. 세종의 학자들은 언어의 음향을 관찰하여 말소리의 자질을 변별했다. 관찰은 귀로 그리고 눈으로, 청각과 시각을 통해 말소리가 만들어지는 원리를 규명했다. 신숙주는 한글 창제의 핵심 구성원이 된다.

2. 한글과 외국어의 말소리 자질 관찰

2.1. 한글 조음 기관의 움직임과 구성

당시 훈민정음(《훈민정음》(해례본))을 만드는 데에는 어떤 원리나 원칙이 아닌, 말소리에서 그 원리를 찾아 글자를 만들었다고 한다. 즉, 혀를 높이거나 낮추거나 당겨서 연구개 또는 윗어금니에 접근시켜 보기도 하고, 입술을 옆으로 공명을 후두나 구강으로 옮겨 보는 등 한 음을 수없이 반복해 소리 내보며 조음 기관의 움직임과 구성을 관찰했다. 이렇게 해서 어떤 음을 정확히 내는 순간, 그 구성 요소를 포착하였을 것이다. 이때 조음 기관의 구성 요소를 그 음성의 '자질'로 본 것이다. 자질은 조음 위치(아설순치후[1]), 기류의 세기, 기류의 방향이다. 여기에 지역에 따라 말하는 위치가 다르다는 관찰을 첨가하면, 그것은 현대의 관점에서는 발화 때 성도의 구조가 다름을 의미하므로 여기에 구조를 추가한다. 지금 우리도 해당 지역의 말소리를 듣고 위와 같은 방법으로 음성을 만들어 보면 해당 언어의 말소리를 정확히 낼 수 있는 순간을 경험하게 될 것이다.

또한 어떤 음성은 우리말에는 있으나 다른 말에는 없는 경우, 또 어떤 음성은 쉽게 모방할 수 있으나 어떤 음성은 매우 어려운 경우를 경험하기도 한다. 이는 성도의 구조 차이로 우리말과 같은 동일한 물리적 현상이 일어나지 않거나, 구조가 유사하여 쉽게 변경돼 물리적 현상을

[1] '아설순치후(牙舌脣齒喉)'는 '아음·설음·순음·치음·후음'의 준말로 다섯 종류의 발음 부위를 지칭한다.

유도해 내거나, 구조가 완전히 달라 새로 만들어야 하기 때문이다. 이렇게 보면 말소리의 자질은 근원적으로 발화 때 성도의 구조에서 결정된다고 볼 수 있다. 그러므로 말소리가 다르다는 것은 음성의 자질이 다른 것이고, 말할 때 성도의 구조가 다른 것이다. 따라서 음성의 차이를 말할 때, '자질이 다르다' 또는 '같지 않다'라는 표현이 더 합리적이다.

그러면 말소리의 근원인 성도의 구조는 어떻게 형성되는 것일까. 그것은 해당 지역의 환경에서 호흡의 효율을 최적화하기 위한 생리적 반응의 결과로 만들어진다. 따라서 한번 형성된 성도의 구조, 조음 구조는 생리적인 변화가 일어나지 않는 한 거의 바뀌지 않는다. 즉, 한번 형성된 모국어의 조음 구조는 변하기가 쉽지 않다. 그것은 조음 기관이 생리 기관이기 때문이다. 그러므로 말소리 차이의 근본적 원인은 환경의 차이로 인한 언어 생리의 차이이며, 언어 생리의 주요 요소는 호흡이다. 지역의 환경은 그곳에 사는 이들의 생리를 변화시키고, 생리의 변화는 호흡으로도 나타난다. 호흡은 말소리의 에너지인 기류를 공급하고, 생리 기관이 조음 기관으로 전환될 때 생리 기관의 형태를 변화시킨다. 말소리는 성도의 구조에 기류가 작용하여 일으키는 물리적인 현상으로 기류를 막았다가 터뜨리면 파열음이, 사이를 좁히면 마찰음이, 터트리고 마찰하면 파찰음이, 혀를 떨면 유음이, 성대를 떨면 유성음이 만들어진다. 유성음을 낼 때 혀를 당기면 구강이 막혀 인두강에 공간이 형성되어 인두강에 공명음을, 비강이 열리면 비강에 공명음을 발생시킨다. 또한 혀를 낮춰 인두강의 공간이 해제되면 구강이 공명의 공간으로 환원되며 구강에 공명음이 만들어진다.

이러한 물리적인 현상들은 언어 생리가 만들어 낸 성도의 구조에 따라 다양한 음성의 음향적 특징으로 나타난다. 자음이 많거나 모음이 많거나, 자음 중에서도 기식음이나 유기음이 많거나 파열음이 많거나 마찰음이 많거나, 또 모음 중에는 인두강의 공명음이 많거나 비강 공명음이 많거나, 또는 2가지가 다 있거나 아니면 다 없거나 등의 여러 양태로 나타난다. 이것은 구조의 다양성에 따른 말소리의 다양성, 각 언어가 가진 음성의 음향적인 다양성을 보여 준다.

한글은 앞서 말한 자질을 기준으로 만들어졌다. 자질의 핵심은 위치와 기류의 성격이다. 예를 들면 'ㄱ'의 자질, 'ㅋ'의 자질, 'ㄲ'의 자질 등. 그렇다면 'ㄱ'과 같은 자질을 가진 음이 다른 언어에도 있을 수 있을까? 'ㄱ'은 'k'도 'g'도 아니며, 'ㅂ'과 'B', 'ㅍ'과 'P'의 자질도 서로 다르다. 즉, 모든 언어 환경은 다르므로 언어의 생리와 구조도 다르고 음성의 음향적 자질 즉, 말소리도 다른 것이다. 그러므로 말소리의 자질에 대한 이해는 한국어 발음 교육을 위한 하나의 좋은 방편이 될 수 있다. 즉, 각 나라의 언어와 한국어의 자질을 비교·연구하여 해당 언어에 맞는 교육 방법을 마련한다면 한국어 발음 교육에 좀 더 효과적일 것이다.

2.2. 자음의 음성적 자질

세종은 우리말을 음성적 자질과 음향적 자질 두 요소로 분류했다. 앞서 '동쪽 사람은 이로, 서쪽 사람은 볼로, 남쪽 사람은 입술로, 북쪽 사람은 목으로 말한다'고 했다. 한국 사람은 어디로 말할까? 음성의 음향적 자질은 기류의 성격, 조음의 위치, 조음 기관의 조합을 말한다. 예를 들어 'ㅍ'과 'f'의 위치는 입술이고, 조합은 입술과 입술, 윗니와 입술로 서로 다르다. 그래서 이 둘을 발화하면 두 음의 음향에는 차이가 있다. 'ㅁ'과 'm'의 위치는 입술이고, 조합도 입술과 입술이다. 그러나 'ㅁ'은 압력이 입술의 가운데를 중심으로 작용하여 폐쇄되지만, 'm'은 입술을 옆으로 당겨 전체에 압력을 가해 폐쇄한다. 이러면 'm'은 'ㅁ'보다 비강에 더 많은 기류를 흐르게 하여 그 음향의 세기는 강하고 울림은 풍부해진다. 그러므로 두 음의 음향에는 차이가 있다. 이 모든 차이를 유발하는 요소를 자질이라 한다. 그래서 'ㅁ'과 'm'의 청각적 인상의 차이를 말할 때, 두 소리의 자질이 서로 같지 않기 때문이라 말한다. 한글은 음성학적으로는 아설순치후의 위치에 기본 글자를 만들고 거기에 기류의 세기에 따라 획 또는 기본 글자를 중복하여 글자를 만들었다. 음향의 인상에 따라 각 위치의 기본 소리(ㄱ, ㄷ, ㅂ, ㅅ, ㅈ, ㆆ)를 맑은 소리 즉 '전청음', 획을 더한 센 소리(ㅋ, ㅌ, ㅍ, ㅊ, ㅎ)를 덜 맑은 소리 즉 '차청음', 그리고 가장 센 소리(ㄲ, ㄸ, ㅃ, ㅆ, ㅉ, ㆅ)를 탁한 소리 즉 '전탁음'이라 하였다. 그리고 비강음(ㅇ, ㄴ, ㄹ, ㅁ, ㆁ, ㅿ)은 맑지도 탁하지도 않은 '불청불탁음'이라 하였다.

2.2.1. 어금니 소리의 자질

현대에 오면서 우리의 아래턱은 이완되고 혀는 낮아졌다. 단적인 예가 바로 '아래아(ㆍ)'의 소멸인데, 아래아는 사실 높은 'ㅓ'라 불러야 맞다. 어금니로 말한다는 것은 그 위치에 가장 큰 공간이 형성된다는 뜻으로 그렇게 되면 구강을 공명의 공간으로 사용하게 되며, 혀와 연구개가 이루는 간극이 넓게 형성된다. 이것은 아래턱이 이완되어 입술이 가로보다는 세로로 벌어진 결과이다. 반면 대부분 인도·게르만어에 속하는 유럽어의 경우 조금씩 차이는 있으나 인두강에 공명음을 가진다. 이는 혀를 높이 당겨야 하므로 연구개와의 간극이 좁고 인두강의 공명음과 결합해 한국어보다 조음점이 더 안쪽에 형성된다. 이 경우 한국의 'ㄱ' 연구개음은 형성되지 않는다. 굳이 비교한다면 'ㅋ'에 가깝다. 한국어 모음의 추이는 아래턱의 이완으로 구강이 벌어지는 반면, 인도·게르만어에서 모음의 추이는 당김음으로 발성이 끝날 때까지 구강은 벌어지지 않고 시작 때와 동일한 상태를 유지한다. 그래서 한국어는 간극이 가장 큰 'ㄱ'부터 이를 좁혀 가며 'ㅋ', 'ㄲ'과 변별력을 가지게 된다. 또한 혀와 연구개의 간극이 유럽보다 넓게 형성되므로 기류가 비강보다는 구강으로 많이 흐른다. 따라서 'ㅇ'의 비강 공명음은 유럽어 'ŋ'보다 강하지 않다. 일본어의 경우 기류가 구강으로만 흐르기 때문에 'ŋ' 음이 거의 생성되지 않는다. 반면 중국어는 혀를 당겨 끝을 말아 구강을 막으므로 비강으로 기류가 많이 흘러 'ŋ'의 비강 공명음이 한국어보다 강하고 풍부하다. 'ŋ'의 비강 공명음이 가장 강한 언어는 프랑스어다. 프랑스어는 혀는 당겨 윗어금니에, 윗입술은 송곳니에 붙이기 때문에 간극이 매우 좁게 형성되어 구강의 공간 크기가 작아져 기류의 비강 흐름이 매우 많아지기 때문이다.

2.2.2. 혓소리

한국어에서 혓소리의 기본음은 'ㄴ'이다. 'ㄴ'은 혀를 잇몸에 붙여 기류를 막아 비강으로 보내서 나는 소리이다. 여기서 기류를 비강으로 보내지 않고 터뜨리면 'ㄷ', 세게 터뜨리면 'ㅌ', 혀를 당기면서 비강과 구강으로 기류를 교차하여 흐르게 하면 'ㄹ'이 된다. 사실 유럽어와 한국어의 말소리 차이를 유발하는 가장 큰 요인이 바로 'ㄹ'이다. 세종 때에는 5가지 'ㄹ'이 있었다. '닫힌ㄹ'-말쓰미, '열린ㄹ'-호ㅭ배이셔도, '반열린ㄹ'-호ㅭㅆ·르미니라, '긴ㄹ'-옮길씨오, '짧은ㄹ'-스믈 여듧이 그것이다. 현재는 '닫힌ㄹ'과 '반열린ㄹ' 2가지만 남아 있다. '닫힌ㄹ'은 종성에, '반열린ㄹ'은 어 중에 나타나며, '닫힌ㄹ', 'l'은 설측음이고, '반열린ㄹ', 'r'은 설전음이다. 이와 달리 유럽어에는 여러 종류의 'l'과 'r'이 있다.

먼저 독일어와 영어의 'l'과 'r'을 살펴보자.

독일어 welt, spiegel, wieder, der
영어 world, girl
프랑스어 merci, bonjour
이탈리아어 mangiare, buongiorno, moglie

독일어의 음향적 자질은 혀를 높게 당겨 상인두강에 공간을 형성하여 만들어진다. 따라서 혀는 윗잇몸과 수평으로 놓이고 혀는 'ㄱ' 자 형태가 된다. 반면 영어의 음향적 자질은 혀를 독일어보다 낮게 당겨 중상인두강에, 특히 미국식 영어의 경우 하인두강에 공간을 형성하여 만들어진다. 이때 혀는 윗니와 수평으로 놓이게 되어 혀의 길이가 독일어보다 길어진다. 그래서 독일어의 'r' 전설음은 이탈리아어나 프랑스어처럼 혀끝만 떨지 않고 혀 옆이 같이 떨리는 설측음 현상이 발생한다. 'l' 또한 한국어처럼 혀가 구개를 차단하지 않는다. 반면 영국 영어의 'r' 전설음은 독일어 'r'과 비슷하나 미국식 영어의 'r'은 'world, girl'에서처럼 아예 모음화되어 나타나기도 한다. 특히 종성의 'r'에서 이 현상은 더욱 두드러진다. 세종 때는 중국어의 'ㄹ'을 '열린ㄹ'인 계류음이라 하였으며, 이를 조선의 '닫힌ㄹ', 즉 촉음으로 내는 당시의 상황을 매우 개탄하였다(《동국정운》). 不부ㅭ, 質지ㅭ, 八바ㅭ의 종성을 당시에는 '불', '질', '팔' 즉 지체되는 소리인 계류음으로 내지 않고, '닫힌ㄹ'로 빠르고 짧게 냈던 것이다. 반면 일본어에는 '닫힌ㄹ', 'l'은 없고, '열린ㄹ'의 전설음이 있을 뿐이다.

유럽어와 한국어에서 혓소리의 차이를 살펴보면, 유럽어에서는 혀를 당겨 혀나 입술을 옆으로 넓힌다. 이는 조음점의 단면적을 넓게 하여 압력을 줌으로써 파열 강도를 높이는데, 그래서 파열음, 마찰음, 비강음 모두 한국어의 그것보다 강하고 풍부하다. 따라서 파열음, 파찰음, 마찰음 즉 't', 'tʃ', 'dʒ', 'ʒ'의 tagung, deutsch, vincero, mangiare, bonjour 등을 발음할 때 '타궁', '도이취', '빈쵀로', '만좌레', '봉쥬'처럼 혀와 입술을 옆으로 벌리게 만드는 모음과 조합하여 발음하면 원음에 근접할 수 있다.

2.2.3. 입술소리

입술소리는 혀를 위로 당기면 윗입술도 당겨져 윗니가 드러난다. 세종 때에는 유럽어와 비슷하게 성도의 구조가 고설(혀를 위로 당겨 연구개 바로 아래, 비강 입구에서 혀를 멈춤)로 모음 추이가 당김이었다. 입술과 입술이 만나는 순음, 윗니와 아랫입술이 만나는 순음 두 종류가 있었으며, 윗니와 아랫입술이 만나는 순음을 '입술 가벼운 소리'라 하였다. 'ㅸ'의 여린 비읍이 대표적이며 독일어의 'v'와 유사해 보이나 독일어의 경우 'f'. 'v', 'w'이 각기 짧고 강하게, 길게, 유성자음으로 소리를 낸다. 'm', 'b', 'p'는 입술을 옆으로 당겨 조음점의 단면적을 넓혀 조음한다 (2.2. 참조). 그러므로 'm'은 한국어의 'ㅁ'보다 비강 공명음이 풍부하고, 'b', 'p'의 파열 강도는 'ㅂ', 'ㅍ'보다 강하다.

2.2.4. 목소리

목소리는 성문에서 연구개 사이의 공간에서 일어나는 유기음을 말한다. 즉, 기류가 이 공간에서 마찰을 일으키는 소리이다. 이는 혀를 당겨 인두강의 공명음을 사용하는 언어에서 일어난다. 혀뿌리로 인두강을 막는 소리로, 세종은 후음을 'ㅇ', 'ㆆ', 'ㅎ'으로 나누었으며, 중국어는 한국어보다 강하다 하여 'ㆅ'으로 표기하였다. 이는 중국어가 한국어보다 혀를 더 강하게 당겨 조음하기 때문에 나타나는 현상을 포착한 결과이다. 후음은 혀뿌리를 당겨서 조음점을 형성하므로 그 간극이 크고 불완전하다. 기류는 간극이 좁은 곳에서 마찰을 일으키므로 후음은 다른 음으로 빈번히 변화가 일어난다. 첫째로 변화음 현상, 둘째로 묵음화 현상이다.

먼저 변화음 현상을 살펴보자. 회오리의 'ㅎ'은 'ㅚ'와 결합하면서 목구멍보다 작게 간극이 형성된 입술에서 마찰음을 내며 입술소리로 전환된다. '휘발유'는 '쉬발유'의 치음으로, '뭐라하노'는 '뭐라카노'의 연구개음으로 변한다. 또한 기류의 첨가 작용에 의해 '앓고 → 안코', '옳지 → 올치', '앓다 → 알타'와 같이 변화하기도 한다. 영어에서는 father, that, with, theater, think, thank와 같은 변화음 [ð], [θ]으로, 그 외 언어에서는 theater, ach, dach, checosa 기류의 첨가 현상 [t], [k]으로 나타난다.

다음으로 묵음화 현상이다. 유럽어의 대부분에서 'h'는 어 중에서 모음으로 흡수되는 순수 묵음화 현상이 일어난다. 이는 혀뿌리와 인두강이 이루는 간극이 커져 마찰음을 만들 수 없기 때문이다. 모음으로 흡수되는 현상의 예로는 ahnung, wohl, mahlen, oh, white, where, which 등이 있다.

2.2.5. 경음

경음은 성도 폐쇄와 성문 폐쇄가 동시에 일어날 때 나타나는 음운 현상이다. 우리말이 음절 단위로 동시 조음하므로 위 두 현상이 자주 일어나는 경음화 빈도가 중국어 못지않다. 특히 모음 추이가 밀어내기인 경우, 성도 폐쇄가 일어나면 동시에 성문 폐쇄도 일어나는 성문 구조이다. 반면 유럽어의 경우 경음화 현상의 빈도가 낮은데 이는 모음 추이가 당김으로, 성도 폐쇄와 동시에 성문 폐쇄가 일어나지 않고 폐쇄의 지연이 발생하기 때문이다.

2.3. 모음의 음성적 자질

세종 때의 음성의 자질과 현대어의 그것은 다르다. 그 차이는 사라진 글자 'ㅇ', 'ㆆ', 'ㅿ', 'ㅸ', 'ㆍ'의 자질을 분석해 보면 알 수 있다.

2.3.1. 'ㅇ'와 'ㆆ' 음성적 자질

앞서 말했듯이 세종 때 한국인의 조음 구조는 고설로 혀를 위로 당겨 연구개 바로 아래, 비강 입구에서 혀를 멈추게 한다. 이때 혀의 상태는 중국어보다는 낮게 덜 당겨지고 기류는 대부분 구강으로 나가지만, 당겨진 혀로 인해 장애가 발생한다. 이 장애는 와류를 일으켜 약간의 기류가 비강으로 흘러 들어가게 하는데, 이때 발생하는 음은 후음으로 보이지만 비강음임이 분명하다. 따라서 음향적 성격을 '청'이나 '탁'이 아닌 '불청불탁'으로 분류하였다. 반면 'ㆆ'은 비슷한 조건이지만 분명 'ㅇ'보다는 안쪽에 위치하고 비강으로 흐르지 않는 순수한 후음이다. 이 두 음은 혀가 펴지면서 위치를 상실하여 소리가 사라진다.

2.3.2. 'ㅿ' 음성적 자질

'ㅿ'은 반치음이다. 여기서 '반(反)'은 조음점의 시작과 끝이 달라 붙여진 이름이다. 'ㄹ'을 반설음이라고 부르는 것도 이에 해당한다. 'ㅿ'의 조음은 'ㅅ'으로 시작하고, 마칠 때는 'ㄴ'이었을 것이다. 그리하여 기류가 시작할 때는 이로, 마칠 때는 비강으로 흘렀을 것이다. 왜냐하면 'ㅿ'의 음향학적인 분류가 '불청불탁'이기 때문이다. 이는 시작할 때 늘였던 혀를 당기면서 일어나는 현상으로, 혀가 원래 위치로 회귀하는 과정에서 발생한다.

2.3.3. 'ㅸ' 음성적 자질

'ㅸ'은 입술 가벼운 소리이다. 입술이 가볍다는 것은 곧 윗입술이 가볍다는 뜻으로 윗입술이 위로 올라가 윗니가 드러나는 구조에서 만들어진다. 이 역시 고설로, 혀를 당기면 윗입술도 당겨져 발생하는데, 입술로 조음할 때 입술과 입술이 만나기 전 윗니와 아랫입술이 먼저 만나는 구조에서 만들어지는 음성이다. 당시 한국인의 조음 구조가 고설의 당김임을 말해 준다.

2.3.4. 'ㆍ' 음성적 자질

'ㆍ'을 '아래아'라고 부르는데, 높은 '어'로 표현하는 것이 합리적으로 보인다. 《홍무정운역훈》에 의하면 조선 시대의 말소리는 가볍고 얕으나, 중국어의 그것은 깊고 무거워서 훈민정음으로 표기된 중국어의 음은 반드시 변화시켜야 하기 때문이다. 예를 들어, 중국어의 'ㅏ'는 'ㅏ'와 'ㆍ' 사이, 중국어의 'ㅑ'는 'ㅑ'와 'ㆍ' 사이, 'ㅗ'는 'ㅗ'와 'ㆍ' 사이, 'ㅛ'는 'ㅛ'와 'ㆍ' 사이, 'ㆍ'는 'ㆍ'와 'ㅡ'사이, 'ㅡ'는 'ㅡ'와 'ㆍ'사이로 차이를 두어 변화시켜야 한다고 하였다(김무림, 2006: 50). 이에 비추어 보면 'ㆍ'의 조음 위치는 수평적으로는 'ㅡ'의 앞, 수직적으로는 'ㅏ'보다 낮은 위치다. 따라서 'ㆍ'의 조음 위치가 'ㅡ'의 앞이면 'ㅓ'이고 'ㅏ'보다 낮으면 현대어의 'ㅓ'가 아니라, 세종 때의 높은 'ㅓ'로 보는 것이 타당하다.

3. 나가며

말소리는 물리적인 현상으로 성도의 구조가 만들어 내는 현상이다. 성도의 구조는 환경의 산물로, 환경이 다르면 구조가 달라져 물리적 현상이 다르게 일어나므로 말소리도 다르다는 것이다. 또한 세종 때의 우리말과 현재 우리말의 통시적 변화도 결국 성도의 물리적인 변화에서 원인을 찾을 수 있었다. 훈민정음을 읽을 때 어색하고 부자연스러운 게 당연한데, 혀를 연구개 쪽으로 당겨 소리 내어 보면, 훨씬 자연스러워지는 것을 체험하게 된다. 말소리는 성도의 구조가 만들어 내는 물리적인 현상이라는 개념을 확립하면, 전 세계의 말소리가 6,000여 가지 이상이라는 사실에 저항감이나 부담감 대신 호기심이 생겨날 것이다.

이를 기저로 삼아, 우리의 말소리를 깊이 이해하고 외국어의 말소리를 면밀히 관찰하면 각 나라의 언어에 맞는 적절한 교육 방법이 만들어지리라 확신한다.

참고문헌

강신항. 2010. **훈민정음 창제와 연구사**. 경진.

강신형. 2018. **음운현상의 음성음향학적 관찰**. S. pp. 106-115. In: 유럽 한국어 교육의 동향과 보고. 하우.

고영근, 남기심. 2014. **중세어 자료 강해**. 집문당.

고흥도. 2009. **언어기관의 해부와 생리**. 학리사.

김무림. 2006. **홍무정운역훈**. 신구문화사.

박창원. 1996. **중세국어 자음 연구**. 한국 문화사.

이재흥(편역). 2011. **동국정운**. 어문학사.

이호영. 1996. **국어음성학**. 태학사.

한용수. 2008. **신중국어학 개론**. 선학사.

Kang Shinhyoung. 2014. Phonetische Untersuchung von Stimmton und Klang der koreanischen Sprache. *In Frontibus Veritas*. innsbruck university press. pp. 237-250, Innsbruck.

Kang Shinhyoung. 2015. Verstehen der Artikulationsstruktur mithilfe von Phonetik und Akustik. *Argumenta*. Praesens Verlag. pp. 177-190, Wien.

Keith Johnson. 2003. *Acoustic and Auditory Phonetics*. Thomson.

Ray. D. Kent & Charles Read. 2007. *Acoustic Analysis of Speech*. Thomson.

F. D. Saussure. 1971. *Grundfragen der allgemeinen Sprachwissenschaft*. De Gruyter Studienbuch.

프랑스인 한국어 L2 학습자의 평음, 격음, 경음의 발화 습득 과정과 패턴

– 음성 단서 가중치(Phonetic cue-weighting)를 중심으로

이보람

프랑스 소르본 누벨대학교/국립동양언어문화대학교
Université Sorbonne Nouvelle/Institut National des Langues
et Civilisations Orientales

1. 들어가며

수십 년에 걸친 제2외국어 습득 연구를 통해 모국어(L1)의 음성학과 음운론이 제2외국어(L2) 습득에 중요한 영향을 미친다는 사실이 밝혀졌다(Troubetzkoy, 1969; Best, 1995; Flege, 1995; Kuhl, 1991 등). 'L1 전이'라고도 알려진 이 현상은 발화와 인지 측면에서 학습자의 L2 습득에 영향을 미친다. 'L1 전이'가 학습자의 L2 지각 수행에 미치는 영향을 살펴본 연구로는, Flege(1995, 2021)의 음성 학습 모델(SLM, 1987; SLM-r, 2021)과 Best(1993, 2007)가 주장한 지각 동화 모델(PAM, 1995; PAM-2, 2007)이 대표적이다. 이 두 모델 모두 외국어 소리에 대한 지각은 L1 음소와 L2 음소 사이의 지각된 음성적 거리에 기초하여 L2 학습자가 어떤 소리를 쉽게 또는 어렵게 습득할 수 있는지를 예측한다. 또한 이 두 이론 모두 L2 학습에서 인지가 발화에 영향을 끼친다고 가정한다. 반면, SLM 모델은 학습자가 L1과 L2 음의 일대일 대응을 통해 어떻게 지각하는지를 살펴보는 데에 반해, PAM 모델은 L1과 L2 음소 사이에서 지각된 음성학적 유사성을 바탕으로 어떻게 동화되는지를 중점적으로 본다.

한국어 교육에서도 이 모델을 바탕으로 한국어 자음·모음 습득에 관한 다양한 발화 및 인지 연구가 이루어졌다(윤은경, 2010; Holiday, 2014, 2019, Ryu; 2017 등). 자음 중에서 특히 한국어의 삼중 대립 폐쇄음과 파찰음은 그 특이성으로 인해 다양한 언어 학습자들을 대상으로 음운론적·음성학적으로 연구되어 왔다(Chang et al., 2011, 중국인, 미국인, 스페인 학습자 대상; 장향실, 2018, 베트남 학습자 등). 대부분의 언어가 유성음-무성음의 이중 대립 체계를 가진 데 비해 한국어는 무기음으로만 구성된 삼중 대립의 체계를 가진다(Cho & Ladefoged, 1999). 더욱이 유성음-무성음의 대립은 Voice Onset Time(VOT, 성대 진동 시작 시간)으로 구별되는 반면에 한국어의 삼중 폐쇄음과 파찰음은 VOT와 fundamental frequency(F0, 후모음의 음높이) 2가지 음성 단서 모두를 사용하여 구별한다(Kim. M, 2014; Schertz et al., 2016).

따라서 한국어 학습자의 폐쇄음 및 파찰음의 발화 양상을 살펴본 대부분의 선행 연구에서는 주로 VOT와 F0를 측정하며, 이 값을 한국인 모어 화자와 비교하여 살핀다. 다시 말해, 한국어 학습자의 발화 양상을 모어 화자의 유사성(nativeness)에 기대어 평가하여 한국인 모어 화자와 학습자의 값이 비슷할수록 학습자가 해당 자음을 습득했다고 가정한다. 이러한 학습자의 평가 방법은 초급·중급·고급 학습자의 L2 습득 정도를 살펴보는 횡단 연구에 적합할지 모르나, 시간 경과에 따른 습득 과정과 발달 과정을 살펴보는 종단 연구에서는 한계점을 보인다. 특히 초급 학습자의 언어 습득 과정에서 나타나는 중간 언어적 특징을 이해하기 위해서는 학습자의 발화를 평가할 새로운 방법이 필요하다. 따라서 본 연구는 새로운 분석 방법을 제안하여 학습자의 한국어 삼중 대립 폐쇄음 습득 양상을 종단 연구 관점에서 살펴보고자 한다.

2. 이론적 배경

2.1. 한국어와 프랑스어의 장애음의 음성학적 특징

서울 표준어 폐쇄음의 VOT와 F0를 연구한 Kim. M(2014)은 VOT와 F0가 통계적으로 상관성이 있다고 밝혔으며, 경음은 VOT 값이 짧고 F0가 높은 반면에, 평음은 VOT가 길고 F0가 낮으며, 격음은 VOT가 길고 F0도 높다고 증명하였다.

이후 한국어의 삼중 대립 폐쇄음·파찰음의 VOT와 F0가 경음, 격음, 평음마다 어떻게 다르게 조정되는 지 살펴본 다양한 연구가 진행되었다. 예를 들어 Schertz et al.(2016)은 한국인 모어 화자의 한국어 폐쇄음 발화 시, VOT와 F0 음성 단서의 가중치를 격음-경음, 경음-평음, 평음-격음, 3가지 쌍으로 나누어 분석했다. 그 결과, 한국어 모어 화자는 격음-경음 대립 쌍 변별 시 VOT에 더 많은 가중을 두어 발화하며, 경음-평음 변별 시 VOT와 F0 두 음성 단서 모두 중요하게 사용했으며, 평음-격음 변별 시 F0에 더 큰 가중치를 두고 발화했다. 이처럼 한국어의 폐쇄음·파찰음 발화 시 VOT와 F0 두 음성 단서 모두 중요하게 적용됨을 알 수 있다.

Cho & Ladefoged(1999)에 따르면, 프랑스어는 true voicing 언어로, 유성음의 경우 VOT가 음수값을 가지며, 무성음의 경우 VOT가 짧다. 프랑스어에서 유성음-무성음 대립 변별 시 VOT가 가장 중요한 음성 단서이며, F0는 부수적인 음성 단서로 작용한다(Serniclaes, 1984). F0의 특징으로 유성음의 후모음 F0는 무성음의 후모음 F0보다 상대적으로 값이 낮다. 다시 말해, 프랑스어의 유성음은 VOT가 음수값이면서 F0 값이 낮은 특징을 보이는 반면에, 무성음은 VOT가 짧으며 F0가 높은 특징을 갖는다.

한국어와 프랑스어의 음성학적 특징을 살펴본 바, 두 언어의 장애음은 매우 다른 특징을 보이며, 프랑스인 한국어 학습자는 프랑스어의 전이(L1 전이)로 인해서 폐쇄음 발화에 어려움을 겪을 것으로 예상할 수 있다. 이에 프랑스인 한국어 학습자는 1) 모국어에서 부수적인 음성 단서로 사용하는 F0를 중요 단서로 재조정할 필요가 있고, 2) VOT와 F0의 가중치를 다르게 하여 경음·평음·격음을 발화해야 하는 도전 과제를 갖는다. 따라서 본 연구는 프랑스인 한국어 학습자가 한국어 폐쇄음 습득 시, VOT와 F0의 두 가지 음성 단서(phonetic cue)를 어떻게 재조정하는지 종단 연구 관점에서 살펴보고자 한다.

2.2. L2 관점에서 한국어 폐쇄음·파찰음 선행 연구

한국어 교육에서 대부분의 한국어 폐쇄음 및 파찰음의 습득 연구는 음성 학습 모델(SLM)과 지각 동화 모델(PAM)을 기반으로 한다. 한국어 L2 지각에 대한 초기 연구 중 Schmidt(2007)는 영어 모어 화자는 한국어의 평음과 격음을 영어의 무성음과 동일시하고, 한국어의 경음을 영어의 유성음과 동일시한다는 사실을 밝혔다. 또한 Holiday(2014)는 중국어 모어 화자는 한국어의 평음과 격음을 중국어의 유기음으로 인지하고, 한국어의 경음을 중국어의 무기음으로 인지함을 밝혔다. 더불어 García et al.(2019)는 스페인어 모어 화자를 대상으로 동일한 인지 실험을 했는데, 그 결과 스페인어 모어 화자는 한국어의 모든 폐쇄음을 스페인어의 무성음 하나로만 동일시했다. García et al.(2019)는 한국어의 경음·평음·격음의 3가지 소리를 단일 범주로 동화시킨 현상을 PAM 모델의 단일 범주 동화(single category assimilation)로 해석하며, 스페인 모어 화자는 한국어의 폐쇄음 인지 시 F0보다 VOT 음성 단서에 더 의존하여 지각하기 때문이라고 설명했다. 프랑스어 또한 스페인어처럼 VOT가 유성음-무성음 대립 쌍 변별의 중요 단서로 적용되는 언어이기 때문에, 본 연구의 연구 대상자인 프랑스인 한국어 학습자도 스페인어 모어 화자와 비슷한 지각 동화 패턴을 보일 것으로 가정할 수 있다. 그러나 SLM의 주장처럼 학습자의 L2 경험이 늘수록, L2 지각과 발화 능력이 향상될 것이라고 예측 가능하다. 따라서 한국어 학습 초반에는 삼중 대립음을 잘 분별하지 못하다가 새로운 카테고리가 형성되면 삼중 대립음의 지각 능력도 향상될 것으로 기대할 수 있다.

프랑스인 한국어 학습자를 대상으로 한국어 폐쇄음의 인지 양상을 연구한 Lee et al.(2022)에 따르면, 프랑스인 한국어 학습자는 학습 초반에 한국어의 삼중 대립 폐쇄음을 50% 아래로 식별하다가 시간이 지남에 따라 지각 능력이 향상됨을 밝혔다. 다만 폐쇄음 간 습득 패턴은 다르게 나타났는데, 격음과 경음 순서로 인지율이 향상했고, 반면에 평음은 1년의 한국어 학습 기간 동안 저조한 인지율의 변화를 보였다. Lee et al.(2022)의 연구를 SLM 모델로 해석하면, VOT 관점에서 격음은 '새로운(new)' 음으로 지각되므로 L2의 새로운 카테고리 형성이 유리해 학습 초반부터 다른 음소에 비해 높은 지각율을 보였다. 경음은 '동일한(identical)' 음으로 지각되므로 L2의 새로운 카테고리 형성이 불필요해 L2 경험이 늘수록 인지율이 높아짐을 알 수 있다. F0 관점에서 평음은 '유사한(similar)' 음으로 지각되므로 L2의 새로운 카테고리 형성이 어려우며 이로 인해 학습자가 평음을 인지하는 데 어려움이 생긴다. 이처럼 Lee et al.(2022)의 연구를 통해 프랑스인 한국어 학습자는 학습 초반에 경음·평음·격음 모두를 잘 인지하지 못하다가 학습 시간이 늘수록 인지율이 향상됨을 알 수 있다. SLM과 PAM의 주장처럼 이러한 지각 패턴은 발화에도 비슷하게 나타날 것으로 예측되므로, 본 연구의 프랑스인 한국어 학습자는 격음을 발화하는 데에는 어려움이 없으나 평음을 발화하는 데에는 어려움이 있을 것으로 예상한다.

3. 연구 방법

3.1. 참가자

종단 연구의 일환으로 프랑스 이날코대학교 한국어과 1학년에 재학 중인 프랑스인 한국어 학습자 21명이 발화 실험에 참여했다. 한국어 학습자의 경우 초급반 학생만을 대상으로 한 실험이기 때문에 실험 전 설문지를 통해 이전에 한국어 또는 아시아 언어를 습득한 적이 없고, 한국 여행 및 거주 경험이 없는 학생만을 대상으로 삼았다. 대조 집단으로 서울 및 경기도에서 나고 자란 한국인 모어 화자 25명도 실험에 참여했다.

3.2. 발화 자료

어휘의 영향을 배제하기 위해 2음절 비단어(pseudoword)를 실험 대상 단어로 구성했다. 실험 대상 자음은 〈표 1〉과 같이 폐쇄음 'ㄷ', 'ㅌ', 'ㄸ'과 파찰음 'ㅈ', 'ㅊ', 'ㅉ', 모음 'ㅏ', 'ㅣ', 'ㅜ'으로 구성되었으며 비음도 비실험 대상 단어로 포함되었다. 다만 본 연구에서는 폐쇄음만 다루기로 한다.

〈표 1〉 실험 대상 언어

	평음	격음	경음
폐쇄음	Tapa(다바) Tipa(디바) Topa(도바)	Tʰapa(타바) Tʰipa(티바) Tʰopa(토바)	T⋆apa(따바) T⋆ipa(띠바) T⋆opa(또바)
파찰음	Tçapa(자바) Tçipa(지바) Tçopa(조바)	Tçʰapa(차바) Tçʰipa(치바) Tçʰopa(초바)	Tç⋆apa(짜바) Tç⋆ipa(찌바) Tç⋆opa(쪼바)

    학습자의 발화 실험은 18개의 실험 대상 단어와 9개의 비실험 대상 단어를 2번 반복하여 총 54개의 단어로 구성되었으며, 한국인 모어 화자의 발화 실험은 횟수를 늘려 6번 반복하여 총 162개의 단어로 구성되었다.

3.3. 실험 절차

종단 연구의 일환으로 실험은 2020년 9월부터 2021년 5월까지 두 학기 동안 매달 총 8번(12월 제외) 진행되었다. 코로나 상황으로 대학교가 문을 닫았기 때문에 학생들은 각자의 집에서 녹음했다. 실험 전 학생들에게 녹음 방법과 절차에 대한 상세한 설명서를 전달하여 학생들 간 음성 녹음 파일의 일정한 질을 유지하려고 노력했다. 학생들은 구글 드라이브의 발화 실험 파워포인트에 접속하여, 자신의 리듬에 따라서 슬라이드에 나타나는 단어를 큰소리로 읽고 녹음했다. 녹음 후에는 음성 파일을 연구자에게 전달했고, 연구자는 전달받은 학생들의 음성 파일을 하나씩 모두 확인한 후 음성 오류가 없을 시에만 음향 측정을 진행했다.

3.4. 음향 측정 및 통계 분석

전사 훈련을 받은 연구자는 프랏(Praat, Boersma: 2021) 프로그램을 이용해 자음 'ㄷ', 'ㅌ', 'ㄸ'과 모음 'ㅏ', 'ㅣ', 'ㅜ'을 〈그림 1〉과 같이 전사 후, 프랏 스크립트로 VOT 길이와 후모음의 F0 값을 자동으로 측정했다.

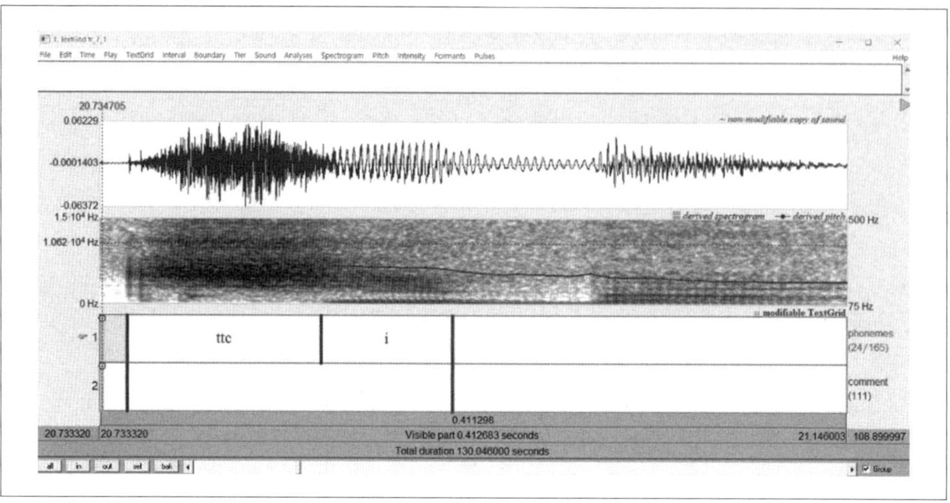

Mariano et al.(2019)는 covert contrast(숨겨진 대조)와 비슷한 맥락에서 L2 학습자의 음소 발화를 평가했다. 이들은 제2언어의 발음을 평가하기 위해서는 목표 언어와의 유사성보다는 학습자의 음운 범주 발달을 고려하는 것이 중요하다고 주장한다. 이를 위해 연구자는 LDA(Linear Discrimination Analysis) 분석을 활용한 내재적 평가 방법을 제안한다. 본 연구도 원어민 모어 화자의 유사성보다는 LDA 분석 방법이 학습자의 폐쇄음 습득 양상을 연구하는 데 적합한 방법이라고 판단하고, LDA 통계 방법을 이용해 프랑스인 한국어 학습자의 폐쇄음 발화 양상을 세 쌍으로 나누어 살펴보았다.

먼저 LDA 분석을 사용해 VOT 및 F0 음성 단서가 삼중 대립 폐쇄음을 분별하는 정도를 모델링했다. LDA 모델은 동일한 데이터에 대해 구축되고 테스트되므로 통계적 예측보다는 설명적인 성격을 띤다. 따라서 p 값은 제공되지 않고 계수(coefficient)를 통해 각 음성 단서의 가중치를 설명할 수 있다. 통계 프로그램 R(R development Core team, 2021)의 'MASS' 라이브러리에 있는 'lda' 함수를 사용하여 화자별 발화의 VOT와 F0 값을 경음-격음, 격음-평음, 평음-격음 세 쌍으로 나누어 계산했다. 각각의 LDA 모델은 화자의 VOT 및 F0 값을 계수로 계산하는데, 이 계수는 발화에서 VOT와 F0의 음향 단서의 가중치를 예측한 값이다. VOT와 F0의 계수를 비교할 수 있도록 각 화자별 원래 VOT와 F0 값을 정규화(z-점수 사용)했기 때문에, 계수가 양수 또는 음수인 것과 상관없이 값이 높을수록 해당 요소(VOT 혹은 F0)가 그 대립 쌍 분별에 더 중요하다는 것을 의미한다

또한 VOT와 F0 두 음성 단서의 가중치뿐만 아니라, 학습자가 VOT와 F0를 유의미하게 사용해 발화하는지 살펴보기 위해, VOT와 F0로 학습자의 데이터를 나누어 R 소프트웨어의 'lme4'(Bates et al., 2015) 라이브러리를 사용해 선형 혼합 모형(linear mixed model)으로 분석했다. 마지막으로 선행 연구에서 주로 사용된 모어 화자와 학습자 화자 간의 발화를 비교하기 위해 ANOVA(분산 분석)를 사용해 두 집단의 VOT와 F0 값을 각각 비교·분석했다. P 값이

<.05 이하이면 두 집단의 값이 통계적으로 유의미하기 때문에 두 집단 간에 차이가 있다는 것이고, <.05 이상이면 두 집단의 값이 통계적으로 유의미하지 않기 때문에 학습자의 발화가 모어 화자와 비슷하다고 해석한다.

4. 연구 결과

4.1. VOT와 F0의 음성 단서 가중치 분석

LDA 분석이 한국어의 삼중 폐쇄음을 세 쌍으로 나누어 분석했기 때문에 격음-경음, 경음-평음, 평음-격음 대립 쌍으로 결과를 살피고자 한다.

〈그림 2〉에서 맨 왼쪽이 한국인 모어 화자의 격음-경음 대립 쌍의 VOT와 F0 가중치 값이며, 오른쪽 4개의 그림이 실험 시차(1, 3, 6, 8차)에 따른 프랑스인 한국어 학습자의 VOT와 F0 가중치 값이다. 〈그림 2〉를 통해 프랑스인 한국어 학습자는 격음-경음 대립 쌍 발화 시 F0보다 VOT에 가중치를 두어 발화한 것을 알 수 있으며, 이 패턴은 한국인 모어 화자와 동일하다. 시간에 따른 변화를 살펴보면, F0의 가중치가 점점 높아짐을 알 수 있다. 1차 실험에서 F0 coefficient 값은 0에 가까웠는데 8차 실험에서는 0.5로 오른데 반해 VOT 값은 큰 변화가 없어 두 음성 자극 간 차이가 줄어듦을 알 수 있다.

〈그림3〉에서 맨 왼쪽이 한국인 모어 화자의 경음-평음 대립 쌍의 VOT와 F0 가중치 값이며, 오른쪽 4개의 그림이 실험 시차(1, 3, 6, 8차)에 따른 프랑스인 한국어 학습자의 VOT와 F0 가중치 값이다.

〈그림 3〉과 같이 경음-평음 대립 쌍의 경우, 1차 실험에서 학습자는 VOT에만 가중을 두어 발화하다가 3차 실험부터 F0에도 가중을 두어 발화하고 있다. 다시 말해, 3차 실험부터 8차 실험까지 학습자는 경음-평음 대립 쌍 발화 시 VOT와 F0 모두 사용해 발화함을 알 수 있다. 이러

〈그림 2〉 한국인 모어 화자(격음-경음 대립 쌍)와 프랑스인 한국어 학습자의 VOT와 F0 가중치 값 비교

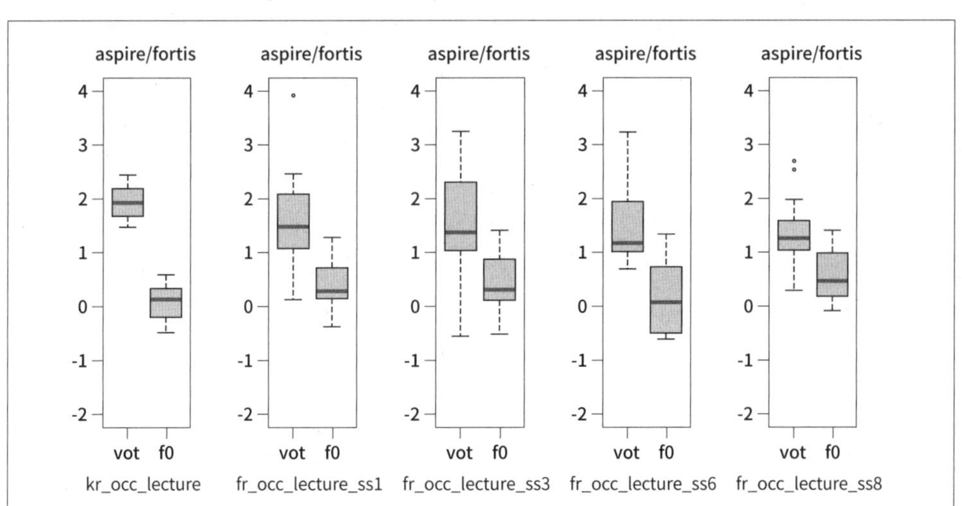

<그림 3> 한국인 모어 화자(경음-평음 대립 쌍)와 프랑스인 한국어 학습자의 VOT와 F0 가중치 값 비교

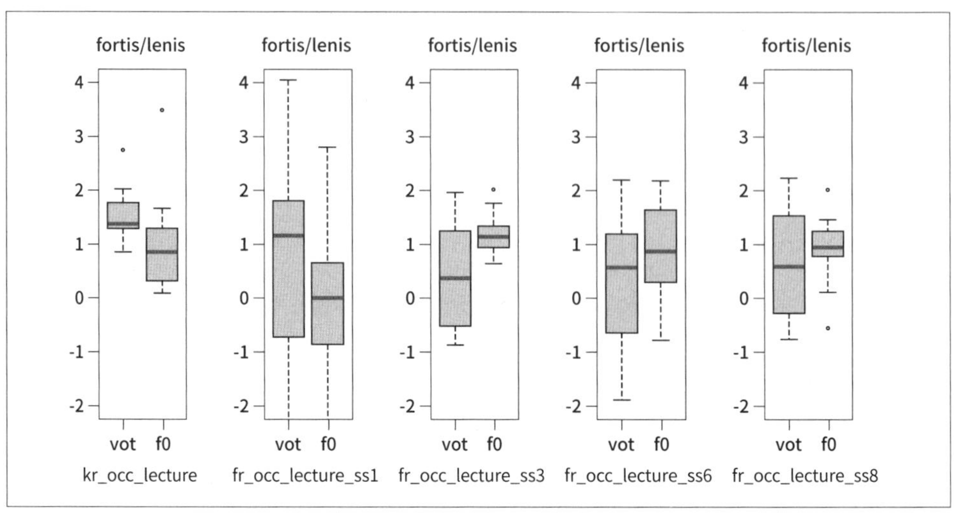

한 패턴은 한국인 모어 화자와 유사하다.

마지막으로 <그림 4>는 맨 왼쪽이 한국인 모어 화자의 평음-격음 대립 쌍의 VOT와 F0 가중치 값이며, 오른쪽 4개의 그림이 실험 시차(1, 3, 6, 8차)에 따른 프랑스인 한국어 학습자의 VOT와 F0 가중치 값을 나타낸다.

<그림 4>를 보면 평음-격음 대립 쌍 발화 시, 학습자는 VOT와 F0 모두 사용해 발화함을 알 수 있다. 학습자의 이러한 패턴은 주로 F0를 더 중요하게 사용하는 한국인 모어 화자와는 다른 패턴을 보이고 있다. 시간에 따른 변화를 살펴보면, VOT와 F0의 계수 값이 점점 작아지는 경향을 보이다가 마지막 실험 차시에는 VOT에 좀 더 중점을 두어 발화하는 패턴을 보인다.

<그림 4> 한국인 모어 화자(평음-격음 대립 쌍)와 프랑스인 한국어 학습자의 VOT와 F0 가중치 값 비교

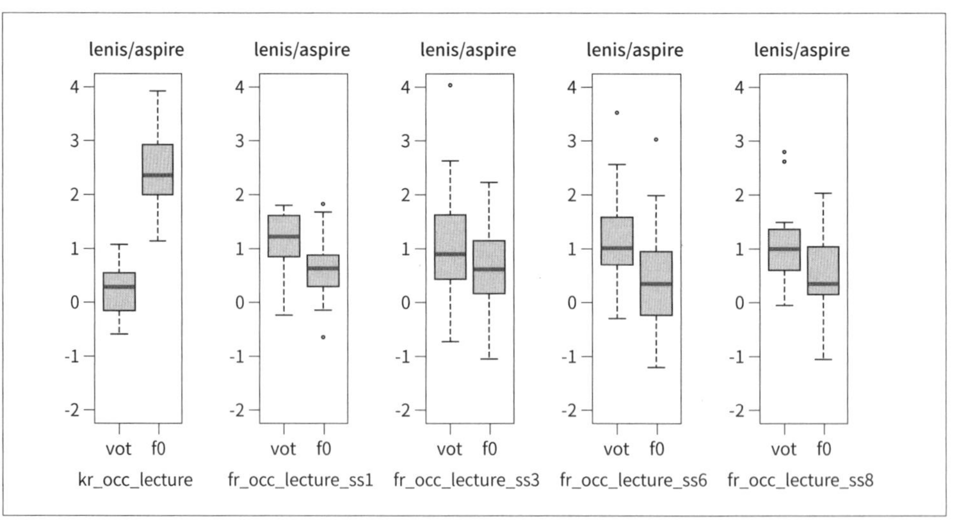

4.2. 프랑스인 학습자의 VOT 값과 모어 화자와의 유사성 분석

프랑스인 한국어 학습자는 한국어 삼중 폐쇄음 발화 시 VOT를 유의미하게 사용하여 발화함을 알 수 있다($\chi^2(2)$=700.6, p<.0001). 이 통계 분석을 통해, 학습자는 격음 발화 시 VOT를 길게 사용하고, 경음과 평음 발화 시 VOT를 짧게 사용함을 알 수 있다. Post-hoc(사후 분석) 테스트에서는 오직 격음-경음, 평음-격음 쌍만 통계적으로 유의미하게 나타났다(p<.0001). 다시 말해, 경음과 평음의 VOT 값은 통계적으로 차이가 없고, 이를 VOT의 길이 순서로 보면, 격음>평음/경음 순이다. 이러한 VOT 패턴은 한국인과 다른 패턴으로 특히, 평음과 경음의 VOT 값이 상당히 겹쳐 있는 것을 볼 수 있다.

〈그림 5〉에서 왼쪽은 한국인 모어 화자의 VOT 길이이며, 오른쪽은 실험 차시(1, 3, 6, 8차)에 따른 프랑스인 한국어 학습자의 VOT 길이의 값을 보여 준다. 그림을 통해서도 두 그룹의 VOT 길이 차이를 알 수 있다.

프랑스인 학습자의 VOT 값이 모어 화자와 유사한지 알아보기 위해 격음, 평음, 경음을 분리하여 ANOVA 분석을 실행했고, 그 결과 격음의 VOT 값만 모어 화자와 통계적으로 유의미하지 않아 유사함을 보인다(p<0.18).

〈그림 5〉 한국인 모어 화자와 프랑스인 한국어 학습자의 VOT 길이

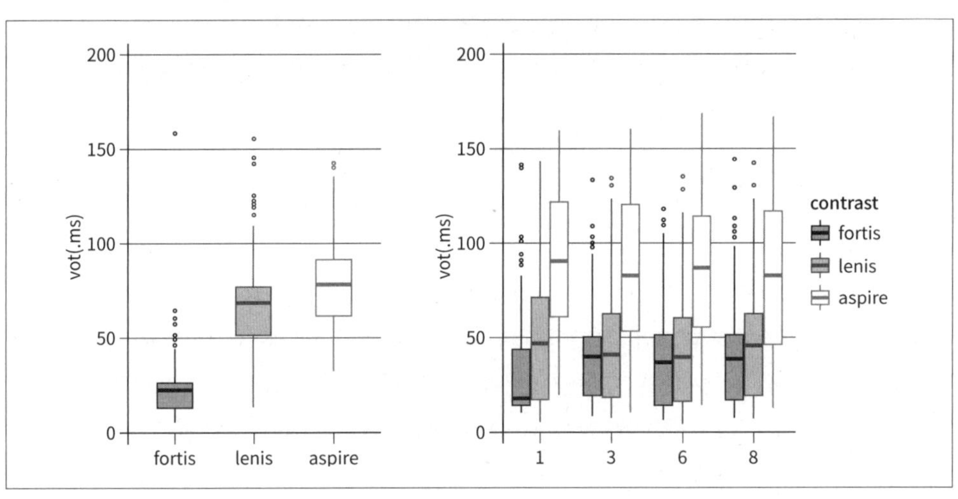

4.3. 프랑스인 학습자의 F0 값과 모어 화자와의 유사성 분석

프랑스인 한국어 학습자는 한국어 삼중 폐쇄음 발화 시 F0를 유의미하게 사용하여 발화함을 알 수 있다($\chi^2(2)$ = 151.24, p<.0001). 통계 분석을 통해, 학습자는 높은 F0로 격음과 경음을 발화하고, 낮은 F0로 평음을 발화함을 알 수 있다. Post-hoc 테스트를 통해 오직 격음-평음, 경음-평음 쌍만 통계적으로 유의미하게 나타났다(p<.0001). 다시 말해, 평음과 격음의 F0 값은 통계적으로 차이가 없고, 이를 F0 높이 순서로 보면, 격음/경음>평음 순이다. 이는 한국인 모어 화자와

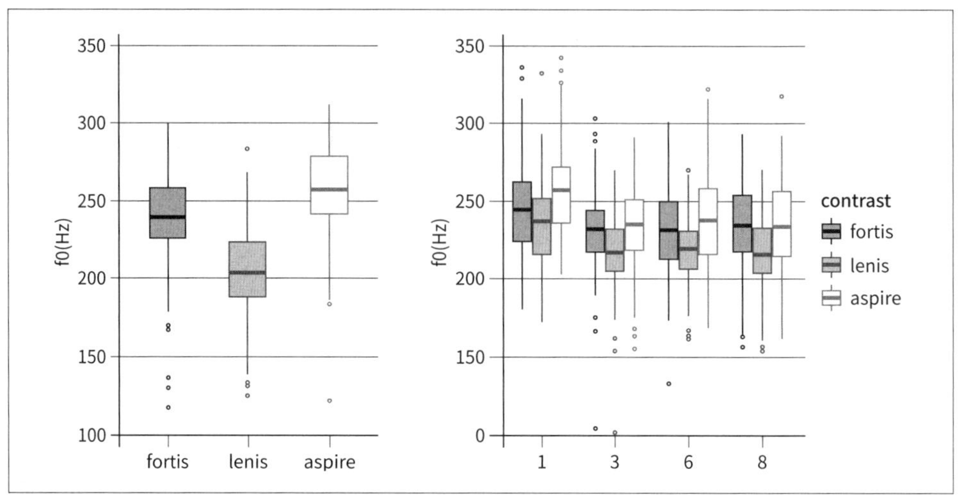

비슷한 패턴이다.

프랑스인 학습자의 F0 값이 모어 화자와 유사한지 알아보기 위해 격음, 평음, 경음을 분리하여 ANOVA 분석을 실행했고, 그 결과 경음의 F0 값만 모어 화자와 통계적으로 유의미하지 않아 유사함을 보인다(p<0.24). 〈그림 6〉에서 왼쪽은 한국어 모어 화자의 F0 높이며, 오른쪽은 실험 차시(1, 3, 6, 8차)에 따른 프링스인 한국어 학습자의 VOT 길이 값을 나타내며, 그림을 통해서도 동일한 결과를 볼 수 있다.

5. 나가며

본고는 프랑스인 한국어 학습자의 한국어 삼중 폐쇄음 습득 양상을 알아보기 위해 종단 연구의 관점으로 폐쇄음 발화의 VOT와 F0 두 음성 단서 가중치에 중점을 두어 살펴보았다. 한국어 삼중 폐쇄음의 변별을 위해서는 VOT뿐만 아니라 F0 또한 중요한 음성 단서로 적용되므로, VOT를 중요 단서로 사용하는 프랑스인 학습자는 폐쇄음 습득에 어려움이 있을 것으로 예측되었다. 연구 결과는 크게 3가지로 요약할 수 있다.

첫째, LDA 분석을 통해 프랑스인 한국어 학습자의 VOT와 F0 음성 단서의 가중치는 대립 쌍마다 다른 것으로 나타났다. 다시 말해, 격음-경음 대립 쌍에서 학습자는 VOT에 더 가중치를 두어 발화한 반면, 경음-평음, 평음-격음 대립 쌍은 두 음성 단서를 모두 사용하여 발화했다. 이 패턴은 한국인 모어 화자와 다른 패턴을 보이지만, 프랑스인 학습자의 한국어 폐쇄음의 중간 언어 단계를 보여 주는 증거이다. 다시 말해, 학습자는 아직 한국어 폐쇄음을 습득하는 과정으로, 2가지 음성 단서를 완벽하게 습득하지 못했기 때문에 학습자가 자신의 방식대로 이 2가지 음성 단서를 재조정하여 발화함을 알 수 있다. 이러한 중간 언어 양상은 covert contrast(숨겨진 대조)로 해석할 수 있다. 학습자의 발화 양상이 모어 화자와는 다르지만 LDA 분석을 통해 학습자가 VOT와 F0 두 음성 단서를 사용해 삼중 폐쇄음을 발화한다고 밝혔기 때문이다. 사실, 음운 습득의 점진적인 특성을 고려하면 L2 음운 습득에서 covert contrast(숨겨진 대조) 같은 중간 언어 단계가 존재한다는 것은 매우 설득력이 있다. 본 연구의 결과를 통해 L1 습득에서 뿐만 아니라 L2 습득에서도 covert contrast(숨겨진 대조) 현상이 있음을 보여 주었으며, 이러한 현상을 인지하여 L2 음운 습득을 분석하고 연구할 필요성을 제기한다.

둘째, 본 연구에서는 선행 연구의 평가 방법론인 학습자와 한국인 모어 화자의 데이터를 비교하는 방법 또한 사용하여 학습자의 발화 양상을 살폈다. 학습자의 VOT와 F0 값을 나누어 분석했는데, 그 결과 VOT에서는 격음만, F0에서는 경음만 한국인 모어 화자와 유사함을 보였다. 다시 말해, 모어 화자의 유사성에 기대어 평가했다면, 프랑스인 학습자의 한국어 삼중 대립 폐쇄음을 습득하지 못했다는 단면적인 결과만 도출되었을 것이다. 본 연구를 통해 학습자의 발화 혹은 발음 평가 시 모어 화자의 유사성과 같은 외부적인 요소뿐만 아니라 학습자들의 데이터 자체만을 분석하여 습득 패턴을 찾아 평가하는 것이 중요하다는 사실을 알게 되었다. 이러한 평가 방법을 통해 L2 습득 시, contrast covert(숨겨진 대조)의 단계를 확인할 수 있을 것이다.

마지막으로, 종단 연구의 관점에서 흥미로운 현상이 관찰되었는데, 먼저 프랑스인 학습자는 격음-경음 쌍을 한국어 학습 초반부터 비교적 잘 변별하여 발화한 사실이다. 이는 모국어의 영향으로 볼 수 있는데, 프랑스어에서 유성음-무성음 변별 시 VOT를 주요한 음성적 단서로 사용하기 때문에 학습자가 이 음성 단서를 L2 학습에도 적용한 것으로, 'L1 전이'에서 그 이유를 찾을 수 있다. 다음으로 경음-평음 쌍 발화 시 처음에는 VOT에 가중치를 두어 발화했지만 세 번째 실험 차시부터 F0도 사용했다. 이를 통해 모국어에서 부수적인 음성적 단서를 L2 언어 학습 시 재조정하여 사용함을 알 수 있다. 이는 다른 선행 연구에서 학습자들이 F0에 민감하지 않고 F0를 중요 단서로 인지하지 못한다는 결과와는 상반된다(Chang et al., 2011; Oh, 2018 등). 이러한 상반된 결과는 앞선 연구 대부분이 일회성 발화 실험을 진행함으로써 학습자의 습득 양상 과정을 전체적인 관점에서 보지 못한 한계점에서 기인한다. 따라서 제2외국어 습득에서 종단 연구의 중요성과 필요성을 제고할 필요가 있다.

본 연구의 결과를 요약하면, 비록 프랑스인 한국어 학습자들이 한국어의 경음·평음·격음 자질 차이를 발화하는 데에 있어 어려움을 겪기는 하지만, VOT와 F0를 사용하여 폐쇄음을 발화하며, 두 음성 단서 가중치의 패턴인 한국어 모어 화자와는 다르지만 자신만의 전략을 사용하고 있다는 것을 확인했다. 이는 L2 습득 시 L1과는 다른 음성 단서의 재조정이 가능하며, F0는 습득 가능한 음성 단서임을 시사한다.

참고문헌

윤은경. 2010. 한국어 단모음 습득 연구. **韓國外國語大學校 大學院**. 서울.

장향실. 2002. 중국어 모국어 화자의 한국어 학습 시 나타나는 발음상의 오류와 그 교육 방안. **한국어학**. 15. pp. 211–227.

Douglas Bates, Martin Maechler, Ben Bolker, Steve Walker. 2015. Fitting Linear Mixed-Effects Models Using lme4. *Journal of Statistical Software*. 67(1). pp 1–48.

Best, C. T. 1995. A direct realist view of cross-language speech perception. *Speech perception and linguistic experience*. York Press. p. 171.

Best, C. T., Tyler, M., Bohn, O. & Munro, M. 2007. Nonnative and second-language speech perception. *Language experience in second language speech learning*. pp. 13–34.

Boersma, P. 2021. Praat: doing phonetics by computer. http://www. praat. org/.

Chang, S. E., Burge, M. & Choi, Y. 2011. A Cross-linguistic Study of Korean Laryngeal Stops by the Native Speakers of Chinese, English, Korean, and Spanish. *ICPhS*. pp. 432–435.

Cho, T. & Ladefoged, P. 1999. Variation and universals in VOT: evidence from 18 languages. *Journal of phonetics*. 27(2). pp. 207–229.

Flege, J. E. 1995. Second language speech learning: Theory, findings, and problems. Speech perception and linguistic experience. *Issues in cross-language research*. 92. pp. 233–277.

Flege, J. E. & Bohn, O. S. 2021. The revised speech learning model(SLM-r). *Second language speech learning: Theoretical and empirical progress*. Cambridge University Press.

García, M. T. M. & Holliday, J. J. 2019. The perception of korean stops by native speakers of Spanish. *Proceedings of the 19th International Congress of Phonetic Sciences*. pp. 2585–2589.

Holliday, J. J. 2014. The perceptual assimilation of Korean obstruents by native Mandarin listeners. *The Journal of the Acoustical Society of America*. 135(3). pp. 1585–1595.

Kim, M. 2004. Correlation between VOT and F0 in the perception of Korean stops and affricates. *Interspeech*. pp. 49–52.

Kuhl, P. K. 1991. Human adults and human infants show a "perceptual magnet effect" for the prototypes of speech categories, monkeys do not. *Perception & psychophysics*. 50(2). pp. 93–107.

Lee, B., Yamaguchi, N. & Fougeron, C. 2022. Why is Korean lenis stop difficult to perceive for L2 Korean learners?. *INTERSPEECH*. pp. 1861–1865.

Mairano, P. 2021. L'évaluation de la prononciation dans une L2: peut-on ne pas se référer à un modèle de L1?. *Journées d'études du GIS RéAL2. De l'acquisition à la didactique*.

Oh, E. 2018. Effects of L2 experience on the production of Korean stop contrasts by Mandarin Chinese learners. *Linguistic Research*. 35(1).

R Core Team. 2021. R: A language and environment for statistical computing. R Foundation for Statistical Computing. Vienna. http://www.R-project.org.

Ryu, N. Y. 2017. "Perception of Korean contrasts by Mandarin learners: The role of L2 proficiency." *Toronto Working Papers in Linguistics*. 38. Retrieved from https://twpl. library.utoronto.ca/index.php/twpl/article/view/28072.

Schertz, J., Cho, T., Lotto, A. & Warner, N. 2016. Individual differences in perceptual adaptability of foreign sound categories. Attention. *Perception, & Psychophysics*. 78. pp. 355–367.

Schmidt, A. M. 2007. Cross-language consonant identification. *Language experience in second language speech learning*. John Benjamins. pp. 185–200.

Serniclaes, W. 1984. Fenêtre de prélèvement temporel des indices d'occlusives. *Actes des XXIèmes Journées d'Etudes sur la Parole*. pp. 67–78.

Trubetzkoy, N. S. 1969. *Principles of phonology*. University of California Press.

제3장

한국어 문법 교육을 위한 이유 표현 의미 자질 연구

– '-아서/어서', '-(으)니까', '-기 때문에'를 중심으로

권기현

프랑스 국립동양언어문화대학교
Institut National des Langues et Civilisations Orientales

1. 들어가며

본 연구의 목적은 한국어 교육에서 이유 및 원인을 표현하는 다양한 문법을 의미 자질 차원에서 분석하여 각 문법 표현의 명확한 의미를 규명하고 의미 제시 방안을 모색하는 데 있다.

한국어 교육에서 이유, 근거를 표현하는 문법은 다양하여 학습자의 발화와 작문에서 많은 오류가 나타나는 항목이기도 하다. 이들은 표면적인 인과 관계와 함께 화자가 상황을 인식하는 태도를 나타내기도 한다. 따라서 인과 관계의 오류는 모국어 화자인 청자에게 화자가 상황을 인식하는 태도에 대한 잘못된 정보를 전달하기도 한다. 그러므로 한국어 교수 학습에서는 먼저 올바른 지식적 차원의 내용을 전달해야 한다. 이때 학습자의 모국어 또는 매개어에 능통한 교사라면 학습자의 모국어나 매개어 표현과 목표 문법을 비교하여 전달할 수도 있다. 그러나 목표어-매개어 문법 간 의미가 항상 완벽하게 일치하는 것은 아니며, 목표어 문법 간 개별 의미 차이에 대한 인지가 선행되어야 한다.

물론 모든 의미 차이를 인지하더라도 한국어 교육 과정과 교수 학습 현장에서 모든 의미를 다루는 것은 불가능하다. 이를 위해 한국어 문법 교육에서는 각 문법 표현의 의미와 통사론·화용론 차원의 연구 성과를 학습자의 수준에 맞게 조직하여 교육 과정을 구성하고, 다시 교재와 교사 차원에서 학습자에게 전달한다. 그리고 학습자는 이들 내용을 받아들여 자신의 담화 또는 작문 맥락에서 적절하다고 판단되는 문법 표현을 사용한다. 그러나 이 과정에서 개별 문법의 정보가 지나치게 많으면 오히려 혼란을 일으켜 적절한 문법 표현을 사용하는 데 방해가 될 수 있다.

따라서 현행 한국어 문법 수업에서 제시되는 의미 정보와 형태 정보, 필요한 경우 통사 및 화용론적 제약의 적절성을 검토하고 학습자 수준에서 오류를 줄이기 위해 숙지해야 하는 의미 자질을 파악하는 작업이 필요하다. 이를 통해 학습 단계가 높아질수록 새로이 배우는 문법 또는 어휘 간 의미 차이에 집중하는 것이 오류를 줄이는 데 유용할 것으로 기대된다.

따라서 본 연구에서는 국제 통용 한국어 표준 교육 과정에서 제시한 한국어 '이유' 표현의 의미 차이를 자질 차원에서 분석한다. 그리고 이들이 현행 한국어 문법 교육에서 어떻게 제시되고 있는지, 현재 이루어지고 있는 문법 제시 방법이 학습자 오류 양상과 어떤 관계가 있는지 검토한다. 이를 바탕으로 학습자들이 '이유' 표현 문법에서 생산하는 오류의 양상과 원인을 규명하고, 학습자 오류를 줄이기 위한 문법 제시 방안을 각 문법의 의미 자질 차원에서 제시하고자 한다.

2. 선행 연구

한국어 교육에서 이유 표현 문법과 관련된 연구는 의미, 통사 및 화용론적 차원의 연구, 그리고 한국어 교육에서 학습자 사용 양상에 대한 연구로 크게 나누어 볼 수 있다.

한국어 이유 표현 문법의 의미 차이와 통사, 화용론적 정보에 대한 연구는 '-아서/어서'와 '-(으)니까' 중심으로 이루어지며, '-기 때문에'는 두 문법의 비교 연구로 이루어진다. '-아서/어서'와 '-(으)니까'의 의미 차이를 분석한 연구는 정보의 보편성·객관성 여부와 신구 정보 여부, 공손성의 여부로 나뉜다. 두 이유 표현 연결어미와 함께 전달되는 정보가 보편성·객관성을 갖는지에 따른 논의는 어느 쪽이 객관성 또는 보편성을 지니는가에 따라 의견이 갈리는데, '-아서/어서'가 객관성을 지니고 '-(으)니까'는 주관성을 지닌다고 보는 입장(남기심·루코프, 1983; 김진수, 1987; 이은경, 2000; 박현숙, 2003; 김희정 외, 2024; 주향아, 2024)과 반대의 입장(성낙수, 1978; 성기철, 1993; 이익섭, 2008; 최상진·임채훈, 2008; 변정민, 2014)으로 나뉜다. 이와 달리 '-아서/어서'가 신정보를, '-(으)니까'가 구정보를 나타낸다는 연구(전혜영, 1989; 배현숙, 1994; 윤평현, 2005)가 있다. 이에 대해 성진선(2019)은 청자와 정보 공유 여부를 전제 의미로 제시했다. 공손성 여부에 대해서는 '-아서/어서'는 공손성을 가지며 '-(으)니까'는 공손성이 약하다고 보고 있다(손옥현, 1989; 윤평현, 2007; 문금현, 2017; 백미경, 외, 2022). 즉 '-아서/어서'가 새로운 정보, 즉 공손성을 가지고 있다는 데는 이견이 없으나 의미의 객관성과 주관성 여부에 대해서는 의견이 대립하는 것을 확인할 수 있다.

이유 표현의 의미를 분석하기 위해 담화 맥락을 강조하는 화용론과 인지언어학적 차원에서 신정보, 구정보가 정확히 무엇인지에 대해 논의하고자 한다. 문금현(2004)은 "청자와 화자 간 공유되어 있다고 믿는 정보"를 구정보로 간주했고, 이에 성진선(2018; 2019)은 "청자와 화자 간 해당 정보가 공유되어 있는지 여부"를 '전제 의미'로 보아, 교실 수업에서 '-아서/어서'와 '-(으)니까' 문법 제시에 활용하여 오류율을 유의미하게 낮출 수 있음을 밝혔다.

'-기 때문에'는 의미 자체의 분석보다는 한국어 학습자의 사용역이나 교수 학습 차원에서 주로 분석되었다. 앞선 연구에서는 '-기 때문에'가 문어적·격식적으로 사용된다고 보았는데(백재파, 2020; 김정효, 2023), 다만 이는 학습자가 '-기 때문에'를 문어적·격식적 표현으로 배웠기 때문으로, 현행 한국어 교재 6종 중 4종에서 "격식적인 구어나 문어에서 쓰임"을 밝히고 있다(박민신, 2022). 따라서 학습자의 사용역을 근거로 해당 문법의 위상을 판단하는 것은 순환 논리에 빠질 위험이 있다. 이에 대해 모국어 화자의 구어·문어 말뭉치인 21세기 형태 분석 말뭉치에서 '때문'의 사용 양상을 분석한 김령환(2020)은 구어와 구어적 성격의 소설보다는 문어적·공식적 텍스트인 신문과 학술 논문에서 사용 빈도가 현저히 높으며, 전문적 내용의 인용이나 주장에 대한 헤지(hedge) 표현으로 사용됨을 밝혔다. 이는 '-기 때문에'가 [+정당화]의 의미 자질을 갖는다고 본 진정란(2006)을 뒷받침하는 내용이라고 판단할 수 있다. 이를 고려한다면 '-기 때문에'가 문어적·공식적 성격을 가진다는 것 자체는 타당해 보인다. 이러한 문법의 의미 제시는 논리적 타당성이나 정당성 여부에 비해 맥락을 좀 더 분명히 드러낼 수 있다는 점에서 의미 변별에 매우 유용할 것으로 기대된다. 그러나 이들 연구 성과를 학습자에게 그대로 제시할 수는 없으며 학습자의 수준에 맞게 가공하기 위해 적절히 난이도와 양을 조절하는 작업이 필요하다.

이에 본 연구에서는 '-아서/어서'와 '-(으)니까', '-기 때문에' 문법 표현을 의미론적 차원에서 분석한 결과를 중심으로 교수 학습에서 제시 방안을 논의함으로써 통사 및 화용론적 정보의 제한적 성격을 극복하는 방안을 모색한다.

3. 연구 방법

본 연구는 한국어 교육과 국어학에서 논의된 이유 표현 문법 '-아서/어서'와 '-(으)니까', '-기 때문에'의 의미와 통사적·화용적 정보를 분석하고, 이를 한국어 학습자에게 효율적으로 전달할 수 있는 방안을 모색한다. 이를 위해 국어학과 한국어 교육의 선행 연구에서 논의된 의미와 정보, 그리고 현행 한국어 교재에서 제시하고 있는 예문의 의미를 맥락적 차원에서 분석한다. 그리고 각 예문에 대한 한국어 교육에서의 설명 방식과 의미에 대한 반례를 통해 반례를 아우를 수 있는 설명 방안을 모색한다. 본 연구에서 교재 분석의 대상으로 삼은 《세종한국어》 1~4는 국외 한국어 학습자를 대상으로 한 구어 중심 교재로, 문법 항목 내 예문과 문항, 읽기와 듣기 텍스트에서 '-아서/어서', '-(으)니까', '-기 때문에'가 사용된 문장 개수는 총 335개이다. 이들을 각각 사용된 이유 표현과 서법, 구어와 문어 여부, 텍스트의 공식성 여부에 따라 분류했다. 이때 단일 문장으로 상황 맥락을 판단할 수 없는 경우 종결어미 유형에 따라 구분했으며 서법과 실제 발화 의도가 다른 경우, 예를 들어 서법은 의문문이지만 청유 또는 명령의 의도를 지니고 있는 경우 문장에 표현된 서법을 우선하고 화자의 의도를 별도 항목으로 표기하여 수치화했다.

4. 이유 표현의 의미 분석과 교수 학습 방안

4.1. 한국어 학습자의 이유 표현 문법 오류 원인 분석

한국어 교육에서 제시하는 이유 표현은 국제 통용 한국어 표준 교육 과정 기준 20개로, '-아서/어서'와 '-(으)니까'는 1급 중~후반에서 등장하고, '-기 때문에'는 보통 2급 중반에서 등장한다. 즉 주격조사 '이/가'와 보조사 '은/는'을 제외하고 거의 최초로 등장하는 유사 문법이라 할 수 있다. 국립국어원 한국어교수학습샘터에서 제시하는 문법 간 통사적·화용적 차이는 〈표 1〉과 같이 정리된다.

보통 1급에서 학습하게 되는 '-아서/어서'와 '-(으)니까'는 상보적 양상을 나타내나, '-기 때문에'는 두 문법의 성격 일부를 나눠 갖는다. '-아서/어서'와 '-기 때문에'는 동일한 서법 제약을 나타내고, 시간 표현과 관용적 사용에서는 '-(으)니까'와 '-기 때문에'가 같은 성격으로 나타난다.

〈표 1〉 '-아서/어서', '-(으)니까', '-기 때문에' 문법 정보(국립국어원 한국어교수학습샘터)

	-아서/어서	-기 때문에	-(으)니까
내용의 보편성	보편적	보편적	주관적
서법 제약	청유, 명령에서 사용되지 않음	청유, 명령에서 사용되지 않음	서법 제약 없음[1]
시간 표현	과거 표현 사용 불가능[2]	과거 표현 사용 가능	과거 표현 사용 가능
관용적 사용	관용구 사용	사용하지 않음	사용하지 않음
사용역	구어성	문어성	구어성
동음이의 문법 표현	순서		발견

[1] 개별 교재에 따라 '-(으)니까'의 서법 제약은 명령문·청유문에서 나타난다고도 보고, 제약이 없다고도 본다.

[2] 최근 언중들의 언어 현상에서 "요즘 바빴어서 신경을 많이 못 썼어."와 같이 '-아서/어서'에 과거 시간 선어말어미 '-았/었-'이 동반되는 현상이 나타나기도 하나, 규범 문법으로 논의되고 있는 것은 아니므로 본 연구에서는 논의하지 않는다. 다만 교수 학습에서 한국인 모국어 화자 사이에 나타나는 현상으로 간략하게 제시할 수 있다.

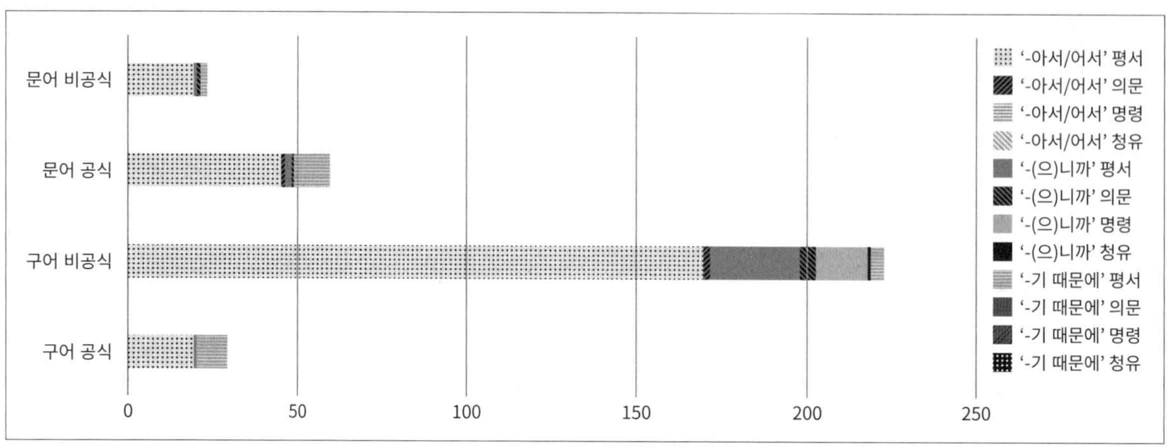

그리고 ‘-아서/어서’와 ‘-(으)니까’는 좀 더 구어성을 띠고, ‘-기 때문에’는 상대적으로 문어성을 띤다. 즉 세 문법 간 통사적·화용적 차이는 명확하게 변별되지 않고 그 성격이 서로 뒤섞여 있어 학습자들의 학습 수준이 높아질수록 혼란을 야기할 가능성이 커진다. 더구나 의미와 이에 기반한 통사적·화용적 제약의 기준은 상대적이며 실제 담화와 텍스트뿐만 아니라 학습자들이 가장 쉽게 접하는 교재 내에서도 이러한 제약이 엄격하게 지켜지지 않는다. 이러한 현상은 학습자들이 접하는 한국어 담화와 텍스트인 교재에서의 분포와도 유사한 양상을 보이는데,《세종한국어》1~4에 등장하는 각 이유 표현 문법의 유형별 분포는 〈그림 1〉과 같다.

교재의 특성상 가장 많은 맥락 유형은 비공식적 상황에서 구어이고 그다음으로 공식적 상황에서 문어, 비공식적 문어와 공식적 구어는 비슷하게 나타난다. 가장 많이 사용되는 문법은 ‘-아서/어서’로 모든 맥락에서 가장 높은 비율을 차지하며 특히 공식적, 비공식적 문어에서 사용 비율이 높다. 또한 ‘-기 때문에’는 공식적 문어와 구어에서 주로 사용되지만 비공식적 상황이라도 전혀 사용되지 않는 것은 아니다. 따라서 ‘-아서/어서’가 ‘-기 때문에’보다 구어적 성격을 띤다는 설명은 교재 내에서 ‘-아서/어서’의 등장 빈도가 더 높다는 것을 확인한 학습자들에게 받아들여질 만한 설명은 아니다.

이러한 제시 방법은 학습자들에게 정보의 양적, 질적 측면에서 혼란을 일으킬 수 있다. 다음 예문은 〈표 1〉에서 정리한 각 문법의 통사 및 화용론적 설명에 대한 예시로, 학습자들에게 의미가 정확하게 전달되지 않고 단편적으로 학습이 이루어졌을 경우 혼란을 일으킬 여지가 있다.

(1) 1) 가: 왜 늦었어?

　　　나: 차가 막혀서 늦었어.

　　2) 가: 왜 늦었어?

　　　나: 차가 막히니까 늦었지.

(2) 1) 제가 일이 좀 많아서, 내일 만납시다.

    2) 제가 일이 좀 많아서요, 내일 만납시다.

(3) 저는 취미 생활이 중요하기 때문에 취미가 비슷한 사람을 만나고 싶어요.

(4) 1) 이번 주말에는 비가 오니까 다음 주말에 산에 갈 거예요.

    2) 마리 씨는 인형을 좋아하니까 선물로 인형을 주는 게 어때요?

(5) 선생님, 비가 많이 오니까 택시를 타고 가는 게 어떨까요?

(6) 1) 지금은 그 핸드폰이 나오지 않아서 고칠 수 없습니다.

    2) 지금은 그 핸드폰이 나오지 않기 때문에 고칠 수 없습니다.

각 문장의 반례는 교재 또는 실제 한국인과의 의사소통 상황에서 학습자들이 접할 수 있는 문장이다.

(1)은 평서문에서 '-아서/어서'와 '-(으)니까'가 사용되는 예이다. 1)과 2)는 동일한 상황으로 일반적인 두 문법의 의미에서 논의하는 논리적 타당성이나 보편성 여부는 동일하다. 따라서 선·후행절 간 논리의 보편성이나 타당성 여부로는 (1)을 설명하기 어렵다. 두 예문의 차이는 1)이 단순 진술을 위한 평서형 종결어미 '-아/어'로 끝나는데, 2)는 확인 또는 청자가 이미 해당 내용을 알고 있음을 의미하는 평서형 종결어미 '-지'로 끝난다. 종결어미 '-지(요)' 역시 한국어 교육의 초급 단계에서 제시되는 문법인데, 학습자는 이유 표현 문법을 선택할 때 해당 문법의 의미보다는 평서문 형태의 대답이기 때문에 '-아서/어서'를 선택할 가능성이 높다.

(2)는 반대로 청유문에 '-아서/어서'가 사용된 사례이다. 한국어 문법에서 연결어미가 종결어미의 기능을 할 수 있음을 제시하기 위해 등장한 예문으로, 실제로는 문장에서 쉼표나 발화에서 휴지, 종결보조사 '요'를 동반하여 의미가 분리되기 때문에 두 문장으로 봐야 하지만, 이 역시 한국어 직관이 형성되지 않은 학습자들에게 표면적으로는 청유문으로 여겨져 많은 학습자가 '-(으)니까'를 선택하게 된다.

(3)은 비공식 구어 대화에서 등장하는 문장으로, '-기 때문에'가 공식적 상황에서 쓰임을 기계적으로 학습한 학습자라면 '-아서/어서'와 '-기 때문에'의 사용역에 혼란을 느낄 수 있다. 동시에 해당 문장은 '-(으)니까'를 사용하여 "저는 취미 생활을 중요하게 생각하니까 취미가 같은 사람을 만나고 싶어요." 역시 가능하다.

(4)의 1)과 2)는 '-(으)ㄹ 거예요'와 '-는 게 어때요?'로 의사를 표명하는 평서문과 의문문 문장이다. '-(으)니까'가 주로 명령문·청유문에서 사용되지만 평서문·의문문에서도 쓰인다는 사실을 알고 있는 학습자라도 해당 문장에서 '-아서/어서'가 자연스럽지 않음을 발견할 수 있다. 2)의 경우 의문문의 서법을 채택하고 있지만 실제로는 인형을 선택할 것을 종용하는 명령 또는 청유

의 의미를 지니므로 학습 내용과 동떨어진 것이라 볼 수는 없다. 또한 김정효(2024)는 바람, 의견 제시 등의 태도를 나타내고자 하는 상황에서는 평서문·의문문 종결도 가능함을 시사했다. 그러나 1)에서 '-(으)ㄹ 거예요'를 단순히 미래로 이해한다면 이 역시 설득력 있는 설명이라 보기는 어렵다.

(5)는 청자가 '선생님'으로 상대 높임이 실현된 문장이다. 학습자는 공손함을 띤 연결어미(손옥현, 1989; 윤평현, 2007; 문금현, 2017)의 실현을 기대하겠으나 이 문장에서 '-아서/어서'는 부자연스러우며, '-(으)니까'에 의해 문장의 공손함이 훼손되었다고 볼 수는 없다.

학습자의 모국어도 서법의 전용이 나타날 수 있다. 그러나 초급 수준의 학습자들이 이를 충분히 인지할 것으로 기대하기는 어렵다.

(5)는 공손함의 여부에 따라 설명할 수 있는데, 학습자들은 (1)의 2)와 같이 '-(으)니까'는 감정이 섞이거나 짜증스러운 표현으로 받아들여 높임법을 사용해야 하는 상황에서는 '-아서/어서'만이 적절한 것으로 생각하기도 한다. 그러나 (4)에서와 같이 '-(으)니까'에 의해 문장의 공손함이 훼손된다고 보기는 어렵다.

마지막으로 (6)은 '공식적인가'의 문제로, 문어체에서나 공식적인 상황에서 '-기 때문에'와 '-아서/어서'는 교체하여 사용할 수 있다.

이유 표현 문법의 사용에서 오류를 생성하는 '-아서/어서'와 '-(으)니까'의 다른 문제는 한국어 교육에서의 동음이의 표현과도 관련이 있다. 초급 단계에서 '-아서/어서'와 '-(으)니까'는 이유뿐만 아니라 각각 '순서'와 '발견'의 의미로도 제시된다. 이를 도식화하면 〈그림 2〉와 같다.

〈그림 2〉 '-아서/어서'와 '-(으)니까'의 오류 원인 도식

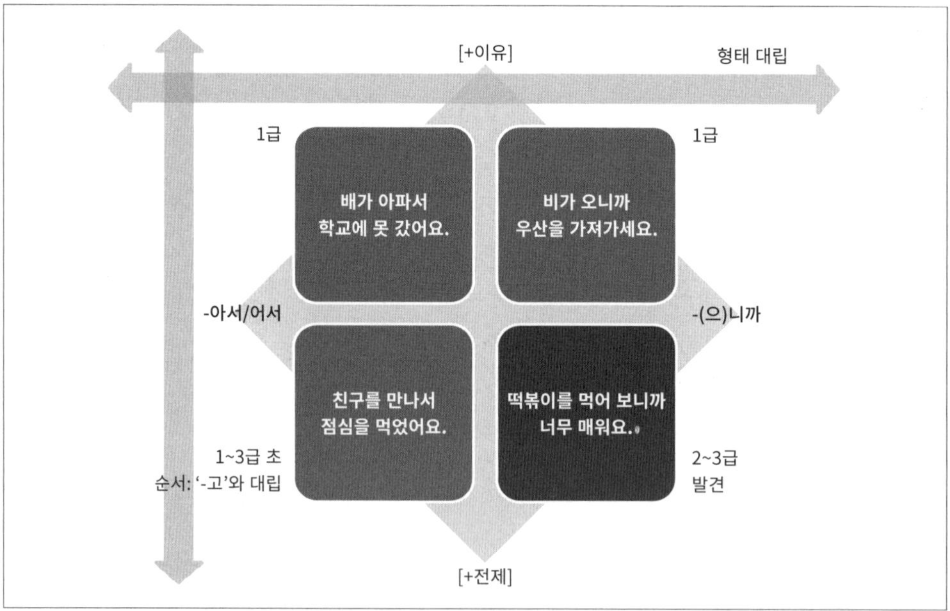

　　1급에서 제시되는 학습 요소로서의 이유 표현 문법 '-아서/어서'와 '-(으)니까'는 각각 다른 문법과 의미적으로 대립하여 '-아서/어서'는 순서, '-(으)니까'는 발견의 의미로 제시된다. 따라서 초급 수준의 한국어 학습자는 1급에서 이미 표현을 위해 2개, 또는 '-기 때문에'를 포함한 3개의 이유 표현 문법을 변별하고, 이해 영역에서도 '-아서/어서'와 '-(으)니까'가 어떤 의미로 사용되었는지 변별해야 한다. 즉 이들 모두 초급에서 제시되는 문법이지만 의미와 형태를 변별해야 하기 때문에 학습 난이도는 높은 편이다.

　　이들 문법이 학습자들의 표현 영역에서 어떻게 사용되는지를 연구한 말뭉치 기반 연구에서는 많은 학습자가 구어와 문어, 공식적 상황과 비공식적 상황을 막론하고 가장 처음 학습하는 이유 표현 문법인 '-아서/어서'를 선택하는 비율이 '-(으)니까'와 '-기 때문에'를 압도한다고 보았다(백재파, 2020; 김정효, 2023).[3] 그러나 실제 자유 발화에서는 학습자들이 '-(으)니까'를 선택하여 말뭉치에서와 자유 발화에서의 문법 선택 양상에 차이를 보인다. 이는 〈그림 1〉에서와 같이, '-(으)니까'는 비공식 구어에서 등장 비율이 가장 높아 학습자들이 구어성이 제일 강한 것으로 판단한다고 이해할 수 있다. 등장 빈도가 가장 높은 '-아서/어서'는 학습자들이 알고 있는 통사적 맥락 정보에서 청유문과 명령문만을 제외하고 모든 담화 맥락에서 쓰일 수 있기 때문에 말뭉치 수집이라는 완전한 자유 발화로 인식되지는 않는 상황에서 학습자들이 실수를 덜 하기 위한 전략으로서 채택하는 것으로 보인다.

4.2. 이유 표현의 의미 제시 방안

'-아서/어서'와 '-(으)니까', '-기 때문에'를 설명하는 어휘인 이유, 원인, 근거는 의미의 차이가 조금씩 있으나 학습자들이 쉽게 변별하지는 못한다. 국립국어원과 《고려대 한국어대사전》에서는 이들이 서로 유의어 관계로서 선행절이 선행 사건으로 후행절에 영향을 준다는 공통 의미를 지닌다고 설명하고 있다. 이에 원인과 근거는 선행절과 후행절의 관계가 필연성과 객관성을 지님을 의미하며, 원인과 근거의 차이는 해당 선행절이 포함되는 의미의 실재성 여부에 따라 달라진다. 이에 '원인'은 실제 일어났거나 일어날 수 있는 실제 사건에 대한 이유를 설명하는 단어로, '근거'는 주장에 대한 논리적인 이유를 제시하는 단어로 사용된다. 이를 학습자에게 그대로 제시하기는 어려우나 지금까지 한국어 교육 현장에서 사용되어 온 이유나 원인, 근거의 보편성이나 논리적 타당성 등은 맥락에 의해 결정되며, 그러한 맥락이 배제된 개별 문장에서의 보편성과 논리적 타당성 판단은 자의적으로 이루어질 수밖에 없음을 확인할 수 있다.

　　이들 문법은 모든 의미에서 선행절과 후행절의 시간적 연결 관계로, '-아서/어서'는 선행절이 후행절 사건의 배경 또는 상태 유지(국립국어원, 2005)이고, '-(으)니까'는 선행절의 사건에 의해 새롭게 알게 된 사실, 즉 화자의 지각을 의미한다. 이에 대해 순서의 '-아서/어서'는 청자가 선행절의 사건을 인지하고 있지 않아도 화자의 발화에 의해 해당 사건을 인지함을 의미하며, '-(으)니까'는 청자가 해당 사건을 맥락을 통해 미리 인지 또는 추측하고 있거나 추측할 수 있다는 전제 하에서 가능하다. 이러한 '맥락을 통한 추측'은 '전제 의미'로 성진선(2018; 2019)에서 언급된 바 있다. 이는 '-(으)니까'가 비중과 무관하게 비공식 구어에서 주로 등장하는 이유를 설

---

[3] 백재파(2020)에 따르면 모든 사용역에서 가장 많이 선택된 문법은 '-아서/어서'이고, '-(으)니까'는 구어와 문어의 비격식 상황에서 주로 사용되었다. '-기 때문에'는 문어에서의 사용 비율이 압도적으로 높았으며 구어에서는 거의 사용되지 않았다.

명할 수 있으며, 청자가 스스로 알 수 있음을 전제하는 표현으로서 상대적으로 공손하지 못하다고 판단할 수 있다. 그런데 이 '전제 의미'는 학습자들에게는 익숙하지 않은 개념이므로 교사의 제시를 통한 충분한 이해가 필요하며, '-기 때문에' 역시 전제 의미의 개념을 통해 설명 가능한지에 대해서는 논의의 여지가 있다.

이에 대해 진정란(2006)에서 제시한 [+정당화]는 '-기 때문에'가 공식적 텍스트에서 주로 사용되며, 비공식 구어 텍스트에서 '인하다'와 '탓'의 의미로 사용되는 경우가 많음을 설명할 수 있다. 정당화는 실제적 논리의 정당성이 아닌 화자의 주장을 통해 실현되는 정당성으로, 맥락을 통한 추측을 의미하는 '전제 의미'를 넓게 해석하여 '화자가 생각하는 인과 관계의 밀접성'으로 간주할 수 있다. 이에 후행절의 전제성을 지녀 시간적 순서 또는 발견의 의미를 지니기도 하는 '-아서/어서'와 '-(으)니까'와 달리 '-기 때문에'는 '화자의 관점에서 논리성을 획득하는' 이유를 설명하는 데 집중하는 표현 문법으로, 화자 스스로 인과 관계가 밀접하다고 판단할 때 사용할 수 있다. 이를 도식화하면 〈그림 3〉과 같다.

〈그림 3〉 '-아서/어서', '-(으)니까', '-기 때문에'의 의미 관계

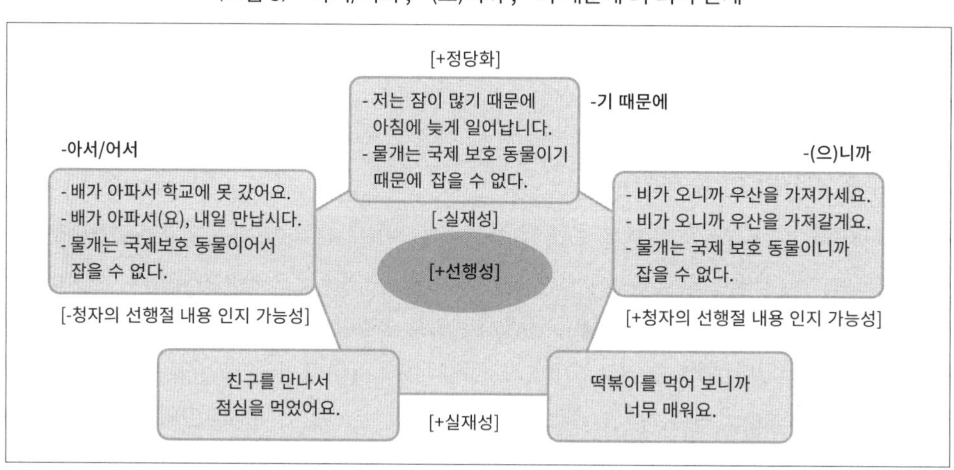

3가지 이유 표현 문법 중 사건 간 선후 관계를 의미하지 않는 '-기 때문에'는 이유, 원인, 근거를 모두 아우름으로써 사건의 실재성을 담보하지 않아도 무방하다. 따라서 원인을 포함하는 이유 표현으로 사용될 수 있으나 화자가 생각하는 논리적 근거에 주로 사용된다. 이와 달리 '-아서/어서'와 '-(으)니까'는 [+실재성]을 띠어 후행 사건에 대한 전제로서의 선행 사건이라는 의미를 갖는다. 다만 후행 사건 자체가 반드시 실재성을 가질 필요는 없으며, 화자의 주장, 의견, 생각, 추측 역시 후행 사건으로 간주할 수 있다. 이를 통해 학습자에게 제시할 수 있는 의미는 다음과 같다.

- '-아서/어서': 화자가 생각할 때 청자가 선행 사건의 존재 또는 선행 사건과 후행 사건의 관계를 인지하지 못할 수 있다고 판단할 경우

III. 문법, 발음, 화용과 한국어 교육

- '-(으)니까': 화자가 생각할 때 청자가 선행 사건의 존재와 후행 사건과의 관계를 인지할 수 있다고 판단할 경우
- '-기 때문에': 화자가 생각할 때 자신의 논리 또는 행동에 정당성을 부여해야 할 경우

이러한 제시 방안이 학습자들의 통사 및 화용론적 학습 부담을 줄일 수 있는지에 대해서는 검증이 필요하다. 기존의 이유 표현 문법 제시에서 학습자들은 의미의 논리성과 통사론적 제약, 관용적 표현 여부, 사용역을 학습해야 한다. 이에 대해 의미적 논리성 여부는 보편적 의미가 아닌 화자 본인의 판단에 따라 결정됨을 제시함으로써 통사론적 제약을 해결하도록 한다.

5. 나가며

본 연구는 그간 한국어 학습자의 담화 및 텍스트 산출에서 많은 오류를 야기하는 기초적인 이유 표현인 '-아서/어서'와 '-(으)니까', '-기 때문에'의 의미를 자질 단위에서 분석하여 학습자에게 제시되는 통사 및 화용론적 정보의 양을 줄이고자 했다. 본 연구에서는 기존의 이유 표현 의미 연구에서 '논리성 또는 타당성 여부'가 지극히 화자 중심의 주관적인 관점임에 착안하여 '신정보와 구정보' 여부와 '화자의 맥락 인식 여부'에 따른 분석을 시도했다. 3가지 이유 표현 문법의 의미를 문금현(2004)와 진정란(2006)을 바탕으로 성진선(2018; 2019)에서 화자가 담화 맥락을 인식하는 양상의 의미로 제시한 '전제 의미'의 개념을 통해 '화자가 생각할 때 선행절의 내용을 청자가 인지할 수 있는가'의 여부와 '선행 사건이 실재성을 지니는가'의 여부에 따라 문법 표현의 의미를 분석했다.

그간 이유 표현 문법 '-아서/어서', '-(으)니까', '-기 때문에'는 초급 문법임에도 명확한 구분이 어려워 학습자들이 많은 오류를 생산하는 문법 표현 중 하나였다. 본 연구는 각 유사 문법의 통사적·화용론적 제약이 해당 문법의 개별 의미 자질에 기인한다고 보고, 의미론적 차원에서 통사적·화용론적 제약을 대신할 수 있는 학습 요소를 제시했다. 또한 본 연구는 한국어 교육에서 유사 문법 중 일부인 이유 표현 문법의 의미를 인지의미론적으로 접근함으로써 학습자의 이해 부담을 줄이기 위한 방안을 모색했다는 데 의의가 있다. 이유 표현 문법뿐만 아니라 다양한 문법 표현의 구체적인 의미 제시 방안이 인지의미론적 차원에서 논의됨으로써 학습자의 부담이 줄어들 것을 기대한다.

참고문헌

강현화 외. 2016. **한국어교육 문법: 자료편**. 한글파크.

국립국어원. 2022. **세종한국어**. 1~4. 국립국어원.

김령환. 2020. '때문'의 텍스트 장르별 사용 양상과 의미 특성–구어, 신문, 소설, 학술논문 텍스트를 중심으로. **어문학**. 148. 한국어문학회. pp. 3-32.

김승곤. 1987. **한국어 연결어미의 의미분석 연구**. 과학사.

김정효. 2023. 한국어 학습자 말뭉치에 기반한 이유 표현 양상 분석–'-아/어서', '-(으)니까', '-기 때문에'를 중심으로. **문법 교육**. 47. 한국문법교육학회. pp. 81-116.

김중섭 외. 2010. **국제 통용 한국어 표준 교육과정**. 국립국어원.

김중섭 외. 2020. **국제 통용 한국어 표준 교육과정 적용연구**. 국립국어원.

김지혜. 2006. 한국어 학습자의 이유 표현 오류 양상에 대한 연구. **한국어교육**. 19-2. 국제한국어교육학회. pp. 1-22.

김진수. 1987. **국어 접속조사와 어미 연구**. 탑출판사.

김희정 외. 2024. **한 권으로 끝내는 한국어 유사 문법 100**. 해래.

남기심, 루코프. 1983. 논리적 형식으로서의 '-니까' 구문과 '-어서' 구문. **국어의 통사·의미론**. 탑출판사, pp. 2-27.

문금현. 2004. 전제의 유형. **한국어의미학**. 14. pp. 223-254.

박민신. 2022. '-기 때문에' 문법 과제의 교수학적 분석. **어문론총**. 93. 한국문학언어학회. pp. 41-732.

박재연. 2022. 한국어 문법 형식의 의미 기술을 위한 의미의 종류 설정에 대하여. **한국어의미학**. 77, pp. 103-130.

박현숙. 2003. **이유 원인의 접속어미 연구–{-아서}, {-니까}, {-므로}. {-느라고}를 중심으로**. 한국교원대학교 대학원 석사 학위 논문.

배현숙. 1997. 전경절과 배경절 '-어서'와 '-니까'를 중심으로. **한국어학**. 한국어학회. pp. 50-72.

백미경 외. 2022. 중국인 한국어 고급 학습자의 공손성 인식 연구–종결 기능 연결 어미 '-아서, -니까, -는데, -거든'을 중심으로. 33-4. **국제한국어교육학회**. pp. 151-184.

백재파. 2020. 이유 표현 유사 문법 '-아·어서', '-(으)니까', '-기 때문에'의 사용역 연구. **문법 교육**. 40. 한국문법교육학회. pp. 183-207.

변정민. 2014. 인과관계 연결어미의 의미 기능–'어서'와 '-니까'를 중심으로. **한국언어문화학**. 11-1. 국제한국언어문화학회. pp. 23-42.

성기철. 1993. "-어서"와 "-니까"의 변별적 특징. **주시경학보**. 11. 주시경연구소. pp. 50-72.

성낙수. 1987. 이유 원인을 나타내는 접속문 연구 (1). **연세어문학**. 11. 연세대학교. pp. 23-39.

성진선. 2018. 한국어 연결어미 '-아서'와 '-니까'의 전제의미와 활용방안. **담화와 인지**. 25-1. 담화인지언어학회. pp. 101-121.

성진선. 2019. 한국어 인과관계 연결어미 '-아서', '-니까'의 전제의미 실효성 확인 및 교실 적용방안. **담화와 인지**. 26-3. 담화인지언어학회. pp. 129-155.

윤평현. 2005. **현대국어 접속어미 연구**. 박이정.

이은경. 2000. **국어의 연결 어미 연구**. 태학사.

이익섭. 2008. **한국어문법**. 서울대학교 출판부.

전혜영. 1989. 접속문과 공손원칙. **이화어문논집**. 10. 이화어문학회. pp. 81-101.

주향아. 2024. 기능을 중심으로 본 국어 접속 표현 연구–인과 관계의 접속 표현을 중심으로. **언어사실과 관점**. 62. 연세대학교 언어정보연구원. pp. 5-30.

진정란. 2006. **한국어 이유 표현의 담화 문법 연구**. 한국외국어대학교 박사 학위 논문.

진염평. 2016. 한국어 연결어미 '-아서, -(으)니까'에 대한 통사기능 연구. **정신문화연구**. 39-4. 한국학중앙연구원. pp. 105-127.

최상진, 임채훈. 2008. 인과관계 형성의 인지과정과 연결어미의 상관성 '-어서', '-니까, '-면' 등을 중심으로. **국어학**. 52. 국어학회. pp. 27-152.

황화상. 2008. 연결어미 '-어서', '-니까'의 의미 기능과 후행절 유형. **국어학**. 51. 국어학회. pp. 57-89.

제4장

불가리아인 한국어 학습자의 대화 함축 해석 능력에 대한 연구

오아림
한국 이화여자대학교
Ewha Womans University

이리나 숄레바
Irina Sholeva
불가리아 소피아대학교
Sofia University

1. 들어가며

한국어 교육의 최종 목표 중 하나는 학습자들이 일상생활에서 원활한 의사소통을 유지하는 것이다. 화자는 자신의 의사를 명시적으로 표현하기도 하지만, 때로는 전달하고자 하는 바를 암시적으로 나타내기 때문에 성공적인 의사소통을 위해서는 문법적인 능력뿐 아니라 화자의 발화에 내포된 의도나 의미를 이해하는 능력, 즉 화용적 능력(pragmatic competence) 또한 매우 중요하다(Taguchi, 2005: 543).

Grice(1975)는 발화의 숨은 의도나 의미를 '함축(implicature)'이라 하였는데, 이는 발화가 나타나는 시간과 장소, 화자와 청자의 관계 등 다양한 상황적 맥락에 따라 달라질 수 있다. 예를 들어, 밖을 보다가 비가 오는 것을 발견하고 친구에게 "밖에 비 온다."라고 발화할 경우 이는 날씨에 대한 단순한 진술일 수 있으나, 밖으로 나가려는 아들에게 아버지가 같은 내용을 발화한다면 이는 "우산을 가지고 나가라."라는 의미일 수도 있다.

함축은 언어 보편적인 현상이지만 문법적 장치, 억양 등 다양한 방식으로 실현되며[1] 그 실현 방식이 언어에 따라 다를 수 있기 때문에 문자 그대로의 의미와 숨겨진 의미 사이의 차이를 인식하고 추론하는 것은 한국어 학습자들에게는 쉽지 않은 일이다. 또한 함축을 파악하는 데 사회·문화적인 지식도 함께 요구된다는 점은 함축의 이해를 더욱 어렵게 만드는 요인이다.

본 연구에서는 불가리아인 중·고급 한국어 학습자의 함축 이해를 확인하고자 한다. 숙달도가 높아질수록 한국어 능력뿐만 아니라 한국 문화에 더 많이 노출되는데 이것이 함축 이해에 영향을 미칠 수 있다. 따라서 본 연구에서는 학습자의 숙달도를 나누어 이들의 함축 이해와 한국어 모어 화자의 이해에 차이가 있는지를 살펴볼 것이다.[2] 연구 문제를 다시 한번 정리하면 다음과 같다.

> 연구 문제: 불가리아인 중·고급 한국어 학습자와 한국어 모어 화자는 다양한 유형의 함축의 이해에 차이를 보이는가?

2. 선행 연구

본 연구의 목적은 불가리아인 중·고급 한국어 학습자의 함축 이해를 확인하는 것이다. 앞서 언급한 바와 같이 함축은 말 속에 숨어 있는 의미로서 겉으로 표현된 것보다 더 실제적인 의미를 전달하는 경우가 많으므로, 언어 사용자는 화자의 실제적 의미를 알기 위해 화자의 말을 둘러싼 상황과 문맥을 파악하고 이로부터 화자의 의미를 추론해야 한다(이재희 외, 2011: 65). Grice(1975)는 대화에서 전달되는 화자의 함축을 청자가 이해할 수 있는 것은 '협조 원칙(Cooperative principle)'의 대전제를 기본으로 하고 있기 때문이라고 본다. 협조 원칙은 "대화의 단계마다 그 대화의 목적이나 방향에 부합하도록 필요한 만큼 대화에 기여하라."는 것이다 (Grice, 1975: 45; 이재희 외, 2011: 66에서 재인용). Grice(1975)는 원활한 의사소통을 위하여 대화 참여자들이 의식적 또는 무의식적으로 서로 협동하며, 협조 원칙을 지키기 위해 다음 4가

[1] '-(으)ㄴ/는 것 같다'는 추측의 의미를 나타내는 대표적인 문법이나 "나 배가 고픈 것 같아."와 같은 문장에서 볼 수 있듯이 추측의 의미를 지니지 않는 경우도 있는데, 이 경우 자신의 느낌이나 생각을 완곡하게 표현하기 위한 장치로 사용된 것이다. 또한 '잘한다'의 경우, 문자 그대로의 의미로도 사용될 수 있고 반어적으로도 사용될 수 있는데, 그 의미에 따라 억양이 달라진다.

[2] 한국 거주 기간에 따른 차이도 살펴보고자 했으나, 표집된 피험자 중 한국에 거주한 경험이 있는 학습자의 수가 적어(중급 4명, 고급 9명) 이를 통계적으로 검정하지 못했다.

지 격률을 따른다고 보았다.

> (1) 대화의 격률(Conversational Maxims; Grice, 1975)
> 　　가. 양의 격률(maxim of quantity)
> 　　나. 질의 격률(maxim of quality)
> 　　다. 관련성의 격률(maxim of relation)
> 　　라. 태도의 격률(maxim of manner)

　양의 격률은 정보의 양에 대한 규범을 말하며(이재희 외, 2011: 69), 필요한 만큼만 알갱이가 있는 말을 하라는 것으로(이성범, 2002: 80), 요구되는 만큼의 정보를 제공하고 필요 이상으로 정보를 제공하지 않아야 한다는 것이다. 양의 격률이 정보의 양에 관련된 것이라면, 질의 격률은 정보의 질에 관한 것으로(이재희 외, 2011: 71) 스스로 거짓이라고 생각하는 것과 증거가 없는 것은 말하지 않아야 한다는 것이다. 관련성의 격률은 대화 참여자들이 대화의 주제나 흐름과 관련된 대화를 이어 나가야 한다는 것이다(이재희 외, 2011: 72). 태도의 격률은 말하는 방식과 관련된 것으로, 말을 할 때는 불분명한 표현을 피하고, 짧게 할 수 있는 것을 길게 말하지 말며, 순서를 뒤바꿔 말하지 않는 등 메시지를 보내는 방식에 있어 상대방에게 협조적으로 임하라는 것이다(이재희 외, 2011: 73).

　대화의 격률을 일부러 어길 때 함축이 발생한다. 예를 들어 어떤 사람이 한 가수의 노래를 듣고 '가수는 가수다'라고 말했다고 하자. 이 발화는 동어 반복으로 양의 격률을 위반하고 있다. 비록 격률이 위반된다고 하더라도 대화가 협조적으로 이루어진다는 대전제는 쉽게 깨지지 않는데, 이 때문에 청자는 여전히 화자가 대화에 협조적이라는 전제하에 자신이 가진 세상에 대한 지식 또는 스키마에 근거하여 화자가 왜 그런 말을 했는지 숨은 의미를 추론하게 된다(이재희, 2011: 75). 다시 말해 청자는 '가수는 노래를 잘하는 사람'이라는 배경지식을 활용하여, 화자의 발화가 '가수인 저 사람은 역시 노래를 잘한다'라는 의미를 담고 있음을 추론할 수 있는 것이다.

　제2언어 연구에서 Grice(1975)의 협조 원칙과 격률을 중심으로 한 함축 연구는 학습자와 모어 화자 간의 의미 해석 차이를 분석하는 데 중점을 두어 왔다.[3] 함축 이해를 다룬 초기 연구 중 하나는 Bouton(1994)이다. Bouton(1994)은 함축을 유형화하여 함축 표현에 대한 특정한 교육 없이 학습자들의 함축 이해 능력을 향상시키는 데에는 거주 기간이 중요한 역할을 하는 것을 보여 주었다. 이후 연구들은 거주 기간, 학습자의 숙달도, 교수 효과, 문화적 차이 등을 주요 변인으로 삼아 다양한 결과를 도출했다. 숙달도와 거주 경험 유무에 주목한 연구(Lee, 2002; Yamanaka, 2003; Taguchi, 2005; Abdelhafez, 2016; Pratama et al., 2017; Köylü, 2018)는 목표 언어의 나라에 거주한 기간보다는 숙달도가 함축 이해에 더 좋은 예측 변수가 될 수 있다는 결론을 도출했다. 또한, 교수 효과를 주목하고 있는 연구(Broersma, 1994; Blight, 2002; Abdelhafez, 2016)는 통제 집단과 실험 집단의 비교를 통해서 명시적 교수가 함축 표현 교육

---

[3] 앞서 언급한 바와 같이 함축에 대한 해석은 청자의 세상에 대한 지식이나 스키마에 근거하여 이루어지며, 이는 언어적, 문화적 차이로 인해 서로 다른 배경지식을 가지고 있는 모어 화자와 제2언어 학습자의 함축에 대한 해석은 서로 다를 수 있음을 유추할 수 있다.

에 효과적이라는 것을 보여 주었으나, 명시적인 교수의 효과가 얼마나 지속되는지에 대해서는 추가 연구가 필요할 것으로 보인다.

학자에 따라 함축 유형과 격률의 실현 양상의 분류에 차이가 있으나, 특정 격률의 이해가 다른 격률의 이해보다 어렵다는 다양한 연구 결과가 보고되었다. Bouton(1994)은 학습자들이 간접 비판(indirect criticism)으로 나타난 양의 격률 위반을 어려워한다고 보고했다. 또한 반어법(irony)으로 실현된 질의 격률 이해 및 해석에도 어려움이 있었다. Bouton(1994)은 관련성의 격률 해석의 어려움도 보고했으나, Abdelhafez(2016)은 명시적인 교수 효과를 주장하며 관련성의 격률과 관련한 대화 함축이 학습자들이 이해하기에 가장 쉬운 것이라고 주장했다. Manowong(2011)은 학습자들이 문화와 관련된 대화 함축과 억양에 따라 달라지는 대화 함축의 이해에 어려움을 겪는다고 설명했다. Keenan(1976)은 미국인과 마다가스카르인의 발화를 분석하여 문화적 차이가 격률의 이해에 미치는 영향을 보여 주었는데, 이는 문화 보편성에서 문화 특수성으로 관점 전환의 필요성을 시사한다. 즉 사회·문화적 맥락이 포함된 함축의 해석은 학습자에게 특히 어려울 수 있으며 이에 대한 교수의 필요성이 요구된다.

한편, 한국어 교육에서 함축 이해를 살펴본 연구에는 임채훈(2016), 이해영·정혜선(2019), 이암·이지현(2020)이 있다. 임채훈(2016)은 함축을 고정 함축, 대화 함축[4], 관용 표현, 속담, 상위 화용적 함축으로 하위 유형화하고, 중·고급 한국어 학습자를 대상으로 연구했다. 그 결과 학습자의 숙달도가 높을수록 함축 생산 능력이 높으며 상위 화용적 함축의 정답률이 낮음을 확인했다. 임채훈(2016)은 함축을 하위 유형화하고 숙달도와 한국 거주 기간 등에 따른 이해 차이를 살펴보았다는 점에서 의미가 있다. 그러나 이 연구는 여러 언어권의 학습자를 연구의 대상으로 하여 진행되었는데, 여러 언어권의 문화 차이로 인한 함축 이해의 어려움은 함축 사용이 문화 교차적 상호 작용(cross-cultural interaction)에 장벽이 될 수 있음을 보고한 여러 연구가 있는 만큼(Keenan, 1976; Bouton, 1988, 1992; Murray, 2011; Manowong, 2011), 동일한 언어권의 학습자를 대상으로 하는 연구의 필요성이 제기된다.

이해영·정혜선(2019)은 함축을 고정 함축, 대화 함축, 사회·문화적 함축 등 6개의 유형으로 하위 분류화하고, 베트남인 한국어 학습자를 대상으로 숙달도와 한국 거주 여부에 따른 이해 차이를 분석했다. 그 결과 숙달도가 높을수록 함축 이해 능력이 높았으며, 특히 반어 표현과 사회·문화적 함축 이해에 거주 경험의 영향이 크게 작용함을 확인했다. 이암·이지현(2020)은 사회·문화적 함축을 8개 영역으로 세분화하여 중국인 고급 학습자들의 이해 차이와 거주 경험 및 상호 작용 정도의 영향을 연구했다. 연구 결과, 학습자들이 특히 정치 영역의 함축 이해에 어려움을 겪고 있으며, 상호 작용 정도가 사회·문화적 함축의 이해에 큰 영향을 미친다는 사실을 확인했다. 이해영·정혜선(2019)과 이암·이지현(2020)은 단일 언어권의 학습자를 대상으로 함축에 대한 이해를 확인하고 있으나 격률에 따른 함축의 이해 차이를 확인할 수 없다. 학자에 따라서 함축 유형과 격률의 실현 양상의 분류는 차이가 있으나, 학습자에 따라 다른 격률의 이해보다 특정 격률의 이해에 어려움을 겪는다는 다양한 연구 결과가 보고되었으므로(Bouton, 1994; Kim, 2008; Abdelhafez; 2016) 함축을 격률에 따라 하위 유형화하여 그 결과를 살펴보면 의미

[4] 임채훈(2016)은 대화 함축을 격률 유형에 따라 양의 격률, 질의 격률, 관계의 격률로 나누어 확인했다.

가 있을 것으로 보인다. 또한 제2언어 학습자들이 문화와 관련된 함축과 상위 화용적 함축의 이해에 어려움을 겪는다는 연구 결과들이 있었던 만큼 이를 함축 유형에 포함하여 연구를 진행했다. 본 연구의 함축 유형과 동인을 정리하면 〈표 1〉과 같다.

<표 1> 본 연구의 함축 유형 및 동인

번호	함축 유형	동인
1	항진명제	양의 격률 위반
2	과장법	
3	반어법	질의 격률 위반
4	은유법	
5	간접적 표현	관련성의 격률 위반
6	관련 없는 말	
7	불분명한 표현	태도의 격률 위반
8	중의적 표현	
9	상위 화용적 함축	사회·문화적 특수성
10	사회·문화적 함축	

먼저 양의 격률 위반은 청자가 요구하는 양보다 적거나 많은 정보를 화자가 발화할 때 나타난다. Grice(1975: 52)는 양의 격률 위반으로 "전쟁은 전쟁이다."와 같은 항진명제를 이야기한다. 항진명제는 동어 반복으로 요구되는 것보다 적은 정보를 제공한다. 다음으로 과장법은 요구되는 정보의 양보다 과다하게 정보를 제공한다. "멋있는 여자들은 모두 선원을 좋아한다(Grice, 1975: 53)."의 경우, '멋있는 여자들' 중 '선원'을 좋아하는 사람도 있겠지만, '모두'라는 단어를 사용해 양을 과장하여 자신의 발언에 대한 확신을 드러낸다.

반어법은 질의 격률을 위반한 대표적인 예이다. 반어법은 문자 그대로의 의미와 반대되는 의미를 함축하는 어법이다(이성범 외, 2002: 37). 만약 소라가 매우 게으르다는 것을 화자와 청자가 모두 알고 있는 상황에서 '소라는 역시 부지런해'라고 발화한다면 이는 비난의 의미를 표현하기 위한 것이라고 할 수 있다. 은유법이란 둘 사이에 일정한 공통점이 있음을 전제로 어떤 하나의 대상이나 관념, 행위 등에 대해 그것과 다른 대상, 관념, 행위로 표현하는 것으로(이성범 외, 2002: 35), 질의 격률을 위반한 예로 볼 수 있다.

관련성의 격률 위반은 간접적으로 표현하거나 전혀 관련 없어 보이는 말을 하는 경우에 해당한다. 먼저 선행 발화와 직접적으로 관련된 내용은 아니나 간접적으로 관련성을 추론할 수 있는 경우가 있다. 예를 들어 '누가 주방에 있던 꽃병을 깼어?'라는 발화에 대한 답으로 '아까 소라가 주방에 있었어'라고 발화할 경우 '소라가 깬 것 같은데 확실하지는 않다'라는 의미를 담고 있는 것으로 추론 가능하다. 또한 A가 민수에 대한 험담을 하는 상황에서 B가 맥락상 전혀 관련 없는 말을 한다면, B의 발화는 그 주제에 대해 이야기하고 싶지 않다거나 동조하지 않음을 함축하는 것으로 볼 수 있다.

태도의 격률 위반 양상에는 불분명함(obscurity)과 중의성(ambiguity)이 있다. 화자가 자신의 발언에 확신을 가지고 있는 경우에도 '-(으)ㄴ 것 같다'와 같은 불분명한 추측 표현을 사용하는 것은 공손함을 표현하기 위한 것으로, 태도의 격률을 위반한 예이다. 중의적 표현은 비슷한 발음을 통해 2가지 이상의 의미를 전하는 것으로, 모호함을 피하라는 태도의 격률의 두 번째 하위 격률을 위반하는 양상이라고 할 수 있다.

마지막으로 한국의 사회·문화적 특수성이 반영된 함축으로 사회·문화적 함축과 상위 화용적 함축을 포함했다. 먼저 '너희 엄마 음식 정말 맛있다'라는 말에 대한 응답으로 '우리 엄마 전라도 사람이야'라는 말의 함축을 이해하기 위해서는 전라도 음식을 맛있다고 생각하는 한국 사회의 배경지식이 반드시 필요하다. 다음으로 상위 화용적 함축은 메시지의 전달에서 드러나는 인식이나 믿음, 태도 등 상위 화용적 생각을 드러내 주는 장치들 즉, 상위 화용적 지각 표지(metapragmatic awareness indicator; Verschueren, 2000)를 이해할 수 있는지를 알아보고자 하는 문항이다(이해영, 정혜선, 2019: 248-249). 예를 들어 '저 천 원만 주세요'라는 아이의 발화에 엄마가 '왜 피시방에 가시려고?'라고 응답할 경우, '-(으)시-'는 높임이 아니라 이 상황이 마음에 들지 않음을 표현하는 상위 화용적 지각 표지로 볼 수 있다.

3. 연구 방법

3.1. 연구 대상

본 연구의 대상은 중·고급 불가리아인 한국어 학습자와 모어 화자이며, 참여자의 정보는 〈표 2〉와 같다.

불가리아인 한국어 학습자는 숙달도 검사를 실시하여 숙달도에 따라 학습자 상(上) 집단과 학습자 하(下) 집단으로 구분했다.[5] 숙달도 평가 도구는 한국어능력시험(S-TOPIK)의 기출 문제 중 중급과 고급 문항 총 20개를 발췌하여 사용했다. 두 집단의 숙달도 검사 점수는 〈표 3〉과 같다.

[5] 45명의 학습자가 실험에 참여했으며, 집단 간 차이를 보장하기 위해 숙달도 검사에서 중위 점수에 해당하는 10~11점을 받은 참여자 11명을 제외했다.

〈표 2〉 실험 참여자 정보

	불가리아인 학습자	모어 화자
사례 수	34명	17명
연령	10대 3명, 20대 25명, 30대 3명, 40대 3명	20대 14명, 30대 3명
성비	남 2명, 여 32명	남 1명, 여 16명

〈표 3〉 불가리아인 학습자 집단의 숙달도 점수 기술 통계

집단	사례 수	평균	표준 편차
학습자 상	17	14.47	2.004
학습자 하	17	7.06	1.600

학습자 상 집단과 학습자 하 집단의 숙달도 점수 차이를 통계적으로 확인한 결과 두 집단 사이의 차이는 유의한 것으로 나타나며($t=-11.919$, $p<.05$), 두 집단의 숙달도가 다름을 확인하였다.

3.2. 연구 도구 및 자료 수집

본 연구에서는 불가리아인 한국어 학습자와 한국어 모어 화자의 함축 이해를 확인하기 위해 함축 유형을 다음 10개로 분류하여 설문지를 구성했다. 설문에 사용된 함축 유형 및 문항은 〈표 4〉와 같다.

〈표 4〉 본 연구의 함축 유형 및 문항

번호	함축 유형	문항
1	항진명제	(A와 B는 가수 '케이'의 콘서트에 갔다.) A: 케이 요즘 컨디션이 안 좋아서 목소리가 잘 안 나온다고 들었는데, 실제로 들으니 괜찮은데. B: 역시 가수는 가수야.
2	과장법	(A는 가수인데, 콘서트를 준비하고 있다.) A: 내일 사람이 많이 올까? 홍보를 많이 못해서 걱정이네. B: 걱정 마. 한국에서 네 노래를 안 좋아하는 사람은 없어.
3	반어법	(A가 영어 시험 성적을 받아 왔다. 영어 시험은 990점 만점이다.) A: 엄마, 저 이번에 영어 시험에서 500점을 받았어요. B: 잘한다! 졸업이 얼마 안 남았는데.
4	은유법	(A와 B는 친구인데, B가 얼마 전에 대기업에 취업했다.) A: 취업 축하해. 정말 좋겠다. 특별한 취업 비결이 있어? B: 글쎄, 세상에 지름길은 없다고 하잖아.
5	간접적 표현	(A가 쉬는 시간에 잠깐 나갔다가 교실로 돌아왔더니 책상 위에 편지가 놓여 있다.) A: 이 편지 누가 두고 갔는지 봤어? B: 아까 민수가 네 책상 주변에 있던데.
6	관련 없는 말	(A와 B는 수학 선생님에 대해 이야기하고 있다.) A: 수학 선생님은 정말 성격이 별로야. 가르치는 것도 별로고. B: 음…… 밖에 비 온다.
7	불분명한 표현	(A와 B는 친구이다. A는 여행을 가려고 한다.) A: 나 다음 주에 제주도에 가려고 하는데, 너도 같이 갈래? B: 나는 요즘 일이 많아서 어렵지 않을까 싶어.

III. 문법, 발음, 화용과 한국어 교육

8	중의적 표현	(A와 B는 여자이다. 민수는 같은 과 남학생이다.) A: 내일 뭐 해? 별일 없으면 같이 영화 볼래? B: 내일 민수랑 약속이 있어. <u>실은 나 요즘 민수랑 만나고 있거든.</u>
9	상위 화용적 함축[6]	(A와 B는 소개팅을 하고 있다.) A: 어떤 일을 하고 계세요? B: <u>해외 바이어(buyer)들을 컨택(contact)해서 프로덕트(product)를 세일즈(sales)하는 일을 하고 있어요.</u>
10	사회·문화적 함축	(B는 A의 집에 방문했다.) A: 저희 집이 좀 좁아서 부끄럽네요. B: <u>네? 한강 뷰인데요!</u>

설문은 구글 설문지(google survey)를 통해 이루어졌다. 실험 참여자의 과제는 〈표 5〉와 같이 제시된 문항을 읽고 B의 발화 중 밑줄 친 부분과 같이 말한 의도가 무엇인지 사지선다형으로 구성된 선택지에서 고르는 것으로, 선택지는 모어 화자에게는 한국어로, 불가리아인 학습자에게는 불가리아어로 제시되었다.

〈표 5〉 문항 제시의 예(사회·문화적 함축)

* 다음 대화를 읽고 B가 밑줄 친 부분과 같이 이야기한 이유를 고르세요.

(B는 A의 집에 방문했다.)
A: 저희 집이 좀 좁아서 부끄럽네요.
B: <u>네? 한강 뷰인데요!</u>

① A의 집이 좁다는 것을 강조하고 싶어서
② A의 집이 좋은 집이라는 것을 강조하고 싶어서
③ A에게 창밖으로 한강을 보라고 권하고 싶어서
④ A의 집에서 한강이 보인다는 것을 알려 주고 싶어서

3.3. 분석 방법

본 연구의 자료는 함축 유형별 정답 점수이며, 4개의 답 중에서 정답을 고르면 1점, 오답을 고르면 0점을 부여하여 코딩했다. IBM SPSS Statistics 프로그램을 이용해 집단별 점수 차이를 일원분산분석(ANOVA)으로 검정하였으며, 유의 수준은 .05였다.

4. 결과

각 집단의 유형별 점수에 대한 기술 통계는 〈표 6〉과 같고, 이 내용을 도표로 나타내면 〈그림 1〉과 같다.[7]

항진명제의 경우 세 집단의 평균이 모두 1점이었다. 다음으로 불분명한 표현의 경우 모어 화자 집단과 학습자 상 집단은 평균 점수 1점으로 모두 정답을 선택했으며, 학습자 하 집단의 경우 0.88의 평균 점수를 보였다. 집단 간 평균 차이를 검정한 결과, 두 문항 모두 집단 간 차이가 없는 것으로 나타났다. 즉, 항진명제와 불분명한 표현은 중·고급 수준의 한국어 학습자 모두의 이해가 모어 화자 수준에 근접한 것으로 나타났다. 불가리아인 피험자를 대상으로 사후 인터뷰를 실시한 결과[8], 항진명제의 경우 가수는 노래를 잘하는 사람이라는 배경지식을 가지고 있기 때문이라는 응답과 드라마나 예능에서 이런 발화를 많이 들어 보았다는 응답이 나타났다. 불분명한 표현의 경우, '-지 않을까 싶다'라는 표현의 의미를 알고 있어 정답을 선택할 수 있었

〈표 6〉 함축 유형별 점수 기술 통계

집단	N	항진 명제	불분명한 표현	사회· 문화적 함축	관련 없는 말	간접적 표현	중의적 표현	과장법	은유법	상위 화용적 함축	반어법
학습자 하	17	1.00	0.88	0.76	0.65	0.59	0.59	0.29	0.47	0.35	0.12
		(.000)	(.332)	(.437)	(.493)	(.507)	(.507)	(.470)	(.514)	(.493)	(.332)
학습자 상	17	1.00	1.00	1.00	0.88	0.82	0.71	0.59	0.53	0.41	0.41
		(.000)	(.000)	(.000)	(.332)	(.393)	(.470)	(.507)	(.514)	(.507)	(.507)
모어 화자	17	1.00	1.00	1.00	1.00	0.94	1.00	1.00	0.94	1.00	1.00
		(.000)	(.000)	(.000)	(.000)	-0.243	(.000)	(.000)	(.243)	(.000)	(.000)

〈그림 1〉 함축 유형별 점수 평균

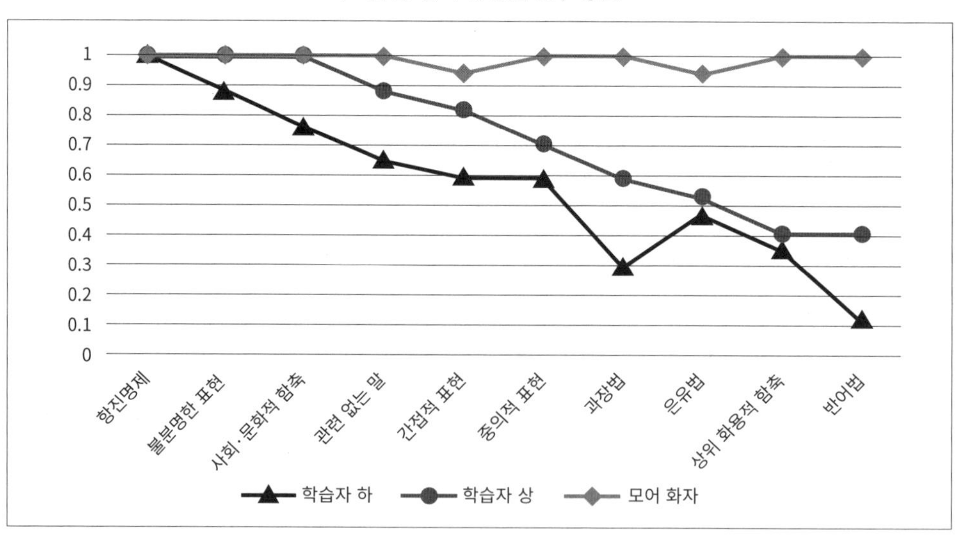

다는 응답이 대부분이었다.

　　사회·문화적 함축은 모어 화자 집단과 학습자 상 집단이 평균 점수 1점으로 모두 정답을 선택했으며, 학습자 하 집단의 경우 0.76의 평균 점수를 보였다. 관련 없는 말의 경우, 모어 화자 집단은 1점, 학습자 상 집단은 0.88점, 학습자 하 집단은 0.65점의 평균 점수를 보였다. 중의적 표현의 경우, 모어 화자 집단은 1점, 학습자 상 집단은 0.71점, 학습자 하 집단은 0.59점의 평균 점수를 보였으며, 간접적 표현은 모어 화자 집단이 0.94점, 학습자 상 집단이 0.82점, 학습자 하 집단이 0.59점이었다. 집단 간 평균 차이를 통계적으로 검정한 결과, 유의한 차이가 있는 것으로 나타났으며(사회·문화적 함축 F(2,48)=4.923, p<.05; 관련 없는 말 F(2,48)=4.667, p<.05; 중의적 표현 F(2,48)=4.800, p<.05; 간접적 표현 F(2,48)=3.500, p<.05) 사후 검정 결과 이들 유형의 함축 이해는 학습자 하 집단과 모어 화자 집단 사이에 차이가 있는 것으로 나타나 고급 수준의 학습자는 모어 화자 수준의 이해에 근접한 반면 중급 수준의 학습자는 그렇지 못한 것으로 유추된다. 고급 학습자들이 위 함축 유형에서 정답률이 높았던 이유로는 해당 표현을 알고 있었고(사회·문화적 함축의 '한강 뷰'와 중의적 표현의 '만나다'), 드라마나 예능에서 이 표현을 접했다는 응답이 있었다. 또한 불가리아어에서도 동일한 전략이 사용되기 때문에 해석이 쉬웠다는 응답(관련 없는 말과 간접적 표현)도 있었다.

　　다음으로 과장법의 경우, 모어 화자 집단은 1점, 학습자 상 집단은 0.59점, 학습자 하 집단은 0.29점이었으며, 은유법은 모어 화자 집단 0.94점, 학습자 상 집단 0.53점, 학습자 하 집단 0.47점의 평균 점수를 보였다. 상위 화용적 함축의 경우, 모어 화자 집단은 1점, 학습자 상 집단은 0.41점, 학습자 하 집단은 0.35점의 평균 점수를 보였으며, 반어법은 모어 화자 집단 1점, 학습자 상 집단 0.41점, 학습자 하 집단 0.12점의 평균 점수를 보였다. 집단 간 차이를 통계적으로 검정한 결과, 유의한 차이가 있는 것으로 나타났으며(과장법 F(2,48)=13.415, p<.05; 은유법 F(2,48)=5.700, p<.05; 상위화용적 함축 F(2,48)=13.059, p<.05; 반어법 F(2,48)=28.000, p<.05), 사후 검정 결과, 학습자 하 집단과 모어 화자 집단, 학습자 상 집단과 모어 화자 집단 사이에 차이가 있는 것으로 드러나, 이 유형의 함축에 대한 이해는 중·고급 학습자 모두 모어 화자 수준에 이르지 못하는 것으로 나타났다.

5. 나가며

본 연구에서는 함축의 유형을 항진명제, 과장법, 반어법, 은유법, 간접적 표현, 관련 없는 말, 불분명한 표현, 중의적 표현, 상위 화용적 함축, 사회·문화적 함축으로 나누고, 불가리아인 중·고급 한국어 학습자의 함축 이해가 모어 화자와 차이가 있는지 살펴보았다.

　　연구 결과, 항진명제와 불분명한 표현의 경우 중·고급 학습자 모두가 모어 화자 수준에 근접한 이해를 보였으며, 사회·문화적 함축과 관련 없는 말, 중의적 표현, 간접적 표현의 경우 고급 학습자는 모어 화자에 근접하는 이해를 보인 반면, 중급 학습자는 그렇지 못한 것으로 나타났다. 마지막으로 과장법과 은유법, 상위 화용적 함축, 반어법은 중급과 고급 학습자 모두 모어 화자 수준의 이해에 이르지 못한 것으로 나타났다.

위 결과를 정리하면, 먼저 대부분의 동인에서 함축의 두 하위 유형의 이해 정도가 서로 다름을 확인할 수 있었다. 예를 들어 양의 격률 위반에 따른 함축 중 항진명제에 대한 이해는 중급과 고급 모두에서 모어 화자에 근접하였으나 과장법의 경우 중·고급 학습자 모두 모어 화자의 이해 수준에 이르지 못했다. 그러나 질의 격률과 관련된 함축인 반어법과 은유법의 경우 중·고급 학습자 모두 이해도가 낮았는데, 학습자들이 반어법에 대한 이해에 어려움을 겪었다는 Bouton(1994)의 결과와 맞닿아 있다.

사후 인터뷰를 통해 모어 화자 수준에 근접한 이해를 보인 항목들을 중심으로 함축을 적절하게 해석한 이유를 확인했는데, 그 결과는 다음과 같다. 첫째, 문법적 표지나 표현의 의미를 이미 알고 있는 경우 해당 유형의 함축에 대한 이해도가 높았는데, 이는 문법이나 표현의 화용적 의미를 교수할 필요가 있음을 시사한다. 또한 해당 표현을 알게 된 경로에 대해 한류 콘텐츠 시청을 통해 표현을 접했다는 의견이 있었다.[9] 한류 콘텐츠가 세계적으로 높은 인기를 끌면서, 많은 외국인 학습자가 한국 드라마와 영화, 음악 등을 통해 한국어를 접하고 있다. 이러한 콘텐츠는 언어 학습의 도구로도 사용될 뿐만 아니라, 학습자들이 한국 문화와 사회적 맥락을 이해하는 데에도 도움을 주는 것으로 보인다. 한류 콘텐츠는 현실을 반영하는 생생하고 실제적인 자료로 교재에 부족한 부분을 보충할 수 있을 것으로 보이므로, 수업에 적극적으로 활용할 필요가 있다.

둘째, 목표 언어의 함축을 해석할 때 모어에서 사용한 것과 동일한 전략을 사용할 경우 함축 해석이 상대적으로 쉬웠음을 확인할 수 있었다. 따라서 목표 언어에서 학습자의 모어에서는 사용되지 않는 전략이 사용될 경우 이에 대해 명시적으로 교수할 필요성이 제기된다. 또한 학습자가 목표 언어의 함축 해석에 필요한 배경지식이나 스키마가 부족한 경우 이에 대한 교수가 필요하다는 점도 빼놓을 수 없다. 언어와 문화는 불가분의 관계에 있으므로, 한국어의 숨은 뜻, 즉 함축을 이해하기 위해서는 언어뿐만 아니라 문화에 대한 지식도 함께 교수할 필요가 있다.[10]

본 연구는 단일 언어권의 학습자를 대상으로 숙달도에 따른 한국어 함축 이해를 살펴보고, 함축 교육의 필요성을 제기했다는 점에 의의가 있다. 그러나 거주 기간과 한류 콘텐츠 시청 정도 등 함축 이해에 영향을 미칠 수 있는 다양한 변인을 연구에 포함하지 못한 점이 아쉬움으로 남는다. 다양한 변인을 포함하여 한국어 함축의 이해를 확인하는 후속 연구가 이어지기를 기대한다.

[9] 특히 어려움을 겪을 것으로 예측했던 사회·문화적 함축의 정답률이 높았던 이유로 사후 인터뷰의 응답자 대부분이 한류 콘텐츠 시청을 꼽았다.

[10] 본 연구에서는 사회·문화적 함축의 정답률이 낮을 것으로 예상했으나 실제 결과는 그렇지 않았는데, 앞서 언급한 바와 같이 학습자들이 해당 표현이나 배경지식을 접한 적이 있었다고 응답한 점도 문화에 대한 교육의 필요성을 시사한다.

참고문헌

이성범, 장인봉, 전혜영, 최명원. 2002. **화용론 연구**. 태학사.

이성범. 2002. **영어 화용론**. 한국문화사.

이암, 이지현. 2020. 거주 경험과 상호작용 정도에 따른 한국어 사회문화적 함축 이해-중국인 고급 한국어 학습자를 대상으로. **한국어 교육**. 31-3. pp. 227-248.

이재희, 유범, 양은미, 한혜령, 백경숙. 2011. **영어교육을 위한 화용론**. 한국문화사.

이해영, 정혜선. 2019. 숙달도와 거주 경험에 따른 베트남인 한국어 학습자의 함축 이해. **외국어로서의 한국어교육**. 55. pp. 239-262.

임채훈. 2016. 한국어 학습자의 함축 해석 능력에 대한 연구-한국어 모어 화자와의 비교, 대조를 중심으로. **이중언어학**. 63. pp. 127-156.

Abdelhafez, A. M. M. 2016. The Effect of Conversational Implicature Instruction on Developing TEFL Students Pragmatic Competence and Language Proficiency. *US-China Education Review A*. 6(8). pp. 451-465.

Blight, R. 2002. Classroom procedure for explicit instruction in conversational implicature. In M. Swanson & K. Hill (Eds.), *Conference Proceeding of JALT*. Japan Association for Language Teaching. Tokyo. pp. 142-148.

Bouton, L. 1988. A cross-cultural study of ability to interpret implicatures in English. *World Englishes*. 7(2). pp. 183-196.

Bouton, L. 1992. The Interpretation of Implicature in English by NNS: Does it come Automatically - Without Being Explicitly Taught?. *Pragmatics and Language Learning*. 3. pp. 53-65.

Bouton, L. 1994. Conversational implicature in a second language: Learned slowly when not deliberately taught. *Journal of Pragmatics*. 22. pp. 157-167.

Broersma, D. 1994. Do chickens have lips? Conversational implicature in the ESL classroom. Paper presented at The 8th Annual Meeting of the International Conference on Pragmatics and Language Learning, University of Illinois at Champaign. Urbana.

Grice, H. P. 1975. Logic and conversational implicature. *Syntax and semantics*. Academic Press. pp. 411-458.

Keenan, E. O. 1976. The universality of conversational postulates. *Language in society*. 5(1). pp. 67-80.

Kim. D. 2008. A Study of Korean EFL Speakers' Understanding of Conversational Implicatures. **영어영문학연구**. 50(3). pp. 57-72.

Köylü, Y. 2018. Comprehension of conversational implicatures in L2 English. *Intercultural Pragmatics*. 15(3). pp. 373-408.

Lee, J. S. 2002. Interpreting Conversational Implicatures-A Study of Korean learners of English. *Korea TESOL Journal*. 5(1). pp. 1-26.

Manowong, S. 2011. The study of ability to interpret conversational implicatures in English of Thai EFL learners. *The Asian Conference on Language Learning.* pp. 138–148.

Murray, J. C. 2011. Do Bears Fly. Revisiting Conversational Implicature in Instructional Pragmatics. *TESL-EJ.* 15(2). pp. 1–30.

Pratama, H., Nurkamto, J., Rustono, R. & Marmanto, S. 2017. Second Language Learners' Comprehension of Conversational Implicatures in English. *The Southeast Asian Journal of English Language Studies.* 23(3). pp. 50–66.

Taguchi, N. 2005. Comprehending implied meaning in English as a foreign language. *Modern Language Journal.* 89(4). pp. 543–562.

Verschueren, J. 2000. Notes on the role of metapragmatic awareness in language use. *Pragmatics.* 10(4). pp. 439–456.

Yamanaka, J. E. 2003. Effects of proficiency and length of residence on the pragmatic comprehension of Japanese ESL. *Second Language Studies.* 1. pp. 107–175.

Ⅲ. 문법, 발음, 화용과 한국어 교육

제5장

이탈리아 한국어 학습자를 위한 '-(으)ㄹ 때' 교육

이상숙
이탈리아 카포스카리 베네치아대학교
Università Ca' Foscari Venezia

1. 들어가며

한국어에는 시간 관련 표현이 많다. 한국어에서 시간은 '오늘', '내일', '일찍', '금방' 등의 시간 부사, '-었-', '-겠-'과 같은 선어말어미, '-(으)ㄴ', '-는', '-(으)ㄹ', '-던' 등과 같은 관형사형 어미, 그리고 '-어서, -(으)면서' 등과 같은 연결어미로 표현되거나, '-(으)ㄹ 때', '-기 전에'처럼 어미에 '때', '전' 등의 명사가 결합된 형태로 표현되기도 한다.

'-(으)ㄹ 때'는 일상생활에서 자주 사용되는 시간 관련 표현 중 하나로 형태적·통사적 제약이 많지 않고 의미도 복잡하지 않아 한국어 교육에서 학습자들이 주의해야 할 문법으로 다루어지지 않았다.

본 연구자 역시 지난 20년간 다국적 학습자들에게 한국어를 가르치면서 '-(으)ㄹ 때' 표현에 크게 관심을 기울이지 않았으나 2016년부터 이탈리아 베네치아 카포스카리대학교에서 한국어를 가르치면서 매년 상당수의 학생들이 '-(으)ㄹ 때' 사용에 오류를 범하는 것을 보고 '-(으)ㄹ 때' 표현에 주목하게 되었다.

본고는 이탈리아 한국어 학습자들의 '-(으)ㄹ 때' 사용에 나타나는 주요 오류들을 살펴보고, 그 원인을 밝혀 이탈리아 한국어 학습자들이 좀 더 쉽고 정확하게 '-(으)ㄹ 때'를 사용할 수 있게 하는 데 목적이 있다.

2. 시간 표현 '-(으)ㄹ 때'의 특성

'-(으)ㄹ 때'는 시간과 관련한 표현으로 한국어에는 이러한 표현이 많다. 시간 관련 표현들은 선행절과 후행절의 시간적 관계를 나타내는 것으로 '-아서', '-자마자, '-(으)면서' 등과 같이 어미로 된 표현이 있고, '-(으)ㄹ 때', '-기 전에', '-(으)ㄴ 후에' 등과 같이 어미와 명사가 결합된 표현도 있다. 시간 관련 표현들은 선행절과 후행절의 시간이 같은 동시 관계를 나타내기도 하고, 선행절과 후행절의 시간이 다른 순차 관계를 나타내기도 하는데, '-아서', '-자마자', '-기 전에', '-(으)ㄴ 후에' 등은 순차 관계를 나타내는 표현이고, '-(으)ㄹ 때', '- (으)면서'는 동시 관계를 나타내는 표현이다.

'-(으)ㄹ 때'는 관형사형 어미 '-(으)ㄹ'에 시간을 나타내는 명사 '때'가 합쳐진 표현으로 선행절을 이끈다. 우선 한국어 문법 사전에 정의되어 있는 '-(으)ㄹ 때'의 의미를 살펴보면, 국립국어원(2007)의 《한국어 문법 2》에서는 "어떤 행위나 상황이 계속되는 동안이나 시간을 나타낸다." 라고 설명하고, 이희자·이종희(2014)의 《어미·조사 사전》에서는 "어떤 일이 일어나고 있는 시간의 순간이나 동안을 나타낸다."고 설명한다.

다음으로 시간 표현 '-(으)ㄹ 때'의 형태적·통사적·의미적 특성을 살펴보자. '-(으)ㄹ 때'는 주어 제약이 없어 1인칭, 2인칭, 3인칭이 모두 주어로 사용될 수 있고, 동일 주어 제약이 없어 선행절과 후행절의 주어가 일치하지 않아도 된다. 동시 관계를 나타내는 또 다른 표현인 '-(으)면서'의 경우 반드시 선행절과 후행절의 주어가 동일해야 하지만 '-(으)ㄹ 때'는 주어가 동일하지 않아도 된다.

(1) 가. <u>아기가</u> 잠을 잘 때 <u>엄마는</u> 청소를 했다.

　　나. <u>(내가)</u> 초등 학생이었을 때 <u>나는</u> 부끄러움이 많은 아이였다.

　　다. 준이야, <u>너는</u> 시간이 있을 때 <u>(너는)</u> 뭘 해?

　　라. <u>준이는</u> 청소를 하면서 <u>(준이는)</u> 텔레비전을 봐요.

　　마. *<u>준이는</u> 청소를 하면서 <u>엄마는</u> 텔레비전을 봐요.

(1가)~(1다)는 '-(으)ㄹ 때'가 사용된 예로 (1가)는 선행절의 주어가 3인칭이고, (1나)는 선행절의 주어가 1인칭 화자 자신, (1다)는 선행절의 주어가 2인칭이다. (1나)와 (1다)는 선행절과 후행절의 주어가 동일하지만 (1가)는 선행절의 주어가 '아기', 후행절의 주어는 '엄마'로 선행절과 후행절의 주어가 동일하지 않다. 일반적으로 (1나)처럼 주어가 동일할 경우 선행절 또는 후행절의 주어 하나를 생략하는 것이 자연스럽다. 반면에 '-(으)면서'는 (1라)와 같이 반드시 선행절과 후행절의 주어가 동일해야 한다. (1마)처럼 선행절과 후행절의 주어가 다를 경우 문장은 비문이 된다. 따라서 '-(으)ㄹ 때'는 주어 제약이 없다.

다음으로 시간 표현 '-(으)ㄹ 때'는 선행 결합 용언에도 제약이 없어 동사, 형용사, 서술격 조사 '이다'와 모두 결합할 수 있다. 그리고 일부 시간 명사에 '때'가 결합하여 사용되기도 한다.

(2) 가. 내가 <u>학생이었을 때</u> 아버지는 중국에서 일하셨다.

　　나. 나는 기분이 안 <u>좋을 때</u> 음악을 듣는다.

　　다. 준이는 밥을 <u>먹을 때</u> 텔레비전을 본다.

　　라. 나는 <u>방학 때</u> 항상 아르바이트를 한다.

(2가)는 서술격 조사 '이다'가 '-(으)ㄹ 때'와 결합한 경우이고 (2나)는 형용사와, (2다)는 동사와 결합한 경우이다. 그리고 (2라)처럼 '방학', '휴가', '크리스마스', '시험' 등과 같은 일부 시간 명사에 '때'가 결합해 사용되기도 한다.

또한 '-(으)ㄹ 때'는 과거형 선어말어미와 결합도 가능한데, 완료된 사태에 대해서는 '-었을 때' 형태로 사용된다.

(3) 가. 내가 집에 <u>도착했을 때</u> 엄마는 요리를 하고 계셨다.

　　나. 나는 <u>어렸을 때</u> 키가 작았다.

　　다. 아이들은 <u>어릴 때</u> 야채를 잘 안 먹는다.

(3가)는 1인칭 화자가 집에 도착한 순간의 상황을 설명하고, (3나)는 1인칭 화자의 어린 시절 상황을 설명한다. 형용사 '어리다'는 '-(으)ㄹ 때'와 결합해 '어렸을 때'와 '어릴 때' 두 형태로 모두 사용될 수 있는데, (3나)처럼 이미 과거에 완료된 사태를 나타낼 때는 '-(으)ㄹ 때'에 과거형 선어말어미 '-었-'이 결합된 '어렸을 때' 형태를 사용하고, (3다)처럼 과거에 완료된 사태가 아

닌 일반적인 상황을 설명할 때는 '어릴 때'를 사용한다. '-(으)ㄹ 때'가 포함된 선행절이 과거 시제일 경우 후행절도 과거 또는 과거 진행이 와야 한다.

시간 표현 '-(으)ㄹ 때'의 가장 큰 특성은 선행절과 후행절이 동시 관계를 가진다는 것이다. 앞서 우리는 '-(으)ㄹ 때'와 '-(으)면서'가 동시 관계를 나타내는 시간 표현이라고 하였는데 이 두 표현이 가지는 동시성에는 차이가 있다.

(4) 가. 준이는 밥을 <u>먹으면서</u> 텔레비전을 본다.
　　나. 준이는 밥을 <u>먹을 때</u> 텔레비전을 본다.

(4가)는 '먹다' 동사에 '-(으)면서'가 결합된 예이고, (4나)는 '먹다' 동사에 '-(으)ㄹ 때'가 결합된 예이다. (4가)는 선행절의 주어가 밥을 먹기 시작해 밥을 먹는 동작이 끝날 때까지 사태가 지속되는 연속된 시간 안에 후행절의 텔레비전을 보는 사태가 함께 이루어지는 것을 나타내지만, (4나)의 선행절 '밥을 먹을 때'는 후행절의 텔레비전을 보는 사태가 일어난 시점을 나타낸다. 다시 말해서 '-(으)면서'는 선행절의 사태가 지속되는 시간 안에 후행절의 사태가 일어나 같은 시간 안에 2가지 행위가 함께 지속되는 것을 나타내지만, '-(으)ㄹ 때'는 연속적인 시간에서 후행절의 사태가 일어난 시간적 지점을 나타낸다. 따라서 '-(으)면서'처럼 선행절의 사태가 지속되는 동안 후행절의 사태가 함께 지속됨을 나타내지 않는다. 구민정(2008)에서는 이것을 '-(으)면서'는 동시 관계를 나타내고 '-(으)ㄹ 때'는 후행절 사건의 기준 시점을 지시해 주는 역할을 한다고 제시했다. 이것은 '-(으)ㄹ 때'가 가지는 유의미한 특징이라고 볼 수 있다.

이러한 특성 때문에 '-(으)면서'는 행위나 상태가 완료되는 과거형 선어말어미 '-었-'과 결합이 불가능하지만 '-(으)ㄹ 때'는 사태의 시점을 나타내기 때문에 행위나 상태가 완료되는 과거형 선어말어미 '-었-'과도 결합이 가능하다.

3. 이탈리아 학습자들의 '-(으)ㄹ 때' 오류 양상 및 교육 방안

3.1. '-(으)ㄹ 때' 오류 양상

오류는 언어를 배우는 과정에서 일어나는 자연스러운 현상으로 학습자들이 목표어를 정확하게 생산해 내지 못하는 것을 말한다. 일반적으로 외국어 교육에서 오류(error)와 실수(mistake)는 다른 개념으로 인식된다. Corder(1967)는 "오류는 체계적이고 반복해서 일어날 가능성이 있고, 학습자 스스로가 오류인지 인식하지 못하지만, 실수는 일시적이며 학습자 스스로가 인정하고 수정할 수 있는 것"으로 보았다. 그러나 실제로 오류와 실수를 구분하기가 어렵고, 어떤 기준으로 오류를 판정하느냐에 따라 결과가 달라질 수 있기 때문에 오류를 판정하는 일은 쉽지 않다.

오류의 유형을 분류하는 기준은 다양한데 홍혜란(2007)에서처럼 언어학의 기본 분야를 기준으로 '형태적·통사적 오류', '의미적 오류', '화용적 오류'로 분류할 수도 있고, 이정희(2003)에서처럼 이를 더 세분화할 수도 있다. 이정희(2002)에서는 종합적인 방법을 사용해 오류를 분류했는데, 오류의 원인에 따른 분류와 결과 판정에 따른 분류가 그것이다. 오류의 원인에 따른 분류는 오류의 발생 원인에 중점을 둔 접근 방법으로 모국어의 영향에 의한 오류, 목표어의 영향에 의한 오류, 교육 과정에 의한 오류로 나누고 이를 다시 소분류했다. 모국어의 영향에 의한 오류는 학습자의 모국어와 목표어의 체계가 달라서 모국어의 간섭 현상으로 나타나는 것이고, 목표어의 영향에 의한 오류는 목표어가 익숙하지 않아서 발생한 오류이며, 교육 과정의 영향에 의한 오류는 교육 자료나 교수 방법에 문제가 있어 발생한 오류들이다.

결과 판정에 따른 분류는 오류 현상에 중점을 둔 것으로 이것을 다시 범주별로 나누거나, 오류 현상이 대치인지 누락인지 첨가인지, 부분적 오류인지 전체적 오류인지를 정도에 따라 분류했다.

본고는 오류 유형 분류에 관한 연구가 아니며 이탈리아 학습자들의 오류 양상을 보기 위한 것이므로 간단하게 오류 유형을 살펴보고자 한다. 홍혜란(2007)의 언어 범주에 따른 분류를 적용해 이탈리아 한국어 학습자들의 오류 현상(결과 판정)을 '형태적·통사적 오류', '의미적 오류', '화용적 오류'로 나누어 살펴보고자 한다. 그러나 본고는 문장 단위의 쓰기에서 나타난 오류만을 대상으로 하기 때문에 담화 차원인 화용적 오류는 제외한다. 결론적으로 이탈리아 한국어 학습자들의 오류 현상을 형태적·통사적 오류와 의미적 오류로 나누고, 형태적·통사적 오류는 '대치', '누락', '첨가'로 나누어 살피고자 한다.

베네치아 카포스카리대학교에서 제2외국어로 한국어 과정을 듣는 학생들을 대상으로 '-(으)ㄹ 때' 사용에 범하는 오류들을 파악하기 위해서 2년 동안 다음과 같은 동일한 문장을 제시하고 문장을 완성하게 하였다.

제가 집에 도착했을 때, ____

학생들이 완성한 문장들 중에서 학생들이 반복해서 범하는 오류를 정리해 보면 다음과 같다.

3.1.1. 형태적·통사적 오류

형태적·통사적 오류는 오류의 특성을 구체적으로 파악하기 위해서 대치, 누락, 첨가로 나누어 살펴보았다.

1) 대치
(5) 제가 집에 도착했을 때 ____________________
　　　가. 할라버지께서는 주무셨어요. (→ 할아버지)
　　　나. 형가 파스타를 먹고 있었어요 (→ 형이)
　　　다. 친구를 전화를 받았어요. (→ 친구의)

(5가)에서는 할아버지를 할라버지로 바꾸어 표기했고, (5나)에서는 '형이'의 조사를 바꾸어 '형가'로 표기했으며, (5다)에서는 '친구의'를 '친구를'로 바꾸어 표기했다.

2) 누락

(6) 제가 집에 도착했을 때 ＿＿＿＿＿＿＿＿＿＿＿＿

　　가. 파스타를 먹고 있어요.

　　나. 만두 먹었요. (→ 만두를 먹었어요)

　　다. 음악 들어요. (→ 음악을)

(6가), (6나), (6다) 모두 주어가 누락되었다. (6나)는 목적격 조사 '를'과 종결어미 '-어'가 누락되었고, (6다)에서도 목적격 조사가 누락되었다. 학습자들의 누락 오류에서 가장 많이 나타난 것은 주어 누락이다.

3) 첨가

(7) 제가 집에 도착했을 때 ＿＿＿＿＿＿＿＿＿＿＿＿

　　가. 딸기로 케이크를 먹었어요. (→ 딸기)

(7가)는 조사 '(으)로'가 첨가된 예인데 학습자들의 오류에서 첨가의 예는 많이 나타나지 않았다.

3.1.2. 의미적 오류

다음으로 '-(으)ㄹ 때' 사용에 나타난 의미적 오류의 예를 살펴보자.

(8) 제가 집에 도착했을 때 ＿＿＿＿＿＿＿＿＿＿＿＿

　　가. 음악을 들어요.

　　나. 고양이에게 먹이를 줘요.

　　다. 책을 읽거나 잠을 자요.

위 (8)의 예문들은 선행절과 후행절이 호응이 되지 않아 의미적 오류가 발생한 경우이다. 앞 장에서 살펴본 것처럼 '-(으)ㄹ 때'는 선행절이 후행절의 사태가 일어난 지점을 한정 또는 지시해 주기 때문에 '제가 집에 도착했을 때' 뒤에는 화자가 집에 도착한 시점에 일어난 또는 일어나고 있는 사태가 와야 한다. 그러나 (8)의 예들을 살펴보면 후행절 사태들은 모두 선행절의 사태가 끝난 다음에 발생한 사태들이다. (8가)는 화자가 집에 도착한 다음 음악을 듣고, (8나)는 화자가 집에 도착한 다음 고양이에게 먹이를 주고, (8다)는 화자가 집에 도착한 다음 책을 읽거나 잠을 자는 사태가 일어난다.

만약 학습자들이 후행절에 선행절의 주어와 다른 주어를 제시했다면 오류는 후행절의 시제 오류로 볼 수 있지만, 위 (8)의 예문들은 모두 주어가 생략되었기 때문에 다른 주어로 해석하기에는 어려움이 있다.

이상으로 이탈리아 한국어 학습자들이 '-(으)ㄹ 때'를 사용할 때 범하는 오류의 예들을 유형별로 살펴보았다. 형태적·통사적 오류에서는 대치, 누락, 첨가 오류가 모두 나타났는데 가장 많이 나타난 오류 유형은 누락이었다. 누락 오류는 어미나 조사가 생략되었거나 문장 성분이 빠져 있는 경우로 나누어 볼 수 있는데 그중에서도 문장 주어 누락이 가장 많이 나타났다.

의미적 오류에서 가장 많이 나타난 것은 선행절과 후행절이 호응이 되지 않는 것인데 이탈리아 한국어 학습자들이 '-(으)ㄹ 때' 사용에서 범한 오류 중에서 이 유형이 대부분을 차지했다.

3.2. 교육 방안

지금까지 이탈리아 한국어 학습자들이 '-(으)ㄹ 때'를 사용하며 자주 범하는 오류의 유형을 살펴보았다. 이탈리아 한국어 학습자들은 형태적·통사적 오류에서는 주어 누락을 가장 많이 범했고, 의미적 오류에서는 선행절과 후행절이 의미적으로 호응을 이루지 못하는 오류를 많이 범했다.

학습자들에게 '제가 집에 도착했을 때'라는 문장을 제시하며 기대했던 것은 다음 2가지이다.

첫째, '도착했다'라는 완료된 상황을 '비가 왔어요/비가 오고 있었어요' 등과 같은 과거의 완료된 사태 또는 과거에 진행되었던 사태들을 이용해 후행절까지 완성하기를 기대했다. 그러나 학습자들은 선행절의 완료된 사태를 인식하지 못하고 '밥을 먹어요', '음악을 들어요', '책을 읽거나 잠을 자요' 등 현재형 시제를 사용해 후행절을 완성했다.

둘째, 주어를 '제가'로 제시하고 후행절에는 선행절과 다른 주어를 사용하기를 기대했으나 학습자들은 '제가'를 '저는'으로 인식하고 선행절과 후행절에 동일한 주어를 사용했다.

그렇다면 이탈리아 한국어 학습자들이 이와 같은 오류를 범하는 이유는 무엇일까?

오류의 원인을 알아보기 위해 이정희(2003)에서 제시한 원인에 따른 분류를 바탕으로 살펴보고자 한다. 이정희(2003)에서 제시한 분류에 따라 모국어의 영향에 의한 오류, 목표어의 영향에 의한 오류, 교육 과정에 의한 오류로 접근해 볼 수 있는데, 우선 모국어의 영향에 의한 오류를 살펴보자.

시간 표현 '-(으)ㄹ 때'에 해당하는 이탈리아어는 'quando'이다. 이탈리아어 백과사전인 《Treccani》에 정의되어 있는 'quando'의 의미를 살펴보면 다음과 같다.

첫째, 부사로서 문장에서 특정 사건, 상황 또는 행동이 언제 발생했는지, 언제 발생할 것인지, 언제 발생하는지를 물을 때 사용되는데 한국어로 번역하면 '언제'에 해당된다.

(9) 가. Quando hai terminato gli esami? (너 시험 언제 끝났어?)

　　나. Da quando sei qui? (너 언제부터 여기 있었어?)

둘째, 접속사로서 시간적·대조적·조건적 또는 원인적이면서 조건적인 부가적 의미를 함께 지닌 종속절을 나타내는데, 한국어로 번역하면 '-(으)면, -(으)ㄹ 때'에 해당된다.

(10) 가. Quando sarai grande, capirai meglio queste cose.

　　　(네가 어른이 되면, 이 일들을 더 잘 이해할 거야.)

　　나. Quando avrò bisogno di te, chiederò io stesso il tuo aiuto.

　　　(네 도움이 필요할 때, 내가 직접 너에게 도움을 요청할게.)

'quando'는 '-(으)면', '-(으)ㄹ 때'로 사용될 수 있는데 발표자가 이탈리아 학습자들에게 기대한 문장을 이탈리아어로 바꿔 보면 다음과 같다.

(11) 가. Quando sono arrivato/a a casa, pioveva.

　　　(제가 집에 도착했을 때 비가 왔다.)

　　나. Quando sono arrivato/a a casa, mamma stava cucinando.

　　　(제가 집에 도착했을 때 엄마는 요리를 하고 계셨다.)

이탈리아어로 번역해 본 결과 발표자가 기대했던 것과 같이 선행절과 후행절의 시제가 과거형 또는 과거 진행으로 나타났다. 그런데 학습자들이 만든 문장을 이탈리아어로 바꾸어 보면 선행절의 시제가 다르게 나타난다.

(12) 가. Quando arrivo a casa, mangio. (제가 집에 도착했을 때 밥을 먹어요.)

　　나. Quando arrivo a casa, leggo un libro o dormo.

　　　(제가 집에 도착했을 때 책을 읽거나 잠을 자요.)

　　다. Quando arrivo a casa, mangio. (저는 집에 도착하면 밥을 먹어요.)

　　라. Quando arrivo a casa, leggo un libro o dormo.

　　　(저는 집에 도착하면 책을 읽거나 잠을 자요.)

앞서 살펴본 것처럼 많은 학습자가 후행절의 문장을 현재형으로 완성했는데 이 문장들을 ChatGPT를 사용해 이탈리아어로 번역해 보면 (12가)와 (12나)처럼 선행절 '제가 집에 도착했을 때'가 과거형이 아닌 현재형으로 나타난다. (11가)와 (11나)에서처럼 선행절과 후행절의 시제가 모두 과거였을 때는 이탈리아어 번역에서 선행절이 과거형으로 나타났는데, (12)의 예문처럼 선행절은 과거이고 후행절은 현재형일 때 이탈리아어 번역에서는 선행절이 현재로 나타났다. 이 부분에 대해서는 이탈리아어 문법을 깊이 있게 연구할 필요가 있다.

앞에서 한국어 '-(으)ㄹ 때'에 해당하는 이탈리아어 'quando'가 접속사로 사용될 때 조건과 시간의 의미를 나타내며, 한국어의 '-(으)면'과 '-(으)ㄹ 때'에 해당됨을 알 수 있었다. 그래서 선행절에 '-(으)ㄹ 때' 대신 '-(으)면'을 넣어 문장을 완성해 이탈리아어로 번역해 보았더니 흥미롭게도 (12다)와 (12라)처럼 '-(으)ㄹ 때'와 동일하게 번역되었다. 물론 이탈리아어 문법을 더 정확하고 깊이 있게 연구해 보아야 하겠지만, ChatGPT가 인식한 것처럼 이탈리아 한국어 학습자

　　　　　Ⅲ. 문법, 발음, 화용과 한국어 교육

들도 모국어의 영향을 받아 한국어의 '-(으)ㄹ 때'와 '-(으)면'의 차이를 정확하게 인식하지 못해서 오류를 범한 것으로 볼 수 있다. (12다)와 (12라)처럼 현재형으로, 선행절에 '-(으)ㄹ 때' 대신에 '-(으)면'을 사용해서 학습자들이 만든 문장을 후행절에 넣어 보면 바른 문장이 된다. 이때 사용된 '-(으)면'은 다양한 의미 중에서 습관적이고 반복적인 조건을 나타낸다고 볼 수 있다.

따라서 이탈리아 학습자들이 가장 많이 범한 오류는 선행절과 후행절의 의미가 호응을 이루지 못하는 것이고 이는 모국어 영향에 따른 오류로 볼 수 있을 것이다. '-(으)ㄹ 때'를 이탈리아 학습자들에게 가르칠 때 '-(으)면'과는 의미와 기능이 다른 표현임을 강조하고, 선행절과 후행절의 시간적 관계가 매우 중요하다는 것을 반드시 교수해야 한다. 그리고 학습자들의 오류는 교육 자료나 교육 방법에 의해 발생하는 오류일 가능성도 있기 때문에 이탈리아 학습자들에게 '-(으)ㄹ 때'를 가르칠 때는 교수자 역시 '-(으)ㄹ 때'와 '-(으)면'과의 차이점을 반드시 제시해 주어야 할 것이다.

4. 나가며

본고는 이탈리아 한국어 학습자들이 '-(으)ㄹ 때' 사용에 어려움을 겪는 것을 확인하고 학습자들이 조금 더 쉽고 정확하게 '-(으)ㄹ 때'를 사용할 수 있는 방안을 마련하고자 하였다.

이탈리아 한국어 학습자들은 '-(으)ㄹ 때' 사용에서 후행절의 주어 누락과 선행절과 후행절이 의미적으로 호응이 되지 않는 오류를 많이 범하였는데, 시간 표현 '-(으)ㄹ 때'는 선행절이 후행절의 사태가 일어난 지점을 한정 또는 지시해 주기 때문에, 제시한 선행절 '제가 집에 도착했을 때' 뒤에는 화자가 집에 도착한 시점에 일어난 또는 일어나고 있는 사태가 와야 한다. 그러나 이탈리아 학습자들이 완성한 후행절은 모두 선행절의 사태가 끝난 다음에 발생하는 사태들이었다.

본고에서는 이러한 오류의 원인을 모국어의 영향에서 찾아낼 수 있었다. '-(으)ㄹ 때'에 해당하는 이탈리아어는 'quando'인데 부사와 접속사로 사용된다. 접속사로서 quando는 한국어의 '-(으)면'과 '-(으)ㄹ 때'에 해당되는데 '-(으)면'은 조건을 나타내고 '-(으)ㄹ 때'는 선행절과 후행절의 동시 관계를 나타낸다. 다른 조건은 동일하게 하고 '-(으)면'과 '-(으)ㄹ 때'만 교체하여 이탈리아어로 번역해 보면 흥미롭게도 동일한 문장으로 번역이 된다. 따라서 이탈리아 한국어 학습자들이 '-(으)ㄹ 때'를 사용할 때 quando에 해당되는 '-(으)면'과 '-(으)ㄹ 때'의 차이를 정확하게 인식하지 못해서 오류를 범한 것으로 볼 수 있다. 이 결론이 타당성을 가지기 위해서는 이탈리아어 quando에 대한 깊이 있는 연구와 학습자들의 '-(으)면', '-(으)ㄹ 때'에 대한 인식 차이에 관한 연구가 면밀히 이루어져야 할 것이다.

본고는 단문장만을 대상으로 다루었기 때문에 이 결과들을 오류로 보아야 할지 실수로 보아야 할지에 대한 판단 근거가 부족하고, 구체적인 교육 방안을 제시하지 못한 한계를 가지고 있다. 그러나 이탈리아 한국어 학습자들이 '-(으)ㄹ 때' 사용에서 주로 범하는 오류의 원인을 모국어에 의한 영향이라고 볼 수 있는 가능성이 확인됐다는 데에서 의의를 찾고자 한다.

참고문헌

권해주. 2015. 한국어 오류 분석을 통한 표기-발음 연계 교육 방안–멕시코인 초급 학습자를 중심으로. 경희대학교 석사 학위 논문.

김경화. 2011. 한국어 시간관계 연결어미의 교수방안 연구: 중국인 학습자를 대상으로. 서울여자대학교 박사 학위 논문.

김상수, 송향근. 2006. 한국어 교육의 오류 분석 연구 동향 분석. **이중언어학**. 31. 이중언어학회. pp. 1-34.

김정남. 2006. 한국어 학습자의 오류 유형에 대한 연구. **이중언어학**. 32. 이중언어학회. pp. 115-138.

김정대. 1999. 한국어 접속문에서의 시제구 구조. **언어학 2**. 사단법인한국언어학회. pp. 75-108.

구민정. 2008. 한국어교육에서의 연결문 시간 표현 연구. 한국외국어대학교 석사 학위 논문.

레티탐. 2023. 한국어와 베트남어의 접속문에 관한 대조 연구. 연세대학교 박사 학위 논문.

박유경. 2022. '관련성'의 의미: 한국어 모어 화자의 직관 판단과 관련성 조건문의 의미 해석. **한국어 의미학**. 76. 한국어의미학회. pp. 134-164.

이민진. 2019. 한국어 연결어미 '-(으)면'의 영어 대응 양상 연구: 한·영 병렬 말뭉치를 중심으로. 연세대학교 석사 학위 논문.

이정희. 2003. **한국어 학습자의 오류 연구**. 박이정.

이정희, 김중섭. 2005. 한국어 학습자의 어휘 오류 분류에 관한 연구. **이중언어학**. 29. 이중언어학회. pp. 321-346.

원다송. 2017. 한국어 학습자 오류 분석 연구의 연구 동향 분석. 연세대학교 석사 학위 논문.

홍혜란. 2007. 고급 한국어 학습자의 문법적 언어 오류 유형 연구. 경희대학교 석사 학위 논문.

Comrie, B. 1976. *Aspect*. Cambridge University Press.

학술연구정보서비스(RISS). http://www.riss.kr

ChatGPT. https://chatgpt.com/

TRECCANI(Enciclopedia Italiana di Scienze, Lettere e Arti). https://www.treccani.it/

Effective Strategies for Teaching the Korean Morphemes '-었'(-eoss) and '-었었-'(-eosseoss-) to Italian Learners

강순행
이탈리아 카포스카리 베네치아대학교
Università Ca' Foscari Venezia

1. Introduction

In modern society, with the increase in globalization and cultural exchange, the necessity for understanding differences between various languages is being emphasized more than ever. Particularly, Korean and Italian have different language systems and grammatical structures, which often cause learners to experience difficulties with tense expressions. This study aims to conduct an in-depth analysis of the similarities and differences between the two languages by comparing Korean and Italian tense systems, focusing especially on the past tense.

By analyzing in detail the function of '-있'(-eoss), the primary morpheme that represents the past tense in Korean, we seek to clarify its grammatical status within Korean grammar and systematically explain its role and importance within the tense system. Through this, we aim to promote a clear understanding of how tense expressions in Korean are constructed and used.

Furthermore, by subdividing and analyzing the corresponding patterns in Italian according to the various functions of '-있', we intend to develop educational methods that help native Italian speakers understand and use the Korean past tense more accurately. This research is expected to contribute to improving the quality of Korean language education by providing educational tools that enable learners to acquire tense usage effectively.

A comparative analysis of Korean and Italian tense systems reveals fundamental differences in how each language structures time expressions. Korean's reliance on tense markers and context contrasts with Italian's use of combined mood and tense conjugations to convey both temporal information and the speaker's perspective. These differences can pose challenges for native Italian speakers learning Korean, particularly in mastering the context-dependent nature of Korean non-past tenses and distinguishing between simple and complex past forms.

Therefore, Korean language education for Italian speakers should adopt strategies that account for these linguistic differences. Educators should clarify the distinctions between Korean tense expressions and Italian tense-mood conjugations, emphasize the role of context and auxiliary verbs in Korean tense usage, provide varied sentence structures and situational contexts for practicing Korean tenses, and utilize comparative materials that analyze the tense systems of both languages. Through such educational approaches, learners can achieve a deeper understanding of the Korean tense system and effectively navigate the complexities introduced by the differences between Korean and Italian, thereby enhancing language acquisition and communicative competence.

2. Tense Systems of Korean and Italian

2.1. Time Expressions and the Linguistic Diversity of Tense

Time expressions in language are manifested through a variety of grammatical elements and lexical means, which inherently differ based on each language's unique characteristics and cultural contexts. Among these elements, tense stands as a pivotal grammatical category that designates the temporal positioning of events or states—past, present, or future—relative to the speaker's moment of utterance. This temporal categorization is fundamental for structuring discourse and facilitating mutual temporal comprehension between interlocutors.

In many languages, such as Italian, the tense system adheres to a traditional division encompassing past, present, and future. These tenses are typically expressed through verb conjugations, allowing speakers to convey the temporal sequence of actions precisely. For example, in Italian, the verb 'parlare'(to speak) is conjugated as 'parlo'(I speak) in the present tense, *'parlai'*(I spoke) in the *passato remoto*(remote past), and 'parlerò'(I will speak) in the future tense. This explicit conjugation system aids in the clear demarcation of time within conversations and narratives, enhancing the listener's ability to track the progression of events.

Beyond tense, aspect serves as a crucial grammatical dimension that conveys the internal temporal structure of actions, indicating whether an action is ongoing, completed, habitual, or repeated. Aspectual distinctions enrich the semantic depth of language by highlighting the manner in which actions unfold over time. For instance, in Korean, the progressive aspect is articulated with the suffix '-고 있다'(*-go itda*), as seen in '먹고 있다'(is eating), which emphasizes the ongoing nature of the action. Similarly, the past perfect aspect is expressed with '-았/었었다'(*-ass/eoss-eoss-da*), as in '먹었었다'(had eaten), indicating a completed action prior to another past event.

Actionality pertains to the inherent characteristics of verbs, delineating whether actions are continuous, complete, or instantaneous. This concept is instrumental in understanding the nature and progression of actions within a temporal framework. For example, the Korean verb '걷다'(to walk) implies a slow, continuous action, whereas '달리다'(to run) denotes a fast, continuous action. These distinctions enable speakers to convey not only when an action occurs but also how it unfolds, adding layers of meaning to temporal expressions.

Temporal adverbs play an indispensable role in specifying particular points or periods in time, thereby providing explicit temporal context within sentences. Adverbs such as '어제'(yesterday), '오늘'(today), and '내일'(tomorrow) serve to anchor actions or states within a specific temporal framework. When combined with tense, these adverbs offer critical clues that aid in accurately interpreting verb forms. For instance, the presence of '어제'(yesterday) alongside a past tense verb like '먹었다'(ate) unequivocally situates the action in the recent past, enhancing the clarity of the temporal relationship. The methods and categorizations of tense expression exhibit significant diversity across languages. Not all linguistic systems distinctly separate past, present, and future tenses; some languages adopt alternative frameworks, such as past/non-past distinctions or entirely eschew explicit grammatical tense markers. For example, Mandarin Chinese relies predominantly on temporal adverbs and contextual cues rather than verb conjugations to convey temporal information. In sentences like '我昨天去'(wǒ zuótiān qù-I yesterday go), the adverb '昨天'(yesterday) provides the temporal context, rendering verb conjugation unnecessary for indicating past action. Understanding the linguistic diversity of tense systems is essential for both language learners and educators. Recognizing how different languages encode temporal information through tense, aspect, actionality, and temporal adverbs can inform more effective teaching strategies. For instance, Italian learners of Korean must navigate the complexities of aspectual distinctions that are less pronounced in their native language. Conversely, Korean speakers learning Italian must grasp the nuanced interplay between mood and tense that characterizes Italian verb conjugations. The study of time expressions and the linguistic diversity of tense reveals the intricate mechanisms through which languages encode temporal information. While traditional tense systems like those in Italian provide clear temporal demarcations through verb conjugations, other languages such as Korean employ a combination of tense, aspect, actionality, and temporal adverbs to convey time-related nuances. This diversity underscores the importance of contextual and comparative linguistic analyses in understanding and teaching tense systems across different languages. By appreciating these variations, linguists and language educators can better facilitate effective communication and comprehension in multilingual contexts.

2.2. An Overview of Korean and Italian Tense Systems

Korean and Italian exhibit significant differences in their tense systems, reflecting their distinct grammatical structures and methods of time expression.

Korean tense systems have traditionally been categorized into three-tense and two-tense frameworks, which have been extensively studied to analyze the complexity of time expressions and to understand the structural and functional roles of tense within the language. In the three-tense system, traditional Korean grammar divides tenses into past, present, and future, with each tense being clearly marked through specific verb conjugations. For instance, the past tense is expressed using verb endings such as '-았-' and '-었-' (e.g. 먹었다[*meogeotda*] and 갔다[*gatta*]), the present tense describes actions or states that are currently ongoing or represent general truths, often appearing without a specific tense marker or with endings like '-는/-ㄴ' (e.g. 먹는다[*meokneunda*] and 간다[*ganda*]), and the future tense conveys actions or states that will occur in the future, primarily utilizing endings such as '-겠-'(*-getda*) or '-을 것이다'(*-eul geosida*) (e.g. 먹겠다[*meokgetda*] and 갈 것이다[*gal geosida*]). Conversely, some linguists have proposed a two-tense system, categorizing tenses into past and non-past, thereby simplifying the understanding of Korean tense structures through a binary distinction. Within this bifurcated approach, the past tense is further divided into simple past, which indicates straightforward past actions (e.g. 먹었다[*meogeotda*]), and complex past, which emphasizes actions that were completed in the past but have since ceased (e.g. 먹었었다[*meogeot-eoss-eotda*]). The non-past tense encompasses both present and future actions, with present actions often expressed without a specific tense marker and future actions relying on auxiliary verbs or contextual cues (e.g. 먹는다[*meokneunda*] and 먹을 것이다[*meogeul geosida*]). This two-tense system gained prominence in Korean tense research post-1980s, influenced by Indo-European linguistic paradigms, which advocate for streamlined tense classifications. The evolution from a three-tense to a two-tense system reflects ongoing efforts to reconcile Korean tense expressions with broader linguistic theories, thereby enhancing the precision and applicability of tense analysis in Korean language studies.

In contrast to Korean, Italian employs a more intricate system by combining mood and tense to create a multifaceted framework for verb conjugation. This sophisticated interplay allows Italian to convey not only the temporal aspect of actions but also the speaker's intent, attitude, and emotional state, thereby enabling a more nuanced expression of meaning. The Italian verb system is organized around several primary moods, each serving distinct communicative functions. The Indicativo is the most commonly used mood, employed for objective statements of fact and encompassing a wide range of tenses, including various past and future forms—for example, the present indicative 'parlo'(I speak) denotes a current action. In contrast, the Passato Prossimo 'ho parlato'(I have spoken) indicates a completed action in the recent past. The Congiuntivo expresses subjective judgments, hopes, doubts, or uncertainties and is often used in subordinate clauses introduced by conjunctions like 'che'(that), as in *Spero che tu venga*(I hope that you come). The Condizionale conveys hypothetical situations or conditions, often expressing actions that would occur under certain circumstances, such as *Vorrei un caffè*(I would like a coffee). The Imperativo is utilized for commands, requests, or instructions, exemplified by *Mangia!*(Eat!). Additionally, non-finite verb forms such as the Infinitivo (e.g. parlare–to speak), Participio (e.g. parlato–spoken), and Gerundio (e.g. parlando–speaking) perform various functions within sentences. Italian tenses further diversify through their combination with these moods, resulting in a comprehensive system that captures not only when an action takes place but also the speaker's perspective regarding that action. Within each mood, tenses include the Present (e.g. 'parlo'), multiple Past Tenses such as the Imperfetto (e.g. parlavo–I was speaking/I used to speak), Passato Prossimo (e.g. ho parlato–I have spoken), Trapassato Prossimo (e.g. avevo parlato–I had spoken), and Passato Remoto (e.g. parlai–I spoke), which is primarily used in written language to denote actions completed in the distant past. Future tenses include the Futuro Semplice (e.g. parlerò–I will speak) and Futuro Anteriore (e.g. avrò parlato–I will have spoken), which express actions that will occur in the future and actions that will have been completed by a certain point in the future, respectively. This comprehensive system underscores the ability of Italian to convey complex temporal and modal nuances, enhancing the expressive capacity of the language.

2.3. Comparison of Korean and Italian Tense Systems

Italian's complex interplay of mood and tense sharply contrasts with the relatively straightforward Korean tense system. While Korean relies primarily on tense markers and contextual information to denote time, Italian utilizes verb endings that simultaneously convey time and the speaker's attitude or intent. This dual function of Italian verb conjugations results in a more layered and nuanced expression of meaning, requiring learners to grasp not only when an action occurs but also the speaker's perspective regarding that action.

A comparative analysis of Korean and Italian tense systems reveals fundamental differences in how each language structures time expressions. Korean's reliance on tense markers and context contrasts with Italian's use of combined mood and tense conjugations to convey not only temporal information but also the speaker's perspective. These differences can pose significant challenges for native Italian speakers learning Korean, particularly in mastering the context-dependent nature of

Korean non-past tenses and distinguishing between simple and complex past forms.

To address these challenges, Korean language education for Italian speakers should adopt strategies that account for these linguistic differences. Firstly, clarifying differences in tense expression is essential. Educators should elucidate the distinctions between Korean tense expressions and Italian tense-mood conjugations, helping learners understand that Korean uses specific morphemes like '-었'(-*eoss*) and '-었었-'(-*eoss-eoss-*) to indicate past tense without conveying additional nuances related to the speaker's attitude or emotional state. Secondly, emphasizing contextual dependency is crucial. Highlighting the role of context and auxiliary verbs in Korean tense usage can aid learners in comprehending how temporal information is often inferred rather than explicitly stated.

Additionally, providing ample practice opportunities is vital for reinforcing the understanding of Korean tenses. Offering varied sentence structures and situational contexts for practicing Korean tenses allows learners to apply their knowledge in diverse scenarios, thereby enhancing retention and practical usage. Lastly, utilizing comparative linguistic approaches can be highly effective. Using materials that analyze the tense systems of both languages side by side enables learners to draw parallels and distinctions, fostering a deeper comprehension of each system's unique characteristics.

Through such educational methodologies, learners can achieve a deeper understanding of the Korean tense system and effectively navigate the complexities introduced by its differences from Italian. This, in turn, enhances language acquisition and communicative competence, enabling learners to communicate more effectively in Korean. For instance, the Italian Indicativo mood with its various tenses allows speakers to specify not just the timing of an action but also its completion and relevance to other actions. This is evident in the difference between 'ho parlato'(I have spoken) and 'parlo'(I speak). Conversely, Korean uses separate morphemes like '-었' and '-었었-' to indicate past tense without conveying additional nuances related to the speaker's attitude or emotional state. These distinctions necessitate tailored pedagogical approaches when teaching Korean to Italian speakers, as learners must adjust from a system where verb forms carry multifaceted meanings to one where tense markers are more functionally specialized.

Understanding the depth and complexity of the Italian tense system highlights the challenges Italian learners may face in mastering Korean tense expressions. This emphasizes the need for targeted instructional strategies that bridge these linguistic

3. The Korean Past Tense

Tense, as a grammatical category, functions to express the time of actions or events as psychologically perceived by the speaker within a sentence. This allows the past tense to be defined as a category denoting actions or events that occur before the point of utterance. Both Korean and Italian typically utilize the past tense to indicate that a situation precedes the reference time, which is generally the moment of speech. The past tense is employed in various contexts, such as when an action has been completed in the past and has no relation to the present, to describe past states, feelings, habitual or repetitive actions, and to convey historical facts. These usages are realized through grammatical elements like pre-verbal endings attached to verb or adjective stems.

In Korean, the presence or absence of the tense morpheme '-었-' categorizes the tense into past and non-past, with the non-past further subdivided into present and future tenses(Go & Gu 2008). Additionally, the morpheme '-었었-' is employed to denote a distant past, as classified by the National Institute of Korean Language(2005, 198). It is used to distinctly mark actions or events that occurred long before the present or to reference historical events. This form represents the 'past of the past' or 'distant past', a concept first acknowledged in Yu Gil-jun's *Daehan Munjeon*(1909) and Ju Si-gyeong's *Joseon Eo Munbeop*(1911). However, overuse and errors in the distant past form, such as the incorrect usage of '했었었다' instead of the correct '했었다' have been documented(Kim 2015), highlighting challenges in accurately translating complex past tenses from English to Korean. The Korean suffixes '-었-' and '-었었-' both serve to indicate past actions, but their specific meanings differ in terms of the relevance of the past action to the present. The use of these suffixes is particularly important in distinguishing between actions with any ongoing effects and those without relevance.

For example:
(1) a. 이곳에는 코스모스가 피었지.

  (*Igose-neun koseumoseuga pieotji*)

  (The cosmos flowers are currently blooming here.)

b. 이곳에는 코스모스가 피었었지.

(*Igose-neun koseumoseuga pieosseotji*)

(The cosmos flowers were blooming here, but they are no longer blooming now.)

In the first sentence, '-었-' indicates that the cosmos flowers bloomed in the past and are still blooming at the time of speaking. Conversely, in the second sentence, '-었었-' is used to show that although the cosmos flowers bloomed in the past, they are no longer blooming now. Thus, '-었-' implies a resultant state, where the action has a lasting effect, while '-었었-' conveys result cancellation, meaning the effect of the action has been reversed or is no longer applicable. In traditional Korean grammar, '-었었-' is often erroneously described as representing the pluperfect or distant past. However, this interpretation oversimplifies the function of '-었었-.' In contrast to Indo-European languages, Korean has a less developed concept of tense but incorporates elements of modality(the speaker's psychological state) and aspect(the action's status, such as progression, completion, or future intention) into its tense system. The suffix '-었-' embodies these multiple functions, while '-었었-' adds the layer of temporal discontinuity, indicating that the event or state is no longer connected to the present.

As a polysemous grammatical element(discontinuous past, DP), '-었었-' can express this temporal disconnection across various contexts. Park Jinho(Park 2019, 91 –92) illustrates the usage of '-었-' and '-었었-' in the following dialogues:

(2) (*A cold winter day: Gab was in another room and came into this one. The window is closed, but it's still quite cold.*)
  A: 창문 열어 놨*(었)어?
  (*Changmun yeoreo noat(eoss)eo?*)
  (Did you leave the window open?)
  B: 응, 환기 좀 시키려고 열어 놨*(었)어.
  (*Eung, hwangi jom sikiryeogo yeoreo noat(eoss)eo.*)
  (Yes, I opened it a bit to ventilate.)

(3) (*30 minutes ago, when Gab came to see Eul, Eul wasn't at their desk. Now, Gab comes back and sees that B is back.*)
  A: 어디 갔*(었)어?
  (*Eodi gat(eoss)eo?*)
  (Where did you go?)

B: 은행에 갔*(었)어.

(*Eunhaenge gat(eoss)eo.*)

(I went to the bank.)

In these examples, both '-었-' and '-었었-' mark past actions, but their key distinction lies in whether the result of the past action persists in the present. '-었-' typically signifies that the action still has a current impact or resultant state, whereas '-었었-' emphasizes that the result has been canceled or is no longer valid. This nuanced difference highlights the importance of selecting the appropriate suffix to convey the intended meaning accurately in Korean.

By understanding the distinction between these two suffixes, learners can more precisely express the temporal relationship between past actions and their relevance to the present, avoiding common errors such as the overuse of '-었었-' in contexts where '-었-' would be more appropriate. This distinction is particularly important when translating between languages with more rigid tense structures, such as English, where the pluperfect or past perfect is used to indicate a distant past, compared to the more flexible usage in Korean.

3.1. Differences in the Function and Grammatical Status of '-었-' and '-었었-'

In Korean, there is no dedicated morpheme for the perfect aspect or pluperfect tense (cf. Moon 2005)1. However, the past tense in Korean can convey meanings similar to those expressed by the pluperfect tense in other languages.

(4) a. 그 학생은 내가 예상했던 것보다 시험을 잘 봤다.

(*Geu haksaeng-eun naega yesanghaetdeon geotboda siheom-eul jal bwatda.*)

(That student did better on the exam than I had expected.)

b. 나는 한국에서 샀던/산 노트북을 이탈리아에서 잃어버렸다.

(*Naneun hangug-eseo satdeon/san noteubug-eul itallia-eseo ilh-eobeollyeotda.*)

(I lost the laptop I had bought in Korea while in Italy.)

In these examples, the use of the past tense indicates actions that were completed before other past events. Korean can express what is conceptually a pluperfect using the past tense, although there is no separate grammatical marker for the pluperfect.

3.1.1. Debate on the Existence of a Pluperfect Morpheme in Korean

On the other hand, some scholars argue that Korean does possess a morpheme for the pluperfect (cf. Ahn & Choi 2006). The use of '-었었-' is considered by some as a marker of the pluperfect or distant past.

(5) a. 나는 존을 보았었다.

    (*Naneun John-eul boasseotda.*)

    (I had seen John.)

  b. 나는 어디선가 그 남자를 보았다고/보았었다고 생각했다.

    (*Naneun eodiseonga geu namja-reul boassdago/boasseossdago saenggakhaetda.*)

    (I thought I had seen that man somewhere.)

  c. 그들은 내가 도착했을 때 떠났었다.

    (*Geudeul-eun naega dochakhaess-eul ttae tteonasseotda.*)

    (They had left when I arrived.) (pluperfect)

  d. 그들은 내가 도착했을 때 떠났다.

    (*Geudeul-eun naega dochakhaess-eul ttae tteonatda.*)

    (They left when I arrived.) (the temporal sequence is unclear)

  e. 그들은 내가 도착했을 때 이미 떠났었다/떠났다.

    (*Geudeul-eun naega dochakhaess-eul ttae imi tteonasseotda/tteonatda.*)

    (They had already left when I arrived.)

The use of time adverbs, such as '이미'(*imi*–already), clarifies the temporal relationship between the events.

3.1.2. Aspectual Nuances and Temporal Disjunction

The suffix '-었었-' is characterized by its disconnection from the present, indicating that the past event has no bearing on the current situation. This temporal disjunction is a key feature of its pluperfect-like function in Korean. Specifically, '-었었-' is used to express a contrast with a past event or to denote a past action or state that is no longer connected to the present, indicating a 'discontinuous past' with no ongoing relevance. In contrast, '-었-' can imply a connection with the present, depending on the aspectual properties of the verb it is combined with; however, when using '-었었-,' this connection is lost, resulting in the clear meaning that the past event, action, or result no longer persists or has any effect on the current state.

3.1.3. The Sequence of Events and the Use of '-었었-'

In Korean, the temporal sequence of events can often be conveyed without the explicit use of the suffix '-었었-'. This challenges the view that '-었었-' functions strictly as a pluperfect marker indicating a 'past before the past.' Even when events occurred earlier in the past, the sequence can be understood from context without '-었었-', as can be seen in the following examples(Mun Sukyoung 2003, 67–68).

> (6) a. 부모님께서 어디로 여행 갔어? 네가 갔던 베네치아로 갔어?
>
> (*Bumonimkkeseo eodiro yeohaeng gasseo? Nega gatdeon Benechia-ro gasseo?*)
>
> (Where did your parents go on vacation? Did they go to Venice, where you went?)
>
> b. 아니, 나는 베네치아로 갔었고, 부모님께서는 로마로 갔어.
>
> (*Ani, naneun Benechia-ro gasseosseotgo, bumonimkkeseoneun Roma-ro gasseo.*)
>
> (No, I had gone to Venice, but my parents went to Rome.)

And the following are Korean sentences that can correspond to the English sentence "I met Cheolsu when I went to Busan" in Example (6).

> (7) a. 나는 부산에 갔을 때 철수를 만났다.
>
> (Naneun Busan-e gasseul ttae Cheolsu-reul mannatda.)
>
> b. 나는 부산에 갔을 때 철수를 만났었다.
>
> (Naneun Busan-e gasseul ttae Cheolsu-reul mannasseotda.)
>
> c. 나는 부산에 갔었을 때 철수를 만났다.
>
> (Naneun Busan-e gasseosseul ttae Cheolsu-reul mannatda.)
>
> d. 나는 부산에 갔었을 때 철수를 만났었다.
>
> (Naneun Busan-e gasseosseul ttae Cheolsu-reul mannasseotda.)

3.1.4. '-었었-' as Expressing Past Tense and Emphasis on Experience

These examples illustrate that the sequence of events can be indicated without necessarily using '-었었-'. This suggests that viewing '-었었-' solely as a pluperfect marker may be insufficient. The suffix '-었었-' conveys the notion of past tense and, aspectually, emphasizes experiential meaning. It is particularly prevalent in spoken discourse, often accompanied by non-verbal elements such as intonation and facial expressions, which enhance its contextual significance. According to Seong Ki-cheol (1974), the grammatical meaning of '-었었-' is tied to the concept of experience. It is analyzed as a composite of '-었₁-'(indicating past meaning) and '-었₂-'(indicating the subject's experience). Based on this analysis, '-었었-' is classified as a modal category representing the subject's past experiences, reflecting the speaker's attitude toward the utterance.

3.1.5. The Aspectual View of '-었었-' as Discontinuous Aspect

Some linguists view '-었었-' primarily as an aspect marker. Its core meaning is associated with expressing discontinuity or interruption of a state. Go Yeong-geun(1986) identifies contrast and discontinuity as central to the meaning of '-었었-'. Nam Gi-sim(1972) considers '-었었-' to represent a discontinuous aspect, indicating that a completed state does not persist up to the reference time.

> (8) a. 그는 빨간 옷을 입었다.
>   (*Geuneun ppalgan oseul ip-eotda.*)
>   (He wore red clothes.)
>   b. 그는 빨간 옷을 입었었다.
>   (*Geuneun ppalgan oseul ip-eosseotda.*)
>   (He had worn red clothes.)

> (9) 그 학생은 오늘 일찍 도서관에 왔었다.
>   (*Geu haksaeng-eun oneul iljjik doseogwan-e wasseotda.*)
>   (That student had come to the library early today.)

In these cases, '-었었-' conveys a sense of disconnection from the present, indicating that the past action or state does not continue into the current moment.

3.1.6. '-었었-' in Relation to the Speaker's Attitude and Psychology

The suffix '-었었-' is closely related to the speaker's attitude and psychological state, conveying meanings of past experience or re-affirmation.

> (10) a. 근데 아까 전에 그 철학 선생님 봤었잖아/봤잖아.
>   (*Geunde akka jeone geu cheolhak seonsaengnim bwasseotjanha/bwatjanha.*)
>   (But we saw that philosophy teacher earlier, didn't we?)
>   (Kim Eun-jeong, 2008: 26)

b. 어젯밤에 꿈을 꾸었는데, 거기서는 내가 대단한 부자였었어/부자였어.

(*Eojjeotbame kkumeul kku-eotneunde, geogiseoneun naega daedanhan buja-yeosseosseo/buja-yeosseo.*)

(I had a dream last night, and in it, I was a great rich person.)

(Song Yeong-ju, 1990: 454)

c. 그녀가 너한테 전화했었다/전화했다는 거, 그게 중요해!

(*Geunyeoga neohante jeonhwa haesseotda/jeonhwa haettaneun geo, geuge jungyohae!*)

(The fact that she called you, that's important!)

d. 어제 백화점에서 스마트폰 세일했었어/세일했어.

(*Eoje baekhwajeom-eseo seumateupon seil haesseosseo/seil haesseo.*)

(Yesterday, there was a smartphone sale at the department store.)

e. 그 사람은 자살하려고 했었어/했어.

(*Geu sarameun jasalharyeogo haesseosseo/haesseo.*)

(That person had tried to commit suicide.)

3.1.7. The Recollective Meaning of '-었었-' and Comparison with '-더-'

Given that '-었-' and '-었었-' may not always be used distinctly based on temporal precedence, it is argued that '-었었-' cannot be strictly considered a pluperfect tense. Instead, '-었었-' often conveys a sense of recollection regarding past actions.

According to Song Yeong-ju (Song 1990, 453):

(11) a. 너는 그날 참 훌륭했었어.

(*Neoneun geunal cham hullyunghaesseosseo.*)

(You were really great that day.)

b. 다른 사람은 그렇게 안 보던걸?

(*Dareun sarameun geureoke an bodeongeol?*)

(Didn't others see it that way?)

c. 다른 사람은 그래도 내가 보기는 참 훌륭하더라.

(*Dareun sarameun geuraedo naega bogineun cham hullyunghadeora.*)

(Even if others didn't, I saw you as truly excellent.)

While both '-었었-' and '-더-' share the aspect of recollection, they differ significantly in terms of objectivity and subjectivity. '-었었-' includes elements of objectification, providing certainty and precision. In contrast, '-더-' emphasizes a more subjective and personalized approach, not stressing factual accuracy, thus reducing the cognitive burden on the listener and facilitating empathy.

3.1.8. Extension of '-었-'

The suffix '-었-' is sometimes extended beyond its typical past tense usage to convey various nuances, including hypothetical or emphatic meanings.

(12) a. 이제 사랑은 끝났다.

    (*Ije sarang-eun kkeutnatda.*)

    (Now, love has ended.)

  b. 앗, 내일이 한글날이(었)네!

    (*At, naeiri Hangeulnari(eot)ne!*)

    (Oh, tomorrow is (was) Hangul Day!)

In Korean, the suffix '-었-' is primarily associated with the past tense, but it can also be used in specific contexts to refer to future events. This usage often implies a completed action or a certain result that will have been achieved by a specific point in the future. While '-었-' typically marks past actions, in the context of the future tense, it can denote a future perfect meaning, where the action is anticipated to be completed at a future time. For example:

(13) a. 내년 이맘때쯤에는 너도 졸업했겠다.

    (*Naenyeon imamjjeum-eneun neodo joreophaetgetda.*)

    (Around this time next year, you will have graduated.)

  b. 쉬었다가 가세요.

    (*Swieotdaga gaseyo.*)

    (Please rest before you go.)

  c. 연애는 그만하고 이제 결혼했으면 좋겠어요.

    (*Yeonaeneun geumanhago ije gyeolhonhaesseumyeon jokesseoyo.*)

    (I wish you'd stop dating and finally get married now.)

  d. 너 이제 죽었다!

    (*Neo ije jugeotda!*)

    (You're dead now!)

In these cases, '-었-' indicates that by a certain future time, the action(graduation) will already be completed. Thus, '-었-' can imply a sense of completion in the future when combined with certain modal or time expressions, transforming it into a future perfect form.

3.2. The Correspondence of '-었-', and '-었었-' in Italian

When expressing past events in Korean and Italian, the Korean past tense '왔다' can be compared to the Italian Passato Prossimo(present perfect or simple past), and '왔었다' to the Italian Trapassato Prossimo(pluperfect).

For example:

(14) 그녀는 시에나 캄포광장에 왔다.

    (Geunyeoneun Siena Campo-gwangjang-e watda)

    Lei è venuta in Piazza del Campo a Siena. (Passato Prossimo)

    (She came/has come to Piazza del Campo in Siena.)

(15) 그녀는 시에나 캄포광장에 왔었다.

    (Geunyeoneun Siena Campo-gwangjang-e wasseotda)

    Lei era venuta in Piazza del Campo a Siena. (Trapassato Prossimo)

    (She had come to Piazza del Campo in Siena.)

Additionally, in some contexts, the Italian assato Remoto(preterite) can also be used:

(16) *Lei venne in Piazza del Campo a Siena.*

    (She came/had come to Piazza del Campo in Siena.)

In terms of form, '왔다' is structurally closer to the Passato Remoto in Italian but conceptually more aligned with the Passato Prossimo. Meanwhile, '왔었다' is both structurally and conceptually similar to the Trapassato Prossimo or Passato Remoto.

Both Passato Prossimo and Passato Remoto are used to express past events in Italian, but they differ in context and nuance. Passato Prossimo(Present Perfect or Simple Past) is employed to describe past events that are connected to the present or hold relevance to it. It is formed by combining the present tense of the auxiliary verb(*essere or avere*) with the past participle of the main verb. For example, 'Ho mangiato'(I have eaten) indicates a completed action with present relevance.

In contrast, Passato Remoto(Preterite) is used for events that occurred in the distant past, typically with no connection to the present. This tense is often found in literary works, historical narratives, or when describing specific points in time in the distant past. Passato Remoto is formed by adding specific past tense endings directly to the verb stem. For instance, 'Mangiai'(I ate) refers to an action completed long ago without present relevance.

Although Korean '왔다' is predominantly mapped to the Italian Passato Prossimo, '왔었다' more precisely aligns with either Trapassato Prossimo or Passato Remoto, contingent upon contextual parameters. In particular, Trapassato Prossimo(the pluperfect) foregrounds the chronological precedence of one past event relative to another, thereby paralleling the function of '왔었다', which emphasizes that a given occurrence took place prior to another. Conversely, when '왔었다' designates a remote past event devoid of present relevance, it is most aptly conveyed through Passato Remoto. Such distinctions underscore the complexity of tense usage and aspectual nuance, reflecting a more profound interplay of temporality and discourse relevance than a mere indication of chronological sequencing. In Italian, Passato Prossimo(the present perfect) and Passato Remoto(the simple past) are delineated according to multiple criteria: Passato Prossimo is typically employed in quotidian conversation to denote recent events, whereas Passato Remoto often appears in literary compositions, historical narratives, and other formal registers to depict occurrences perceived as significantly distant from the present. Additionally, Passato Prossimo generally encodes a closer temporal relationship to the present, while Passato Remoto signifies greater temporal distance. These nuanced distinctions illuminate how morphological and syntactic choices reflect divergent conceptualizations of time, ultimately shaping how speakers frame and interpret past events across linguistic contexts.

3.2.1. Correspondence between Italian Passato Prossimo and Korean '-었-' and '-었었-'

Let's examine the correspondence between the Italian Passato Prossimo(present perfect) and the Korean suffixes '-었-' and '-었었-' through the following examples:

(17) a. Expressing actions that occurred in the recent past
　　　　나는 조금 전에 누리를 보았다.

(*Naneun jogeum jeone Nuri-reul boatda.*)

Io ho visto Nuri poco fa.

I saw Nuri just a moment ago.

b. Expressing actions that occurred within a time frame that has not yet completely passed

올해 우리는 지출을 너무 많이 했다.

(*Olhae urineun jichureul neomu mani haetda.*)

Quest'anno abbiamo speso troppo.

This year, we have spent too much.

c. Expressing past events that still influence the present or are considered important by the speaker

나는 이 자동차를 20년 전에 샀다.

(*Naneun i jadongchareul isip nyeon jeone satda.*)

Ho comprato questa macchina 20 anni fa.

I bought this car 20 years ago.

d. Emphasizing past experience and reaffirmation with '-었었-'

어제 백화점에서 스마트폰 세일했었어.

(*Eoje baekhwajeom-eseo seumateupon seilhaesseosseo.*)

Ieri c'era una promozione sugli smartphone al centro commerciale.

There was a smartphone sale at the department store yesterday.

e. Adding the recollective meaning of '-었었-'

너 그날 발표 참 잘했었어.

(*Neo geunal balpyo cham jalhaesseosseo.*)

Quel giorno la tua presentazione è stata davvero buona.

You really did a great job on your presentation that day.

f. Expressing events certain to occur in the future using Passato Prossimo and Korean '-었-'[1]

도착하면, 전화해!

(*Dochakhamyeon, jeonhwa hae!*)

Quando sei arrivato (sarai arrivato), telefonami.

When you have arrived, call me.

일이 너무 많아서 내일 잠은 다 잤다!

(*Iri neomu manhaseo naeil jam-eun da jatda!*)

Domani ho così tanto lavoro che non potrò dormire!

I have so much work tomorrow that I won't be able to sleep!

[1] In some cases, the Italian Passato Prossimo is used instead of the Futuro Anteriore (future perfect) to express events that are certain to happen, corresponding to the Korean use of '-었-.'

These examples illustrate the nuanced ways in which the Korean suffixes '-었-' and '-었었-' correspond to the Italian Passato Prossimo. While '-었-' generally aligns with actions that have relevance to the present, '-었었-' adds layers of emotional resonance, personal experience, or emphasizes the disconnect with the present. Understanding these subtleties is crucial for accurate translation and effective communication between Korean and Italian, especially in conveying the speaker's attitude and the temporal context of events.

3.2.2. The Italian Passato Remoto and the Korean '-었-' and '-었었-'

The Italian Passato Remoto is used to express actions that were completed in the past and have no relation to the present, especially when these actions feel temporally distant. It is typically employed to describe events that happened long ago.

(18) (오래 전에 우리는 이탈리아를 여행했다.

(Orae jeone urineun Itallia-reul yeohaenghaetda.)

Molto tempo fa viaggiammo in Italia.

A long time ago, we traveled to Italy.

The Passato Remoto is used even for important facts that have no impact on the present and remain solely within historical time.

(19) 고대 로마인들은 많은 길을 건설했다.

(Godae Romain-deureun maneun gil-eul geonseolhaetda.)

Gli antichi Romani costruirono molte strade.

The ancient Romans built many roads.

(20) 고대 로마인들은 지금까지 사용되는 많은 길을 건설했다.

(Godae Romain-deureun jigeumkkaji sayongdoeneun maneun gil-eul geonseolhaetda.)

Gli antichi Romani hanno costruito molte strade che sono ancora in uso oggi.

(The ancient Romans built many roads that are still used today.)

According to the National Institute of Korean Language(2005, 198), the distant past marker '-었었-' should be used to indicate historical events or facts that occurred a very long time ago and are clearly distinguished from the present. However, the examples above suggest that this guideline may not be valid in practice. In Korean, the past tense marker '-었-' might be more appropriate than '-었었-' when describing historical facts.

(21) 세종대왕은 한글을 1443년에 창조했다.
    (Sejong Daewang-eun Hangeul-eul cheonsabaek sasipsam nyeon-e changjohaetda.)
    Re Sejong creò l'Hangul nel 1443.
    King Sejong created Hangul in 1443.

(22) 위대한 시인 단테는 1265년에 피렌체에서 태어났다.
    (Widaehan si-in Dante-neun cheon i-baek isip-o nyeon-e Pirenche-eseo taeeonatda.)
    Il grande poeta Dante nacque a Firenze nel 1265.
    The great poet Dante was born in Florence in 1265.

(23) 크리스토퍼 콜럼버스는 1492년에 아메리카를 아주 우연히 발견했다.
    (Keuriseutopheo Kolleomboseu-neun cheonsabaek gusip-i nyeon-e Amerika-reul aju uyeonhi balgyeonhaetda.)
    Cristoforo Colombo scoprì per caso l'America nel 1492.
    Christopher Columbus accidentally discovered America in 1492.

These examples indicate that in Korean, when describing historical events, the past tense marker '-었-' is commonly used instead of '-었었-'. Even though '-었었-' is prescribed as the marker for the distant past by the National Institute of Korean Language, in practice, '-었-' is preferred for historical facts. This suggests that '-었-' may be more suitable for expressing actions completed in the distant past that remain significant in the present context. While the Italian Passato Remoto is used for actions completed in the distant past with no relation to the present, the Korean past tense marker '-었-' is often used to describe similar historical events. This highlights that the function of '-었-' in Korean aligns more closely with the Italian Passato Remoto than '-었었-' does. Therefore, when translating or teaching these grammatical concepts, it is important to recognize that '-었-' is more appropriate for conveying historical past actions in Korean, despite the theoretical prescriptions regarding '-었었'.

3.2.3. The Italian Imperfetto and the Korean '-었-' and '-었었-'

The Imperfetto in Italian is a past tense that expresses actions or states that were incomplete, continuous, or habitual in the past, without specifying their beginning or end. Unlike the Passato Prossimo (which denotes completed actions), the Imperfetto is used to describe ongoing, repeated, or habitual actions, physical or psychological states, and background descriptions in the past.

In comparison, the Korean suffix '-었-' is often defined as a marker of completion. However, when it corresponds to the Italian Imperfetto, its function can extend to representing incomplete or ongoing actions, as well as habitual behaviors and descriptions in the past.

(24) a. 그 당시에 나는 항상 피곤했다.

 (*Geu dangsi-e naneun hangsang pigonhaetda.*)

 In quel periodo ero sempre stanco.

 At that time, I was always tired.

 b. 그녀는 자기 일에 만족했다.

 (*Geunyeoneun jagi ire manjukhaetda.*)

 Lei era soddisfatta del suo lavoro.

 She was satisfied with her job.

(25) **Describing states that continued for an unspecified or specific period:**

When referring to a state that lasted over an unspecified period in the past:

a. 나는 잠을 이루지 못하고 있었다.

 (*Naneun jam-eul iruji mothago isseotda.*)

 Non riuscivo a dormire.

 I was unable to sleep.

b. 그 당시에는 소수의 사람들만 자동차를 갖고 있었다.

 (*Geu dangsi-eneun sosu-ui saramdeulman jadongcha-reul gatgo isseotda.*)

 In quel tempo, solo poche persone avevano un'auto.

 At that time, only a few people had a car.

c. 그는 항상 모든 사람들에게 친절했다.

 (*Geuneun hangsang modeun saramdeurege chinjeolhaetda.*)

 Era sempre gentile con tutti.

 He was always kind to everyone.

d. 하늘은 맑고 바다는 고요했다.

(*Haneul-eun malgo badaneun goyohaetda.*)

Il cielo era chiaro e il mare era calmo.

The sky was clear and the sea was calm.

e. 옛날 옛적에 나무토막이 있었다.

(*Yennal yetjeog-e namutomach-i isseotda.*)

C'era una volta un pezzo di legno.

Once upon a time, there was a piece of wood.

(26) **Describing situations or states at specific moments in the past:** The Imperfetto and Korean '-었-' can both be used to describe a situation or condition that existed at a specific point in time in the past:

a. 내가 베네치아에 왔을 때 이탈리아어를 하지 못했다.

(*Naega Benechia-e watseul ttae itallia-eoreul haji mothaetda.*)

Quando sono arrivato a Venezia, non parlavo italiano.

When I arrived in Venice, I couldn't speak Italian.

b. 그때 나는 아는 사람이 아무도 없었다.

(*Geuttae naneun aneun sarami amudo eopseotda.*)

In quel momento non conoscevo nessuno.

At that time, I didn't know anyone.

(27) **Describing habitual or repeated actions in the past:** Both Imperfetto and '-었-' can be used to describe actions that were performed repeatedly or habitually in the past:

a. 그녀는 시에나에 (주말마다) 왔다.

(*Geunyeoneun Siena-e jumalma-da watda.*)

Lei veniva a Siena ogni fine settimana.

She used to come to Siena every weekend.

b. 방학 동안에 나는 항상 늦잠을 잤다.

(*Banghak dongan-e naneun hangsang neujjam-eul jatda.*)

Durante le vacanze sempre dormivo fino a tardi.

During the vacation, I always slept late.

c. 내가 이탈리아에 있었을 때 자주 저녁에 친구들과 와인을 마셨다.

(*Naega Itallia-e isseosseul ttae jaju jeonyeog-e chingudeul-gwa wain-eul masyeotda.*)

Quando ero in Italia, spesso bevevo vino con gli amici la sera.

When I was in Italy, I often drank wine with friends in the evenings.

(28) **Describing actions in progress at a specific moment in the past:** In both languages, the Imperfetto and '-었-' can describe actions that were ongoing at a specific moment in the past, equivalent to the past progressive in English:

a. 내가 네게 전화했을 때 너는 무엇을 하고 있었니?

(*Naega nege jeonhwa haesseul ttae neoneun mueos-eul hago isseotni?*)

Cosa facevi (stavi facendo) quando ti ho chiamato?

What were you doing when I called you?

b. 부모님께서 집에 돌아오셨을 때 나는 이미 자고 있었다.

(*Bumonimkkeseo jibe dol-a-osyeosseul ttae naneun imi jago isseotda.*)

Quando i miei genitori sono tornati a casa, io dormivo (stavo dormendo) già.

When my parents came home, I was already sleeping.

c. 전기가 나갔을 때 나는 컴퓨터로 작업하고 있었다.

(*Jeongiga nagasseul ttae naneun keompyuteoro jag-eob hago isseotda.*)

Quando è andata via la corrente, lavoravo (stavo lavorando) con il computer.

When the power went out, I was working on the computer.

In summary, while the Korean '-었-' is often viewed as a marker of completed actions, its functions overlap significantly with the Italian Imperfetto when it comes to describing continuous, habitual, or incomplete actions in the past, as well as physical or emotional states. Understanding these parallels allows for a more nuanced use of '-었-' when teaching or translating between Korean and Italian, particularly when dealing with past events that have an ongoing or repetitive nature.

3.2.4. The Pluperfect and the Korean Past Tense

The Italian Pluperfect(trapassato prossimo) refers to an action that was completed before another past action, and as such, it corresponds to the Korean '-었었-', which also indicates a past action that was completed and has no relevance to the present.

(29) **Pluperfect-Passato Prossimo:** This sentence is the most natural one because
it follows the tense agreement.

나는 그녀가 결혼했었다는 것을 이미 알았다.

(*Naneun geunyeoga gyeolhonhaesseotdaneun geoseul imi aratda.*)

Avevo saputo già che si era sposata

I already knew that she had gotten married.

(30) **Passato Prossimo-Passato Prossimo:** Lacks the clear sequence of events
between past actions.

나는 그녀가 결혼했다는 것을 이미 알았다.

(*Naneun geunyeoga gyeolhonhaetdaneun geoseul imi aratda.*)

Ho saputo già che si è sposata.

I already knew that she got married.

(31) **Pluperfect-Pluperfect:** While grammatically possible, this combination
doesn't fit well in most everyday speech.

나는 그녀가 결혼했었다는 것을 이미 알았었다.

(*Naneun geunyeoga gyeolhonhaesseotdaneun geoseul imi arasseotda.*)

Avevo Saputo già che si era sposata.

I had already known that she had gotten married.

(32) **Passato Prossimo-Pluperfect:** The tense mismatch creates an unnatural
expression.

나는 그녀가 결혼했다는 것을 이미 알았었다.

(*Naneun geunyeoga gyeolhonhaetdaneun geoseul imi arasseotda.*)

Ho saputo già che si era sposata

I had already known that she got married.

The first sentence in each example is the most natural because it adheres to
tense agreement. Sentences (17) and (18) do not reflect this agreement, leading
to a mismatch in the temporal relationship between the two actions. Sentence
4 further violates tense alignment, making it less suitable. Moreover, in Korean, the
use of '-었었-' in subordinate clauses (e.g. describing the action of 'getting married')
can emphasize past experience or disconnection from the present, which might
correspond more to Pluperfect usage. The question remains whether the usage of

'-었-' or '-었었-' should vary based on the verb in the main clause, such as 'knowing' vs. 'marrying', and how this affects tense agreement.

4. Suggestions for Effective Teaching of the Korean Morphemes '-었', and '-었었-' for Italian-Speaking Learners

According to Bruno(Bruno 2017, 167–168), the Korean suffix '-었-' is explicated within the context of past events, actions, or situations, thereby emphasizing the application of the past tense in Korean. Bruno delineates the distinction between '-았/었-' and '-았었-/-었었-' by drawing parallels to the Italian Simple Past and Remote Past tenses, respectively. The Simple Past form('-았/었-') signifies actions or events whose effects may extend into the present, indicating that the past action retains a lasting impact or relevance. For instance:

(33) a. 누리가 왔어요.

   (*Nuri ga wasseoyo.*)

   Nuri è venuta (ed è ancora qui).

   Nuri came and is still here.

   b. 누리가 왔었어요.

   (*Nuri ga wasseosseoyo.*)

   Nuri era venuta (ora non è più qui).

   Nuri had come but is no longer here.

In contrast, the Remote Past form('-았었-/-었었-') denotes actions that are confined to the past, devoid of any influence on the present, such as historical events or actions without ongoing consequences. For example:

(34) a. (어제) 김선생님을 만났어요.

   (*Eoje Kim-seonsaengnim-eul mannasseoyo.*)

   (*Ieri) ho incontrato l'insegnante Kim.*

   (Yesterday) I met Teacher Kim.

   b. (얼마 전에) 김선생님을 만났었어요.

   (*Eolma jeone Kim-seonsaengnim-eul mannasseosseoyo.*)

   (*Molto tempo fa) incontrai l'insegnante Kim.*

   (A long time ago) I had met Teacher Kim.

Bruno's analysis elucidates how '-았/었-' in Korean correlates with the Italian Passato Prossimo(present perfect) or the English Simple Past/Present Perfect, while '-었었-' aligns more closely with the Italian Trapassato Prossimo(pluperfect) or Passato Remoto, and the English Past Perfect. However, complications arise in equating '-었었-' with Passato Remoto, given that the latter can be translated into English as either the preterite or the simple past, thereby complicating the classification of '-었었-' as solely representing the pluperfect.

De Benedittis(2014: 135; 2018: 13–15) introduces a nuanced distinction within Italian tenses, differentiating between the Simple Past(Il passato semplice) marked by '-았/었/였-', and the Double Past(Il doppio passato) also marked by '-았/었/였-' but repeated twice to convey completed experiences that do not recur. For example:

(35) 나도 미국에 한 번 갔었어요.

  (*Nado Migug-e han beon gasseosseoyo.*)

  Anch'io sono stato una volta negli USA.

  I have also been to the USA once.

According to De Benedittis, the Double Past corresponds to the Italian Passato Prossimo rather than Trapassato Prossimo, presenting a problematic classification when aligning with the Korean tense system.

(36) 그 친구는 일본에 유학 갔었어요.

  (*Geu chinguneun Ilbon-e yuhak gasseosseoyo.*)

  Quell'amico è stato in Giappone a studiare.

  That friend has been to Japan to study.

In this instance, the Italian translation implies a completed action with potential present relevance, which conflicts with the Korean interpretation based on experiential usage.

(37) 그 친구는 일본에 유학 갔어요.

  (*Geu chinguneun Ilbon-e yuhak gasseoyo.*)

  Quel amico è andato a studiare in Giappone.

  That friend has gone to study in Japan.

Further, conflicting definitions emerge when contrasting Korean and Italian tense usages. For example:

(38) 어렸을 때는 피부가 참 좋았었습니다.

    (Eoryeosseul ttaeneun pibu-ga cham joasseosseumnida.)

    Quand'ero piccolo avevo una pelle davvero bella.

    When I was young, I had really good skin.

(39) 그 사람 이름을 알았었어요.

    (Geu saram ireumeul arasseosseoyo.)

    Io sapevo il suo nome (ma ora l'ho dimenticato).

    I used to know his/her name, but now I've forgotten it.

In these instances, '-었-' and '-었었-' are rendered in Italian as the Imperfetto, a tense used to describe past states or actions that were habitual or ongoing. The utilization of the Imperfetto in Italian to represent both '-었-' and '-었었-' creates contradictions, particularly when defining Double Past as conveying a completed experience that does not recur. The Imperfetto in Italian typically describes past states or actions that were habitual or ongoing, leading to a mismatch with the Korean usage of '-었-' and '-었었-' for completed actions or experiences.

For the effective instruction of '-었-' and '-었었-' to Italian learners, it is imperative to differentiate between actions with ongoing relevance (akin to Passato Prossimo) and those disconnected from the present (similar to Trapassato Prossimo or Passato Remoto). Emphasis must be placed on the specific context in which these tenses are employed, especially during translation between Korean and Italian, to avert confusion and misinterpretation of past events.

The contrast between '-었-' and '-었었-' in Korean exemplifies significant discrepancies when compared to Italian tense systems. For example:

(40) a. 그는 빨간 옷을 입었다.

    (Geuneun ppalgan oseul ip-eotda.)

    Lui ha indossato vestiti rossi.

    He wore red clothes.

b. 그는 빨간 옷을 입었었다.

(*Geuneun ppalgan oseul ip-eosseotda.*)

Lui aveva indossato vestiti rossi.

He had worn red clothes.

c. 그 학생은 오늘 일찍 도서관에 왔었다.

(*Geu haksaeng-eun oneul iljjik doseogwan-e wasseotda.*)

Lo studente era venuto presto in biblioteca oggi.

The student had come to the library early today.

In these cases, '-었었-' conveys a sense of disconnection from the present, indicating that the past action or state does not continue into the current moment. This functional divergence underscores the complexity involved in teaching these Korean tenses to Italian speakers, necessitating a thorough understanding of both linguistic systems to accurately convey temporal relationships. The comparative analysis between Korean and Italian tense systems reveals intricate nuances that must be meticulously addressed in language instruction. Bruno(2017) and De Benedittis(2014; 2018) highlight the complexities of aligning Korean past tenses '-었-' and '-었었-' with Italian tenses such as Passato Prossimo, Imperfetto, Passato Remoto, and Trapassato Prossimo. The overlapping and conflicting functionalities of these tenses necessitate a nuanced pedagogical approach that emphasizes contextual differentiation and comparative analysis. By fostering a deeper understanding of these distinctions, educators can better equip Italian learners with the tools necessary to navigate and utilize Korean past tenses effectively, thereby enhancing their overall linguistic proficiency and reducing potential areas of confusion.

Regarding the teaching methods of '-었-,' this paper highlights that most Korean language textbooks do not explicitly cover its aspectual meanings, resulting in a significant gap in educational content. To address this deficiency, it is essential to clearly present and teach the various aspectual meanings that '-었-' carries, doing so progressively in alignment with learners' proficiency levels. Several teaching strategies are proposed to bridge this gap: Firstly, explicit differentiation of '-었-' and '-었었-' is necessary, categorizing the grammatical meanings of '-었었-' into aspects such as pluperfect, past perfect, discontinuity, disconnection, experience, certainty, reaffirmation, emphasis, and recollection. Secondly, contrasting '-었었-' with Italian tenses—such as Passato Prossimo(present perfect), Imperfetto(imperfect), Passato Remoto(preterite), and Trapassato Prossimo(pluperfect)—can help Italian learners understand the layered meanings of '-었었-' through comparative analysis. Additionally, comparing Italian Passato Prossimo and Passato Remoto tenses will clarify the interpretation of past events in Korean, while utilizing the Italian Imperfetto can elucidate the continuous or habitual aspects of '-었-' in Korean non-past events. Furthermore, contrasting the aspectual meaning of '-었-' with both Passato Prossimo and Imperfetto in Italian will highlight how '-었-' indicates the completion or continuity of actions. Time adverbs should also be addressed by comparing Korean and Italian counterparts, demonstrating how they interact with tense and aspect markers to provide temporal context. Lastly, teaching students to recognize the core and contextual meanings of '-었-' across sentences, especially in relation to tenses like present perfect or future perfect in both Korean and Italian, will enhance their understanding of how context shapes the meaning of '-었-'. These strategies collectively aim to provide a more comprehensive approach to teaching '-었-' and '-었었-' to Italian learners, facilitating their grasp of aspectual nuances and temporal relations through effective comparative analysis with Italian tenses.

5. Conclusion

Effective Korean language education necessitates that educators possess a comprehensive and nuanced understanding of the Korean tense system, as well as a keen awareness of the challenges and limitations inherent in teaching tense. Such expertise is crucial for enhancing the overall effectiveness of the educational process and ensuring that learners achieve genuine proficiency in real-world language use. Unlike Italian, which relies heavily on explicit tense markers, Korean emphasizes modality and context-based expressions to convey temporal information. Consequently, it is imperative for teaching methodologies to integrate these linguistic features strategically, thereby equipping learners with the skills necessary to navigate and utilize the language adeptly in diverse, authentic scenarios.

Time adverbs are integral to determining tense within Korean sentences, playing a pivotal role in shaping the temporal context of actions and events. Therefore, Korean language educators must meticulously explain the function and significance of these adverbs to ensure that learners fully understand their critical role in conveying meaning. For Italian learners of Korean, the instructional approach often involves leveraging the grammatical structures of their native language. This underscores the necessity for developing effective comparative frameworks that highlight the similarities and differences between Korean and Italian tense systems. By facilitating such comparative analyses, educators can help learners bridge the linguistic gaps, thereby maximizing their learning outcomes and fostering a more seamless transition between the two languages.

Furthermore, there is a pressing need for continued exploration into the aspectual functions of the Korean morpheme '-었-'. This morpheme presents particular challenges when juxtaposed with Italian tense systems, as its usage does not always align directly with Italian equivalents. An in-depth analysis of these discrepancies is essential for fostering a more accurate and practical understanding of how '-었-' operates within various contexts. The multifaceted meanings and functions of '-었-' and '-었었-' in Korean correspond to different Italian past tenses, such as Passato Prossimo, Imperfetto, Passato Remoto, and Trapassato Prossimo. Therefore, teaching strategies should be meticulously designed to elucidate these nuances, enabling learners to apply the morphemes correctly across a range of contexts.

Although '-었-' is commonly introduced as a past tense marker in Korean language education, it encompasses a broad spectrum of syntactic, semantic, and pragmatic functions beyond mere temporal indication. This complexity necessitates a deeper and more comprehensive educational approach that encourages educators and learners to adopt a more expansive perspective on the usage of '-었-'. By embracing this broader viewpoint, educators can more effectively convey the intricate aspects of Korean grammar, thereby equipping learners with the skills required to understand and utilize the language with greater precision and fluency.

In summary, advancing pedagogical strategies related to the Korean tense system —particularly the aspectual nuances of '-었-' and '-었었-'—is essential for fostering effective language acquisition among Italian learners. Through targeted comparative analyses, explicit instructional methodologies, and a holistic understanding of Korean linguistic features, educators can significantly enhance the learning experience. This, in turn, enables students to achieve a higher level of communicative competence in Korean, bridging the gaps between the two languages and facilitating more effective and meaningful language use.

Bibliography

Ahn, S. C. & Choi, I. C. 2006. *English-Korean Contrastive Analysis*. Korean Culture Books.

Bruno, A. L. 2017. *Il coreano per italiani. Corso base. Livello A1 del Quadro comune europeo di riferimento per le lingue*. 1. Milano. Hoepli.

Cho, M. J. 2001. *A Study on Korean Aspect. Doctoral Thesis*, Yonsei University.

Cho, O. H. 1995. "The Meaning of '-았었-'." *Hangul*. 227. Hangul Society. pp. 129–150.

Choi, D. J. 1995. "A Study on the Diachronic Change of the Korean Tense System." Seoul National University.

Choi, R. & Cho, K. S. 2017. "A Study on the Modal Meanings of '-었$_2$-' in '-었$_1$었$_2$-'." *Linguistic Journal*. 72. Central Linguistic Society. pp. 35–69.

Choi, S. H. 2021. "Semantics and Context of '었'." *Linguistics*. 90. Korean Linguistic Society. pp. 99–130.

Comrie, B. 1976. *Aspect*. Cambridge.

Curme, G. O. 1931. *Syntax*. D.C. Heath and Company.

De Benedittis, A. 2014. *Lingua coreana 1*. Venezia: Libreria Cafoscarina.

De Benedittis, A. 2018. *Lingua coreana 3*. Venezia: Libreria Cafoscarina.

Han, D. W. 1996. *A Study of Korean Tense*. Taehaksa.

Heo, Y. et al. 2009. *Introduction to Korean as a Foreign Language*. Pagijung.

Jespersen, O. 1924. *The Philosophy of Grammar*. George Allen & Unwin.

Kang, K. 1986. "A Theory of Tense: Focused on Reichenbach." *Language Research*. 3. Korean Society for Modern Language Studies. pp. 1–14.

Kim, G. 2015. *Ten Days of Writing Study Makes a Lifetime of Happiness*. Maekyung Publishing.

Ko, Y. G. 1986. "Korean Tense and Aspect." *National Language Life*. 6. Korean Language Institute.

Ko, Y. G. 2004. *Korean Tense, Mood, and Aspect*. Taehaksa.

Ko, Y. G. & Gu, B. K. 2008. *Korean Grammar*. Jipmoondang.

Lim, C. S. 1991. *A Study of Korean Tense Endings*. Doctoral Thesis, Chonnam National University.

Moon, S. Y. *Korean Tense Categories*. Taekhaksa.

Moon, Y. 2005. *Korean Mindset, English Mindset*. Seoul National University Press.

Nam, K. S. 1972. "A Study of Modern Korean Tense." *Korean Language and Literature*. 55–57. The Society of Korean Language and Literature. pp. 213–238.

Nam, K. S., Ko, Y. G., Yoo, H. K. & Choi, H. Y. 2019. *Newly Written Standard Korean Grammar*. Korean Culture Books.

Oh, H. A. & Kang, H. J. 2009. "A Study on Tense Education from a Cognitive Linguistic Perspective." *Modern Language Literary Society*. 30. pp. 161–200.

Park, J. H. 2016. "Reconsideration of the Discontinuous Past Usage of '-었었-'." *Hangul*. 311. Hangul Society. pp. 89–121.

Reichenbach, H. 1947. *Elements of Symbolic Logic*. The Macmillan Co.

Song, C. S. 2001. "The Form and Meaning of '-었었-'." *Literature and Language*. 23(1). Society for Literature and Language.

Song, C. S. 2002. "The Function of '-었-' in Future Situations." *Literature and Language*. 24. Society for Literature and Language.

Song, Y. J. 1990. "A Comparison of '-었었-'(-*eosseoss*-) and '-더-'." *Korean Language Literature*. 28. Korean Language Literature. pp. 161–200.

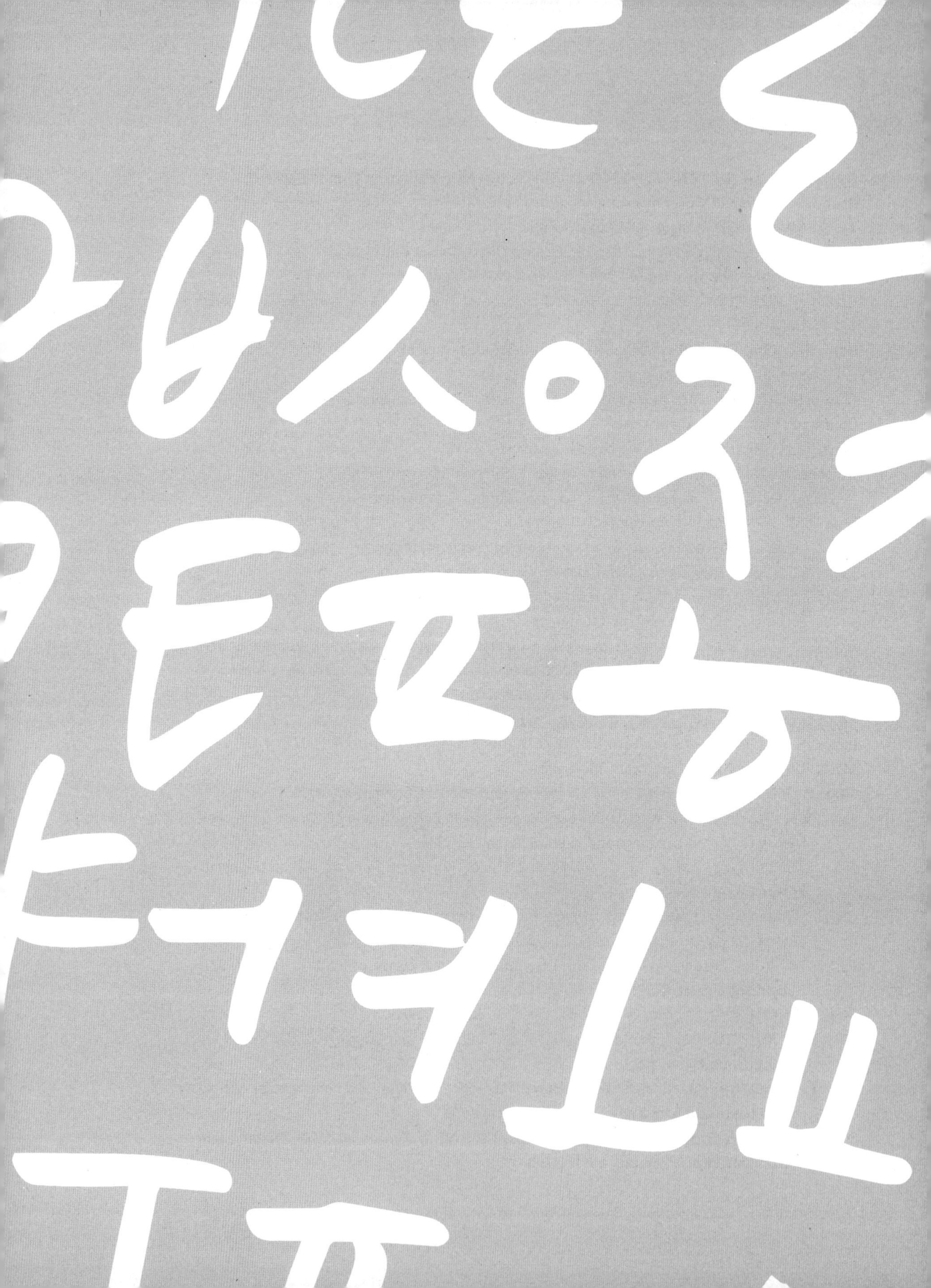

한국어 교재 및 교육 과정과 한국어 교육

IV

한국어 교재 및 교육 과정과 한국어 교육

제1장

그리스의 한국어 교육 과정 개발을 위한 기초 연구

김혜진, 한이슬
한국 한국외국어대학교
Hankuk University of Foreign Studies

1. 들어가며

최근 해외에서 한국어 교육은 매우 활발하게 이루어지고 있으며, 계속해서 그 수요가 늘어나는 추세이다. 그리스에서 한국어 교육은 주말 아테네 한인 학교를 중심으로 한국어에 관심을 가지고 찾아오는 그리스인이나 재외 동포, 또는 현지에 정착한 한국인 2, 3세를 대상으로 이루어지는 것이 전부였다. 한류의 바람을 타고 2010년 10월부터 아테네대학교 외국어 학부(Faculty of Foreign Languages)에 공식적인 첫 한국어 강좌가 개설되었고, 이것이 그리스 현지 기관에서 한국어 교육의 시작점이다. 당시 학생 10여 명으로 시작한 한국어 강좌는 2024년 현재까지 한국어의 위상이 지속적으로 높아지는 가운데 그 수요가 꾸준히 증가하고 있으며 아테네대학교 외국어 학부 이외에도 사설 학원이나 개인 과외 등으로 한국어를 공부하는 그리스인 또한 늘고 있다.

2024년은 그리스 대학 기관에서 한국어 교육이 시작된 지 14년이 되는 해이고 그리스에서 한국과 한국어에 대한 관심은 지속적으로 늘고 있다. 안타까운 것은 한국어 교육 분야에서 커리큘럼 연구나 한국어 교육 과정에 대한 분석 등이 전무하며 아직 그리스어로 된 한국어 교재조차 없다는 점이다. 교재나 커리큘럼에 대한 연구가 진행되려면 한국어 교육 현황 조사 및 학습자나 교사의 요구 분석 등 많은 작업이 선행되어야 한다. 본고는 그 작은 노력의 시작으로 그리스 대학 기관 중 유일하게 한국어 과정을 운영하고 있는 아테네대학교 외국어 학부를 중심으로 현재 사용하고 있는 교재를 점검하고, 향후 그리스에서 더 나은 한국어 교육이 이루어질 수 있도록 올바른 방향을 제시하고자 한다.

2. 그리스의 한국어 교육 현황

아테네대학교의 한국어 강좌는 유럽의 여느 국가처럼 한국학이 전공 과목으로 개설된 것이 아니라 정규 교과 외에 운영되는 외국어 학부에서 진행된다. 아테네대학교 외국어 학부는 학생 또는 일반인이 등록금을 내고 신청하면 수업을 들을 수 있는 어학당이다. 최근 그리스 현지에서 한국학 전공 과목 개설을 시도하고 있다는 소식이 들렸지만, 국립 아테네대학교의 경우 교수자가 반드시 그리스어로 수업을 진행해야 한다는 조건이 있어 현실화되기 어려운 상황이다. 그 밖에 그리스 타 대학 중에서는 통번역을 전문으로 하는 이오니아대학교에서 일차적으로 한국어 수업을 개설하는 방안이 논의되었으나 아직 실행되지는 않았다. 따라서 그리스 현지 대학의 사정과 여러 제한된 조건 때문에 유럽 관련 학문이 아닌 한국학 전공 학과를 설립하는 데에는 많은 시간과 노력이 들 것으로 보인다.

이처럼 그리스의 한국어 교육 환경은 다른 유럽 국가들보다 어려운 편이지만, 대학에 한국어 강좌가 개설된 지 2년이 지난 2013년부터 아테네에서 한국어능력시험(TOPIK)이 시행되었다. 첫 시행 당시 학생들은 TOPIK 1(응시 인원 28명)과 TOPIK 2(응시 인원 11명)에서 좋은 성과를 거두었다. 2024년 현재, 아테네대학교 어학당 한국어 과정 개설 초반에 한국어를 배웠던 학생들이 성장하여 개인 과외 교사가 되거나, 아테네 코트라, 아테네 LG CNS 등 한국과 관련된 회사에 취업하기도 했다. 더불어 한국으로 공부하기 위해 오는 그리스 학생도 늘고 있다.

그리스인 학습자는 한국어 학습 동기가 강하고 상당히 열정적인데, 그동안 제한된 환경에서 이루어 낸 성과를 고려하면 교육 환경이 조금만 개선되어도 큰 효과를 내리라고 예상할 수 있다. 다만 한국어 교육에 대한 연구나 교육 과정을 개발하는 데에는 한계가 있는데, 가장 큰 이유는 현재 그리스에 한국어 교사 자격을 갖춘, 외국인을 대상으로 하는 한국어 교육 전문 인력[1]이 없고, 주로 그리스에 거주하고 있는 교민들 중심으로 교사 구성이 이루어진다는 것이다. 그리스의 한국어 교육 발전을 위해 한때 그리스에서 한국어를 가르쳤던 연구자가 할 수 있는 노력은, 한국어를 배우는 그리스인 학습자를 위한 지도 방안을 연구하는 동시에 표준 교육 과정을 개발하고, 최종적으로는 그리스어로 된 교재를 제작하여 보급하는 일이라고 생각한다.

2.1. 아테네 대학 외국어 학부 현황

현재 아테네대학교 외국어 학부에서 근무하고 있는 한국어 교사들을 대상으로 이메일 등을 통해 간단한 현황을 인터뷰했다. 이를 통해 주 사용 교재에 대해 확인할 수 있었다. 아테네대학교 어학당에서는 한국어 강좌 초기에 본 연구자가 교사로 재직 당시 사용하던 랭기지플러스[2]의 《Easy Korean: for foreigners(쉬워요 한국어)》 1, 2, 3 시리즈(2008년 개정판[3])를 14년째 사용하고 있다. 해당 단계별로 주 교재는 정해져 있지만 세부 커리큘럼 역시 정해진 것이 없고, 교사의 역량에 따라 부교재를 함께 사용하고 있다. 이메일을 통한 인터뷰에서는 1년 과정에서 무엇을 한다 정도의 대략적인 정보 이외에 명확한 커리큘럼에 대해 답을 준 교사는 없었다.

예전의 수준별 학습량은 다음과 같다. 2010년부터 2014년까지는 《Easy Korean: for foreigners(쉬워요 한국어)》 1, 2, 3을 각각 A, B, C반으로 나누어 한 해에 1권을 기준으로 지도했다. 2015년부터 2018년에는 학생 수가 늘어나면서 고급 과정까지 활발히 운영되어 《Easy Korean: for foreigners(쉬워요 한국어)》 1, 2, 3, 4권을 사용했다. 2024년 현재 A반에서 《Easy Korean: for foreigners(쉬워요 한국어)》 1, 2를, B반에서 2, 3권을 진행하고 있다고 한다. 2023~2024학년도 아테네대학교에서는 총 3단계(A-초급, B-중급, C-고급)로 수업을 구성해 수강생 공고를 하고 있지만, 실제로 운영되는 것은 A와 B(초급과 중급)뿐이다. 현재 수업은 3시간씩 주 2회로 진행되며, 보통 9월 말에 반 배치 능력 평가를 마치고 10월에 수업을 시작하면 마지막 레벨 테스트를 보는 5월 3주경까지 수업 기간은 약 8개월이다. 다만 12월에 크리스마스 방학 2주, 봄에 부활절 방학 2주를 빼면 길게 잡아도 총 7개월 동안 수업이 진행되며, 4주를 1개월로 보았을 때 6시간×4주×7개월=168시간의 수업이 이루어진다. 이 중 수업과 수업 사이 20분간의 쉬는 시간 약 19시간을 제외하면 실제 수업에 사용되는 시간은 149시간 정도이다.

A반에서 《Easy Korean 2》의 중반(7과)까지 배운다면 총 22개의 주제를 149시간 안에 다루는 셈이 된다. 그렇다면 1개의 과를 약 6.7시간, 즉, 일주일에 거의 1개의 단원을 소화해야 하는 상황이다. 한 과를 가르칠 때 문법 사항 소개 및 설명, 기본 연습, 학습 활동 및 심화 학습, 복습 등으로 내용을 구성한다고 치면, 개인 과제로 학습량을 해결하지 못하는 상황에서는 빠듯한 시간이다. 또한 주 교재를 가르치는 것 외에도 관련 문법에 대한 학습 활동과 게임, 연습 문제 등

---

[1] 한국어교원자격증 3급 이상 소지자 또는 언어 교육 관련 박사 학위 소지자.

[2] 한글파크는 랭기지플러스의 한국어 교재 출판사이자 전문 서점으로, 2008년 개정판은 랭기지플러스로, 2019년 개정판부터는 한글파크로 표기되어 있다.

[3] 랭기지플러스는 2008년과 2019년에 개정판을 출간했다.

〈표 1〉 아테네대학교 한국어 강좌 개설 현황

	홈페이지 정보	실제 개설 과정
개설 과정	A(1, 3), B(1, 2, 3), Γ(1, 2), Δ1	A, B
교사 수	4	3
수업 시수	3시간씩 주 2회 (일주일 6시간)	
학기 일정	10월~5월	

을 통해 충분히 심화 학습을 진행하여 학생들이 익히고 체화할 시간을 주어야 한다. 거기에 그리스어와 한국어의 물리적, 언어 유형적 차이를 고려했을 때, 현재 하나의 학습 단계를 한 학기(약 7개월)에 진행한다는 것은 단순히 해당 내용을 언급하고 지나가는 수준에 그칠 우려가 크다. 학생들의 역량과 개별 학습 시간 등에 따라 학업 성취도에 차이가 날 수 있지만, 외부적 요소를 최대한 배제하고 수업 시간 안에 이루어지는 교육과 적절한 과제 등으로 수업을 안배해야 학생들의 한국어 역량을 키울 수 있을 것이다.

아테네대학교 외국어 학부의 한국어 수업 진행 상황을 자세히 알기 위해 홈페이지에 공고된 강좌와 개설 현황을 조사하고, 여기에 이메일 인터뷰를 통해 확인한 사항을 추가하여 비교할 수 있도록 〈표 1〉에 제시했다.

수업 시수의 경우 반별 등록 학생 수에 따라 유동적이다. 초급인 A의 경우 보통 등록 인원이 많기 때문에 시수가 줄어들지 않지만 B반부터는 등록 학생에 따른 시수 조정이 있음을 염두에 두어야 한다. 또한 한국학 전공이 개설된 유럽의 다른 학교들과 달리 말하기, 듣기, 쓰기, 읽기 등의 영역을 구분하여 시수를 정하지 않았기 때문에 주 교재의 구성과 진행에 따른 수업이 주된 흐름이라 볼 수 있다.

3. 현 교재 분석과 제안

한국어 교육 분야에서 외국인을 위한 한국어 교육은 계속해서 연구가 이루어지고 있으며 이에 따라 동일한 교재라도 실정에 맞게 개정되고 변화한다. 또한 2014년에 TOPIK의 체재가 개편됨에 따라 주요 지도 방향도 조금씩 변화하고 있는 상황에서 알맞은 교재의 선정은 무엇보다 중요하다.

홍지현·허방신·심만영(2023: 192-193)은 학습자 대상 및 목적에 따른 한국어 교재의 체계를 되돌아보는 연구가 이루어진다면 목적 및 대상에 부합하는 한국어 교재 연구를 진행하는 데에 도움이 될 것이라고 언급한 바 있다. 이에 본 연구자는 현재 아테네대학교에서 2010년부터 지금까지 동일한 교재를 사용하고 있다는 데에 문제 의식을 가지고, 한국어 학습의 변화하는 흐름을 해당 교재를 통해 학습자에게 정확하게 전달할 수 있는지 판단해 보고자 했다. 다만 연구를 진행하면서 동일한 교재의 개정판이 있다는 사실을 알게 되었고, 이는 교재의 내용과 방향성에 변화가 있음을 시사하므로 두 교재를 비교하며 개선되어야 할 커리큘럼에 대해 고민해 보고자 한다. 본고에서 다룰 교재가 그리스인만을 대상으로 한 것은 아니지만 오랜 시간 아테네대학교에서 사용해 온 교재인만큼 그 구성과 변화 방향을 통해 그리스인을 위한 교육 과정 및 교재를 구상하는 데 도움을 얻을 수 있을 것이다.

3.1. 주 교재 분석

먼저 아테네대학교의 한국어 수업 시수를 기준으로 현재 사용하고 있는 교재인《Easy Korean: for foreigners(쉬워요 한국어)》시리즈를 살펴보고자 한다. 현재 아테네대학교에서 사용하고 있는 시리즈는 1, 2, 3권이며, 해당 교재가 한국에서 출간된 만큼 국외 한국어 학습 환경에 부적합한 내용은 없는지, 개정판과는 무엇이 다른지 등을 분석하여 향후 교육 과정 구성을 위한 발판을 마련하고자 한다.

〈표 2〉는《Easy Korean: for foreigners(쉬워요 한국어)》시리즈의 2008년 개정판과 2019년 개정판을 비교한 것이다.

2019년 개정판에서 가장 크게 달라진 점은 각 단계에서 학습 내용이 한 과씩 늘어 학습자가 배워야 하는 문법 항목의 수가 증가했다는 것이다. 또한 1단계의 내용을 두 권의 책으로 분류하여 A와 B, 각각 8과씩 배치한 점이 인상적이다. 학습 진도가 하나의 학기 즉, 그리스 대학에서처럼 1년 단위의 학년도에서 1단계 이상 진행되는 경우 중간에 한 번 마무리할 수 있는 시점을 배치한 것을 활용한다면 효율적일 것이다.

교재의 내용면에서는 구어 중심의 표현이 전면에 배치되고 우선 학습으로 순서가 변경된 점이 가장 크게 부각된다. 문법 규칙상으로 간단하고 쉬운 '-입니다' 대신 구어체에서 높은 빈도로 사용되는 '-이에요/예요'를 첫 문법으로 배치한 점이 가장 큰 차이였다. 이는 문법적으로 훨씬 간단하고 여러 상황에서 화용론적 실수를 피할 수 있는 '-입니다'가 아닌, 학습자들의 관심도

〈표 2〉《Easy Korean: for foreigners(쉬워요 한국어)》2008년 개정판과 2019년 개정판 비교

2008년 개정판	2019년 개정판	변화 내용
한 권 당 15과로 구성 1권=15과	한 단계를 A, B로 나누고 한 권당 8과로 구성 1A+1B=16과	한 단계에서 한 과씩 추가되어 학습하는 문법 수 증가
(1) 1권 첫 문법: 종결어미 　　'-입니다' (2) 1권 11과: 단위 명사	(1) 1권 첫 문법: 종결어미 　　'-이에요/예요' (2) 1권 3과: 단위 명사	일상생활에서 사용하는 표현과 문법에 대한 학습이 우선됨
(1) -기 쉽다/어렵다, 편하다/ 　　불편하다(3권 15과) (2) 4권 속 간접 화법 (3) 4권 14과 '-곤 하다'	(1) 동일한 유형의 문법 없음 (2) 간접 화법은 3B에서 학습 (3) '-곤 하다' 3A 8과에서 학습 (4) 4B 4과 '-는 한', 4B 8과 '-치고' 등의 　　문법 등 2008 개정판에서 1~4권에 　　등장하지 않는 문법 학습	비교적 간단한 문법을 다루는 대신 중급 이상의 문법 분량을 확장
〈표 3〉참조	〈표 3〉참조	한국 문화, 현재 한국 사회의 모습을 반영하는 대화문과 어휘 사용 증가

가 큰 드라마나 노래 등에서 더 많이 접하는 '-이에요/예요'를 먼저 제시함으로써 학습자의 흥미를 높이고, 한국어 수업의 첫 인상을 편안하게 만든다는 장점이 있다. 또한 2019년 개정판에서는 비교적 간단한 문법을 다루는 대신 중급 이상의 문법 분량을 확장해 학습자가 더 많은 내용을 접할 수 있도록 했다. 4B권 4과의 '-는 한', 4B권 8과의 '-치고' 등 2008년 개정판에 등장하지 않는 문법이 추가되어 학습자가 사용 빈도 높은 다양한 표현을 통해 자연스러운 한국어를 구사하는 데에 큰 도움을 얻을 것으로 판단된다.

그 밖에 2019년 개정판의 대화문과 어휘에는 한국 문화, 현재 한국 사회의 모습을 반영하는 요소들이 다양하게 추가되었음을 확인할 수 있다. 문화 관련 분량도 늘어나 실제 한국인의 삶을 이해하고 한국에서 생활하는 학습자의 경우 다양한 정보를 얻을 수 있도록 구성되었다. 문화 관련 항목은 〈표 3〉에서 자세히 다루고자 한다.

〈표 3〉한국 문화 관련 항목 비교

4. 한국 문화와 관련된 지문, 대화, 어휘	
2008년 개정판	(1) 3권 3과 activity: 한국 사람들의 식생활 (2) 3권 5과 activity: 결혼을 하려고 결혼 상담소에 찾아 가거나 취직을 하고 싶어서 직업 소개소에 찾아간 상황을 학생 1, 2가 서로 질문하고 대답하는 활동 (3) 3권 6과 activity: 집 구하기 (4) 4권 2과 점프 페이지: '휴대 전화' 보급과 관련된 사회 문제 (5) 4권 3과: "된장으로 만든 케이크를 먹어 보라고 했어요." (6) 4권 4과 점프 페이지: 결혼과 이혼에 대한 사회 문제 제기 + 4권 14과 속 한국의 전통 혼례에 대한 읽기 지문과 전통 혼례 소개 (7) 4권 13과 점프 페이지: 시조 소개

2019년 개정판	(1) 1B 2과:
	 (한국 문화 소개) 한국의 방 문화-PC방, 노래방, 찜질방, 만화방, 방 탈출 카페, 보드게임 카페, 스트레스 해소 방
	(2) 1B 5과:
	 (문법 활용 문제 중)
	 1) 처음 한국에 온 날 뭐 했어요?
	 2) 여러분의 나라에 돌아가서 뭐 할 거예요?
	  (읽기 지문) 부동산 사장님과 손님의 대화
	  (한국 문화 소개) 한국의 부동산 앱과 집 구조
	  (어휘) 아파트, 원룸, 주택, 기숙사, 보증금, 관리비, 부동산, 전세, 월세 등
	(3) 3A 3과:
	 (한국 문화 소개) 한국의 반찬 문화
	(4) 3A 4과: "돌잔치에 다녀왔다."
	 - 한국의 돌잔치와 돌잡이 경험에 대한 이야기
	(5) 3A 5과:
	 (활용 문제) 한국어 공부를 마치는 대로 뭘 할 거예요?
	(6) 3B 5과: "연봉이 높을 뿐만 아니라 회사 분위기도 좋아요."
	 (어휘) 연봉, 복지 제도, 자기 계발, 근속, 양육비, 대기업, 중소기업, 안정성, 경제력, 월요병, 직급, 유급 휴가, 퇴직금, 사무직, 전문직, 연구직, 생산직, 교육직 등 회사 생활과 연관된 단어들
	(7) 3B 7과: 한국 생활 중 만난 한국 사람과의 문제 상황에 대해 제시
	(8) 4A 2과: 스마트폰 사용에 대한 피로-바쁜 현대인의 번아웃 증후군
	 (한국 문화 소개) 한국의 근로 시간과 '주 52시간 근무'
	 (어휘) 피로, 재충전하다, 명상을 하다, 피로감, 번아웃 증후군, 무기력감 등 바쁜 현대 사회 속 한국인들의 피로감에 대한 단어들

2019년 개정판	(9) 4A 7과: (한국 문화 소개) 한국의 결혼 준비와 과정 (어휘) 관혼상제, 성인식, 제사, 장례식, 결혼식, 혼인, 퇴직, 의례, 조상, 지인, 조문, 　　복장, 부고, 부의금, 빈소, 유족, 절하다, 애통하다, 상심, 감사, 명복을 빌다 등 (10) 4A 8과: "좋은 결과가 있길 바랄게요." 　　- 수험생, 돌을 맞은 아기에게, 신혼부부에게, 부모님께, 개업한 사장님께, 　　신입 사원에게 덕담을 나누는 카드를 쓰는 활동을 통해 축하 메시지 학습 　　(어휘) 벼락치기, 중간고사, 기말고사, 성적, 수학여행, 한국어능력시험, 　　개업하다, 덕담, 신혼부부 등 (11) 4B 2과: 한국에서의 공동 주택 생활에 대한 고충과 주의점에 대한 내용 　　(말하기 연습) 이웃들과 얼마나 잘 지내고 있습니까? 　　- 층간 소음, 주차 문제, 분리수거, 반려동물, 흡연 문제에 대해 제시 　　(한국 문화 소개) 공동 주택 에티켓 　　(어휘) 이웃사촌, 공동 시설, 사정, 주민, 협조, 상식, 냄새가 배다, 뜬눈으로 　　새우다. 차를 빼다, 친밀도, 어르신, 실버 세대, 정서, 공지 사항, 자제하다, 　　증가하다, 망치질, 쿵쾅거리다 등 한국의 공동 생활과 관련된 단어들 (12) 4B 4과: "마스크를 쓰나 마나인 것 같아요." 　　- 미세 먼지 때문에 마스크를 쓰고 다니는 상황에 대해 제시 　　(어휘) 오염되다, 파괴되다, 터전, 무분별하다, 분해되다, 배출하다, 자원, 　　재활용, 비닐, 썩다, 일회용품, 이상 기후, 황사, 봉투, 용기, 내용물, 번거롭다 　　등 환경 오염 문제와 관련된 어휘들 (13) 4B 5과: "인공 지능이 인간을 대신할지도 모르겠어요." 　　- 원격 제어, 무인 시스템, 전자 결제, 인공 지능, 정보 기술 등 현시대의 새로운 　　기술과 관련된 내용 　　(어휘) 발전시키다, 발달하다, 부작용을 낳다, 연구하다, 기술, 인류, 실생활, 　　부작용이 따르다, 대책, 로봇, 대신하다, 통신망 등

　먼저 2008년 개정판의 내용을 보면 외국인이 직관적으로 이해하기에 어려울 것 같은 내용들이 포함되어 있는데, 대표적인 것이 4권 3과의 제목으로 사용된 "된장으로 만든 케이크를 먹어 보라고 했어요."라는 문장과 4권 13과 점프 페이지에 수록된 시조 소개이다. 한국의 전통 식재료인 된장을 소개하는 것은 좋지만 된장으로 케이크를 만든다는 일반적이지 않은 상황을 제목으로 사용하는 것은 가르치는 교사의 입장에서도 의문이 생길 수밖에 없다. 시조의 경우 한국어 수준이 높지 않은 학습자들에게는 어렵게 느껴지는 것이 당연하며 단순한 장르 소개에서 그치는 내용이 아니므로 한국인에게도 문학 수업 수준에 해당할 것으로 보인다. 2019년 개정판에서는 이러한 부분이 개선되어 좀 더 일반적인 내용을 다루고 있다. 전반적으로 문화 항목의 교재 활용도가 대폭 높아졌는데, 〈표 3〉의 구성만 보더라도 2019년 개정판에서 문화 관련 내용이 상당히 확장되어 수록되었음을 알 수 있다. 해당 개별 문화 항목마다 적절한 표현들을 추가하여 단지 문화 소개에서 그치지 않고 언어 학습까지 연결할 수 있도록 배려한 것이 돋보인다.

　2008년 개정판의 내용과 2019년 개정판의 문화 항목에서 비교할 만한 부분들을 발췌하여 살펴보자. 2008년 개정판 항목 4를 보면 4권 2과에서 '휴대 전화'에 대한 내용이 나온다. 전 국민이 휴대 전화를 사용한다고 해도 과언이 아닌 지금의 상황과 비교하면 구시대적인 느낌이 물씬 풍기는 지문이 아닐 수 없다. 이에 2019년 개정판 4A권 2과에서는 현대인에게 필수품이 된 스마트폰과 관련해 피로감과 부작용 문제를 다루고 있다. 또한 2008년 개정판 항목 6, 4권 4과 점프 페이지에서는 결혼과 이혼에 대한 사회 문제를 다루고 있는데, 이는 한국 문화라기보다는 일반적인 사회 이슈로 보인다. 더불어 4권 14과에서는 한국의 전통 혼례에 대한 읽기 지문과 전통 혼례에 대한 소개를 담고 있는데 현대 한국 사회에서 전통 혼례가 일반적인 결혼의 형태가 아닌 만큼 지금의 한국 사회를 이해하기에는 한계가 있어 보인다. 2019년 개정판 4A권 7과에는 한국의 결혼 문화와 관혼상제에 대한 이야기가 실려 있는데, 상견례, 예식 준비, 폐백 등 한국 생활을 하는 외국인들에게 결혼에 대한 실질적인 정보를 제공함과 동시에 현시대 한국의 결혼 문화를 소개하고 있다. 2008년 개정판의 경우 전반적으로 한국에 대해 직접 소개하기보다 한 과에서 부수적인 페이지(점프 페이지)에 약간의 내용을 추가했다면, 2019년 개정판은 좀 더 자세하고 구체적으로 상황을 제시해 주고 있다.

그 밖에도 2019년 개정판에서는 집 구하기, 한국 생활 중 만난 한국인과의 갈등 문제 해결 등 한국에 사는 외국인들이 실생활에서 유용하게 적용할 수 있는 상황들을 보여 주며 다양한 표현과 어휘를 구체적으로 제시하고 있다. 마스크, 환경 문제, 인공지능 등을 주제로 변화된 사회의 모습을 반영하고, 한국이 직면하고 있는 사회적 문제들을 보여 주며, 한국에 거주하는 외국인들에게 도움이 되는 정보들을 제공하고 있다. 가령, 한국에서 큰 이슈가 되고 있는 공동 주택에서의 층간 소음 문제 등을 다룸으로써 외국인들에게 공동 주택에서의 에티켓과 관련한 경각심을 심어 줄 수 있다. 또한 한국에서 생활하며 경험할 수 있는 관혼상제의 상황을 학습하는 것 또한 유익한 활동으로 보인다.

외국어 학습 교재의 문화 항목에서 시대의 변화에 따라 공감이 가능한 내용을 적절하게 다루는 일은 매우 중요하다. 단순하게 언어만이 아니라 그 나라의 문화까지 함께 이해하면 학습자의 언어 표현에 대한 이해도를 더욱 높일 수 있을 뿐 아니라 새롭고 신기한 외국 문화를 접함으로써 학습에 대한 흥미도 유발할 수 있다. 이러한 점에서 2019년 개정판은 학습자의 문화적 호기심을 충족해 줄 수 있는 요소를 상당 부분 반영하여 개선한 것으로 보인다.

3.2. 교육 방향 설정 제안

앞서 이야기한 바와 같이 아테네대학교 외국어 학부 한국어 과정에서는 2010년 한국어 과정이 처음 개설되었을 때 선택한 교재를 14년째 변함없이 사용하고 있다. 무엇보다 같은 교재의 완전 개정판이 나왔음에도 예전 교재를 계속 사용한다면 새로운 한국어 교육의 방향을 전달하기 어려울 것이다. 교재를 바꿀 수 없다면 학습자들에게 적어도 개정판을 활용할 수 있게 정보를 줄 필요가 있다. 개정판과의 비교를 통해 살펴보았듯이 한국어 교육의 흐름이나 문화 항목 등이 현시대와 동떨어진 경우가 많아 학습에 몰입도가 떨어지는 요인이 될 수 있기 때문이다.

한편《Easy Korean: for foreigners(쉬워요 한국어)》시리즈는 한국에서 한국어를 배우는 학습자를 대상으로 하기 때문에 한국에 거주하는 외국인을 대상으로 하는 문화 항목이 들어가 있다. 매우 유용한 내용이지만 한국에 가 본 적이 없는 학습자는 해당 항목의 언어를 공부하는 과정에서 많은 시간을 소요하게 되며 흥미를 잃을 가능성이 높다. 그리스에 거주하는 그리스인 한국어 학습자가 이해하기 어려운 한국 문화의 경우 무조건 진도를 나가기보다는 적절하게 그리스 상황에 맞추어 변경하여 말하기, 쓰기를 연습하면 흥미를 잃지 않고 한국어를 학습하는 데에 도움이 될 것이다. 예를 들면, 같은 교재를 사용하더라도 학습자 요구 분석을 통해 그리스인 학습자들이 선호하는 한국어 표현을 모아 수업에 활용하거나, 그리스의 문화와 한국의 문화를 비교해 보거나, 전 세계적인 사회 현상을 이야기하는 등 그리스인 학습자에게 적당한 주제들을 가감하며 활용한다면 학습의 효율성을 더욱 높일 수 있을 것으로 보인다.

그리스인 한국어 학습자들은 한국 드라마나 케이팝 등을 통해 한국에 대해 관심을 가지게 된 경우가 대부분이고, 이 중 일부는 한국어를 배우기 위해 유학을 오기도 한다. 그러나 그리스 학습자의 대부분이 그리스에 머물며 한국어를 공부하는 만큼 교수자는 그리스인 학습자가 필요로 하는 어휘나 표현들을 고려해야 할 것이다. 무엇보다 그리스어로 된 한국어 교재가 당장 마련되지 않더라도 교수자를 통해 수업에서 소개될 필요가 있다.

또한 교수자는 수업 중에 학습자의 모국어인 그리스어를 사용하게 되므로 한국어와 그리스어의 대조 분석적인 접근은 학습자의 능률을 높이는 데 매우 유용하다. 음운, 형태, 통사, 어휘적 측면에서 그리스어와의 비교를 통한 접근은 학습자들의 원활한 이해를 돕고 학습 동기를 강화하며 결과적으로 한국어 학습의 성취도와 속도를 높일 수 있다. 이러한 과정에서 교수자는 학습자의 학습 과정(Learning Process)과 학습 전략(Learning Strategy)을 파악할 수 있고, 학습자가 범하는 오류의 원인을 찾아내 정확하게 교정해 줄 수 있다. 현재 진행된 연구는 많지 않으나 한국인 그리스어 학습자를 대상으로 한 그리스어와 한국어 비교 연구(김혜진, 2017; 2018; 2021; 2023)를 역으로 활용할 수 있을 것이다.

4. 나가며

본 연구에서는 그리스 현지의 한국어 교육과 관련하여 아테네대학교 외국어 학부를 기준으로 현지 상황을 점검하고 교재인《Easy Korean: for foreigners(쉬워요 한국어)》를 개정판과 비교해 현재 그리스의 한국어 교육 과정에서 고려해야 하는 변화에 대해 살펴보고자 했다. 2008년 개정판과 2019년 개정판은 표지뿐만 아니라 내용면에서도 꽤 많은 부분이 달라졌음을 확인했다. 기본적인 한국어 문법이나 어휘, 표현에 대해 다루는 것은 비슷하나 많은 내용이 개선되고 추가되었는데, 특히 한국 문화와 관련된 부분이 그러하다. 이에 학습자들이 개정판을 참고할 수 있도록 교수자들이 정보를 전달할 필요가 있으며 개별 교수자는 외국어로서의 한국어 학습의 경향을 놓치지 말고 좇아야 할 것이다.

연재훈(2015: 24)에 따르면 영국 등 다른 유럽의 대학에도 한국어 표준 교육 과정은 아직 존재하지 않으며, 현장의 여건과 학습자의 필요에 따라 교육 과정과 교재, 교육 방법 등이 다양하게 개발되고 현장 맞춤형으로 이루어지는 것이 바람직하다. 유럽의 경우 나라마다 교육 현장 여건에 차이가 크기 때문에 앞선 주장에 공감하며, 해당 국가의 상황이나 문화 등을 고려해 교육 방법을 수정해 나가야 한다고 생각한다. 다만 유럽의 경우 유럽 언어 공통 참조 기준(CEFR)을 많이 활용하므로 그리스인 학습자들이 타 언어를 배우는 여건에 대한 고려도 필요할 것이다.

그리스인 한국어 학습자의 효율적인 언어 습득을 위해 주 교재의 내용과 어학당 주당 수업 시간을 중심으로 효과적인 교육 과정에 대해 논의하는 한편, 향후 그리스 현지 대학에 한국학 전공 과정 개설을 목표로 그리스인을 위한 한국어 교육 분야를 연구하고 학생들을 지도할 기반을 마련한다면 그리스에서의 한국어 교육은 한걸음 더 성장하게 될 것이다.

　본고는 수업 시수와 학습 환경, 교수자와의 현황 인터뷰를 기반으로 그리스 아테네대학교 한국어 강좌에서 사용하는 교재에 대한 분석과 더불어 그리스인을 위한 한국어 교육에서의 주요 개선 방안을 제시했다. 이는 그리스의 한국어 교육에 대한 현 상황을 점검하고 발전된 방향을 제시하는 첫걸음이라 할 수 있다. 다만 이메일 등 서면으로 인터뷰를 진행해야 했고, 교사 이외 학생들의 요구 조사를 포함하지 못한 아쉬움이 남는다. 이 연구를 시작으로 그리스인을 대상으로 하는 한국어 교육 과정 개발을 위한 후속 연구가 활발히 진행되어 그리스인을 위한 한국어 교육이 더욱 발전하기를 바라는 바이다.

참고문헌

Easy Korean Academy. 2008. **Easy Korean for foreigners(쉬워요 한국어)** 1. 랭기지플러스.
Easy Korean Academy. 2008. **Easy Korean for foreigners(쉬워요 한국어)** 2. 랭기지플러스.
Easy Korean Academy. 2008. **Easy Korean for foreigners(쉬워요 한국어)** 3. 랭기지플러스.
Easy Korean Academy. 2009. **Easy Korean for foreigners(쉬워요 한국어)** 4. 랭기지플러스.
Easy Korean Academy. 2019. **Easy Korean for foreigners(쉬워요 한국어)** 1A. 한글파크.
Easy Korean Academy. 2019. **Easy Korean for foreigners(쉬워요 한국어)** 1B. 한글파크.
Easy Korean Academy. 2019. **Easy Korean for foreigners(쉬워요 한국어)** 2A. 한글파크.
Easy Korean Academy. 2019. **Easy Korean for foreigners(쉬워요 한국어)** 2B. 한글파크.
Easy Korean Academy. 2020. **Easy Korean for foreigners(쉬워요 한국어)** 3A. 한글파크.
Easy Korean Academy. 2020. **New Easy Korean for foreigners(쉬워요 한국어)** 3B. 한글파크.
Easy Korean Academy. 2020. **New Easy Korean for foreigners(쉬워요 한국어)** 4A. 한글파크.
Easy Korean Academy. 2021. **New Easy Korean for foreigners(쉬워요 한국어)** 4B. 한글파크.
김혜진. 2017. 외국어로서의 그리스어와 한국어 습득에서 과거시상 형태 발달. **한글**. 316. 한글학회. pp. 301-326.
김혜진. 2018. 그리스어 전치사 se의 의미분석. **외국어교육연구**. 32-2. 외국어 교육연구소. pp. 113-127.
김혜진. 2021. 현대 그리스어 발음 교육을 위한 기초 연구. **인문언어**. 23-1. pp. 151-171.
김혜진. 2023. 한국어와 그리스어 이동사건의 어휘와 대조 연구. **현대문법연구**. 117. pp. 65-89.
연재훈. 2015. 유럽 한국어 교육의 쟁점과 과제. **국제한국어교육**. 1-2. pp. 1-31.
홍지현, 허방신, 심만영. 2023. 한국어 교재 연구 동향 분석-2000년~2022년 학술지 및 박사 학위 논문을 중심으로. *Journal of Korean Culture*. 60. pp. 163-203.
아테네 대학 외국어 학부 2023~2024 학년도 프로그램. Seagate Crystal Reports-RP_PR.didaskaleio. uoa.gr

일본 고등학교의 한국어 수업 과목명에 대하여

이안구
일본 오카야마대학교
岡山大學

1. 들어가며

일본의 한국어 교육은 매우 오랜 역사와 전통을 지닌다. 시대의 흐름에 따라 일본에서의 한국어 교육도 변화를 거듭해 왔는데, 2000년대 이후 한일 양국 간 교류가 활발해지면서 일본의 한국어 교육은 양적인 증가와 함께 그 양상도 다양해지고 있다. 본고에서는 일본 고등학교에서 이루어지고 있는 한국어 교육에 주목하고자 한다. 일본의 경우, '한국어'를 지칭하는 여러 명칭이 공존하는 특징을 지니는데, 본고에서는 일본 고등학교의 한국어 교육 현황을 검토하고 각 고등학교의 홈페이지를 통해 한국어 수업의 과목명을 조사한 결과를 제시하는 한편, 과목명의 변화 추이 및 특징 등에 대해 고찰하기로 한다.

2. 일본 고등학교의 한국어 교육 현황 및 과목명 조사의 배경

2.1. 일본 고등학교의 한국어 교육 현황

일본의 고등학교 한국어 교원 모임인 '고등학교 한국조선어 교육 네트워크(JAKEHS)'에 따르면 1970년대에는 주로 간사이(關西, 관서) 지방(효고, 오사카 등)의 공립 고등학교에서 '조선어' 수업이 이루어졌으나 1980년대 후반부터 전국으로 확대되었다. 1970년대 말에는 한국어 교육을 실시하는 고등학교가 6개교에 지나지 않았으나 1980년대 말에 이르면 약 20개교로 늘어나고, 1995년에는 75개, 1997년에는 103개의 고등학교에서 한국어 수업이 실시된 것으로 보인다.

일본 문부과학성에서는 2~3년 단위로 '고등학교에서의 국제 교류 등의 상황'에 대한 조사를 실시하여 그 결과를 발표하고 있는데, 여기에는 '영어 이외의 외국어 과목 개설 상황'이라는 항목도 포함되어 있다. 〈그림 1〉은 문부과학성에서 공개한 데이터를 활용하여 1999년부터 2021년까지 영어 이외의 외국어 과목이 개설된 고등학교 수의 추이를 언어별로 제시한 것이다.

〈그림 1〉에서 볼 수 있듯이 1999년에는 한국어 수업이 개설된 고등학교 수가 131개교로 중국어, 프랑스어에 이어 세 번째로 많았으나 2005년부터는 프랑스어를 넘어선다. 스페인어나 독일어는 개설 학교 수가 큰 폭의 변화 없이 유지되고 중국어와 프랑스어는 2000년대 초반에 개설 학교 수가 증가하다가 2007~2009년을 기점으로 점차 감소하는 양상을 보이는데, 한국어는

〈그림 1〉 영어 이외의 외국어 과목이 개설된 일본 고등학교 수의 추이

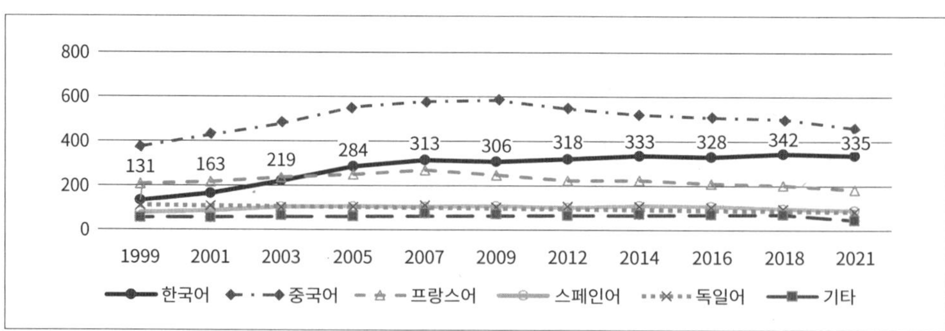

2000년대 초반에 급격히 증가한 후 다소의 증감은 있으나 비교적 안정적으로 유지되며 중국어와의 격차를 좁히고 있다.

2.2. 선행 연구 및 과목명 조사의 배경

일본 고등학교에서 이루어지는 한국어 교육 현황과 관련하여 참조할 만한 선행 연구로는 오고시 나오키(1994), 일본의 국제문화포럼(1999; 2005), 하세가와 유키코 외(2021) 정도를 들 수 있다. 오고시 나오키(1994)는 국제한국어교육학회 일본 지부에서 진행된 사업으로, 대학과 중고등학교, 시민 단체 및 문화 센터 등 여러 교육 기관을 대상으로 하여 한국어 수업의 주당 수업 횟수, 클래스 수, 클래스 당 수강자 수, 사용 교재 등에 관한 설문 조사를 실시한 것이다. 조사 대상이 된 수업 123과목 중 60% 이상이 대학 수업으로 고등학교 수업은 17과목(13.82%) 정도에 불과하며, 조사 항목에 대해서도 '대학'과 '대학 이외'로 나누어 그 결과를 제시하고 있어 고등학교에서 이루어지는 한국어 교육의 실태를 파악하기에는 충분치 않다.

일본 고등학교의 한국어 교육에 대한 본격적인 조사는 국제문화포럼(1999; 2005)에서 이루어졌다고 할 수 있다. 국제문화포럼(1999)의 경우, 1997~1998년에 한국어나 중국어 교육을 실시하고 있는 고등학교를 대상으로 설문 조사 및 전화 인터뷰를 실시했으며, 국제문화포럼(2005)에서는 2001~2003년에 일본의 대학 및 고등학교에서 이루어지는 한국어 교육 현황을 설문 조사 방식으로 조사했다. 이들 조사에서는 한국어 수업의 과목명뿐 아니라 이수 형태 및 학습자 수, 교재, 담당 교원 등에 대한 검토가 이루어졌으며 한국어 수업을 개설하고 있는 고등학교의 목록도 제시되었다.[1]

앞서 제시한 〈그림 1〉에서 살필 수 있듯이 한국어 수업을 개설하는 일본 고등학교의 수는 국제문화포럼(1999; 2005)의 조사 이후에도 더욱 증가하는 양상을 보이는데, 그 이후의 고등학교 한국어 교육에 대한 현황 조사는 하세가와 유키코 외(2021)에서야 이루어지게 된다. 하세가와 유키코 외(2021)의 조사는 일본의 조선어교육학회 주관으로 2019~2020년에 대학교와 고등학교에서 이루어지는 한국어 교육에 대하여 이수 형태 및 학습자 수, 교재, 담당 교원, 한국 학교와의 교류 등을 조사한 것이다. 여기에서는 먼저 인터넷 검색을 통해 한국어 교육을 실시하고 있는 학교들을 파악한 후, 그 학교들을 대상으로 데이터베이스 기반 설문 조사를 실시했다.

한편, 일본에서는 '한국어'를 지칭하는 여러 명칭이 공존하는 양상을 보인다. '조선어(朝鮮語)'는 가장 오래 전부터 사용되어 온 전통적인 명칭으로, 학계에서는 여전히 '조선어'라는 용어가 일반적으로 쓰이고 있다. '조선어'라는 명칭은 '조선 민족', '조선 반도'처럼 남북을 아우를 수 있다고 보는 입장도 있으나 한편으로는 북한의 언어를 지칭하는 것으로 여겨질 우려가 있다는 점에서 중립적이지 않다는 의견도 있다. 대한민국과의 교류가 활발해지면서 '한국어(韓国語)'라는 명칭이 보편화되었으나, 좀 더 중립적인 입장에서 '조선어'와 '한국어'를 포괄할 수 있는 '한국·조선어(韓国·朝鮮語)'나 '코리아어(コリア語)'라는 명칭이 쓰이기도 하며 '한글(ハングル)'이 언어의 명칭으로 사용되기도 한다. 앞서 〈그림 1〉에서 언급한 문부과학성의 조사 보고서나 일본 국제문화포럼(1999; 2005)의 일본어판에서는 '한국(·)조선어'라는 명칭이 쓰였으며, 1984년

[1] 국제문화포럼(1999)에서는 일본어판과 한국어판을 함께 묶어 합본했는데, 한국어 교육을 실시하는 고등학교 목록은 일본어판과 한국어판 사이(pp. 31-37)에 게재되어 있다. 2001~2003년에 조사한 국제문화포럼(2005)의 경우, 한국어 수업을 개설하고 있는 고등학교 목록은 일본어판의 권말(pp. 103-110)에서 확인 가능하다.

부터 시작된 일본 공영방송 NHK의 한국어 강좌는 'NHK 한글 강좌'라는 이름으로 지금까지 계속되고 있다.

이러한 사정으로 국제문화포럼(1999; 2005)에서는 일본 대학교나 고등학교에서 개설되는 한국어 수업의 과목명을 조사 항목에 포함했는데, 비교적 최근의 조사라 할 수 있는 하세가와 유키코 외(2021)에서는 과목명에 대해 다루지 않은 것으로 보인다. 이에 본고에서는 각 고등학교의 홈페이지 검색을 통해 일본 고등학교의 한국어 수업 과목명 조사를 실시했다. 다음의 3장에서는 그 조사 결과를 제시하고 국제문화포럼(1999; 2005)의 조사 이후에 어떤 변화 양상이 나타나는지 고찰하는 한편, 공립 고등학교와 사립 고등학교, 그리고 대학교의 과목명 등을 비교하여 살펴보고자 한다.

3. 일본 고등학교의 한국어 수업 과목명 조사

3.1. 2024년도 일본 고등학교의 한국어 수업 과목명

일본의 대학들은 일반적으로 각 수업의 강의 계획서를 인터넷에 공개하는 데 비해 일본 고등학교는 정보를 공개하는 경우가 많지 않다. 이번 조사에서는 각 고등학교의 홈페이지에 실려 있

〈표 1〉 한국어 수업 과목명이 확인되는 지역별 고등학교 수(2024년도)

지역명	도도부현	학교 수	지역명	도도부현	학교 수	지역명	도도부현	학교 수
홋카이도 (14)		14		니가타	5		돗토리	4
도호쿠 (18)	아오모리	0		도야마	3		시마네	4
	이와테	4		이시카와	2		오카야마	2
	미야기	1	주부 (26)	후쿠이	0	주고쿠 (18)	히로시마	5
	아키타	3		야마나시	2		야마구치	3
	야마가타	9		나가노	7		도쿠시마	0
	후쿠시마	1		기후	1		가가와	1
간토 (72)	이바라키	3		시즈오카	1	시코쿠 (4)	에히메	2
	도치기	0		아이치	5		고치	1
	군마	1		미에	3		후쿠오카	7
	사이타마	7		시가	6		사가	3
	지바	5	간사이 (86)	교토	4		나가사키	6
	도쿄	37		오사카	44	규슈, 오키나와 (39)	구마모토	4
	가나가와	19		효고	23		오이타	4
				나라	4		미야자키	1
				와카야마	2		가고시마	8
							오키나와	6

〈표 2〉 2024년도 일본 고등학교의 한국어 수업 과목명[2]

과목명	공립 학교 수 (%)	사립 학교 수 (%)	총 학교 수 (%)
한글	81(38.21%)	7(10.77%)	88(31.77%)
한국어	83(39.15%)	36(55.38%)	119(42.96%)
조선어	5(2.36%)	3(4.62%)	8(2.89%)
한국(·)조선어	39(18.39%)	10(15.38%)	49(17.69%)
코리아어	0(0.00%)	4(6.15%)	4(1.44%)
기타	4(1.89%)	5(7.69%)	9(3.25%)

는 학교 소개 팸플릿이나 교육 과정표 등을 통해 한국어 수업 개설 여부 및 과목명을 확인했다. 2024년 현재 학교 홈페이지를 통해 한국어 수업 과목명을 확인할 수 있는 고등학교는 277개교이며, 각 지역별로 한국어 수업 과목명이 확인되는 고등학교 수를 제시하면 〈표 1〉과 같다.[3]

　〈표 2〉는 2024년도 일본 고등학교의 한국어 수업 과목명에 대한 조사 결과를 정리한 것이다. 한국어 수업 과목명이 확인되는 고등학교 277곳 중 공립 고등학교는 212개교, 사립 고등학교는 65개교로 파악되는데, 각 과목명이 쓰이는 학교 수와 비율을 공립 학교와 사립 학교의 경우로 나누어 제시하고 이들을 합산하여 과목명별 총 학교 수와 비율을 표시했다.

　〈표 2〉에서 보듯이 2024년 현재 일본 고등학교의 한국어 수업 과목명으로 가장 많이 쓰이는 것은 42.96%를 차지하는 '한국어'로, '한글'과 '한국(·)조선어'가 그 뒤를 이으며 '조선어'나 '코리아어'의 사용은 많지 않다. 이 중 '한글'은 사립 고등학교에서의 사용률이 현저히 떨어져 9할 이상(88개교 중 81개교)이 공립 고등학교에서 쓰이는 점이 특징적이다. 공립 고등학교의 경우, '한국어'(83개교)와 '한글'(81개교)이 큰 차이를 보이지 않는 것에 비해 사립 고등학교는 과반 이상(55.38%)에서 '한국어'를 사용하고 있으며, '코리아어'라는 과목명은 사립 고등학교에서만 찾아볼 수 있다.

3.2. 과목명 비율의 변화 추이

일본 고등학교의 한국어 수업 과목명에 대해서는 국제문화포럼(1999; 2005)에서 제시된 1997~1998년과 2001년의 조사 결과를 참조할 수 있다. 그에 따르면 1997~1998년의 조사에서는 140개교, 2001년 조사에서는 168개교에서 한국어 수업 과목명을 확인할 수 있었는데, 국제문화포럼(1999; 2005)의 데이터를 활용하여 일본 고등학교 한국어 수업의 과목명 비율을 시기별로 정리하면 〈표 3〉과 같다.

[2] 한국어 수업 과목명은 좀 더 다양한 양상으로 나타나지만 본고에서는 유사한 유형을 함께 묶어 처리했다. 예를 들어 '한글어'라는 과목명은 '한글'의 항목으로, '코리안'은 '코리아어'의 항목으로 다루었으며, '한국 문화', '한국 문화 탐구', '한국 강좌', '한국(·)조선 연구'와 같이 '언어' 관련 표현이 포함되지 않은 과목명이나 '동아시아 언어 문화 입문', '환일본해제국어(環日本諸国語)', 'Asian Language', 'Asian Studies'와 같은 과목명은 '기타' 항목으로 처리했다. 본고에서 제시되는 비율은 소수점 아래 셋째 자리에서 반올림한 것임을 밝혀 둔다.

[3] 한국어 교육이 실시되는 것으로 짐작되나 과목명을 확인할 수 없는 경우는 포함하지 않았다. 참고로 선행 연구인 하세가와 유키코 외(2021)에서는 과목명이 조사 항목에 포함되지 않았으나 한국어 교육을 실시하는 고등학교는 286개교로 조사되었으며, 〈그림 1〉에 제시한 문부과학성 자료의 경우, 2021년 한국어 수업을 개설하고 있는 고등학교는 335개교로 조사된 바 있다. 이와 관련하여 고등학교 홈페이지를 통해 얻을 수 있는 제한적인 정보만으로는 한국어 수업의 과목명이나 개설 상황에 대해 충분히 파악하기 어렵다는 점을 고려해 볼 수 있다.

〈표 3〉일본 고등학교의 한국어 수업 과목명 비율

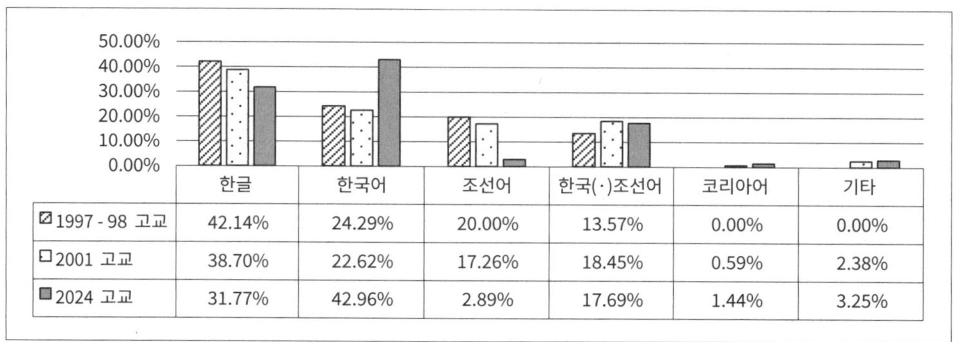

	한글	한국어	조선어	한국(·)조선어	코리아어	기타
1997 - 98 고교	42.14%	24.29%	20.00%	13.57%	0.00%	0.00%
2001 고교	38.70%	22.62%	17.26%	18.45%	0.59%	2.38%
2024 고교	31.77%	42.96%	2.89%	17.69%	1.44%	3.25%

각 과목명의 비율 변화를 살펴보면 '한글'은 1997~1998년과 2001년에는 가장 비율이 높았으나 2024년에는 1997~1998년에 비해 10% 이상 줄어 두 번째로 높은 비율에 해당한다. '조선어'는 1997~1998년에 세 번째로 높은 20%의 비율이었고, 2001년에는 '한국(·)조선어'에 역전되기는 했으나 17.30%를 유지했는데 2024년 조사에서는 2.89%에 불과하여 급격한 감소세를 보인다. 그에 비해 '한국어'는 상당한 증가세를 보이는데 여기에는 한국과의 교류 증가 및 한류의 영향 등을 생각해 볼 수 있을 듯하다. 앞서 〈그림 1〉에서도 살폈듯이 한국어 교육을 실시하는 일본 고등학교는 2000년대 초반부터 급증했는데, 아마도 한국어 수업을 새로 개설하면서 과목명으로 '한국어'를 채택하는 학교가 많아진 것으로 짐작해 볼 수 있다.[4]

3.3. 공립 고등학교와 사립 고등학교 비교

앞서 〈표 2〉에서 제시한 2024년도 조사 결과를 살펴보면 공립 고등학교와 사립 고등학교의 과목명 비율은 다소 차이를 보인다. 〈표 4〉와 〈표 5〉에서는 국제문화포럼(1999; 2005)에 제시된 데이터를 활용하여 일본의 공립 고등학교와 사립 고등학교의 과목명 비율을 각각 시기별로 정리하여 제시한다.

〈표 4〉일본 공립 고등학교의 한국어 수업 과목명 비율

	한글	한국어	조선어	한국(·)조선어	코리아어	기타
1997~98 공립	50.00%	11.70%	23.40%	14.90%	0.00%	0.00%
2001 공립	46.60%	10.30%	18.10%	22.40%	0.00%	2.60%
2024 공립	38.21%	39.15%	2.36%	18.39%	0.00%	1.89%

[4] 한편으로는 예전부터 한국어 수업을 개설해 오던 고등학교에서 과목명을 변경하는 경우도 있는 것으로 보인다. 국제문화포럼(1999; 2005)에 실린 고등학교 목록의 데이터를 활용하여 2024년도의 과목명과 비교해 본 결과, '한글'에서 '한국어'로 바뀐 곳이 11개교, '조선어'에서 '한국어'로 변경된 곳이 8개교 정도 확인되었다. 이 밖에 '조선어'에서 '한국(·)조선어'로 바뀐 학교가 7개교 정도이며, '한글'에서 '한국(·)조선어'로 변경된 학교는 2개교, '한국어'에서 '한국(·)조선어'로 변경된 곳은 1개교였다. 또한 '한국어'와 '한국(·)조선어'에서 '한글'로 바뀐 학교도 각각 2개교씩 확인되며 '조선어'에서 '한글'로 변경된 학교도 1개교 있었다.

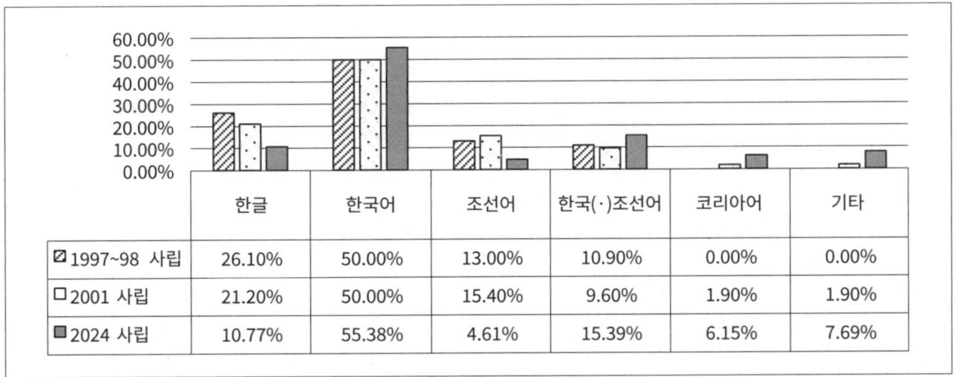

〈표 5〉 일본 사립 고등학교의 한국어 수업 과목명 비율

	한글	한국어	조선어	한국(·)조선어	코리아어	기타
1997~98 사립	26.10%	50.00%	13.00%	10.90%	0.00%	0.00%
2001 사립	21.20%	50.00%	15.40%	9.60%	1.90%	1.90%
2024 사립	10.77%	55.38%	4.61%	15.39%	6.15%	7.69%

〈표 4〉에 제시된 공립 고등학교의 과목명 비율은 〈표 3〉에서 살핀 고등학교 전체의 과목명 비율과 유사한 양상으로 나타나는데, 이는 공립 고등학교의 수가 전체의 약 7할 정도를 차지하는 데에 기인하는 것으로 생각된다.[5] 〈표 5〉에 제시된 사립 고등학교의 과목명 비율은 다소 다른 양상을 보이는데, 1997~1998년 조사 때부터 '한국어'의 비율이 과반 이상을 차지했으며 공립 고등학교에 비해 '한글'의 비율이 높지 않은 것으로 나타난다.

3.4. 일본 대학교의 한국어 수업 과목명

다음으로는 일본 대학교의 한국어 수업 과목명을 살펴본다. 국제문화포럼(2005)에서는 1995년과 2003년의 조사 결과를 제시했으며, 李安九(2020)에서는 일본의 국립 대학을 대상으로 한국어 수업의 과목명을 조사한 바 있다. 〈표 6〉은 국제문화포럼(2005), 그리고 李安九(2020)에 제시된 데이터를 활용하여 일본 국립 대학의 한국어 수업 과목명 비율을 시기별로 정리한 것이다.

[5] 국제문화포럼(1999)에 따르면 1997~1998년 조사에서 한국어 수업 과목명이 확인되는 140개 고등학교 중 공립 학교는 94개교로 67.14%를 차지하며, 사립 학교는 46개교로 32.86%에 해당한다. 국제문화포럼(2005)에 제시된 2001년 조사에서는 과목명이 확인되는 168개 고등학교 중 공립 학교가 116개교(69.04%)이며 사립 학교는 52개교(30.95%)이다. 2024년 조사에서도 과목명이 확인되는 277개교 중 공립 학교는 212개교(76.53%), 사립 학교는 65개교(23.47%)로 공립 학교의 수가 월등하게 많다.

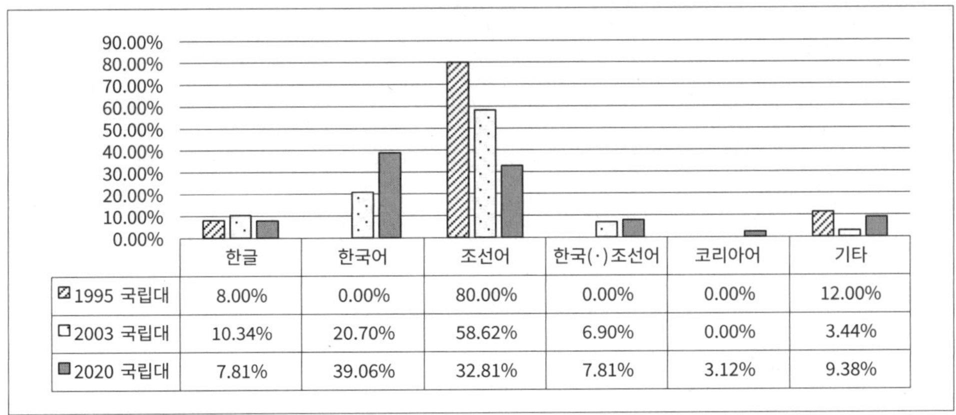

〈표 6〉 일본 국립 대학의 한국어 수업 과목명 비율

	한글	한국어	조선어	한국(·)조선어	코리아어	기타
1995 국립대	8.00%	0.00%	80.00%	0.00%	0.00%	12.00%
2003 국립대	10.34%	20.70%	58.62%	6.90%	0.00%	3.44%
2020 국립대	7.81%	39.06%	32.81%	7.81%	3.12%	9.38%

위에 제시한 국립 대학의 과목명과 〈표 4〉 공립 고등학교의 경우를 비교해 보면 '한국어'의 비율이 큰 폭으로 증가한 것은 같으나 공립 고등학교에서는 '한글'의 비율이 높은 데 비해 국립 대학에서는 '조선어'의 비율이 상당히 높게 나타나는 차이를 보인다. 1995년에 비하면 '조선어'의 사용이 크게 줄기는 했으나 국립 대학에서는 학계에서 통용되는 전통적인 명칭인 '조선어'를 여전히 선호하는 것으로 보이며 공립 고등학교의 경우에는 일본 사회에서 널리 알려진 'NHK 한글 강좌'의 영향을 받은 것으로 짐작된다.

한편, 일본의 사립 대학이나 일본 대학 전체에 대해서는 최근에 조사가 이루어진 바가 없는 것으로 보인다. 국제문화포럼(2005)에 실린 1995년과 2003년의 데이터를 활용하여 〈표 7〉에는 일본 사립 대학의 과목명 비율을, 〈표 8〉에는 일본 4년제 대학 전체의 과목명 비율을 제시한다.

〈표 7〉 일본 사립 대학의 한국어 수업 과목명 비율

	한글	한국어	조선어	한국(·)조선어	코리아어	기타
1995 사립대	8.00%	29.00%	28.00%	0.00%	10.00%	25.00%
2003 사립대	16.87%	36.63%	22.22%	7.41%	9.05%	7.82%

〈표 8〉 일본 4년제 대학의 한국어 수업 과목명 비율

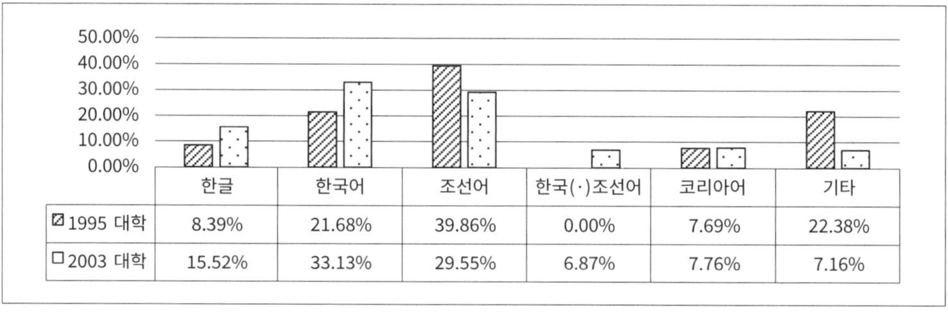

	한글	한국어	조선어	한국(·)조선어	코리아어	기타
1995 대학	8.39%	21.68%	39.86%	0.00%	7.69%	22.38%
2003 대학	15.52%	33.13%	29.55%	6.87%	7.76%	7.16%

〈표 7〉의 사립 대학의 경우, 〈표 5〉의 사립 고등학교에 비해 '조선어'의 비율이 다소 높기는 하지만 사립 대학과 사립 고등학교 모두 '한국어'의 비율이 상당히 높은 편이라는 점은 유사하다. 〈표 8〉의 4년제 대학 전체의 과목명 비율은 〈표 7〉에 제시된 사립 대학의 과목명 비율과 비슷한 양상으로 나타나는데, 이는 4년제 대학 중 사립 대학이 차지하는 비율이 약 7할 정도에 이르는 점과 관련된 것으로 보인다.[6]

6 국제문화포럼(2005)에 따르면 1995년 조사에서 한국어 수업 과목명이 확인되는 4년제 대학은 143개교인데, 사립 대학이 100개교(69.93%)로 가장 많고, 국립 대학은 25개교(17.48%), 공립 대학은 18개교(12.59%)로 나타난다. 2003년 조사의 경우, 한국어 수업 과목명이 확인되는 4년제 대학 335개교 중 사립 대학은 243개교(72.53%), 국립 대학은 58개교(16.81%), 공립 대학은 34개교(9.86%)로 파악되었다.

3.5. 일본 간사이 지방 고등학교의 경우

한국어 수업 과목명 중 '한국(·)조선어'는 대학교보다 고등학교에서 꾸준히 사용되고 있는데, 그 중에서도 주로 오사카를 중심으로 한 간사이 지방에서 많이 쓰인다는 특징을 보인다. 2024년 현재, '한국(·)조선어'가 쓰이는 49개 고등학교 중 28개교가 오사카의 공립 고등학교이며 효고현까지 포함하면 간사이 지방의 공립 학교가 31개교(63.27%)에 달한다. 이러한 경향은 이전의 조사에서도 유사하게 나타나는데, 국제문화포럼(1999, 2005)에 실린 고등학교 목록의 데이터에 의하면 1999년에는 '한국(·)조선어'가 쓰인 17개교 중 간사이 지방의 고등학교가 12개교(70.59%)이며, 2005년 조사에서는 '한국(·)조선어'가 과목명으로 채택된 25개교 중 19개교(76%)가 간사이 지방의 고등학교에 해당한다. 2024년도 과목명 조사 결과와 국제문화포럼(1999; 2005)의 고등학교 목록에 제시된 데이터를 활용하여 간사이 지방의 고등학교에서 쓰이는 과목명 비율을 시기별로 정리하면 〈표 9〉와 같다.[7]

〈표 9〉 간사이 지방 고등학교의 한국어 수업 과목명 비율

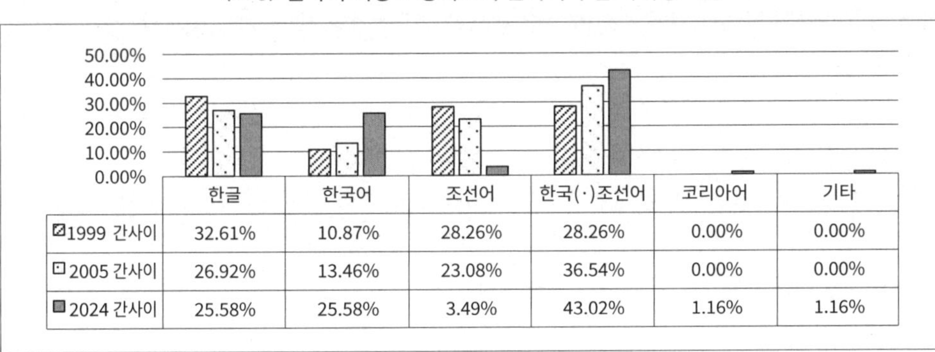

	한글	한국어	조선어	한국(·)조선어	코리아어	기타
1999 간사이	32.61%	10.87%	28.26%	28.26%	0.00%	0.00%
2005 간사이	26.92%	13.46%	23.08%	36.54%	0.00%	0.00%
2024 간사이	25.58%	25.58%	3.49%	43.02%	1.16%	1.16%

〈표 3〉에 제시한 고등학교 전체의 과목명 비율과 비교해 볼 때 '한글' 및 '조선어'의 감소 양상은 유사하나 간사이 지방에서는 2000년대 이전부터 '한국어'의 비율이 그다지 높지 않으며 증가 폭도 크지 않아 2024년 조사에서도 '한글'과 같은 정도에 그치고 있다. 또한 간사이 지방에서는 1999년 조사부터 '한국(·)조선어'의 비율이 높은 편이었으며 2024년 조사에서도 과목명 중 가장 많이 쓰이는 것으로 파악된다(43.02%). 예전부터 재일 교포들이 많이 거주해 온 간사이 지방에서는 남북을 아우르는 중립적인 명칭이라는 점에서 '한국어'보다 '한국(·)조선어'라는 명칭이 선호되었을 것으로 생각되며, 비교적 일찍부터 한국어 교육을 실시한 고등학교가 많았던 까닭에 '한국(·)조선어'라는 명칭이 세력을 유지·확장한 것으로 짐작해 볼 수 있다.

다른 지역들과의 비교를 위해 국제문화포럼(1999; 2005)에 제시된 고등학교 목록의 데이터를 살펴 보면, 1999년과 2005년에 간토(關東, 관동) 지방에서 한국어 수업이 개설된 학교 수는 각각 24개교, 29개교였으나 간사이 지방은 46개교, 52개교에 달했다. 앞서 〈표 1〉에서 제시한 바와 같이 2024년 조사에서도 한국어 수업 과목명이 확인되는 간토 지방의 고등학교 수는 72개교로 예전에 비해 많이 늘기는 했으나 여전히 간사이 지방의 86개교에는 미치지 못한다. 다음 〈표 10〉에서는 국제문화포럼(1999; 2005)의 고등학교 목록에 제시된 데이터와 2024년도 조사

[7] 국제문화포럼(1999: 31–37)의 고등학교 목록에는 1999년 6월 20일까지 확인한 최신 정보가 실려 있는데, 본문에 제시된 1997~1998년도 조사 결과와 다소 차이가 있다. 국제문화포럼(1999: 45–48)의 본문에 제시된 데이터에 따르면 1998년에 한국어 교육을 실시하던 고등학교는 165개교(공립113개교, 사립52개교)로 파악되며 이 중 과목명이 확인된 것은 140개교로 보인다. 그에 비해 국제문화포럼(1999)의 31–37쪽에 실린 고등학교 리스트에는 한국어 교육을 실시하는 학교 171곳(개설 희망 1개교, 개설 예정 1개교 포함)의 학교명이 제시되었으며, 이 중 146개교의 과목명을 확인할 수 있다. 국제문화포럼(2005) 일본어판에 제시된 고등학교 리스트 역시 본문 내에 제시된 2001년 조사 결과와는 약간의 차이가 있다. 본문(41쪽)에는 168개교의 과목명이 확인되는 것으로 기술되었는데 일본어판 권말에 실린 리스트에서는 164개교의 과목명을 확인할 수 있다.

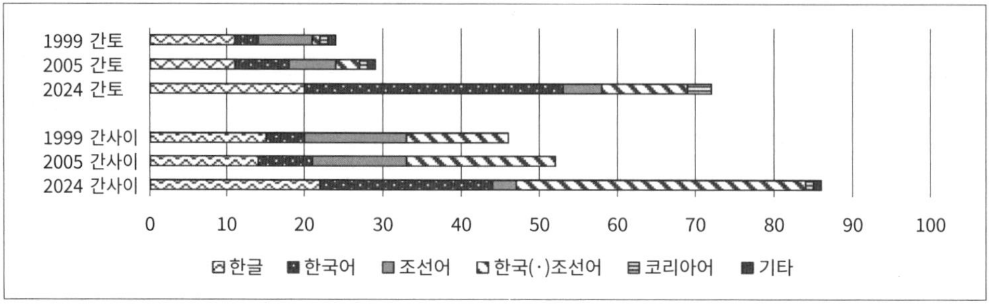

결과를 종합하여 한국어 수업 과목명이 확인되는 간토 지방과 간사이 지방의 고등학교 수를 과목명별로 정리하여 비교하기로 한다.

〈그림 2〉에서 볼 수 있듯이 간토 지방의 경우 2005년 이후 한국어 교육을 실시하는 학교 수가 두 배 이상 늘어났으며 과목명으로는 '한국어'의 쓰임이 두드러지게 증가했다. 그에 비해 간사이 지방은 2000년대 이전부터 한국어 수업을 개설하는 학교 수가 많은 편이었으며 과목명으로는 '한국(·)조선어'의 쓰임이 상당히 우세한 것을 알 수 있다.

간사이 지방 고등학교의 한국어 교육과 관련하여 하세가와 유키코 외(2021: 9-11)에서는 전체 학교 수 대비 한국어 교육 실시 학교 수의 지역별 비율을 제시하면서 간사이 지방 고등학교의 비율이 다른 지역에 비해 월등히 높다는 점을 언급한 바 있다. 〈표 10〉은 하세가와 유키코 외(2021: 11)의 보고서에 수록된 〈표 3〉에서 제시한 '각 학교 종류별 한국어 교육 실시 학교 수의 지역별 비율(%)' 중 간토, 간사이, 규슈·오키나와, 그리고 전체 평균의 수치를 발췌하여 제시한 것이다.

〈표 10〉 각 학교 종류별 한국어 교육 실시 학교 수의 지역별 비율[8]

	4년제 대학	단기 대학	고등 전문학교	고등학교·중등 교육 학교
간토	58.8(%)	14.8(%)	14.3(%)	5.9(%)
간사이	57.7(%)	22.6(%)	11.1(%)	11.7(%)
규슈·오키나와	77.2(%)	50.0(%)	55.6(%)	5.6(%)
전체 평균	57.0(%)	25.4(%)	22.8(%)	5.9(%)

〈표 10〉에서 볼 수 있듯이 4년제 대학교나 단기 대학, 고등 전문학교의 경우, 지리적으로 한국과 가까운 규슈 쪽에서 한국어를 가르치는 비율이 확연히 높게 나타나는데, 고등학교의 경우는 규슈의 비율이 특별히 높지 않고 간사이 지방의 비율이 높은 편이다. 하세가와 유키코 외(2021: 9-10)에 따르면 한국어 교육을 실시하는 고등학교의 비율이 가장 높은 곳은 오사카로 19.1%에 이르며, 효고(11.2%), 나라(13.0%)와 같은 간사이 지방 역시 도쿄(8.9%)나 가나가와(10.8%) 등 간토 지방보다 높은 비율을 보인다.[9]

8 하세가와 유키코 외(2021: 11)의 〈표 4〉에 실린 학교 종류 중 '전문학교'의 비율은 그 수치가 미미하며 논의의 전개상 유의미한 정보가 아니라 판단하여 제외했다. '단기 대학'은 2년제 대학이며, '고등 전문학교'는 중학교를 졸업한 사람이 진학할 수 있는 5년제 학교로, 주로 공업계 인재를 양성하는 학교이다(하세가와 유키코 외(2021: 5)의 각주 10, 12). '중등 교육 학교'는 하세가와 유키코 외(2021: 5)의 각주 13에 제시된 바와 같이 일본의 학제 중 중등 교육 전기에 해당되는 중학교와 후기에 해당되는 고등학교를 통합하여 전·후기 중등 교육을 일관되게 행하는 6년제 학교를 가리킨다.

9 이와 관련하여 하세가와 유키코 외(2021: 10)의 각주 15에서는 2017년 총무성 인구 조사 및 법무성 재류 외국인 조사 결과를 인용하여 한국 국적 및 조선 적(籍) 인구 비율이 평균(3.8%)보다 높은 지역은 오사카부(12.3%), 교토부(10.2%), 효고현(8.0%), 도쿄도(7.1%), 아이치현(4.4%), 야마구치현(4.4%)의 6곳으로 주로 간사이 지방에 집중되어 있음을 언급한 바 있다

한편, 고등학교 한국어 교원 모임인 JAKEHS는 동쪽 지방과 서쪽 지방의 두 모임(東·西ブロック, 동·서 블럭)으로 구성되는데, JAKEHS의 서쪽 지방 모임에서는 고등학생을 위한 한국어 교재 《스키야넹 한글(好きやねんハングル: 좋아해 한글)》[10]을 편찬하는 등 활발한 활동을 보이고 있다. 이러한 점들로 미루어 볼 때 일본 고등학교의 한국어 교육에 있어서 간사이 지방은 다소 독특한 위상을 갖는 것으로 생각된다.

4. 나가며

지금까지 일본 고등학교의 한국어 교육 현황 및 한국어 수업 과목명을 살펴보았다. 일본 고등학교의 한국어 수업 과목명은 전통적 명칭이던 '조선어'의 사용이 줄고 '한국어'가 급증하여 현재는 가장 높은 비율을 차지하며, 이어서 '한글'과 '한국(·)조선어', '조선어', '코리아어'가 차례로 그 뒤를 잇는 양상을 보인다. 이 중 '한글'은 일본 대학에서는 그다지 많이 쓰이지 않지만 공립 고등학교에서 사용율이 높은 편이며 '한국(·)조선어'는 주로 오사카를 중심으로 한 간사이 지방에서 많이 쓰인다는 특징을 지닌다.

일본에서 한국어 수업 과목명이 다양한 양상을 보이는 것은 일본의 한국어 교육을 둘러싼 사회 환경의 변화 및 특징을 반영하는 것이라 할 수 있다. 본고에서는 일본 고등학교의 한국어 수업 과목명을 검토했고, 李安九(2020)에서는 일본 국립 대학의 과목명을 조사한 바 있으나, 사립 대학을 포함한 4년제 대학 전체의 과목명에 대해서는 최신의 데이터를 확보하지 못했다. 앞으로 이러한 부분에 대한 꾸준한 고찰이 필요할 것으로 보이며, 일본의 한국어 교육에 대한 관심과 이해가 깊어지기를 기대한다.

[10] 참고로 책 제목의 '스키야넹(好きやねん)'은 간사이 지방의 방언이다.

참고문헌

국제문화포럼. 1999. **일본 고등학교에서의 한국어 교육-중국어 교육과의 비교를 통하여**. 재단법인 국제
　　문화포럼.
국제문화포럼. 2005. **일본의 학교에서의 한국어 교육-대학 등과 고등학교의 현 상황과 과제**. 재단법인
　　국제문화포럼.
오고시 나오키. 1994. 일본에 있어서의 Korean language 교육의 실태 조사. **한국어교육**. 5. 국제한국어
　　교육학회. pp. 271-284.
하세가와 유키코, 남윤진, 마쯔자키 마히루, 박종후, 스가이 요시노리, 야마시타 마코토, 오영민, 이숙현,
　　정인경. 2021. **일본 교육기관 한국어 교육 현황 조사 최종 보고서**. 조선어교육학회 한국어교육
　　현황조사 분과회.
李安九. 2020. 日本の国立大学における初修外国語としての韓国語教育の現状—ウェブ公開のシラバス
　　からの考察—. **教育研究紀要**. 5. 岡山大学全学教育·学生支援機構. pp. 220-239.
高等学校韓国朝鮮語教育ネットワーク(JAKEHS) https://jakehs.net/process/
文部科学省 https://www.mext.go.jp/a_menu/koutou/ryugaku/koukousei/1323946.htm

제3장

Current Trends of Korean Language and Culture Education in Hungary:

Exploring Students' Needs in Undergraduate Language Courses

응우옌 크리스티나
Krisztina Nguyen
헝가리 외트뵈시로란드대학교
Eötvös Loránd Tudományegyetem

1. Introduction

While the number of Korean language learners is gradually increasing in Hungary, the number of language users engaged in Korean language teaching or research is still very low. Therefore, there has been little empirical research on the situation of Korean language teaching in Hungary(Osváth 1991; 1999; 2001; 2003; 2004a; 2004b). Currently, only one higher education institution, Eötvös Loránd University in Hungary offers BA, MA, and PhD programs in Korean Studies, with Korean language education being an integral component of these programs. It is of utmost importance for the advancement of Korean Studies in Hungary that further research on Korean language pedagogy is conducted. This necessitates an examination of existing teaching methodologies, engagement in dialogue with educators, and the identification of future developmental directions.

This study examines the conditions and opinions of students in undergraduate Korean language courses focusing on both language and culture education. By conducting a needs and wants analysis among active students of Korean Studies at Eötvös Loránd University, this research aims to ascertain their needs and expectations regarding the teaching of Korean as a foreign language at the university level. Specifically, it seeks to understand how these expectations and opinions influence the development of cultural learning and intercultural competence.

This research serves as a foundational study, providing a preliminary framework for more comprehensive investigations in the future. The insights gained from this research can enhance the effectiveness of future Korean language teaching programs in Hungary and increase student engagement in the language learning process.

2. Integrated Language and Culture Teaching

Traditionally, in foreign language teaching, cultural learning has been assessed mainly in terms of its contribution to fluency, accuracy, and vocabulary building. However, numerous researchers emphasize the inseparability of culture and language learning, highlighting the importance of integrating cultural education within language instruction(e.g. Brown 1994; Byram 1997; Kramsch 1998; Sercu 2002; Lázár et al. 2007). A language cannot be learned and used effectively in communicative situations without understanding its cultural context. Consequently, integrated language and culture teaching has become a focal point in language education (Liddicoat 2008). A new objective has emerged in foreign language instruction: the development of intercultural communicative competence(ICC)(Byram 1997; 2021), often referred to as the 'fifth dimension' in the language classroom(Damen 1987). This goal extends beyond the traditional four language skills to enable learners to become successful intercultural speakers, that is, to communicate effectively with people from other cultures, to express themselves adequately and to understand the culture of others, and to be open to accepting and understanding cultural differences(Byram 1995; Byram 2009; Bennett & Bennett 2004). Intercultural competence(IC), a part of ICC, consisting of knowledge, skills of interpreting and relating, skills of discovery and interacting attitudes, and critical cultural awareness(Byram 1997; 2021), can be developed through various classroom activities. Language teachers play a crucial role in this process by explicitly teaching to raise learners' awareness of cultural contexts and the functioning of different cultures(Kramsch 1995). In addition to teachers, language textbooks serve as primary 'carriers' of cultural content(Damen 1987). Textbooks remain central in both formal and informal language learning environments, providing guidance for achieving classroom objectives and shaping activities(Davcheva & Sercu 2005).

Korean research on IC and culture in Korean language teaching has been increasing (e.g. 김수은 2010; 김창원 2007; 오지혜 2013; 윤여탁 2009). 황설운(2013) emphasized the importance of cultural competence for university students and examined the educational elements that focus on this competence. 배재원(2017) investigated Korean cultural readings as a means to enhance cultural understanding. 이원희(2019) explored the measurement of intercultural competence(IC) among Chinese university students, while 이유경(2019) attempted to develop a tool for measuring Korean cultural knowledge competence. Additionally, several researchers have examined the IC of language instructors(e.g. 강현주 2018; 나원주 & 김영규 2016).

박영순(2006) identified several goals of cultural instruction, including the comprehension of cultural specificities, the understanding of similarities and differences between source and target language cultures, the recognition of culturally regulated actions and expressions, and the ability to respond appropriately in intercultural encounters. Learners are also expected to objectively analyze and evaluate their own language and culture in comparison with other languages and cultures.

Several teacher-and learner-centered teaching methods have been identified to develop IC in the language classroom. Teacher-centered teaching methods include the introduction of a cultural theme, the collection of data on a cultural topic, a cultural quiz, and the use of audiovisual aids for teaching non-verbal communication(강승혜 et al. 2010). Another prominent method is the teaching of comparative cultural pragmatics(이해영 2002). Through this approach, instructors can, for example, highlight the different pragmatic features of the target language within a dialogue, assign tasks to students to supplement the dialogue, or ask them to analyze a spoken text.

Among learner-centered teaching methods, role-playing is an effective approach that allows learners to experience different cultural situations firsthand and apply their acquired knowledge. Through the observation method, students can follow cultural interactions live or through videos, learning from illustrative examples. Also, games such as speed games, memory games, bingo, and barkochba provide an engaging way to practice cultural expressions and vocabulary(강승혜 et al. 2010).

3. Research Setting

Building on the aforementioned theoretical background, the expectations and satisfaction of first-year undergraduate students regarding cultural instruction and the development of intercultural competence(IC) in Korean language courses were assessed during the 2020/2021 and 2023/2024 academic years. Students' difficulties, needs, and opinions concerning Korean language instruction were identified, and their perspectives on integrated language and culture teaching approaches and practices were investigated.

At the Hungarian university under study, the Korean Studies BA program aims '(……) to provide a comprehensive knowledge of Korea's history, traditional and modern culture, literature and national identity, while situating Korea in the broader East Asian context. It is expected that by completing the three-year course, students will have acquired at least an intermediate level of Korean language proficiency'(ELTE Távol-keleti Intézet n.d.).

During the six semesters of the program, according to the curriculum valid from 2019 to 2022, 15 different Korean language-related, compulsory courses were offered. However, the new MA program introduced in 2021 has necessitated a change in the structure of the BA curriculum, with a greater emphasis on Korean language teaching and higher expectations of students. The number of language courses has been reduced to 12, but the total length of language teaching hours per week has increased from 36 to 42, totaling 588 hours during the six semesters.

IV. 한국어 교재 및 교육 과정과 한국어 교육

This research focuses on the primary language courses, namely the 'Modern Korean Language' courses, specifically the first-year 'Modern Korean Language 1' (MKL 1) and 'Modern Korean Language 2(MKL 2)' courses. These courses offer an introduction to the features, structure, basic grammar, and vocabulary of the Korean language at a beginner's level. The courses not only constitute the largest number of hours in the current curriculum(12 hours/week), but they are also the prerequisites for the Korean language proficiency examination at the end of the first year. The average enrollment in these courses ranges from 110 to 180 students. The students, usually Hungarian citizens with a Hungarian cultural background, are divided into 5 to 10 groups, with each group comprising 18 to 25 students, and are taught by native Korean or non-native teachers.

4. Research Design

Questionnaires were distributed to explore how students perceive the structure, expectations, and knowledge acquired in the MKL 1 and MKL 2 courses. The number of students who responded to the survey is as follows:

⟨Table 1⟩ Number of Respondents

	Start of Semester		End of Semester	
	MKL 1	MKL 2	MKL 1	MKL 2
2020~2021 Fall Term	20		17	
2020~2021 Spring Term		18		15
2023~2024 Fall Term	13		14	

Drawing on the work of Brown(2009), Hutchinson and Waters(1987), Graves(1999), Kormos, Kontra, and Csölle(2002), a needs analysis was conducted. Hutchinson and Waters(1987) distinguished between three types of target situation needs: (1) objective needs, i.e. the knowledge and skills that learners need to function successfully in target language situations; (2) gaps, i.e. the differences between the knowledge needed for the target language and the learners' current level of knowledge; and (3) subjective needs, i.e. learners' personal preferences about what and how they would like to learn.

Two types of questionnaires were prepared: one was distributed at the beginning of each semester and the other at the end of each semester. The purpose of the questionnaire at the beginning of the semester was to assess (1) what needs or expectations students have about the structure and content of Korean language courses and (2) what knowledge and skills they expect to acquire or develop by completing the courses.

The questionnaire was divided into two sections: one focused on language learning background and the other on the MKL course. The language learning background section aimed to identify the students' gaps, with an emphasis on their subjective needs. Meanwhile, the questions specifically related to the courses tried to explore all three types of needs, both in general and specific to integrated language and culture teaching. The questions included closed, open, and semi-open-ended questions. The closed-ended questions contained dichotomous and multiple-choice selective or combinatorial questions.

The first set of questions concerning the course examined students' difficulties, expectations, and perceptions about their language skills using a scaled approach, while the questions in the second group asked about students' views on various classroom contents, also using a scaled approach and multiple-choice combinatorial questions. Questions in the third group listed specific classroom tasks and investigated their contribution to language learning using multiple-choice combinatorial, Likert-scale and open-ended questions. In the fourth group, Likert-scale questions were asked about how students would like to see their knowledge, skills, and attitudes develop as a result of completing the course. The research assessed the opinions on the language textbook and other materials used in the course in separate questions using multiple-choice combinatorial, scaled and open-ended questions. The questionnaire, which encompassed all sections, consisted of 44 questions and was distributed exclusively in Hungarian.

The end-of-semester questionnaire contained 18 questions only related to the MKL course. The sub-areas were the same as in the questionnaire at the beginning of the semester, and the questions themselves were similar in wording to make the results at the beginning and end of the semester partly comparable. Still, the questions focused on progress during the course and on experiences and satisfaction with the course.

Prior to the first distribution of the questionnaire, a pilot study was conducted among students of the MKL courses who were part of the research sample but did not participate in the survey to ensure the clarity and reliability of the questionnaire (Cohen, Manion & Morrison 2011).

Descriptive statistical analysis using SPSS 29.0 and content analysis was used to examine the results of the questionnaires, based on the work of Creswell(2009), Field(2009), Dörnyei(2007) and Rose, McKinley, and Briggs Baffoe-Djan(2019).

5. Results and Discussion

5.1. Students' Language Learning Background

The language learning background of the Korean undergraduate students can help to shed light on their prior knowledge and experiences with Korea and Korean culture, as well as their motivation for language learning. This information can contribute to the design of a cultural teaching approach for Korean language courses.

Students in MKL 1 and MKL 2 courses reported almost identical reasons for learning Korean in all examined periods. 85~90% of the students interviewed (n=51) started learning Korean because of their interest in Korean language or culture. The same reasons were cited by students at Sejong Institutes around the world in the 2022 survey of the Korean Ministry of Culture, Sports and Tourism(문화체육관광부 2023).

Those who indicated an interest in a specific aspect of culture were asked to share the specific aspect. The most frequently mentioned aspects were popular culture(90%) and traditions and customs(89%). The Korean Foundation for International Cultural Exchange(한국국제문화교류진흥원) also highlights that an interest in the products of Korean popular culture can often serve as a motivation for taking up the Korean language(한국국제문화교류진흥원 2022).

Regarding the purpose of language learning, 90% of students expressed a desire to understand the contents in Korean. This was followed by an interest in understanding Korean culture(74%), traveling to Korea for leisure(64%), or studying in Korea(63%). Less than half of the students are learning the language to live or work in Korea in the future(37%), and communication with Korean people(33%) is also seen as a less prominent purpose for learning the language. In addition, finding a job in a Korean company(47%) is also underestimated compared to the other goals mentioned above.

For the 2020 MKL 1 course, 55% of students had not studied Korean before starting university. Among students in the 2021 MKL 2 course, 67% had studied Korean before starting university, while 62% of students in the 2023 MKL 1 course had studied Korean before. Most of the respondents have been self-taught, using online language learning apps and language learning-focused websites for less than a month or even more than two years, so their background knowledge of the Korean language and culture is quite diverse.

5.2. Results of the Questionnaires for Modern Korean Language 1 and Modern Korean Language 2 at the Beginning of the Semesters

The next set of questions of the questionnaire, distributed at the beginning of the semester, aimed to gauge the students' self-evaluation of their skills and preferences for the course content. First-year students, about half of whom self-reported having studied Korean previously and the other half of whom had been learning the language for a month at the time of the survey, were most confident in their reading comprehension(MKL 1 2020: M=4.05, SD=0.759; MKL 1 2023: M=3.92, SD=0.756, n=13) and least confident in their speaking(MKL 1 2020: M=2,90, SD=0,788; MKL 1 2023: M=2.92, SD=0.759) at the beginning of MKL 1, and this did not change for MKL 2. This response was confirmed by a follow-up question asking for their most difficult skill.

Students' own difficulties may lead them to feel that the content and structure of MKL 1 courses should focus most on developing speaking(MKL1 2020: M=4.55, SD=0.826; MKL1 2023: M=4.62, SD=0.77) and listening comprehension(MKL1 2020: M=4.4, SD=0.94; MKL1 2023: M=4.65, SD=0.967), while MKL 2 students attach almost equal importance to reading comprehension(M=4.61, SD=0.698) and writing(M=4.72, SD=0.83), with the latter being the most important. Cultural skills, in particular, are considered to be the least important in all groups.

Across different content areas, students in all three courses are relatively similar in their confidence in their knowledge of cultural content. In addition, while students of the 2020 MKL 1 course are more confident in pronunciation(M=3.45, SD=0.759), students of the MKL 2 and 2023 MKL 1 courses are more confident in their Korean grammar knowledge(MKL2: M=3.56, SD=0.511; MKL1 2023: M=3.46, SD=0.776). This may be due to the fact that the latter two courses were taught by native Hungarian speakers who made a particular effort to demonstrate the exact use of grammatical structures or, where possible, to find similar Hungarian structures.

Among the contents, vocabulary development is the most important for students of all three courses. Cultural content is considered less important than grammar and pronunciation, probably because they are relatively confident in their knowledge of cultural content.

The next session examined how students evaluate specific classroom activities that can be used to promote integrated language and culture teaching and the development of IC. The activities were based on the work of Sercu et al.(2005), Barrett et al.(2014), Holló(2019a; 2019b), 강승혜 et al.(2010) and 이해영(2002). The students believe that activities that would contribute most to their language development would be those in which they are exposed to authentic Korean texts and texts of different genres(MKL1 2020: M=4.7, SD=0.47; MKL1 2023: M=4.76, SD=0.438; MKL2: M=4.56, SD=0.616). In all three groups, students found it helpful for the instructor to share their own experiences of Korea and Korean culture, and it would also help if the instructor provided a visual representation of some aspect of Korean culture. Conversely, students in all three groups perceive classroom activities that focus specifically on developing skills of discovery, skills of interpreting and relating, and critical cultural awareness as being of comparatively lesser importance. Such activities include discussing the similarities and differences between the students' own culture and Korean culture, discussing an interesting or unusual Korean cultural custom that the student is unfamiliar with, or discussing the students' experiences with Korea and Korean culture with fellow students or the instructor. One of the most unexpected results of the present survey is that the majority of the students do not feel that giving oral presentations would contribute positively to the development of their Korean language and cultural skills.

In terms of what cultural topics students would like to cover in MKL courses, the most frequent responses were the Korean education system(65%, n=51) and Korean social norms(70%). In addition, traditional Korean customs(64%, n=33) and Korean literature(69%) were also frequently mentioned for MKL 1 courses, while MKL 2 students would prefer to learn about Korean foods and drinks(67%, n=18) and famous Korean people(61%).

Upon completing the MKL courses, the most anticipated outcome was increased confidence in Korean language skills(MKL1 2020: M=4.75, SD=0.444; MKL1 2023: M=4.85, SD=0.376; MKL 2: M=4.61, SD=0.608). In terms of expectations for cultural teaching and IC development, students in all three courses expressed a desire to become more open to people from other cultures and to be more accepting of cultural differences between Korean culture and their own. The majority of the MKL 2 students identified studying in Korea(M=4.67, SD=0.686) as an important goal. It was also observed that students in MKL 2(M=4.72, SD=0.460) and MKL 1 2023(M=4.62, SD=0.650) expect to be more successful in establishing contact and communicating with Koreans by completing the course, but the question on class activities revealed that, compared to other activities, students perceive tasks requiring speaking skills (e.g. dialogue creation, situational practice or oral presentation) as less useful for their language learning. This discrepancy can probably be explained by the fact that students responded from a more idealized approach in terms of their expectations.

The last set of questions concerned the language books used in the courses, using criteria based on Damen's(1987) work. The students of the 2020~2021 courses agree that the most important aspect is the presentation of authentic texts in the language books(MKL1 2020: M=4.6, SD=0.598; MKL2: M=4.39, SD=0.778), while for the students of the 2023 MKL 1 course, the most important aspect is the presence of illustrations next to cultural elements(M=4.69, SD=0.48). In addition, students of all three courses consider it equally important that explanations are included alongside cultural elements. The most controversial aspect among the students was the representation of their own culture(MKL1 2020: M=1.95, SD=0.999; MKL1 2023: M=1.69; SD=0.751; MKL2: M=2.11, SD=1.079) and the inclusion of exercises that encourage reflection on the differences and similarities between their own culture and Korean culture(MKL1 2020: M=2.75, SD=1.112; MKL1 2023: M=2.92; SD=1.037; MKL2: M=2.72, SD=1.018). The responses to these aspects show that students do not consider a task focusing specifically on IC development to be important. Nevertheless, 김옥선(2007), among others, criticizes the Korean language textbooks published by university language institutes for containing few exercises aimed at developing ICC and focusing only on the presentation of Korean culture. Also, Kim and Lee(2020) make similar criticisms about the lack of ethnic diversity in language textbooks.

5.3. End-of-Semester Questionnaire Results for Modern Korean Language 1 and Modern Korean Language 2

Students report that their reading comprehension improved most with the completion of MKL 1 courses(MKL1 2020: 35%; MKL1 2023: 36%), while in MKL 2 they highlighted their improvement in listening comprehension(67%). In all three courses, the majority of students felt that the time spent by the instructors on developing all skills was sufficient. In MKL 2, students felt that there were not enough tasks that focused on developing their writing(M=4.27, SD=0.883, where 4=more task was needed) and speaking(M=4.27; SD=0.884, where 4=more was needed) skills.

Students in all three courses consider that their vocabulary increased the most during the courses(78%, n=46), while their knowledge of cultural content increased the least(35%). Students perceived vocabulary development to be the most important aspect at the beginning of the course, and this expectation was met by the courses.

Among specific classroom activities, students reported that they were neither required to give oral presentations nor provided opportunities to discuss with the instructor or fellow students why they found certain unfamiliar Korean cultural phenomena interesting or unusual. In all courses, the instructor sharing their own experiences of Korea and Korean culture proved to be the most helpful for students in terms of language and culture learning(MKL1 2020: M=4.88, SD=0.332; MKL1 2023: M=4.64, SD=0.663; MKL2: M=4.53, SD=0.743), as was the initial opinion of the majority. Furthermore, it was beneficial for students when the instructor provided a visual representation of a cultural element(MKL1 2020: M=4.76, SD=0.437; MKL1 2023: M=4.57, SD=0.852; MKL2: M=4.27, SD=0.458). It was also helpful when the instructor explained a cultural element in detail(MKL1 2020: M=4.56, SD=0.629; MKL1 2023: M=4.5, SD=0.650; MKL2: M=4.36, SD=0.745) and provided additional materials and suggestions on specific cultural topics(MKL1 2020: M=4.53, SD=0.743; MKL1 2023: M=4.58, SD=0.515; MKL2: M=4, SD=0.961). Although they were not considered important at the beginning of the semester, the tasks, which also served to develop skills of interpreting and relating and critical cultural awareness, eventually proved more useful: by the end of the course, the students found that exchanging experiences about Korea and Korean culture with the instructor and their classmates, discussing the similarities and differences between their own culture and Korean culture, and discussing why a Korean cultural phenomenon was interesting to them(at least in the MKL 1 course where this was possible) were mostly useful.

At the same time, it was also observed that tasks that envisaged the development of skills of interaction that were considered important at the beginning of the semester, such as situational exercises with classmates or creative dialogues with them using new content, were evaluated as less useful. A similar phenomenon can be observed with the use of authentic texts and texts of different genres(MKL1 2020: M=4.25, SD=0.683; MKL1 2023: M=4.42, SD=0.699; MKL2: M=3.93, SD=0.961).

The initial expectations for completing the course, established from the questionnaire results at the beginning of the semester, have been markedly reduced by the end of the semester. This indicates that the expectations were not met to the anticipated degree. Notably, this change is reflected in the students' views on being able to connect and communicate with Koreans, as they now only partially agree with the statements(MKL1 2020: M=3.56, SD=0.862; MKL1 2023: M=3.43, SD=1.089; MKL2: M=3.13, SD=0.834).

6. Limitations of the Study

This research is a foundational study and is presently limited to analyzing questionnaire results. Although questionnaires are an effective research tool, a major limitation is that their simplicity—intended to facilitate broader understanding—can compromise the depth of the responses. Consequently, more complex relationships may remain unexplored. To address this issue, a more comprehensive investigation, incorporating classroom observations and potential student interviews, is planned for future phases to facilitate a deeper exploration of the findings.

The current research was further complicated in the 2020~2021 Fall semester by the abrupt transition to online teaching, while the subsequent semester was conducted entirely online. This challenging period for the students may have influenced their responses; however, aside from the number of responses itself, such an impact could not be definitively inferred from the data collected.

Social desirability bias may have influenced responses, as respondents might be inclined to provide answers deemed socially acceptable, even if these do not accurately reflect their true opinions or experiences. Nonetheless, students appeared to view the questionnaires as an opportunity to express their genuine views. To mitigate potential bias, the data sets for outliers were reviewed, as recommended by Dörnyei(2007). The absence of significant differences across the data from each group supports the reliability of the questionnaire.

7. Conclusion and Implications

The present study attempted to assess the expectations and satisfaction of students enrolled in first-year undergraduate Korean language courses at a Hungarian university during the Fall and Spring semesters of 2020~2021 and the Fall semester of 2023~2024, with a particular focus on their opinions and needs regarding cultural education and IC development.

The results indicate that, in recent years, approximately half of the students enrolling in university Korean language courses have prior knowledge of the language. Although concrete data from the years following the initiation of the BA program is lacking, oral reports from instructors and former students show that the current rate of prior knowledge is significantly higher than in previous years. The present survey reveals that many students begin learning Korean independently, utilizing online learning materials. Consequently, students with increasingly diverse backgrounds are entering the university.

Students' motivation for language learning is primarily driven by their interest in the Korean language and culture. Their goals include understanding Korean language content, gaining a deeper insight into Korean culture, and pursuing opportunities to travel or study in Korea. Based on these findings, increased engagement with Korean language content, such as videos and news, could enhance student involvement during the courses.

Students have high initial expectations of the MKL courses, which are regarded as the primary language courses in the undergraduate Korean Studies program examined. It is evident that, in addition to developing the four basic language skills, students prioritize expanding their vocabulary and understanding of grammar, while cultural knowledge and skills are relatively neglected.

Although the questionnaire was not intended to assess students' ICC but to evaluate the needs and demands related to cultural teaching within the course, the results cautiously show that students' knowledge of cultural teaching and ICC is limited. Their concepts appear to be vague, suggesting that their awareness of its necessity is partial.

This assumption is further supported by the observation that, at the beginning of the course, students placed relatively little importance on tasks designed to develop their skills of interpreting and relating. Most students also assigned minimal significance to the inclusion of their own culture in language textbooks and to tasks that could similarly enhance their skills of interpreting and relating, as well as their critical cultural awareness—key components of ICC(Byram & Morgan 1994; Byram 1997; Barrett et al 2014). Consequently, students, particularly at the beginning of their courses, may be less aware of the role these tasks play in developing their competence.

Good practices such as providing additional explanations, sharing individual experiences, making comparisons, and creatively utilizing multimedia tools, not only facilitate knowledge acquisition but also enhance skills of interpreting and relating. Furthermore, these practices can positively influence attitudes of openness. By more actively incorporating such classroom activities with explicit guidance, students could be encouraged to recognize the importance of cultural learning in the language learning process.

While this study provides valuable insights into the current trends of Korean language and culture education in Hungary from the students' viewpoint, further research is essential to deepen our understanding and validate these findings, ensuring the continued improvement of Korean language teaching strategies at the university level in Hungary.

Bibliography

Barrett, M., Byram, M., Lázár, I., Mompoint-Gaillard, P. & Philippou, S. 2014. *Developing Intercultural Competence through Education*. Strabourg: Council of Europe Publishing.

Bennett, J. M. & Bennett, M. J. 2004. "Developing Intercultural Sensitivity." *Handbook of Intercultural Training*. edited by J. M. Bennett, M. J. Bennett & D. Landis. Thousand Oaks: Sage. pp. 147–165.

Brown, H. D. 1994. *Principles of Language Learning and Teaching*. Hoboken: Prentice Hall Regents.

Brown, J. D. 2009. "Foreign and Second Language Needs Analysis." *The Handbook of Language Teaching*. edited by M. H. Long & C. J. Doughty. Hoboken: Wiley-Blackwell. pp. 269–293.

Byram, M. 1995. "Intercultural Competence and Mobility in Multinational Context: A European View." *Language and Culture in Multilingual Societies: Viewpoints and Visions*. edited by M. L. Tickoo. Singapore: SEAMEO Regional Language Centre. pp. 21–36.

Byram, M. 1997. *Teaching and Assessing Intercultural Communicative Competence*. Bristol: Multilingual Matters.

Byram, M. 2009. "Intercultural Competence in Foreign Languages: The Intercultural Speaker and the Pedagogy of Foreign Language Education." *The SAGE Handbook of Intercultural Competence*. edited by D. Deardorff. Thousand Oaks: Sage. pp. 321–332.

Byram, M. 2021. *Teaching and Assessing Intercultural Communicative Competence*. Bristol: Multilingual Matters.

Byram, M. & Morgan, C. 1994. *Teaching-and-Learning Language-and-Culture*. Bristol: Multilingual Matters.

Cohen, L., Manion, L. & Morrison, K. 2011. *Research Methods in Education*. New York: Routledge.

Creswell, J. W. 2009. *Research Design: Qualitative, Quantitative, and Mixed Methods Approaches*. Thousand Oaks: Sage.

Damen, L. 1987. *Culture Learning: The Fifth Dimension in the Language Classroom*. Bristol: Addison-Wesley Publishing Company.

Davcheva, L. & Sercu, L. 2005. "Culture in Foreign Language Teaching Materials." *Foreign Language Teachers and Intercultural Competence*. edited by L.Sercu et al. Bristol: Multilingual Matters. pp. 90–109.

Dörnyei, Z. 2007. *Research Methods in Applied Linguistics*. Oxford: Oxford University Press.

ELTE Távol-keleti Intézet. n.d. *Koreai Tanszék*. Retrieved from http://tavolkeletiintezet.elte.hu/index.php?menu=szervezet&almenu=koreaitanszek.

Field, A. 2009. *Discovering Statistics Using SPSS*. Thousand Oaks: Sage.

Graves, C. 1999. *Designing Language Courses: A Guide for Teachers*. Boston: Heinle & Heinle.

Holló D. 2019a. *Kultúra és Interkulturalitás a Nyelvórán*. Budapest: L'Harmattan.

Holló, D. 2019b. *Értsünk Szót! Kultúra, Kommunikáció, Nyelvhasználat, Nyelvtanítás*. Budapest: Akadémiai Kiadó.

Hutchinson, T. & Waters, A. 1987. *English for Specific Purposes: A Learning-Centred Approach*. Cambridge: Cambridge University Press.

Kim, K. I. & Lee, H. J. 2020. "A Critical Discourse Analysis on Cultural and Social Biases in a Korean Language Textbook: Focusing on Sogang Korean 1B and Korean Grammar in Use: Beginning to Early Intermediate." *Studies in Foreign Language Education*. 34(2). pp. 481–507.

Kormos, J., Kontra, E. H. & Csölle, A. 2002. "Language Wants of English Majors in a Nonnative Context." *System* 30. pp. 517–542.

Kramsch, C. 1995. "The Cultural Component of Language Teaching". *Language, Culture and Curriculum*. 8(2). pp. 83–92.

Kramsch, C. 1998. *Language and Culture*. Oxford: Oxford University Press.

Lázár, L, Huber-Kriegler, M., Lussier, D., Matei, G. S. & Peck, C. 2007. *Developing and Assessing Intercultural Communicative Competence: A Guide for Language Teachers and Teacher Educators*. Strabourg: Council of Europe Publishing.

Liddicoat, A. J. 2008. "Pedagogical Practice for Integrating the Intercultural in Language Teaching and Learning. *Japanese Studies*. 28(3). pp. 277–290.

Osváth G. 1991. "A Koreai Nyelv Tanításáról." *Húsz Éves a Külkereskedelmi Főiskola. II. Kötet*. edited by Fáyné Péter E. Külkereskedelmi Főiskola. pp. 77–81.

Osváth G. 1999. "On Some Problems of Korean Language Teaching in Hungary." *The Proceedings of the 19th AKSE Conference in Hamburg*. AKSE. pp. 33–40.

Osváth G. 2001. "On the Past and Present of Korean Studies in Hungary." *The 1st International Conference on Korea and Central and East Europe*. edited by B. K. Cheong. The Korean Association of East European and Balkan Studies. pp. 11–22.

Osváth G. 2003. "헝가리에서의 한국어교육." **동유럽지역의 한국어 교육과정 표준화 연구**. edited by 최권진. Center for Oriental Languages and Cultures. Sofia University. pp. 79–89.

Osváth G. 2004a. "A Koreai Nyelv Jelentősége, Oktatásának Helyzete és Perspektívái." *A Keleti Nyelvek Oktatásának Gazdasági, Kulturális Vonatkozásai, és Európai Uniós Csatlakozásunk*. BGF Külkereskedelmi Főiskolai Kar. pp. 69–86.

Osváth G. 2004b. "Korean Language Teaching: On Some Problems of the Introductory Course." *A study of the Korean language education in Central and Eastern Europe*. edited by G. J. Choi. Center for Oriental Languages and Cultures. Sofia University. pp. 58–76.

Rose, H., McKinley, J. & Briggs Baffoe-Djan, J. 2019. *Data Collection Research Methods in Applied Linguistics: Research Methods in Linguistics*. London: Bloomsbury Publishing.

Sercu, L. 2002. "Autonomous Learning and the Acquisition of Intercultural Communicative Competence: Some Implications for Course Development." *Language, Culture and Curriculum*. 15(1). pp. 61–74.

Sercu, L, Bandura, E., Castro, P., Davcheva, L., Laskaridou, C., Lundgren, U., Mendez García, M. & Ryan, P. 2005. *Foreign Language Teachers and Intercultural Communication: An International Investigation*. Bristol: Multilingual Matters.

강승혜, 김성희, 박성태, 임형재, 최주열, 황인교. 2010. **한국 문화 교육론**. 형설출판사.

강현주. 2018. 한국어 교사의 상호문화 능력 함양을 위한 문화 교육 현황과 개선 방안. *Journal of Korean Culture*. 43. pp. 119–144.

김수은. 2010. 문화 간 의사소통 능력 배양을 위한 한국어문화 수업 개발 연구. **한국언어문화교육학회 학술대회 발표 자료집**. pp. 81–90.

김옥선. 2007. 한국어교육에서 상호문화학습의 실천. **언어와 문화**. 3-2. pp. 181–202.

김창원. 2007. 한국어 학습자를 위한 문화 능력의 평가 방안. **한국어 교육**. 18-2. pp. 81–114.

나원주, 김영규. 2016. 한국어 교사의 상호문화 인식 조사 연구. **한국어 교육**. 27-3. pp. 49–80.

문화체육관광부. 2023. "세계 미래세대를 잇는 한국어 세계화 전략(2023~2027)." Retrieved from https://www.mcst.go.kr/servlets/eduport/front/upload/UplDownloadFile?pFileName =%ED%95%9C%EA%B5%AD%EC%96%B4_%EC%84%B8%EA%B3%84%ED%99%94_% EC%A0%84%EB%9E%B5(2023-2027).pdf&pRealName=20230807085509102551069594_ PRESS20230807085514735975.pdf&pPath=0302000000.

박영순. 2006. **한국어 교육을 위한 한국문화론**. 한림출판사.

배재원. 2017. 문화 이해 능력 향상을 위한 한국 문화 읽기 자료 개발 방안. **국제한국어교육학회 국제학 술발표논문집**. pp. 103–111.

오지혜. 2013. 문화 능력의 재개념화를 통한 한국어 문화 교육 내용 연구: 문화 교재 분석을 중심으로. **한국언어문화학**. 10-1. pp. 75–97.

윤여탁. 2009. 다문화교육으로서의 한국어교육: 현실과 방법론. **교육연구와 실천**. 75. pp. 91–94.

이원희. 2019. AIC-CCS 를 활용한 중국인 학문목적 학습자의 상호문화능력 연구. **한국어 교육** 30-3. pp. 163–195.

이유경. 2019. 한국 문화 지식 능력 측정도구의 개발: 일본인 학습자를 대상으로의 토론문. **국제한국어 교육학회 국제학술발표논문집**. pp. 538–539.

이해영. 2002. 비교문화적 화용론에 기초한 한국어의 화용 교육. **이중언어학**. 21. pp. 45–69.

한국국제문화교류진흥원. 2022. "2022 글로벌 한류 트렌드." 한국국제문화교류진흥원. Retrieved from https://kofice.or.kr/b20industry/b20_industry_00_view.asp?mnu_sub=20300&seq=1258 &page=1&find=&search=.

황설운. 2013. 학문 목적 한국어 학습자를 위한 문화교육 항목 선정 연구. **한국언어문화학**. 10-1. pp. 253–273.

제4장

튀르키예인 한국어 학습자를 대상으로 한 확장형 읽기 교육 방법 연구

– 이스탄불대학교 한국어문학과 학습자를 중심으로[1]

메르베 카흐르만 외즈데미르
Merve Kahrıman Özdemir
튀르키예 이스탄불대학교
İstanbul Üniversitesi

[1] 이 글은 2022년도 대한민국 교육부와 한국학중앙연구원(한국학진흥사업단)을 통해 해외 한국학 씨앗형 사업의 지원을 받아 수행된 연구임(AKS-2022-INC-2250002).

1. 들어가며

외국어 교육의 목표는 목표어를 이해하고 이를 사용하여 의사소통할 수 있도록 돕는 것이다. 언어는 말하기, 쓰기, 듣기, 읽기의 4 가지 기능으로 분류되는데 이 중 말하기와 쓰기는 표현 능력을, 듣기와 읽기는 이해 능력을 보여 준다.

최근 외국어 교육은 이해 중심 교육에서 벗어나 표현 중심 교육을 중시하는 경향이 있지만, 의사소통을 중시하는 외국어 교육 상황 안에서 4가지의 기능 교육은 동일하게 이루어져야 한다.

언어와 문화를 쉽게 접할 수 있는 자료는 대부분 문자의 형태를 띠고 있으며 읽기는 이 자료를 본질적으로 해석하여 이해하는 데 도움이 되는 매우 중요한 언어 기능이다. 더구나 읽기는 의사소통 능력 가운데 정보 획득과 문화 수용이라는 핵심적인 역할을 맡고 있기 때문에 외국어 교육에서 중요하게 다루어야 하는 기능이다.

지금까지 읽기는 저자가 교과서나 책 등의 인쇄된 활자에서 표현한 메시지를 보고 독자가 그 의미를 해독하는 과정이라고 생각해 왔지만 최근에는 이 개념이 변화되고 있다.

읽기의 개념을 더 넓은 관점에서 설명한 강현화 외(2016: 129)는 "읽기는 글에 제시되어 있는 정보와 독자 자신의 배경지식을 결합하여 글 전체를 구성하는 의미 있는 정보를 얻고 처리하는 과정이다."라고 하였다. 즉, 읽기는 독자 자신의 과거 경험과 언어 지식을 글 속에 있는 저자의 의도된 의미와 연관시켜 상호 작용하며 재구성하는 해독 과정이라고 할 수 있다. 이러한 과정에서 교사는 학습자들이 모르는 어휘나 문법을 쉽게 설명하여 이해를 용이하게 만들어 주기보다는 학습자가 자신의 배경지식을 어떻게 활용하여 내용을 이해하고 평가하는지에 초점을 두고 방향을 제시하는 더 중요한 역할을 맡고 있다. 그래서 교사는 서로 다른 배경지식과 언어 능력을 가진 학습자의 독해력을 향상하기 위해 적절한 교육 방법과 전략 그리고 읽기 교육 모형에 대한 많은 정보를 알고 있어야 한다.

시기별로 읽기 교육의 변화된 방향을 설명한 강현화 외(2016: 128)는 문법 번역식 교수법에서 벗어나 의사소통 중심 교육의 시기로 오면서 읽기 교육이 단순한 해독과 독해의 차원을 넘어 이미 읽은 것을 바탕으로 의미를 유추하고, 재해석하고, 비판하는 등 담화의 재구성에까지 참여하게 되었다고 보았다. 시간이 흐름에 따라 외국어 교육에서 다양한 교육 방법, 전략 및 모형이 등장했다. 1960년대에는 철자, 단어, 구와 같은 언어의 작은 단위에서 문장이나 단락 같은 큰 단위의 순서로 해석한 후에 전체 텍스트의 의미를 파악하는 '상향식 모형', 1970년대에는 독자 자신의 배경지식을 활용해 텍스트에서 새로운 의미를 재구성해 가는 '하향식 모형', 1980년대에는 글 자체에 내포된 의미와 독자의 배경지식을 같이 활용하는 '상호 작용 모형'이 등장했다.

읽기 교육 방법으로는 텍스트의 언어적 또는 의미적 세부 사항들에 초점을 맞추는 집중형 읽기 방법과 전체적이고 전반적인 내용에 초점을 맞추는 확장형 읽기 방법이 등장했다.

본고에서는 한국어 학습자 수가 나날이 증가하고 있는 튀르키예에서 한국어 교육에 필요한 확장형 읽기의 중요성을 고찰하고자 한다. 이를 위해 2장에서는 한국어 읽기 교육에서의 집중형 읽기와 확장형 읽기의 개념과 필요성을 확인한다. 3장에서는 확장형 읽기가 튀르키예인 한국어 학습자의 읽기 능력에 미치는 영향을 실험 수업을 통해 알아본다. 실험 수업을 실시하기 전에 학습자들이 흥미를 느끼는 분야나 내용을 알아보기 위해서 사전 설문 조사를 실시했다. 실험이 끝난 후에는 사후 설문 조사를 통해 읽기에 대한 태도 변화 그리고 확장형 읽기에 대한 만족도 등을 알아보았다.

2. 읽기 교육 방법에 대한 검토

읽기는 지향하는 목표에 따라 집중형 읽기(Intensive Reading)와 확장형 읽기(Extensive Reading)로 분류된다. 선행 연구를 바탕으로 읽기 교육에서의 집중형 읽기와 확장형 읽기 개념을 살펴보면 다음과 같다.

2.1. 읽기 교육에서의 집중형 읽기

김수정(2009: 131)은 집중형 읽기는 보통 교실 지향적인 활동이며 하나의 텍스트를 꼼꼼히, 심층적으로 살피면서 읽는 것에 초점을 맞추고 텍스트 이해를 위해 어휘, 문법, 담화 표지, 담화 구조 등 세부 사항에 집중해서 읽는 방법이라고 설명한다.

조경희(2010: 6)는 집중형 읽기와 관련해서 "비교적 짧고 어려운 자료를 선택해 글의 문법적 형태, 담화 표시, 표면적 구조와 세부 사항에 집중하여 여기에 포함된 모든 표현의 의미를 사전에서 찾고, 비교하고, 분석하며, 번역하는 과정으로 읽기를 학습하는 방법을 의미한다. 집중형 읽기에서는 정확한 읽기를 목표로 하고 읽는 양은 많지 않으며 읽기 속도는 상대적으로 느리다."라고 하였다. 이러한 읽기 교육에서 학습자들은 읽기 자료의 내용뿐만 아니라 많은 양의 어휘와 문법 구조를 배울 수 있다.

서영미(2004: 32)는 '읽기 전략을 이용한 집중형 읽기에 관한 연구'에서 집중형 읽기의 교수 방안을 제시한 바가 있다. 서영미는 집중형 읽기를 활용한 교사는 "읽기 전 단계에서 글의 내용과 관련된 정보를 제공하여 학생들의 스키마(배경지식)를 활성화시킨다. 읽고 있는 단계에서는 자연스러운 읽기 과정이 이루어지도록 하며, 읽기 후 단계에서는 글에 대한 이해를 확인함과 동시에 심도 있는 이해 또는 차시 읽기 학습에 필요하다고 예측되는 내용을 지도한다."라고 하였다. 즉, 집중형 읽기 교육에서는 교사의 역할이 매우 크며 학습자의 능동적인 참여가 중요시되지 않는다. 더구나 수업 시간에 집중형 읽기를 활용하다 보면 많은 양의 자료를 다룰 수 없고 제한된 시간 안에 많은 정보를 줄 수도 없다.

2.2. 읽기 교육에서의 확장형 읽기

확장형 읽기[2]는 교실 밖[3] 또는 안에서 다양한 종류와 많은 양의 텍스트를 전반적으로 읽는 것이다.

우형식과 김수정(2011)은 〈확장형 읽기 활동을 위한 한국어 읽기 자료의 선정과 등급 구분〉에서 확장형 읽기의 특징을 설명한다. 그들에 따르면 확장형 읽기에서 학습자들이 성공적으로 읽기를 수행하려면 먼저 읽기 자료가 쉬워야 한다. 학습자들은 자신이 읽고 싶은 것을 결정하

[2] 비슷한 개념으로 '다독'과 '열린 읽기' 등이 있다.

[3] 확장형 읽기는 대부분 수업 시간 이외에 이루어지지만 수업 시간 중에 이루어질 수도 있다.

〈표 1〉 집중형 읽기와 확장형 읽기 비교

집중형 읽기	확장형 읽기
어휘, 문법, 담화 표지, 담화 구조 등 세부 사항에 초점을 둔다.	어휘와 문법 구조 설명을 하지 않는다. 모르는 단어를 지나치게 분석하거나 사전을 찾지 않는다.
텍스트를 꼼꼼히 읽는다.	다양한 텍스트를 전반적으로 읽는다.
학습을 위해 읽는다.	즐거움을 위해 읽는다.
교실 수업에서 이루어진다.	수업 시간 외에도 이루어진다.
천천히 읽는다.	좀 더 빠르게 읽는다.
대부분 미리 정해진 교재가 있다.	특별히 정해진 교재가 없으며 학습자의 요구에 따라 교사가 읽기 자료를 선정하거나 추천한다.
한계가 있는 수업 시간 안에 적당한(많지 않은) 양을 읽는다.	다양한 주제에 관해 다양한 내용을 많이 읽는다.
내용을 이해할 수 있도록 읽기 후 활동을 한다.	연습 문제 같은 즉각적인 평가는 지양한다.
읽기 자료는 어려워도 된다.	읽기 자료는 쉬워야 한다(학습자의 수준 또는 고려해야 한다).
교사는 수업을 지휘하고 텍스트 이해를 위한 세부 사항에 집중하며 가르쳐야 한다(교사 중심 교육).	교사는 학습자가 능동적으로 읽기에 관심을 갖고 따라올 수 있도록 돕는 안내자이자 학습자의 읽기 역할 모델이다.

여 가능한 많은 양의 자료를 가급적 빠른 속도로 읽는데, 확장형 읽기에서는 즐거움과 흥미가 매우 중요하므로 교사는 학습자를 안내하고 읽기의 모델 역할을 해야 한다. 교사는 학습자에게 읽기 자료를 추천해 주고, 읽기 수행 정도와 문제를 점검하여 최대의 효과를 거둘 수 있도록 도와야 하며, 학습자들은 텍스트에 대한 완전한 이해보다는 전반적인 이해를 지향한다.

선행 연구를 바탕으로 집중형 읽기와 확장형 읽기의 교육 방법을 간단하게 비교하면 〈표 1〉과 같다.

〈표 1〉에서 본 바와 같이 확장형 읽기는 집중형 읽기에 비해 교사의 역할이 매우 크다. 교사는 확장형 읽기의 개념과 활용 방법을 잘 알아야 하고 학습자들의 요구에 따라 읽기 자료를 선정해야 한다. 확장형 읽기에서 학습자들은 시간 제한 없이 흥미로운 내용의 많은 자료를 읽을 수 있다. 집중형 읽기에서는 정해진 교재가 있기 때문에 학습자들이 읽고 싶은 문학 작품, 잡지, 신문, 보고서, 일기 예보 등 여러 종류의 자료를 접하기가 쉽지 않다. 이러한 측면에서 볼 때 확장형 읽기의 장점이 더 많아 보이지만, 어휘나 문법 구조 등 세부 사항에 초점을 두지 않는 점, 연습 문제 같은 즉각적인 평가를 지양한다는 점에서는 또 다른 문제를 지닌다고 볼 수 있다. 확장형 읽기가 외국어 읽기 교육에 미치는 효과를 논의하는 사례들은 다음과 같다.

우형식(2008)에서는 한국어 교육에서 교실 안의 수업 활동은 매우 심화된(Intensive) 것이어서 언어적 훈련이 뒤따르게 마련이고, 그러다 보면 텍스트 자체의 특성이나 내용의 전달에서 문제가 발생할 수 있다고 지적한다. 이를 보완하기 위해서는 학습자들이 교실 안 또는 밖에서 목표 언어를 습득하기 위한 수단으로 확장형 읽기 활동을 도입할 필요가 있음을 논의한다.

배정선과 손정호(2014)는 〈학문 목적 학습자를 대상으로 한 확장형 읽기 교육의 효과〉에서 실시한 실험 후에 읽기 능력에 대한 자기 평가와 정의적 측면에 관해 설문한 결과 학습자 스스로 읽기 능력 향상을 체감하고 읽기에 대한 정의적 태도도 긍정적으로 변화했다고 제시한다. 또한 확장형 읽기가 학습자들의 읽기 능력뿐만 아니라 정의적 측면에도 긍정적인 변화를 가져왔음을 확인할 수 있었다고 주장한다.

확장형 읽기 효과를 실험한 김수정(2009)에서는 확장형 읽기를 실시한 집단이 집중형 읽기를 실시한 집단보다 전반적으로 독해력과 어휘력이 향상되었고, 많은 양의 읽기 텍스트를 통해 배경지식이 풍부해져서 수업에 자신감을 보였으며, 토론 활동도 더 활발하게 참여했다고 밝혔다.

김혜진과 양민철(2013)에서는 확장형 읽기 수업을 도입하고자 하는 교사의 입장에서는 기존의 스케줄 때문에 이를 적용하는 것이 쉽지 않으며 따라서 수업 환경 및 제도적인 측면에서 지원이 필요하다고 주장한다.

지금까지 집중형 읽기와 확장형 읽기 교육의 개념과 교육 방법에 대해 살펴보았다. 다음 장에서는 확장형 읽기를 한국어 읽기 교육 현장에 실제 적용해 보고, 그 결과 확장형 읽기가 실제로 읽기 능력에 효과가 있는지 실험을 통해 알아보고자 한다.

3. 확장형 읽기 교육 방법의 실험 수업

이 장에서는 한국어 교육에서 확장형 읽기가 학습자의 읽기 능력에 미치는 영향을 알아보고자 한다. 이를 위해 본 연구는 튀르키예 이스탄불대학교 한국어문학과 학습자를 대상으로 실험 수업을 실시했다. 실험 시작 전 학습자들의 한국어 읽기에 대한 태도와 현재의 읽기 습관 등을 알아보기 위한 사전 설문 조사[4]를 진행했고, 실험이 끝난 후 사후 설문 조사를 통해 읽기에 대한 태도 변화, 확장형 읽기에 대한 만족도 등을 알아보았다. 실험은 크게 수업 시간 내에 교사의 주도로 이루어지는 교육과 수업 시간 외에 자료를 읽는 것으로 설계했다. 학습자들에게는 매주 교사가 선택한 읽기 자료를 읽고 점검표를 쓰는 것이 과제로 주어졌다. 읽기 자료는 매주 4개 정도의 자료[5]를 읽도록 했다.

이스탄불대학교 한국어문학과의 읽기 수업은 준비반에서 5시간, 1학년에서 3시간으로 구성되어 있으며[6] 한 학기 총 14주 동안 수업을 진행한다. 준비반 학습자의 수준이 확장형 읽기에 적절하지 않기 때문에[7] 1학년 학습자를 대상으로 실험을 실시했다. 2023년 가을 학기와 2024년 봄 학기 중순까지는 《연세 한국어 읽기 3》 교재를 활용해서 집중형 읽기 수업을 진행했다. 《연세 한국어 읽기 3》은 총 10개의 과로 구성되었으며, 각 과는 3개의 소주제로 이루어진다. 학습자들이 3시간 안에 3개의 소주제를 공부하는 것을 어려워해서 매주 2개의 소주제를 공부하도록 했고, 수업 시간에 읽기 자료를 이해하는 데 도움이 되도록 수업 전에 읽을 내용을 미리 녹음해 오는 과제를 내주었다. 읽기 전 단계에서는 학습자들이 새로운 사실에 호기심을 느껴 자신의 경

[4] 본고의 설문 조사 목록은 김수정(2009), 우형식, 김수정(2011)에서 작성된 설문 조사 문항을 바탕으로 수정 및 추가하여 만들어진 것이다.

[5] 추후 정보는 3.2.절에서 제공한다.

[6] 2024년 가을 학기부터 1학년 한국어 읽기 수업 시간은 2시간으로 줄었다.

[7] 한국어능력시험 1, 2급 수준의 학습자를 위한 확장형 읽기 방법을 활용할 때 실생활에서 접할 수 있는 높은 수준의 읽기 자료보다는 교사가 직접 만든 읽기 자료를 활용하는 편이 나을 수 있다. 그렇지만 본고에서는 학습자들이 실생활에서 접할 법한 읽기 자료를 활용하기 때문에 준비반 학습자들에게는 확장형 읽기 방법이 적절하지 않다고 판단했다.

험을 불러낼 수 있도록 그림을 통한 예측 활동이나 질문하기 활동 등을 진행했다. 읽기 단계에서는 학습자들이 저자의 의도를 이해할 수 있도록 단락, 문장 또는 단어와 같이 점차 작은 글의 단위를 설명했다. 읽기 후 단계에서는 읽은 내용을 강화하거나 정리하기 위해서 내용 관련 질문 활동, 단어 활동, 문법 구문 활동을 실시했다. 이와 같은 방법으로 2024년 봄 학기 마지막 4주 동안 확장형 읽기 방법을 활용한 수업을 진행했다.

3.1. 실험 대상 및 사전 설문 조사

본 확장형 읽기 실험은 2024년 봄 학기 이스탄불대학교 한국어문학과에서 한국어를 수강한 튀르키예인 학습자를 대상으로 진행되었다. 실험 기간은 2024년 4월 29일부터 5월 20일까지 4주이며, 총 12차시에 걸쳐 실험 수업을 진행했다. 실험에 참여한 학습자는 총 21명[8]이며, 그중 2명은 한국어능력시험(TOPIK) 5급, 2명은 4급, 3명은 3급, 7명은 2급, 2명은 1급에 합격한 학습자들이다. 나머지 학습자들은 한국어능력시험을 치른 적 없는 학습자들이다.

[8] 한국어 읽기 수업을 수강한 학습자 수는 총 21명, 사전 설문 조사에 참여한 학습자 수는 19명이며, 실험 기간에 결석한 학습자도 몇 명 있었다. 사후 설문 조사에는 모든 학습자가 참여했다.

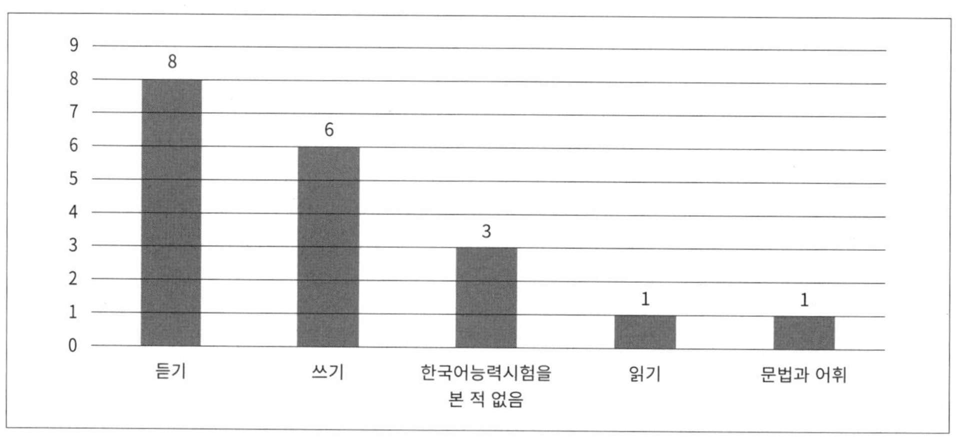

〈그림 1〉 한국어능력시험에서 가장 어려워하는 영역

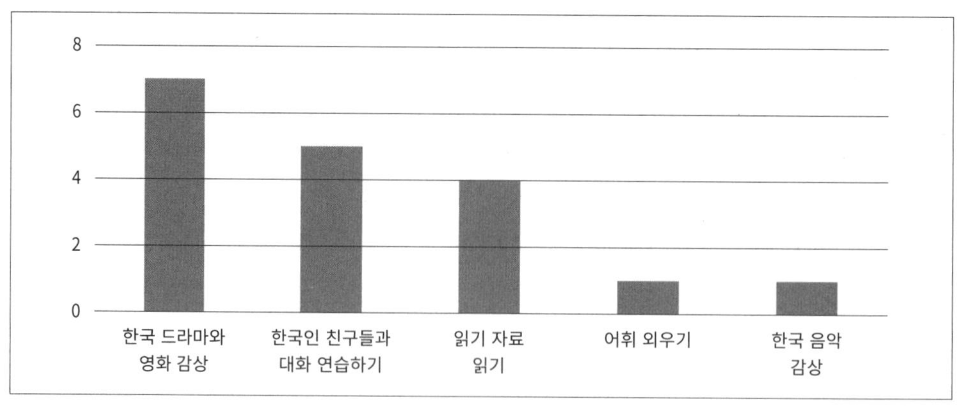

〈그림 2〉 한국어 실력 향상을 위한 활동

IV. 한국어 교재 및 교육 과정과 한국어 교육

설문 조사 결과에 따르면 학습자들이 한국어능력시험에서 가장 어려워하는 영역은 '듣기 〉 쓰기 〉 읽기 〉 문법과 어휘' 순으로 나타났다. 3명은 한국어능력시험을 본 적이 없는 학습자들이다. 읽기 영역에서는 지문이나 읽기 자료 내에 모르는 용어가 많아서 어렵다는 응답이 있었다.

사전 설문 조사에서는 학습자들이 한국어 실력 향상을 위해 읽기 활동을 얼마나 수행하고 있는지 알아보기 위해 평소 한국어 실력 향상을 위해 어떤 활동을 하고 있는지 물었다. 학습자들 중 7명은 한국어 실력 향상을 위해 한국 드라마와 영화를 활용한다고 밝혔다. 한국 친구들과 대화를 한다고 답한 학습자는 5명이었다. 그다음으로 4명은 다양한 읽기 자료를 통해 한국어 실력을 향상하고자 노력한다고 밝혔다. 나머지 1명은 한국 음악을 활용하고, 또 다른 1명은 어휘를 외운다고 밝혔다. 설문 조사 결과 한국어 읽기 자료는 학습자들이 한국어 실력을 향상하기 위한 방법에 많이 활용되지 않는다는 사실을 알 수 있다.

한국어 읽기 수업 외에 자발적으로 한국어 읽기 자료(소설, 웹툰, 뉴스 등)를 읽느냐는 문항에 학습자들 중 53%가 '아니요', 47%가 '네'라고 답했다. '아니요'라고 답한 이유로는 '한국어 실력이 부족해서'가 60%, '무엇을 읽어야 할지 몰라서'가 30%, '시간이 없어서'가 10%로 나타났다. 자발적으로 한국어 자료를 읽는 학습자들이 선호하는 읽기 자료 종류는 '웹툰'이 40%로 가장 많았다. 그다음 '문학 작품'이 20%, '뉴스, 신문 기사'가 20%, 나머지20%는 '모두'라고 답했다.

한국어 읽기 수업에서 어떤 종류의 수업 자료를 선호하는가에 대한 대답으로는 '다양한 종류의 인터넷 글'이 37%를 차지했다. '소설'은 26%, '신문 기사'는 21%, '블로그 글'은 11%로 나타났다. '동화'는 5%에 불과했다.

<그림 3> 수업 외에 한국어 읽기 활동

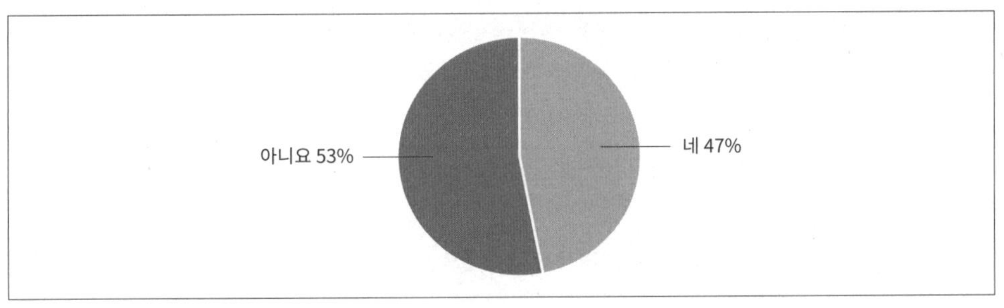

<그림 4> 한국어 읽기 수업 자료 종류

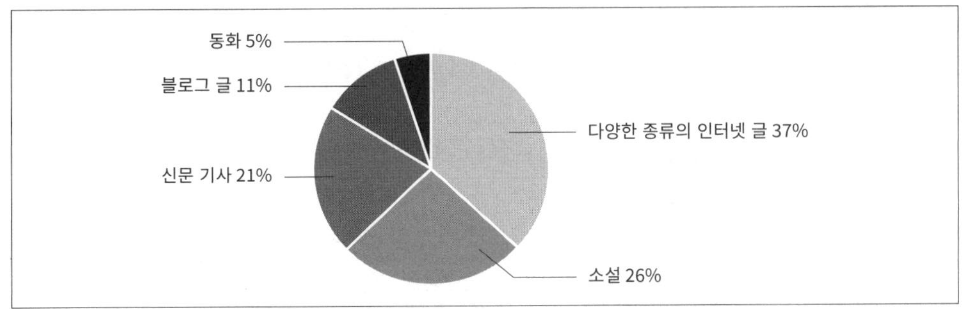

〈그림 5〉 원하는 읽기 자료 영역

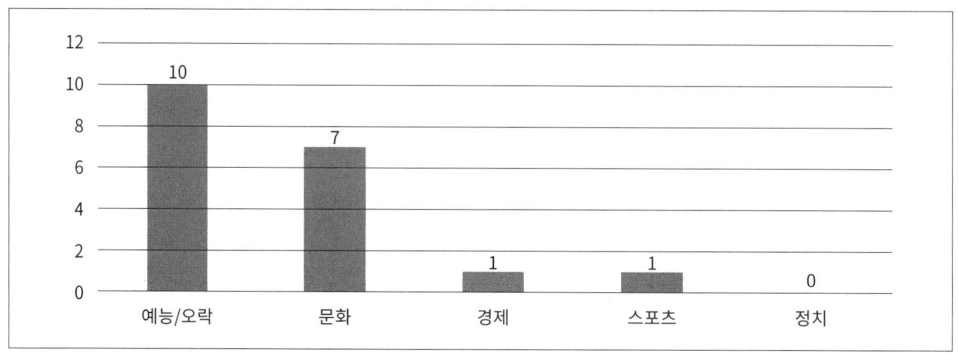

한국어 읽기 수업에서 읽기 자료를 선정할 수 있다면 어떤 영역을 원하는가에 대한 문항에는 학습자 절반 이상인 10명이 '예능/오락'이라고 답했다. 다음으로 7명이 '문화', 1명이 '경제', 1명이 '스포츠'라고 답했다. '정치'를 택한 학습자는 없었다.

원하는 읽기 자료의 영역에 따라 구체적으로 어떤 종류의 자료를 선호하느냐는 문항에는 '예능/오락'이라고 밝힌 학습자들의 경우 '드라마나 영화 시나리오 〉 노래 가사 〉 별자리 운세' 순으로, '문화'의 경우 '한국에서의 일상생활 〉 한국에 거주하는 외국인들의 생활 〉 기타(한국 문학과 철학)' 순으로 선호 자료를 꼽았다. '경제'라고 밝힌 학습자들의 경우 '세계 경제'를, '스포츠'의 경우 '농구'를 꼽았다.

3.2. 실험 절차

사전 설문 조사를 통해 읽기 자료의 활용 여부와 관심 분야 그리고 선호하는 읽기 자료를 알아본 후 이를 바탕으로 학습자들에게 교사가 선정한 읽기 자료를 매주 읽고 점검표 쓰기를 과제로 내주었다. 읽기 자료의 난이도와 분량은 학습자 수준을 고려하여 적절하게 선정했다. 실험 수업 활동 내용 및 선정한 자료 항목은 〈표 2〉와 같다.

〈표 2〉 확장형 읽기 실험 활동 내용

차시		실험 활동 내용
준비 단계		사전 설문 조사 & 확장형 읽기 방법에 대한 설명
1차시	벚꽃 축제	2024 벚꽃 개화 시기 총정리, 축제 포함 벚꽃 명소 추천 4
		2024 가장 빠른 벚꽃 축제는 '대구 이월드' (……) 입장료와 포토존 위치 (인터넷 기사)
		〈우리나라 벚꽃 놀이의 역사와 벚꽃 축제에 관한 소고〉(이선, 2018)
		오락가락 날씨에 벚꽃 없는 벚꽃 축제…… 내일도 비(신문 기사)
2차시	문학 작품	《살인자의 기억법》, 김영하, 첫 3장(현대 소설)
		《82년생 김지영》, 조남주, 첫 3장(현대 소설)

2차시	문학 작품	《구두》, 계용묵(수필)
		〈진달래꽃〉, 김소월(시)
3차시	도깨비	〈도깨비〉, 2부(드라마 시나리오)
		화제의 드라마 〈도깨비〉 중화권 열풍(신문 기사)
		〈내 눈에만 보여〉 10CM(노래 가사)
평가		사후 설문 조사 & 확장형 읽기 방법에 대한 평가

수업 일주일 전에 다음 차시를 예고했다. 다음 시간에 다룰 주제를 알려 주고 미리 읽어 올 자료와 읽기 점검표를 Google Classroom을 통해 과제로 제시했다. 읽기 점검표[9]에는 학습자가 자신의 읽기를 점검할 수 있도록 읽은 날짜, 읽기에 걸린 시간, 중심 내용, 핵심어를 간단히 적을 수 있도록 했다. 읽기 과제를 수행할 때는 가급적 사전을 사용하지 말 것을 당부했다.

본 수업 시간에는 먼저 5~10분 정도 과제로 내준 읽기 자료를 순서대로 읽고, 숙제 점검을 위해 자료의 내용과 관련해 질문했다. 다음 단계는 연습 활동으로 주제와 관련된 의견을 나누는 시간을 가졌다.

3.3. 사후 설문 조사

수업 시간에 확장형 읽기 방법을 활용한 후 읽기에 대한 태도 변화와 만족도를 알아보기 위해 사후 설문 조사를 실시했다.

학습자 86%가 확장형 읽기 방법을 활용한 한국어 읽기 수업에 만족한 것으로 나타났다. 확장형 읽기 방법을 활용한 한국어 읽기 수업에 만족하지 않은 학습자는 14%에 불과했다.

'확장형 읽기 방법의 장점은 무엇인가'라는 질문에는 학습자들 중 8명이 '많은 양의 어휘를 배우는 데 도움이 된다'고 답했으며, '많은 분량의 자료를 읽는 데 도움이 된다'는 응답은 5명, '읽기 자료의 내용을 깊이 있게 이해하는 데 도움이 된다'는 응답은 4명이었다. 2명은 '교과서 외에 더 재미있는 내용을 읽는 데 도움이 된다', 나머지 1명은 '빨리 읽기에 도움이 된다', 또 다른 1명은 '어휘력이 부족하다는 것을 깨달았다'고 답했다.

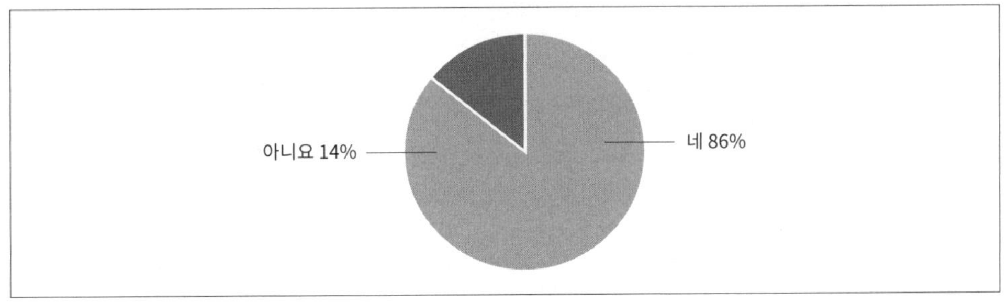

〈그림 6〉 수업에서 활용한 확장형 읽기에 대한 만족도

9 김수정(2009)에서는 학습자가 스스로 자신의 읽기를 점검할 수 있도록 읽은 날짜, 읽기에 걸린 시간, 중심 내용을 적을 수 있는 점검표를 사용한 바 있다. 본고에서는 확장형 읽기 실험 수업의 점검표로 김수정(2009)의 점검표를 사용했으며 덧붙여 학습자들이 읽기 자료의 내용을 이해하는 데 도움이 될 수 있도록 '핵심어'를 추가했다.

〈그림 7〉 확장형 읽기 방법의 장점에 대한 평가

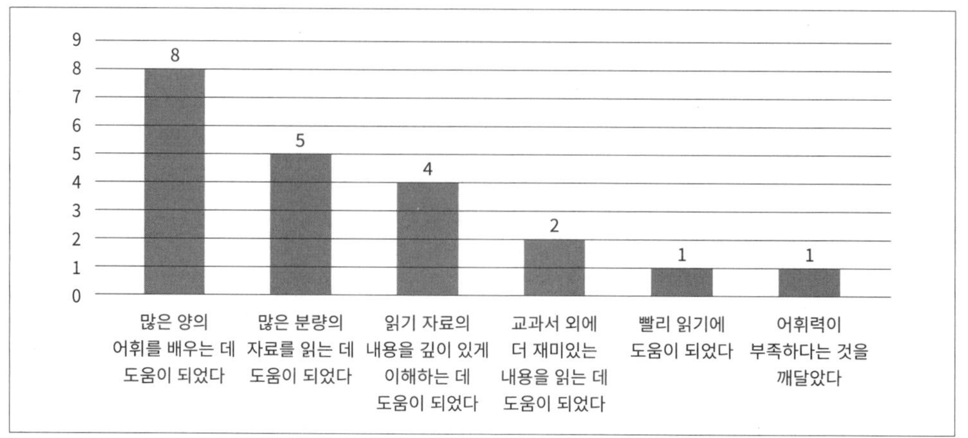

〈그림 8〉 확장형 읽기 방법의 단점에 대한 평가

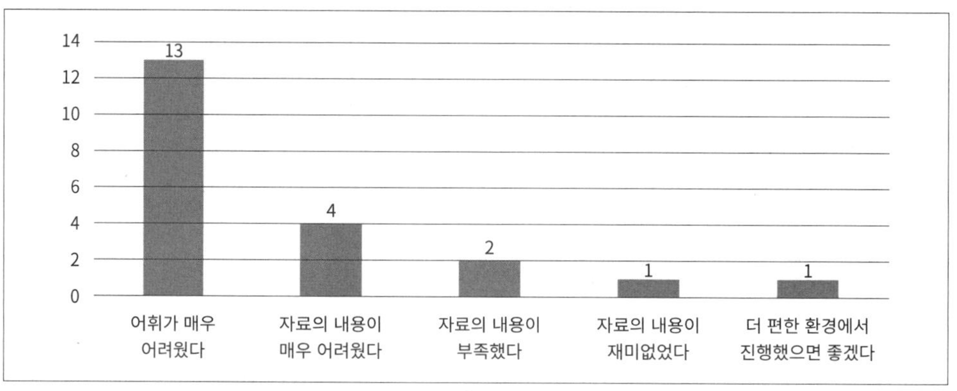

'확장형 읽기 방법의 단점은 무엇인가'라는 질문에는 학습자 절반 이상인 13명이 '어휘가 매우 어려웠다'고 답했다. 다음으로 '자료의 내용이 어려웠다' 4명, '자료의 내용이 부족했다' 2명, 나머지 1명은 '자료의 내용이 재미없었다', 또 다른 1명은 '더 편한 환경에서 진행했으면 좋겠다'라고 답했다. 결과적으로 선정된 자료의 난이도가 학습자들의 수준에 맞지 않음을 알 수 있으며, '더 편한 환경에서 진행했으면 좋겠다'는 답은 집중형 읽기 방법으로 공부하던 학습자들이 낯선 확장형 읽기 방법에 불안감을 느끼고 있음을 보여 준다.

확장형 읽기 수업에서 활용한 자료 중 가장 마음에 드는 자료로는 '문학 작품'이 48%를 차지했다. 하지만 사후 설문 조사 결과 학습자들이 가장 어렵게 느꼈던 자료 또한 문학 작품(43%)이었다. 그다음으로 가장 마음에 드는 자료는 '벚꽃 축제 관련 읽기 자료'가 33%, 드라마 〈도깨비〉 관련 읽기 자료'는 19%에 불과했다. 예상과 달리 드라마 시나리오를 좋아한다고 답한 학습자 수가 적었던 이유는 드라마 촬영에서 사용된 시나리오가 학습자 수준에는 어려웠기 때문으로, 해당 수업 시간에 학습자들은 쉽게 지루함을 느꼈고, 특히 시나리오에서 다루는 어휘들이 매우 어려웠다고 의견을 주었다.

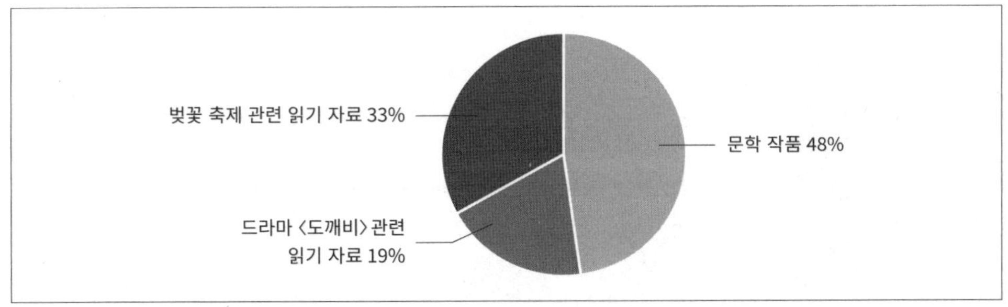

〈그림 9〉 확장형 읽기 수업에서 가장 좋아하는 읽기 자료

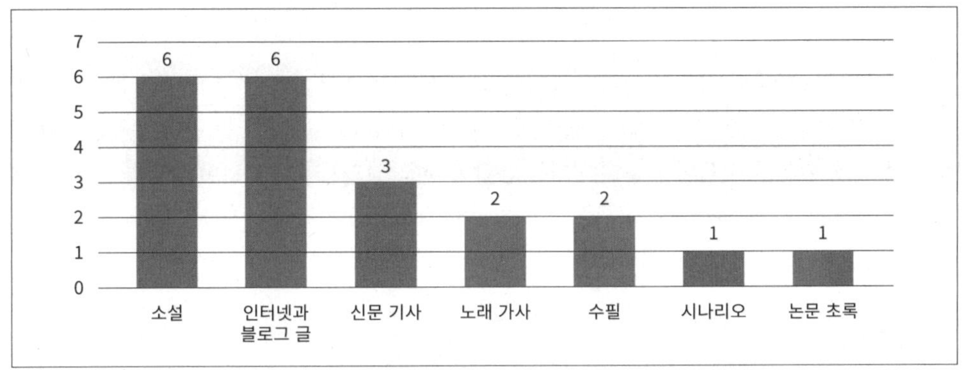

〈그림 10〉 확장형 읽기 수업에서 가장 마음에 든 읽기 자료

확장형 읽기 수업에서 가장 마음에 들었던 자료를 묻는 질문에는 학습자들 중 6명이 '소설', 또 다른 6명이 '인터넷과 블로그 글'이라고 답했다. '신문 기사'는 3명, '노래 가사', '수필'이 각각 2명, '시나리오'와 '논문 초록'을 선택한 학습자는 각각 1명이었다.

향후 한국어 읽기 수업에서 확장형 읽기 방법을 활용하는 데 대한 학습자들의 의지를 묻는 질문에는 학습자 중 19명이 확장형 읽기 방법을 다시 활용해 보고 싶다고 답했다.

한국어 읽기 수업에서 가장 선호하는 교육 방법이 무엇인지 알아본 결과 학습자 중 57%가 앞으로도 확장형 읽기 방법을 활용하면 좋겠다고 답했으며, 38%는 교과서, 5%는 집중형 읽기 방법과 확장형 읽기 방법을 함께 활용하는 수업을 선호한다고 밝혔다.

〈그림 11〉 선호하는 한국어 읽기 교육 방법

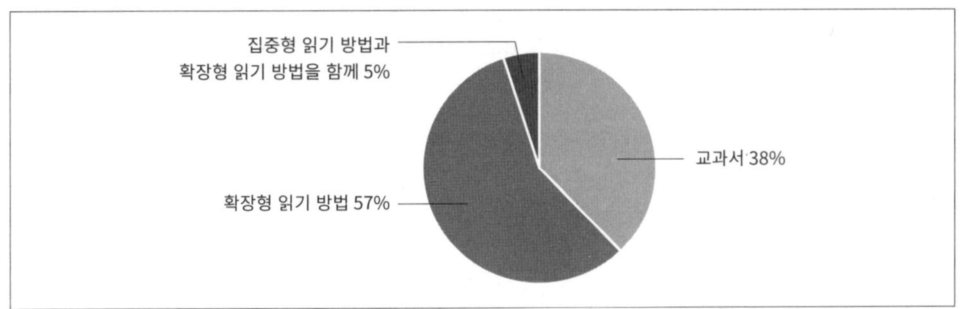

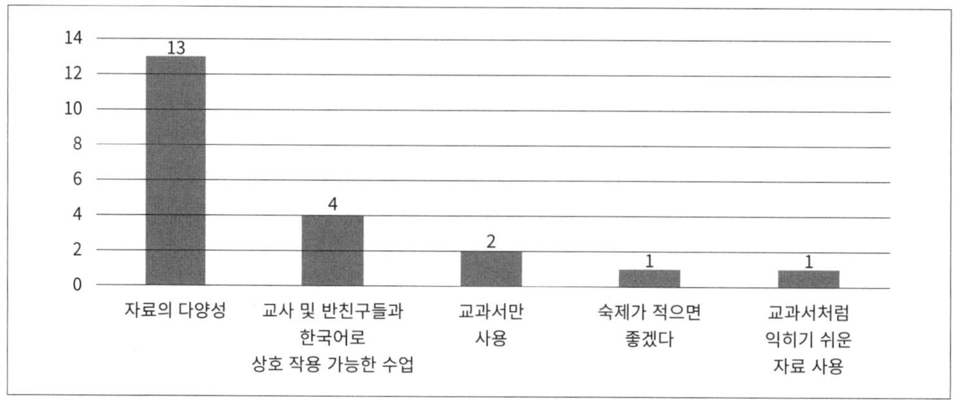

〈그림 12〉 한국어 읽기 수업에서 교사가 신경 써 주었으면 하는 부분

마지막으로 한국어 읽기 수업에서 교사가 신경 써 주었으면 하는 부분에 대한 물음에는 학습자 중 가장 많은 13명이 '자료의 다양성'을 꼽았다. 그다음으로 '교수 및 반 친구들과 한국어로 상호 작용 가능한 수업이면 좋겠다'라는 응답이 4명, '교과서만 사용하면 좋겠다' 2명, '숙제가 적으면 좋겠다', '교과서처럼 익히기 쉬운 자료를 사용하면 좋겠다'는 답이 각각 1명이었다.

4. 나가며

본고는 한국어 교육에서 확장형 읽기의 중요성, 확장형 읽기가 학습자의 읽기 태도에 미치는 영향 및 학습자들의 한국어 읽기 수업 만족도와 의지를 알아보기 위해 2장에서는 한국어 읽기 교육에서의 집중형 읽기와 확장형 읽기 개념, 3장에서는 확장형 읽기가 튀르키예인 한국어 학습자의 읽기 태도와 능력에 미치는 영향을 분석했다. 이를 위해 연구자는 실험 수업을 진행했는데, 실험 수업 전에는 학습자들이 좋아하고 흥미를 느끼는 내용이 무엇인지 알기 위해 사전 설문 조사를 실시하고, 실험 수업 이후에는 확장형 읽기의 효과를 확인하기 위해 사후 설문 조사를 실시했다.

실험 수업 결과, 확장형 읽기 방법이 학습자들의 독해력과 어휘력 향상에 도움이 된다는 사실을 알 수 있었다. 학습자들이 스스로 선택한 자료를 활용함으로써 수업에 집중도와 참여도가 높아지고 많은 양의 읽기 자료를 통해 충분한 배경지식도 얻을 수 있었다. 어디서나 손쉽게 다양한 읽기 자료를 구할 수 있는 교육 여건에 발맞춰 학습자들에게 확장형 읽기의 필요성을 충분히 설명하고 수업 내외 활용 가능한 읽기 자료를 제공하는 일은 매우 중요하다.

학습자 대부분이 한국어 읽기 수업 시간에 교과서뿐만 아니라 실생활에서 접하게 될 다양한 종류의 글을 읽고 싶어한다. 다만 교수자 한 사람이 여러 학습자의 수준, 흥미, 배경지식을 고려한 실용적이고 실제적이며 다양한 전략이 가능한 광범위한 읽기 자료를 선정하는 일은 간단치 만은 않다. 교수자는 수업 시간에 활용할 읽기 자료를 미리 계획하고 선정해야 하는데 이때 자료 선정에 도움이 될 수 있게 요구 조사를 실시하는 것도 하나의 방법이다. 또한 학습자가 흥미를 잃지 않고 스스로 공부할 수 있도록 실제 수업과 관련된 다양한 읽기 자료를 제공해 사전에 의지하지 않고도 전후 맥락에서 의미를 파악하며 다독할 수 있도록 지도해야 한다.

　본고는 연구 대상의 수가 적고 연구 기간이 짧으며(4주) 실험 이후 학습자의 읽기 능력을 테스트하는 별도의 시험이 진행되지 않았다는 점에서 한계를 가진다. 다만 확장형 읽기 교육의 효과는 단기간에 나타나는 것이 아니며 이와 같은 실험이 각자의 교실 상황에 맞게 안착된다면 학습자들의 읽기 능력은 꾸준히 향상될 것으로 기대된다. 앞으로 더 많은 후속 연구를 통해 튀르키예인 한국어 학습자를 위한 다양한 확장형 읽기 교육 방법이 소개되길 희망한다.

참고문헌

강현화, 김미옥 외. 2016. **한국어 이해 교육론**. 형설출판사.

김수정. 2009. 한국어 교육에서 확장형 읽기 활동을 통한 독해력과 어휘력 증진 효과–신문 기사문을 중심으로. **외국어로서의 한국어 교육**. 34. pp. 129–156.

김혜진, 양민철. 2013. 국내 대학 한국어 수업에서의 열린 읽기 적용 가능성 연구. **한국어문화교육**. 7-2. pp. 83–100.

배정선, 손정호. 2014. 학문 목적 학습자를 대상으로 한 확장형 읽기 교육의 효과. **외국어로서의 한국어 교육**. 14. pp. 89–111.

서영미. 2004. 읽기 전략을 이용한 집중형 읽기에 관한 연구. **언어학**. 대조언어학회. 12-1. pp. 23–41.

우형식. 2008. 한국어 교육에서 열린 읽기 활동의 도입을 위한 기초 연구. **우리말 연구**. 22. 우리말학회. pp. 185–209.

우형식, 김수정. 2011. 확장형 읽기 활동을 위한 한국어 읽기 자료의 선정과 등급 구분. **이중언어학**. 45. pp. 133–165.

조경희. 2010. 학교 영어도서관을 활용한 확장형 읽기 접근 방식의 적용 사례 연구. 충남대학교 대학원 박사 학위 논문.

김영하. 2013. **살인자의 기억법**. 문학동네.

이선. 2018. 우리나라 벚꽃 놀이의 역사와 벚꽃 축제에 관한 소고(小考). **한국화예디자인학 연구**. 38-38. pp. 3–19.

한국어읽기연구회. 2013. 구두. **외국인을 위한 한국어 읽기 61–한국의 현대 수필**. 학이시습.

조남주. 2016. **82년생 김지영**. 민음사.

대한민국 구석구석. 2024. 2024 벚꽃 개화 시기 총정리, 축제 포함 벚꽃 명소 추천 4 https://korean.visitkorea.or.kr/detail/rem_detail.do?cotid=beaa6c1f-fd1b-47a0-81c1-3260362fa729.

KBS 뉴스. 2024. "오락가락 날씨에 벚꽃 없는 벚꽃 축제 (……) 내일도 비." https://news.kbs.co.kr/news/pc/view/view.do?ncd=7924653.

국제뉴스. 2024. "2024 가장 빠른 벚꽃축제는 '대구 이월드' (……) 입장료와 포토존 위치." https://www.gukjenews.com/news/art4cleV4ew.html?4dxno=2941633#:~:text=2024 년%20 가장%20 빠른%20 벚꽃,오는%20 벚꽃%20 성지로%20 불린다.

KBS 뉴스. 2024. "화제의 드라마 '도깨비' 중화권 열풍." https://news.kbs.co.kr/news/pc/view/view.do?ncd=3418368.

10cm. 2024. 〈내 눈에만 보여〉 MV. https://www.youtube.com/watch?v=xNyCG-bLLeU.

제5장

상호문화 교육 관점의 한국어 문화 수업 모형 개발

–《서울대 한국어 플러스》를 중심으로

이정덕, 이정화
한국 서울대학교
Seoul National University

1. 들어가며

1 법무부 출입국 통계 자료. https://www.moj.go.kr/moj/2412/subview.do.

한국 내 체류 외국인은 2023년 기준 약 250만 명으로 전체 인구의 4.89%에 달한다.[1] 유학생, 이주 노동자, 결혼 이민자, 다문화 가정 자녀 등 다양한 배경의 학습자들이 증가하면서 유럽이나 미주 등에서처럼 한국 내에서도 상호문화주의적 관점을 도입한 한국어 교육, 한국 문화 교육의 필요성이 대두되었다. 특히 2020년 고시된 '한국어 표준 교육 과정'에서는 한국어 교육이 "한국어 의사소통 능력의 함양과 더불어 한국인의 사고를 이해하고, 한국 문화를 경험하고 향유하도록 함을 목표"로 하며, 이에 더해 "상호문화 의사소통 능력의 함양" 추구를 목표로 설정하고 있다.

한국뿐만 아니라 국외에서도 학습자의 배경이 급격히 다양해짐에 따라 문화 공존, 소통을 목적으로 하는 상호문화주의적 관점의 문화 교육에 대한 필요성이 대두되고 있다. 본 연구는 최근 완간된《서울대 한국어 플러스》를 활용한 문화 수업 모형을 개발해 교육 환경과 학습자 특성에 맞게 변형하여 사용할 수 있는 원형적인 문화 수업을 제시하는 데 목적이 있다. 이를 위해《서울대 한국어 플러스》의 문화 항목을 분석하고 이를 토대로 문화 교육 수업 모형을 제시하고자 한다. 본 연구에서 제시한 문화 수업 모형은 제2언어로서 한국어를 교육하는 KSL 환경이나 한국어를 외국어로서 교육하는 KFL 환경에서 진행되는 문화 수업 설계에 활용될 수 있을 것이다.

2. 문화 교육의 필요성 및 현황

2.1. 문화 교육의 관점

《서울대 한국어 플러스》의 문화 항목을 분석하고 이를 활용한 문화 수업을 제시하기 위해서는 문화 교육에 대한 관점을 정리할 필요가 있다. 권오경(2006: 391-397), 이성희(2015: 126-136), 이승연 외(2021)를 종합해 보면 문화 교육에 대한 관점은 크게 2가지로 나눌 수 있다. 먼저, 문화를 독립적으로 교육하는 '문화 독립적 교육 관점'과 언어와 문화를 융합한 '언어문화 통합적 교육 관점'이다. '언어문화 통합적 교육 관점'은 다시 '언어 중심 교육'과 '문화 중심 교육'으로 나눌 수 있다.

문화 독립적 교육 관점은 문화 교육 그 자체에만 집중하는 관점으로서, 학습자의 한국어 숙달도를 고려할 필요가 없는 국외에서의 한국학 강의, 세종학당의 문화 수업 등에서 활용될 수 있다. 한국 내에서는 영어로 진행되는 한국학 수업이나 법무부에서 주관하는 사회 통합 프로그램의 '한국 사회 이해' 과정을 예로 들 수 있다(이승연 외, 2021: 81-88).

언어와 문화를 통합적으로 교육해야 한다는 언어문화 통합적 교육 관점의 대표적인 연구로는 김정숙(1997)을 들 수 있다. 김정숙(1997: 323)에서는 언어와 문화가 통합된 언어 교육을 실시해야 하며, "언어 사용을 문화적 인식, 이해, 판단의 방법으로 보고 언어 안에서의 문화 교육 과정을 통해 목표 문화 내에서의 언어, 문화적 숙달도를 발달"시켜야 함을 강조한다. 이외에도 민현식(2004), 최정순(2004) 등 많은 연구가 언어와 문화가 불가분의 관계이며, 이를 통합적으로 교육해야 한다고 주장하고 있다.

언어문화 통합적 교육 관점 중 언어 중심 교육은 언어 영역에서 문화 현상을 찾는 관점이다. 즉, 언어에 내재된 문화 요소를 교육해야 한다는 것이다. 언어에 내재된 문화 요소는 겸손하게 말하기, 부탁/거절하기와 같은 화용적 능력, 금기시되는 표현, 대우법, 호칭어, 속담 등이 있다. 이석주(2002)에서는 한국어에 포함된 문화의 내용 목록을 숙달도별로 제시했고, 조항록(2005)에서도 호칭어, '우리', 속담 등의 언어 요소에 포함된 문화 요소를 함께 교육, 평가해야 함을 주장했다.

문화 중심 교육은 문화 영역의 일부로 언어 현상을 다루며, 문화는 언어 사용의 배경이 되고 언어 형성에 영향을 미치므로 광범위하게 교육해야 한다는 관점을 취한다. 배윤경(2002)에서는 문화적 숙달도와 언어적 숙달도를 동시에 추구해야 하며, 문화는 수단이 아닌 궁극적인 목표가 되어야 함을 주장한다. 권오경(2006)에서는 의사소통 능력보다 문화 능력을 상위에 두고 한국어 교육의 목표가 한국인과 한국 문화에 대한 이해에 있음을 강조하고 있다.

《서울대 한국어 플러스》의 교수·학습 목표는 일차적으로는 학습자가 한국 내에서 한국어와 한국 문화에 대한 이해를 높이고 일상생활 등을 불편 없이 영위하는 것을 목적으로 한다. 또한 한국 문화와 자국 문화 간 비교를 통해 한국 문화뿐만 아니라 자국 문화에 대한 이해를 높이고 새로 알게 된 문화적 요소를 전달할 수 있도록 한다. 이 같은 《서울대 한국어 플러스》의 교육 목표는 박영순(2003)에서 제시하는 문화 교육의 목표와 일맥상통한다. 박영순(2003: 69-70)에서는 문화 교육의 목표를 다음과 같이 제시하고 있다.

1. 목표 언어가 속한 문화의 대략적인 특징을 이해한다.
2. 모(母)문화와 목표 문화의 공통점과 차이점을 이해한다.
3. 문화적으로 조건화된 행동과 언어 표현을 이해하고, 그에 알맞은 행동과 언어적 대응을 적절하게 할 수 있다.
4. 자신의 문화와 언어에 대한 객관적인 분석과 평가를 할 수 있고, 다른 언어와 문화를 비교, 대조할 수 있다.
5. 목표 언어가 속한 문화적 관습이나 가치관에 따라 목표 언어를 적절하게 수행할 수 있다.
6. 학습자 자신의 모국어 문화와 목표 언어 문화의 공통점과 차이점을 이해하고 두 언어문화에 대한 더 정확한 이해와 사용 능력을 향상한다.

한편, 앞서 소개한 바와 같이 한국어 표준 교육 과정에서는 '상호문화 의사소통 능력'을 학습자가 도달해야 할 목표로 삼고 있는데 이는 박영순(2003)에서 제시한 문화 교육의 목표 중 4, 6번과 관련이 있다. 한국어 표준 교육 과정에서는 '상호문화 의사소통 능력'을 다음과 같이 설명하고 있다. 한국어 학습 과정에서 한국어 학습자는 필연적으로 "한국인의 사고와 한국 문화에 대한 정보를 접하게 되고, 학습자 자신이 속한 사회의 문화와 한국 문화의 차이를 파악하며, 한국 문화의 가치와 의미를 이해하는 과정을 겪는데" 일련의 과정이 다시 한국어로 원활하게 의사소통하는 데에 도움을 준다는 것이다[2].

2 국립국어원. 2020. 한국어 표준 교육 과정 해설서. pp. 8-9.

한국어 표준 교육 과정에서 추구하는 상호문화 의사소통 능력은 상호문화주의를 바탕으로 한다. 상호문화주의란 단순히 여러 문화를 인정하고 함께 공존하는 것(다문화주의)을 넘어서는 개념으로, 문화 간 상호 작용을 통해 공통된 정체성을 이루려는 사회 통합적 패러다임을 말한다(김창근, 2015: 194, 207). 상호문화주의에서 가장 중시되는 것은 바로 대화와 소통을 통해 다른 문화와의 상호 작용을 추구하는 것이다. 이를 바탕으로 한 상호문화 교육이란 학습자 주위의 문화에 대한 이해를 높여 학습자 자신에 대한 성찰과 함께 타 문화에 대한 열린 시각과 이해를 지향하도록 하는 교육이라고 할 수 있다(김예슬, 2017: 22).

본 연구에서는 언어문화 통합적 교육 관점을 지향하되, 교수·학습 상황을 고려하여 언어 중심 혹은 문화 중심 교육 중 한쪽에 더 중점을 두고 교육할 수 있는 2가지 모형을 제시하고자 한다. 또한 박영순(2003)의 문화 교육 목표에 상호문화 교육 관점을 더한 수업 모형을 제시할 것이다. 상호문화 교육은 한국어 표준 교육 과정에서 언급한 대로 "상호문화 의사소통 능력의 함양"이라는, 한국어 학습자의 역량 강화에 부합하는 관점이기 때문이다.

2.2. 한국 내 한국어 교육의 발전[3]

한국 내 언어 교육 기관에서 본격적으로 한국어 교육을 시작한 것은 1959년 연세 한국어학당을 시초로 보는 것이 일반적이며 이를 기준으로 하면 어느덧 60여 년의 역사가 흘렀다. 그동안 학습자 수 증가, 학습자 국적 다양화, 언어 교육 기관 확대, 교재 개발, 교수법 개발 등 어느 부분을 이야기해도 괄목할 만한 성과를 이루어 내지 않은 분야가 없지만, 본 연구에서는 학습자 변화 부분과 교재 발전 부분을 위주로 살펴보고자 한다.

2.2.1. 학습자 다변화

서울대학교 언어교육원 한국어교육센터의 학습자 변화를 살펴보면 무엇보다 국적 다변화가 눈에 띈다.[4] 다음은 1995년, 2005년, 2015년, 2024년의 학습자 수와 국적을 비교한 것이다.

〈표 1〉에서 보는 바와 같이 초기에는 인접 국가들의 학생이 주류를 이루면서 학습자의 국적이 다양하지 않았던 데 반해 현재는 전 세계에서 다양한 국적의 학생들이 한국어를 학습하기 위해 서울대학교 한국어교육센터를 찾고 있다. 또한 1990년대에는 학습자의 대부분이 1급 학생들이었으며, 고급 수준의 학습자들이 드물었기 때문에 학습자의 구성이 피라미드 모양을 이루었던 데 반해 현재는 본국에서 초급 과정의 일부라도 수학한 후에 입국하는 경우가 늘어나고 고급 학습자들의 수가 증가하면서 학습자 구성에 변화를 보이고 있다.

〈표 1〉 서울대학교 언어교육원 한국어교육센터 학습자 수와 국적 변화

연도	1995년 봄	2005년 봄	2015년 봄	2024년 봄
학습자 수(명)	105	397	1,065	1,122
국적 수(개)	25	40	79	91

〈표 2〉 서울대학교 한국어교육센터 학습자 급별 비율(%) 변화

학기	1급	2급	3급	4급	5급	6급	연구반
2015년 여름	19.8	19.4	23.4	26.4	15.5	10.7	4.3
2024년 여름	10.0	17.7	18.6	20.3	14.8	9.0	9.3

〈표 3〉 서울대학교 한국어교육센터 연구반 학습자 변화

년도	2001년 여름	2015년 여름	2022년 여름	2024년 여름
학습자 수(명)	12	22	54	74
국적 수(개)	6	6	17	26

〈표 2〉를 보면 지난 10년 사이 서울대학교 한국어교육센터 1급 학습자의 비율이 줄고 최상위급인 연구반 학습자 비율이 2배로 증가했음을 확인할 수 있다. 또 하나 눈에 띄는 변화는 고급 수준의 서양권 학습자들이 증가했다는 것이다. 일본, 중국 학습자가 주류를 이루던 2000년대 이전에는 서양권 학습자들은 학습 속도가 느리다는 평가를 받았고 고급까지 수학하는 경우도 지극히 드물었다.[5] 그러나 현재 서울대학교 한국어교육센터의 최상위 과정이라고 할 수 있는 연구반 학습자의 구성만 보더라도 서양권 학습자들이 눈에 띄게 증가하고 국적이 다양해졌음을 알 수 있다.[6]

이상에서 살펴본 바와 같이 한국어는 더 이상 동양의 낯선 언어가 아니며 학습자의 저변이 눈에 띄게 확대되고 있음을 알 수 있다. 이러한 변화는 상호문화 교육 관점의 문화 교육 필요성을 주장하는 데에 좋은 근거가 된다.

2.2.2. 한국어 교재의 발전 과정

서울대학교 한국어교육센터의 교재 발전 과정은 정규반 교재와 단기반 교재, 교육용 앱 등의 기타 교재 3가지로 나누어 살펴볼 수 있다. 본 발표에서는 문화 교육적 관점에서 교재를 살펴보고자 하므로 교재의 체제 등 자세한 소개는 소략한다.

(1) 정규반 교재

2024년 여름 학기를 기준으로 서울대학교 한국어교육센터의 정규반 교재는 크게 4번의 개신을 거쳤다. 먼저, 1세대 교재[7]는 어학연구소 시절인 1979년 명지출판사에서 출간된 《한국어》1~3권이다. 당시는 초급, 중급, 고급 3단계의 한국어 수업이 이루어졌으며 하루 3시간 동안 1과를 수업하는 구성이었다. 다음으로 2세대 교재는 1994년 풍남출판사에서 출간된 《한국어》1~4권이다. 초급, 중급, 중상급, 고급 단계로 구분되며 하루 4시간의 수업이 이루어졌다. 2000년에 문진출판사에서 출간된 《한국어》1~4권은 이전 풍남출판사의 교재를 근간으로 6급까지 세분화한 교재로 2세대 교재의 연장선이라고 볼 수 있다. 당시 5급과 6급은 출판, 판매되지 않고 센터 내에서 제본 형태로만 사용되었다. 서울대학교 한국어교육센터의 3세대 교재는 투판즈출판사에

5 이선웅·이정화·서경숙(2022: 193)에 따르면 어휘 오류율이 급격히 늘어나는 시기는 3급과 5급인데 이는 중급과 고급으로 넘어가는 시기에 한자어가 늘어나고 어휘 수가 급격히 증가하기 때문으로 추정할 수 있다. 10여 년 전만 해도 한자 어휘의 폭발적 증가로 4급에서 학습을 포기하는 서양권 학습자들을 상당수 볼 수 있었다.

6 2024년 여름 학기 기준으로 연구반 등록자의 국적을 자세히 살펴보면, 대만, 독일, 러시아, 몽골, 말레이시아, 미국, 베트남, 벨기에, 벨라루스, 스웨덴, 싱가포르, 영국, 우즈베키스탄, 이란, 인도, 인도네시아, 일본, 조지아, 중국, 홍콩, 캐나다, 키르기스스탄, 태국, 튀르키예, 프랑스, 필리핀 총 26개국 학생들로 유럽에서 온 학습자들의 비중이 높아진 것을 확인할 수 있다.

7 서울대학교 한국어 교재의 사용 연한은 개발 이후 대체로 10년 이상 지속되어 왔다. 교재를 구분하기 위해 편의상 1세대, 2세대, 3세대, 4세대라 칭하기로 한다. 교재가 가장 드라마틱하게 발전한 시기는 2세대에서 3세대로 전환하는 시기이며 다른 기관들의 교재 발전 시기와 대체로 일치한다.

서 2012~2015년 사이에 출간된 《서울대 한국어》 1~6권이다.[8] 3세대 교재는 교수법적으로나 교재 구성적으로 가장 혁신적인 변화를 취했다. 마지막으로 소개할 4세대 교재는 서울대학교 출판문화원에서 2023~2024년에 출간된 《서울대 한국어 플러스》 1~6권이다.

서울대학교 한국어교육센터의 1, 2세대 교재는 대화형 본문을 제시하고 본문 내용 등에 문화적인 요소를 포함하고 있기는 하나 문화에 대한 교수요목 설계가 이루어지지 않았다는 특징이 있다. 1, 2세대 교재는 관용어 속담 등 언어를 기반으로 하는 문화적 요소가 주를 이루며, 교재에 별도의 문화 내용을 갖추고 이를 교수요목에 반영한 것은 3세대 교재부터이다. 이는 문화 교육의 필요성을 주장하는 논문들의 관점이 교재에 반영된 성과로 볼 수 있다. 3세대 교재와 4세대 교재의 문화 교수요목의 차별점은 4세대 교재가 상호문화 교육의 관점을 추구한다는 것, 즉 문화 간 생각 나누기가 강화되었다는 것이다.

(2) 단기반 교재

2001년에 신설된 저녁반 수업은 실용 목적의 60시간 한국어 과정으로 정착되어 현재까지 이어지고 있다. 정규 과정보다 역사가 짧기 때문에 교재의 개신도 3차례만 이루어졌다. 2005년까지 센터 내부에서 편집본 교재인 《Survial Korean》 1~4권을 사용해 오다가 2005년 문진미디어에서 《Active Korean》 1~4권을 출간했다. 《Active Korean》 1~4권은 지금까지도 꾸준히 판매되고 있으며 외국 기관에서도 많이 사용되는 책이다. 단기 교재를 4급까지만 만들어서 사용해 오다가 단기 과정에서도 높은 숙달도의 필요성이 대두됨에 따라 《I Love Korean》이라는 이름으로 서울대학교출판부에서 5권과 6권을 출판했다.[9] 《Active Korean》 1~4권과 《I Love Korean》 5, 6권에는 모두 별도의 문화 코너를 마련하고 문화 교수요목을 설계한 점이 특징이다. 특히 2005년에 출간된 《Active Korean》의 경우 굉장히 이른 시기에 문화 교수요목을 설계했다는 점에서 의의가 있다.

(3) 기타 교재

기타 교재로는 서울대학교 한국어교육센터가 운영 중인 특별반 수업에서 사용되는 한자반 교재와 발음 교재가 있다. 이 중 한국어의 한자 어휘 확장과 읽기 이해 능력 향상을 목적으로 개발된 한자 교재는 한국어 문화 교육과 밀접한 관계가 있다. Anderson과 Freebody(1981)에서 소개하고 있는 'Knowledge Hypothesis' 즉, "어휘 지식이 많은 사람은 그 문화에 관한 깊고 넓은 지식을 갖고 있으므로 독해에 필요한 지식을 갖추고 있다."는 주장을 근거로 할 때 한자 교재의 가치는 더욱 분명해진다. 한자 어휘 교육은 문화를 이해하는 데 도움이 되고 나아가 독해 능력을 향상할 수 있기 때문이다.

이 외에 온라인 상에서 이용 가능한 교재들이 있는데, 한글을 배울 수 있는 앱, 초·중급 어휘 문법을 익힐 수 있는 앱, 단기반 교재인 《사랑해요 한국어(I Love Korean)》 동영상 강좌 등이 있으나 문화 교육과 관련이 깊지 않아 소략한다.[10]

---

[8] 실제 한국어교육센터에는 2001년부터 정규 1~6급보다 높은 수준인 연구반 수업도 이루어지고 있었는데 출판 교재가 아닌 편집본 교재를 사용해 오다가 2017~2019년에 《서울대 한국어 플러스 학문 목적 말하기》, 《서울대 한국어 플러스 학문 목적 쓰기》, 《서울대 한국어 플러스 학문 목적 읽기》, 《서울대 한국어 플러스 학문 목적 듣기》의 기능별 교재를 출간했다. 이 역시 3세대 교재에 해당하는 것으로 문화 교육이 강화되었다.

[9] 《I Love Korean》은 5, 6권이 《Active Korean》 1~4권의 상위급으로 먼저 집필되었다. 이후 《Active Korean》의 후속 교재로 《사랑해요 한국어(I Love Korean)》 1~4권이 출간되었다. 현재 새로운 단기반 교재인 《사랑해요 한국어(I Love Korean)》 1~4권에 맞추어 《사랑해요 한국어(I Love Korean)》 5, 6권을 집필 중에 있다.

[10] 서울대학교 한국어교육센터에서 개발한 앱 교재는 모두 무료로 배포되므로 국외에서 한국어를 교수할 때 유용하게 활용할 수 있다.

3. 《서울대 한국어 플러스》 문화 항목 분석

《서울대 한국어 플러스》의 문화 항목을 분석하기 위해 먼저 문화 항목의 분류 기준을 살펴보겠다. 교육 분야에서 다뤄야 할 문화가 무엇인지에 대해 언급한 대표적인 연구로는 Brooks(1975), Hammerly(1982), Tomalin과 Stempleski(1993)가 있다.

Brooks(1975: 20-21)에서는 문화를 'Culture MLA'와 'Culture BBV'로 구분한다. 전자는 흔히 'Big C'로 불리는 성취 문화(achievement culture)로, 음악(music), 문학(literature), 예술(art of the country), 건축, 정치, 경제 제도를 말한다. 'Culture BBV'는 'Little C'로 불리는 행동 문화(behavior culture)로서 일상생활에서 나타나는 신념(beliefs), 행동 양식(behavior), 가치 체계(values), 태도 등 한 집단이 공유하는 인간 생활과 행위에 영향을 주는 정신적 측면을 포함하는 개념이다.

Hammerly(1982)에서는 언어적 목적의 문화를 정보 문화(information culture, 또는 사실 문화 factual culture), 행동 문화(behavioral culture), 성취 문화(achievement culture)로 나눈다. 정보 문화는 평균적인 교육을 받은 모국어 화자들이 자국의 사회, 지리, 역사, 영웅 등에 대해서 알고 있는 정보와 사실을 말한다. 행동 문화는 일상생활의 총체로서, 한 사회 속에서 한 민족이 행동하는 양식을 의미한다. 성취 문화는 해당 문화에서 성취된 업적인 음악, 문학, 예술 등을 가리킨다. Hammerly(1982: 515)에서는 특히 행동 문화의 중요성을 강조했는데, 행동 문화는 제2언어 학습자가 목표 언어 문화권에서 행동하는 방법을 알아야 하므로, 특히 초급과 중급 수준에서부터 적합한 행동을 수행할 수 있도록 이와 관련된 내용을 교수, 학습해야 한다고 하였다.

마지막으로 Tomalin과 Stempleski(1993)의 문화 유형에 대해 살펴보겠다. Tomalin과 Stempleski(1993: 6-7)에서는 역사, 지리, 예술과 같은 'Big C'와 문화적 영향을 받는 신념, 특히 언어를 통해 표현되는 인식인 'Little C'로 구분한다. 특히 'Big C('성취 문화')'는 개념이 그대로 유지되고 있으나, 'Little C('행위 문화')'는 유럽, 미주 등의 교육 분야에서 점차 확장되어 이제는 문화의 요소를 관념(idea), 성과물(products), 행동(behaviors)의 3가지 유형으로 나눌 수 있다고 하였다.

권오경(2006; 2009)에서는 Tomalin과 Stempleski(1993)의 문화 요소 분류를 도입하여 한

<표 4> 한국어 교육 분야에서의 문화 항목 범주(권오경, 2006: 410-418)

문화 항목	내용
성취 문화	- 한국인이 이룩한 모든 업적 - 언어문화, 생활 문화(의식주), 예술 문화(대중문화, 고급 예술), 제도, 문화재 등 - 말, 이야기, 노래, 공연, 영상, 매체, 문학 등
행동 문화	- 보편적 생활 양식, 일상적 행동 유형, 일을 처리하는 방식 등 - 언어 행위(호칭, 인사법, 전화, 초대 예절 등) - 준 언어(제스처, 윙크 등과 고저, 속도, 억양 등) - 비언어적 행위(일상적 행위)
관념 문화	- 가치관, 정서(한, 비애, 속도 문화), 종교 및 종교관, 상징 체계, 민족성

국어 교육 분야에서의 문화 항목을 성취 문화, 행동 문화, 관념 문화로 분류하고 각각의 항목에 해당되는 문화 내용의 예를 제시했다.

강현화(2011)에서는 국외 일반 목적 학습자인 세종학당 학습자를 위한 문화 교수요목을 설계하기 위해 한국 문화 항목을 Hammerly(1982)를 기준으로 분류하여 세부 내용을 제시하고 있다. Hammerly(1982)의 문화 항목 유형은 정보 문화, 행동 문화, 성취 문화로 나뉘는데, 강현화(2011)에서는 성취 문화의 세부 항목을 문학, 예술, 인물[11], 역사, 생활로 분류하고, 행동 문화는 한국어, 예절, 생활, 풍속, 가치관, 종교, 정치로 분류했다. 마지막으로 정보 문화는 한국어, 생활, 가치관, 종교, 정치, 행정, 경계, 법률, 과학, 교육, 지리로 분류했다.

본 연구에서는 Hammerly(1982)와 강현화(2011)의 분류 기준을 참고하여 《서울대 한국어 플러스》의 문화 항목을 분석했다. 강현화(2011)에 제시된 대분류가 《서울대 한국어 플러스》에 출현하지 않는 경우 해당 항목을 삭제했고, 《서울대 한국어 플러스》에 출현한 내용이 강현화(2011)의 분류에 맞지 않는 경우 대분류 항목을 추가했다.

분석 전 살펴볼 내용은 《서울대 한국어 플러스》의 단원 구성 체계이다.[12] 《서울대 한국어 플러스》는 초급인 1급과 2급의 단원 구성이 동일하다. 중급인 3·4급 교재는 초급과 단원 구성이 대체로 유사하나 세부 내용인 말하기 단계 구성과 읽기 구성에 차이가 있다. 고급 교재인 5, 6급은 초급, 중급 교재의 단원 구성과는 확연한 차이가 있는데, 다음의 〈그림 1〉과 〈그림 2〉를 비교하면 초·중급과 고급의 단원 구성 차이를 확인할 수 있다. 초·중급과 고급 교재의 가장 큰 차이는 '문화'가 단원 내에 별도로 구성되어 있는지 여부이다. 초·중급의 경우 단원 말에 해당 단원의 주제와 관련 있는 '문화' 내용이 사진이나 삽화, 읽기 텍스트의 형태로 제공된다. 고급 교재에서는 별도의 '문화'가 구성되지 않고 단원 내 듣기, 말하기 등의 내용에 포함된다. 숙달도가 낮은 초급이나 중급에서는 심도 있는 언어문화 통합 교육에 어려운 점이 있어서 문화 항목을 따로 설정했으나 고급에서는 주제를 중심으로 문화적인 요소를 언어적인 것과 충분히 통합할 수 있기 때문이다.

〈그림 1〉《서울대 한국어 플러스》 3, 4의 단원 구성

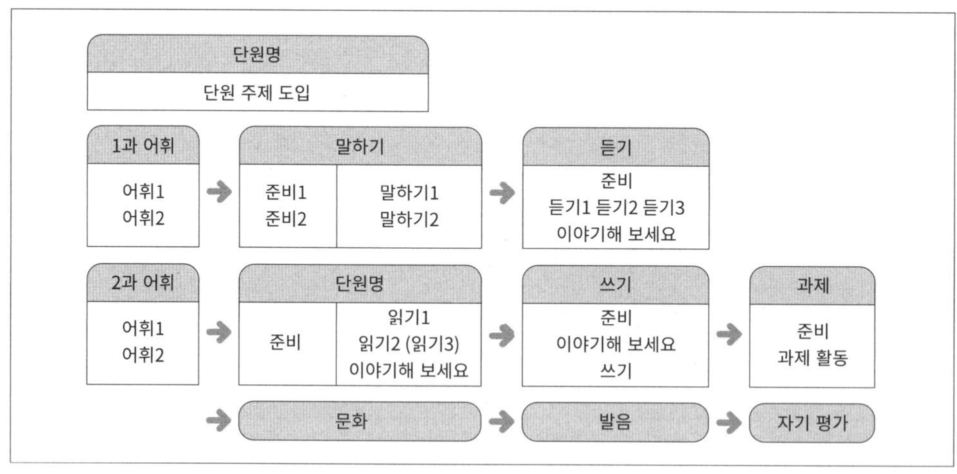

[11] 인물의 경우 Hammerly(1982)의 분류에 따르면 정보 문화에 해당하나, 역사적 인물이 이룬 업적의 경우 성취 문화로 볼 수도 있어 본 연구에서는 강현화(2011)의 분류에 따라 성취 문화로 분류했다.

[12] 김정현·이정덕(2023)에서는 《서울대 한국어》 3, 4와 《서울대 한국어 플러스》 3, 4의 체제 차이와 《서울대 한국어 플러스》 3, 4의 개발 과정에서 중점을 둔 부분을 자세히 기술하고 있어 《서울대 한국어 플러스》의 특징을 살펴보는 데에 참고할 수 있다.

IV. 한국어 교재 및 교육 과정과 한국어 교육

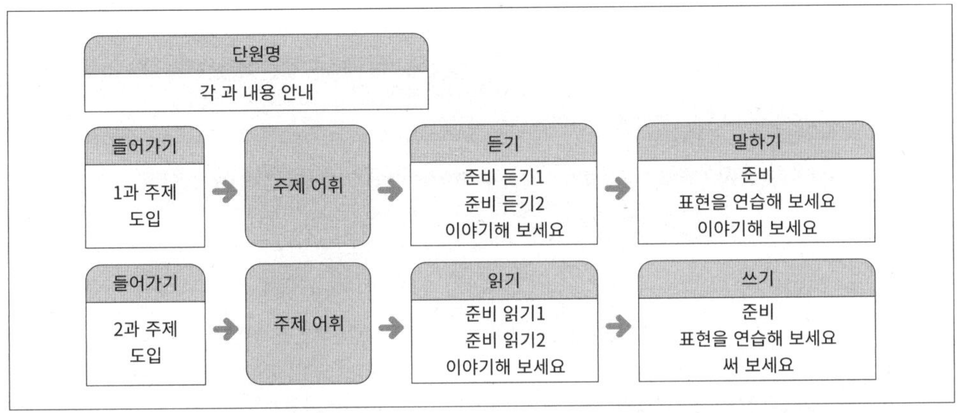

〈그림 2〉《서울대 한국어 플러스》5, 6의 단원 구성

《서울대 한국어 플러스》의 문화 항목은 해당 항목이 교재 내에 단순 노출되어 한국어를 교수·학습하는 데에 배경지식으로서 활용되는 경우와 문화 항목 자체를 학습 내용으로 다루는 경우의 2가지로 나눌 수 있다. 예를 들어 한국의 전통 무예인 태권도의 경우《서울대 한국어 플러스》1A권 6단원 말하기(165쪽) '태권도를 배워요'에서 '태권도'라는 어휘가 단순 노출된다. 이 경우 교재에 '태권도'라는 문화 항목이 말하기를 수행하는 데 일종의 배경지식으로서 제시된다. 반면에《서울대 한국어 플러스》4A권 9단원 읽기①, 읽기②에서는 태권도의 역사, 장점과 태권도의 경기 규칙 등이 학습 내용으로서 제시되어 해당 부분을 문화 수업에서 활용할 수 있다.[13]

《서울대 한국어 플러스》에서 성취 문화 항목은 주로 중급과 고급에 출현하는데 이는 한국어로 기술된 문학, 대중 문화, 예술 등의 내용을 이해하려면 일정 수준 이상의 한국어 능력이 필요하기 때문이다. 단순히 해당 항목이 어휘로 노출되는 것이 아닌, 학습 내용으로 가공된 경우 특히 상당 수준의 한국어 능력이 요구된다.

〈그림 3〉은《서울대 한국어 플러스》의 1~6급에 나타난 성취 문화 항목의 출현 빈도를 나타낸 것이다. 1, 2급 교재에 제시된 성취 문화 항목은 '경복궁', '사물놀이', '전통 놀이', '한복' 등 초급 수준의 교재에서 어휘로 제시될 만한 것이다. 본격적으로 성취 문화 항목이 출현하는 것은 중급 이후로, 3, 4급 교재에서는《소가 된 게으름뱅이》,《흥부전》,《청개구리》,《금도끼 은도끼》등의 옛날이야기(아동 문학), '태권도', '집 구조', '설피' 등이 등장한다. 고급에서는 예술, 인

[13] 본 연구자들은《서울대 한국어 플러스》1~6급의 문화 항목을 분석하여 문화 항목이 출현하는 급, 단원, 언어 기술, 페이지 순으로 정리했다. 특히 문화 항목 자체를 말하기, 듣기, 읽기 수행 과정에서 학습 내용으로 활용할 수 있는 경우 음영을 표시했다. 본 연구자들이 정리한《서울대 한국어 플러스》의 문화 항목을 참고한다면 한국어 숙달도에 맞는 내용을《서울대 한국어 플러스》에서 찾아 수업에 활용할 수 있을 것이다. 해당 자료는 지면 관계상 본 자료집에는 싣지 못했다. 출판사나 저자들에게 연락할 경우 제공받을 수 있다.

〈그림 3〉《서울대 한국어 플러스》에 나타난 성취 문화 항목

	1급	2급	3급	4급	5급	6급
문학			2	2		14
예술	3	3	1	1	5	16
인물				2	6	3
역사					3	3
생활	1			2	1	1

1~2
3~4
5~7
8~11
12↑

<그림 4>《서울대 한국어 플러스》에 나타난 행동 문화 항목

	1급	2급	3급	4급	5급	6급	
한국어		3	6	17	11	7	〈관용어, 속담 등
예절	3	10	1	〈인사 예절 등			
생활	14	17	16	18	9	9	
풍속		7	11	4	1		
가치관			〈가치관 변화	4	9	4	
종교			1	〈미신과 금기			

1~2
3~4
5~7
8~11
12↑

물, 문학, 역사, 대중문화 등 다양한 내용의 성취 문화 항목이 출현한다.

<그림 4>에서 알 수 있는 것처럼 행동 문화는 교재 전체에서 고루 출현하며, 출현 빈도도 다른 문화 항목에 비해 월등히 많다. Hammerly(1982: 515)에서 강조했듯이 행동 문화 항목은 초급에서부터 다양한 형태로 나타난다. 특히 제2언어 학습 환경에 적응하는 데 필수적인 '예절' 항목의 경우 경조사, 초대/방문 예절, 식사 예절, 인사 예절 등의 다양한 내용으로 다뤄지고 있다. 중·고급에서는 속담, 화행, 관용어 등 학습 어휘 내용이 빈번하게 출현하며, 명절 음식 등 풍속과 관련된 내용이나 가치관과 같은 한국 문화를 이해하는 데에 도움을 줄 수 있는 여러 항목이 교재 안에서 다뤄진다.

정보 문화는 한국인이 한국의 사회, 지리, 역사 등에 대해서 알고 있는 정보와 사실로서 지식적인 측면이 강하다는 특징이 있다.

<그림 5>에서 확인할 수 있는 바와 같이 정보 문화에 해당되는 내용은 초급보다는 중·고급에 제시되고 있는데, 초급에 제시된 내용은 서울, 부산과 같은 지역명이나 명소가 대부분이다. 고급에서는 한국어의 특징, 사투리의 특징 등 한국어에 대한 메타언어 지식, 정치 제도나 경제, 법률과 관련된 내용 등을 다룬다.

<그림 5>《서울대 한국어 플러스》에 나타난 정보 문화 항목

	1급	2급	3급	4급	5급	6급	
한국어	1	〈한글 제자 원리				3	
생활			4	〈국경일			
정치						1	
경제	1	〈한국의 돈		1		3	
법률						4	
교육					3		
지리	22	11	3	6	3	5	
동·식물			1	3			

1~2
3~4
5~7
8~11
12↑

《서울대 한국어 플러스》에서 다루는 다양한 문화 항목들은 외국어로서의 한국어 교육 상황에서도 활용될 수 있다. 해당 지역의 언어로 한국 문화를 교수·학습하는 문화 독립형 교육 관점을 취하지 않는다면, 문화 항목은 언어문화 통합적으로 다뤄질 것이다.

4. 《서울대 한국어 플러스》를 활용한 문화 수업 모형

이 장에서는 《서울대 한국어 플러스》를 활용한 수업 모형을 제시하고자 한다. 한국어에 초점을 맞춘 언어 중심 수업 모형과 문화 항목에 초점을 맞춘 문화 중심 수업 모형 2가지로 나누어 살펴볼 것이다.

4.1. 언어 중심 수업 모형

관용어나 속담만큼 언어와 문화의 밀접한 관련성을 보여 주는 예는 없을 것이다. 관용어와 속담에는 해당 사회의 생활상이나 관습이 반영되며, 대개 자연스러운 습득보다는 학습을 통해서 의미를 이해하고 사용할 수 있기 때문이다. 언어 중심 수업 모형에서는 상호문화 교육적 관점에서 관용어와 속담을 교수·학습할 수 있는 수업 모형을 제시하고자 한다.

본 연구에서 제시하는 수업 모형은 각 50분 분량의 4차시 수업으로서, 다음 〈표 5〉와 같은 순서로 진행될 수 있다. 각 차시의 목표는 '한국어 관용어와 속담의 의미 이해하기'와 '모국어 표현, 문화와 비교하기'이다.

1차시 주제는 증상과 관련된 관용 표현으로서 '몸살을 앓다', '소화하기 어렵다'가 그 내용이다. 2차시에는 신체와 관련된 관용어로서 인간관계의 범위가 넓은 사람을 나타내는 '발이 넓다'와 성장을 의미하는 '머리가 굵다', 숨겨 왔던 본모습을 보인다는 뜻의 '발톱을 드러내다'를 학습하게 된다. 3차시 주제는 '떡'이 들어가는 속담이며, 4차시 주제는 '외양간', '낫'과 같은 과거 한국인의 생활과 밀접한 관련이 있는 공간이나 도구가 등장하는 속담이다.

〈표 5〉 언어 중심 수업 모형

차시	주제	세부 내용	《서울대 한국어 플러스》
1차시	증상과 관련된 관용어	몸살을 앓다/소화하기 어렵다	4A 2단원 문화(읽기)
2차시	신체와 관련된 관용어	발이 넓다/머리가 굵다/발톱을 드러내다	5A 3단원 듣기②
3차시	속담(1)	• 그림의 떡 • 남의 떡이 더 커 보인다 • 미운 아이 떡 하나 더 준다 • 보기 좋은 떡이 먹기도 좋다 • 떡 줄 사람은 생각지도 않는데 김칫국부터 마신다	4B 12단원 듣기③
4차시	속담(2)	• 소 잃고 외양간 고친다 • 낫 놓고 기역 자도 모른다	5A 3단원 듣기①

〈그림 6〉 언어 중심 문화 수업 과정

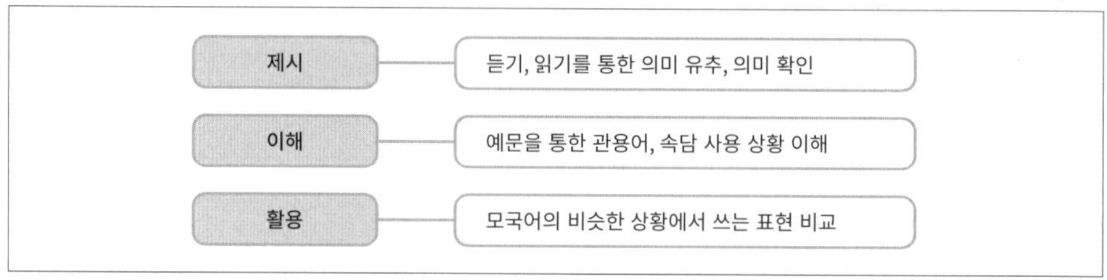

수업 단계는 관용어와 속담 표현 제시 단계, 이해 단계, 상호문화적 관점에서 활용 단계의 3단계로 구성할 수 있다.[14] 제시 단계에서는 교재에 제시된 읽기, 혹은 듣기 자료를 통해 관용어와 속담의 의미를 유추해 보고 확인하는 활동을 진행한다. 이해 단계에서는 예문과 실제 자료 등을 통해 해당 관용어와 속담이 쓰이는 상황과 맥락을 이해하는 과정을 거친다. 마지막으로 활용 단계에서는 학습자 자신의 모국어에 비슷한 표현이 있는지, 만약 없다면 어떤 표현으로 해당 상황을 표현할 수 있는지 비교해 본다. 이를 도식화하면 〈그림 6〉과 같다.[15]

학습자는 한국어의 관용어와 속담의 의미를 학습하는 과정에서 모국어 표현과 한국어 표현을 비교하고, 자신의 문화를 성찰하게 된다. 만약 다국적 학습자로 구성된 반이라면 학습자 각자의 모국어 표현을 소개하면서 서로의 문화를 접하고 소통하는 과정을 거치게 될 것이다. 한국어를 매개로 각국의 문화 항목을 인식하고 비교하며 소통하여 서로의 문화를 이해하게 되는 것이다. 언어 중심 수업 모형은 다국적 학습자가 수학하는 제2언어 학습 환경에서 언어 표현 학습을 목표로 할 때 유용하게 활용될 수 있다.

4.2. 문화 중심 수업 모형

문화 중심 수업 모형은 언어 표현을 중심으로 구성되는 언어 중심 수업 모형과 달리 한국 문화에 나타나는 여러 현상에 초점을 맞춘다. 다음의 〈표 6〉은 '사회 변화'에 해당하는 문화 항목을 중심으로 50분 분량의 4차시 수업을 설계한 것이다. 문화 중심 수업의 목표는 '한국 문화 이해하기'와 '자국 문화와 비교하기'이다.

〈표 6〉에 제시된 문화 항목은 최근 한국 사회의 변화를 담고 있다. 결혼에 대한 인식 변화를 보여 주는 '비혼', '졸혼'과 농경 사회의 대가족 중심 문화에서 핵가족화를 거쳐 현재 나타나는 다양한 가족 형태에 대한 내용을 담고 있다. 이에 더해 제주도와 같은 관광지에서 확대되고 있

〈표 6〉 문화 중심 수업 모형

차시	주제	세부 내용	《서울대 한국어 플러스》
1차시	결혼관의 변화	비혼, 졸혼	4A 3단원 문화
2차시	가족의 변화	대가족, 핵가족, 한부모 가족, 다문화 가족	5B 11단원 읽기①
3차시	노 키즈 존	관광지, 카페 등에서의 노 키즈 존 확대	4B 13단원 읽기①
4차시	저출산 문제	한국의 출산율 하락과 원인	5B 11단원 듣기①

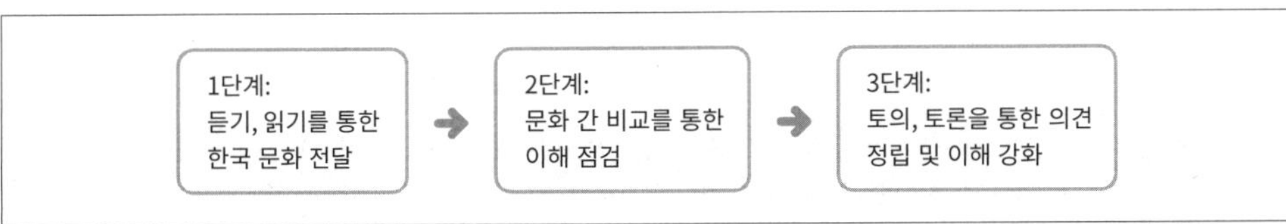

〈그림 7〉 문화 중심 문화 수업 과정

는 '노 키즈 존', 한국의 저출산 문제 등이 읽기, 듣기 자료를 통해 제시된다.

이상의 내용은 주제 중심적 성격을 지니며 학습자들은 읽기, 듣기 자료를 통해 해당 주제를 이해하고 자국의 문화와 비교하게 된다. 언어 중심 수업 모형과의 차이점은 언어 중심 수업에서는 '언어 표현 학습'을 명시적인 목표로 하지만 문화 중심 수업은 주제를 이해하는 과정과 자신의 의견을 표명하는 과정에서 자연스럽게 목표 언어와 목표 언어의 문화에 대한 이해를 강화하게 된다는 것이다.

수업 절차는 〈그림 7〉과 같이 읽기, 듣기 텍스트를 통해 해당 주제를 이해하는 1단계, 자국의 문화와 비교 후 소개하는 2단계, 토의, 토론을 통해 의견을 정리하고 표명하는 3단계로 전개된다.

문화 중심 수업은 서로 다른 언어권의 학습자가 한 교실에서 학습할 경우 자국의 상황을 서로 비교할 수 있다는 장점을 가진다. 단일 언어권 학습자로 이루어진 학급에서는 토의를 통해 자국의 문화를 규정하는 일종의 합의점에 도달할 수 있고, 한국의 상황과 비슷한 자국의 상황을 가정하며 해당 문제에 대해 서로의 의견을 말하고 토론할 수 있다.

지금까지 살펴본 언어 중심 수업 모형이나 문화 중심 수업 모형은 모두 상호문화적 관점에서 수업을 진행한다는 공통점이 있다. 한국어와 한국 문화에 대한 이해를 바탕으로 자국의 문화를 인식하고 비교한 후 소개하는 과정을 통해 다른 문화 배경의 사람들과 소통하게 되는 것이다.

5. 나가며

본 연구에서는 최근 완간된 《서울대 한국어 플러스》를 활용한 문화 수업 모형을 개발하기 위해 《서울대 한국어 플러스》의 문화 항목을 분석했다. 이를 바탕으로 본 연구에서 제시된 수업 모형을 참고하여 다양한 교육 환경과 학습자 특성에 맞게 변형, 사용할 수 있으리라 기대한다. 본 연구가 제2언어로서 한국어를 교육하는 KSL 환경이나 한국어를 외국어로서 교육하는 KFL 환경에서 진행되는 문화 수업 설계에 조금이나마 기여하기를 바란다.

참고문헌

강승혜, 김성희, 박성태, 임형재, 최주열, 황인교. 2010. **한국문화교육론**. 형설출판사.

강현화. 2011. 한국 문화 교수요목 설계 방안 연구–세종학당 학습자를 위한 원형적 교수요목 개발을 중심으로. **언어와 문화**. 7-3. 한국언어문화교육학회. pp. 1–27.

권오경. 2006. 한국어 교육에서의 한국 문화 교육의 방향. **어문론총**. 45. 한국문학언어회. pp. 389–431.

권오경. 2009. 한국어 교육에서 문화 교육 내용 구축 방안. **언어와 문화**. 5-2. 한국언어문화교육학회. pp. 49–72.

김대행. 2003. 한국어 교육과 언어문화. **국어교육연구**. 12. 서울대학교 국어교육연구소. pp. 171–176.

김예슬. 2017. **상호문화적 관점에서 본 한국어 교재 분석**. 이화여자대학교 석사 학위 논문.

김정숙. 1997. 한국어 숙달도 배양을 위한 한국 문화 교육 방안. **교육한글**. 10. 한글학회. pp. 317–325.

김정현, 이정덕. 2023. 한국어 중급 단계 교재 개발과 활용의 실제–서울대 정규과정 새 교재 '한국어 3'과 '한국어 4' 교재를 중심으로. **국제한국언어문화학회 제35차춘계국제학술대회 발표논문집**. pp. 153–167.

김창근. 2015. 상호문화주의의 원리와 과제–다문화주의의 대체인가 보완인가? **윤리연구**. 103. pp. 183–214.

민현식. 2004. (한)국어 문화 교육의 개념과 실천 방향. **한국언어문화학**. 1-1. 국제한국언어문화학회. pp. 59–103.

박영순. 2003. 한국어 교육으로서의 문화 교육에 대하여. **이중언어학**. 23. 이중언어학회. pp. 67–89.

백봉자. 2019. 연세 정신과 한국어 교육–한국어 교육 60년. **외국어로서의 한국어 교육**. 54. 연세대학교 언어교육연구원 한국어학당. pp. 121–187.

서울대학교 한국어교육센터. 2019. **한국어교육센터 50년사**. 한국문화사.

이석주. 2002. 한국어 문화의 내용별, 단계별 목록 작성 시고. **이중언어학**. 21. 이중언어학회. pp. 19–43.

이선웅, 이정화, 서경숙. 2022. **한국어 어휘 교육론**. 한국문화사.

이성희. 2015. **한국 문화 어떻게 가르칠 것인가**. 박이정.

이승연, 이유경, 최은지, 이선영. 2021. **한국문화교육론**. 도서출판 하우.

이정화. 2024. 한국 내 언어교육기관의 한국어 교육 프로그램 다양화에 대하여–서울대학교 언어교육원 한국어교육센터를 중심으로. **대만한국학연구**. 2. 중국문화대학 한국학연구센터. pp. 37–59.

조항록. 2005. 한국어 학습자를 대상으로 하는 문화 교육의 새로운 방향. **한국어교육**. 16-2. 국제한국어교육학회. pp. 279–305.

최정순. 2004. 한국어 교육과 한국 문화 교육의 등가적 통합. **언어와 문화**. 1. 한국언어문화교육학회. pp. 63–81.

Anderson, R. & Freebody, P. 1981. "Vocabulary knowledge". *Comprehension and Teaching: Research Reviews*. Newark: International Reading Association. pp. 77–117.

Brooks, N. 1975. "The analysis of language and familiar culutures". *The culture revolution in foreign language teaching*. Lincolnwood: National Textbook. pp. 19–31.

Hammerly, H. 1982. *Synthesis in Second Language Teaching: An Introduction to Languistics*. Washington: Second Language Publications.

Tomalin, B. & Stempleski, S. 1993. *Cultural awareness*. Oxford: Oxford University Press.

제6장

유럽의 취미 목적 한국어 학습자를 위한 독학용 여행 한국어 교재 개발 연구

이채영
프랑스 파리 시테대학교
Université Paris Cité

간세희
이탈리아 시에나외국인대학교
Università per Stranieri di Siena

주경옥
우크라이나 타라스 셰우첸코 키이우국립대학교
Київський національний університет імені Тараса Шевченка

이종원
영국 워릭대학교
University of Warwick

정귀임
한국 경희사이버대학교
Kyung Hee Cyber University

1. 들어가며

본 연구는 유럽권의 취미 목적 한국어 학습자를 대상으로 하는 초급 수준의 독학용 여행 한국어 교재 개발을 목적으로 한다. 이를 위해 기존 국내외 시장에 출판된 한국어 교재 가운데 '여행'과 '독학'을 주제로 하는 일련의 교재를 분석하고 실제 현장의 학습자 요구를 조사한 뒤, 이를 바탕으로 삼아 개발한 교재 《Everyday 30-min Korean Adventure》의 사례를 소개한다.

오늘날 세계적으로 한류 콘텐츠에 대한 관심이 증가하는 가운데, 유학이나 취업과 같은 전문적인 목적을 지닌 학습자뿐만 아니라, 여가 생활 차원에서 한국 문화를 향유하고 한국 여행을 준비할 목적으로 한국어를 학습하는 '취미 목적 학습자(정나래·김지형, 2016)' 또한 그 수가 늘고 있다. 가령, 2021년 세종학당 수강생을 대상으로 조사한 결과, 한국어 학습의 목적으로 한국 문화에 대한 관심(23.1%)이 2위, 한국 및 한국어에 대한 단순 호기심(16.2%)이 4위를 차지했다.[1] 실제로 2018년 세종학당재단에서 초급 수준의 학습자가 한국을 여행할 때 활용할 수 있는 표현, 어휘, 대화문, 문화 및 관광 정보 등을 중심으로 《여행 한국어》를 개발해 출간한 배경에도 이러한 수요에 부합하는 맞춤형 교재를 제공하려는 의도가 담겨 있다.

현재 해외에서 이루어지는 외국어로서 한국어 교육의 경우, 한글학교, 세종학당, 현지 중고등 교육 기관 등을 통해 예전과는 달리 비교적 활발하게 수업 보급이 이루어지고 있다고는 하나, 정규 한국어 수업에 접근하기가 어려워서 또는 독학을 선호하여 혼자 한국어를 공부하는 학습자가 여전히 존재한다. 이러한 수요를 좀 더 폭넓게 충족하기 위해, 최근 국내에서는 취미 목적 학습자를 위한 독학용 한국어 교재 개발의 필요성이 조금씩 제기되고 있다(이세인, 2020; 이수영·엄나영, 2021). 이와 같은 관점에서 세종학당재단의 《여행 한국어》는 여행 목적 학습을 겨냥하고 있기는 하나, 학당의 특별 교육 과정인 '여행 한국어' 강좌의 주 교재로 사용하거나 그 외 다른 한국어 교육 기관의 수업에서 활용될 경우를 대비하여 개발됐다는 점에서 독학용으로 사용하기에 한계가 있다. 이에 본 연구는 특히 유럽권에서 초급 수준의 취미(여행) 목적 학습자가 한국 여행을 계획하는 과정에서 독학용으로 활용할 수 있는 교재를 개발해 제시하고자 한다.

2. 기존 교재 및 학습자 요구 분석

2.1. 기존 교재 분석 내용 및 결과

본 연구는 본격적인 교재 개발에 앞서 기존에 출간된 관련 교재들을 대상으로 심층 분석을 진행했다. 이를 위해 먼저 5명의 연구자가 각자 선정한 교재 2종에 대해 사전 평가를 진행했으며, 이때 국립국어원에서 개발된 한국어 교재를 대상으로 광범위한 분석과 평가를 진행한 이해영 외(2017: 12-15)의 점검표를 활용했다. 해당 점검표로는 확인이 어려운 요소에 대해서, 특히 '여행 목적'이나 '독학용'과 관련해서는 서술식 질적 평가를 통해 보완했다.[2] 이후 사전 평가에서 점수가 높게 나온 《세종학당 실용 한국어 2》, 《여행 한국어》, 《Learn! Korean with BTS》 3권을 본 평가에서도 한 번 더 살펴보기로 결정했다.

한편, 위 3가지 교재가 모두 국내 한국어 교육 전문가 집단의 검토를 통해 출판된 것이므로,

IV. 한국어 교재 및 교육 과정과 한국어 교육

---

[1] 1위는 한국 유학(30.4%), 3위는 한국 기업 근무 또는 취업(17.6%)으로, 각각 학문 목적 학습자와 직업 및 취업 목적 학습자에 해당한다. 출처: 세종학당재단 새소식 제106호(2022년 4월).

[2] 사전 평가에 사용된 교재 10종은 다음과 같다. 《일상 속 진짜 자연스러운 한국어 대화》(초급), 《세종학당 실용 한국어 2》, 《Learn! Korean with BTS》(1권), 《여행 한국어》, 《레전드 한국어 회화사전》, 《Korece Gezi ve Konuşma Rehberi》, 《Korean Phrasebook for Travelers》, 《Essential Korean Phrasebook & Dictionary》, 《Parler le coréen en voyage》, 《Parler coréen!》.

구분	교재	출판 연도	출판사	수준	사용 환경	언어 기술
가	《Korean Phrasebook for Travelers》	2016	롱테일북스	2급	독학용	말하기 중심
나	《Learn! Korean With BTS》 3권	2020	하이브에듀	2급	독학용	4개 영역 (통합)
다	《여행 한국어》	2018	세종학당재단	2급	교사 수업용	말하기/ 듣기 (준 통합)
라	《세종학당 실용 한국어 2》	2023 (개정판)	세종학당재단	2급	교사 수업용	말하기/ 듣기 (준 통합)
마	《Parler le coréen en voyage》	2023 (개정판)	Harrap's	1~2급	독학용	-

그렇지 않은 유형으로 롱테일북스에서 여행 목적 독학용 교재로 출간한 《Korean Phrasebook for Travelers》와 한국 여행에 유용한 회화 표현집 형태로 출간된 프랑스어 책 《Parler le coréen en voyage》를 추가로 선택함으로써, 분석 교재 간의 균형을 맞추고자 했다. 각 교재의 출판 정보와 수준, 사용 환경, 초점을 맞추고 있는 언어 기술 영역을 정리하면 〈표 1〉과 같다.

본 평가에서는 사전 평가와 마찬가지로 양적, 질적 평가를 혼합한 방식을 채택했다. 먼저 양적 평가를 위해 이해영 외(2017)의 교재 점검표를 본 연구의 목적에 맞게 개작해 사용했다. 본 평가의 목적이 유럽권 학습자를 위한 독학용 여행 목적 한국어 교재를 개발하는 데 시사점을 얻는 것이므로, 분석 기준표를 수립하는 데 있어 ① 독학용, ② 실제성, ③ 적절성, ④ 사회·문화적 학습 내용 및 공정성의 기준을 중요하게 고려하고자 했다.

첫째, 독학용 교재로서 학습자가 혼자서 학습을 진행할 수 있도록 구성되어 있는가(이세인, 2020; 이수영·엄나영, 2021)? 둘째, 교재 내용이 학습 목적에 맞게, 학습자가 실제로 한국 여행에서 활용할 수 있는 주제나 상황으로(안선영, 2014; 송은정, 2022) 구성되어 있는가? 셋째, 교재에 제시된 언어 학습의 내용과 수준이 학습자의 유의미한 담화 연습에 적절하게 구성되어 있는가?(최은규, 2014) 넷째, 교재에 제시된 문화 내용이 사회·정치적으로 편협한 내용을 포함하지 않는가(홍종명 외, 2020)? 이를 바탕으로 완성된 분석 기준표는 '외적 구성 평가'와 '내적 구성 평가', '독학용 구성 평가'의 3개 영역으로 나뉘며, 총 69개 세부 항목으로 5점 리커트 척도를 적용했다.

본 평가에서는 객관성과 신뢰도를 확보하기 위해 각 교재를 3명의 연구자가 분석하는 복수 평가 방식을 활용했다. 절차와 방법을 정리하면 〈표 2〉와 같다.

〈표 2〉 기존 교재 분석 절차 및 방법

단계	1		2	3
내용	본 평가		평가 결과 취합 및 내용 수정	시사점 도출 논의
대상	평가자	교재	평가자 5명 전체	평가자 5명 전체
	A	가, 나, 다		
	B	나, 다, 라		
	C	다, 라, 마		
	D	라, 마, 가		
	E	마, 가, 나		

교재 분석 결과, 기존 교재를 여행 목적 독학용 교재로 활용함에 한계로 작용하는 요소를 정리하면, 다음과 같이 크게 4가지로 요약할 수 있다. 첫째, 여행 목적 학습으로 개발된 교재에서는 학습자가 실제 한국 여행 중에 마주칠 수 있는 다양한 상황을 다루고 있기는 하지만, 실질적인 말하기·듣기 기술 향상을 가능하게 하는 학습 활동이 다소 부실하게 제시되어 있다. 둘째, 구어 영역의 학습에 초점을 맞춘 교재라고 하더라도, 교사와 동료 학습자로 구성된 일반적인 수업 환경을 바탕으로 제작되어 독학용으로 사용하기에는 구성이 다소 불친절하고 학습량이 방대한 편이다. 셋째, 한국 문화 내용이 단순히 소개 글의 형태로 기술되어 있을 뿐, 학습자의 능동적인 참여를 이끌어 낼 수 있는 상호문화적·비교문화적 활동은 전혀 제시되어 있지 않다. 넷째, 케이팝 팬덤의 힘을 빌린 《Learn! Korean With BTS》를 제외하고는 독학 시 학습자가 스스로 학습의 흥미와 동기를 유지하며 교재 사용을 지속할 수 있도록 하는 요소가 부재하다.

2.2. 학습자 요구 분석 내용 및 결과

본 연구에서는 본격적인 교재 개발에 앞서 실제로 해당 교재를 사용할 만한 프랑스의 취미 목적 한국어 학습자 55명을 대상으로 요구 조사를 진행했다.[3] 설문 내용은 여행 목적 한국어 교수 요목 설계 방안을 마련해 제시한 안선영(2014)에서 사용된 설문을 본 연구의 교재 개발 목적에 맞게 개작해 구성했다. 응답자의 기본 정보를 묻는 항목을 제외하고, 핵심 문항에 대한 응답 결과를 정리하면 다음과 같다.

[3] 프랑스 그르노블알프스대학교 Service des Langues(언어 센터)에서 교양 과목의 일환으로 한국어 수업을 수강하는 학습자들과 리옹3대학교에서 제3외국어(LV3)로 한국어를 선택해 수업을 듣는 학습자들을 대상으로 진행됐다.

<표 3> 프랑스 취미 목적 한국어 학습자 요구 분석 결과

영역		문항	응답	결과
1 한국어 학습	1-1	한국어를 이미 배우기 시작했거나 향후 배울 의향이 있는 경우, 그 이유는 무엇입니까? [응답 2개 선택]	한국 단기 어학 연수 준비	7.3%
			한국 유학 준비	2%
			한국 취업	8%
			한국 및 한국어 관련 직업	8.7%
			한국 문화 취미 생활 향유	20%
			한국 여행 시 소통	26%
			외국어 교양 지식	21.3%
			한국인 친구나 가족과 소통	6.7%
			기타	-
	1-2	어떤 교재를 사용해서 한국어를 혼자 공부한다고 가정할 때, 귀하께서는 1회의 학습에 얼마나 많은 시간을 할애할 수 있습니까?	15~30분	34.5%
			30~60분	31%
			60~90분	14.5%
			90~120분	14.5%
			120분 이상	5.5%
	1-3	한국어를 혼자 공부한다고 가정할 때, 귀하께서는 일주일에 평균 몇 회의 학습을 진행할 수 있습니까?	1회 미만	1.8%
			1회	5.5%
			2회	45.5%
			3회	43.6%
			4회 이상	3.6%
2 한국 여행	2-1	귀하께서는 이전에 한국을 여행한 경험이 있습니까?	있다	23.6%
			없다	76.4%
	2-2	귀하께서는 향후 한국을 여행할 계획이 있습니까?	있다	98.2%
			없다	1.8%
	2-3	귀하께서는 향후 어떤 테마로 한국을 여행하고 싶으십니까? [응답 2개 선택]	전통문화 체험	24.4%
			관광 명소 방문	16.7%
			먹거리 및 맛집 체험	20.5%
			한류 문화 체험	15.3%
			쇼핑	7.7%
			스포츠 및 레저 활동	2.6%
			자연 경관 및 휴식	12.8%
			기타	-

2 한국 여행	2-4	귀하께서 향후 한국을 여행한다고 할 때, 가장 큰 불편이나 어려움을 겪을 것으로 예상되는 요소는 무엇입니까?	언어 문제	67.3%
			문화 차이	18.2%
			여행 자료 부족	14.5%
			기타	-
	2-5	향후 한국 여행에서 다음과 같은 상황이 발생할 때 한국어 사용 지식이 어느 정도로 필요하다고 생각하십니까? (1 전혀 필요하지 않다 ~5 반드시 필요하다)	공항(입국, 출국)	2.67 (9위)
			아플 때(약국, 병원)	4.20 (2위)
			숙소(체크인, 체크아웃)	3.50 (3위)
			식당/카페/술집(주문, 계산, 예약)	3.45 (4위)
			상점(계산, 요청, 환불)	3.44 (5위)
			교통(택시, 버스, 지하철, 기차)	3.31 (6위)
			관광지(표 구매, 방문, 예약)	2.94 (8위)
			문화 활동 시(박물관, 공연 관람)	3.24 (7위)
			긴급 상황(분실물 센터, 경찰서)	4.47 (1위)
	2-6	이 밖에 한국 여행 중 한국어 사용 지식이 필요하다고 생각되는 다른 상황이 있습니까? 있다면, 무엇입니까?	길을 잃었을 때, 관광객이 많지 않은 곳에서 현지인과 의사소통해야 할 때 등	
	2-7	한국 여행을 위해 미리 알아두면 용이하다고 생각되는 정보는 무엇입니까? [응답 3개 선택]	식사 문화	10%
			커피/술/디저트 문화	2.1%
			지도 앱 및 네비게이션	7.4%
			반말/존댓말, 인사 등 언어 예절	22.1%
			결제 수단, ATM 사용법	7.9%
			관광지나 공공장소 에티켓	16.8%
			대중교통 이용 정보	15.8%
			응급 상황 시 대처법	11.1%
			관광 패스 정보	4.7%
			축제 및 공휴일 정보	2.1%
			기타	-
3 여행 목적 한국어 학습	3-1	한국 여행을 대비하여 한국어를 공부할 때 다음 요소의 학습이 어느 정도로 중요하다고 생각하십니까? (1 전혀 중요하지 않다 ~5 절대적으로 중요하다)	듣기	4.45 (2위)
			말하기	4.24 (3위)
			읽기	3.96 (5위)
			쓰기	2.89 (7위)
			문화	3.98 (4위)
			문법	3.73 (6위)
			어휘	4.55 (1위)

3-2	한국 여행 시 필요한 한국어를 공부하기 위한 교재를 구입하는 데 얼마나 지출할 의향이 있습니까?	10~15유로	16.4%
		15~20유로	36.4%
		20~25유로	38.1%
		25유로 이상	9.1%
3-3	여행 한국어를 공부할 수 있는 교재로 어떤 형태를 선호합니까?	종이책	29.1%
		전자책	1.8%
		둘 다	68.1%
3-4	여행 한국어 교재를 개발하는 데 꼭 반영되면 좋겠다고 생각하는 의견이 있으면 적어 주세요.	모국어로 된 문법 설명, 대화문 번역, 구어 중심, 듣기와 말하기 연습 등	

학습자 요구 분석 결과, 조사 대상 학습자가 한국어를 학습하는 목적으로는 한국어 여행 시 소통의 목적이 가장 두드러졌으며, 한국 여행에서 예상되는 어려움으로는 과반수 이상의 학습자가 언어 문제를 꼽았다. 여행 목적 한국어 학습과 관련해서는 언어 학습을 구성하는 여러 요소 가운데 어휘와 듣기 및 말하기 기술의 중요성이 부각됐다. 한편, 한국 여행 시 알아 두면 좋은 정보로도 언어 예절이 1위를 차지한 것으로 보아 학습자들이 여행 시 한국어 의사소통에 매우 유의하고 있음을 유추해 볼 수 있다. 해당 조사는 향후 교재 출판이 실제 구체화되는 과정에서 다른 유럽 국가를 대상으로 더욱 광범위하게 이루어질 예정이며, 교재 구성에서 중요한 참고 자료로 활용될 것으로 기대된다.

3. 교재 개발 사례: 《Everyday 30-min Korean Adventure》

초급 수준 독학용 여행 한국어 교재《Everyday 30-min Korean Adventure》(부제: Korean Travel Language for English Speaking Learners)는 각 언어권별로 메타언어만 수정해 사용할 수 있는 모델 교재로서, 메타언어로 영어가 활용됐다.

3.1. 교재 구성 및 특징

본 연구에서는 기존 교재 및 학습자 요구 분석 결과를 바탕으로 다음의 4가지 요소에 초점을 맞춰 교재 개발을 진행하고자 했다. 첫째, 실제 한국 여행 시 마주칠 의사소통 상황에 실질적으로 도움이 되는 구어 의사소통 능력 향상을 위해 말하기와 듣기 영역을 중심으로 학습 활동을 구성한다. 둘째, 독학용 교재의 원활한 사용을 위해 메타언어는 학습자의 모국어로 설정하며, 단원별로 예상되는 소요 시간이나 구체적인 교재 활용 가이드라인을 명시적으로 제시하고자 한다. 셋째, 학습자가 여행 시 직면할 수 있는 주제나 상황에 대한 문화 내용을 모국 문화와 비교해 이해함으로써 상호문화적 태도를 지닐 수 있도록 유도한다. 넷째, 독학의 본질적인 한계를 보완하고자 각 단원의 학습 목표로 설정된 상황 및 기능과 연계하여 자가 평가 항목을 제공하

〈표 4〉 교재 활용 시 가능한 학습 진도 예시

구분	과정		학습 진도	학습 기간
A	일반	기본+심화	1회 30분 X 주 3회(90분-1단원/주)	10주
B	단기	기본+심화	1회 60분 X 주 3회(180분-2단원/주)	5주
C	초단기	기본	1회 30분 X 주 4회(120분-2단원/주)	5주

며, 개인 학습자들의 연대를 위해 온라인 게시판 기능을 추가해 제시하고자 한다.

본 교재에서 겨냥하는 대상 학습자는 현재 한국어 수준이 유럽 언어 공통 참조 기준(CEFR)의 A1, A2에 해당하며, 본 교재를 통해 이후 A2+나 B1의 숙달도를 얻고자 하는 학습자다. 이들은 한국어 표준 교육 과정 기준으로는 이미 초급 1, 2급 수준이며, 향후 초급 2급에 완전하게 도달하여, 심화 과정 수행 시 3급에 이르기를 바라는 학습자에 해당한다. 본 교재는 총 10단원으로 구성되며, 각 단원은 '기본 학습(Basic Learning)'과 '심화 학습(Level Up Learning)'의 구조로 이루어진다. 학습 시간은 기본 학습의 경우 60분으로, 심화 학습은 30분으로 설정한다. 본 교재는 머리말을 통해 학습자가 선택할 수 있는 학습 진도의 예시를 〈표 4〉와 같이 제공함으로써, 학습자의 체계적인 학습을 돕고자 한다.

교재《Everyday 30-min Korean Adventure》는 여행 한국어 교수요목에 어울리는 '주제/상황', '의사소통 기능', '구조(표현/어휘)' 요소를 다층적으로 통합한 혼합형 교수요목을 채택한다(안선영, 2014). 먼저, 기존 교재 분석을 통해 살펴본 여행 목적 한국어 교재를 검토하고 현장의 학습자 요구 조사 결과를 바탕으로 학습자가 한국을 여행할 때 한국어 의사소통이 가장 필요한 주제와 상황을 선정, 이를 교수요목의 일차 범주로 설정한다. 이후 각각의 상황에서 한국인 화자와 의사소통 시 가장 유용할 것이라 예상되는 의사소통 기능을 두 번째로 중요한 범주로 설정한다. 본 교재는 여행 상황에서의 의사소통에 맞춤화된 교재이므로, 일반적으로 '설명하기'나 '요청하기'와 같은 기초적인 기능이 주를 이루지만, 심화 과정에서는 상황에 따라 '조언구하기', '거절 표현하기', '불평/불만 표현하기' 등처럼 상대방과 좀 더 적극적인 상호작용이 요구되는 기능을 제시한다. 마지막으로, 주어진 상황 속에서 각 의사소통 기능을 구현하는 데 적절한 어휘와 표현(문법)을 구조적 학습 항목으로 제시한다. 교재의 앞부분에서 명시적으로 소개할 교재 구성표에서는 간결성을 위해 어휘 요소를 제외한다.

다음 〈표 5〉에서 교재의 단원별 제목과 주제를, 〈표 6〉에서 교재 샘플 단원 3과와 9과의 교수요목을 확인할 수 있다.

〈표 5〉 교재의 단원별 제목과 주제

	단원	주제		단원	주제
1	기사님, 남대문 시장으로 가 주세요.	교통	6	경복궁 안에서 사진 찍어도 돼요?	체험1
2	온돌방을 예약했는데요. 확인해 주실래요?	숙소	7	지난 번에 말한 애견 카페에 가 볼까 해요.	체험2
3	디카페인으로 주문할 수 있어요?	식사	8	친구들에게 한국 화장품을 선물하려고 해요.	쇼핑
4	인사동에 있는 전통 찻집은 어때요?	관광1	9	한라산 등산을 한 후에 열이 나요.	응급 상황1
5	이번 주말에는 제주도 한라산에 가기로 했어요.	관광2	10	어디에서 휴대폰을 잃어 버렸는지 모르겠어요.	응급 상황2

〈표 6〉 교재 샘플 단원 3과와 9과의 교수요목

단원	주제	상황	Basic Learning (A2+)		Level Up Learning (B1)		Culture
			의사소통 기능	표현	의사소통 기능	표현	
3 디카페인으로 주문할 수 있어요?	식사	식사, 음료 주문	식당/카페에서 주문하기	-(으)ㄹ 수 있다/없다, -아/어 보다	이유 설명하기	-거든요	한국 식당 이용 팁 및 식문화 비교
9 한라산 등산을 한 후에 열이 나요.	응급 상황 1	약국, 병원 이용	약국에서 증상 설명하기	-(으)ㄴ 후에, -(으)ㄴ 것 같다	원인/결과 설명하기	-는 대신에	약국, 병원 이용 정보 및 응급 상황 대처법

단원의 제목은 실제 상황에서 학습자가 화자로서 사용할 법한 문장의 형태로 제시한다. 다음으로 주제의 경우, 일반적인 가이드북이나 여행 회화 표현집의 목차에서 흔히 사용되고 세종학당재단의 《여행 한국어》에서도 활용되고 있는 '식사', '숙소', '관광', '체험', '응급 상황' 등을 참고해 구성한다. 상황은 주제보다 더 구체적인 형태로, 학습자가 각 단원에서 다루는 의사소통 상황 맥락을 쉽게 이해하고 그에 몰입할 수 있도록 구성한다. 이후 개별 단원마다 '기본 학습'과 '심화 학습'으로 나누어, 각각에서 학습 대상인 의사소통 기능과 표현을 제시한다. 의사소통 기능의 경우, 실제 여행 상황을 반영해 가능한 한 구체적으로 기술하는 한편, 표현 항목의 경우 기본 학습은 한국어 표준 교육 과정에서 규정하는 2급 수준의 표현 2개로, 심화 학습의 경우 3급 수준에 해당하는 표현 1개로 학습 목표를 설정한다. 마지막으로 문화 항목에서는 단원의 주제나 상황과 관련된 한국 문화의 내용을 여행 시 유용하게 활용될 정보의 측면에 초점을 맞추어 제공하고자 한다.

3.2. 개별 단원 구성

본 연구에서 개발한 교재《Everyday 30-min Korean Adventure》의 각 단원은 총 8쪽으로 이루어지며, 그 틀은 〈표 7〉과 같다.

본 교재는 학습 표현의 의미 및 쓰임, 어휘, 문화 내용을 학습자의 모국어를 메타언어로 활용해 설명하고, 교재 말미에서는 각 주제에 대한 어휘 색인, 듣기 대화문, 표현에 대한 상세한 설명, 연습 문제, 모범 답안 등을 제공한다.

〈표 7〉 교재 샘플 단원 구성

쪽수	구분	시간(분)	구성 요소	내용
1	Introduction	5	단원 제목 학습 목표 (Pre-listening) 도입 질문	단원의 학습 목표를 제시하는 한편, 듣기 전 단계로서 도입 삽화를 보며 짧은 대화를 듣고 각 단원의 주제와 관련된 의사소통 상황을 직관적으로 이해할 수 있도록 돕는다.
2	Basic Learning	10	Listening	듣기 본 단계로, 주어진 질문에 답함으로써 들은 내용을 확인하도록 하고, 각 단원에서 학습하게 될 표현을 중심으로 간단한 받아쓰기 활동을 연계해 제공한다.
3		5	Vocabulary	각 단원의 상황과 의사소통 기능을 연관지어 쉽게 활용할 수 있는 기본 어휘를 삽화와 함께 제시해 의미 이해를 돕는다.
4		15	Speaking/Expressions	대화문을 들은 뒤, 속도를 다르게 해 따라 읽어보는 연습을 진행한다. 학습 목표로 설정된 의사소통 기능을 수행하는 데 유용한 문법 표현 2개를 학습자 모국어로 설명하고, 예문을 함께 제공한다.
5		15	Speaking Practice /Self-check	앞서 학습한 표현을 바탕으로 학습자가 직접 적용해 볼 수 있는 말하기 연습 문제를 제공한다. 학습자가 기본 과정의 학습 목표 달성 여부를 스스로 파악할 수 있도록 자가 평가 질문을 제시한다.
6	Level Up Learning	15	Speaking Level Up /Vocabulary Level Up	말하기 영역에 초점을 맞춘 심화 과정으로서 기본 과정에서 제시한 것보다 난이도가 조금 더 높은 어휘를 제시하며, 심화된 말하기 연습을 할 수 있도록 돕는다.
7		15	Expressions Level Up /Self-check	심화 과정에서 학습할 표현 1개가 제시되며, 유의미한 말하기 연습 활동과 함께 학습을 마무리하는 자가 평가 질문이 제공된다.
8	Culture	10	Culture	단원의 주제와 관련해 한국 여행 상황에서 유용하게 활용할 수 있는 정보 요소를 중심으로 읽기 자료 및 QR 코드를 통한 사이트를 제공하고, 학습자가 한국 여행을 준비하는 중이라는 가정 아래 그에 어울리는 질문을 제공해 상호문화적 사고를 기를 수 있도록 한다.

4. 나가며

본 연구는 유럽권의 초급 수준 취미 목적 학습자가 한국 여행을 계획할 때 독학으로 활용할 수 있는 한국어 교재가 부재하다는 문제 의식에서 출발해 이를 해소해 줄 교재 개발을 목적으로 진행됐다. 이를 위해 먼저 관련 선행 연구를 바탕으로 기존 교재 및 학습자 요구 분석을 진행했다. 교재 분석 단계에서는 '여행'과 '독학', '말하기'에 초점을 맞춘 5종 교재 즉,《실용 한국어》,《여행 한국어》,《Korean Phrasebook for Travelers》,《Learn! Korean with BTS》,《Parler le coréen en voyage》를 대상으로 이해영 외(2017)의 교재 분석 점검표를 활용해 양적·질적 방식으로 복수 평가를 진행했다. 또한, 프랑스의 취미 목적 학습자를 대상으로 요구 조사를 실시하여 현장의 목소리를 확인하고자 했다.

　본 연구에서 개발한《Everyday 30-min Korean Adventure》는 상대적으로 한국어 교재의 공급이 부족한 유럽 지역의 취미(여행) 목적 한국어 학습자를 위해 개발된 맞춤형 교재라는 점에서 그 의의를 갖는다. 해당 교재는 유럽의 한류 향유자들이 한국 여행 시 필요한 한국어 의사소통 능력을 함양하는 데 핵심적인 도구로 활용될 수 있을 것이다. 다만 해당 교재는 예비 학습자로부터 사전 검증을 거치지 않았고 아직 시장에 출판되지 않았다는 점에서 본질적인 한계를 갖는다. 이는 향후 후속 연구를 통해 보완할 계획이다.

참고문헌

송은정. 2022. 한국어 학습자를 위한 '여행 한국어' 원격 수업 개발 연구. **리터러시 연구**. 13-2. 한국리터러시학회. pp. 339-365.

안선영. 2014. **여행 목적 한국어 교수요목 설계 방안 연구: 국외 초급 학습자를 중심으로**. 경희사이버대학교 문화창조대학원 석사 학위 논문. 경희사이버대학교.

이세인. 2020. BTS콘텐츠를 활용한 취미 목적 한국어 학습자의 독학용 교재 개발의 실제. **한국언어문화학**. 17-3. 국제한국언어문화학회. pp. 135-168.

이수영, 엄나영. 2021. 취미 목적 한국어 학습자의 연예인 콘텐츠 기반 독학용 한국어 교재 분석 연구: 'Learn Korean! With BTS'와 '이준기와 함께하는 안녕하세요 한국어'를 중심으로. **제31차 국제한국어교육학회 국제학술발표논문집**. 국제한국어교육학회. pp. 594-606.

이해영 외. 2017. **한국어 교재 사용 현황 조사 및 교재 개발 중장기 계획 수립 연구**. 국립국어원.

정나래, 김지형. 2016. 취미 목적 한국어 수업 설계 방안 연구. **이중언어학**. 64. 이중언어학회. pp. 249-277.

최은규. 2014. 初級 學習者用 韓國語 教材의 分析과 評價. **어문연구**. 163. 한국어문교육연구회. pp. 443-484.

홍종명, 이준호, 안정호. 2020. 한국어 교재의 평가 기준 설정 연구-국내외 사례 연구에 대한 분석을 중심으로. **Journal of Korean Culture**. 51. 고려대학교 국제한국언어문화연구소. pp. 79-117.

제7장

회화 관리 능력 육성을 위한 교재 개발 연구[1]

김경분
일본 메이세이대학교
明星大学

마쯔자키 마히루
松崎真日
일본 간세이가쿠인대학교
関西学院大学

윤수미
일본 후쿠오카대학교
福岡大学

고지마 다이키
小島大輝
일본 긴키대학교
近畿大学

[1] 본 연구는 일본학술진흥회(JSPS) 과학 연구비(21K00717) 지원을 받았습니다.

1. 들어가며

국내는 물론 해외 여러 국가에서 한국어 학습자가 늘고, 학습 목적과 학습자 유형이 다양해짐에 따라 그에 맞춘 다수의 한국어 교재가 간행되고 있다. 일본에서도 한국어에 대한 관심과 학습 열기가 높아지고 있으며 특히 근래에는 각 대학별 특징과 상황을 반영한 자체 교재를 만들어 사용하는 곳도 늘어나고 있다. 이러한 교재는 주로 듣기, 말하기, 읽기, 쓰기와 같은 한국어 의사소통 능력을 종합적으로 함양하는 데에 목적을 둔 것으로, 말하기나 쓰기 등 특정 의사소통 기능의 집중적 훈련을 목적으로 하는 교재의 출판은 제한적이다.

본 연구는 일본 대학의 한국어 학습자들을 위한 '회화 능력' 육성에 초점을 둔 한국어 교재 개발을 목적으로 한다. 회화 능력은 일본어 모어 화자가 한국어를 학습할 때 특히 습득하고자 하는 것으로, 회화는 곧 상대방과 이야기를 주고받으면서 같이 만들어 가는 회화 관리 능력을 의미한다. 또한 본 연구는 회화 수업에 대한 교수법 고안과 실제 수업 실천을 통한 교육 효과도 검증한다.

그중 본고에서는 회화의 흐름이라는 관점에서 만들어진 회화 교재에 대해, 그 목적과 작성 과정 및 교육 효과를 논하고자 한다.

2. 선행 연구

회화 교재에 대한 한국에서의 연구는 교재의 주제 유형과 어휘에 대해 한국어 교재와 외국어 교재를 비교한 강현화(2004), 한국어 교재 대화문의 전형성과 구성 요건에 대해 논한 김서형·장향실(2012), 회화 중심의 한국어 교재에서 회화적 요소가 어떻게 반영되고 있는지를 논한 박진욱(2021) 등이 있다.

그 외에 박석준(2020)에서는 기존의 한국어 회화 교재 개발에서 확인되는 가장 중요한 문제점은 한국어 회화 교재가 어떤 점에서 범용 교재와 달라야 하며 어떤 교재 구성의 원리에 의해서 이루어져야 하는지에 대한 고민의 과정을 찾아보기 힘든 것이라고 지적하고 있다. 박석준(2020)은 이런 문제점을 해결하기 위해 다음의 5가지 구성을 제안한다.

(1) 청자(듣기)와 화자(말하기)의 역할이 구분된 대화 구성
(2) 학습자의 활동 주기를 고려한 주제 구성
(3) 구체적이고 실제적인 화행 수행에 초점을 둔 구성
(4) 의사소통 전략 사용 능력 제고를 고려한 구성
(5) 구어의 특성을 최대한 반영한 구성

더불어 한국어에 관한 연구는 아니지만 일본에서 시도되고 있는 회화 교재에 관한 선행 연구를 소개하고자 한다. 특히 일본어 교육 분야에서는 오랜 연구 실적이 축적되어 왔는데, 우선 사사키 미치코(1998)에서는 대조 언어 연구의 관점과 연구 성과를 언어 교육에 접목하는 의

의를 논하고 있다. 또한 회화 분석의 관점과 연구 성과가 반영된 일본어 회화 교재가 출판되어 일본어 교육 현장에서 널리 사용되고 있다. 몇 가지 소개하면, 이와타 나쓰호·하지카노 아레(2012)의 《일본어 회화 잘하기! 잘 듣고 잘 말할 수 있는 커뮤니케이션의 요령 15》, 고바야시 히토미(2008)의 《일본어 회화 트레이닝》 등이 있다. 그리고 회화에서 나타나는 문제 해결에 초점을 둔 회화 교재 개발에 관한 분석도 있다(하지카노 아레·이와타 나쓰호, 2015).

3. 연구 목적 및 방법

회화 교재의 기본 틀이 되는 각 장면별 회화 모델을 작성하기 위해 우선 한국어와 일본어의 일상 회화 코퍼스(약 20분, 회화 40개)를 '회화의 흐름과 관리'의 관점에서 분석했다. 그 결과 장면별 회화 참가자의 역할, 회화의 자연성과 문법의 비정확성, 문장 종결 표현의 다양함, 부사 및 감정 표현의 사용 빈도, 언어 행동 등에 있어서 한국어와 일본어의 차이를 밝힐 수 있었다.

다음은 회화 분석 결과를 토대로 회화 교재의 기본 틀이 되는 각 장면별 회화 모델을 만들었다. 회화 모델을 만들기 위해서 먼저 ① 공적인 장면과 사적인 장면, ② 1대1과 1대 다수, ③ 첫 대면하는 사이와 친구 사이, ④ 지속성과 일회성의 4가지 상황을 설정했다. 각 장면에서 회화문은 언어 행동과 언어 형식별로 학습 목표를 세우고, 또 회화의 흐름은 '화제 도입', '화제 전개', '화제 전환'의 관점에서 만들기로 했다. 회화문은 화자와 청취자의 역할, 이야기의 전개 방법, 화제의 일관성, 기능별 언어 표현을 고려해 작성했다. 언어 행동은 ① 관계의 구축과 유지, ② 의견 표명과 조정, ③ 논리적 구성과 전달을 큰 틀로 각각 구체적인 언어 행동을 제시했고, 언어 표현은 각 장면별 학습 어휘와 표현을 제시하여 특히 회화에서 많이 쓰이는 표현들을 적극적으로 다루었다.

이상과 같은 관점과 목적을 토대로 실제 회화 수업에 참가하는 대학생들이 경험할 가능성이 높은 10개 장면을 작성했다.

4. 교재 개발 과정

4명의 연구자들은 2021년부터 2023년에 걸친 3년 동안 교재 개발을 위한 정기적 회의를 통하여 논의와 검토를 거듭해 왔는데, 여기에서 그 과정을 구체적으로 소개하고자 한다.

기존의 한국어 회화 교재는 특정한 장소를 상정한 장면별 관점이나 의뢰, 금지와 같은 기능별 관점을 바탕으로 구성되는 경우가 많았다. 이에 대해 연구자들은 단순히 말을 주고받을 뿐만 아니라 화제 도입, 화제 전개, 화제 전환 등의 관점을 도입하여 회화 관리 능력 육성에 중점을 둔 교재 개발을 계획했다.

실제 교육 현장에서도 일본어 모어 화자는 한국어 모어 화자와 대화 시 특유의 걸림돌이 있음을 느꼈다. 예를 들면 "상대방의 발언에 어떻게 반응하면 좋을지 모르겠다", "문장을 만들 수는 있지만 실제 대화에서 언제, 어떻게 사용하면 좋을지 모르겠다", "한국과 일본의 대화 흐름이나 스타일이 다른 것 같다"와 같은 의견이 있었다. 학습자가 느끼는 이러한 이질감이나 어색함의 문제를 해결하기 위한 방안으로 교원의 지도를 들 수도 있지만, 무엇보다 학습자 스스로가 한일 대화의 공통점과 차이점을 인식하여 대화를 만들어 가는 방법을 습득하는 것이 중요하다.

위와 같은 관점을 도입한 교재를 개발하기 위해서는 실제 회화가 어떤 식으로 진행되는지 검토해야 했고, 이를 위해 기초가 되는 데이터로 일상 회화 코퍼스를 분석했다. 연구자들이 분석한 코퍼스는 김경분·세키자키 히로노리·자오하이칭(2018)에서 구축된 800분의 음성 및 영상 데이터이며, 한일 대학생 총 80명이 참여했다. 이는 한국어 모어 화자의 한국어 회화 데이터와 일본어 모어 화자의 일본어 회화 데이터로, 회화 상대는 모두 동성의 친한 친구이다. 그리고 통일된 문자화 기준에 따라 각 언어별로 전사한 데이터도 정비되어 있어 계량적 접근도 가능했다.

데이터를 바탕으로 한일 각각의 회화에서 볼 수 있는 특징을 정리하는 것부터 시작했는데, 그 과정에서 연구자들은 위 회화 코퍼스를 사용하여 한국어 강조 정도 부사의 사용 양상을 시범적으로 조사했다(윤수미·고지마 다이키, 2023). 그 결과 일본의 대학에서 사용되고 있는 한국어 교재와 실제 한국어 모어 화자의 회화에는 '너무'를 제외한 강조 정도 부사의 사용 빈도에 명확한 차이가 있음을 발견했다. 또한 젊은 세대가 선호하는 강조 정도 부사의 사용 실태도 밝혔다. 이 조사는 모든 세대를 대상으로 한 것이 아니므로 이후 더 다양한 세대를 조사할 필요가 있지만, 실제 회화 자료를 바탕으로 한 교재 개발의 중요성을 시사한다는 점에서 의의가 있다.

이와 같은 결과 및 대학 교재라는 특성을 염두에 두고, 교재 개발의 초기 단계에서는 대학생의 일상생활에서 일어날 만한 장면을 상정했다. 즉 공적인 장면과 사적인 장면, 1대1과 1대 다수, 첫 대면하는 사이와 친구 사이, 대화의 지속성과 일회성 등 4가지 관점을 고려하여 대화의 흐름에 초점을 둔, 자연스러운 한국어 회화를 반영한 교재 개발을 목표로 하였다.

5. 교재의 특징

위에서 언급했듯이 본 교재는 일본 대학의 한국어 학습자에 초점을 맞추어 그들이 경험할 수 있는 10개 장면이 선정·개발되었다. 10개 장면에는 다양한 한국어 사용을 경험할 수 있도록 비공식적 장면, 즉 사적 장면뿐만 아니라 학교 생활을 중심으로 한 공적 장면도 마련됐다. 여기에서는 본 교재의 10개 장면, 달리 말하면 10개의 과를 구체적으로 소개하고 아울러 각 과의 학습 목표를 제시한다. 각 과의 구체적 내용 및 학습 목표는 〈표 1〉과 같다.

본 교재는 전체 10개 과로 구성되는데, 이 중 1~5과는 여행이나 쇼핑과 같은 친한 친구와의 사적 대화 장면, 즉 비공식적 장면이라 할 수 있다. 이에 비해 6~10과는 대학에서의 진로 상담, 과제 제출, 발표, 면접, 캠퍼스 안내 등 공식적 장면으로 구성되어 있다.

<표 1> 교재의 10개 장면과 학습 목표

과	제목	학습 목표
1	여행 계획	가. 여행지 및 여행 기간을 의논하여 정한다. 나. 여행지에서의 희망 사항을 말한다. 다. 상대방의 제안이나 희망을 받아들인다. 라. 대안을 제시하거나 의견을 조율한다.
2	쇼핑과 조언	가. 선택이 어려움을 전한다. 나. 친구나 점원에게 조언을 구한다. 다. 이유를 설명하면서 조언한다.
3	한국과 일본의 문화 소개	가. 날씨나 음식과 같은 일상적인 화제로 대화한다. 나. 문화 차이를 존중하면서 회화를 이어 간다. 다. 공통점을 발견하여 회화를 이끌어 나간다.
4	콘서트와 드라마 감상	가. 친한 친구와 좋아하는 가수나 콘서트에 대해 이야기한다. 나. 고민이 있는 친구에게 조언한다.
5	유학과 졸업 후 진로 상담	가. 친한 친구와 취업 활동에 대해서 이야기한다. 나. 졸업 후 계획이나 희망에 대해서 이야기한다.
6	과제와 발표 준비	가. 수업에서 같은 그룹 사람들과 과제에 대해서 이야기한다. 나. 의견을 물어보거나 제시된 제안에 대해 찬성 또는 반대 의견을 말한다.
7	과제 미제출과 상황 설명	가. 마감 후 과제 제출 가능 여부를 묻는다. 나. 윗사람과의 대화에서 예의 바르게 자신의 의견을 말한다.
8	발표 수업의 사회와 토론	가. 프레젠테이션 발표 후 질의응답을 한다. 나. 발표 등 공식적인 자리에서 질의응답을 한다.
9	교환 유학생 선발 면접	가. 면접에서 지원 동기를 전달한다. 나. 예상치 못한 질문이나 답하기 어려운 질문에 적절하게 대답한다.
10	대학 캠퍼스 안내	가. 자기소개 및 대학 안내를 한다. 나. 대학의 장점이나 자랑거리, 특징을 어필한다. 다. 불편한 점이나 개선해야 할 점을 전한다. 라. 캠퍼스의 특징에 대해 안내 및 설명한다. 마. 실제 대학 생활을 간결하게 전달한다.

비공식적 장면에서는 한국어를 학습하는 대학생이 관심을 가지는 화제로 대화 참여자가 서로 이야기를 주고받으면서 문제를 해결하거나(1~2과), 공통 관심사에 대해 이야기하면서 친밀한 관계를 만들어 나갈 수 있도록(3~5과) 학습 목표를 설정했다.

이에 반해 공식적인 장면을 다룬 6~10과에서는 수업을 비롯한 대학 생활에서 필요한 스킬들을 익히도록 하고 있다. 6과의 찬성이나 반대 의견 말하기, 8과의 질의응답하기, 9과의 지원 동기 말하기는 이러한 의도가 뚜렷이 나타난 학습 목표라 할 수 있다.

또한 학습 목표 달성에 필요한 표현들에 대해서도 중점적으로 소개하고 있는데, 예를 들어 3과에서는 상대방의 발화에 대한 반응으로 '그러고 보니', '그러게', '그러게 말이야', '맞아', '글쎄', '그러네', '근데', '그거 봐'와 같은 표현을 제시하고 있다. 문법 중심이거나 여행 회화 같은 장면별 교재와 달리 대학생인 학습자가 한국어로 회화를 이끌어 나갈 수 있도록 구성했으며, 또한 공식적인 장면에서는 해당 상황에 맞는 적절한 표현을 선정했는데, 예를 들어 8과에서는 '발표 잘 들었습니다', '하나 여쭤 보고 싶은 게 있는데요', '-와/과 관련해서 궁금한 게 있는데요', '좋은 질문 감사합니다'와 같은 전형적인 표현을 제시함으로써 대학생 학습자에게 유용한 내용으로 구성했다.

이와 같이 본 교재는 전체 10개 장면으로 이루어졌으며, 회화의 성격에 따라 비공식적인 장면에서는 친구들과 공통 관심사로 이야기를 나눌 수 있도록, 공식적인 장면에서는 학교 생활의 공적인 상황에서 한국어를 적절하게 사용할 수 있도록 내용을 구성했다.

6. 수업 실천 사례

2024년 4월부터 7월까지 일본의 한 대학에서 필자들이 작성한 교재를 이용한 한국어 회화 수업을 진행했다. 구체적인 수업의 개요는 다음과 같다.

- 기　　　관: 일본 F현의 F대학교
- 학　습　자: 한국어를 전공하는 3학년 및 4학년 학생 약 30명
　　　　　　　한국어 실력은 중급에서 고급, 전원 일본어 모어 화자
- 수업 기간: 2024년 4월부터 2024년 7월까지 주 1회 90분 수업을 총 15회 실시(처음 1회는 온라인 수업)
- 수업 형태: 교원의 강의와 그룹 활동(한 그룹은 3~4명)
- 수업 목표: – 다양한 언어 행동을 수반하는 회화 장면에서 사용되는 한국어 어휘 및 표현 학습
　　　　　　 – 각 언어 행동에 있어서 한국어와 일본어의 공통점과 차이점 확인
　　　　　　 – 회화 관리 능력의 관점에서 한국어 회화 이해

실제 수업은 수업 시간 외 활동인 과제를 포함하여 모두 3단계로 진행되었다. 〈표 2〉는 수업 진행 과정과 각 단계별 목표, 구체적인 진행 방식을 정리한 것이다.

수업은 크게 3단계로 진행되었다. 첫 번째 단계에서는 교실에서 수업을 진행하기 전에 학생들 각자가 수업의 준비 과정으로 매회 수업에서 진행할 회화 장면과 언어 행동을 확인하고, 확인한 내용을 바탕으로 먼저 해당 장면을 일본어 회화로 작성하는 과제를 수행했다. 두 번째 단계에서는 각자 작성한 일본어 회화를 바탕으로 같은 장면의 한국어 회화를 교실에서 작성했다. 위 두 단계를 거친 후 마지막 세 번째 단계에서는 연구자들이 작성한 교재를 배부하여 어휘와 문법은 물론 각 언어 행동에 따른 회화의 흐름을 확인했다.

〈표 2〉 연구자들이 만든 교재를 활용한 수업 진행 과정

단계	단계별 목표	세부 사항
1	회화 장면 및 언어 행동 확인	• 교원이 구체적인 언어 행동과 회화 참여자에 대해 소개한 후 과제로 일본어 회화 작성 제시 • 각자 작성한 과제를 같은 그룹의 학생들에게 소개하여 회화의 내용 및 흐름(도입, 전개, 전환 등)에서 유사점과 차이점을 확인, 그룹 토의 후 전체 발표
2	한국어와 일본어 회화의 유사점과 차이점에 대한 학습자의 이해도 확인	• 각자 작성한 일본어 회화를 바탕으로 같은 내용의 대화가 한국어로 이루어졌을 때를 상정하여 한국어로 회화 작성 • 각자 일본어 회화와 한국어 회화를 비교하여 회화의 흐름을 중심으로 유사점과 차이점 확인, 그룹 토의 후 전체 발표
3	회화 관리 능력의 관점에서 한국어 회화를 이해하고 그에 따른 어휘와 표현을 습득	• 교원이 연구자들이 작성한 회화 교재 배부 후 어휘 및 문법, 회화의 흐름과 언어 행동에 수반되는 표현 설명 • 개인 또는 그룹으로 회화 연습 후 각자 작성한 한국어 회화와 비교하여 회화의 흐름 및 표현을 확인, 그룹 토의 후 전체 발표 • 교원이 해당 언어 행동에 대한 한일 대조 연구 등을 소개

〈그림1〉 실제 수업이 진행되고 있는 교실 풍경

학생들은 모든 과정에서 그룹별 토의 후 전체 발표를 실시하여 학습자 스스로가 이해하고 확인하며 학습 효과를 높였다. 이 결과는 10과까지 모든 수업이 끝난 후 학습자들을 대상으로 실시한 팔로업 앙케트 조사에서도 확인되었다.

7. 나가며

본 연구는 일본 대학의 한국어 학습자들을 위한 새로운 관점의 회화 교재, 즉 회화의 흐름에 초점을 둔 교재에 대해 그 목적과 작성 과정, 교육 효과를 논하고, 수업 실천 사례를 소개했다.

연구의 의의로는 먼저 실제 회화 데이터를 검토하고 그 특징을 반영한 점, 더불어 공적인 장면과 사적인 장면, 1대1과 1대 다수, 첫 대면하는 사이와 친구 사이, 대화의 지속성과 일회성 등 4가지 관점을 고려하여 대화의 흐름에 초점을 둔 교재를 개발한 점을 들 수 있다. 향후 연구자들이 작성한 회화 교재를 사용한 수업에서 학생들의 회화 행동 특징과 변화 과정을 분석하여, 다음 과제로서 그 결과를 반영한 교재를 개발하고자 한다.

참고문헌

강현화. 2004. 회화 교재의 주제 유형과 어휘–한국어 교재와 외국어 교재의 비교를 바탕으로. **외국어로서의 한국어교육**. 29. 연세대학교 언어연구교육원 한국어학당. pp. 39-64.

김서형, 장향실. 2012. 한국어 교재 대화문의 전형성과 구성 요건. **한국언어문학**. 83. 한국언어문학회. pp. 425-450.

박석준. 2020. 한국어 회화 교재 구성 원리 연구. **담화와 인지**. 27-1. 담화인지학회. pp. 123-142.

박진욱. 2021. 한국어 교재 속 회화적 요소의 특성 연구. **우리말 연구**. 64. 우리말학회. pp. 211-235.

윤수미, 고지마 다이키. 2023. 한국어 강조 정도 부사의 사용 양상–대학생 구어코퍼스를 바탕으로. **팬데믹 이후 한국어 교육의 새로운 도전과 모색**. 공앤박. pp. 212-227.

이정희. 2016. **세종학당 한국어 회화(초급) 입문 교재 내용 개발 사업 결과 보고서**. 세종학당재단.

이정희. 2017. **세종학당 한국어 회화(중급) 교재 내용 개발 사업 결과 보고서**. 세종학당재단.

岩田夏穂, 初鹿野阿れ. 2012. **にほんご会話上手!聞き上手・話し上手になるコミュニケーションのコツ15**. アスク出版.

金庚芬, 関崎博紀, 趙海城. 2018. **日本語・韓国語・中国語談話集**. 2015~2017年度科学研究費補助金(基盤研究C) 研究成果物.

小林ひとみ. 2008. **日本語会話トレーニング**. アスク出版.

佐々木倫子. 1998. 言語の対照研究と言語教育. **日本語科学**. 3. 国立国語研究所. pp. 127-134.

初鹿野阿れ, 岩田夏穂. 2015. やりとりにおける問題解決に焦点を当てた会話教材開発の試み. **ヨーロッパ日本語教育**. 20. ヨーロッパ日本語教師会. pp. 189-194.

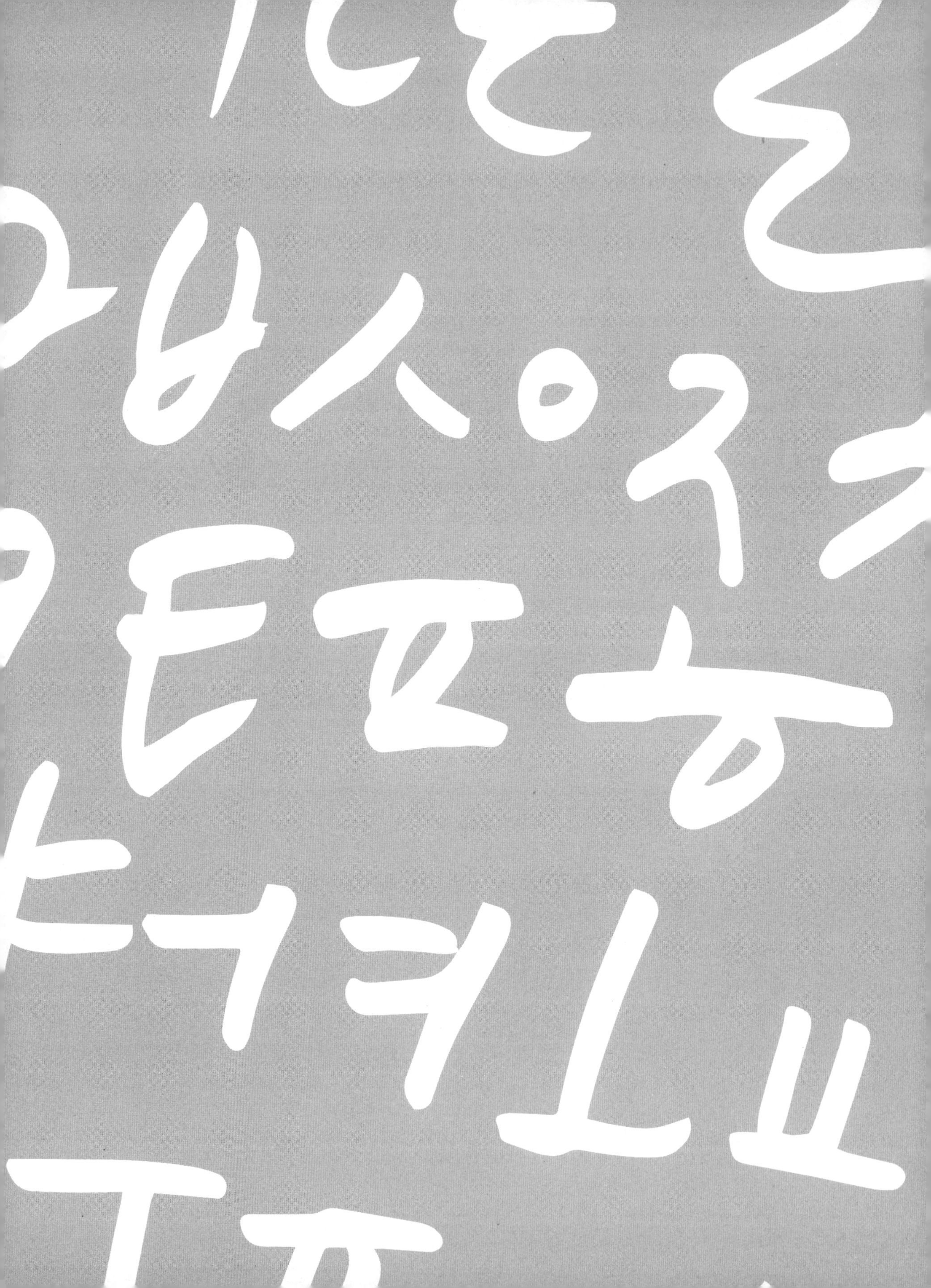

혁신적인 한국어 교육 방안

V

다중언어 다문화 사회에 대응한 독일 보훔 루르대학교의 한국어 교육 실천 사례

– 학생 개별 맞춤형 교재 개발 및 신진 작가 웹툰 번역 수업 사례 발표

윤재원

독일 보훔 루르대학교
Ruhr-Universität Bochum

1. 들어가며

세계화 시대에 언어 교육은 언어의 다양성을 수용하도록 계획되어야 하고, 다양한 언어 배경을 가진 학생들이 스스로 가치 있고 지지를 받는다고 느낄 수 있는 포용적인 학습 환경이 조성되어야 교육적 성과와 사회적 결속력을 높일 수 있다. 다국어는 개인, 사회, 기관에 기회와 도전을 동시에 안겨 주는데, 현재의 학문적 관점은 다국어 사용자의 언어 관행이 매우 복잡하다는 점을 인정하면서 다국어주의를 수용하는 방향으로 바뀌고 있다. 그러나 실제 다중언어 사용자 수가 단일언어 사용자 수보다 많음에도 불구하고 다국어 사용 교수법은 아직 교실 내부까지 미치지 못하고 있으며, Kramsch(2014)가 지적한 바와 같이 세상의 질서는 여전히 단일언어 사용자 위주이다. 지난 10년 동안 학자들은 제2언어 습득 분야에서 다중언어 전환(multilingual turn)을 점진적으로 주장해 왔지만(Conteh & Meier, 2014; Douglas Fir Group, 2016) 다국어 사용 맥락에서의 언어 교육은 기존의 관행을 넘어서 재설계되어야 하기 때문에 이상적인 다국어 교수법과 실제 교실 학습 간에는 엄연한 불일치가 존재한다.

언어 교육에서 다국어주의를 수용하기 위해서는 커리큘럼, 학습 자료, 평가 방법 등 교수법의 패러다임이 전환되어야 하지만, 수업 중 다국어 사용은 장점뿐만 아니라 다양한 문제점도 내포하므로 실천은 간단하지 않다. 교수자는 빠르게 변화하는 글로벌 사회에서 다국어에 익숙한 학생들의 총체적 발전을 효과적으로 지원하기 위해 다양한 언어 환경을 탐색하고 다국어 사용의 복잡성을 바르게 인식하며 어떻게 수업 방향을 바꾸어야 하는지 고민해야 한다.

Lucas, de Oliveira, Villegas(2014)는 다중언어 환경에서 교수자가 갖추어야 할 역량과 기술을 체계적으로 통합할 수 있는 개념적 틀을 제안했다. 이후 Zhang-Wu와 Brisk(2021)는 대학에서 다언어 학습자의 요구를 반영한 교수법을 구체화하며, 효과적인 교수자의 역할과 실천 방안을 논의하였는데 교수자가 언어적 다양성을 존중하고 포용적인 학습 환경을 조성하는 것이 중요함을 강조하며, 다국어 학습자를 위한 지원 방안과 교수 전략의 필요성을 제시했다. 또한, 학습자의 다양한 언어적·학문적 배경을 고려하여 맞춤형 교육 접근법을 활용하는 것이 효과적임을 논의하면서, 교실 내 과제 수행 시 언어적 요구와 문화적 배경을 반영한 교수 설계의 중요성을 언급했다.

잘 알려진 다중언어 환경에 맞는 언어 교수법으로는 트랜스 랭귀징 교수법, 과업 중심 언어 교수법(TBLT), 내용-언어 통합 학습법(CLIL), 멀티 리터러시 접근법, 문화 대응 교육법(CRT) 등이 있다. 첫째, 트랜스 랭귀징 교수법은 다중언어 화자가 언어를 통합 시스템으로 사용하는 방식으로 학생들의 학습과 의사소통에서 모든 언어 자원을 활용할 수 있게 하는 것이다(García & Wei, 2014). 이 접근법은 전통적 이중언어 교육의 개념과 다르게 교실에서 타깃 언어와 모국어를 전환해 가며 토론하거나 한 언어로 초안을 작성한 후 다른 언어로 최종 작업을 완료하는 등의 활동을 포함한다. 둘째, 과업 중심 언어 교수법은 학습자들이 실용적인 과업을 수행하면서 목표 언어를 배우는 접근 방식으로(Ellis, 2003), 프로젝트 기반 학습, 역할 놀이 등이 이에 포함된다. 셋째, 내용-언어 통합 학습법은 언어 학습과 교과 학습을 통합하여 언어 능력과 학문적 지식을 동시에 향상하는 방법이며(Coyle, Hood; Marsh, 2010), 넷째, 멀티 리터러시 접근법은 문화적·언어적 다양성이 강조되는(New London Group, 1996) 디지털 리터러시, 시각 리터러시, 비판적 리터러시 교육을 통합한 것으로 언어 교육과 교과 내용 교육을 연계해서 함께 생각하는 교육이다(김영우, 2018). 마지막으로 문화 대응 교육법은 다양한 학생들의 문화적 지식과 경험을 활용하여 관련성 있고 효과적인 학습을 만드는 방법인데(Gay, 2000) CRT 전략에는 학생들과 관련된 문화 자료를 사용하고 학생들의 문화적 배경을 공유하며 교수 방법에 적용하는 등의 활동이 포함된다.

위에 소개된 언어 교육 모델들을 살펴보면 대부분 구체적 실천 전략을 공유하는데, 종합해 보면 다음과 같다. 첫째, 위 교수법들은 언어 학습을 단순한 문법이나 어휘 습득에 국한하지 않고, 학습자의 문화적 배경과 경험을 통합해서 언어와 문화를 함께 배우도록 장려한다. 둘째, 학습자들이 실생활에서 사용할 수 있는 언어 능력을 기르도록 실제 의사소통 상황을 반영한 과업과 활동을 제공한다. 셋째, 학습자가 가진 모든 언어적 자원을 활용하여 학습할 수 있도록 한다. 넷째, 협력 학습을 강조하고 학습자들이 함께 문제를 해결하며 서로의 언어적·문화적 지식을 공유하면서 배울 수 있도록 한다. 다섯째, 학습자들이 자신의 학습 과정과 언어 사용을 되돌아보고 비판적으로 사고할 수 있는 기회를 제공한다. 여섯째, 다양한 택스트와 매체를 활용하여 학습을 진행한다. 특히 학생들의 다양한 배경을 반영하는 텍스트, 주제, 예시를 선택하고, 학습 내용에 대한 결정을 학생들과 함께 함으로써 학생들의 실제 경험과 연결하여 참여를 유도한다. 마지막으로 학습자의 개별적인 문화적 배경과 경험을 존중하고 이를 반영한 교육을 제공한다. 즉 학습자가 자신만의 학습 경로를 만들고 따라갈 수 있도록 돕는 맞춤형 교육을 지향한다.

즉 이들 교수법은 언어 학습에 좀 더 포괄적이고 실용적으로 접근하며, 학습자의 다양한 배경과 경험을 고려하여 학습 효과성을 극대화하고자 한다. 이러한 접근 방식은 실제 교육 현장에서의 적용을 통해 입증된 바 있으며, 본 논문에서는 2가지 수업에서 사용된 과제를 통해 이러한 교수법의 실질적인 구현 사례를 제시한다.

2. 실천 사례

2.1. 대화책(Conversation Book) 만들기와
　　문화 비교 에세이(Cross-Cultural Analysis Essay)

2.1.1. 수업 과정

'대화책'과 '문화 비교 에세이' 과제는 한국어 필수 과정을 모두 마친 3학년 이상 학생들의 선택 과목인 한국어 고급 과정(Advanced Korean)[1] 수업의 최종 결과물이었다. 이 수업에서 학생들은 《서강 한국어》 3A의 5가지 주제(소개, 학교 생활, 집, 초대와 방문, 외모와 성격)에 대해 학습한 후, 각 주제에 맞는 대화를 자신의 실제 생활 환경에 맞추어 재구성하는 맞춤형 대화책을 이중언어('한국어-독일어' 또는 '한국어-영어')[2]로 제작했다. 그와 더불어 학생들은 수업 시간에 진행된 문화 차이에 대한 논의를 바탕으로 문화 비교 에세이를 '한국어-독일어' 또는 '한국어-영어'로 작성하여 제출했다.

[1] 강의는 총 13주 과정으로, 등록 인원 총 35명, 강의 언어는 영어와 한국어였다.

[2] '한국어-독일어-영어'로 작성한 학생도 여럿 있었다.

먼저 학생들에게 《서강 한국어》 교재의 대화 부분을 학습하고, 대화 내용을 충분히 암기하도록 권장했다. 단순히 대화를 읽는 데 그치지 않고, 말할 수 있는 수준으로 습득하는 것이 중요하다고 강조했다. 여러 차례의 연습을 거쳐 대부분의 학생이 대화를 암기한 후, 학생들은 교실 내에서 자연스럽게 걸어 다니며 상대를 바꾸어 암기한 대화를 바탕으로 대화 연습을 진행했다. 이 과정에서 학생들은 자신만의 표현을 추가하여 대화를 좀 더 자연스럽고 실용적으로 변형해 나갔다. 또한, 학생들은 교재의 대화를 바탕으로 실제 생활에서 이 대화가 어떻게 이루어질 수 있는지 파악하기 위해 대화가 사용되는 배경과 화자의 의도를 고려하여 자신만의 방식으로 대화를 변형하는 시간을 가졌다. 과제의 마무리는 수업 시간 외에 진행되었으며, 교재에 제시된 기존 대화를 참고하여 자신의 경험과 상황에 맞게 대화를 수정하고, 더 자연스럽고 실용적인 한국어 표현을 만들어 내는 작업을 포함하였다. 각 대화의 길이는 학생이 대화를 습득하여 스스로 재현할 수 있는 범위로 정했다.[3] 학기 말 마지막 주에는 프레젠테이션이 진행되었으며, 학생들은 자신의 대화책에서 하나의 주제를 자율적으로 선택한 후 대화 상대와 함께 다른 학생들 앞에서 직접 작성한 대화를 재현했다.

또한 수업 시간에는 대화 연습 이외에도 각 과에 소개된 문화와 관련된 단어를 배우며 독일 문화 및 학생들에게 친숙한 다른 문화권[4]의 상황과 비교, 토론하는 시간을 가졌다. 예를 들어, 교재에서 '집'이라는 주제를 다룰 때는 한국 생활에 맞는 아파트, 주택, 원룸, 하숙집, 기숙사 등의 단어가 소개된다. 이 단어들을 먼저 숙지한 후 한국과 독일의 집에 대한 개념 차이와 집의 종류를 지칭하는 단어들에 대해 토론했다. 예를 들어, 독일의 집 종류인 보눙(Wohnung), 하우스(Haus), 아인페밀리언 하우스(Einfamilienhaus), 도펠하우스(Doppelhaus), 라이엔하우스(Reihenhaus), 1층 집(Etagenwohnung), 꼭대기 방(Dachgeschoss), 고층 아파트(Hochhaus), 주거 공동체(WG) 등의 용어에 대해 한국어 단어와 비교·대조하였다. 또한, 한국 대학생들이 독일에서 생활할 때 주거 개념이 달라 겪을 수 있는 어려움에 대해서도 논의했다. 수업을 마친 후 학생들은 배운 주제를 심도 있게 학습하고, 강의에서 다루지 않은 주제라도 관심을 가졌던 문화 차이와 그로 인해 파생되는 단어나 표현의 차이에 대해 설명하는 에세이를 A4 용지 2장에 걸쳐 작성했다.

대화책과 에세이는 온라인 플랫폼인 무들(Moodle)에 올려서 모든 학생과 공유할 수 있도록 했고, 위에서 언급했듯이 수업의 마지막 시간에 대화책의 한 부분을 골라 파트너와 함께 시연하도록 했다. 작품 평가에는 수강생의 의견도 고려했는데 상호 평가는 학생들이 서로의 프레젠테이션을 경청하게 만들기 위한 장치였다.

2.1.2. 과제 결과

2.1.2.1. 대화책

이 과제는 앞서 언급한 바와 같이, 교재에 제시된 기존 대화를 바탕으로 학생들이 자신의 경험과 상황에 맞게 대화를 수정하고, 좀 더 자연스럽고 실용적인 한국어 표현을 연습하도록 설계되었다. 이 과제를 통해 기대되는 효과는 학생들의 한국어 사용 능력 향상, 실제 대화 상황에서

[3] 학생들의 말하기 실력에 큰 편차가 존재해 각자의 필요와 실력에 맞는 한국어 학습 자료를 제작하기 위해서는 대화 길이를 일관되게 정할 수 없었다. 따라서 최종 성과물의 질은 학생 개개인의 말하기 능력과 참여도에 크게 좌우되었다. 수강생들은 중·고급 학습자로 분류되지만, 한국 유학 경험이 있는 학생과 그렇지 않은 학생, 한국어 필수 과정을 마친 직후 바로 이 수업을 수강하게 된 학생과 1년 또는 2년간 한국어 공부, 특히 한국어 말하기 연습을 할 기회가 없던 학생들이 섞여 있었기 때문에 학생 간 어학 능력에 큰 차이가 있었다. 보훔 루르대학교 한국학과는 이중 전공이 필수이며, 한국어 필수 과정을 모두 이수한 후에는 다른 전공의 필수 과목들을 수강하게 된다. 이 과정에서 시간표가 맞지 않거나 여유가 없어 한국어 수업을 듣지 못하는 경우가 많으며, 한 학기에서 1년, 또는 2년 후에 다시 한국어 수업을 찾는 일이 빈번하다.

[4] 터키, 러시아, 우크라이나, 이란, 이탈리아, 네덜란드, 크로아티아 등.

자신감 증진, 그리고 학습자로서 주체성 함양이다. 학생들이 재구성한 내용 중 특징적인 사례를 다음과 같이 정리했다.

1) 다양한 제목

교수자가 내준 과제명은 '대화책(conversation book)'이었지만 학생들은 자신만의 대화책임을 강조하기 위해 개별적인 이름을 붙였다. 예를 들면, '신입생의 걱정을 달래는 지은이의 이야기(Jieuns Stories to Calm the Worries of University Freshmen)', '나만의 대화책', '나를 위한 교재', '대화 모음집' 등이었다.

2) 반말 사용, 이모티콘 및 유행어 도입

자신의 상황에 맞는 대화를 만들다 보니 반말 사용의 빈도가 높았다. 결과적으로 기존 교재에서 자주 다루지 않는 반말 연습이 빈번히 이루어졌고, 젊은 층에서 사용되는 유행어나 줄임말도 대화에 자주 등장했다.

(예) "제 베프 지연이를 소개할게요!"
　　 "미안 ㅠㅠ 공부하느라 핸드폰을 못 봤어."
　　 "짱 신난다!"
　　 "다니엘도 헬린이[5]야."

3) 자신만의 소주제 개발

학생들은 제시된 5가지 주요 주제 내에서 자신만의 소주제를 개발하여 대화를 구성했다. 이 과정에서 학생들은 교재에서 제안된 내용을 넘어, 각 주제를 개별화하여 독창적인 접근을 시도했다. 〈표 1〉에 학생들이 개별화한 내용과 그에 따른 대화 구성의 주요 사례를 정리했다.

〈표 1〉 학생 대화책 중 개별화된 주요 사례

소개	기존 교재에서는 신입 사원의 자기소개나 모르는 사람과의 만남 등 일반적인 상황이 다루어졌으나, 학생들은 독일 대학 내에서 한국어를 사용해야 하는 실제 상황을 반영한 대화를 창출했다. 예를 들어, 한국 교환 학생과의 만남, 학회에서 방문 교수 소개 등의 실질적인 상황을 모델로 삼아 대화를 구성했다. 또한 '소개팅 관련 대참사-남자의 잘난 척'과 같이 유머러스한 대화도 있었다.
학교생활	조별 과제를 위한 카카오 채팅방을 만들거나 과제를 진행하는 실제 상황으로 대화를 구성했다. 더 나아가 학생 식당에서 식사 카드를 충전하는 과정, 수업에 대한 구체적인 이야기, 의무 교환 학기에 대한 정보 나누기, 학교 내 시설 소개 및 위치 안내, 캠퍼스 내 와이파이 문제 등도 포함되었다. (예) "방금 뮐러 교수의 '중국의 종교' 수업을 듣고 학생 식당으로 가는 길이야. (……) 수업은 흥미로운데 과제가 너무 많아. 스트레스 받긴 하지만 교수님이 좋아서 공부할 의욕이 생겨."

---

5 헬스와 어린이의 합성어로 운동 숙련도가 초보인 사람을 지칭하는 신조어.

집	집의 문제점을 설명하는 대화에서는 벌레 문제를 다루거나, 한국과 독일의 이사 문화 차이 등을 다루었다. (예) "최근에 집에 벌레가 생겼는데, 어떻게 해결해야 할지 모르겠어. 한국에서는 보통 어떻게 해결해?" "방에 벌레 수십 마리가 있어. 벌레 유충을 만지면 피부 발진이 생길 수도 있어. (……)" "3개월 동안 월세를 더 내야 해서 다른 아파트로 이사 갈 수 없어." "독일에서 이사할 때의 절차가 한국과 많이 달라. 한국에서는 이사 준비를 어떻게 하는지 알고 싶어."
초대와 방문	집에 들어올 때 신발을 벗어야 한다고 설명하는 상황, 집에서 나갈 때 잊은 물건을 챙기는 상황, 파티 준비 과정, 독일식 집들이 절차 등을 포함했다. (예) "집에 들어올 때는 신발을 벗을까?" "고마워. 슬리퍼 갖다 줄게." "와, 선물도 가지고 왔네." "여기 빵과 소금을 가지고 왔고, 제가 만든 꽃다발도 있어요." "왜 빵과 소금을 가지고 왔어요?" "독일 전통을 담은 선물이에요. 새 집에서의 행복과 풍요로움을 상징해요."
외모와 성격	독일에서는 타인의 외모를 평가하는 것이 매우 부적절하다고 여겨지므로, 학생들은 수업 시간에 주변 사람들을 묘사하는 대화를 불편하게 생각했다. 따라서 학생들은 창의적으로 상황을 변경하여 과제를 수행했는데, 예를 들어 게임 캐릭터의 외모와 성격을 묘사하거나 경찰서에서 도둑의 모습을 묘사하며 신고하는 상황으로 대화로 구성했다. 또한, 사람을 묘사하는 과정에서 타투나 피어싱과 같은 특성을 자주 포함했다. (예) "혹시 타투가 있어?" "팔에 타투가 있는 그 아이?" "코에 피어싱을 한 여자 말이지?"

4) 대화에 화자의 동작이나 감정을 상세히 묘사하는 방식으로 드라마 대본과 유사한 형식 채택

(예) (회의적인 표정으로) "무슨 일이야?"

"잘됐네. 나중에 다시 얘기하자. (활짝 웃으며 모두에게) 커피 맛있게 드세요."

사무실을 나선다.

이렇듯 학생들이 재구성한 대화는 다양한 주제와 상황을 포괄하고, 실용적이고 자연스러운 한국어 표현을 연습할 수 있도록 구성되었다. 수업의 마지막 시간에 학생들은 앞서 언급했듯이 자신이 직접 기획한 교재를 바탕으로 대화를 발표했는데, 말투나 억양을 자연스럽게 발화하려 노력했다. 이는 스스로 상황에 맞는 대화문을 만들었기 때문으로, 대화책 만들기 과정이 학습자의 주체성을 강화하는 데 긍정적인 영향을 미친 것으로 평가된다.

2.1.2.2. 문화 비교 에세이

학생들이 제출한 문화 비교 에세이는 주제의 다양성과 깊이가 돋보였다. 수업 시간에 논의된 주제를 제외하고, 학생들이 자율적으로 선택한 주제를 〈표 2〉에 정리했다. 독일 문화뿐만 아니

〈표 2〉 문화 비교 에세이 중 개별화된 예시

대주제	소주제
집	한국과 네덜란드 집의 유형 이사 문화: 이사 때마다 부엌을 싸 가지고 다니는 독일과 모든 것이 집에 달려 있는 한국 집들이 선물(einwehungsgeschenk) 차이
초대와 방문	한국과 터키의 약속 문화, 식사 문화, 초대 문화 비교
음식 문화	음료 및 음주 문화(터키, 러시아, 독일) 식사 예절(터키, 독일, 이란) 끼니에 대한 독일과 한국의 개념 차이
언어 관련	한국어의 경어체와 독일어에서 화자와의 거리를 나타내는 'sie', 'du' 표현 한국어와 터키어의 경어체와 반말 비교 대조 독일의 직설법과 한국의 돌려 말하기
MZ 문화	한국과 독일의 MZ 세대 데이트 문화 한국, 미국, 독일의 MZ 세대 데이트 문화를 다루는 리얼리티 프로그램 비교 기념일(발렌타인데이, 화이트 데이, 빼빼로 데이) 비교
미디어	한국과 독일의 로맨스 드라마 비교
기타	우크라이나와 한국의 서비스 문화 비교 터키와 한국의 의사 진료 차이 한국인과 러시아인의 차이점 한국과 독일의 미의 기준(성형 수술)

라 학생들 각자의 경험과 다양한 배경을 반영하여, 터키, 우크라이나, 러시아 등 자신에게 더 친숙하거나 비교가 명확한 문화권을 대상으로 삼았다.

2.2. 웹툰 번역, 번역 일지, 작가와의 이메일 소통

2.2.1. 수업 과정

웹툰 번역 프로젝트는 13주에 걸쳐 진행된 한국어와 미디어(Korean Language in Popular Media) 강의의 일환으로 총 6주에 걸쳐 시행되었으며, 한국어 필수 과정을 모두 마친 3학년 이상 학생들의 선택 과목으로 총 36명의 학생이 등록했다. 수업은 한국 웹툰 일부를 독일어로 번역하는 것이었는데 기존에 발표된 웹툰이 아닌 제주 영상 문화산업진흥원과 협업한 제주 출신 작가들이 웹툰 캠퍼스에서 창작 중인 작품의 일부를 직접 받아서 진행했다. 이를 위해 학기가 시작되기 전 웹툰 캠퍼스와 협력 계약을 맺고 이메일을 통해 10개의 작품을 받아 학생들에게 전달하면서 프로젝트가 시작되었다. 6주간의 수업은 워크샵 형태로 진행되었으며, 현재 웹툰 번역가로 활약 중인 전문 번역가 2명을 조교로 초빙하여 함께 진행했다.

첫 번째 수업에서는 학생들에게 10개의 웹툰 개요를 소개하고, 각 웹툰의 장르와 내용에 등장하는 단어 및 표현을 학습했다. 둘째 주에는 전문 번역가를 초청하여 웹툰 번역에 대한 개괄적인 설명과 번역가의 역할, 번역가의 일상, 번역 과정에서의 어려움과 한국어 실력을 쌓는 방법 등에 대한 강의를 들었다. 강의 후에는 학생들의 질의응답 시간이 이어졌다.

<그림 1> 웹툰 번역 과제 단계

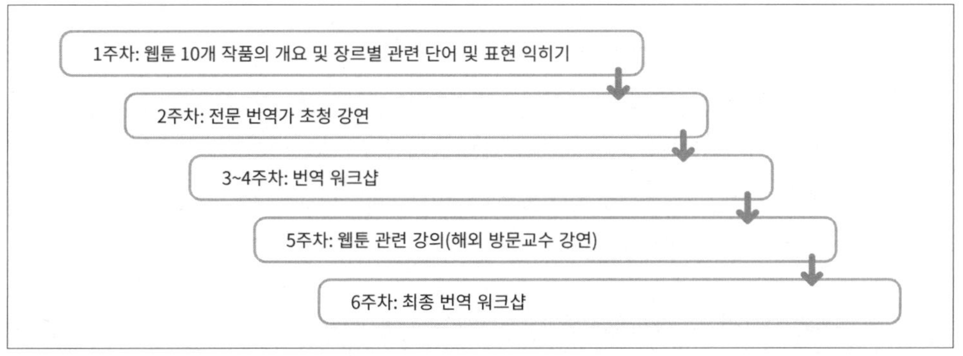

셋째 주에는 학생들이 번역하고자 하는 웹툰을 선택하고 웹툰의 길이와 번역 난이도에 따라 2명에서 6명으로 구성된 조별로 번역 작업을 진행했다. 번역 작업은 3주간 수업 시간에 진행되었으며, 교수자와 조교 2명이 지속적으로 조별 작업을 모니터링하면서 도움이 필요할 때 지원했다. 번역물은 전체적인 의미의 명확성, 선택한 단어의 일관성, 번역어 관행 준수 여부 등을 기준으로 평가했다. 웹툰 전문가 조교 2인이 평가 및 최종 수정 작업을 마친 후 번역물을 제주 웹툰 캠퍼스로 송부했고, 제주 웹툰 캠퍼스는 독일어 번역본을 바탕으로 레터링[6] 작업을 진행한 후 번역본을 학생들에게 전달했다. 학생들은 레터링 작업의 정확성을 검토한 후 수정 제안 사항을 포함하여 최종 파일을 다시 제주 웹툰 캠퍼스로 송부했다. 최종 수정이 완료되면, 독일어로 번역된 웹툰은 제주콘텐츠진흥원과 보훔 루르 대학교 전시관에서 각각 전시될 예정이다. 다섯 번째 주에는 시기가 맞아 해외 교수 초청 강연이 가능했는데, 이 강연은 웹툰의 미학적 관점에 대한 심도 있는 논의를 제공하여 학생들에게 웹툰 관련 인문학적 소양을 쌓는 기회를 제공했다.

웹툰 번역과 함께 학생들은 번역 일지(reflective journal)를 작성했는데, 이 일지에는 번역 과정에서의 경험과 통찰, 즉 번역 과정에서의 어려움과 극복 방법, 웹툰 번역에서 배운 점과 아쉬웠던 점 등을 상세히 기록했다. 마지막으로, 학생들은 자신이 번역한 웹툰의 담당 작가에게 편지를 보냈고, 제주 웹툰 캠퍼스를 통해 편지를 전달받은 작가들은 학생들에게 답장을 보내 주었다.

2.2.2. 과제 결과

학생들의 번역 일지에는 웹툰 번역 수업의 효과가 잘 나타나 있었는데 수업이 흥미롭고 의미 있는 경험이었다는 대답이 주를 이루었다. 특히 미발표 웹툰을 작가로부터 직접 받아 번역한 과정은 학생들에게 가치 있는 경험으로 평가되었다. "전반적으로, 미발표 웹툰의 한 부분을 번역하는 것은 큰 영광이자 놀라운 작업이었으며, 웹툰 번역에 대한 직접적인 경험을 얻는 데 도움이 되었다. 이전에는 이런 시도를 해 본 적이 없었기 때문이다(학생 인터뷰 중에서)."

학생들이 웹툰 번역 작업 중 겪었던 주요 어려움은 다음과 같다(인용문은 모두 학생들과의 인터뷰에서 발췌함).

[6] 웹툰의 대사, 내레이션, 효과음을 텍스트 형태로 삽입하고 배치하는 작업으로 이 과정에는 텍스트 입력 및 편집, 폰트 선택, 텍스트 배치, 효과음 삽입, 말풍선 디자인 등이 포함된다.

1) 작가의 의도에 부합하는 의역 찾기: 작가의 의도에 맞게 의역하는 데 많은 시간을 소모했다. 특히 웹툰의 제목이나 캐릭터 이름 번역에서 이 문제가 두드러졌다.

"우리 조가 번역한 작품의 제목인 '제주 정착기'는 글자 그대로 'Jeju Settlement Record'로 번역되지만, 이런 제목은 웹툰 독자에게 매력적이지 않다. 그래서 가독성을 높이고 매력적인 제목이 될 수 있도록 'Mein neues Leben auf Jeju(제주에서의 나의 새로운 삶)'라는 제목을 붙였다."

"초반에 제목이라는 커다란 장애물을 만났다. '흑염냥'이라는 단어를 어떻게 번역할지 확신이 서지 않아서 한자도 찾아보았다. 비슷한 단어로는 흑염룡(검은 불을 내뿜는 용)이 있었는데 작가가 제목에서 룡(용)을 냥(고양이)으로 바꾼 것 같았다. 문자 그대로 '검은 불 고양이'를 의미했다. 제목은 나중에 번역하기로 하고, 먼저 전체적인 개요를 파악했다. 그랬더니 놀랍게도 문제가 해결되었는데, 읽어 가면서 우리는 이 웹툰이 변신할 수 있는 흑고양이 형태의 악마에 관한 이야기라는 것을 알게 되었다. 표지 그림에 고양이 귀가 보이고, 작가가 '용'을 '고양이'로 대체했기 때문에 고양이라는 단어를 반드시 포함하고 싶었다. 한국어 제목은 딱 3음절이기에, 불필요하게 제목을 길게 만드는 일은 피해야 했다. '내 안의 고양이 악마(독일어로는 'Der Katzendämon in mir')'라는 제목이 매우 흥미롭고 적절하다고 생각했지만 짧게 줄여서 결국 흑염냥을 'Cat Demon(고양이 악마)'으로 번역했다."

캐릭터 이름을 음역할지, 번역할지에 대한 논의((예) '개동'을 독일어로 개 짖는 소리인 'Wuffi'로 번역)도 빈번하게 발생했다. 언어적 유희와 캐릭터 특성을 고려하여 번역하는 과정이 쉽지 않았음을 강조했다.

2) 공손 표현 및 호칭: 한국어의 존댓말과 호칭을 번역하는 데 많은 시간이 소요되었다. 예를 들어, '수봉 씨'를 'Herr Subong(Mr. Subong)'으로, '경상댁을 'Frau K(Mrs. K)'로 번역하는 과정에서 문맥에 맞게 창의적으로 호칭을 번역하는 것이 어려웠다고 토로했다.

3) 의성어 및 의태어: 작품 속의 의성어 의태어 표현을 독일어에서 찾거나 같은 효과를 주기 위한 표현을 만들어 내기 위해 많은 노력을 했다.

"우리가 선택한 웹툰에는 의성어와 의태어가 믿을 수 없을 정도로 많았다. 오랫동안 고민하고 인터넷을 뒤져 가며 적합한 번역을 찾았지만, 결과에 만족할 수 없었다. 소리를 한국어로 표현하는 것보다 독일어로 표현하는 것이 훨씬 더 어려웠다. 예를 들어, '탁(부드럽게 착지하는 소리)', '화악(분노)', '화르르(재가 흘러내리는 소리)', '사아아(눈이 반

짝이는 소리)’ 등이 있었는데 그림만으로는 완전히 이해할 수 없는 소리의 종류를 파악하기 위해 계속 소리 내어 의성어를 읽어 보아야 했다.”

“원어로는 이해가 되지만 대상 언어로 번역하면 어색한 용어가 있었다. 예를 들어 ‘엉금엉금’이라는 단어를 번역할 때가 그랬는데, 한국어에서는 ‘엉금엉금 기어가는’ 상황이 이해되지만, 독일어에서는 자연스럽지 않아서 결국 ‘on all fours’ 대신 ‘schleppend (질질 끌다, 움직임이 느리거나 무거운 상태)’로 조정해야 했다.”

4) 속어/욕/콩글리시: 학생들은 속어, 욕, 그리고 일명 ‘콩글리시’라고 불리는 표현을 이해하고 번역하는 데 어려움을 겪었다. 비슷한 욕을 찾는 것도 어렵지만, 욕의 정도를 원작과 가깝게 번역하는 것이 더 힘들었다고 밝혔다.

“‘쌀먹이라’는 표현이 있다. 이 단어는 아마도 게임 커뮤니티에서 사용되며, 온라인에서 돈을 버는 상황을 설명하는 데 쓰인다. 이 과정은 컴퓨터 게임에서 ‘파밍’으로 표현된다. 독일에서도 대부분의 게임 속어는 영어로 되어 있으므로, 이 단어를 영어로 남기기로 결정했다. 또한, ‘역시 BB탄은 파워 브레이크를 제거해야 쏘는 맛이 난다니까 ㅋㅋ’라는 문장에서도 어려움을 겪었다. 2가지 이유였다. 첫째, 파워 브레이크를 어떻게 번역해야 할지 몰랐다. 그 말의 뜻은 알지만, 독일어로는 들어본 적이 없고 온라인에서도 찾을 수 없었다. 그래서 영어로 두는 것이 좋겠다고 결론 내렸다. 또 다른 문제는 BB탄 총이었다. 이 총은 한국에서는 일반적으로 사용되는 브랜드거나 총의 명칭처럼 보였으나, 독일에서는 친숙하지 않았다. 그래서 독일에서 잘 이해될 수 있는 단어를 찾아 ‘Luftpistole’로 결정했다.”

5) 번역 중 유머의 손실: 특히 한 작품에서는 유머러스한 동물 주인공 이름((예) 개동이, 모냥이)이 많이 등장했는데 이름의 언어유희를 독일어로 효과적으로 전달하기 위해 많은 노력을 기울였다. 한 학생은 “번역으로 유머의 본질이 사라지지 않도록, 때로는 번역자가 유머를 창출할 필요가 있다는 교훈을 얻었다.”고 말했다.

6) 장르 특성상의 어려움: 웹툰 번역 과정에서 학생들은 말풍선과 문장 길이 등과 같은 독특한 도전 과제에 직면했다. 한국어와 독일어 간의 문장 구조 차이로 인해 말풍선의 공간을 효율적으로 활용해야 하는 문제에 봉착했는데, 예를 들어 학생들은 한국어 문장을 독일어로 자연스럽게 번역하기 위해 2개의 문장을 하나로 통합하거나 말풍선의 순서를 조정하는 작업을 수행했다. 이러한 조정 과정에서 학생들은 작가의 원작 의도를 충분히 반영하기 위해 많은 고민을 했다.

번역 일지를 통한 학생들의 종합적 피드백에서 중요 사항을 정리하면 다음과 같다.

1) 번역 작업이 단순한 기계적 과정이 아니라 원작에 대한 깊은 해석과 존중이 필요한 과정임을 인식하게 되었다.

"웹툰 번역은 새로운 경험에 눈뜨는 풍부한 배움의 시간이었다. 다른 사람의 작품을 번역하는 일에 큰 책임감을 느꼈고, 대사와 의성어, 그림의 모든 세부 사항에서 작가의 헌신과 애정을 느낄 수 있었다."

"한국어 웹툰을 독일어로 번역하는 일은 매우 새롭고 놀라운 경험이었다. 대화에 포함된 구어 표현과 문화적 뉘앙스라는 도전 과제가 있었지만, 그룹과 함께 해결해 나가면서 문맥과 문화 이해의 중요성을 깨달았다. 이 과제는 문자 그대로의 번역을 넘어 캐릭터 간 상호 작용의 본질을 포착하도록 나를 밀어붙였다."

2) 수준 높은 번역을 위해 세부 사항에 집중하는 동시에, 제한된 시간 내에 작업을 완료해야 하는 도전에 직면한 학생들은 이러한 경험을 통해 시간 관리의 중요성을 배웠다.

3) 협업 과정에서 의견 차이를 좁히기 위한 양보의 기술을 익혔으며, 이러한 과정은 번역의 정확성을 높이는 데 기여했다.

4) 동일한 글자를 읽으면서도 서로 다른 해석이 가능하다는 점, 같은 독일어 화자라도 표현 방식의 차이로 인해 번역물이 상이할 수 있다는 점에 흥미를 느꼈다.

5) 문화적 지식이 적절한 번역을 하는 데 필수적임을 깨달았다. 캐릭터의 특징과 작가의 의도를 파악하는 것이 문자 그대로의 번역보다 중요하다는 인식을 가지게 되었으며, 번역의 책임과 복잡성을 이해하게 되었다.

최종 번역 작업이 완료된 후, 학생들은 웹툰 작가와 주고받은 편지를 통해 또 한번 중요한 학습 기회를 가졌다. 학생들의 이메일에는 작가들이 웹툰을 그리게 된 계기, 어디서 영감을 얻는지 등의 개인적 질문과 함께 번역했던 작품이 앞으로 어떻게 전개되는지 등을 묻는 내용이 담겼다. 작가들은 정성스럽게 답장을 했는데 이를 통해 학생들은 실제 한국어 사용의 중요성을 체험하고 교과서에서 벗어난 진정한 학습 자료 활용 기회를 얻게 되었다. 더 나아가 제주 웹툰 캠퍼스와의 협업이 신문에 보도되면서 신문 기사를 학습할 기회를 얻었고, 자신들이 주인공이 된 미디어 자료를 분석하며 공부할 수 있었다.

　　언어 수업에서 의사소통 능력 향상을 목표로 할 때, 상호 작용과 실제 경험은 교육적 효과를 높이고 학습 결과에 중요한 영향을 미친다. 학생들은 웹툰 번역, 번역 일지 작성, 작가에게 이메일 보내기, 자신들의 작업이 실린 보고 자료 분석하기 등의 과정을 통해 이러한 실질적인 상호 작용을 효과적으로 경험했다.

3. 나가며

본 연구는 다중언어 다문화 사회에서의 언어 교육 방법을 탐구하고, 독일 보훔 루르대학교에서 진행된 학생 참여 교재 개발 및 웹툰 번역 수업 사례를 소개했다. 학생들이 제작한 대화책은 다양한 주제와 상황을 포괄하며 실용적이고 자연스러운 한국어 표현을 연습할 수 있도록 구성되었으며, 이를 통해 학생들은 한국어 사용 능력을 향상하고 실제 상황에서 이루어지는 대화에 대한 자신감을 증진할 수 있었다. 또한, 문화 비교 에세이를 통해 한국어와 한국의 문화적 맥락을 깊이 이해하고, 자신의 문화와 비교·분석할 수 있었다.

　　웹툰 번역 수업은 학생들의 언어적·문화적 이해를 높이고 실질적인 번역 기술을 향상하는 데 기여했다. 학생들은 다양한 스캐폴딩 전략을 통해 점진적으로 언어 능력과 문화적 지식을 넓혀 갔고, 웹툰 출판 미디어의 세계를 경험하며 작가와 실질적 상호 관계를 경험했다. 이러한 과제들만으로 학생들의 어학 능력이 얼마나 향상되었는지 측정하기는 어렵다는 한계가 있으나, 다중언어, 다문화 환경에 유익한 교육 방법으로 학습자에게 동기를 부여하고, 주체성을 함양하며, 학습 성과를 높이는 데에 긍정적인 영향을 미쳤다는 점에서 의의를 찾을 수 있다.

참고문헌

김영우. 2018. 외국어교육에서 멀티리터러시 모델 적용에 관한 제안. **외국어교육연구**. 23. pp. 21–42.

Conteh, J. & Meier, G. (Eds.). 2014. *The Multilingual Turn in Languages Education and Challenges*. Multilingual Matters.

Coyle, D., Hood, P. & Marsh, D. 2010. *CLIL: Content and Language Integrated Learning*. Cambridge University Press.

The Douglas Fir Group. 2016. A transdisciplinary framework for SLA in a multilingual world. *The Modern Language Journal*. 100(S1). pp. 19–47. https://doi.org/10.1111/modl.12301.

Ellis, R. 2003. *Task-based Language Learning and Teaching*. Oxford University Press.

García, O. & Wei, L. 2014. *Translanguaging: Language, Bilingualism and Education*. Palgrave Macmillan.

Gay, G. 2000. *Culturally Responsive Teaching: Theory, Research, and Practice*. Teachers College Press.

Guo, Q., Zhou, X. & Gao, X. 2021. Research on learning and teaching of languages other than English in *System*. *System*. 100. Article 102541. https://doi.org/10.1016/j.system.2021.102541.

Kramsch, C. 2014. Teaching foreign languages in an era of globalization: Introduction. *The Modern Language Journal*. 98(1). pp. 296–311. https://doi.org/10.1111/j.1540-4781.2014.12057.x.

Kramsch, C. & Zhu, H. 2022. Claire Kramsch in conversation with Zhu Hua. *Language Teaching*. 55(2). pp. 211–216. https://doi.org/10.1017/s026144482100001x.

Lucas, T., de Oliveira, L. C. & Villegas, A. M. 2014. Preparing linguistically responsive teachers in multilingual contexts. *Englishes in Multilingual Contexts: Language Variation and Education*. pp. 219–230.

New London Group. 1996. A pedagogy of multiliteracies: Designing social futures. *Harvard Educational Review*. 66(1). pp. 60–92.

Garrison, D. R., Anderson, T. & Archer, W. 2000. Critical inquiry in a text-based environment: Computer conferencing in higher education. *The Internet and Higher Education*. 2.

Zhang-Wu, Q. & Brisk, M. 2021. Rethinking linguistically responsive instruction in higher education based on multilingual students' needs and challenges. *OASIS Summary of Zhang-Wu & Brisk. 2021 in TESOL Quarterly*. https://oasis-database.org.

제2장

다중언어 사용자(Multilingual)의 기계 번역 사용 양상 연구

– 홍콩 내 학습자를 중심으로

백영경
홍콩대학교
The University of Hong Kong

이민경
네덜란드 레이던대학교
Universiteit Leiden

1. 들어가며

2006년 구글(Google)이 기계 번역(machine translation) 서비스를 시작한 이래 기계 번역의 수준은 점점 고도화되었고 우리는 기계 번역을 일상적으로 사용하게 되었다. 마찬가지로 외국어 교육 현장에서도 학습자들의 기계 번역에 대한 의존도는 점점 높아지고 있다. 이에 따라 외국어 교육계에서도 초기에 기계 번역 사용에 대해 가졌던 부정적인 인식에서 벗어나 교수 및 학습자의 사용 현황과 인식에 대한 연구(임희주, 2017; Nino, 2009; White & Heidrich, 2013), 기계 번역 활용 방안에 대한 연구(Nino, 2008; O'Brien, 2002) 등 다양한 관점에서 연구를 진행해 오고 있다. 이러한 흐름에 발맞추어 한국어 교육 분야에서도 기계 번역과 이에 대한 학습자들의 인식 및 사용 양상과 관련된 연구가 이루어지고 있다(남신혜, 2019; 공태수·백재파, 2021; 전미화, 2022; 박수진, 2023; 최지영, 2024).

그러나 지금까지 진행된 기계 번역 연구에서는 학습자의 언어적 배경에 주목한 사례는 찾아볼 수 없다. 본 연구는 기계 번역 도구의 특성상 출발 언어와 도착 언어가 존재하고, 두 언어 간에 쌓인 병렬 말뭉치의 크기에 따라 번역 결과가 다르게 나타날 수도 있다는 인식에서 한국어 외에 학습자가 구사할 수 있는 언어와 기계 번역 시 그 언어를 사용하는 양상에 주목하고자 하였다. 기계 번역 시 학습자의 모국어, 그리고 한국어 이외의 외국어가 이들이 가진 자원으로 활용될 수 있음을 생각해 보면 결과적으로 언어적 자원에 따라, 또 이를 사용하는 양상과 능력에 따라 학습자들의 기계 번역 결과에 차이가 발생하고 이는 한국어 학습에도 영향을 미칠 것임이 예상되기 때문이다.

특히 세계화와 영어 공용화로 한국어 학습자들은 한국어를 제2외국어, 제3외국어로 학습할 가능성이 매우 높다. 이러한 배경에서 다중언어를 구사하는 학습자들이 기계 번역을 활용할 때 자신의 언어들 중 어떤 언어를 사용하는지, 그 원인은 무엇인지, 다양한 언어 자원을 사용해 얻은 기계 번역 결과물은 이들의 한국어 학습에 어떤 영향을 미칠지에 대해 탐구해 보는 것은 의미가 있는 일이다. 이에 본고에서는 홍콩 소재 대학교[1]의 한국어 학습자들을 대상으로 설문 조사 및 심층 인터뷰를 통해 다중언어 사용자의 기계 번역 사용 양상을 확인해 보고자 한다.

2. 선행 연구

한국어 교육에서 기계 번역과 관련한 초기 연구로는 남신혜(2019)가 있다. 이 연구에서는 학습자들의 기계 번역 도구 사용 경험 유무, 사용 목적, 도구의 종류, 학습 영역을 비롯해 기계 번역에 대한 의존도 및 정확도에 대한 신뢰도, 장단점에 대한 동의 정도를 살펴보았다. 그 결과 학습자들은 상당 부분을 기계 번역에 의존하고 있었고 대부분 어휘나 표현을 검색하는 목적으로 활용한다고 응답했다. 그러나 높은 의존도에도 불구하고 학습자들이 기계 번역을 학습의 보조적 수단으로 인식하고 있음을 지적하며 사후 수정 교육 등의 필요성을 제안하였다.

공태수·백재파(2021)는 이에 더해 기계 번역 수행 방향, 번역 단위, 번역 전후의 노력, 기계 번역이 정의적 영역에 미치는 영향과 만족도, 기계 번역을 활용한 한국어 교육에 대한 학습자

[1] 홍콩의 공식 언어는 광둥어(Cantonese)와 영어이며 홍콩인들은 정규 교육 과정에서 영어와 만다린 중국어를 별개의 교과목으로 학습한다. 홍콩대학교의 공식 교수 학습 언어도 광둥어와 영어여서 학생들은 최소한 2개의 언어를 추가적으로 구사할 수 있으므로 다중언어 사용자의 기계 번역 사용 연구를 하기에 적합한 환경이라고 볼 수 있다.

의 기대 등을 다양한 학습자 변인에 따라 살펴보았다. 설문 결과 학습자들은 숙달도에 따라 선호하는 번역 방향이 달랐으며, 번역 단위는 어휘 단위가 가장 많은 것으로 나타났다. 정의적 측면에서는 기계 번역 활용이 한국어 교육에 긍정적 효과를 미칠 것으로 기대한다고 나타났다.

전미화(2022)는 중국 대학 내의 한국어 교육 수업에서 기계 번역 활용 방안을 모색한 연구이다. 이를 위해 번역 과제를 제시하고 기계 번역 활용 과정에서 나타난 문제점을 찾아 이를 유형화한 후 기계 번역 도구 및 사용법 이해하기, 사전 및 사후 수정 능력 향상하기, 기계 번역 결과물의 활용에 관한 활동하기 등의 수업 방안을 제시했다.

최지영(2024)은 한국 내 유학생들이 한국어 작문 시 기계 번역을 활용하는 양상이 숙달도별로 차이를 보이는지 확인하고, 이 양상이 교수자의 인식과 어떤 차이가 나는지에 대해서 살펴본 연구이다. 연구 결과 학습자들은 단어 위주로 기계 번역을 사용하고 있었으며, 번역 결과를 신뢰하지 않아 수정하고자 할 때 다양한 전략을 사용하지 못했다. 따라서 학습에 활용 가능한 사후 수정 전략에 대한 교수와 함께 기계 번역을 비롯한 디지털 도구의 작동 방식에 대해서도 교수가 필요함을 지적했다.

한편 다중언어 사용자의 언어 학습과 기계 번역에 관한 연구는 주로 EAL(English as an Additional Language) 분야에서 이루어져 왔다. Beiler and Dewilde(2020)는 노르웨이의 중등학교 영어 수업에서 다중언어 사용자들이 구글 번역기를 사용해 영어 쓰기 활동을 하는 과정을 다양한 질적 연구 방법을 통해 관찰한 연구이다. 연구 결과 학습자들은 자신이 가진 언어 목록(language repertoire) 사이를 넘나들며 전략을 사용함이 관찰되었다. 예를 들면 출발 언어와 도착 언어를 바꿔 보거나 가장 가까운 의미의 영단어를 찾기 위해 자신이 구사하는 2개의 언어로 최대한 많은 유의어를 번역해 보는 전략 등이 그것이다. 또한 이 연구에서는 높은 수준의 다양한 언어를 구사함에도 본인이 완벽한 언어 체계를 갖추지 못했다고 인식하면 그 언어를 번역의 도구로 삼지 않는 현상도 확인되었다.

Kelly & Hou(2022)는 북아일랜드의 중등학교에서 다중언어 사용자들의 기계 번역 양상을 질적 자료 수집을 통해 알아본 연구이다. 연구 결과 학습자들은 숙달도별로 기계 번역 의존도가 다르게 나타났으며, 영어 숙달도가 높아질수록 기계 번역 사용을 적게 하고 번역 결과물을 비판적으로 편집하여 수용했다. 특히 고급 학습자는 기계 번역의 정확성 문제를 인식하고 자신의 의사소통 목적에 맞게 사후 편집하여 문제를 적극적으로 해결하고자 했다. 그러나 이 연구에서는 학습자들이 정확한 결과를 얻지 못했을 때 가용한 자원인 자신의 외국어를 사용하는지 여부, 번역의 방향 등에 대한 언급은 없어 다중언어 사용자의 다층적인 기계 번역 양상을 살피지 못하였다.

3. 연구 방법

다중언어 사용자의 기계 번역 사용 양상을 알아보기 위하여 홍콩 소재 대학에서 한국어 수업을 수강했거나 수강하고 있는 학습자 68명을 대상으로 설문 조사를 진행하고, 그중 10명의 학습자를 인터뷰했다. 학습자의 모국어는 광둥어로 한정하였으며, 학습자들의 한국어 숙달도는 초급 19명(28%), 중급 24명(35.3%), 고급 이상이 25명(36.7%)이었다.

본 연구를 위한 설문지는 크게 2부분으로 구성되는데, 먼저 학습자들의 전반적인 기계 번역 사용 양상을 묻는 첫 번째 영역은 전미화(2021), 공태수·백재파(2021) 등을 참고하여 기계 번역 사용 경험 여부, 주로 사용하는 도구, 사용 목적, 영역별 사용 양상 및 정확성을 높이기 위한 전략 사용 여부 등의 질문을 포함했다. 다중언어 사용자로서의 특성에 주목한 후반부에서는 모국어 외의 다른 외국어를 사용하는 경우 번역의 방향과 구체적인 사용 양상을 자세히 기술하도록 하였다. 설문지는 모두 영어로 번역하여 제공되었으며 응답 역시 영어로 제출할 수 있도록 했고, 사용 빈도를 제외한 기타 문항은 모두 중복 응답을 허용했다.

설문 조사 후에는 학습자 10명을 대상으로 사후 인터뷰를 진행했다. 사후 인터뷰에서는 학습자들의 주관식 답변을 바탕으로 기계 번역 사용 시 활용하는 외국어 사용 이유와 전략에 대해 질문했고 추가적으로 번역의 방향, 번역의 단위 등에 대해서도 질문하였다. 인터뷰는 영어와 한국어 중 참여자가 선호하는 언어로 약 15분 동안 온라인으로 진행되었다.

4. 연구 결과

4.1. 전반적인 기계 번역 사용 양상

4.1.1. 사용 빈도와 주로 사용하는 기계 번역 도구 및 기기

한국어를 학습할 때 기계 번역을 사용하는지 물은 결과, '종종'(39.7%), '자주'(35.3%), '매우 자주'(16.2%), '드물게'(8.8%) 순으로 응답했으며, 기계 번역을 전혀 사용하지 않는다는 응답은 없었다. '드물게' 또는 '전혀 사용하지 않음'을 선택한 학습자들은 그 이유로 기계 번역의 정확성에 의구심을 품기 때문이라고 답했고, 기계 번역 대신 단어 또는 문장의 의미를 직접 확인하기, 교과서의 번역 확인하기, 교사에게 질문하기 등의 방식을 선호했다.

주로 사용하는 도구로는 '네이버 파파고'와 '구글 번역기'가 각각 66.1%와 61.3%로 높은 비율을 차지했으며 그 이유로는 많은 응답자가 편의성을 꼽았다. 한편 일부는 구글 번역기보다 네이버 파파고를 선호하는 이유로 한국에서 개발된 번역기라서 한국어 번역을 할 때 더욱 정확할 것으로 기대한다고 보고하였다. 한편, 기계 번역 시 자주 사용하는 기기로는 스마트폰이 67.7%, 컴퓨터가 24.2%로 나타났고, 컴퓨터보다 스마트폰의 휴대성과 편의성을 선호한다고 응답했다.

4.1.2. 영역별 사용 양상

4.1.2.1. 영역별 사용 빈도 및 번역기 미사용 이유

기계 번역을 주로 사용하는 영역은 '쓰기'와 '읽기'가 각각 54회, 53회로 전체 응답의 89%를 차지했다. 이와 달리 '듣기'와 '말하기'에서 기계 번역을 사용한다는 응답은 각각 7회, 6회에 그쳤는데, 사용하지 않는 이유로는 실시간으로 대화가 진행되는 특성 때문에 기계 번역이 부자연스럽다고 여기기 때문으로 나타났다. 대신 응답자는 자신이 말할 수 있는 쉬운 표현으로 대체하거나 영어를 사용하고, 듣기의 경우 상대방에게 의미를 묻는 등의 사회적 전략을 사용한다고 답했다.

4.1.2.2. 읽기 영역

읽기 영역에서는 전체 응답자의 82.5%가 번역기를 높은 빈도로 사용하고 있음을 확인할 수 있었다. 사용 목적에 대한 질문은 복수 응답이 가능하도록 하였는데, 모르는 단어, 구, 문장, 전체 지문, 단락을 번역하는 데 사용한다는 응답이 각각 33.3%, 27.5%, 16.0%, 12.3%, 10.2%를 차지하여, 주로 모르는 어휘, 표현을 찾기 위해 기계 번역기를 사용하고 있음이 드러났다. 이는 사전과 비슷한 용도로 기계 번역을 사용하고 있음을 보여 준다.

번역기 사용 전에 특별히 하는 노력이 있는지를 묻는 문항에서는 '대략적으로 단어나 문장의 의미를 직접 해석해 보기'가 48.2%(41회)로 가장 높은 응답을 기록했고, '숙어나 속담 등의 의미를 따로 찾아 보기' 27.1%(23회), '복잡한 문장을 더 간단한 문장으로 단순화해 보기' 5.3(13회), '상대적으로 어려운 문법을 더욱 단순한 문법으로 바꿔 보기'가 5.9%(5회)로 그 뒤를 이었다. 한편, 번역기를 사용한 후에 하는 작업으로는 '번역 결과물의 정확성 확인하기' 34.4%(32회), '번역 결과물의 어색한 구절 검토하기' 31.9%(29회), '번역된 결과물을 다시 한국어로 역번역하기' 29.0%(27회)로 나타났다.

정리하면, 학습자들은 읽기를 위해 기계 번역을 사용 시 다양한 사전, 사후 전략을 사용하며, 이는 선행 연구(전미화, 2022)에서 중국어 모어 화자 학습자들이 원문 텍스트에 대한 이해 없이 바로 기계 번역을 진행하고 기계 번역에 지나치게 의존했다는 연구 결과와 차이를 보인다. 또한 단락이나 글 단위로 전체 번역을 하는 경우는 매우 드물어 학습자들이 기계 번역을 필요 시에만 사용함을 확인할 수 있었는데 이는 기계 번역을 학습의 보조적 수단으로만 사용하려는 노력으로 해석된다.

4.1.2.3. 쓰기 영역

한편, 쓰기 영역의 경우 응답자의 95.2%가 작문 과정에서 높은 빈도로 기계 번역을 사용하고 있었다. 번역기를 사용하는 목적으로는 익숙하지 않은 단어나 구문을 번역하기 위해서가 각각 22.0%(47회), 19.6%(42회)로 전체의 41.6%를 차지했으며, 기계 번역을 통해 단어의 철자를 확인하고자 한다는 응답이 17.6%(38회)로 나타났다.

문장, 단락, 전체 글을 번역하기 위해서라는 응답은 각각 12.1%(26회), 5.6%(12회), 2.8%(6회)로 나타나 학습자들이 큰 단위보다 작은 단위에서의 사용을 선호함을 확인할 수 있었다. 추가적으로 문법이 정확하게 사용되었는지를 확인하고자 한다는 응답은 15.0%(32회)로 나타났다. 학습자들은 대부분 단어 또는 구 단위 번역, 철자 확인 용도로 기계 번역을 사용했는데 이는 선행 연구에서 학습자들이 주로 단어 단위로 기계 번역을 사용하는 양상과도 일치한다(Dorst, A. G., Santos Ângelo Salgado Valdez, S. & Bouman, H. M. C., 2022; 최지영, 2024). 그러나 기계 번역 시스템은 문장 수준에서 가장 효율적으로 작동하기에(Pérez-Ortizetal, 2022: 153) 이러한 사용 양상은 학습자들이 기계 번역 시스템을 잘못 사용하고 있음(최지영, 2024)을 보여 준다.

　　기계 번역 전 사전 수정에 대한 문항에서는 '번역기를 사용하기 전에 스스로 한국어로 문장을 만들어 본다'가 36.7%(51회)로 가장 높은 비중을 차지했고, 그 밖에 '복잡한 문장을 더 간단한 문장으로 단순화해 보기', '필요한 단어를 추가하거나 불필요한 단어 삭제하기', '상대적으로 어려운 문법을 더욱 단순한 문법으로 바꿔 보기', '숙어나 속담 등의 의미를 따로 번역해 보기'가 각각 17.3%(24회), 15.1%(21회), 15.1%(21회), 14.4%((20회)로 유사한 비중을 차지했다. 번역 후 전략으로는 '익숙하지 않은 단어나 표현을 검토함', '익숙하지 않은 문법이나 문장을 검토함', '내용의 부정확성을 검토함', '번역 결과물을 역번역함'이 각각 24.9%(46회), 20.0%(37회), 18.4%(34회), 17.3%(32회)로 나타났다.

　　종합하면 학습자들은 쓰기 영역에서도 제한적으로 기계 번역을 사용하고 있었다. 특히 단어, 표현 위주 번역과 철자 확인용으로 주로 사용했는데 이는 기계 번역을 온라인 사전 용도로 사용하고 있음을 보여 준다. 또한 자신의 글 전체나 문단을 번역기에서 번역한 후 그대로 사용하는 경우는 거의 찾아볼 수 없었는데 이는 학습자들이 추후 평가나 한국어 실력 향상을 염두에 두기 때문인 것으로 판단된다. 사후 인터뷰에서도 전체 글을 번역하는 것은 한국어 실력 향상에 도움이 되지 않기 때문에 자주 하지 않는다는 답변을 들을 수 있었다.

4.2. 기계 번역 시 다중언어 사용 양상

본 장에서는 기계 번역 시 다중언어를 사용한다고 답변한 학습자들을 대상으로 한 설문 결과와 심층 인터뷰 결과를 기술하고자 한다.

4.2.1. 사용하는 외국어

학습자들이 구사할 수 있는 언어는 모국어인 광둥어 외에 영어(56명), 만다린 중국어(53명), 일본어(9명), 태국어, 이탈리아어, 프랑스어(각각 1명) 등으로 다양했다. 그러나 기계 번역 시 사용하는 언어는 영어가 전체 응답 중 가장 높은 빈도(55명)로 나타났고, 다음으로 만다린 중국어(13명), 일본어(5명), 태국어(1명)로 자신이 구사하는 모든 언어를 사용하지는 않았다. 기계 번역 시 외국어를 사용하는 빈도는 '때때로 사용한다'는 응답이 25.8%(16명), '자주 사용한다' 46.8%(29명), '매우 자주 사용한다' 3.2%(2명)로 나타나 전체 응답자의 75.8%가 모국어인 광둥어 외의 언어를 사용하고 있음을 확인할 수 있었다.

4.2.2. 다중언어 사용 이유

기계 번역 시 학습자들이 광둥어 외에 다른 언어를 사용하는 이유에 대해서 물은 결과, '광둥어의 특징', '번역기의 정확성에 관한 인식', '교차 검토를 통한 번역 결과물의 정확성 향상', '한국어 실력 향상'의 4가지 키워드로 정리할 수 있었다.

4.2.2.1. 광둥어의 특징

첫 번째 이유는 모국어인 광둥어[2]의 특징에서 기인한 것이다. 학습자들은 번역기를 사용할 때 광둥어 단어가 생각이 나지 않는 경우 해당 광둥어 단어를 다른 언어로 대체하는데, 이러한 경향성은 홍콩 사람들의 공통된 경향일 수도 있고 학습자의 개인적인 특성일 수도 있다. 전자는 주로 홍콩인들의 언어생활에서 영어 단어가 광둥어 단어를 대체한 경우에 나타난다. 가령, 홍콩 광둥어에서는 '會議(회의)', '優惠券(쿠폰)'이라는 표현 대신 'meeting'과 'coupon'을 더 자주 사용하므로 번역기 사용 상황에서도 '영어 → 한국어'로 번역을 진행하는 것이다. 이러한 경우는 광둥어 모어 화자의 공통된 경향성이기에 동일한 단어에서 비슷한 양상이 나타나게 된다.

한편, 후자는 학습자가 순간적으로 광둥어 단어가 생각나지 않을 때 차선책으로 떠오르는 다른 언어로 표현하는 경우로, 학습자마다 순간적으로 떠오르지 않는 단어가 다르므로 영어로의 대체가 나타나는 어휘는 다양하다. 이 또한 광둥어의 특성과 연관이 있는데 광둥어는 말할 때와 글로 쓸 때의 문법이 다르므로 학습자들은 특정 단어를 말할 수 있더라도 그 단어를 광둥어로 어떻게 써야 할지는 모를 수 있다고 보고했다. 이 경우에 차선책으로 영어 또는 만다린 중국어 중 먼저 생각나는 단어를 사용하게 되는 것이다. 이 밖에도 광둥어 어휘나 표현은 그 의미를 번역하는 것이 어렵다고 생각하여 영어를 사용하는 경우가 있다고 응답한 학습자도 있었다.

4.2.2.2. 번역기의 정확성에 관한 인식

기계 번역 시 학습자들이 광둥어 외의 다른 언어를 사용하는 두 번째 이유는 번역기의 특성상 특정 언어가 더욱 정확한 번역 결과물을 생산할 수 있다는 인식에서 비롯된 것이었다. 학습자들은 '광둥어 → 한국어' 번역보다 '영어 → 한국어' 번역의 결과물이 더 정확하다고 파악하여 영어를 선호하는 출발 언어로 사용한다고 보고했다. 또한 '광둥어 → 한국어' 번역은 단순히 광둥어의 한자어를 한국어의 한자어로 번역해 버리는 경우도 있어 번역이 부자연스럽게 느껴진다는 답변도 있었다. 따라서 이 경우 자신이 작성하고 싶은 내용을 중국어로 작성한 후, 영한 번역을 하는 과정을 거친다고 보고했다. 또 학습자들은 '영어 → 한국어' 번역의 경우에는 단어 또는 문장의 의미를 고려한 번역이 진행되고 용언의 활용 양상도 더욱 적극적으로 반영된다고 인식했다.

추가적으로, 일본어를 구사하는 학습자들의 경우 영어보다 '일본어 → 한국어/한국어 → 일본어' 번역을 더 선호하는 모습도 보였다. 이는 일본어가 한국어와 문법적으로 유사하고 또 표현도 유사한 경우가 많아 더욱 정확하고 자연스러운 번역 결과물을 산출할 수 있기 때문이라고 보고했다.

4.2.2.3. 교차 검토를 통한 번역 결과물의 정확성 향상

기계 번역 시 학습자들이 광둥어 외의 다른 언어를 사용하는 세 번째 이유는 기계 번역 시 여러 언어를 사용하는 것이 더욱 정확한 번역 결과물 산출로 이어질 수 있다는 인식에서 비롯된 것이다. 학습자들은 번역 결과물의 정확성을 향상하고자 여러 언어를 사용하여 적극적으로 교차

---

[2] 광둥어는 중국어의 방언 중 하나이나 표준어인 만다린 중국어와는 어휘, 성조, 문법 등이 매우 달라 상당한 차이를 보이며, 방언이므로 입말로만 존재한다는 특징을 갖는다. 그렇기에 글로 쓸 때의 문법은 광둥이나 만다린 중국어와 다르다. 따라서 홍콩 광둥어 화자들은 기계 번역 사용 시 자신이 구사하는 입말 광둥어를 그대로 입력하지 못할 수 있다. 한편, 홍콩은 오랜 영국의 식민 지배로 영어를 공용어로 사용하며 사람들의 일상 언어생활에도 영어 단어가 외래어로서 광둥어 단어를 대체하여 자리 잡은 경우가 많다는 점 또한 홍콩 광둥어 화자의 특징이다.

검토하는 모습을 보였다. 교차 검토는 주로 학습자들이 과제의 부담이 크다고 느끼는 쓰기 영역에서 빈번하게 진행되었으며, 다양한 양상으로 나타났다.

먼저 '광둥어 → 한국어 → 영어' 방향으로 기계 번역을 사용하는 경우가 있었는데, 이는 자신의 생각을 한국어로 나타내기 위해 '광둥어 → 한국어'로 번역을 마친 후에 번역된 한국어를 다시 영어로 번역하여 그 결과물이 처음에 의도했던 광둥어의 의미와 유사한지를 파악하고자 하는 양상으로 나타났다. 이와 달리 자신의 생각을 '광둥어 → 한국어', '영어 → 한국어'로 각각 번역한 후에 도출된 한국어 결과물을 비교하는 경우도 있었다.

4.2.2.4. 한국어 실력 향상

마지막으로 기계 번역 시 다중언어를 사용하는 것이 한국어 학습에 도움이 될 것으로 생각하고 적극적으로 모국어 외의 언어를 사용하는 경우도 있었다. 이 경우에 일부 학습자는 다소 독특한 경향을 보이기도 했는데 한 학습자는 심층 인터뷰를 통해 모르는 한국어 단어가 있으나 이에 대응하는 광둥어 단어가 생각이 나지 않을 경우 '영어 → 광둥어, 한국어 → 광둥어'로 번역을 진행한다고 밝혔다. 한국어 한자어 어휘는 광둥어를 알면 한국어 단어를 추측할 수 있기에 기계 번역을 사용해 영어 단어를 먼저 광둥어로 번역하고 광둥어를 바탕으로 한국어 단어를 직접 추론해 보는 것이다. 그리고 본인이 추측한 한국어 단어가 정확한지를 '한국어 → 광둥어' 기계 번역을 통해 확인한다. 이는 한국어 실력을 향상하기 위해 번역기 의존을 최소화하고 직접 단어를 추론하여 기계 번역을 학습의 도구로 사용하고자 하는 시도로 파악된다.

학습자들은 본 절에서 언급한 이유 외에도 한국어를 공부하고 있는 환경 자체의 특성으로 인해 기계 번역 시 영어를 사용한다고 밝히기도 하였다. 학습자들의 한국어 수업 교수 언어가 영어이기에 수업 시간 중에 기계 번역을 사용할 경우 '영어 → 한국어/한국어 → 영어' 방향이 더 자연스럽게 느껴진다고 보고했다.

정리하자면 학습자들은 기계 번역 시 모국어에서 빈 부분을 외국어인 영어나 만다린 중국어를 이용해 채워 넣거나, 번역기의 특징을 파악하고 더 정확한 번역 결과물을 생산해 내기 위해 전략적으로 가용한 언어 자원 중 원하는 언어를 골라서 쓰는 양상을 보였다. 이 과정에서 학습자들은 사용하는 언어에 따라 번역 결과물이 다름을 인지했으며 언어 간 거리와 유사성에 대한 메타 인지도 가능했다. 이는 기계 번역 시 자신의 언어 자원을 적극적으로 활용하는 긍정적인 현상이라고 할 수 있다.

4.2.3. 다중언어 사용 양상

본 절에서는 사후 인터뷰를 통해 학습자들이 기계 번역 시 다중언어를 구체적으로 어떻게 사용하는지에 대해 알아본 결과를 영역별로 소개하고자 한다. 설문 결과 학습자들은 광둥어 외 언어를 주로 읽기와 쓰기 영역에서 사용하므로 이 두 영역에 집중하여 사용 양상을 보고한다.

4.2.3.1. 읽기

자연스러운 한국어 번역 결과물을 도출해야 하는 쓰기와 달리, 읽기의 경우 한국어 텍스트를 이해하기만 하면 되므로 더욱 간단하게 번역기를 사용하는 경향을 보였다. 학습자들은 한국어 텍스트를 모국어인 광둥어로 먼저 번역한 후 그 결과가 부자연스럽다고 느낄 경우 영어로 번역했다. 또 '한국어 → 영어' 번역 결과가 더 정확하다고 생각하는 학습자들은 자신의 영어 실력이 부족함에도 번역에 영어를 사용한다고 보고했는데 그 이유는 읽기의 경우 영어 실력이 부족해도 그 의미를 추론하는 것이 어렵지 않기 때문으로 추측된다. 또한 학습자들은 보통 단어 단위로 번역을 하는데 한 문장에 모르는 단어가 많을 경우 해당 문장 전체를 번역하기도 했다.

4.2.3.2. 쓰기

쓰기에서의 다중언어 사용 양상은 크게 '단어 단위'와 '문장 단위'로 나뉘며, 번역 방향 또한 크게 '구사 가능한 언어 → 한국어'와 '한국어 → 구사 가능한 언어'로 구분할 수 있다.

단어 단위에서의 번역은 크게 3가지 양상으로 나타났는데, 전술한 바와 같이 특정 한국어 단어가 기억이 나지 않을 때 높은 정확도를 확보하기 위해, 또는 영어가 광둥어보다 먼저 떠오를 때 '영어 → 한국어'로의 기계 번역이 진행되는 경우가 첫 번째 양상이었다. 또 '한국어 → 영어'로의 기계 번역 사용 양상도 나타났는데, 이는 한국어 학습에 도움을 얻기 위해 모르는 단어가 있을 때는 한자를 떠올리며 한국어로 바꾸어 보고 추측한 단어가 맞는지 번역기를 확인하는 경우였다. 마지막으로 '만다린 중국어 → 한국어'의 방향으로 번역하는 경우도 나타났는데, 이는 광둥어와 영어를 사용해 번역하였으나 결과물이 모두 어색할 경우에 한정되어 사용 빈도가 높지는 않았다. 인터뷰 결과 학습자들은 번역기를 지나치게 사용하면 한국어 학습에 도움이 되지 않으므로 더 큰 언어 단위가 아닌 단어 차원에서만 번역을 하는 것으로 나타났다.

문장 단위 번역의 경우는 번역기에 의존하여 작문하는 경우와 스스로 작문을 해 본 후 그 결과를 번역해 확인용으로 번역기를 사용하는 경우로 양상이 나뉘었다. 전자의 경우, 한국어로 작성하기 어려운 부분이 있을 때 번역기를 사용하여 편한 언어를 한국어로 번역한 후에 번역 결과물을 제대로 이해할 수 있는지 확인해 보고, 이 결과물에 익숙하지 않은 단어나 표현이 있으면 자신이 아는 다른 한국어 단어로 대체하고자 한다. 대표적인 경우로는 '광둥어 → 영어 → 한국어' 번역 양상을 들 수 있다. 해당 학습자들은 '영어 → 한국어'로의 기계 번역이 더욱 정확한 결과물을 도출한다고 기대하기는 하나 모어가 광둥어이므로 광둥어를 출발 언어로 설정하는 것이 자신이 의도하고자 하는 바를 더욱 정확하게 표현할 수 있다고 여겨 먼저 광둥어를 영어로 번역한 후 다시 영어를 한국어로 번역한다고 보고했다.

한편 직접 작문한 후 번역기를 사용해 확인하는 경우는 번역기의 도움 없이 한국어로 먼저 작성해 본 후 자신이 편한 언어로 번역해 보는 것이 대표적이었다. 이 경우 처음부터 번역기를 사용하지 않고 아는 단어와 문법을 활용하여 한국어로 글을 작성하고, 제대로 활용했는지, 더 좋은 단어가 없는지 고민이 되면 자신이 작성한 한국어를 영어로 기계 번역해 보는 것이다. 이 때 만약 번역된 영어 문장이 부자연스러운 경우에는 수정의 과정을 거치는데 수정 양상은 학습

자마다 달랐다. 대표적인 사례를 소개하자면 자신이 의도하는 문장을 영어로 적은 후 '영어 →
한국어'로 번역하고 번역된 한국어 결과물과 자신이 작성한 한국어 문장을 비교하며 수정을 거
친다. 이렇게 역번역을 반복적으로 진행하여 최선의 결과물을 산출하고자 노력하며 그럼에도
불구하고 번역 결과물이 마음에 들지 않을 경우에는 인터넷 검색을 통해 자연스러운 표현을 확
인한다고 보고했다.

　　인터뷰 결과 학습자들은 읽기 영역에서는 한국어 어휘, 문장의 의미를 파악하기 위해 때때
로 외국어를 사용해 기계 번역을 활용했으며, 쓰기 영역에서는 좀 더 복잡한 과정을 거쳐 모국
어인 광둥어와 영어를 넘나들며 정확한 결과물을 얻기 위해 적극적으로 기계 번역을 사용하는
모습을 보였다. 이때 한국어 학습에 도움이 되도록 기계 번역에 과도하게 의존하지 않고, 본인
이 먼저 단어 또는 문장을 작성해 본 후 그 결과물을 비교하는 식으로 활용하는 양상도 확인되
었다. 이러한 양상은 Beiler and Dewilde(2020)에서 주장된 바와 같이 학습자들이 한국어 쓰
기 영역 학습에 자신이 가진 언어 자원을 사용해 기계 번역기를 활용하는 것이 학습자들의 수
행 능력을 보여 주는 것과 같다고 할 수 있다. 또한 단순히 여러 언어로 번역한 결과물을 그대로
옮기는 것이 아니라 학습자 스스로 기계 번역 결과물을 평가, 해석하고 수정하는 과정을 거침
으로써 한국어 학습을 위한 도구로서 기계 번역을 적극적으로 사용하는 모습도 관찰되었다.

4.2.4. 기계 번역 시 다중언어 사용에 대한 인식

심층 인터뷰 결과 대다수의 학생들은 다중언어를 사용하는 것이 기계 번역을 할 때 도움이 된
다는 데 공감했다. '모어-목표어'로의 번역에 비해 여러 언어를 사용하는 것은 교차 검토를 가
능하게 하므로 번역 결과물의 정확성을 높일 수 있다는 것이다. 또한 익숙하지 않은 학문적 주
제와 관련된 공부에 기계 번역을 사용할 때 여러 언어를 사용하는 것이 특히 도움이 된다고 말
했다.

　　그러나 영어와 같은 외국어를 구사할 수 있음에도 기계 번역에 전혀 사용하지 않는다고 보
고한 경우는 본인의 영어 실력이 부족하기 때문이라고 보고했다. 또 어떤 학습자들은 영어 수
준이 낮지 않음에도 '광둥어 → 한국어'의 기계 번역을 사용한다고 보고했는데 그 이유는 광둥
어와 한국어의 거리가 더 가깝고 영어권에 비해 문화도 비슷하기 때문에 번역이 더 자연스럽
고, 영어의 경우 단어의 폭이 넓은 광둥어에 비해 한국어 어휘와 대응되지 않는 것들도 많기 때
문이라고 답했다. 이러한 응답을 통해 학습자 개개인의 각 언어에 대한 인식, 번역기 사용 상황
과 과제의 종류, 내용에 따라 다중언어 사용에 대한 인식이 다름을 알 수 있다.

　　　　　　　　　　　　　　　　　　　　　　　　　　　V. 혁신적인 한국어 교육 방안

5. 나가며

지금까지 다중언어 사용자들은 기계 번역 사용 시 단일언어 사용자들과 다른 출발점을 가질 것이라는 인식 아래 이들의 전반적인 기계 번역 사용 및 다중언어 전략 사용 양상을 살펴보았다. 그 결과 학습자들은 다양한 이유로 모국어인 광둥어 외에도 영어, 만다린 중국어, 일본어 등을 사용하여 기계 번역을 진행하고 있었다. 이러한 사용 양상은 언어 간 거리나 각 언어의 특성, 기계 번역기의 특성에 대한 고려에서 나타난 것으로 학습자들은 특정 언어가 필요한 순간을 선택해 언어적 자원을 유용하게 사용하고 있었다. 이에 더해 몇 명의 학습자들은 기계 번역을 한국어 학습의 도구로 적극 사용하고 있었는데, 특히 쓰기 영역에서 작문의 정확성을 높이기 위한 용도로 활용하고 있음이 드러났다.

그러나 홍콩 학습자들 모두 광둥어 외에 영어를 구사함에도 24.2%의 학습자들은 기계 번역 시 다른 언어를 전혀 사용하지 않는다고 답하였으며, 본인의 영어 수준이 낮기 때문이라고 그 이유를 밝히기도 했다. 이는 선행 연구에서 밝힌 것처럼 학습자들이 해당 언어를 모국어 수준으로 잘 해야만 번역을 할 수 있다는 인식에서 비롯되었을 수 있다(Beiler and Dewilde, 2020). 기계 번역 시 다중언어의 사용이 좀 더 높은 정확성을 담보하고 학습자의 한국어 학습에 도움을 줄 수 있다면 이와 같은 다중언어 사용 전략을 피하는 학습자들에게는 자신이 가진 언어적 자원을 기계 번역 시 자유롭게 활용해 보도록 장려할 수 있다. 특히 학습자들이 종종 어려움을 겪는 쓰기 영역에서의 활용 방법을 제안해 보는 것도 좋은 방법이다.

본 연구는 처음으로 한국어 학습자의 언어적 특성에 주목하여 기계 번역 양상을 살핀 연구라는 데에 의의가 있다. 뿐만 아니라 다중언어 사용자들이 기계 번역 시 언어적 자원을 사용하는 방법을 확인함으로써 기계 번역 시 사전, 사후 편집 전략이나 좀 더 효과적인 기계 번역 사용 방법을 지도하는 데 기초적인 자료로 활용될 수 있을 것이다.

다만 본 연구는 설문과 인터뷰 과정에서 한국어 숙달도별로 다중언어 사용 양상에 차이가 나타나는지 확인하지 못했고, 학습자들이 실제로 기계 번역을 사용하는 과정을 화면 녹화 등을 통해 자세하게 관찰하지 못한 것이 아쉬움으로 남는다. 추후에 다양한 질적 연구 방법을 통해 이러한 사용 양상이 관찰되고, 다양한 모국어권에서 유사한 연구가 지속되기를 바란다.

참고문헌

공태수, 백재파. 2021. 한국어 학습자의 기계 번역 활용 실태 연구. **학습자중심교과교육연구**. 21-5. 학습자중심교과교육학회. pp. 859–871.

남신혜. 2019. 한국어 학습자의 온라인 기계 번역 도구 사용 경험 및 태도에 관한 연구 초급 및 중급 학습자를 대상으로. **언어와 문화**. 15-2. 한국언어문화교육학회. pp. 55–81.

임희주. 2017. 교양영어 수업에서 영어자동번역기 사용에 대한 대학생의 인식 및 태도 연구: 영작문 수업을 중심으로. **교양교육연구**. 11-6. 한국교양교육학회. pp. 727–751.

전미화. 2021. 중국 대학 한국어 학습자의 기계번역 사용 경험 및 인식 연구. **인문사회**. **21**. 13-4. pp. 953–962.

전미화. 2022. 중국 대학 한국어교육에서의 기계 번역 활용 방안 연구. **인문사회**. **21**. 13-6. pp. 1207–1216.

박수진. 2020. 기계 번역 활용 한국어 쓰기 수업에서 나타난 학습자 인식과 번역문의 특징. **교양교육연구**. 17-3. pp. 139–153.

최지영. 2024. 학부 유학생의 온라인 기계 번역 활용 양상 및 교수자의 인식. **리터러시 연구**. 15-1. 한국리터러시학회. pp. 171–206.

Beiler, I.R. & Dewilde, J. 2020. Translation as Translingual Writing Practice in English as an Additional Language. *The Modern Language Journal*. 104. Wiley-Blackwell. pp. 533–549.

Dorst, A. G., Valdez, S. Â. S. S. & Bouman, HMC. 2022. Machine translation in the multilingual classroom: how, when and why do humanities students at a Dutch university use machine translation. *Translation and Translanguaging in Multilingual Contexts*. 8(1). John Benjamins Publishing Company. pp. 49–66.

Niño, A. 2008. Evaluating the use of machine translation post-editing in the foreign language class. *Computer Assisted Language Learning*. 21(1). Routledge. pp. 29–49.

Niño, A. 2009. Machine translation in foreign language learning: Language learners' and tutors' perceptions of its advantages and disadvantages. *ReCALL*. 21(2). Cambridge University Press. pp. 241–258.

Ronan Kelly & Heng Hou. 2022. Empowering learners of English as an additional language: translanguaging with machine translation. *Language and Education*. 36(6). Routledge. pp. 544–559.

White, K. D. & Heidrich, E. 2013. Our policies, their text: German language students' strategies with and beliefs about web-based machine translation. *Die Unterrichtspraxis/Teaching German*. 46(2). American Association of Teachers of German. pp. 230–250.

제3장

호칭어 및 지칭어로서 '선배'의
아제르바이잔어 번역 전략

알리예바 바하르
Aliyeva Bahar
아제르바이잔 국립언어대학교
Azərbaycan Dillər Universiteti

1. 들어가며

본 논문에서는 '선배'라는 호칭어·지칭어의 아제르바이잔어 번역 전략을 살펴보고자 한다. 국립국어원 표준국어대사전에 따르면 선배는 같은 분야에서 지위나 나이, 학예 따위가 자기보다 많거나 앞선 사람을 가리킨다. 선배라는 말은 하나의 호칭어·지칭어로 사회·문화적인 특성이 강한 어휘이다. 다시 말해, 선배는 그 안에서 한국의 인간관계와 연령, 경험에 따른 계층화된 사회·문화의 특징을 내포한다. 따라서 다른 사회·문화 및 언어 체제로 이 말을 옮길 때 적절한 표현을 선택하는 것이 전략적 문제로 여겨진다. 본 연구에서는 이 선배라는 어휘를 아제르바이잔어로 어떻게 번역하는지 몇 개의 사례를 제시하고 그 합의점을 모색하고자 한다.

한국과 아제르바이잔은 지리적으로 상당한 거리가 있지만 문화나 역사 등 서로 비슷한 점도 존재한다. 역사적인 공통점이라고 하면 식민지와 분단, 언어적인 공통점이라면 같은 언어 계열인 알타이어족 언어라는 것, 문화적인 공통점이라면 '정', 어른을 중시하고 존경하는 문화를 들 수 있다. 그러나 이런 '비슷함/유사함'에도 불구하고 두 언어는 사회·언어학적인 측면에서 서로 다른 면이 있다. 의사소통이 수평적으로 이뤄지는 아제르바이잔어에서는 호칭어와 지칭어가 한국어만큼 복잡하지 않고 비교적 단순한 편이다. 뿐만 아니라 선배에 해당되는 개념어 자체가 없는 실정이다. 그렇다면 이 단어를 각 상황에 따라 어떻게 번역해야 하는지, 저자의 의도와 텍스트의 사회·문화적인 성격을 어떻게 살릴 수 있는지를 생각해 봐야 한다. 따라서 본 연구에서는 두 개의 문학 작품, 즉 황석영 작가의 《해질 무렵》과 《한씨연대기》를 통해 문화적 특수어로 볼 수 있는 '선배'라는 어휘를 아제르바이잔어로 번역하는 방법을 고찰하고자 한다.[1]

2. 한국어와 아제르바이잔어의 호칭어 및 지칭어 체계

2.1. 한국어 호칭어·지칭어 체계

호칭어는 "화자가 상대방과 말을 하는 동안에 그 상대방을 가리키기 위해 사용하는 단어, 어구, 표현"이며, 지칭어는 "말하려는 대상을 화자가 가리키는 말"이다(왕한석, 2005: 17-18). 한국어의 호칭어 및 지칭어를 크게 '대명사형 호칭어·지칭어'와 '명사형 호칭어·지칭어'로 구분할 수 있다. 우선 대명사형 호칭어·지칭어를 살펴보자.

호칭어로는 보통 2인칭 대명사, 지칭어로는 1인칭, 2인칭, 3인칭 대명사가 쓰인다. 이 중 특히 2인칭 대명사가 형태상으로 다양하지만 사용 측면에서는 많은 제약을 받고 있다. 우선은 윗사람에게 2인칭 대명사를 쓸 수 없다. 청자가 아랫사람일 때 쓸 수는 있으나 일반적으로 친한 아랫사람이나 동급의 사람들에게 사용한다. 예컨대, '너'는 어렸을 때부터 친분을 유지해 온 친구나 아랫사람에게, '자네'는 직함 호칭어로 부를 수 있는 사람보다는 조금 가깝고, 이름 호칭어로 부를 만큼은 가깝지 않은 성인 청자에게 사용될 수 있으며, '자네'와 '자기'는 주로 연인이나 여성 화자와 청자 사이에 사용된다. '당신'은 아랫사람이나 친구에게 사용할 경우 상대를 높여 대접하는 의미가 되며, 부부 사이에서 사용할 경우에도 배우자를 높여 이르는 호칭이다(박정운, 2005: 82-84). 이처럼 한국어에는 2인칭 대명사가 아랫사람이나 동등한 위치의 관계에서만 사용될 수 있다.

명사형 호칭어 및 지칭어는 이름 호칭어·지칭어, 직함 호칭어·지칭어, '언니', '누나', '형', '삼촌' 등과 같은 친족 호칭어·지칭어, '아가씨', '아저씨', '선생님', '사모님' 등과 같은 통칭적 호칭어·지칭어로 구분할 수 있다.

이 중 이름 호칭은 윗사람이 아랫사람에게 혹은 친구 사이에서만 사용된다. 또한 이름 단독으로 사용되는 것보다 호격조사(-아/-야)나, 의존명사(-군/-양/-씨)가 같이 붙어 화자와 청자의 상하 관계나 친소 관계를 나타내는 호칭어 유형이 더 많이 사용된다(박정운, 2005: 76-78).

직함 호칭어·지칭어는 '직함+님', '성(이름)+직함(님)' 형태로 사용된다. 직함이 단독으로 쓰이면 존대 접미사 '님'이 직함에 붙어 사용된다. 한편 이름은 직함과 함께 호칭어를 형성할 수 없지만, '성'이나 '성+이름'은 직함과 함께 호칭어가 될 수 있다. 이 경우 상황에 따라 접미사 '님'을 붙일 수도 있고, 안 붙일 수도 있다. 예컨대, 청자의 신분이 화자보다 낮거나 대등할 때 존대 접미사 없이 그 사람의 직함을 결합하여 호칭어로 사용할 수 있으나 윗사람에게는 거의 사용되지 않는다. 한편 '직함+님'은 한국어에서 직함 호칭어 중에 대우 등급이 가장 높은 호칭어다(손춘섭, 2010: 260). 한국어에서는 이름 사용에 제약이 있으므로 '성'이나 '이름'이 들어가는 표현은 일반적으로 하급자가 피해야 해서 '직함+님'과 같은 호칭·지칭어는 최상의 대우 정도를 나타내는 것이다(한현희, 2015: 73).

친족어가 호칭어 및 지칭어로 사용되는 경우에는 화자와 청자의 친족 관계를 나타내는 친족어가 호칭어 및 지칭어로 사용되는 '친족 호칭어·지칭어' 유형, 화자와 청자 사이에 제삼자가 있어 그러한 매개체와 청자와의 친족 관계를 나타내는 친족어가 호칭어 및 지칭어로 사용되는 '매개 친족 호칭어·지칭어' 유형이 있다. 친족 청자에게 사용된 친족 호칭어·지칭어는 '기본형((예) 어머니)', '기본형+님의 높임형((예) 어머님)', 그리고 '친근형((예) 엄마)'의 3가지 형태로 나타난다. 대학에서 서로 사이가 가까워지면 후배가 선배를 '형', '언니' 등과 같이 부르듯이 친족이 아닌 화자와 청자도 친족어가 나타내는 관계를 구축해 왔다고 느끼면 친족 간에 쓰이는 호칭 및 지칭 체계를 사용할 수 있다(박정운, 2005: 80-81).

통칭적 호칭어·지칭어는 잘 모르는 사람 등을 부르거나 가리킬 때 일반적으로 쓰이는 호칭어·지칭어다. 이를 '선생님', '학생', '사모님' 등과 같이 직함 호칭어·지칭어가 일반화되어 사용되는 경우와 '할아버지', '할머니', '이모', '아저씨' 등과 같이 친족어들이 일반화되어 사용되는 호칭어·지칭어로 구분할 수 있다(박정운, 2005: 85).

2.2. 아제르바이잔어 호칭어·지칭어 체계

아제르바이잔어에서도 호칭어·지칭어는 대명사형, 명사형으로 구분할 수 있다. 우선 대명사 호칭어·지칭어를 살펴보자.

아제르바이잔어에서도 한국어와 같이 호칭어로 2인칭 대명사, 그리고 지칭어로 1인칭, 2인칭, 3인칭 대명사 모두 사용 가능하다. 그러나 한국어와 달리 2인칭 대명사가 호칭어로 널리 쓰인다. 2인칭 단수형 대명사 'sən(너)'과 2인칭 복수형 대명사 'siz(너희들)'가 호칭어로 많이 사

용되는데, 존댓말 자체가 따로 존재하지 않는 아제르바이잔어는 경어 표현이 2인칭 복수형 'siz'
로 만들어진다. 다시 말해, 'sən'을 'siz'로 대체하고 동사의 접미사도 이에 따라 2인칭 복수형으
로 바꾸면 경어 표현이 만들어진다. 공식적인 자리나 상대를 높일 때는 2인칭 복수형인 'siz'를
호칭어로 사용하고, 그렇지 않을 경우에는 2인칭 단수 대명사인 'sən'을 사용한다. 아제르바이
잔어에서 경어 표현은 주로 공식적인 상황일 때나 친하지 않은 사이에서 대화를 나눌 때 사용
된다. 즉, 나이와 직위에 상관없이 친할수록 말을 낮추고, 서로 먼 사이일수록 경어 표현을 사용
한다.

명사형 호칭어·지칭어를 이름형 호칭어·지칭어, 직함 호칭어·지칭어, 기타 호칭어·지칭어로
구분할 수 있다.

이름형 호칭어는 다음과 같이 사용된다.

(1) 이름 단독으로
(2) 이름+(여성일 경우) 'xanım', (남성일 경우) 'bəy'
(3) 성 단독으로
(4) 'cənab', 'yoldaş'+성

이 가운데 일상생활에서 가장 많이 쓰이는 것은 1)과 2)이다. 친한 관계일수록 이름 단독으
로 호칭어를 사용한다. 공식적인 자리나 관계가 멀어질수록 '이름+xanım(영어의 'miss/mrs'),
bəy(영어의 'mister')'가 사용된다. 성으로 호칭하는 것은 보통 군대에서 흔하며 일상생활에서
는 흔치 않은 경우다. 다만 남자들 사이에서는 친구끼리 서로를 성으로 부르는 경우가 있는데
이 또한 군대 문화에서 비롯된 것이라고 할 수 있다. 따라서 3)과 4)는 주로 군대에서 많이 사용
되기는 하지만 일상생활에서 남자들 사이에 호칭어로 쓰이기도 한다.

직함 호칭어·지칭어는 주로 직장에서만 사용된다. 그리고 한국어처럼 각 직위에 따라 직함
호칭어를 사용하지 않으며, '선생', '의사', '장관', '대통령' 등과 같은 일부 직위에 있는 사람들에
한해서만 직함 호칭어가 보편적으로 사용되고 그 밖에 경우에는 이름형 호칭이 쓰인다.

'선생'과 '의사'는 '이름+선생/의사' 형식으로 사용되며, 장관과 대통령 같은 경우에는 앞에
'존경하는'의 뜻을 가진 'cənab', 'möhtərəm'을 붙여서 사용한다.

직함 지칭어는 직함 호칭어에 비해 좀 더 다양하게 쓰인다. 예를 들면, '학과장', '소장', '기
사' 등은 호칭어로 사용이 불가능하지만 지칭어로는 사용이 가능하다.

친족 호칭어·지칭어는 한국어와 같이 화자와 청자의 친족 관계를 나타내는 친족어가 호칭
어·지칭어로 사용되는 '친족 호칭어·지칭어' 유형, 화자와 청자 사이에 제삼자가 있어 그러한 매
개체와 청자와의 친족 관계를 나타내는 친족어가 호칭어·지칭어로 사용되는 '매개 친족 호칭
어·지칭어' 유형이 있다. 예를 들면, 엄마의 여동생이나 언니를 'xala(이모)'라고 부르고, 친구의
엄마도 'xala'라고 부를 수 있다. 그리고 영어의 'sister'와 'brother'에 해당하는 'bacı', 'qardaş/
qaqa'도 친족 호칭어 및 지칭어로 많이 사용된다.

일부 친족어가 지칭어로도 사용되지만 호칭어로는 사용이 불가능한데, 예를 들면 'qaynata(시아버지 혹은 장인)', 'qaynana(시어머니 혹은 장모)'는 지칭어로 사용이 가능하지만 호칭어로는 사용이 불가능하다.

그 외에 통칭적 호칭어·지칭어로는 'xala(이모)', 'bibi(고모)', 'bacı', 'qardaş', 'qaqa', 'əmi(삼촌)', 'dayı(외삼촌)', 'nənə(할머니)', 'baba(할아버지)', '이종사촌'의 뜻을 가진 'xalaoğlu'와 'xalaqızı', '외삼촌'의 뜻을 가진 'dayıoğlu'와 'dayıqızı', '내 딸'이라는 의미의 'qızım', '내 아들'이라는 의미의 'oğlum' 등과 같은 친족 호칭어·지칭어, 'müəllim'과 같은 직함 호칭어·지칭어, 'xanım', 'bəy'와 같은 경어 표현, 'vətəndaş(시민)', 'yoldaş(시민/동지)', 'ay bala(이 사람아)' 등과 같은 기타 표현이 있다. 여기서 'ay'라는 접두사는 청자를 서두르게 하거나 상대방이 실수나 잘못을 했을 때 사용되며, '시민'이라는 뜻의 'vətəndaş'와 'yoldaş'는 경찰이 일반인을 호칭할 때 사용된다.

통칭적 호칭어·지칭어로서 친족 호칭어·지칭어는 보통 비공식적인 자리에서 사용되는데 예전에 비해 그 빈도가 줄고 있다. 특히 도시에 사는 젊은 사람들이 친족 호칭어·지칭어 대신에 영어의 'miss/mrs', 'mr'에 해당하는 'xanım', 'bəy'를 더 많이 사용하는 편이다.

3. '선배'의 아제르바이잔어 번역 전략

앞서 표준국어대사전에서 '선배'의 의미는 동일한 '경험'을 나보다 '먼저' 해 본 사람이었다. 한편 한국 사회에서 선배는 사회 호칭어이기도 한데 학교에서나 활동 분야에서 나보다 '앞선' 사람을 부를 때 흔히들 선배라는 호칭어를 사용한다. 오늘날 쓰이는 선배라는 말이 호칭어·지칭어로 언제부터 널리 쓰이기 시작했는지에 대한 명확한 정보는 없으나, 선배는 한국 사회 및 언어 예절과 직접적으로 관련된 '문화 특수어'라고 할 수 있다. 연령과 사회적 직위 등에 따라 존댓말과 반말 사용이 결정되는 한국어에는 상대를 이름으로 부르는 것이 보편적이지 않다. 윗사람이 아랫사람을 이름으로 부를 수는 있어도 그 반대의 경우는 거의 없다. 대명사 또한 호칭어로는 잘 쓰이지 않는 한국어에서는 특별한 직함 등이 없는데 서로를 부르거나 지칭해야 할 때 난감한 경우가 많다. 이때 '언니', '오빠', '형' 등과 같은 친족 호칭어를 사용하기도 하고, 같은 학교 출신이거나 활동 분야가 같으면 '선배'라는 말도 사용한다.

그런데 아제르바이잔어에는 선배 개념 자체가 부재하며 한국어의 선배에 해당되는 등가어가 없다. 따라서 선배를 아제르바이잔어로 번역할 때 맥락에 따라 그 결과물이 달라질 수 있다. 지금부터는 앞서 언급한 2편의 문학 작품을 통해 호칭어 및 지칭어로서 선배의 번역 전략을 살펴보고자 한다.

문학 작품으로 선택한 연구 대상은 2015년에 출간된 황석영 작가의 《해질 무렵》과 1972년에 발표된 《한씨연대기》이다. 《해질 무렵》의 주인공은 60대 건축가 박민우와 20대 연극 연출자이자 편의점 알바생이다. 둘의 이야기로 구성된 본 작품에는 선배라는 단어가 31번 등장한다. 분단과 한국전쟁으로 인해 북쪽과 남쪽 모두로부터 버림받은 양심적인 피난민 의사의 비극적인 일대기를 그린 《한씨연대기》에서는 선배라는 단어가 17번 사용되었다. 《해질 무렵》에서는 선배가 주로 지칭어로 사용되었으나, 《한씨연대기》에서는 주로 호칭어로 사용되었다. 앞서 언급했듯이 아제르바이잔어에는 선배라는 개념 자체가 따로 없어서 사용 맥락에 따라 의미를 부분적으로 전달하거나 목적어를 적절한 어휘나 대명사로 대체하거나 경우에 따라 생략할 수도 있다. 지금부터 이를 차례로 살펴볼 것이다.

3.1. 의미 전달이 (부분적으로) 가능한 경우

3.1.1. 의미를 풀어서 표현하기

'같은 학교에서 나보다 앞선 사람'을 가리키는 선배의 의미를 풀어서 '위 학년 학교 친구'로 번역할 수 있다. 예를 들면 《해질 무렵》에 나오는 "군에 입대하는 선배가 소개한 자리를 물려받았는데 담당 학생은 고등학교 이학년이었다." 또는 "승일이는 대학 선배가 차려 놓은 입시생 실기를 위한 화실에서 조수로 아르바이트를 하고 있었다."라는 문장에서 등장하는 선배를 아제르바이잔어로 'yuxarı kurs tələbə yoldaşı'라고 번역할 수 있는데 이는 한국어로 직역하면 '위 학년 학교 친구'라는 뜻이다. 그리고 이런 번역 방법은 선배가 지칭어로 사용될 때만 가능하고 호칭어로 사용될 때는 불가능하다.

3.1.2. 의미를 부분적으로 표현하기

텍스트의 가독성 문제 때문에 목적어로 의미를 풀어서 표현하기가 어려울 경우에는 그 의미를 최대한 살릴 수 있는 방안을 모색해야 한다. 《해질 무렵》에 나오는 다음 문장들을 살펴보자.

> (예 1) 유명한 극작가나 연출가가 되면 그때는 사는 게 좀 나아질까. 선배들을 보면 딱히 나아지는 것 같지도 않고 막막해 보이기는 마찬가지더라.
> (예 2) 그는 세상 물정을 잘 아는 나의 선배이기도 했다.

이상의 예문에서는 '선배'를 아제르바이잔어로 번역할 때 '나보다 나이 많은', '나보다 어른'이라는 뜻의 'böyük(lər)'로 번역할 수 있다. 'Böyük(lər)'라는 단어에는 나이는 물론 경험이 많다는 의미도 있어서 위 문장에서 쓰인 선배의 등가어로 적합하다. 이런 번역 방법 또한 선배가 지칭어로 사용되었을 경우에만 가능하다.

3.2. 다른 어휘(혹은 상위어)로 대체하기

앞서 언급한 텍스트의 가독성 때문에 선배를 다른 어휘로 대체해야 할 경우가 있다. 《해질 무렵》에 나오는 다음 문장들을 살펴보자.

> (예 1) 선배와 함께 담장이 높은 저택들이 늘어선 주택가로 들어서면서 조금 주눅이 들기도 했다.

(예 2) 나는 평생 광주에 가 본 적이 없었지만 시중에서 소문을 듣고 온 선배 건축사들이 수
　　　군대는 말을 들으며 그곳이 나와 무관한 장소라는 것만으로는 안심할 수 없었다.
(예 3) 아버지가 서울로 올라오는 데 하나의 지푸라기라도 되었을 성싶은, 구청 앞에서 대서
　　　소를 하는 아버지의 고향 선배가 있었다.

‘선배’의 뜻을 풀어서 아제르바이잔어로 번역하면 명사 앞에 수식어가 붙는 형태가 되는
데 이상의 예문들을 그러한 방법으로 번역하면 가독성이 떨어지고 문장이 쓸데없이 길어지게
된다. 따라서 학교 선배를 가리키는 (예 1)에서는 ‘학교 친구’의 의미인 ‘tələbə yoldaşı’로, 활
동 분야에서 선배를 가리키는 (예 2)에서는 ‘같은 직종에 종사하는 동료’라는 의미를 내포한
‘həmkar’로 대체할 수 있으며, (예 3)에서는 단순히 ‘친구’라는 뜻의 ‘dost’를 사용할 수 있다.
이런 번역 방법 또한 선배가 지칭어로 사용되었을 경우에만 가능하다.

선배라고 지칭하는 대상과 나이 차가 많을 경우에는 ‘선생’의 뜻을 가진 ‘müəllim’ 또는
‘ustad’로 번역할 수 있다. ‘Müəllim’과 ‘ustad’는 말 그대로 ‘나를 가르치는 사람’이기도 하지만
어떤 분야나 인생에서 모범이 되는 사람도 그렇게 부를 수 있다. 또한 ‘müəllim’은 통칭적 호칭
어로 많이 쓰이기도 해서 아제르바이잔어로 번역할 때 문맥에 따라 선배를 ‘선생’으로 대체할
수 있다. 《한씨연대기》에 나오는 다음 문장들을 살펴보자.

(예 1) 그는 한씨를 언제나 선배라고 불렀고, 술좌석에서 소개시키는 일이라도 있을 때엔 우
　　　리 학교 대선배님, 하면서 박수를 쳐대곤하는 거였다.
(예 2) 햐, 이거 한선배님…… 요릿집 출입만 하시는구만! 난두 깨무테달라우요.

위에서 제시한 예문에서는 ‘선배’를 ‘선생’으로 번역하는 것이 가장 적합한 번역 방법이다.
왜냐하면 선배에 해당하는 등가어가 없고, 문맥상 선배를 생략할 수도 없으므로 그를 대체할
표현이 반드시 필요하기 때문이다.

3.3. 대명사로 대체하기

한국어에서는 대명사, 그중에서도 2인칭 대명사가 잘 쓰이지 않으나 아제르바이잔어에서는 많
이 쓰이는 편이다. 따라서 적절한 상황에서 선배를 대명사로 대체할 수 있다. 예를 들면 “한 선
배님, 기럼 어캅네까? 애시당초 선배님을 모시기루 한 게 이런 불상사를 위해서가 아녔댔시
요?(《한씨연대기》)” 에서 ‘한 선배님’을 앞서 언급한 방법대로 ‘한 선생’으로 번역하여 다음에 나
온 ‘선배님’을 2인칭 복수 대명사인 ‘siz’로 번역하면 된다. ‘siz’의 경우 2인칭 대명사든 3인칭 대
명사든 아제르바이잔어에서 널리 쓰이므로 적절한 상황에서 선배를 대명사로 바꾸면 번역 텍
스트의 가독성을 높일 수 있을 것이다.

3.4. 생략하고 이름으로 대체하기

'선배'가 이름과 함께 쓰이거나 이미 상대의 이름을 알고 있는 경우에 쓰인다면 아제르바이잔어로 번역 시 생략할 수 있다. 이름으로 호칭 및 지칭하는 것이 보편적인 아제르바이잔어에서는 나이 차이가 매우 크지 않은 이상 선후배 관계에서는 이름으로만 호칭 및 지칭한다. 예를 들면 "나는 김 선배의 옆에 앉았다(《해질 무렵》)." 또는 "나는 대답하지 않았고 김 선배가 가랑가랑하는 약한 목소리로 말했다(《해질 무렵》)." 등의 문장을 번역할 때 '선배'를 생략하고 '김기영'을 아제르바이잔어로 음차 번역하는 것이 더 좋은 번역이 될 수 있다.

3.5. 음차 번역하여 각주, 미주 등으로 의미 설명하기

음차 번역은 특정한 문화 관련 단어 또는 고유명사 등을 번역할 때 선택되는 방법 중에 하나이다. 등가어가 없어 번역이 불가능한 상황 등에서 해당 단어를 음차 표기하여 각주나 미주 또는 괄호 안에 그 의미를 삽입한다. 역주를 사용하지 않고 자연스럽게 문장 내에서 그 의미를 풀어낸 것도 하나의 방법이다. 문화 특수어의 음차 표기는 독자들이 해당 문화를 이해하는 데에도 도움이 된다. 예를 들면, '선배'를 아제르바이잔어로 음차 표기한 뒤에 선후배 문화가 낯선 아제르바이잔 독자들을 위해 각주나 미주에서 한국의 선후배 문화를 설명해 주면 아제르바이잔 독자들이 한국 사회와 문화를 더 깊이 이해하는 데에 도움이 될 것이다. 다만 필자는 문학 작품을 번역할 때 되도록 이 방법을 피하려 노력하는데, 왜냐하면 음차 표기한 한국어 고유명사 자체도 아제르바이잔 독자들에게는 낯설기만 한데, '선배'와 같은 문화 관련 어휘 또한 음차 표기한다면 번역된 글이 더 어렵게 읽힐 수 있기 때문이다. 따라서 음차 번역은 하나의 방법일 뿐 지향점은 아님을 밝혀 둔다.

4. 나가며

지금까지 호칭어 및 지칭어로서 '선배'의 아제르바이잔어 번역 방법을 살펴보았다. 선배라는 개념 자체가 없는 아제르바이잔어에서는 번역 시 호칭어와 지칭어 여부에 따라 번역 전략이 달라진다. 또한 맥락에 따라 다르게 해석·번역될 수 있다. 호칭어로 사용될 경우에는 선배가 생략되어 이름으로 음차 번역하거나 대명사 또는 '선생'으로 대체할 수 있다.

지칭어로 사용될 경우에는 번역 선택의 영역이 좀 더 넓어진다. 즉, 생략과 대명사 대체 외에도 그 의미를 전달할 수 있는 '수식어+명사'와 같은 표현들이 사용되거나 맥락에 따라 적절한 어휘로 (또는 상위어로) 대체할 수 있다. 본고에서 다룬 내용들이 원어에서 사용되는 특수한 어휘 및 개념을 목표어로 옮기고자 할 때 상호 맥락을 고려한 다양한 전략으로 활용될 수 있기를 기대한다.

참고문헌

박성진. 2023. 한국어 호칭 사용을 통해서 본 위계성과 억압의 문제. **철학 사상 문화**. 41. pp. 217-240.

박정운 외. 2015. **한국 사회와 호칭어**. 역락. pp. 97-126.

손춘섭. 2010. 한국어 호칭어의 교육 방안에 대한 연구. **光神論壇**. 19. pp. 249-288.

왕한석 외. 2015. **한국 사회와 호칭어**. 역락. pp. 75-96.

이상숙. 2024. 이탈리아 학습자를 위한 한국어 호칭어 연구. **한국언어문화학**. 21-1. pp. 95-118.

정유진. 2021. 호칭어와 지칭어의 사용과 공손성. **인문사회**. 21. 12-5. pp. 3089-3102.

한현희. 2015. **러시아어 호칭어의 한국어 번역**. 한국외국어대학교 통번역대학원 박사 학위 논문.

황석영. 2015. **해질 무렵**. 문학동네.

황석영. 2020. **한씨연대기**. 문학동네.

Boyukxanım Eminli. 2015. Azərbaycan danışıq dilində müraciət formaları. 숨가이트 대학교 박사 학위 논문.

제4장

Translating Korean Text:
A Practice for Teaching and Learning the Language

일라리아 라내
Ilaria Lanè
이탈리아 시에나외국인대학교
Università per Stranieri di Siena

1. Introduction

This paper goes over the topic of translating Korean text as a practice for teaching and learning the Korean language. First, an introduction that goes over historical and linguistic facts will prepare the ground for the actual correlation of the two subjects, the leading theme of the whole elaboration. It is inferred with confidence that translation can be more than a useful tool for teaching and learning Korean. The practical examples offered throughout the paper will, in fact, bring into consideration the various abilities a learner of Korean will be asked to obtain by presenting different kinds of text to translate. For the purposes of this, the *syllabi* of the Korean language course of the Bachelor's degree at University for Foreigners of Siena have been analyzed as supporting documents to reason over the main topic. By examining the various objectives of the course, it has been concluded that there is a greater connection than believed between the role of the teacher and the best outcome of learning for the students of Korean. Language, teaching practices, motives of learning, and much more will surface in every part of the investigation, trying to provide a convincing prospect over using translation for teaching. After going over various types of Korean text and related needs for the learner, the paper will conclude itself with final considerations over the general research the ideation of the subject has required.

2. Part One: The Evolution of Teaching and Translating

In the course of years, both the discipline of translation and the discipline of teaching a foreign language have profusely developed, often as a reflection of the progress of language studies that they share as related in the field. Translation, as in the act of carrying the meaning across two languages by corresponding the terms of the original text with that of the arrival idiom(Mounin 2006, 19), originally focused solely on words. For instance, the translators of the Sacred Scriptures, working during a period that could be considered the beginning of the practice of translation, regarded *literal translation* as the sole method to complete their task. *Modern translation* focuses, on the other hand, on what rests beyond and between words; it is no longer considered adequate for a translation to be perceived as modern and up-to-date with times to translate *word by word*(Mounin 2006, 23). Likewise, the practice of learning a foreign language has acknowledged, with the passage of time and progress of correlated studies, the importance of *using* the words one has learned.

Rather than absorbing large amounts of terminology, it has come to the attention of scholars that being able to *put it into practice* is more important than memorizing the corresponding words between one's mother tongue and the language of the learning process(Borneto 1998, 143). This is because the words of a foreign language, equal to those of one's first language, do not exist in a distinct dimension that can be separated from reality. Specifically, words cannot be separated from the intentions or the circumstances of the enunciation. To speak, know and learn a language is, therefore, to be able to *make use* of it, as well as understand how it is being used for the same reasons. Teaching foreign languages has taken into account this new aspect of learning to complement such needs for learners. Keeping in mind both the progress of translation and that of foreign language learning and teaching, we can find similarities in how the two disciplines have gone beyond words, focusing on other aspects. Translation moved towards the consideration of *context*, the same way foreign language teaching has focused on the *active* aspect of using the foreign language. In both cases, an additional factor besides the *given words* has been taken into account, finding change and development for the subjects in modern times.

2.1. Translation as a Matter of Context

As mentioned above, for a process of translation to be considered modern, the focus has shifted from considering only the words of the text to also considering the context such words come with. Translation now means to *dynamically correspond* words and culture, language to language, taking into account an *intercultural perspective* rather than merely linguistic(Diadori 2018, 64). If the translator, before, would have only limited their work to translating word by word, we can now infer, with the knowledge of today, how much information had probably been lost. Never disregarding the fact that not all of the text can be translated into the new language as a prerogative of translation itself, it is also proved on a level of linguistics that perfect matching between two words cannot exist. This comes from the fact that even language itself may not correspond precisely to the signifier to the *signified*(Mounin 2006, 77–78). If even the original language itself is unable to correspond what is inherently part of its system, as the characteristic of language, it is neither possible for the translator to correspond concepts and words across two languages. That is why, for a translation to be adequate and *pay respect* to the text in the original language, it must take into account more than the terms the text is composed of, in its initial form.

To translate beyond words does not mean to go against the words and the text itself, but rather it is functional to such words, as the *context* can be of aid to understand the meaning of the source text best. We can define *context* as the multitude of *clues* the text can provide us with to bring us closer to the actual meaning or clear something up that is uncertain to the reader, the translator, for instance(Mounin 2006, 135). It is in the interest of the translating subject to have access to the *message* of the text, which is made up of various elements all coming from an *extralinguistic* dimension(Mounin 2006, 136). To sum up, if the ultimate aim of translation is to create a *proper* translation, as obvious as it appears, going beyond words and taking in all the extra given has become of *prime necessity*.

2.2. Teaching, Learning as a Matter of Action

The translation of words and grammatical aspects into the second language, in the process of being learned, also corresponds to one of the first practices of language teaching and learning. According to the so-called *grammar translation method*, students were asked to memorize vocabulary and study great quantities of grammar, using language primarily in written form(Borneto 1998, 185). We can find a similar starting point with translation, where words in their written form were mostly considered at the beginning of a text to translate.

At present, the modern way of teaching a foreign language includes the presence of the teacher, whose role is to help the students learn the *rules of the game* of communication of the language they are studying. The teacher no longer talks to the students as mere *listeners* of the lesson, giving grammar inputs. The learner becomes the center of the teaching process, which revolves around *actively* using the foreign language as it is used in a real context(Borneto 1998, 138). This is because there has been a shift in the meaning of *knowing a foreign language*. Knowing a foreign language does not mean only knowing the grammar perfectly; knowing a language means being able to follow the *rules* of using such language in the real world. In order to be able to use the language, the student must be taught to partake in the *game* of language, learning how to take action rather than passively recognizing patterns and single-unit meanings. Knowing grammar and the rules of how a language internally works has its own importance. However, it appears to be less important than knowing the language of use(Borneto 1998, 140).

3. Part Two: Translation as a Practice for Teaching and Learning Korean

Following the development of the disciplines of translation and teaching a foreign language, both of the subjects have reached a point where finding common ground of meeting could be reciprocally beneficial. One and the other have reached a present circumstance in which the *beyond* has taken a significant position, taking the term of *context* for translation and *action* for language teaching.

Translation can be beneficial for learning Korean as a foreign language for multiple reasons. Since learners are supposed to challenge the knowledge they have gathered in an *active way,* translation as a tool gives them the chance to do so optimally. As a matter of fact, translation lets the learner continuously get in touch with their awareness of the language. By promoting the students' acts of freedom towards the Korean text(Eco 2016, 35), such an approach seems to align with the modern perception of teaching, which tells about how students should have more independence from the teacher(Borneto 1998, 138). Students are brought to work with the various ways a text can be translated(Eco 2016, 107), making use of what they have learned previously. This contributes to turning the rules and the learned notions about the foreign language into a *system* that is absorbed and can be disposed of in any circumstance of need.

Secondly, translation appears to be an optimal tool for Korean language teaching and learning, as it trains the learner's ability to *make use* of the language, forming a *procedural* knowledge of the language(Borneto 1998, 143). This is because tanslating Korean text means getting in touch with the intention of communicating what the Korean author has made into text by reproducing the actual use of language. To be able to communicate in a functional way requests learners to translate their own needs into another language, with the aim of being understood by the receiving side. In the same way, translating Korean text recalls what the text may correspond to in the learner's original language, strengthening connections between concepts and words. As aforementioned, translation does not mean bringing the contents of a language into another equally. It means being able to recreate the aims of the original text, making use of what we already know as speakers of the language of arrival. Expressing a concept into a foreign language means articulating one's wish to communicate into another semiotic system that organizes concepts and correspondents in a surely different way(Mounin 2006, 95).

Translation can be visualized not as a mere equation of concepts (=) but rather as a mathematical operation that connects, through similarities ($\approx$), the contents of two languages—one known and one in the learning process. With translation, as the student approaches the process, the Korean text is converted into inputs of the original language, strengthening the link between the concepts and coding a larger *awareness* of the reality of the studied language. Moreover, as translation sees a vast interaction with the context of the text, the learner can also vastly interact with the *culture* of the original text, the Korean culture(Bertazzoli 2021, 7). Translating trains to the intercultural competence, which is mandatory, nowadays, to be a fluent speaker of the foreign language(Borneto 1998, 212). If knowing culture is so crucial for speaking a language and understanding such language *correctly*, the aid that translation can provide to get into Korean culture is greatly favorable to the learner. Especially in the case of Korean, a language that strongly expresses culture through its words and use of terms(Bruno 2008, 29). When translating from Korean into another language, both of the cultures corresponding to the languages are equally recalled to complete the process(Bertazzoli 2021, 11).

The two major kinds of exercises for the foreign language student are *drill*- and *task*-oriented. It can be inferred that the act of translating from Korean into the arrival language is an exercise between drill and task. Translating can be considered a process that includes making mechanical use of the same linguistic form, over and over, when decoding the Korean text into another language. This allows the learners to repeat the same grammatical pattern over and over, absorbing it. At the same time, the learners can make use of the *second language* for *communication*, as it develops the ability to bind words to their use in reality(Borneto 1998, 143). Other and various specific abilities can be developed through translation by choosing certain kinds of text, aside from intercultural competence. The translation may satisfy all the concerning needs of the learners, such as motivational needs, what they are learning the language for, the abilities they need to improve, and so on(Borneto 1998, 194). For this reason, the teacher's role is quite crucial in selecting the right material for the learners.

Based on the often-mentioned *modern language teaching*, the teacher is supposed to *guide* the students in learning the foreign language. The teacher must select the material according to the needs of the students, keeping in mind some aspects to avoid or to underline in the exercise of translation. It is important to avoid translations where it is too difficult to understand what it is to translate, for example, giving the students the impression that they are able to take the challenge without the risk of the exercise becoming impossible. It is preferable for the students to try and get into the translation process as independently as possible, even if the teacher can provide the way their teaching method has previously been set(Borneto 1998, 158).

Another aspect concerning the relationship between learner and teacher is the presence of the *mistake*. Making mistakes should be accepted and considered part of the process of learning(Borneto 1998, 146). Mistakes can be useful to understand where the students might need more help and what needs to be revised. It can also be a useful tool to encourage independent learning for students, who can learn from mistakes and choose what they need to concentrate on from the feedback they receive from the exercise translation. Lastly, the mistakes that students make can be useful for academic purposes, such as *contrastive analysis* and comparison between languages. They can help define better material for the students to learn, tailored to their first language.

4. Part Three: Korean Courses Syllabi and Examples of Translation Exercises

Observing the course *syllabi* used to teach Korean for the Bachelor's degree at University for Foreigners of Siena, it is possible to make some hypothetical examples of translation exercises that can fit the level of learning. Even though the texts can be different from level to level, what matters is that all the texts contain the Korean language as *it is used*. It is important for students to get in touch with the language as it is used, so that they can learn what they can also use themselves to express and speak Korean(Borneto 1998, 145). If the translated texts contain language that is used every day and actively within the Korean dimension, the students will put in their system language items they will be actually making use of. As the translation gets harder and harder to process, more skills and abilities will be trained during the exercise. Consequently, as a result, more knowledge will be recalled and gained, crystalized.

4.1. Bachelor's Degree First Year: Translating Children's Literature

Going over the contents of the *syllabus* for the first year of a Bachelor's degree, the students are taught the Korean alphabet, phonetics, basic grammar notions, basic vocabulary and some cultural aspects of Korea. During the first times of learning a foreign language, the students develop the so-called *inter-language*, an early form of

Korean language that will be reinforced with time(Borneto 1998, 147). Translation can encourage the process by actively showing the parts the student has to absorb: having the basic knowledge needed to assess the translation properly is requested.

Children's literature can fit many of the needs first-year students may have. Young Korean children begin their language learning by learning the Korean alphabet, the sounds, and how to read the text they are given. The translation here includes very simple text that can be read aloud for pronunciation purposes, as well as initial vocabulary the student may need for everyday basic communication. It is important for the learner to get familiar with the *Korean context* right away in order to shape sensitivity towards the Korean *way of thinking*(Mounin 2006, 135). For example, we can think of the various verbs the Korean language uses to express 'to wear something', depending on the kind of clothing the speaker refers to. Taking a children's tale from an online page of the National Library for Children and Young Adults, displaying a story about a *special hat*. It is interesting how videos can also aid the understanding of the text. With children's stories, the students will be able to slowly practice their learning of *hangeul*, meet the basic vocabulary they may have learned in class, and see the grammar they have observed being put to active use in a simple story.

4.2. Bachelor's Degree Second Year: Translating Dialogues

Regarding the second year of Korean studies, other aspects need to be taken into account. For the first year, what matters most is not being *completely* correct in expressing and delivering concepts but rather finding the tools to begin the communication in a foreign language. For the second year, the level of competence rises and the learners can be introduced to the sociocultural aspects of the text, as well as try to seek *acceptability* for the language they are studying(Bruno 2008, 55). When the student starts gravitating towards a more *intermediate* level of language, some factors come into play, for the teaching process. During the first year, the student, encouraged by the curiosity of learning a new language, has a strong need to approach learning. Yet, in a way, when the basic knowledge is absorbed with success, new significant challenges await the learner for the second year. Learning new grammar and more complex vocabulary, the student could be discouraged by the momentary decrease of knowledge and confidence, as language starts to become stable, a *system*(Borneto 1998, 147). The contact with Korean culture seems to increase during this second year of study, according to the syllabus. Students are brought to have stronger contacts with sociocultural aspects of Korea, which is also in line with the importance of expressing in a foreign language with *cultural sensitivity*(Borneto 1998, 213).

As previously stated, the Korean language is deeply connected to culture(Bruno 2008, 29), making *cultural competence* a prime necessity for a student when speaking and understanding Korean. For this purpose, the best text to translate at this level could be that of *real conversation*. In other words, dialogues seem to be the kind of text best fitting to train the students' *socio-cultural sensitivity*. Real-life dialogues in Korean can give learners the chance to interpret how speakers deliver their intention to communicate, how their speech is organized and much more. One example can be the use of *honorific titles*, which often find no correspondents in the arrival language of the translation. In the case of the Italian language, there is no solution if the titles are not *expanded* to include more terms and words to deliver the same effect(Diadori 2018, 242). However, the target of using translation as an exercise and tool for teaching and learning is not to obtain the perfect translation, which is also not possible itself. With translation, it is aimed for the student to dive into language, establishing stronger links between their knowledge and what they are trained to recall by translating. Therefore, while trying to find correspondents for the *honorific titles*, the learners are asked to reflect on what they could mean, memorizing the meanings by defining the endings of them and what can fit and what may not. On subsequent occasions, when the learners will be subjected to honorifics, they will find in their stored knowledge a reinforced piece of the learned language system. Dialogues are particularly beneficial for the teacher's role to satisfy the needs of the students. For instance, if the teacher knows the students tend to like one specific part of Korean culture more, it will be possible to find text containing dialogue related to the preferred portion. This is crucially important to encourage and keep the interest of the students stable(Borneto 1998, 139). Lastly, for the second year of Korean studies, it seems that the student may be brought to be more involved in everyday conversation in Korean. Optimally, the second year is also considered the right time to take a semester of studying abroad, to work on the knowledge gained during the first year and prepare for the third year.

One fitting example of dialogue translation that is often in line with the students' requests is translating *K-drama* dialogues. To translate *audio-visual* text, it is necessary to know what the text is going to be about the cultural context(Mounin 2006, 121). Since students have been in touch with the language for one year, they can be expected to have a good base knowledge of Korean culture. Despite this, K-drama content offers more than a text written on a page could do for the student who is trying to step up with their knowledge. Audio-visual content gives the chance to witness the speaker's body language and the sounds in the background, which help carry the emotional hue of the conversation(Jung 2021, 156). Translating real-life conversations from K-drama, helps the student to mimic conversations and tones, as well as to find deeper understanding in the language.

4.3. Bachelor's Degree Third Year: Translating Poetry

As for the last year of a Bachelor's degree, the *syllabus* mentions the TOPIK proficiency exam as an additional objective of the three-year course. That is to say, once the student has completed the three years of study, it will be possible for them to have a competence of Korean that is equivalent to that requested to pass the proficiency exam with success. In the last year of studies of the three, we can infer that the students have reached a degree of linguistic independence to practice by themselves. For this reason, the teacher may bring greater challenges for the learners to try to assess.

For this purpose, the text that can suffice for such a need can be Korean *poetic text*. This is because, in the *entropy* of possibilities this challenge of a translation gives(Eco 2016, 111), the students will have the chance to test their actual knowledge of the language in its totality. The poetic text, which contains *rhetorical images,* can train the students to find correspondents as closely as they can to recreate what *supposedly* the text is expressing(Diadori 2012, 223). The *uncertainty* provided by the Korean poetic text(Mounin 2006, 141) allows the students translators to find multiple possible translations that may be acceptable, branching their thoughts into the knowledge they constantly revise during the process. Making things progressively more and more difficult for the students challenges their abilities without negatively influencing their *affection* towards the language, which we can believe is well-established. The learners now appear to be fully able to enter the Korean mentality and approach a kind of text that expresses its aim in a very abstract way(Eco 2016, 67).

5. Conclusions

In the entirety of this paper, the possible applications of translation for the purposes of teaching and learning the Korean language have been widely discussed from different points of view. After giving an introduction on the *modern* circumstances of translation and foreign language teaching as disciplines, a link between the two has been created to bring up translation as a tool for teaching. Various reasons are presented in order to get readers' or listeners' attention before providing actual examples. Gathering information for the *syllabi* of the Bachelor's degree courses of the university, it has been possible to match the teaching objectives of each year to kinds of Korean text that can be translated. There sure are other texts that may be adequate for the objectives, as much as there could be other aspects or abilities to take into consideration for the matter. In the complexity of the discourse, the main goal was to showcase how much translation can be used in so many ways. It appears to be the perfect tool for how *modernity* perceives teaching the language. Yet, perceiving the two subjects as separate, it is important to underline how translation, in this case, is being used only as a tool. It is not requested for the learners to be exact, as the practice solely aims to aid their process of learning, not to demand solutions they may struggle to find. That is why the help of the teacher has been underlined often, hoping for a relationship between students and teacher that can be productive both ways for academic purposes.

Bibliography

Bertazzoli R. 2021. *La Traduzione: Teorie e Metodi*. Roma: Carocci.

Bruno L. A. 2008. *Tradurre dal Coreano: Aspetti Linguistici e Grammaticali*. Roma: La Sapienza Orientale.

Serra Borneto C. 1998. *C'era una Volta il Metodo: Tendenze Attuali Nella Didattica delle Lingue Straniere*. Roma: Carocci.

Eco U. 2016. *Opera Aperta*. Milano: Bompiani.

Diadori P. 2018. *Tradurre: Una Prospettiva Interculturale*. Roma: Carocci.

Jung I. 2021. "Traduzione e Adattamento delle Opere Cinematografiche: Il Doppiaggio in Italiano nel Cinema Coreano." *Quaderno di Semantica: La traduzione Audiovisiva per le Lingue Extraeuropee*. Milano: Hoepli. pp. 154–180.

Mounin G. 2006. *Teoria e Storia della Traduzione*. Torino: Einaudi.

Villarini A. 2021. *Didattica delle Lingue Straniere*. Bologna: Il Mulino.

국립어린이청소년도서관. 봉봉이의 아주 특별한 모자. https://www.nlcy.go.kr/EN/contents/E10302000000.do?schFld=ko&cmd=recom&langCodeType=ko&schM=view&storySeq=360&schStr=.

제5장

Korean Language Learning through Tabletop Role-playing Games in a Digital World[1]

파브리치오 마르쿠치

Fabrizio Marcucci

이탈리아 시에나외국인대학교

Università per Stranieri di Siena

[1] This work was supported by the Seed Program for Korean Studies of the Ministry of Education of the Republic of Korea and the Korean Studies Promotion Service at the Academy of Korean Studies (AKS-2023-INC-2230001).

1. Introduction

Long considered to be a relatively niche hobby, confined to the realm of 'nerds' and aficionados, tabletop role-playing games(*TTRPGs*) have recently entered the cultural mainstream, especially thanks to popular streaming products such as Critical Role and other internet-streamed games. However, TTRPGs have a deceptively long history. While these games, as we now imagine them, only appeared in the 1970s with Gary Gygax and Dave Arneson's enormously successful Dungeons & Dragons, they are based on a much longer tradition of wargames that dates back to at least 18th-century Prussia. These wargames, in turn, were based on chess, which finds its most ancient known progenitor in the 6th-century Indian game Chaturanga(Ewalt 2013). It could be said, however, that role-playing as a concept is not new at all, either. In fact, acting out a role for the purpose of telling a story can arguably be considered a basic human behavior that finds new forms in every human era.

It is important, however, to define exactly what we are talking about here and why we are talking about it. The first part of this paper will focus on what tabletop role-playing games and virtual tabletop role-playing games(*VTTRPGs*) are, what makes them what they are, and what the differences between various types are. The second part will describe existing research on how such games can be used effectively as learning and teaching aids in many fields. The third part will focus on how they could be used within the field of Korean language teaching as tools to make learning more engaging and productive for students while immersing them in the culture.

2. Defining Tabletop Role-playing Games and Virtual Tabletop Role-playing Games

What is a tabletop role-playing game? Many of us are probably familiar with the image of a group of friends around a table, throwing numbered dice and acting out dialogues; fewer, perhaps, are familiar with the phenomenon of people doing so using computer and audio/video technology. It is probably useful, however, to start by having a more precise definition of what tabletop role-playing games generally entail and what sets them apart from other types of role-playing games. One of the most detailed definitions was enunciated by Zagal and Deterding(2018, 19), who describe TTRPGs as consisting in a group of players sitting in the same room at the same time('synchronous and co-located') and enacting together, using the spoken word, the actions of characters within a fictional game world, with each player taking control of one character: the game world is managed by a sort of 'referee', alternatively called a 'game master', 'dungeon master', 'narrator' or other terms, who controls the actions of non-player characters and the environment's reactions to the player characters. Players and referee thus need to collaborate for the game experience to take place. While the bulk of the game consists in conversation and play-acting between players, sometimes props like character sheets, miniatures or maps are used to enhance the playing experience; the kinds of actions that players can take within the game world are only limited by their imagination, and their outcomes are usually decided through a quantitative-probabilistic rule system involving dice or other such tools. The world the action takes place in is usually derived from genre fiction(fantasy, horror, science fiction···) and the story is open-ended, usually being played over multiple sessions; player characters can thus improve session to session via specific systems for progression.

This can be considered a comprehensive description of tabletop role-playing games one plays in person. What, however, are virtual tabletop role-playing games? Obari(2023) suggests that a virtual tabletop—defined as a digital platform that virtually simulates a tabletop for use in role-playing games—needs to have the following characteristics: a shared virtual table visible and interactive for all players— for example, through drawing tools; tokens that players can move, representing their position on the map within the scene; and a dicerolling mechanism or other random number generator to determine the outcomes of each player's actions. Personally, I would argue that not all of this is strictly necessary: the only essential components for successfully engaging in a digital role-playing games are a way for players to communicate with one another(preferably verbally, though text-based digital role-playing games are far from uncommon) and a way to roll dice for games that require it. Even so, not all role-playing games depend on dice rolls, and there are numerous free and convenient dice-rolling websites available online. Video communication is useful but not indispensable. Overall, it is my opinion that the various VTTRPG platforms currently available(among which the most popular is arguably Roll20) certainly do streamline the virtual tabletop role-playing experience and make it easier but are far from a necessity if one wants to play tabletop role-playing games in an online environment.

I am not aware of any research specifically comparing traditional tabletop role-playing games and virtual tabletop role-playing games: considering this, I suggest the pros and cons of virtual tabletop role-playing games be classified as follows.

<Table 1> Possible list of pros and cons of virtual tabletop role-playing games
compared to traditional in-person tabletop roleplaying-games

PROS	CONS
• *Ease of access from anywhere*: while players in a traditional in-person tabletop role-playing game need to be in the same room, playing online has the advantage of allowing persons from potentially anywhere in the world to play together at the same time • *Additional immersivity due to graphics, music, etc.*: while it is possible to have music at a table and props can be a useful tool, in-ear music and graphics selected by the referee can massively help player immersion • *Ease of access to game materials*: having game manuals available online means being able to more easily look up rules and other details for both referee and players	• *Less freedom of physical movement*: even if video technology is used, both referee and players are constrained in their choice of movements in order to portray a character. This can be an issue for those with more "theatrical" playing styles • *Technical issues*: having to use computers and an online connection means that any game can be marred by faulty technology or sudden technical failures • *Lack of human contact*: virtual communication between players is necessarily more 'distant' compared to being in the same room. While I have found that some players are helped by this factor in their immersion, some may find it counterproductive or even unpleasant

It must be noted, additionally, that the fact that a tabletop role-playing game can be successfully played through an internet connection without the players being present in the same room goes against the definition given by Zagal and Deterding(2018)—in such a case, the interactions are indeed synchronous, but not co-located. While this does not undermine the definition's overall validity for virtual tabletop role-playing games, it does probably highlight the fact that they have become a mainstream phenomenon in the role-playing world only recently due to the consequences of the COVID-19 pandemic and the many quarantines and lockdowns that followed—Roll20, one of the biggest VTT platforms available online, reported a more than doubled userbase in less than two years, from March 2020 to February 2022(Meehan 2022).

3. Role-playing Games as Educational Tools

The fact itself that games can be used as a form of learning as well as pure entertainment is not necessarily new; as Bowman(2014) illustrates, the games humans play as children—but this is definitely not just a human phenomenon—have an evolutionary purpose as well in forming an identity and in learning and practicing skills that will come in handy as they grow up, and this is a field that is increasingly being explored within academia as well in the last few decades:

Bowman cites researchers suggesting that role-playing games can be beneficial in teaching subjects that range from social studies to history, religion, government, economics, secondary language acquisition, literature, science and math, and even 'soft skills' such as customer service, public speaking, team work and leadership, and states that the benefits of educational role-playing games can affect multiple learning dimensions(cognitive, affective and behavioral), improving areas of student performance in a very wide range that goes from critical ethical reasoning to intrinsic motivation, self-efficacy, active engagement and social skills. While the vast majority of the extant research is concerned with *edu-larp* (that is, educational live-action role-playing games) it could be potentially be applied to virtual tabletop role-playing games as well due to the fundamental commonalities between the two forms; Daniau(2016) notes that the prospect of edu-TRPG (that is, educational tabletop role-playing games) appears quite promising both for learning and for personal development. Indeed, finding out how and to what degree the paradigms of *edu-larp* apply to educational tabletop role-playing games is a research question that, in my opinion, merits further attention.

But why would role-playing games be beneficial as an educational tool? Hammer et al.(2018) list several compelling reasons why this could be the case:

Portraying a character

- *Perspective-taking*: 'Defined as the appreciation for and understanding of others' perspectives and points of view', which is what any role-playing game asks its players to do with the characters they portray. Quite often, this character is radically different from the lived experience of the player because of their different abilities, different personalities, or different times. Perspective-taking increases empathy and altruism, decreases reliance on stereotypes, and can be used to deepen one's knowledge about specific topics portrayed in the game.
- *Experience-taking*: That is, the feeling that what happened to the characters in the game happened to the players themselves, in a form of simulation of a character's subjectivity that is often defined as 'immersion.' Among other things, this can help see the world in other, new ways, help instill fresh perspectives, and allow players to improve their mental models by engaging with situations where those models do not accurately represent the real world.
- *Vicarious experience*: The experiences people have in the game do not necessarily need to align with those they are capable of having in real life—in fact, most of

the time, they do not. They are experiences with no real-world consequences. However, they still feel like they happened, thus becoming part of the player's intellectual and emotional history, and they can be built on to construct new knowledge.

Manipulating a fictional world

- *Theory crafting and experimentation*: In order to affect the game world in any way, participants must develop a personal understanding of how the game world works, figure out how they can affect it, predict the consequences of their actions, and then compare it with the actual results. This is broadly similar to the scientific method and can be a powerful way to build knowledge.
- *Authentic simulation*: On the practical side, instead of the theoretical side of theory crafting, the players are learning concrete things while playing and develop better mental representations of real-world systems and dynamics as they understand how their actions affect the fictional world, as long as this made-up world feels authentic.
- *Situated motivational affordances*: A lot of the player's pleasure in playing a role-playing game lies in the ability to affect the game world, and designing opportunities to engage in learning behaviors in order to affect events within the game's frame can provide powerful motivation to learn new things.

Altered sense of reality

- *Narrative immersion*: Established psychological theories state that when people are highly immersed in a fictional world, their pre-existing associations (e.g. attitudes, beliefs, etc.) are temporarily deactivated; this can provide the opportunity to acquire new mindsets, new strategies, and new knowledge from characters and situations in the game, avoiding functional fixedness and other impediments to learning.
- *Ethical thinking*: It is an important skill for dealing with complex social problems that require learners to consider various viewpoints and make judgments based on them. Making complex ethical choices within the game that clearly affect the fictional world is an important aspect of feeling immersed in the roleplay. It can help the narrative feel more affecting and more relevant to the players, thus increasing motivation.

• *Safe high-pressure situations*: While ethical thinking is a way to increase the stakes, immersion can also be used to decrease the stakes—many forms of emergency training, for example, use role-playing as a way to put into practice a participant's knowledge without any possibility for truly negative consequences (the internal stakes of the game may be high, but the external stakes are low, so players can learn effectively and try out new ways to solve problems without any fear).

Shared imagination

• *Social learning skills*: Role-playing games are, by their own definition, social games, where players need to collaborate with one another in order to affect the game world. This acts as a way to learn how to work with others and develops social learning skills that can be fundamental in many other areas of one's educational and working life.

• *Role-switching*: It is not only necessary to embody a character during a role-playing game but also to take a role within a group of players, sometimes (but not always) based on the character's role—and these new roles for the players can more easily lead to learning, for example in the case of a shy person becoming the group leader.

• *Communities of practice*: It is common for role-players to adopt a series of social norms linked to the game that they are playing. If these social norms are based on the norms of the community engaged in studying a specific discipline (for example, the academic modus operandi of historians), this can be a powerful way for players to learn how to participate in the said discipline, especially if more expert practitioners are there to guide them.

Hyltoft(2010), founder and former co-principal of Østerskov Efterskole, a Danish high school whose curriculum is based on live-action role-playing games as the primary teaching method, presents his own reasons, among which:

• *Distraction*: While studying, it is often easy to be caught up in all the other things going on in our lives, especially if the subject or the material is not particularly engaging to begin with. By providing a lively distraction from all these other things, role-playing can work to engage the student's concentration on the subject instead.

- *Freedom through role*: The fact that every participant is playing a role means that the usual social mechanisms at play are changed. This can improve communication and lead even shy or more reluctant students to greater participation through reduced anxiety and higher spontaneity.
- *Immersion to concentration*: If role-playing is engaging enough, being immersed in a character means more effortless concentration on the subject matter.
- *Character motivation*: By playing a character role, the student gains internal motivation, new priorities, and goals they would not have otherwise. The author notes that 'most 15-year-olds have no use for nuclear theory, but secret agents in the later part of World War 2 will memorize it gleefully.'
- *Narrative motivation*: When the storyline of a role-playing game is engaging, the participants will want to be part of it and will make an effort to do so – and when the subject matter is exactly what they need in order to act in their narrative setting, they will be much more motivated to learn it and use it well.
- *Student activity levels*: In order to participate in the role-playing activity, the student needs to have a much higher activity level compared to a standard classroom environment, and in this way, the student is able to take charge and build their own knowledge.
- *Student empowerment*: In a role-playing game, participants are given the freedom to act within the limits of the character and receive the consequences of their actions. This power acts as a strong motivation for the students' actions: if their choices are taken seriously, they are more likely to invest effort in absorbing the knowledge that will allow them to succeed.

It should be noted that Hyltoft writes from the point of view of a specific high school whose entire model is based on instruction through educational role-playing games. Still, no such exclusivity should be assumed in a typical university setting. In fact, Daniau(2016) observes that tabletop role-playing games as a learning tool are a much better fit for more flexible educational systems, and I would argue that using them as an occasional addition to more traditional learning methods instead of as a replacement for them may make their usefulness even more marked.

Balzer(2011) posits that role-playing games are so effective as didactic tools because they work as a sort of 'plunge' into another world, an alternate reality agreed upon by the players that she defines as a 'surplus reality.' This surplus reality is created as a form of social construction and is distinguished from reality on four levels:

- *Temporally*: The surplus reality has a definite start and a definite end.
- *Spatially*: There is a distinction between the space where the surplus reality exists and the one in which it doesn't.
- *Topically*: The surplus reality is distinguished from ordinary reality by a shift in its content or focus.
- *Socially*: Most evidently, the surplus reality is based on a distinction between the real person and the character that the person plays in the game.

This alternate reality allows those who participate in it to experience a real or realistic subject matter by way of a simulation, a sort of 'as if,' and through this simulation, a 'space of reality and possibility' is developed, in which scenarios that can be more fantastical or more realistic can be represented. This means that abstract matters can be represented in a way that can be experienced, a process through which both cognition and emotion are addressed, which helps the participants to remember and reflect on the subjects and situations being played. The author mentions that 'by being actively engaged in situations, participants can autonomously learn from experience—what Dewey described as "learning by doing."' This is because these situations become subjectively meaningful to the player, and they take place in a safe environment in which participants can deal with a subject without their actions having the usual consequences, allowing them to also experiment with new strategies. In order for this to happen, Balzer states that the surplus reality needs to be conceived as a deliberate reduction of complexity by limiting it to certain specifics and setting aside everything not immediately relevant in order to simplify the participant's experience in dealing with difficult subjects. Despite this, 'the diversity and complexity of situations is also being increased by introducing new options and perspectives through the active participation in the simulation.'

It has also been stated that, in order to be useful as a learning experience, a role-playing game needs to have specific characteristics. As Hoge(2013) observes:

- *Participants learn when they are wholeheartedly engaged*: The adventure must be designed to have a dynamic, motivating plot, with great tragedy or grave consequences happening in case the players do not act swiftly. Referees should make the situation more personal for the players by convincingly roleplaying characters in need of the players' aid and by tying the story into the personal history of the player characters. In short, each player should feel like their presence matters.

- *Participants learn when they have frequent, impactful decision-making opportunities*: Referees should start by having a project for how the adventure should proceed, but they must be flexible enough to allow the players' decisions to influence it—only this way can the players realize the weight of their choices, and consequently receive a real sense of personal empowerment. As Hoge puts it, in agreement with Balzer(2011), 'players learn by experiencing the in-game consequences of their decisions while feeling safe to experiment, explore, and make poor decisions without real-world negative consequences. When a poor decision affects the storyline negatively, the players experience the effects and learn from mistakes without any real-world consequences.'

- *Participants learn when faced with diverse, tough challenges*: Having to make an effort to solve the problems faced through the game's story and possibly making mistakes is a huge boost to learning. In fact, the negative consequences of mistakes made during play can add to the narrative's drama and make it even more engaging—and thus more useful for learning.

- *Participants learn when supported by a physically and emotionally safe environment*: While physical safety should be more or less a given in a tabletop environment, where—unlike with LARP—players are very unlikely to get into actual physical altercations, however playful they may be, emotional safety remains a paramount factor in a successful tabletop role-playing session, and doubly so in the case of educational role-playing. Players need to feel allowed to express themselves fully while respecting all other participants and being respected in turn; bullying, judgment, and unresolved conflicts are liable to stifle players' imagination and agency and raise stress levels, reducing the effectiveness of the learning process. Safe behavior must be mutually agreed upon in advance, and conflicts need to be solved sensitively and effectively.

4. Role-playing Games as Tools to Teach and Learn Languages

Having established in the previous section the reasons why and how playing tabletop role-playing games can be useful in an educational setting, we now proceed to discuss how this information is relevant to language learning in particular.

One of the most relevant characteristics of role-playing games is that they are played verbally, at least in their standard form, and that the focus is always on communication(Rocha 2018). Additionally, these games are very suitable for task-based language learning (Torres-Rodríguez et al. 2022), defined by Richards and Rodgers(2001) as 'tasks that involve real communication in which language is used for carrying out meaningful activities that promote learning.' In a sense, while playing a TTRPG, the students may be able to learn the language by using it in a (fictional) situation that forces them to put their language skills into practice in order to achieve a certain result, a result which can be easily calibrated by the teacher in order to meet educational objectives. These tasks, given the nature of the interactions that are likely to happen within a standard tabletop role-playing game, can be considered to belong to the activation category as described by Nunan (2004) rather than the rehearsal tasks that would be more common in a standard classroom roleplay setting, by having, for example, students practice dialogues typical of daily interactions that they are likely to encounter in a real-life setting.

The fact that the players have an incomplete command of the language being used within the game is an important factor to consider, arguably making it necessary to have more guidance on the part of the game master and/or the teacher compared to a standard tabletop session, which tends to be rather free-form and spontaneous. On the other hand, the fact that TTRPGs are inherently a high-output activity and students are somewhat 'forced' to use what language they have in order to achieve communicative goals that are usually far outside of what would be expected in a typical classroom setting means that a role-playing game session can be a powerful way to allow student output to carry out what Swain(1995) defined as the 'hypothesis-testing' function: by testing the limits of their language and trying out structures and words that they do not fully understand yet, students are able to negotiate meaning among themselves and with the game master and/or teacher and, either through direct or indirect feedback, adjust and improve their interlanguage in a manner that would have been much harder to achieve with input alone, in a process that also creates opportunities for scaffolding during communication among the students and with the game master and/or teacher. Additionally, according to Swain, 'evidence supports the hypothesis that output can stimulate noticing; it raises learners' awareness of gaps in their knowledge; in short, it plays a consciousness-raising role. Furthermore, noticing can trigger cognitive processes that have been implicated in second language learning; cognitive processes that generate linguistic knowledge that is new for learners, or that consolidate their existing knowledge.'

Because they are by their own nature based on spontaneous interaction between players and a game master, playing role-playing games also seems like a particularly suitable way to develop what Kramsch(1986) defines as 'interactional competence,' which includes negotiating intended meanings, anticipating responses, and possible misunderstandings, clarifying intentions and reaching the closest possible match between intended, perceived and anticipated meanings, by establishing a constant relationship between sender, receiver, and context of the situation.

It would be both possible to work with the language the students already know or to specifically practice words, structures, and functions that have been introduced in a preceding lesson or workshop: one potential way to put this latter option into practice would be to use the six-step procedure proposed by Nunan (2004) for task-based language learning as follows:

- *Step 1*: Schema Building–introduces the topic, sets the context, and teaches key vocabulary (e.g. keywords, concepts, etc.).
- *Step 2*: Controlled Practice–provides structured practice using target vocabulary, structures, and functions (e.g. asks students to read or listen to a relevant conversation and then creates variations on it).
- *Step 3*: Authentic Listening Practice–exposes students to real-world language use through intensive listening practice.
- *Step 4*: Focus on Linguistic Elements–analyzes specific linguistic features in context (grammar, syntax, phonetics, intonation, etc.).
- *Step 5*: Providing Freer Practice–encourages more spontaneous language use (e.g. role plays) while engaging in the negotiation of meaning, which aids language acquisition.
- *Step 6*: Introducing the Pedagogical Task–applies skills to a comprehensive, real-world task.

Given that roleplaying can be considered a task type in itself, according to Pattison(1987), it would be entirely possible to merge the last two steps in order to provide the students with a fully-fledged TTRPG session which would allow them to make use of what they have learned in the previous steps. As a bonus, such a setup has the additional advantage of taking the best of both explicit and implicit instruction, as detailed by Kim(2021): while explicit instruction is more effective in order to understand complex grammatical features, for example, implicit knowledge is necessary in order to spontaneously and rapidly produce language for communicative purposes, both of these necessary steps in any language learning process.

5. Role-playing Games as Tools to Teach and Learn Korean

After describing the theoretical framework that is relevant to our goal of teaching and learning Korean through role-playing games, all that remains is to decide how to put this into practice. In theory, it would be possible to use any existing role-playing game regardless of genre and mechanics in order to practice and learn Korean: all of them, by definition, are played through interaction and communication, and they could thus prove useful for our language learning goals. That said, existing research has extensively discussed the role of direct and indirect cultural contact in language learning, and Lee(2018) specifically studied the relationship between learners of KFL(Korean as a foreign language) and Korean popular culture and media, finding that enjoying products of the 'Korean wave' can not only markedly enhance motivation for learning the language, but also become a stepping stone for contact with the real community of speakers, especially in a situation—as is arguably the case for most students who learn the language in a European context—where using Korean is not necessarily an important part of anyone's daily life unless they actively seek out occasions to use the language and get in contact with the culture, an issue that can negatively affect motivation. Additionally, considering that enjoyment of Korean popular culture appears nowadays to be a major factor in motivating students to learn the Korean language at all levels in the West, it could be argued that these students' ideal L2 selves, as defined by Dörnyei(2005), that is the L2-specific facet of one's ideal self or the version of one's self who speaks the kind of L2 that one wants, have been more or less extensively shaped by their exposition to the type of language that is used in Korean media such as movies, dramas and TV shows: spending time with a learning activity that will allow them to produce this kind of language firsthand, such as a role-playing game strongly based on the aforementioned media, could prove to be a great boost to learning motivation thanks to what Lee(2018) describes as 'the learner [desiring] to reduce the discrepancy between their actual and ideal L2 selves.' Feeling like they are being immersed in their favorite media may also make the situations presented in the game feel more interesting and more 'emotionally charged' to the students, which can encourage interaction between players and thus learning(Phillips 1994).

We are then left with two different choices if we want to play a game that could be suitable for our goals: we can either make a new one or play an existing one in a genre and/or theme that would be relevant for Korean culture. Making a new role-playing game, as Hammer et al.(2018) suggest, is a very good way to 'learn by making', according to constructionist learning theory. Indeed, role-playing games are stated to be a very good fit for this, as their creation requires many different skills and, at the same time, very little specific knowledge and materials. It is possible to make a new game from scratch, which allows learners more creative freedom and incorporates a wider variety of skills, but it is also more time-and labor-consuming. It is also possible to alternatively use the modding approach, that is, to design modifications to already existing games in order to bring them closer to our learning needs with regard to setting, rules, etc., for example, by taking an existing system and applying it to a new scenario of our own making. The authors state that making a game can also be critical practice, in the sense that during the creation process, learners can reflect on and examine critically what they are expressing with their game and what changes might more accurately express their ideas on identity, social roles, social systems, and other issues.

At the time of writing this, there do not seem to be any mainstream role-playing games based on contemporary Korean culture: a few exist based on or featuring historical or historical-fantasy versions of Korea (among which *7th Sea: Khitai or Sageuk!*), but the higher effort required to learn about the setting and the more complex rule sets may shift focus away from the language learning as well as making the game less immediately immersive, especially for newer players who are unused to the format. Considering this, I believe that the most practical choice would be to adapt an existing game to serve our purposes better. I will give an example of adapting the game Pasión de las Pasiones to show how this could be done.

Pasión de las Pasiones is a role-playing game written by Brandon Leon-Gambetta, whose original concept is based on Latin American telenovelas, which are a type of serialized television drama characterized by its melodramatic and often romantic storylines, which feature intricate plots with shocking twists and intense emotional conflicts; they often explore themes of love, betrayal, family, and social issues, appealing to a wide audience with their engaging and relatable narratives, often based on specific clichés of the genre. In order to play the game, players have to choose one in a series of pre-defined character archetypes that are taken from typical telenovela clichés(the beautiful but poor girl, the passionate young man, the manipulative older woman, the best friend⋯). Every character type has specific aims in the game and specific characteristics and conditions that can influence the types of actions they can take within the game and their results; every character also has access to several basic abilities (named 'moves') that are used in order to actively influence the flow of play and introduce unexpected twists in the narrative, such as 'Act with desperation,' 'Accuse someone of lying,' 'Demand what you deserve,' 'Express your love passionately,' 'Spot something out of place' and so on. Players are not limited to using these moves while playing: they are only meant to be used at specific times in order to take drastic action, but characters are otherwise allowed to act and speak in any way they see fit in order to bring forward the narrative. As befits a game that is based on highly dramatic TV serials, characters may occasionally also choose to introduce 'flashbacks' into the game detailing hidden truths or even previous preparations that can influence the current scene or even turn it upside-down; additionally, every character—depending on their archetype—has a specific 'meltdown' condition, which when fulfilled forces the character to act on their tragic flaw, usually with very dramatic consequences for all involved.

This game has several positive characteristics that I believe would make it an ideal choice as a way to practice and learn the Korean language:

- *Ease of use*: The mechanics of the game are purposefully designed to be simple and approachable for new players, and the game's highly narrative nature helps avoid the pitfall of getting bogged down in mathematical details and may also prove helpful for the game master and the players to concentrate on the parts of play that are more conducive to learning.
- *Ease of adaptability*: I would argue that the telenovelas that this game is based on are not too dissimilar at the most basic level from many mainstream Korean dramas, which are often based on familiar character tropes and storylines: this makes it extremely easy to adapt the existing game to represent a K-drama storyline with relatively few modifications.
- *Ease of virtualization*: Unlike other games that are more focused on combat and action, Pasión has little need for specific items (such as maps, tokens, or their virtual equivalent) in order to be successfully played; this makes it much easier to set up online without needing specific virtual tabletop platforms, with all that this entails in terms of ease of access from geographically distant locations and higher potential for immersivity thanks to music and other multimedia content.

- *High player involvement*: Compared to many other role-playing games, players have a high amount of agency in the game world and on the events; this can help keep students involved and immersed in the game, which has positive effects on the learning process.

It may be a good idea to involve students in the adaptation process as well. By allowing them to collaborate in choosing the types of storylines and characters that are more interesting to them, the process can also become a critical practice, as detailed by Hammer et al.(2018), and a chance to reflect on the sides of Korean culture that are expressed through its popular media. As an example, given that the basic character archetypes are explicitly based on Latin American telenovelas, it would be more beneficial to adapt them to a specifically Korean setting: this is made easier by Korean popular media's above-mentioned tendency to often reuse character types. A sample roster may look like this:

- *The Chaebol Heir/Heiress*: A wealthy and often arrogant young heir or heiress to a large conglomerate. They usually have a cold exterior due to family pressures but undergo significant character development through their romantic and personal journeys.
- *The Candy Girl*: A sweet, hardworking, and optimistic young woman who faces many hardships but remains resilient. She often wins the hearts of those around her.
- *The Tough Guy with a Soft Heart*: A male character who appears rough and unapproachable on the outside but is actually very caring and protective, especially towards the female lead.
- *The Rich Villain*: A wealthy, powerful, and usually older character who uses their influence for selfish or malicious purposes. They often serve as the main antagonist in the drama.
- *The Protective Older Brother/Best Friend*: A character who is deeply protective and supportive of the lead, often providing emotional support and guidance. They can be a sibling or a close friend.
- *The Eccentric Genius*: A extremely talented and intelligent character with quirky or unconventional behavior. They often have difficulty relating to others but possess a unique charm.

• *The Lovable Rogue*: A charming and somewhat morally ambiguous character who uses their wits to navigate difficult situations. They often have a heart of gold beneath their roguish exterior.

Each character type would get its own sheet with characteristics, moves, and conditions, that can be adapted (perhaps in collaboration with the students) from character sheets in the original game; each character should also be given a name and some personality traits and motivations that will help portray them, in addition to background relationships between them.

The teacher would choose a task to serve as the foundation for the final activity, which involves one or two TTRPG scenes in which the students will participate. Ideally, this task should align with the proposed format and theme. For example, a scenario might involve the main character and her friend gaining entry into a big company's building through a clever ruse, with the goal of reaching the male heir—and love interest's—office and confront him. This type of scene effectively combines the problem-solving and decision-making tasks, as outlined by Richards(2001), while also enabling interaction among multiple characters. Having chosen a task, the six-step procedure proposed by Nunan(2004) would be followed, introducing the theme of the task/scene to the students and then presenting relevant vocabulary and structures: in this case, it could be architectural terms used to describe buildings and their structure and words that are relevant in an office—words for rooms and company roles, for example—but also grammar and applicable honorifics to be used among co-workers and/or in a professional setting. After the controlled practice set, authentic listening practice may be provided through thematically relevant clips from Korean movies or TV series: indeed, having already dealt with honorifics in one of the previous steps, Brown(2010) argues that this kind of media is an optimal way for learners to acquire input that presents entirely natural examples of this feature of the Korean language, a feature that is in his opinion very often treated ideologically or otherwise inauthentically in many existing textbooks, thus proving an obstacle to its learning. These clips would later be analyzed by the teacher together with the students in order to foster a better understanding of the words and structures taught in the first and second steps; it is only at this point that the actual tabletop role-playing session begins, with students choosing one character each among the ones that appear in the scene and playing through the scenario, which would be led either by the teacher acting as a game-master or by a Korean-speaking game master assisted by the teacher. In either case, the teacher's presence would be necessary in order to provide the necessary corrections and answers and make the learning process smoother and more effective. The gaming session could be followed by a post-session workshop, which might include a deeper analysis of the students' utterances during play in order to reinforce their learning. As Wolfe, quoted by Crookall(2011), suggests this would enable participants to share their insights and solidify what they have learned not only from their own experiences but also through exchanges with others who shared the same activity.

While this blueprint accounts for small groups of students, where one student takes control of one character, there have been successful attempts at making learning through TTRPG available to a higher number of students by taking control of one character into a group activity, wherein more than one student worked together to decide what one character would say or do(Torres-Rodríguez et al. 2022); while such a setup would probably lead to each student getting a lower amount of personal output in within the role-playing game itself, being able to openly discuss among students in order to decide what to do next may lead to more opportunities for scaffolding and linguistic analysis.

6. Conclusion

The specific setup discussed here for using TTRPG in order to practice and learn Korean has not been the subject of field research; however, other attempts at using TTRPG specifically for English language learning(Phillips 1994; Rocha 2018; Torres-Rodríguez et al. 2022) have proved to have encouraging enough results—despite the relatively small sample size—to warrant in my opinion further research on the matter.

The role of the teacher within the context of educational role-playing games is also an aspect that could be researched further: for example, should the teacher be the one to take on the role of game master or should they rely on an experienced game master to lead the game as they assist the students from the sidelines with the purely educational details and by leading the pre-session steps and post-session workshop, as discussed above? One of the problems, as Prager(2019) notes, is that many teachers are unfamiliar with this type of games, very often never having been exposed to them, and it would be possibly very difficult to expect these teachers to successfully meld tabletop role-playing games into the curriculum without any outside collaboration; another problem is that TTRPG can be demanding on a teacher, requiring skills in storytelling and knowledge of game mechanics in addition to being well-versed in current pop culture(Torres-Rodríguez et al. 2022). This, coupled with the extra work necessary, may prove to be a barrier to widespread implementation in the absence of willing (and able) external collaborators. Additionally, it must be noted that the role-playing world appears to have been only very marginally affected by the Hallyu phenomenon so far. There seems to be little overlap between the audience for Korean cultural and media products and that for role-playing games of any type, which may be an additional hurdle to finding materials, collaborators, and helpers.

Despite the potential problems, I believe that this could be a promising field of research, made all the more relevant by the ever-growing popularity of Korean media abroad, which would make finding materials to implement in such a task-based framework easier and more productive, both on the movie/drama side and on the TTRPG one.

Bibliography

Balzer, M. 2011. "Immersion as a Prerequisite of the Didactical Role-Playing." *International Journal of Role-Playing*. 2. pp. 32–43.

Bowman, S.L. 2014. "Educational Live Action Role-playing Games: A Secondary Literature Review." *The Wyrd Con Companion Book*. pp. 112–131.

Brown, L. 2010. "Questions of Appropriateness and Authenticity in the Representation of Korean Honorifics in Textbooks for Second Language Learners." *Language, Culture and Curriculum*. 23(1). pp. 35–50.

Crookall, D. 2011. "Serious Games, Debriefing, and Simulation/Gaming as a Discipline." *Simulation & Gaming*. 41. pp. 898–920.

Dörnyei, Z. 2005. *The Psychology of the Language Learner: Individual Differences in Second Language Acquisition*. Lawrence Erlbaum Associates Publishers.

Daniau, S. 2016. "The Transformative Potential of Role-Playing Games: From Play Skills to Human Skills." *Simulation & Gaming*. 47. pp. 423–444.

Ewalt, D. M. 2013. *Of Dice and Men: The Story of Dungeons & Dragons and The People Who Play It*. New York: Scriber.

Hammer, J., To, A., Schrier, K., Bowman, S. & Kaufman, G. 2018. "Learning and Role-Playing Games." *Role Playing Game Studies*. edited by J. P. Zagal and S. Deterding. Transmedia Foundations. New York: Routledge. pp. 283–299

Hoge, M. 2013. "Experiential Learning for Youth Through Larps and RPGs." *The Wyrd Con Companion Book*. pp. 48–51.

Hyltoft, M. 2010. "Four Reasons Why Edu-Larp Works." *LARP: Einblicke, Aufsatzsammlung zum Mittelpunkt*. edited by K.Dombrowski. Zauberfeder Verlag. Braunschweig. pp. 43–58.

Kim, H. 2021. "Second language acquisition and its implications for teaching Korean." In *Teaching Korean as a Foreign Language*. edited by Y.Yu Cho. Routledge.

Kramsch, K. 1986. "From Language Proficiency to Interactional Competence." *The Modern Language Journal*. 70(4). pp. 366–372.

Lee, I. 2018. "Effects of Contact with Korean Popular Culture on KFL Learners' Motivation." *The Korean Language in America*. 22(1). pp. 25–45.

Meehan, A. 2022. "Roll20's Userbase Has Doubled since 2020, More than 10 Million People Join Online RPG Platform." Accessed February 28, 2024. https://www.dicebreaker.com/companies/roll20/news/roll20-userbase-doubles.

Nunan, D. 2004. *Task-based Language Teaching*. Cambridge University Press.

Obari, D. 2023. "What Is a Virtual Tabletop(VTT) and How Does it Work." Accessed February 28, 2024. https://www.makeuseof.com/what-is-virtual-tabletop-how-it-works/.

Pattison, P. 1987. *Developing Communication Skills*. Cambridge University Press.

Phillips, B. D. 1994. "Roleplaying Games in the English as a Foreign Language Classroom." *Proceedings of the Tenth National Conference on English Teaching and Learning in the Republic of China.*

Prager, R. 2019. "Exploring The Use of Role-playing Games in Education." *Master of Teaching Research Journal.* 2.

Richards, J, C. 2001. *Curriculum Development in Language Teaching.* Cambridge University Press.

Richards, J. C. & Rodgers, T. S. 2001. *Approaches and Methods in Language Teaching.* Cambridge University Press.

Quevedo da Rocha, F. 2018. "Roll a D6: A Role-playing Game-based Approach to the EFL Classroom." *Brazilian English Language Teaching Journal.* 9(2). pp. 535–546.

Swain, M. 1995. "Three Functions of Output in Second Language Learning." *Principles and Practice in Applied Linguistics: Papers in honour of H. G. Widdowson.* edited by J. Cook and B. Seidlhofer. Oxford University Press.

Torres-Rodríguez, F. A. & Martínez-Granada, L. 2022. "Speaking in Worlds of Adventure: Tabletop Roleplaying Games within the EFL Classroom." *HOW.* 29(1).

Zagal, J. P. & Deterding, C. S. 2018. "Definitions of Role-Playing Games." In *Role Playing Game Studies: Transmedia Foundations.* edited by J. P. Zagal and C. S. Deterding. New York: Routledge. pp. 19–52.

The Publishing Industry in South Korea:

Digital Education

키아라 팔룸보
Chiara Palumbo
이탈리아 시에나외국인대학교
Università per Stranieri di Siena

1. Introduction

1.1. An Innate Passion for Books and Studying

The Land of Morning Calm has had a close link with books and studying since ancient times. School education boasts 1500 years of history, beginning during the establishment of the National Confucian Academy in the Goguryeo Kingdom(37 BCE–668 CE). This passion for books was a natural consequence of their dedication to studying, a habit cultivated in all levels of the population: in the past, even rulers used to spend time reading and studying, and even when they died, they were buried together with the Confucius texts so that they could continue their education in their afterlife(De Benedittis 2018, 16). Even the name of Confucius, which in Korean is called 공자(Kongja) or 공부자(Kongbuja), echoes in the word 'study,' which in Korean is said 공부(*kongbu*).

This interest in studying enabled the country's recent rapid development: Korean parents prioritize the education of their children above all else and are willing to make significant sacrifices for it. This is particularly evident in neologisms like *mettugi-kajok,* or 'grasshopper family', which refers to families moving in search of the best schools(Jung 2019, 362), and *penguin-jok,* families living separately for the education of their children: if a father is rich and can afford to travel to visit his family, he is referred to as *toksuri-jok*. On the other hand, a father who, like a penguin, cannot *fly* to his family abroad due to economic problems is called *penguin-jok*. In many cases, the father remains in Korea and sends money to the family living abroad(Jung 2019, 357). Nowadays, education has become a priority for South Koreans: it was calculated that parents invest 20% of the family budget in hagwon, i.e., very expensive private schools necessary to make students more competitive and prepared than others. In South Korea, education has become as important as the model of the car you drive or the size of your apartment. Knowledge and know-how are the foundations on which South Korea will develop itself in the 21st century because only a country capable of competing intellectually can become a world power in the future. This commitment to education has ancient roots, and it can be seen even in the Joseon era(1392~1910), when state exams called *gwageo* were held, which represented the highest level of education, and in which the writing skills and knowledge of Chinese classics were tested. Once people passed the exam, they could access the highest levels of society.

As proof that books and culture have always been important to this country, Korea was one of the first nations to use mobile printing, even before the West, and the first to inaugurate a publishing field focused on digital. Today, in modern times, the interest in culture, books, and publishing is still tangible.

Knowledge and learning are the foundations of the Land of the Morning Calm: a country that competes intellectually can become a world power in the future. The present study aims to highlight the bond between the publishing industry and the education field in South Korea, with a focus on the digital publishing industry, which nowadays allows students to learn through digital platforms and e-books.

In the first part, the paper analyzes how the publishing industry has developed in the past decades, from the 1990s to the current time, taking into account the most involved organizations of the industry, such as the KPIPA(Korea Publication Industry Promotion Agency), the LTI Korea(Literature Translation Institute of Korea), the KPA(Korean Publishers Association), and KEPA(Korea Electronic Publishing Association). These organizations encourage the publication of books and contribute to the creation of an intellectual community.

The second part describes how the high competitiveness and strong education system of South Korea have led to a cutting-edge education sector that will introduce the AI Digital Textbook Promotion Plan(also referred to as 'the Plan'), starting in 2025. According to the Plan, as the third part examines, AI-embedded digital textbooks will be included in South Korean classes. The study provides evidence and examples of the use of artificial intelligence to realize a personalized education model aimed at maximizing students' capabilities.

Hence, in a future-oriented world where students will think about a 'book' as a digital book rather than a paper one, the collaboration between textbook publishing companies and edu-tech firms is necessary. Therefore, the South Korean government is facilitating partnerships between traditional textbook publishers and edu-tech firms to create a hybrid education model where the best features of online education and offline classes are optimized to deliver the best teaching and learning experiences for teachers and students.

Finally, the present research shows that both the publishing and education fields need to strike a balance between paper and digital book models. Both models play a crucial role in student learning and development, and they cannot be interchangeable.

2. The Publishing Industry

2.1. The Organizations of the Publishing Field

Nowadays, some organizations encourage book publishing and inspire writing, contributing to the development of editorial culture. Two of the four main organizations working to spread Korean literature and culture within and outside the country are KPIPA(Korea Publication Industry Promotion Agency) and LTI Korea(Literature Translation Institute of Korea), which are both government organizations. The other two are KPA(Korean Publishers Association) and KEPA(Korea Electronic Publishing Association), which are private.

2.2. The Publishing Field Today

According to the KEPA's report of 2014, the e-book publishing industry started in 1992. Most e-books were available at the time mainly on computers, which made these electronic books poor in content and not so considered for a relaxing reading. The first changes were seen in 2011 when technologies began to develop. Since then, the digital publishing industry in Korea has been developing through continuous transformations for the past decade. Many digital publishing start-ups have joined the industry, and suppliers such as Kyobo, Yes24, Barobook, and Ridibooks are increasingly flourishing. Plus, in addition to converting existing books to e-books, publishers also tried to change the distribution of new books by releasing them simultaneously in print and e-book formats, so that different ways of consuming content and communication based on laptops, mobile devices, and tablet PCs have also taken root. This has led to an increase in the usage of e-book platforms and the rapid spread of e-book consumption. An example of this innovation is the webtoons. Unfortunately, as said by the article "Today and Future of Korean Digital Publishing," in the KPIPA web magazine *K-book Trends*(vol. 72), the result of this usage is that small and medium-sized publishers or single-person publishing houses that produce in small batches, saw their sales decline, and many of their creators moved to larger publishing houses with more capital, causing them to struggle with the supply of content. In the last few years, small publishers have been absorbed by larger publishers or closed their doors due to business difficulties. As a result, the digital publishing market is now dominated by medium and large paperback-based publishers and large e-book platforms such as Kyobo Books, Aladdin, Yes24, Ridibooks, Kakao, and Naver, and this trend is likely to continue in the future.

Nowadays, textbooks published in plain text tend to be difficult for students to consume, which results in trouble retaining information. Hence, in the last years, publishers have embraced newer interactive forms of content: animations, videos, 3D images, and data visualization tools that create impactful and interactive content.

Regarding new interactive forms of content, in the following chapters, a deeper analysis will be made about the utilization of the e-book market and artificial intelligence(AI) in schools.

3. Digital Education

3.1. The Impact of COVID-19 on Education in South Korea

The COVID-19 pandemic in 2020 has brought unprecedented challenges and significant changes to the digital publishing industry and the education system in South Korea. With schools forced to close and students confined to their homes, there has been a rapid shift towards digital education. Most importantly, it accelerated the AI digital textbook project, which nobody knew when it would gain a boost. As reported by Cho Yoon-jung, the executive director of the Korean Digital Publishing Cooperation, in the article "Today and Future of Korean Digital Publishing," the Covid-19 pandemic was also the trigger that facilitated digital transformation and digital convergence in the publishing industry.

3.2. High Competitiveness and a Good Educational System Lead to Cutting-edge Education

The South Korean education system has been recognized for its excellence: in a recent study carried out by the OECD(Organization for Economic Co-operation and Development) it emerged that in TIMMS(Trends in International Mathematics and Science) and PISA(Program for International Student Assessment), South Korea ranks among the best members, with a high level of academic achievement in reading, mathematics and science: ranking third to eight in reading, first to fourth in mathematics, and fifth to eight in science. Thanks to the high competitiveness and the good educational system, South Korea has a large number of talented people engaged in cutting-edge research: in the last years, more research and development has been focused on artificial intelligence(AI), electronics, computers, and big data. The South Korean government is preparing several policy agendas to remain competitive in the global landscape of an AI-driven future economy. To achieve this goal, integrating technology in education is one of the key reforms to transform teaching and the so-called 'digital learning'.

3.3. What is Meant by 'Digital Learning'

As the site of the Governor's Office of Student Achievement(GOSA) of Georgia writes, digital learning is more than just providing students with a laptop. Digital learning requires a combination of technology, digital content, and instruction. Should we properly interpret these words, we would say that technology is the way students receive content, from computers to laptops or smartphones; the digital content is what students learn; lastly, the instruction refers to the teachers that are essential to digital learning. Modern technology can change the role of the educator, but it will never eliminate the real need for a teacher.

Nowadays, thinking about sticking to the traditional learning and publishing method is 'anachronistic', as said by Yoo Seung-chul, an associate professor of Media Convergence at Ewha Womans University, in the article "Textbooks to Go Digital" in 2025. It is clear by now that a digital transformation is inevitable, but a systematic approach and proper knowledge about digital resources are needed.

The transition to digital learning during the pandemic has highlighted both the strengths and the weaknesses of the digital education system in South Korea: for students, it was the key to continuing learning, even if they were in their homes. The former government—President Moon Jae-in's government(2017~2022)—made a lot of efforts to ensure continuity in education during those times. The government expanded public infrastructure by increasing e-learning platforms' capacity to support millions of students from mere thousands. But, at the same time, it has exposed disparities in access to technology and internet connectivity among students. Often, 'even if internet access were provided at home, these students would still need to overcome problems of intermittent or no power supply in their localities', as reported in the article "The Use of Technology in Higher Education, Teaching by Academics during the COVID-19 Emergency Remote Teaching Period: A Systematic Review"(2022), by the Department of Education of the University of Oxford. Additionally, concerns have been raised about the effectiveness of online learning compared to traditional classroom settings. A recent survey reveals low satisfaction rates among students regarding their online learning experience. Indeed they complained about teachers' lack of technical skills to interact in remote education environments and low-quality classes(McQueen 2022).

Nevertheless, the South Korean government truly believes in the country's IT infrastructures to implement online education: South Korea has one of the best IT infrastructures in the world. Before the pandemic, the country had realized 99% of 4G coverage, with 5G coverage under implementation, as the authors of the article mentioned before reported(McQueen 2022). The country seems to be the most connected in the world through the Internet: when ranking Internet networks, South Korea is always among the top places worldwide. Federico Ruffino, an expert in Digital Marketing for the markets of China, Russia, and South Korea, on the Digit Export website(a search engine for digital export), states that out of a population of over 51 million people, Internet users are about 49 million, and a whopping 95% of the inhabitants own a smartphone. Given that the number of smartphones and tablets owned per person is one of the highest in the world, there is a particular focus on digital products. Together with the nation's prioritization of education, as we know by the strict and stringent education system, this makes a real easy implantation for a digital education system.

4. South Korea Switches to Digital Textbooks in the Classroom

4.1. Digital-driven Education Reform Plan

South Korea's position on the innovation of the education world was cleared last spring: on June 8, 2023, the South Korean Minister of Education, Lee Ju-ho, announced the 'AI Digital Textbook Promotion Plan', whose aim is to promote the use of AI-embedded digital textbooks. According to the Plan, starting in 2025, these textbooks will be introduced in classrooms for subjects such as math, English, and informatics. If the Plan is successful, the initiative will expand to include history in 2027, and in 2028, other subjects like Korean, social studies, history, science, and technology/home economics – basically all the subjects except for activity-based ones, such as music, art, ethics, and physical education, as reported in the article "AI Digital Textbooks to Be Introduced in schools from 2025" of *The Korea Times*. The first ones to benefit from these digitally customized textbooks will be the third and fourth-grade elementary school students(9-10 years old) and middle and first-year high school students(13 and 16 years old).

4.2. AI-embedded Digital Textbooks

The vision behind the creation of these AI-based digital books is to realize a 'personalized education for all' because every student learns differently, as emphasized by the Deputy Prime Minister and Minister of Education Lee Ju-ho in the article "Briefing on the Plan for AI Digital Textbooks" on the site of Korean Ministry of Education. Seo Jong-won, the Director of KERIS(Korea Education and Research Information Service), in the paper "Background Paper Prepared for the Global Education Monitoring Report of UNESCO-Technology and Education—Southeast Asia," pointed out that notably, the realization of an educational system optimized for each student's abilities, preferences, and learning environment has emerged as a crucial policy objective in nurturing the essential skills of each student. And the only way to personalize education, from the South Korean government's point of view, is through cutting-edge technology, surpassing the limitation of time and space(Seo 2023, 16) and offering interactive content. As for the tools that these new digital textbooks will be equipped with, there are various learning resources, including multimedia aids, learning management systems, and hyperlinks to external resources. Metaverse technologies, such as augmented reality(AR), virtual reality(VR), and artificial intelligence(AI), will be the basis of digital textbooks planned for mathematics, English, and information technology courses. Digital tools for studying mathematics will provide AI-guided tutoring to help students overcome the most challenging problems, as for the ones for studying the English language, which will use speech-recognition technology to support listening and conversation activities. Nowadays, as reported by Yu Ting Poh in the article "Innovation and Co-creation: Bringing AI into Classrooms—and Textbooks—in South Korea," some teachers in South Korea are actively using ChatGPT to bring more interactivity into the classroom, and Naver will be releasing its artificial intelligence platform, named HyperClova X, which understands and react better to the prompts in Korean language than ChatGPT.

4.3. Robot Teaching Assistants

Students from third and fourth-grade elementary school and middle and first-year high school students will not be the only ones benefiting from this education reform plan. In South Korea, notably in Seoul, where this pilot project has started, 300 kindergartens are experimenting with robot teaching assistants. According to an article from 2021 in the Italian newspaper *Avvenire*, "In Sud Corea si Testano Mini

Robot per 'Insegnare' All'asilo," the Alpha mini(the name of the little robots) have a physical resemblance to the machines commonly found in restaurants, but they can dance, sing, tell stories to the young audience, and even teach Kung fu moves. The principle behind this pilot project is that children, from a young age, must learn to manage artificial intelligence because it is important for their future, as Han Dong-seog from the childhood division of the Seoul government pointed out in the article.

4.4. What to Expect

As we can gather from the above facts in this digital transformation era, essential changes in educational content and methods are demanded. Artificial intelligence will surely bring revolutionary changes from traditional learning methods, media, and competencies. As Seo pointed out in the paper already mentioned(Seo 2023, 16), AI is aimed to strengthen concept-centric, problem-solving education to foster creativity, critical thinking, character, and collaboration skills. So, students are expected to grow into active learners who create lessons with other students through projects, cooperative activities, debates, and other ways that transcend simply receiving knowledge.

Even the roles of the teachers will change: the Plan includes training 1,500 teachers specialized in digital tools. From conventional leaders and deliverers of knowledge 'to learning mentors, coaches, and socio-emotional leaders' (Seo 2023, 16, par. 4). AI-embedded textbooks will be equipped with tutor functions, and through this analysis of AI tutors, teachers will be able to conduct classes suited to the characteristics of each student and perform roles that maximize student capabilities. To deal with cutting-edge technology and the digital world in these innovative textbooks, teachers who are now highly experienced in digital education will be selected as lead teachers and will play a guidance role in peer training programs. Notably, a program named Jeeshik Samteo(Knowledge Oasis) was initiated to support the strengthening of technology competencies by establishing a teacher-centered, online-based, knowledge-sharing system. The Jeeshik Samteo service was introduced in July 2020 during the pandemic to share essential technological competencies and knowledge among teachers, so that any teacher with basic tech skills would be able to create or take courses. Teachers can take courses anytime, anywhere while communicating with the instructor in real time. This program is a voluntary knowledge-sharing service for teachers that allows them to freely share expertise and experiences with other teachers, away from the government and the institution-led teacher training system(Seo 2023, 13). Hence, the transition to digital education foresees teachers to adapt their teaching methods to engage students effectively and to develop their pedagogical skills using digital resources and tools, that is their 'digital pedagogy.'

5. Challenges of Digital Education

5.1. Strength and Weakness Points

According to the University of Illinois, Springfield, all educators approach this new paradigm with varying degrees of enthusiasm and concern. Some are optimistic, and some are skeptical about online learning. Many teachers are interested in knowing how their online courses can offer unprecedented learning opportunities for their students, and others prefer to know what they will be up against as they plan their online classes. It is important to consider both the pros and cons of online learning.

As it was said in the previous paragraphs, digital learning offers flexibility and accessibility('anytime, anywhere' concept), it gives access to a wider range of programs and courses to create a dynamic learning experience that directly translates into 'creative teaching'. Yet, digital learning also raises concerns about equity, as not all students have equal access to devices or reliable internet connections, particularly in rural areas or low-income households. This digital divide poses a significant challenge to ensuring equitable education opportunities for all learners because students with greater access to technology have more opportunities to grow.

5.2. Human Communication

It is clear today that some aspects of education, like school life, learning with peers, and interaction with teachers cannot be 'Zoomed'. One of the major disadvantages of online education, indeed, can be the lack of physical interaction: online classes can lead to feelings of isolation, as students are not physically present in a classroom. A lack of interaction leads to a lack of motivation, which also gives other psychological risks.

5.3. Lifespan of Digital Tools

Another disadvantage is related to the average lifespan of digital tools. In the article "Textbooks to Go Digital in 2025," Yoo Seung-chul, an associate professor of media convergence at Ewha Womans University, stressed the need for an electronic waste plan in digital transformation because the average lifespan of gadgets is usually three

　　　　　　　　　　　　　V. 혁신적인 한국어 교육 방안

to five years, so there are several dark sides of digital books, like generating digital waste, and (the ministry) would need a decade-long plan for distributing electronic devices.

5.4. Impact of Digital Learning on Cognitive Development

Another key challenge is the impact of digital learning on reading and writing skills. As reported in the article "Svezia: A Scuola più Libri e Meno Digitale," in Sweden, the school year started with a gradual reduction of digital tools in schools, decided by the government. This major shift was strongly advocated in Sweden by Carlotta Edholm, the new Minister of Education in the center-right government, according to the 2021 PIRLS(Progress in International Reading Literacy Study) data that showed a decrease in the reading ability of Swedish students, dropping from 555 points in 2016 to 544 points. In April 2023, the Karolinska Institutet(KI), one of the world's foremost medical universities based in Sweden, published a report regarding the proposal for the national digitalization strategy of the school system. In the report, the institute pointed out that even at the university level, students struggle to read long texts and outline relevant information. According to an interesting report by the Fondazione Einaudi—a foundation created in the 1964s in Italy, in Torino, by Luigi's Einaudi heirs to keep alive Luigi Einaudi's cultural values—comparing the time a two-year-old spends in front of the screen with his cognitive development test, there is definitely a relationship between the time spent in front of a screen and a delay in cognitive development. Further, as specified by the report, for learning to read and write, all five senses are necessary. It has been shown that the sensory dimension of reading on paper provides the information with 'redundancy', as if the words on the paper were arranged in a geometry that grants a greater and better understanding of what is being read. Reading on digital devices instead relies only on the sense of sight. There is also a different engagement of brain areas: while reading on paper involves the frontal and prefrontal parts of the brain, which are essential for developing the ability to process thought, plan, and activate fine motor skills, reading on digital devices mainly engages the limbic part, which is the most primitive, linked to instinct and emotions, resulting in effects that cannot be underestimated.

In conclusion, there are pros and cons. Certainly, a major advantage for Korea is that strengthening the AI sector can lead to economic growth and transform South Korea into a leading technological power. Yet, we still have to learn the proper use of technology in education.

6. The Role of Publishing Houses in a Digital World

6.1. Collaboration between Publishing Companies and Edu-tech Firms

The question arises, therefore, as to what the role of publishing companies is in a market where books are not only 'paper' books but digital books. According to the article "Innovation and Co-creation: Bringing AI into Classrooms and Textbooks in South Korea," written by Yu Ting Poh in 2023, in the development of AI-embedded textbooks, South Korea's position is clear. The government is facilitating partnerships between traditional textbook publishers and edu-tech firms(the abbreviation for Educational Technology, which refers to companies that create technology content for the education field). The Ministry of Education in 2023 hosted the AI Digital Textbook Matching Day, to bring together textbook publishing companies, who are experienced in textbook development, and edu-tech firms, who possess technologies that can advance teaching and learning. Through their cooperation, the Ministry of Education aims to develop high-quality content and effective learning support for AI digital textbooks. The collaboration between textbook publishing companies and edu-tech firms alleviate the burden of developing edu-tech skills, including AI, for textbook publishing companies. By working together, publishers will learn about digital publishing technologies, and edu-tech companies will learn about the textbook production process of publishers with more than half a century of know-how.

Surely, this opportunity will have a huge impact on the entire publishing content industry beyond the textbook market.

7. Conclusion

7.1. Hybrid Education as a Key Balance

Hence, digital publishing continues to open new avenues in the scholarly publishing industry. Surely, consistent technical support, development of learning contents and pedagogy for digital textbooks, and finding media literate teachers are among the many factors necessary to realize the potential of digital textbooks. Therefore, publishing houses must imagine a new hybrid-tact education that combines the advantages of face-to-face and non-face-to-face methods, where the best features of online education and offline classes are optimized to deliver the best teaching and learning experiences for teachers and students.

Paper and digital textbooks will be used together in schools for the time being until all students, parents and teachers will be able to competently use AI digital textbooks and achieve the desired effects. Among the school publishers that are both highly dedicated and widely recognized, we can include: Chunjae Education, Visang Education, Donga Science, and Woongjin Thinking.

In conclusion, the publishing sector agrees that both the publishing and educational fields need to strike a balance between paper and digital book models. Both models play a crucial role in student learning and development and, therefore, cannot be treated as interchangeable. The publishing and education field is a complex, multifaceted, and constantly evolving system, just like Korean society itself. Investing in both paper and digital textbooks will transform the publishing business into a future-oriented industry, rather than a stagnant one. Moreover, it will position the industry as the oldest, most original, and highest-quality content provider among the many cultural assets of the country.

Bibliography

Asia News. 2023. "Dal 2025 a Seoul Libri Scolastici Personalizzati con L'intelligenza Artificiale." *Asia News.* https://www.asianews.it/notizie-it/Dal-2025-a-Seoul-libri-scolastici-personalizzati-con-l'intelligenza-artificiale-57822.html.

Avvenire. 2021. "In Sud Corea si Testano Mini Robot per "Insegnare" All'asilo." *Avvenire.* https://www.avvenire.it/mondo/pagine/sud-corea-bambini-robot-nelle-scuole-materne#:~:text=Un%20robot%20in%20classe%20per,sussidi%20didattici%20negli%20asili%20nido.

Cho Yoon-Jung. 2023. "Today and Future of Korean Digital Publishing." *K-book Trends.* 72. KPIPA. https://www.kbook-eng.or.kr/sub/trend.php?ptype=view&idx=1242&page=$page&code=trend.

De Benedittis A. 2018. *Introduzione alla Cultura Coreana.* Milano: Hoepli.

Florida Virtual School. n.d. "Digital learning now!" *Florida Virtual School.* Accessed on July 10. 2024. https://www.flvs.net/.

Fondazione Einaudi. 2023. "Il Valore Imprescindibile di Carta e Penna nei Processi di Apprendimento." *Fondazione Luigi Einaudi.* https://www.fondazioneluigieinaudi.it/wp-content/uploads/2023/07/paper-Il-valore-imprescindibile-di-carta-e-penna-nei-processi-di-apprendimento.pdf.

Grano U. 2023. "Svezia: a Scuola più Libri e Meno Digitale." *Scuola PSB Consulting.* https://scuola.psbconsulting.it/svezia-a-scuola-piu-libri-e-meno-digitale/umberto-grano/#:~:text=In%20Svezia%20l'anno%20scolastico,ridimensionamento%20del%20digitale%20nelle%20scuole.

Gwak, Po-mi. 2023. "Textbook Publishing Companies and Edutech Firms to Develop AI Digital Textbooks in Korea." Ministry of Education. https://english.moe.go.kr/boardCnts/viewRenewal.do?boardID=265&boardSeq=94818&lev=0&searchType=null&statusYN=W&page=1&s=english&m=0201&opType=N.

ION Professional eLearning Programs. n.d. "Strengths and Weaknesses Of Online Learning." University of Illinois, Springfield. Accessed on July 7, 2024. https://www.uis.edu/ion/resources/tutorials/overview/strengths-weaknesses.

Istituto Culturale Coreano. n.d. "Sulla Corea del Sud, Education System." Korean Cultural Center. Accessed on July 5, 2024. https://italia.korean-culture.org/it/140/korea/41.

Jeong, Mee-Ryang & Lee, Woojin. 2018. "KOREAN EDUCATION: Educational Thought, Systems and Content." *Understanding Korea Series.* 9. p. 116.

Jung, Im-suk. 2019. *Studio del Neologismo Coreano: Analisi Linguistiche e Socio-culturali, Parola. Una Nozione Unica per una Ricerca Multidisciplinare.* Siena: Edizioni Università per Stranieri di Siena. pp. 353–365.

Kalenzi C. et al. 2020. "The Future of Online Education: Lessons from South Korea." *World Economic Forum.* https://www.weforum.org/agenda/2020/11/lessons-from-south-korea-on-the-future-of-online-education/.

KEPA. 2014. "Korea's e-Book 2014, Digital Publishing in KOREA." *KEPA.* www.kepa.or.kr.

Kostenko V. 2023. "Seoul Schools Embrace the Future: AI Robots to Revolutionize English Education." *Newo.ai.* https://newo.ai/seoul-schools-embrace-the-future-ai-robots-to-revolutionize-english-education/.

Lee, Sang-yeop. 2020. "하이브리드택트 시대를 준비하자." **경향신문**. https://www.khan.co.kr/opinion/column/article/202008200300085.

Lee, Woo-jeong. 2023. "Briefing on the Plan for AI Digital Textbooks." Ministry of Education. https://english.moe.go.kr/boardCnts/viewRenewal.do?m=0202&s=english&page=2&boardID=254&boardSeq=95291&lev=0&opType=N.

McQueen Sum-Alis Oancea. 2022. "The use of technology in higher education, teaching by academics during the COVID-19 emergency remote teaching period: a systematic review." *SpringerOpen.* https://educationaltechnologyjournal.springeropen.com/counter/pdf/10.1186/s41239-022-00364-4.pdf.

Park, Jun-hee. 2023. "Textbooks to Go Digital in 2025." *The Korea Herald.* https://www.koreaherald.com/view.php?ud=20230223000564.

Ruffino F. 2019. "Corea del Sud: porta d'accesso all'Asia (con le giuste chiavi: Naver e Kakaotalk)." *Digit Export.* https://digitexport.it/affermarsi/corea-del-sud-daccesso-allasia-con-le-giuste-chiavi-naver-e-kakaotalk.kl#/.

Seo, Jong-won. 2023. *Background paper prepared for the Global Education Monitoring Report of UNESCO–Technology and Education–Southeast Asia.* France.

The Governor's Office of Student Achievement. n.d. "What is Digital Learning?" The Governor's Office of Student Achievement. Accessed on July 6, 2024. https://gosa.georgia.gov/about-us/what-digital-learning.

The Karolinska Institutet. 2023. *Decisione sul Parere Relativo alla Proposta di una Strategia Nazionale di Digitalizzazione del Sistema Scolastico 2023-2027.* The Karolinska Institutet. Sweden.

The Korea Times. 2023. "AI digital textbooks to be introduced in schools from 2025." *The Korea Times.* https://www.koreatimes.co.kr/www/nation/2024/07/113_352599.html.

Yu, Ting Poh. 2023. "Innovation and Co-creation: Bringing AI into Classrooms–and Textbooks–in South Korea." *Linkedin.* https://www.linkedin.com/pulse/inovation-co-creation-bringing-ai-classroomsand-textbooksin-poh/.

한국문화원 https://italia.korean-culture.org/

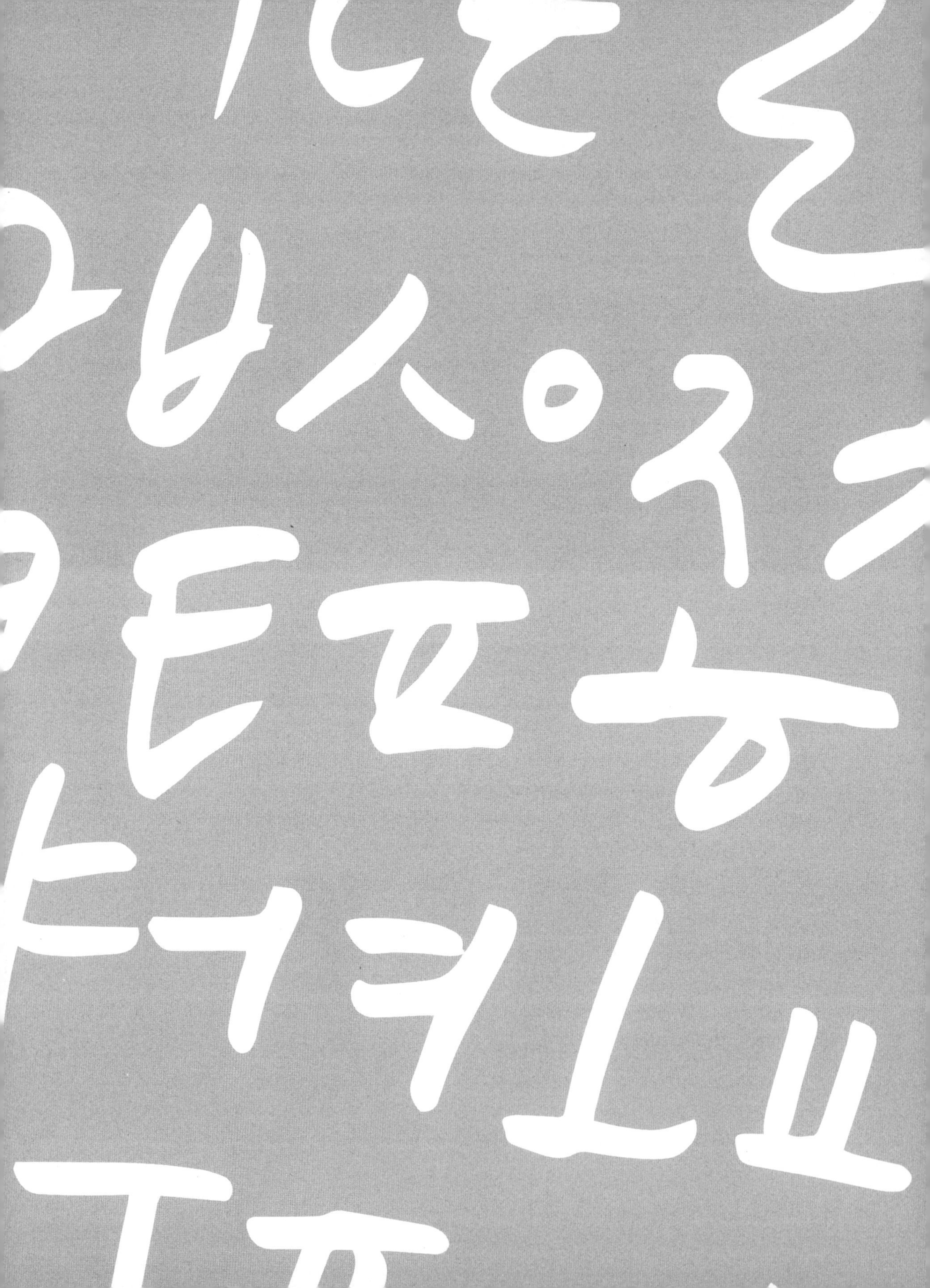

한자와 한국어 교육

VI

한자와 한국어 교육

제1장

외국어로서 한국어 학습에서의 한자 교육 II

이상금
한국 부산대학교
Pusan National University

1. 들어가며

이번 글은 유럽한국어교육자협회 주관으로 2024년 8월 29일~30일 이탈리아 시에나외국인대학교에서 열린 제10차 워크숍 발표[1]의 후속이며, 이보다 앞서 발표한 논문[2]의 마무리이다. 앞선 논문 내용의 핵심은 모국어 환경이 아닌, 다른 환경에서 처음 배우는 '외국어로서 한국어'의 어원이나 단어에 해당되는 한자, 한문을 기본적으로 이해하고 학습할 수 있는 교수법적 접근이었다. 그러나 한계도 분명했다. 한자는 무엇인지, 한자를 쓰는 순서와 만들어지는 원리 그리고 한자의 구성과 이해를 바탕으로 한 간단하고 실용적인 한문의 독해력에 국한했기 때문이다.

따라서 이번 논문의 목적은 나무가 아닌 숲을 보는 데 있다. 즉 통시적 관점에서 한자와 한문을 이해하려는 시도이다. 구체적으로는 언제 한자가 발생했고, 그러한 문자가 어떻게 변천되었는지 먼저 확인하고자 한다. 시대적 비교는 동아시아 가운데 한국과 중국의 관계를 여실히 보여 주고, 문명사적 측면에서도 훨씬 쉽게 역사에 대해 개략적으로 설명할 수 있기 때문이다. 동시에 한자 서체의 변화가 갖는 문화적·실용적 측면과 더불어 예술적 가치가 어떻게 반영되었는지를 유추할 수 있다. 이는 오늘날의 인쇄체 또는 컴퓨터와 모바일 자판기 이전 한자체의 실체를 이해하는 데 있어 기본적인 요소이기도 하다.

이어 한국인의 일상에서 빈번하게 사용되는 대표적인 사자성어, 한문의 전형적인 문형과 실용적인 한문에 대해 다루고자 한다. 주요 내용은 다음과 같다. 첫 부분에서는 구체적으로 갑골문자(甲骨文字), 금문(金文) 또는 금석문(金石文), 전서(篆書) 또는 소전(小篆), 예서(隸書), 해서(楷書), 행서(行書), 초서(草書) 등을, 그리고 일상에서 접할 수 있는 위 서체를 간략하게 설명함으로써 일목요연하게 구분하고, 쉽게 이해할 수 있도록 했다. 이렇게 함으로써 앞서 언급한 서체의 다양성에 대한 일반적 이해가 가능할 것이다.

덧붙여 오늘날 한국인의 삶에서 쉽게 접할 수 있거나, 이미 고유한 문화적 토대로 자리 잡은 한문의 문형과 한문 강독을 끌어들여 한자의 실용성과 한글화된 한자 사용에 대한 기본적인 이해를 돕고자 한다. 끝으로 한글 창제가 갖는 한자와 한문에 대한 창조적·생산적 대응을 다룸으로써 어디까지나 한글을 중심에 두고 한자를 알아야 한다는 서술 관점임을 밝힌다.

2. 한자의 발생과 변천

1) 갑골 문자(甲骨文字, Inscriptions on bones and tortoise carapaces)

갑골은 거북이의 등껍질인 귀갑(龜甲)과 동물의 뼈인 수골(獸骨)에 새긴 글자로 현존하는 가장 오래된 문자이다. 기원전 1400년에서 1100년 사이 중국의 고대 국가인 은(殷)나라 또는 상(商)나라로부터 기원한다. 상나라 후기 왕실에서 점을 친 기록이 대부분을 차지해 '점복(占卜) 문자'라고도 한다. 그러나 갑골문이 문자로 확인된 것은 불과 100여 년 밖에 되지 않는다.[3]

[1] 이때 발표한 내용은 '한중 역사를 통해 본 한자의 발생과 변천'을 중심으로 이루어졌다.

[2] 이상금. 2023. 〈외국어로서 한국어 학습에서의 한자 교육 I〉. 《팬데믹 이후 한국어 교육의 새로운 도전과 모색》. 공앤박.

[3] 갑골 문자는 19세기 말, 구체적으로는 1899년에 처음으로 중국 청나라 말기 학자 왕이영(王懿荣)에 의해 발견된 것이 시초이다. 그는 병을 치료하기 위해 약재로 쓰이던 용골(龍骨)에서 이상한 글자들을 발견했고, 이러한 글자들이 고대의 문자로 밝혀졌다. 이 발견은 후에 고고학자들과 역사학자들에 의해 더 연구되었고, 갑골문자는 상(商)나라 때 사용된 가장 오래된 형태의 한자로 확인되었다.

2) 금문(金文, Inscription engraved on stone or other durable material)
또는 금석문(金石文)

금문은 은(殷)·주(周)시대 청동기에 기록되어 있는 문자로, 당시 청동 제기를 대표하는 것이 '정(鼎)'이고, 청동 악기를 대표하는 것이 '종(鐘)'이었기 때문에 '종정문(鐘鼎文)'이라고도 한다. 은나라와 주나라 시대는 청동기의 전성시대로 청동기에 글자를 새기는 것이 유행했다.

3) 전서(篆書, Seal engraving, engrave a seal) 또는 소전(小篆)

소전은 진시황(秦始皇)의 통일 문자로, 통일 전의 문자인 대전(大篆)의 자형을 간략하게 하여 만들었다. 진시황은 천하를 통일한 뒤 승상 이사(李斯)를 시켜 소전을 만들게 하고, 그 외의 다른 문자를 사용하지 못하게 함으로써 문자를 통일했다.[4]

4) 예서(隷書, Ornamental 'seal' characters, the style of writing in Chinese characters)

예서는 한(漢)나라 때 통용된 서체로 하급 관리인 '예인(隷人)'이 행정의 효율을 기하기 위해 속기하는 과정에서 생겨난 글자로 알려져 있다. 전서(篆書) 또는 소전(小篆)이 진나라의 공식적인 서체(書體)였다면, 예서는 실용적으로 사용되다가 후한 때에 이르러 본격적으로 통용되었다고 볼 수 있다.

5) 해서(楷書, The square style of Chinese handwriting)는 편리한 필기체(筆記體)인 반면, 초서(草書)와 행서(行書)는 예술적 회화적 기능을 갖는다.

5-1) 해서는 예서에서 변화, 발전하여 위진남북조 시대[5]에 확립된 서체로 예서보다 단정하고 필법에서 법도가 있어 이를 '진서(眞書)' 또는 '정서(正書)'로 부르기도 한다. 해서라는 명칭 속에 '본보기'가 되는 '단정한 글자'라는 의미가 담겨 있는 것처럼, 오늘날 우리가 쓰는 한자체의 표준이 되는 서체이다.

5-2) 행서(行書, The semi-cursive style of handwriting)는 해서와 초서의 중간에 해당하는 서체이다. 필사 속도가 느린 해서와 식별이 난해한 초서의 단점을 절충해 필사를 위주로 만든 행서는 필획의 연결이 자연스럽고 쓰기에 편리하면서 초서만큼 알아보기 어렵지 않아, 개인의 문서와 서신 등에 보편적으로 사용되었다.

5-3) 초서(草書, The full-cursive style of handwriting)는 빠른 필사를 위해 만들어진 서체에 속한다. 자형이 간소하며 필획이 멈추지 않고 이어지는 특징이 있다.

다른 한편으로 세계 4대 문명의 문자 발생을 비교해 보면, 각기 다른 특징들이 흥미롭다. 먼저 황하 문명의 문자는 앞서 언급한 갑골 문자이다. 고대 중국에서 점을 치기 위해 거북의 등껍질이나 짐승의 뼈에 새긴 글자로 한자의 가장 오래된 형태이다. 다음으로 메소포타미아 문명에서는 설형 문자가 발생했다. '설형(楔形)'은 '쐐기 모양'이라는 뜻으로, 글자의 모양이 마치 나무 못의 일종인 쐐기와 비슷하여 붙여진 이름이다. 이집트 문명의 경우 신성 문자를 사용했다. 사

람이나 사물의 모양을 본떠 만든 고대 이집트의 글자로, 풀뿌리의 섬유질로 만든 '파피루스'나 건축물에 새겨진 형태로 기록되어 전해진다. 마지막으로 인더스 문자는 인더스 문명에서 널리 사용된 글자로, 거의 대부분 사각형 도장 위에 오목하게 새겨진 형태이므로 기본적으로는 상형의 원리로 만들어졌다.

3. 한자의 서체 비교

한자의 서체는 오랜 역사를 통해 변천을 거듭했다. 간추리면, 갑골 문자 → 금석 문자 → 전서/소전 → 예서 → 해서(행서, 초서)를 바탕으로 대표적인 서체를 형성했다. 그러나 이러한 한자 서체는 20세기 중반부터 완전히 새롭게 변한다. 즉 현재 중국에서 사용하는 한자는 이전의 서체를 대폭 간추린 모양이다. 오늘날 중국은 한국, 일본 그리고 대만과 다르게 간화자(簡化字, simplified characters)를 사용하고 있다. 한자를 효과적으로 사용하기 위해서 중국은 1956년 '한자간화방안(漢字簡化方案)'을 공포했다. 그후 세 차례의 추가 및 보충을 거쳐 1964년 간행된 '간화자총표(簡化字總表)'에는 약 2,400자의 간화된 문자가 수록되어 있다.

간화자 사용 방법은 (1) 고대의 간단한 문자를 쓴다(從 → 从), (2) 송·원대 이래의 민간 속자(俗字)를 활용한다(戰 → 战), (3) 새로운 회의 문자(會意文字)를 만든다(隊 → 队), (4) 새로운 형성 문자(形聲文字)를 만든다(溝 → 沟), (5) 초서체를 취한다(東 → 东), (6) 변(邊)이나 방(傍)을 간소화한다(絲 → 丝) 등이다.

오늘날 한국과 중국에서 다르게 사용되는 한자의 구체적인 예를 들면 다음과 같다.

(1) 從 → 从: 從事(종사) → 从事 / 跟從(근종: 따르다) → 跟从

(2) 戰 → 战: 戰爭(전쟁) → 战争 / 挑戰(도전) → 挑战

(3) 隊 → 队: 團隊(단대) → 团队 / 旅行隊(여행대) → 旅行队

(4) 溝 → 沟: 水溝(수구: 도랑) → 水沟 / 排水溝(배수구) → 排水沟

(5) 東 → 东: 東方(동방) → 东方 / 東西(동서) → 东西

(6) 絲 → 丝: 絲綢(사주: 비단 緋緞) → 丝绸 / 絲線(사선: 비단실) → 丝线

각 예시는 전통 한자가 간화된 형태로 변화한 단어를 가리킨다. 이런 예시들은 다양한 층위의 단어에서 전통 한자와 간화자의 변화를 구체적으로 보여 준다. 이처럼 같은 뜻을 지녔을지라도 현재 중국, 한국, 일본, 대만, 홍콩에서 사용하는 한자의 서체는 다른 모양을 띠고 있다. 길거리 간판은 물론 인쇄물에서 접하는 한자도 각기 달라서 올바른 소통을 하려면 기본적인 이해가 필요하다. 덧붙여 중국의 간화자와 일본의 신자체(新字体, 신지타이)의 공통점과 차이점을 살펴보자. 동아시아 한자 문화권에서 현재 사용되는 한자의 실제 모양을 아는 데 도움이 되리라 본다.

6 이상금. 2023. 〈외국어로서 한국어 학습에서의 한자 교육 I〉

일본의 신자체와 중국의 간화자는 한자의 간략화에 있어서 공통점과 차이점이 있다.[6] 먼저 간략화의 목적에서 공통점은, 두 나라 모두 한자 구성의 복잡함을 줄이고 학습과 사용을 더 쉽게 하기 위해 개발되었다는 것이다. 방법은, 부수나 부수를 구성하는 일부 요소를 간략화하거나, 자주 사용되는 복잡한 글자를 더 단순한 형태로 변형했다. 일부 신자체와 간화자는 같은 기원에서 유래되었기 때문에, 결과적으로 같은 형태를 가지는 경우도 있다.

차이점은, 간략화 방식에서 중국의 간화자는 더 광범위하고 체계적인 간략화 방식을 채택하여 많은 한자를 간략화했다. 예를 들어, '變'이 '变'으로, '畫'가 '画'로 변화하는 등 전체적인 변형이 많다. 반면 일본의 신자체는 비교적 덜 광범위하게 간략화되었으며, 주로 특정한 획을 단순화하거나 줄이는 방식으로 이루어졌다. 예를 들어, '國'이 '国'으로, '學'이 '学'으로 변형되었다.

간략화된 글자의 범위를 살펴보면, 중국의 간화자는 2,400자 이상, 일본의 신자체는 약 1,945자의 상용한자가 간소화되었다.[7] 구체적인 글자 변화를 보면 공통점과 차이점이 드러난다. 공통 예시로는 国(國: 나라 국), 学(學: 배울 학), 会(會: 모일 회) 등이 있다. 차이 예시로는 중국의 간화자의 车(車: 수레 차/거), 无(無: 없을 무), 历(歷: 지낼 력/역), 일본의 신자체의 芸(藝: 심을 예), 気(氣: 기운 기), 楽(樂: 풍류 악) 등이 있다. 이와 같이 중국의 간화자와 일본의 신자체는 몇몇 동일한 간략화된 글자를 가지고 있지만, 일부 글자에서는 서로 다른 간소화 방식을 채택하고 있다. 이러한 차이점은 두 국가의 언어 정책과 역사적 배경에서 비롯된 것이다.

오늘날 우리가 사용하는 컴퓨터와 스마트폰 자판은 기존 인쇄체를 대신하는 수많은 서체로 이루어졌으며, 더욱 다양하게 발전할 것으로 예상된다. 한글 서체와 한자 서체는 주로 디자인 전문가와 서체 제작 회사들이 만들며, 이러한 서체들은 다양한 기준과 요구에 따라 설계된다. 위에서 본 한자체와 달리, 오늘날 서체 디자인의 기준은 '가독성, 미적 요소, 사용 용도, 기술적 요구' 등과 같은 것들이다. 이전보다 훨씬 복잡하고 입체적 이해가 필요한 시대에 우리는 이러한 서체를 통해 소통하고 있다.

다음으로 중요한 것은 서체의 선택과 활용이다. 서체는 사용 목적에 따라 선택할 수 있으며, 문서의 유형, 미적 요구, 문화적 배경에 따라 적절한 서체를 선택하는 것이 중요하다. 또한 서체는 읽기 쉬운 텍스트를 제공하고, 특정 메시지나 감정을 전달하는 데 중요한 역할을 한다.

여기서 현대 중국어의 서체를 간략하게 알아보자. 오늘날 중국에서 사용되는 대표적인 한자 서체를 간추리면 다음과 같다.

1) 정체(Regular Script)는 가장 표준적인 한자 서체로, 균형 잡힌 형태와 명확한 구조가 특징이다. 주로 문서나 책에서 사용된다. 예를 들면, 송체(宋体, Songti)는 중국어에서 가장 일반적으로 사용되는 정체 서체로, 글자의 모양이 뚜렷하고 깔끔하다. 다음으로 명조체(明朝体, Mingchaoti)는 일본에서도 많이 사용되는 서체이다.

2) 행서(Running Script)는 필기체 스타일로, 좀 더 유연하고 흐르는 듯한 글자 모양을 가진다. 손글씨 느낌을 주며, 서예에서 많이 사용된다. 예를 들면, 해서(楷书, Kaishu)는 정체와

7 일본에서는 1946년 이후 한자의 간략화가 이루어졌다. 신자체는 기존의 복잡한 형태를 간소화하여 글자의 단순화와 가독성 향상을 목표로 했다. 이를 참조할 수 있는 문헌으로는 《日本国語大辞典(Nihon Kokugo Daijiten)》, 《広辞苑(Kojien)》, 《言語学大辞典(Gengogaku Daijiten)》 등이 있다. 관련 저서는 다음과 같다. 사사하라 히로유키(笹原宏之). 2015. 《일본인과 한자(日本人と漢字)》. 集英社インターナショナル, 곤노 신지(今野真二). 2015. 《상용한자의 역사: 역사, 교육, 국가, 일본어(常用漢字の歴史: 教育, 国家, 日本語)》. 中央公論新社 외. 위 두 저서의 큰 주제는 '시시각각 변하는 한자'이다. 한자는 처음부터 계속 변화해 왔다는 의미이다. 또한 일본 교토대학교의 야스오카 고이치(安岡孝一)와 야스오카 모토코(安岡素子)가 2017년에 발표한 보고서 〈일본·중국·타이완·홍콩·한국의 공통 한자 및 한자 코드(日本·中国·台湾·香港·韓国の常用漢字と漢字コード)〉에 따르면, 일본은 2,136자, 중국의 공통 규범 문자는 3,500자, 대만의 일반 국문자표는 4,808자, 홍콩의 공통문자표는 4,762자, 한국의 교육기본한자는 1,800자 등으로 밝히고 있다. http://hdl.handle.net/2433/218381

행서의 중간 형태로, 문서 작성에 많이 사용되며, 행서(行书, Xingshu)는 필기체에 가까운 형태로, 서예 작품이나 개인적인 글쓰기에서 주로 쓰인다.

3) 초서(Cursive Script)는 매우 자유롭고 유려하며, 글자가 흐르는 듯한 느낌을 준다. 주로 예술적 표현을 위해 사용되는 초서(草书, Caoshu)는 서예와 예술 작품에서 많이 쓰인다.

4) 전서(Seal Script)는 고대 중국의 도장 문자로, 한자 원형의 형태와 고전적인 느낌이 특징이다. 역사적인 문서에서 주로 쓰이는 전서(篆书, Zhuanshu)는 전통적이고 장식적인 요소가 강하다.

5) 간체(Simplified Script)는 20세기 중반 이후 중국에서 채택된 간체자 시스템에 따른 서체로, 복잡한 한자를 간략화하여 가독성을 높였다는 데 그 특징이 있다. 예를 들면, 미연아흑(微软雅黑, Microsoft Yahei)은 중국에서 사용되는 간체 서체로, 현대적이고 깨끗한 디자인이 특징이며, 흑체(黑体, Heiti)는 간결한 형태의 서체로, 주로 제목이나 광고에 사용된다.

6) 번체(Traditional Script)는 대만, 홍콩, 마카오 등에서 사용하는 전통적인 한자 서체로, 복잡한 형태를 가지고 있다. 예를 들면, 표해체(標楷体, Biaozhunkaishuti)는 번체를 기반으로 한 서체로, 정체와 유사하지만 복잡한 한자를 포함하고, 신세명체(新細明体, Xinmingchaoti)는 전통적인 형태를 유지하면서 현대적인 디자인 요소를 추가한 서체이다.

7) 기타 서체로는 디자인 서체를 들 수 있는데, 특정 브랜드나 디자인 프로젝트를 위해 특별히 제작된 서체로, 개성적이고 창의적인 디자인을 제공한다. 대표적으로 화문방송(华文仿宋, Huawen Fangsong)은 중국의 디지털 서체 중 하나로 전통적인 느낌과 현대적인 요소를 결합한 서체이다.

4. 한문의 문형과 강독

4.1. 한문의 구성

여기서는 필자의 앞선 논문 〈외국어로서 한국어 학습에서의 한자 교육 I〉(2023)의 연장선에서, 한문의 구성과 문형(文型) 이해에 대해 다룬다. 이는 한국인의 일상에서는 물론 학술적·문화적·사회적으로도 쉽게 통용되는 한자어, 사자성어, 한국어화 된 한자와 한문을 올바르게 이해하고 학습하는 데 있어 토대와 기준이 되기 때문이다.

다른 한편으로, 한자 문화권에서 공통적으로 체화된 한자와 한문의 영향은 자국어 또는 모국어와 다른 어순으로 인해 실생활에서 사용하는 데 혼란과 소통의 어려움을 끊임없이 만들기 때문에 이러한 불편과 오류를 가능한 범위에서 해소하는 일은 매우 중요하다. 따라서 한국어를 외국어로 배우고 가르치는 학습자나 교수자에게 한국어 문법과 한문 문법의 용어 및 기능을 다양한 사례와 예문을 통해 쉽게 알려 주고자 한다. 한국어로 이미 굳어진 한자와 한문의 실체에 대한 기본적인 학습과 이해는 역설적으로 한글의 올바른 학습과 이해에 맞닿아 있기 때문이다.

한문의 구성 요소에서 핵심은 문장 내에서 실제적인 뜻을 지닌 실사(實辭)와 문법적인 기능을 맡는 허사(虛辭)를 구분할 수 있어야 한다는 것이다. 한문 문법의 구성 요소는 크게 3가지 성분, 즉 '주성분', '부속 성분', '독립 성분'으로 나눌 수 있다. 이러한 문장 성분의 실체는 체언(體言), 용언(用言), 수식언(修飾言), 관계언(關係言), 독립언(獨立言) 등으로 이루어진다.

먼저 주성분은 문장의 골격을 이루는 성분으로써 '주어, 목적어, 보어, 서술어'로 쓰이는 명사, 대명사(인칭 대명사, 지시 대명사, 의문 대명사), 수사, 동사와 형용사 등이 여기에 속한다. 이 가운데 명사, 대명사, 수사로 이루어지는 체언, 서술적 기능을 맡고 있는 형용사와 동사로 이루어지는 용언을 합쳐 주성분으로 지칭한다.

다음으로 부속 성분은 이러한 주성분을 수식하는 부사와 관형사로써 다른 성분을 꾸며 주는 품사들로 이루어진다. 여기서 말하는 관형사[8]는 뒤따라오는 체언(명사, 대명사, 수사)을 꾸며 주는 품사이다. 반면 부사는 사물의 동작 또는 상태를 나타내는 품사에 붙어 대상의 정도, 상태를 나타내며 때로 문장 전체를 수식하기도 하는데 이를 수식언이라 한다. 대표적인 예를 들면, 관형사로 명월(明月: 밝은 달)과 금일(今日: 오늘), 부사로 사필귀정(事必歸正: 모든 일은 반드시 바른길로 돌아간다)에서 '필(必)', 선생대노(先生大怒: 선생이 크게 화를 내다)에서 '대(大)' 등이 있다.

이러한 주성분과 부속 성분에서 빠트릴 수 없는 요소가 앞서 언급한 문법적인 기능을 갖는 허사 또는 관계언이다. 즉 허사 또는 관계언은 문장 성분과 관계를 맺으며, 특별한 의미를 더하는 기능을 한다. 한국어 문법에서 보면, 격조사, 보조사, 접속 조사에 해당한다. 예를 들면, 청출어람(靑出於藍: 청색은 남색에서 나오다)에서 '어(於)', 국지어음이호중국(國之語音異乎中國: 나라말이 중국과 다르다)에서 '호(乎)'는 격조사 기능을 한다. 문장에서 특별한 의미를 더하는 보조사, 단어와 단어 그리고 문장과 문장을 이어 주는 역할을 하는 접속 조사의 예시는 생략한다. 한글을 사용하는 일상적인 대화나 학술적 용어 등에서도 적용할 수 없는 한문의 문법적 요소이기 때문이다.

마지막 독립 성분은 문장에서 따로 독립적으로 사용되는 품사로써 화자의 놀람, 느낌, 감탄, 의지 등을 직접적으로 표현하는 독립어 또는 감탄사를 일컫는다. 오호통재(嗚呼痛哉: 아, 비통하다)에서 '오호(嗚呼!)'와 '통재(痛哉!)'가 이에 속한다. 그러나 한문 문장에서 무엇보다 가장 중요한 요소는 '서술어'이다. 주어, 보어, 목적어는 생략해도 문장을 만들 수 있지만, 서술어의 기능을 맡는 형용사와 동사가 없으면 문장은 이루어지지 않는다. 단적으로, 서술어 그 자체로도 문장이 될 수 있다.

4.2. 한문의 어순에서 핵심

한문은 크게 4가지 형태의 짜임새를 가지고 있다. 중국어뿐만 아니라 지구상의 모든 언어가 그러하듯 가장 기본적인 한문의 구조는 '주어+서술어'이다. 예를 들면, 산이 높다(산고, 山高), 달이 밝다(월명, 月明), 까마귀 날자 배 떨어진다(오비이락, 烏飛梨落) 등이다. 두 번째 어순은 '주어+서술어+목적어'이다. 한국어는 목적어 다음에 서술어가 오지만, 한문은 영어의 어순처럼 서술어 다음에 목적어가 놓인다. 예를 들면, '나는 너를 사랑한다(我愛爾)', '농부가 밭을 경작한다(農夫耕田)' 등이 있다.

다음으로 '주어+서술어+보어'이다. 한국어 문법과 달리 한문 문법에서는 '~이/가, ~와/과, ~에/에서/에게, ~보다' 등과 같은 조사가 붙는 것을 보어로 여긴다. 예를 들면, "소년은 늙기 쉽고, 학문은 이루기 어렵다(少年易老, 學難成).", '나는 학생이다(我是學生)' 등이 있다. 마지막으로 가장 많이 사용되는 한문의 짜임은 '주어+서술어+목적어+보어≒주어+서술어+보어+목적어'이다. 여기서 목적어와 보어는 순서가 바뀌어도 뜻의 차이가 크지 않다. 예를 들면, '사람들은 나를 신사로 부른다(人謂我神士)', '왕이 민중에게 인정을 베푼다(王施仁政於民)' 등이 있다.

위의 4가지 한문의 순서에서 핵심은 서술어가 주어 다음에 놓인다는 점이다.

4.3. 한문의 8가지 문형

한문의 구성과 문법적 어순을 알고 나면, 한문을 제대로 알기 위해 마지막으로 남는 것이 문장의 종류다. 여러 가지 형태의 문장을 구분하고 나면, 이를 통해 한문을 올바르게 이해할 수 있다. 한문의 문형은 평서문(平敍文), 의문문(疑問文), 부정문(否定文), 한정문(限定文), 비교문(比較文), 금지문(禁止文), 사동문(使動文), 피동문(被動文) 등 크게 8가지[9]로 나눌 수 있다. 이는 어디까지나 한국어 문법에 기초한 분류이다. 여기서는 한문 문장 전체를 자세하게 다루기보다는 일상에서 쉽게 접하거나 상호 소통의 수단으로 사용하는 사자성어, 익숙한 한자어, 이미 굳어져 한국어로 알고 있는 단어를 들어 필요한 만큼 한문의 문형을 설명하고자 한다.

대체로 사물이나 대상을 객관적으로 서술하고, 수사적 수법을 별도로 사용하지 않는 가장 일반적인 문장의 형태로 제일 먼저 평서문을 들 수 있다. 한문에서 어조사(語助辭)[10] '야(也)'와 '의(矣)'는 대개 문장의 끝에 사용되는데, 예를 들면 "周公, 文王之子也(주공은 문왕의 아들이다).", "靑矣. 天乎(푸르구나. 하늘이여)." 등이다. 때로는 어조사 없이 끝나는 경우도 있다.

다음으로 의문문은 의문사(疑問詞)나 의문 종결사(疑問終結詞)를 사용하여, '~인가?', '~이냐?' 등 의문과 질문의 뜻을 나타내는 문장을 뜻한다. 대표적인 의문사로는, '어찌 하(何)', '누구 수(誰)', '누구 숙(孰)', '어찌 안(安)', '어찌 언(焉)' 등이 있다. 예를 들면, "國家棄我去 我輩何持而生也(국가가 우리를 버리면, 우리들은 어찌 살아야 합니까?).”[11], "漢陽中 誰最富(한양에서 누가 가장 부자냐?)." 등이 있다.

부정문은 어떤 동작이나 상태 또는 사물 등의 존재 여부를 부정하는 뜻을 나타내는 문장이다. 대표적인 부정사에는 '아닐 불(不)', '없을 무(無)', '막 막(莫)', '아닐 부(否)', '아닐 비(非)', '대상자 비(匪)' 등이 있다. 문장으로 예를 들면, "獨林不成林(홀로 서 있는 나무는 숲을 이루지 못한다).", "見義不爲 無勇也(의로움을 보고, 행동하지 않는 것은 용기가 없음이다)." 등이 있다. 주의할 것은, 부정어가 두 번 쓰이는 경우에는 강한 긍정을 나타내어 뜻을 강조하고, 2개 이상의 부정어가 사용되는 이중 부정은 긍정의 의미를 갖는다. '不可不(불가불: ~않아서는 안 된다)', '不得不(부득불: ~하지 않을 수 없다)' 등이며, 예를 들면 '不可不察(살피지 않을 수 없다)', '無所不爲(하지 못하는 것이 없다)', '無所不知(알지 못하는 것이 없다)' 등으로 쓰인다.

다음으로 한정문은 어떤 사물이나 행위의 범위 또는 정도를 한정하는 뜻을 나타내는 문장이며, 여기에 쓰이는 한정부사로는 주로 '오직 유(唯)', '생각할 유(惟)', '다만 지(只)', '곧을 직

---

[9] 이어 반어문(反語文), 가정문(假定文), 감탄문(感歎文) 등을 덧붙일 수 있지만, 여기서는 생략한다.

[10] 한문에서 어조사는 실질적인 뜻이 없이 다른 글자를 보조하는 역할을 한다. '焉', '也', '於', '矣', '而' 등이 있으며, 평서문 이외 감탄, 이유, 의문, 반어적인 표현으로도 쓰인다. 한국어의 조사, 어미, 의존 명사 같은 역할을 한다.

[11] 김형철. 2010. 〈징비록과 조선 후기의 전쟁 인식〉. 이 논문은 《징비록》을 통해 조선 후기의 전쟁 인식과 국난 극복 의지를 분석했다. 주로 류성룡의 기록이 후대에 미친 영향을 중점적으로 다루고 있다.

(直)’, ‘무리 도(徒)’, ‘다만 단(但)’ 등을 들 수 있다. 한정종결사(限定終結詞)로는 ‘이(耳)’, ‘이의 (耳矣)’, ‘이이(而已)’, ‘이이의((而已矣)’ 등이 있다. 예를 들면, “唯仁人 爲能愛人 能惡人(오직 어진 사람만이 타인을 사랑할 수 있고, 미워할 수 있다).”, “夫子之道 忠恕而已矣(스승의 도는 진심을 다하고 타인의 입장에서 생각해 주는 것뿐이다).” 등이 있다.

비교문은 어떤 것을 다른 것과 비교하여, 그 상태나 성질의 정도 또는 우열을 나타내는 문장 이다. 이를 위해 쓰이는 한자로는 ‘같을 여(如)’, ‘같을 약(若)’, ‘어조사 어(於)’, ‘어조사 호(乎)’, 그리고 부정사와 함께 사용하는 ‘아니 불(不)’, ‘막 막(幕)’ 등이 있다. 예를 들면, 한국인에게 익 숙한 글귀인 “靑出於藍而靑於藍(청색은 남색에서 나왔으나, 남색보다 푸르다. 즉 제자가 스승 보다 낫다).”, “百聞不如一見(백 번 듣는 것이 한 번 보는 것만 못하다).”처럼 쓰인다.

금지문은 어떤 행위를 금지하는 뜻을 지닌 문장이며, 대체로 ‘~하지 말라’라고 해석할 수 있 는 ‘말 물(勿)’, ‘없을 무(無)’, ‘막 막(幕)’, ‘말 무(毋)’ 등이 쓰인다. “非禮勿視(예가 아니면 보지 말라).”, “臨財毋苟得(재물에 임하여 구차하게 얻으려 하지 말라).”[12] 등의 문장에서 그 쓰임을 볼 수 있다. 이어 사동문은 사역문(使役文)이라고도 하며 사역의 의미를 지닌 보조사를 사용하 여 ‘어떤 사람이나 사물이 다른 사람 또는 사물로 하여금 ~하게 하다’로 해석하며, 보조사 뒤에 는 무엇을 시키는 대상이 위치한다. 즉 ‘使+대상+서술어’ 형태를 갖춘다. 이를 위해 사역 조동 사, 즉 ‘하여금 사(使)’, ‘영 령(令)’, ‘가르칠 교(敎)’, ‘끼칠 유(遣)’와 사역의 의미를 가진 동사에 해당하는 ‘끼칠 유(遺)’, ‘목숨 명(命)’, ‘권할 권(勸)’ 등이 쓰인다. “春月色令人喜 秋月色令人悲 (봄의 달빛은 사람으로 하여금 기쁘게 하고, 가을 달빛은 사람으로 하여금 슬프게 한다).”, “遣 婢買肉而來(계집종으로 하여금 고기를 사오게 하다).” 등의 문장처럼 쓰인다.

마지막으로 피동문은 피동 보조사나 어조사를 사용하여 피동의 의미를 나타내는 문장이다. 즉 어떤 사람이나 사물이 다른 사람이나 사물에 의해 어떤 동작을 받아서 하는 것을 나타낸다. 또한 피동의 의미를 지닌 동사, 즉 ‘볼 견(見)’, ‘이불 피(被)’ 등을 사용한 경우나 문맥(文脈)의 흐 름상 저절로 피동의 의미를 나타내는 경우도 있다. 한국어로는 ‘~을 당하다’, ‘~되다’ 등으로 해 석된다. “匹夫見辱 拔劍而起(필부가 욕을 당하면, 칼을 뽑아 일어난다).”에서처럼 쓰인다. 이어 동사 뒤에 행위의 주동자를 나타내는 ‘어조사 어(於)’, ‘어조사 호(乎)’ 등이 사용되는 문장을 보 면, “不信乎朋友 不獲乎上矣(친구에게 불신을 당하면, 윗사람에게도 신임을 얻지 못한다).”, 이 에 더해, 문맥상 피동문에 해당하는 문장으로는 “仁則榮 不仁則辱(어질면 영화롭고, 어질지 못 하면 치욕당한다).”, “狡兎死走狗烹(교활한 토끼가 죽으니 달리던 개가 삶아진다).” 등이 있다.

4.4. 한문의 시제, 띄어쓰기, 문장 부호

한문은 인도·유럽어, 한국어 등과 달리 동사와 형용사의 과거, 현재, 미래를 표시하는 문법적 시 제가 없으므로 문맥이나 시간을 나타내는 부사어와 맥락을 통해 사건의 시점을 파악해야 한다 는 특징이 있다. 예를 들면, ‘어제 작(昨)’, ‘오늘 금(今)’과 같은 시간 표현을 사용하는 것이다. 또 한문은 띄어쓰기를 하지 않는다. 즉 한문에서는 단어와 문장 사이에 공백을 두지 않고, 한자의 연속으로 문장을 구성한다. 문장이 끝나더라도 줄 바꿈을 하지 않고, 계속해서 한자를 붙여 쓰

[12] 《소학(小學)》 제삼(第三) 경신(敬身) 장에 나오는 문 장. 이어지는 내용은 “臨難 毋苟免 狠毋求勝 分毋求 多(어려움에 임하여 구차 하게 면하려 하지 말며, 다 툼에 이김을 구하지 말며, 나눔에 많음을 구하지 말 라).” 참고로 《소학》은 송나 라 주자(朱子)의 제자 유자 징(劉子澄)이 8세 안팎의 아동들에게 유학을 가르치 기 위하여 1187년에 편찬 한 수양서이다.

VI. 한자와 한국어 교육

는 것이 일반적이다. 문장에서 띄어쓰기가 없는 것은 일본어와도 비슷하다.

또한 한문에서는 문장 부호를 사용하지 않는다. 고대 한문에서는 문장 부호가 사용되지 않았으며, 문장의 구분이나 문맥의 흐름은 주로 문장 구조와 단어의 위치, 문맥에 의해 결정되었다. 한편, 현대 한문 서적에서는 가독성을 높이기 위해 문장 부호를 사용하는 경우도 있지만, 전통적인 한문에서는 문장 부호가 없다. 반면 일본어의 경우 마침표, 쉼표, 물음표, 느낌표, 쌍점, 쌍반점, 작은따옴표, 큰따옴표, 괄호 등의 문장 부호를 통해 문장의 구조와 의미를 명확히 한다.

여기서 현대 중국어가 고전 한문과 다른 점을 간추려 보자면, 현대 중국어는 이전과 달리 동사의 형태 변화나 시제 표현을 통해 사건의 시점을 명확히 하고, 필요한 경우 문맥상 띄어쓰기에 해당하는, 즉 단어와 문장 사이에 공백을 사용하여 가독성을 높이고 있다. 예를 들면, 문장 부호 가운데 마침표는 '주하오(句号)', 쉼표는 '도우하오(逗号)'를 사용해 문장을 구분하고 의미를 명확히 한다.

이러한 문법적 기능과 실용적 차이가 드러나는 이전 한문과 현대 중국어는 서로 다른 방식으로 문장을 구성하고 의미를 전달한다. 결론적으로 한문은 문맥과 독자의 지식을 바탕으로 읽히는 특성을 가지고 있다.

5. 한글의 창조적 대응

5.1.《훈민정음(訓民正音)》과 최초 한글 번역

한글이 창제된 해는 1443년이며, 이를 백성들에게 반포한 것은 1446년이다. 15세기 중엽 지구상에서 가장 정교하고 짜임새가 잘 갖추어진 새로운 문자가 만들어졌다. 인류의 언어사에서 자신들이 사용하는 말에 걸맞은 글(문자)을 창조한 것은 그야말로 획기적인 사건이다. 근 5세기가 넘어서는 20세기에 들어서서야 학자들의 언어에 관한 연구가 본격적으로 이루어졌고, 한글의 학문적 가치와 의미가 인정받게 되었다. 특히 문화와 예술 분야에서 그 가치를 인정받기까지는 더 많은 시간과 희생, 그리고 노력이 뒤따랐다. 오늘날 지구상에서 한글을 사용하는 사람들 사이에서는 한글의 유용함과 편리함에서부터 언어의 확장성에 이르기까지 한글에 대한 다양한 이해가 이루어져 왔다.

문자 '한글'의 옛 이름은 '훈민정음'으로《훈민정음》(해례본)으로 표현될 때에는 책을 말한다.《훈민정음》(해례본)은 크게 〈예의(例義)〉와 〈해례(解例)〉로 구성되어 있다. 〈예의〉는 한글을 만든 이유와 한글 사용법을 간략하게 설명한 글이고, 〈해례〉는 한글의 자음과 모음을 만든 원리와 용법을 상세하게 설명한 글이다. 이는 1446년 9월(음력) 상순(上旬)[13]에 완성되었다. 한문(漢文)으로 된《훈민정음》(해례본)을 우리말로 바꾸어 놓은 한문의 최초 한글 번역본은《훈민정음》(언해본)으로, 1459년에 만들어졌다.

《훈민정음(訓民正音)》(해례본) © 국가유산청

[13] 한 달 가운데 초하루부터 초열흘까지의 사이를 뜻한다.

《훈민정음》(해례본)의 〈예의〉에 수록된 '어제 서문'에서 세종은 훈민정음을 창제하게 된 목적이 백성들에게 표현 수단을 마련해 주기 위함임을 밝히고 있다. 다음은 '國之語音(국지어음)'으로 시작되는 세종의 서문을 한글로 쉽게 풀이한 것이다.

"조선의 말이 중국과 달라서 문자로는 서로 소통하기 어렵다. 이런 이유로 불쌍한 백성들이 말하고 소통하고 싶어도, 마침내 글자로 뜻을 펼치지 못한다. 따라서 내가 이를 불쌍하게 여겨서 새롭게 28자를 만들었으니, 이제 백성들은 쉽게 익히고, 날마다 사용하는 데 있어 편안하기 바란다."

5.2. 한글의 최초 한문 학습

한글이 반포된 이후에도 한문을 학습하기 위한 교재가 만들어진다. 편찬자와 편찬 시기가 알려져 있지 않지만, 조선 시대 아동의 교육을 위한 기초 한문 교재로 쓰인 책이 바로 《계몽편(啟蒙篇)》[14]이며, 이를 한글로 쉽게 풀이한 책이 《계몽편》(언해본)이다.

《계몽편》(언해본)은 한문 문장을 한글로 직역한 것에 가까웠지만, 한문을 모르는 사람도 읽고 이해할 수 있어 책의 활용도와 유용성이 매우 뛰어났다. 따라서 당시 《계몽편》의 언해본은 한문을 알지 못하는 여성의 한문 교재로도 쓰였던 것으로 보인다. 여기서는 《계몽편》의 원본에 실린 한문을 중심으로, 관련된 한글과 한글화된 사자성어, 한글로 이해되는 한자어 뿌리나 어원을 일부나마 밝히고자 한다. 이는 한글의 변천 과정에서 언제든지, 어디서든지 생겨나고 소멸하는 언어의 속성을 아는 데 도움이 될 것이다.

다음은 《계몽편》의 머리글에 속하는 〈수편(首篇)〉[15]이다. 이후에 이어지는 〈천편(天篇)〉, 〈지편(地篇)〉, 〈물편(物篇)〉, 〈인편(人篇)〉 전체의 내용을 간단하게 요약한 것으로 볼 수 있다.

首篇
上有天 下有地
天地之間 有人焉 有萬物焉
日月星辰者 天之所係也
江海山嶽者 地之所載也
父子君臣夫婦長幼朋友者 人之大倫也
以東西南北 定天地之方
以靑黃赤白黑 定物之色
以酸鹹辛甘苦 定物之味
以宮商角徵羽 定物之聲
以一二三四五六七八九十百千萬億
總物之數
右首篇

이 내용이 《계몽편》(언해본)에서 어떻게 다루어졌는지 현대 한국어로 토를 단 일부분을 살펴보자.

上有天하고 下有地하니
天地之間에 有人焉하고 有萬物焉하니
日月星辰者는 天之所係也요
江海山嶽者는 地之所載也요
父子君臣夫婦長幼朋友者는 人之大倫也니라[16]

이처럼 《계몽편》(언해본)은 원문을 해석하기 힘든 초급자에게 도움을 주는 방식이다. 즉 한문의 구성과 어순, 문장 성분 그리고 문형에 대한 문법적 지식이 없었던 당시에 그나마 한글로 토를 달아 문장을 쉽게 이해하고, 전체의 뜻을 살리기 위한 보조 역할을 한다. 일종의 암기식·주입식 교육 방법이자 교수법의 보조 수단이라고 볼 수 있다. 따라서 위의 한문을 이해하기 위한 방법으로는 앞서 언급한 '4. 한문의 문형과 강독', 즉 한문의 구성과 순서, 문장의 종류에 대한 기본적인 지식이 필요하다.

먼저, 어구 풀이에 앞서 '어조사'에 대해 알아보자.

본문의 '天地之間, 天之所係也, 地之所載也 (……)' 등에서 '갈 지(之)'는 동사로는 '가다', 관형격 조사로는 '~의/~하는', 주격 조사로서는 '~은/는/이/가', 대명사로는 '그, 그녀(사람)/그것(사물)'을 뜻한다. 따라서 본문에서의 '天地之間'은 '하늘과 땅의 사이'로, '天之所係也'는 "하늘이 매달고 있는 것이다."로, '地之所載也'는 "땅이 싣고 있는 것이다."로, 나머지 대부분은 관형격 조사로서 '~의'의 뜻이다.

이어 어조사 '어찌 언(焉)'을 알아보자. 위 본문의 문장 끝 '어조사 야(也)'의 쓰임과 같다. 그러나 주로 문장 맨 앞에서는 의문사로 쓰인다. 때로는 문장 끝에서 '어지(於之)', 즉 어조사 '어(於: ~에/에서)'+지시대명사 '지(之: 그것/그곳)'와 같은 뜻으로 쓰이기도 한다. 본문에서 '天地之間 有人焉 有萬物焉'는 "하늘과 땅 사이 그곳에 사람이 있고, 그곳에 만물이 있다."로 해석된다.

어조사 '야(也)'는 주로 문장 끝에 위치하며, '~이다'의 뜻을 갖는다. 현대 중국어에서는 '또한'의 의미를 나타내기도 한다. 본문에서 '人之大倫也'는 "인간의 큰 윤리이다."로 해석된다.

다음으로 '놈 자(者)'와 '바 소(所)'를 알아보자. 전치 수식의 기능을 갖는 '者'는 '~하는 것/~하는 사람'의 뜻을 갖는 반면 '所'는 주로 후치 수사적 기능을 갖는다. 예를 들면 '견지자(見之者)'는 '그를(그것을) 본 사람', '소원(所願)'은 '원하는 것'이라고 해석된다. 따라서 본문의 '日月星辰者 天之所係也'는 "해와 달과 별은 하늘이 매달고 있는 것이다."로 풀이된다.

또 하나 알아야 할 것은 '써 이(以)'의 기능이다. 쉽게 표현하자면, '쓸 용(用)'과 같은 의미로 '~로써, ~을 가지고' 등으로 해석되며 수단이나 방법을 가리킨다. 본문에서 '以東西南北 定天地之方'은 "동서남북으로써 하늘과 땅의 방위를 정한다."로 해석된다.

　나아가 본문을 이해하기 위한 어구 풀이와 한자에서 파생되어 현재 우리가 자주 사용하는 한국어에 대해 조금 더 살펴보자. 첫 문장인 '上有天 下有地(상유천 하유지)'는 한자 뜻 그대로 "위에는 하늘이 있고, 아래에는 땅이 있다."는 의미로 가장 많이 쓰이는 한문 구성, 즉 '주어+서술어+보어'로 짜여져 있다. 한국어를 기본적으로 읽고 쓸 수 있는 학습자라면, 본문에 나오는 '東西南北(동서남북)'이 사방(四方)의 방위(方位)를 일컫는다는 것을 알 수 있다. 그러나 오방색(五方色)을 일컫는 '靑黃赤白黑(청황적백흑: 파란색, 노란색, 붉은색, 흰색, 검은색)'과 5가지 맛을 뜻하는 '酸鹹辛甘苦(산함신감고: 신맛, 짠맛, 매운맛, 단맛, 쓴맛)'의 뜻을 알려면 한자 풀이가 필요하다.

　덧붙인다면, 색깔과 맛을 뜻하는 한자어는 다른 한자와 연계되어 수많은 어휘를 생산해 냈다. 먼저 빛깔에서 비롯된 어휘로는 '청춘(靑春)/청년(靑年), 황금(黃金)/황혼(黃昏), 적도(赤道)/적외선(赤外線), 백인(白人)/백수(白手), 흑백(黑白)/암흑(暗黑)', 이어 맛과 관련된 한자에서 파생된 어휘로는 '천신만고(千辛萬苦), 감수(甘受)/고진감래(苦盡甘來), 고통(苦痛)/고생(苦生)' 등이 있다. 또한 '맛 미(味)'에서 비롯한 단어로는 '의미(意味)/조미료(調味料)/산해진미(山海珍味)'가, '소리 성(聲)'과 연관된 어휘로는 '명성(名聲)/이구동성(異口同聲)'이, 숫자 '억 억(億)'으로부터는 '억겁(億劫)/억조창생(億兆蒼生)'이, '거느릴 총(總)'에서는 '총리(總理)/총장(總長)' 등이 있다.

　본문 중간에 나오는 '父子君臣夫婦長幼朋友(부자군신부부장유붕우)'는 붙여쓰기로 인해 해석에 방해를 받을 수 있겠지만, 실제 일상에서 쉽게 접할 수 있는 한자어로 구성되어 있다. 여기서 파생되는, 한국어에서 친숙하게 사용하는 사자성어를 볼 수 있다.

부자유친(父子有親): 아버지와 아들 사이의 도는 친애에 있다.
군신유의(君臣有義): 임금과 신하 사이의 도리는 의리에 있다.
부부유별(夫婦有別): 부부 사이에는 서로 침범치 못할 인륜의 구별이 있다.
장유유서(長幼有序): 윗사람과 아랫사람 사이에는 엄격한 차례와 질서가 있다.
붕우유신(朋友有信): 벗 사이의 도리는 믿음에 있다.

　나아가 한자는 시대의 변천에 따라 새로운 한국어 조어(造語) 형성에 있어서 중요한 역할을 했다. 예를 들어 '장유유서(長幼有序)'에서 '길 장(長)'은 '어른 장(長)'의 뜻도 가지고 있으며, 머리카락이 긴 노인을 본떠서 만든 상형자(象形字)이다. 본래의 뜻인 '길다'에서 '어른, 우두머리'라는 뜻이 파생된 것이다. 예를 들면, '가장(家長)', '사장(社長)', '교장(敎長)', '장관(長官)', '장음(長音)' 등 무수하다. 이처럼 한자는 그로부터 비롯된 다양한 조어는 물론, 한자어, 합성어, 사자성어로서 활용되며 한국어의 자양분 역할을 톡톡히 하고 있다.

6. 나가며

지금까지 외국어로서 한국어 학습에서 한자와 한문의 이해 및 활용은 좀 더 정확한 한국어 이해를 위해서도 반드시 필요한 과정임을 서술했다. 다만 오늘날 다중 문화와 다중 언어 시대의 일원인 우리는 언어의 층위는 물론 시대정신의 변화와 기술 발전, 기후와 환경 요인 등 하나의 언어로는 표현하기 어려운 복잡다단한 사회를 살고 있다. 더구나 외국어 교육은 물론, 번역과 통역으로 통칭할 수 있는 언어 기반의 소통 자체가 큰 변혁을 맞고 있다. 대표적으로 '대형 언어 모델(LLM)'에 기반한 챗지피티(ChatGPT)나 딥시크(DeepSeek) 같은 인공지능(AI)의 등장이다. 이제는 언어 기반을 넘어 영상과 이미지 영역까지 그 역할과 기능이 하루가 다르게 급속히 확대되고 있다.

그럼에도 불구하고, 역설적으로 한 나라, 나아가 글로컬 시대 언어의 정체성을 확보하려는 노력과 연구는 멈출 수 없다. 단기적인 처방을 넘어, 지속적인 연구와 노력으로 인류 보편적 가치를 재발견하고, 인간 활동의 모든 영역을 아우르는 근본은 분명 언어이기 때문이다. 언어 기반의 인공지능에 있어서도 끊임없는 자극과 새로운 자료 및 데이터는 필수적이다. 또한 인류를 추동하는 모든 문화의 일차적 요소 또한 언어이며, 그러한 언어의 다양한 스펙트럼이 소통과 교류, 위기에 맞선 대응과 해법을 만들어 내기 때문이다.

전 세계에는 대략 6,000~7,000개의 언어가 존재하는 것으로 알려져 있다. 그중 역사의 굴곡을 거쳐 오늘날까지 살아남은 문자는 40여 개에 불과하다. 그중에서도 말과 소리를 담을 수 있는 문자이자 만든 이의 이름과 반포일, 창제 원리까지 알려져 있는 문자는 한글이 유일하다. 또한 앞선 내용에서 유추할 수 있듯이, 한자와 한문은 우리나라의 긴 역사를 관통하면서 뿌리 깊이 내재화되어 우리의 한글과 한국어에 실질적인 영향을 끼쳐 왔다. 15세기 중엽 세종이 고유한 글자를 만들어 백성이 두루 사용할 수 있도록 한글을 창제했지만, 당시 뿐만 아니라 오늘날에도 한국인의 한글 사용은 여전히 혼란스럽다.

따라서 우리는 현재 우리가 사용하고 있는 언어가 올바른가? 분명한가? 편리한가? 등 언어적 실체에 접근하기 위한 다양한 노력과 검증을 게을리하지 말아야 할 것이다. 그 노력의 하나가 동아시아 한자 문화권에서처럼 '한자'와 '한문'을 올바르게 이해하는 것이다. 동시에 '현재 일본과 중국의 한자는 어떠한가? 동아시아에서 한자의 표준화 또는 새로운 형태의 한자 창조는 필요한가? 나아가 그것이 가능한가? 상이한 한자체로도 상호 소통이 가능한가?'에 대한 연구 역시 필요하다.

한국어 교육은 한자와 한문으로부터 비롯된 한국어를 제대로 이해하고, 가르치는 교수법과 크게 다르지 않다. 외국어로서 한국어를 배우는 학습자, 가르치는 교수자 입장에서 한국어의 역사적·문화적 배경을 배우는 일은 현재와 미래를 위한 한국어의 잠재력과 대응책을 확보하는 데 있어 필수적일 것이다.

참고문헌

김선정 외. 2013. **살아 있는 한국어 한자성어**. 랭기지플러스.

김용재 외. 2018. **중학교 한문**. 와이비엠.

김지영, 김지현. 2021. **해외 한국학자를 위한 한문**. 한국학중앙연구원 출판부.

배규범. 2012. **외국인을 위한 한자와 한국문화**. 한국문화사.

블랑카 페르클로바 외. 2023. **팬데믹 이후 한국어 교육의 새로운 도전과 모색**. 공앤박.

이상금. 2024. **어말아글**. 두두북스.

이영희. 2011. **외국인을 위한 재미있는 한자**. 한국문화사.

임영철. 2011. 일본의 국어정책과 일본어 교육. **국어교육연구**. 28.

삼한출판사 편집부. 1994. **書體字典**. 삼한출판사.

송원편집부. 2011. **칠체 천자문**. 법문북스.

笹原宏之. 2015. **日本人と漢字**. 集英社インターナショナル.

今野真二. 2015. **常用漢字の歴史: 教育, 国家, 日本語**. 中央公論新社.

酒井明. 1990. 中国書道史の旅. 別冊墨. 2. 株式會社芸術新聞社.

酒井明. 1992. 図說 中国書道史. 季刊 墨スペシャル. 9. 芸術新聞社.

酒井明. 1993. 中国碑刻紀行. 季刊 墨スペシャル. 14. 芸術新聞社.

국가유산청 http://www.khs.go.kr

국립국어원 http://www.korean.go.kr

일본문화청 https://www.bunka.go.jp

표준국어대사전 http://www.stdict.korean.go.kr

한국민족문화대백과사전 https://encykorea.aks.ac.kr

한국학중앙연구원 http://www.aks.ac.kr

제2장

유럽 내 한국어 수업에서의 한자 교육에 관한 시범적 연구
– 이탈리아 카포스카리대학교 석사 과정 학생들의 한자 인식을 중심으로

이효진

이탈리아 카포스카리 베네치아대학교
Università Ca' Foscari Venezia

최지지

영국 셰필드대학교
University of Sheffield

1. 들어가며

한국학을 공부하는 학습자들이 다양해짐에 따라 공부의 목적과 분야도 다양해지고, 한국어 학습뿐만 아니라 한국의 역사, 문화, 사상 등에 대한 깊은 이해와 연구를 목적으로 하는 학습자들도 늘어나고 있다. 이에 코로나로 인한 팬데믹 상황에서도 영국 케임브리지대학교에서는 한국학 대학원 과정을 개설하고 전임 교수를 임명했으며, 이탈리아 베네치아 카포스카리대학교(이하 베네치아대학교)에서도 역사, 사상, 고전 문학 등 분야의 전문가 양성을 목표로 2022년 한국학과 대학원 과정을 개설하여 약 25명의 신입생을 모집했다. 이처럼 한국학의 연구 분야가 다양해지고 학문의 깊이도 더해지면서 학습자의 요구가 분화됨과 동시에 한자, 나아가 한문 교육에 대한 필요성도 점차 높아지고 있다.

한국어 교육의 관점에서 한자 교육의 궁극적인 목표는 학습자의 한국어 수준 심화 및 향상일 것이다. 손연자(1984)는 한자어에 대한 이해와 적용 능력을 높임으로써 언어 능력과 독해력을 향상시키는 것이 한자 교육의 목표라고 제시했으며, 김지형(2003), 이영희(2008) 등은 한자어 학습을 통해 어휘력이 향상될 것으로 기대했다. 한국어 어휘 중 많은 수가 한자어이기 때문에 고급 한국어를 구사하기 위해서는 한자 교육이 필수적이라는 의견(Jung & Yu Cho, 2006; 설혜경·심혜령, 2009; 미시라, 2018), 한국어 교육에서뿐만 아니라, 한자 교육이 한자 문화권의 특성을 이해하고 수용하는 데도 중요한 요소로 활용될 수 있다고 보는 의견(허철, 2013)도 있다.

한자 및 한문의 중요성은 한국학을 연구하는 외국인 학자들도 지속적으로 제기하고 있다. 유럽 한국어교육자협회(European Association of Korean Language Education) 및 유럽 한국학협회(Association of Korean Studies in Europe)에서 주관하는 학술 대회에서는 매회 한자 및 한문 교육에 관한 패널이 구성되어, 한국어 및 한국학에서의 한자의 역할과 중요성에 대한 논의가 활발히 이루어지고 있다. 이처럼 한자어 교육의 중요성에 대한 인식이 높아지면서 외국인 학습자의 한국어 학습을 위한 한자 교재의 필요성이 함께 제기되고 있다. 박준석·이용이 공동 연구로 한국어 학습을 위한 한자 관련 논문을 발표한 것이나(박준석·이용, 2014), 브리티시 컬럼비아대학교의 로스 킹(Ross King) 교수가 추진 중인 한자 학습을 위한 교재 및 온라인 사이트 개발 등이 좋은 예이다.

외국인을 위한 한자 교육에 대한 논의는 1970년대에 시작되어 1980년대부터 구체화되었다. 한국어 학습자의 다변화에 따라 1990년대부터는 비한자권과 한자권을 분리하여 살피는 연구가 이루어졌다(이영희, 2008). 외국인 한국어 학습자들을 대상으로 한 한자 교육의 중요성에 대한 근거로 가장 많이 제시되는 것은 한국어 어휘에서 한자어의 비중이다. 이미 여러 연구에서 지적된 바와 같이 고급 한국어 화자가 되기 위한 한자 학습의 중요성 역시 여러 연구에서 지속적으로 제기되고 있다(손연자, 1984; 박준석·이용, 2014; 박세진, 2014a, b; 이영희, 2008, 2020). 다만 한국어 교육 안에서 한자 교육의 실행에 대한 구체적인 방법이나 학습자의 요구, 나아가 교재 및 수업 자료에 대한 논의는 그 역사가 비교적 짧다고 할 수 있다. 특히 한국어 학습자를 위한 한자 교재의 경우 2000년 이후 출판이 가속화되었는데, 이효진(2023)에서는 비한자권 학습자를 대상으로 한 한자 교재 총 27권(이 중 2권은 연습 책 시리즈)을 분석하면서 2010년 이후 더욱 많은 한자책이 출판되었음을 지적했다. 이처럼 최근 한국학 전공자가 증가하고, 대학원 과정이 신설되면서 한자 교육이 한국어 교육의 과제 중 하나로 새롭게 인식되고 있음을 알 수 있다.

이 논문은 이러한 논의를 바탕으로 유럽권 한자 교육의 효과적인 방법을 모색하기 위해 비한자권 학습자들을 대상으로 한 설문 조사와 이를 기반으로 시행된 한자 학습 후의 퀴즈 및 설문을 분석한 것이다. 2023년과 2024년 2년간의 연속 연구를 통해 비한자어권 학습자들이 가진 한자에 대한 인식과 학습의 어려움, 학습 시 주의해야 할 점 등에 대한 통찰을 얻고, 앞으로의 방향성에 대해 생각해 볼 수 있을 것이다.

2. 연구 방법과 내용 및 대상

본 연구는 카포스카리대학교 석사 과정 1년생을 대상으로 2년간 진행되었다. 2023학년도 및 2024학년도 봄 학기(2학기)에 개설된 'LINGUA COREANA 1 MOD. 2' 수업에서 한자를 가르치며, 관련한 퀴즈와 설문 조사를 실시했다. 먼저 한자 교육 전에 퀴즈와 설문 조사를 통해 한자와 한자어에 대한 기초 지식과 인지도를 파악하고, 12주에 걸쳐 한자를 교육한 후 다시 퀴즈와 설문 조사를 실시해서 학습자의 한자 습득 정도와 교육의 효과를 검토·비교했다. 수업은 일주일에 1회(90분), 15주의 문법 강의와 일주일에 3회(각 90분), 15주의 연습 시간으로 구성되었는데, 한자는 주 1회 문법 강의에서만 교수되었다. 이 수업에서 학습자들이 한 학기 동안 학습한 한자는 총 241자로 구체적 목록은 다음과 같다.

EASY HANJA 500 per la lingua coreana 한자 목록(1~12과)

1과: 人間, 男女, 家族, 父母, 孝子, 祖孫, 夫婦, 兄弟, 姊妹, 兒童
2과: 東西南北, 上下左右, 方向·位, 內外, 出入, 中央, 角度
3과: 一, 二, 三, 四, 五, 六, 七, 八, 九, 十, 百, 千, 萬, 億, 寸, 分, 第, 半, 歲, 兩, 各
4과: 月, 火, 水, 木, 金, 土, 日, 春, 夏, 秋, 冬, 季節, 陰陽, 天地, 江山, 海洋
5과: 川, 石, 原, 島, 田, 林, 湖, 河, 氷, 風, 雨, 雪, 廣野, 淸明, 流星, 色香
6과: 朝夕, 晝夜, 午前, 每番, 昨年, 現在, 過去, 未來, 近代, 以後
7과: 大小, 老少, 長短, 高底, 强弱, 輕重, 溫冷, 古今, 善惡, 吉凶
8과: 結婚, 交友, 會社, 共通, 同席, 親和, 信愛, 敬禮, 主客, 性品
9과: 自己, 心身, 肉體, 目鼻, 毛, 耳, 口, 舌, 手, 足, 血, 骨, 頭, 首, 面
10과: 病院, 生命, 氣力, 患者, 死亡, 醫師, 藥草, 良好, 運動, 回復
11과: 犬, 牛, 馬, 卵, 羊, 龍, 蛇, 鳥, 魚, 貝, 植樹, 英, 米, 果, 根, 竹, 松, 花, 種
12과: 學校·堂, 漢字, 敎育, 知識, 對話, 思考, 問題, 正答, 練習, 理科

수업 출석이 의무가 아닌 이탈리아 대학의 사정상 매주 참석하는 인원에 변동이 있었지만, 2023년도에는 약 15명의 학습자가 주기적으로 출석했고, 2024학년에는 약 10명이 출석했다. 해당 학습자들은 토픽 3급 후반에서 5급 사이의 중·고급 한국어 실력을 가지고 있으며 대다수가 교환 학생으로 한국에서 학습한 경험이 있다. 일본어나 중국어를 제2외국어로 공부한 학습자도 있지만, 알고 있는 한자도 많지 않고 대부분 한자를 어려워했다.

학습자는 12주 한 학기 동안 총 3차례의 설문 조사 및 퀴즈에 참여했는데, 각각의 문항들은 한자와 한자 교육에 대한 학습자의 인식, 한자어로 이루어진 한국어 어휘에 대한 학습자의 배경지식, 한국어에 빈번하게 등장하는 한자에 대한 학습자의 지식과 더불어 본격적인 한자 수업 전 한자와 그 한자가 사용된 한국어 어휘의 연관성 파악 여부, 학기 말 한자 수업의 효과를 확인할 수 있는 평가 문항 등으로 구성되었다. 본고에서는 설문 조사 중 사전 설문의 결과를 중심으로, '한자에 관한 인식'과 '한자 인지'에 관해 살필 것이다.

3. 사전 설문 조사 분석: 한자와 한자 교육에 관한 인식을 중심으로

사전 설문 조사는 한자 수업이 개설된 학기 초반인 2023년과 2024년 2월 중에 1학년 2학기 한국어 수업 내에서 한자 수업을 수강한 학습자들을 대상으로 시행되었다. 이 수업은 카포스카리 대학교 한국학 석사 과정에 개설된 한국어 1-1, 1-2, 2 과정에서 전공 필수 수업에 해당하는 한국어 1-2(LINGUA COREANA 1 MOD. 2)이다. 앞서 언급한 바와 같이 수업에 참석한 학습자 수는 주 차에 따라 변동이 있었지만, 2023년에는 18명의 학습자가, 다음 해인 2024년 학기에는 10명이 응답하여 총 28명의 학습자가 설문과 퀴즈에 참여했다. 설문과 퀴즈는 크게 3가지 문항으로 진행되었다. 먼저 대상 학습자의 한국어 학습 배경과 한국어 교육 안에서의 한자 교육에 대해 학습자가 느끼는 필요성을 파악했다. 다음으로 본격적인 수업 전 학습자의 한자 및 한자 어휘에 대한 사전 지식을 점검하기 위해 한자 어휘와 고유어 어휘를 구분할 수 있는지 확인하는 퀴즈와 주어진 어휘에 사용된 한자를 유추하는 능력을 파악하는 퀴즈를 진행했다. 다음에서 설문 문항의 구체적인 내용과 학습자들의 응답을 한자 교육의 필요성에 대한 학습자의 인식과 한자 및 어휘에 대한 인지 및 지식 2가지로 나누어 살펴보고자 한다.

3.1. 한자 교육의 필요성에 대한 학습자의 인식

먼저 본격적인 한자 수업 전 이루어진 사전 설문 문항은 한국어 학습자 입장에서 느끼는 한자 교육의 필요성과 스스로 평가한 한자 지식을 알아보기 위해 계획된 것으로, 다음과 같은 내용을 중심으로 조사가 이루어졌다. 참고로 모든 설문과 퀴즈 지시 문항은 영어로 제공되었다.

1. 한국어를 학습한 기간은 얼마나 됩니까? (How long have you been learning Korean?)
2. 한국어 교육에서 한자 교육이 중요하다고 생각하는 정도를 1~5 사이의 점수로 표시하고, 그 이유를 설명하세요. (On a scale of 1(not important) to 5(very important), how

important do you think it is for Korean language learners to learn Hanja? And the reason of it.)

3. 한자 교육에 가장 유용하다고 생각하는 한국어 학습 영역은 무엇입니까? (For which skills do you think it is useful to learn Hanja?)

4. 한국어 학습의 어떤 단계에서 한자 교육을 시작하는 것이 적절하다고 생각하십니까? (At what level do you think it is appropriate to start learning Hanja?)

5. 이전에 한자를 학습한 경험이 있습니까? (Have you ever learned Hanja before?)

6. 한자를 사용하는 다른 언어를 학습한 경험이 있습니까, 있다면 어느 정도 수준입니까 (중국어, 일본어 등)? (Have you ever learned any other language that uses Hanja(e.g. Chinese, Japanese etc)? If 'yes', which language(s) have you learned and if so, to what level(e.g. A1, A2 etc)?)

먼저 문항 1~4를 통해 한국어 학습자의 관점에서 한자 교육의 필요성과 효용성 인식 측면을 알아보았다. 특히 한자 교육의 필요성에 대한 학습자의 인식을 묻는 2번 문항과 연결하여, 이에 대한 이유를 묻는 문항을 추가해 설문 참가자들이 자신의 응답에 대해 구체적인 이유를 제시할 수 있도록 했다. 한자 교육 경험을 묻는 5번 문항의 경우 학습자가 좀 더 객관적으로 응답할 수 있도록, 알고 있는 한자의 개수를 대략적으로 제시하게 했다. 또한 한국어뿐만 아니라 일본어, 중국어 등을 함께 학습하는 학습자들이 많은 학과 특성상 설문 참가자의 한자 및 한자 어휘 사전 지식에 영향을 미칠 수 있는 다른 외국어 학습 경험 여부 또한 조사했다.

조사 결과, 설문 참가자 28명의 평균 한국어 학습 기간은 약 4년 정도인 것으로 파악되었다.[2] 그중 가장 짧은 기간은 3.5년, 가장 긴 기간은 5년이었다. 다음 〈표 1〉은 위의 2번 문항에 대한 응답으로, 학습자들이 한국어 학습의 관점에서 한자 교육이 가지는 중요성을 상당한 정도로 느끼고 있음을 보여 준다.

[2] 이 응답은 대학교 진학 이전 자율적 학습 및 대학교 입학 이후 대학교에서의 한국어 학습 기간을 모두 포함한 것으로 학생들 간 정도의 차이가 있을 수 있다. 베네치아대학교에서 한국학 전공을 선택한 학습자들은 일반적으로 주당 평균 약 6시간 한국어 수업을 수강한다(문법 강의 90분, 연습 90분×주3회).

〈표 1〉 한국어 학습에서 한자 교육의 중요도

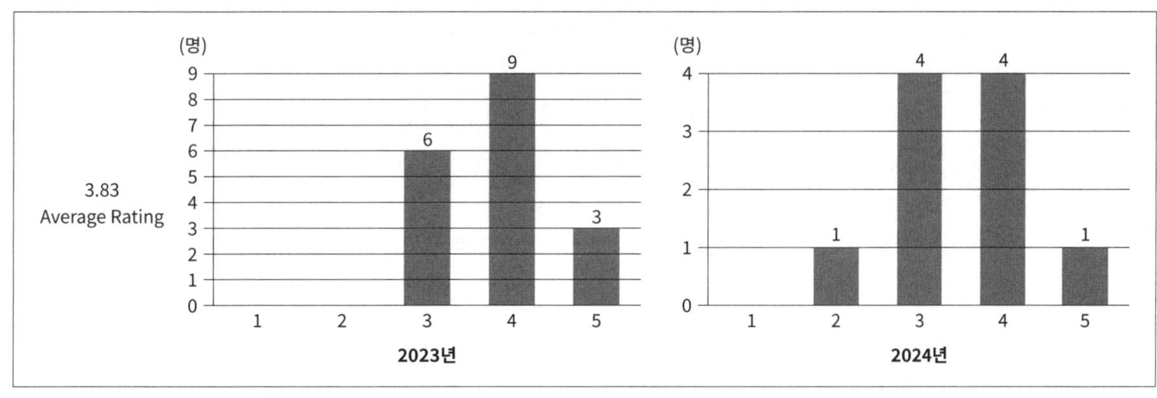

▶ 출처: Choi & Lee(2023; 2024)

학습자들은 한자 교육의 중요성에 대한 응답 이유를 주관식 형태로 기술했다. 먼저 전반적인 언어 학습의 관점에서 한자 교육의 중요성을 긍정하는 답변이 많았다. 학습자들은 "한국어와 한국어 어휘를 더 잘 이해하기 위해서 한자를 배우는 것은 매우 중요하다고 생각한다(I think learning Hanja is very important in order to better understand Korean language and vocabulary)." 또는 "한자를 학습하면 한국어를 더 빠르게 배울 수 있다(I think that studying hanja can help learning Korean language faster)."와 같이 한자 학습이 한국어 학습에 도움이 된다는 반응을 보였으며, 특히 한자 학습이 어휘력 신장에 도움이 된다고 보는 관점이 주를 이루었다. 많은 수의 학습자가 다음과 같이 한자 지식이 어휘의 의미를 추측하거나 어원을 파악하는 데에 도움이 된다고 응답했다.

1. "(한자는) 새로운 단어를 학습하는 데 유용하다(Useful to learn new words easily)."
2. "어휘를 외우는 데에 도움이 된다(Helpful to memorize vocabulary)."
3. "한자를 알면 단어를 직접 쓰거나, 그 의미를 파악하는 것이 쉬워진다(If you know hanja is way easier monotype words as well as guess their meaning)."
4. "한자를 알면 모르는 단어의 의미를 파악하기가 쉬워진다(If you know hanja it's easier to get the meaning of words that you might not know)."
5. "(한자를 알면) 새로운 단어나 어려운 단어를 더 쉽게 인식하고 이해할 수 있다(To be able to easily recognize and understand the meaning of new or more difficult words)."
6. "내 경우에는 한자를 알아볼 수 있다는 게 어휘를 쉽게 배우는 데에 도움이 되었다(In my specific case, recognising some hanja helped me to learn vocabulary easily)."
7. "(한자 학습은) 한국어 단어를 학습하고 기억하는 데에 도움이 된다. 단어의 의미를 정확히 모르더라도 한글 음절(에 사용된 한자어)을 인식하고 뜻을 쉽게 이해할 수 있기 때문이다(It can be helpful during the study and memorization of Korean words, because you can recognize the hangul syllables and understand easily the word's meaning even if you don't remember the exact word)."

위의 내용을 통해 알 수 있듯이 복수의 응답에서 '단어의 의미(meaning)'에 대한 언급이 발견된다. 학습자들의 이와 같은 관점은 한자 학습이 어휘의 의미를 파악하고 기억 및 학습하는 데에 도움이 된다는 인식, 나아가 한자어 지식을 바탕으로 모르는 어휘의 의미를 추측할 수 있다는 인식을 보여 준다. 또한 학습자들은 한자 학습이 한국어 어휘 학습을 위한 어휘 망(어휘 간의 연관성)을 구축하는 데 도움이 되며 나아가 학습자의 조어력 신장에도 도움이 된다고 응답했다.

8. "한국어를 좀 더 깊이 있게 배우기 위해서는 (한자를 배우는 것이) 무척 유용하다. 어휘를 배우는 것뿐만 아니라 어휘 망을 만드는 데에도 아주 효과적이다. 배우지 않은 단어라 하더라도 한자어의 의미와 연결하여 그 뜻을 이해할 수 있다. 라틴어와 그리스어 어원의 이해를 통해 이탈리아어를 학습하는 것과 유사하다(I think it's really useful for those who want to learn Korean at a deeper level. It is really useful to learn vocabulary and make connections between words. One might be able to understand the meaning of an unknown word by piecing together the meaning of the word's different components, a bit like one could do with Italian by understanding its Latin or Greek etymology)."

9. "한자를 통해 같은 주제로 연관된 단어들에서 발견되는 음절의 의미를 알 수 있기 때문에 번역이 쉬워진다(Because through the hanja you can learn the meaning of some syllables which can be found in Korean words related to the same topic so you can find the translation more easily)."

10. "한자를 배우는 것은 단어의 원 뜻을 인식하고 이해하는 연습에 유용하다(I think learning hanja is a useful practice for the recognition of the original meaning of words and so their understanding)."

11. "한자를 알면 처음 보는 어휘의 의미와 어원도 잘 이해할 수 있다(With hanja one learner can understand the meaning(origin) of the word even though he/she sees/hears that word for the first time)."

학습자들은 한자 학습과 지식을 통해 한국어 어휘의 '어원(Original Meaning)'을 파악할 수 있고 이를 바탕으로 어휘의 의미에 대한 깊이 있는 이해가 가능하다고 보고 있다. 또 응답 8과 같이 어휘 사이의 연관성 형성(Make Connections between Words)을 언급하거나 응답 9처럼 같은 한자어를 공유하여 '연관된(Related)' 의미를 가지는 다양한 단어를 효과적으로 학습할 수 있다고 한 언급에서 확인할 수 있듯이, 학습자는 한자가 특정 주제를 중심으로 어휘 망을 구축하거나 맥락에 따른 어휘를 선정하여 단어 사이의 유기적 관계를 만드는 데에 중요한 역할을 한다고 인식하고 있었다.

학습자들의 인식 중 특이할 만한 점은 학습자가 느끼는 '한국어 학습에서 한자의 효용성' 측면이다. 많은 수의 학습자가 한자를 아는 것이 한국어 학습에 유용하기는 하지만 필수적인 것은 아니라는 인식을 가지고 있었다. 먼저 학습자들은 현대 한국어 또는 일상 회화 한국어에서는 한자가 불필요하다고 보고 있으며, 한자는 신문과 같은 특정 매체나 한국학 같은 특정 학문 영역에 한하여 필요하다고 보는 관점도 있었다.

12. "한자는 한국인들의 일상 대화에서는 많이 사용되지 않는 것 같다. 그렇지만 유창성을 기르고자 하는 한국어 학습자들에게는 유용하다(I think Hanja are not used very

much when Koreans talk to each other but they are useful to Korean learners who want to be fluent in Korean).”

13. “요즘은 한자를 많이 사용하지 않지만 여전히 기본적인 것은 알아야 한다(They don't use it so much nowadays but still need to know some basic ones).”

14. “한자는 신문 같은 특정 영역에서 여전히 사용되고 있다. 한자는 단어의 어원이나 의미를 더 잘 이해할 수 있도록 해 준다(Hanja is still used in Korea in some fields, like newspaper and I think Hanja is useful to better understand the origin and meaning of words).”

학습자들은 같은 맥락에서, 한자는 고급 수준의 한국어, 나아가 학문 및 직업 목적, 한국학과 같은 특정 연구 분야를 위한 한국어에 좀 더 유용하다고 생각했다.

15. “고급 수준의 한국어로 올라가면 단어의 의미를 알고 단어들이 어디에서 기원하는지 이해하기 위해 한자를 배우는 것이 중요해진다(I think when you reach a higher level of the Korean language, it is important to learn hanja to understand the meaning of some words and where they come from).”

16. “한자 학습은 고급 수준의 한국어 학습에서 언어의 이해와 단어 암기에 도움이 된다고 생각한다(I think that learning hanja in useful for a higher level of understanding of the Korean language and it is also helpful to memorize vocabulary).”

17. “(한자 학습은) 고급 수준의 학습에서 한국어에 대한 지식을 신장하는 데에 중요하다(It is important to know more and more hanja to improve one's knowledge of Korean to a more advanced level).”

18. “(한자 학습은) 특정 학문이나 직업에 유용하다(It can be useful for certain study/job).”

19. “많은 한국어 단어가 한자에서 유래했고, 한국학에서 중요한 개념들은 한자와 관련이 있기 때문에 한자를 공부하는 것이 중요하다(As a lot of Korean words come from Hanja and some important concepts in Korean studies can be related to Hanja, I think it is important to study them).”

학습자의 응답 15~17과 같이 학습자들은 고급 수준의 한국어 학습(Advanced Level)에서 한자가 좀 더 필요하다고 보는 인식이 지배적이었으며, 응답 18~19와 같이 학문 목적 한국어 학습, 한국학 연구 등 특정 영역이나 맥락에서 한자 학습이 유의미하다고 보는 경향이 있었다. 특히 이러한 관점의 응답 중에는 다음과 같이 일상 회화를 위한 한국어를 위해서는 한자를 배울 필요가 없다고 보거나 초급 수준의 한국어 학습에서는 한자 학습이 오히려 학습자의 혼란을 가중할 수 있다고 보는 의견도 있었다.

20. "(한자 학습은) 일상 생활에서는 별로 중요하지 않은 것 같다(I don't think that it's very important in the day to day like)."
21. "초급 수준에서 (한자 학습은) 학습에 혼란을 야기할 수 있다(For beginner level, it may create confusion)."
22. "(한국어 공부에 한자 학습이 필요한가는) 본인이 원하는 한국어 학습 수준에 달려 있다고 생각한다. 초급 레벨의 한국어 학습에서는 한자를 공부할 필요가 없다고 생각한다(I think it depends on how deeply you want to study Korean. If you want to learn Korean only on a basic level, I do not think that you need to study Hanja)."

마지막으로 한자 학습을 시작하기에 적절한 시기를 묻는 질문에는 초급 1부터 시작해야 한다는 응답이 3명, 초급 2는 3명, 중급 1은 10명, 중급 2는 7명, 고급 1은 5명으로 나타났다. 대부분의 학습자가 한자 교육은 중급에서부터 시작하는 게 좋다는 의견이 많았지만 기초 1부터 시작해야 한다는 의견이 3명이나 있는 것도 주목할 만하다.[3]

설문에 참가한 28명의 전체 학습자는 중국어 또는 일본어 학습을 통해 한자를 접한 경험이 있다고 답했는데, 해당 언어의 학습 경험은 초급 1(A1) 수준이 대부분이었다. 이 중 3명을 제외한 25명의 학습자가 한자를 공부한 적이 있다고 답했다. 인지할 수 있는 한자에 대해서는 10자 이하라고 응답한 학습자가 14명, 50자 이하라고 응답한 학습자가 7명으로 대부분의 응답자가 스스로의 한자 지식을 낮게 평가하고 있었다. 이는 학습자들이 중국어와 일본어 학습을 초급 수준까지만 진행했기 때문으로 보인다. 제한적인 한자 지식에도 불구하고, 중국어와 일본어 등의 언어를 학습한 경험이 이들 언어들에 비해 한자 노출이 적은 한국어 학습에서 한자가 필수적이지 않다고 응답한 것에 영향을 미쳤으리라 짐작할 수 있다.

지금까지 이탈리아의 한국어 학습자들이 한국어 학습의 관점에서 한자 교육을 어떻게 인

[3] 2023년의 조사에서는 초급 1부터 시작해야 한다는 응답이 3명, 초급 2부터 1명, 중급 1은 7명, 중급 2는 4명, 고급 1은 3명이었고, 2024년의 조사에서는 초급 2는 2명, 중급 1은 3명, 중급 2는 3명, 고급 1은 2명이었다. 카포스카리대학교 한국학 석사 과정에 진학한 학생들은 개인차가 있지만 평균적으로 토픽 4급 전후의 한국어 수준을 가지고 있으며, 교재는 서울대 한국어 5급 교재를 사용하고 있다. 서울대 한국어 교재에서도 한자어가 빈번하게 등장하고, 따로 단어를 한자와 함께 제시하고 있기 때문에 이 시기에 학생들이 한자에 대한 필요성을 느끼는 것으로 보인다.

<표 2> 한국어 학습에서 한자 학습을 시작하기 적절한 시기

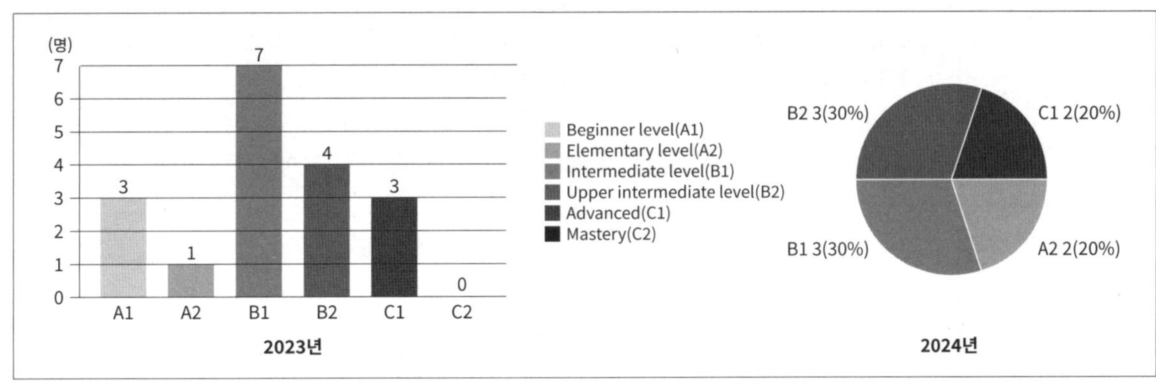

▶ 출처: Choi & Lee(2023; 2024)

식하는지에 대해 몇 가지 설문 문항을 통해 알아보았다. 기본적으로 학습자들은 한자를 배우는 것이 한국어 학습, 특히 어휘 학습에 도움이 된다고 생각했다. 학습자들은 한자를 통해 어휘의 의미를 깊이 있게 이해하고, 연관된 어휘로의 확장이 가능하며, 어원을 통해 배우지 않은 단어의 의미를 추측하는 데에도 한자가 도움이 된다고 보았다. 동시에 학습자들은 한자가 초급 수준의 한국어에서는 잘 사용되지 않으며, 현대 한국어나 일상 회화에서는 불필요하다고도 여겼다. 이는 학습자들이 한국어에서 한자가 차지하는 비중과 사용 맥락 등을 상당 부분 간과하고 있음을 시사한다. 일부 학습자들은 한자가 신문과 같은 격식이 강조되는 텍스트의 이해나 특정 학문 영역에서만 제한적으로 필요하다고 여기기도 했다. 따라서 한국어 학습을 위한 한자 교육에서는 학습자의 이러한 인식적 한계를 고려하여 학습자가 한국어 사용에서 한자에 대한 실효성을 스스로 확인할 수 있도록 하는 계기를 제공하는 것이 중요하다. 설문에 응답한 학습자들의 일부가 한자 교육이 필수적이지 않다고 답했음에도 불구하고, 대부분은 한국어 학습에 한자 지식 및 교육이 필요하다는 점을 긍정하고 있으며 한자 학습의 적절한 시기로는 다수의 응답자가 한국어 중급 1, 2 수준을 꼽았다. 일견 모순으로 보이는 한자 교육에 대한 학습자들의 이러한 인식은 실제 학습자의 한자 어휘 인식과 이해에도 영향을 미치는 것으로 보인다. 다음 절에서는 한자 수업 전 실시된 퀴즈 문항을 통해서 한국어의 한자 어휘와 관련해 학습자들이 겪는 어려움에 대해 좀 더 자세히 살피고자 한다.

3.2. 한자 및 어휘에 대한 인지 및 지식

한자 수업 전 한자 어휘에 대한 학습자의 사전 지식을 점검하기 위해 퀴즈를 진행했다. 이 퀴즈는 2개의 파트로 나뉘어 제시되었는데, 첫 번째 파트에서는 한자 단어 25개와 고유어 단어 25개, 총 50개 단어를 제시하여 학습자로 하여금 한자어와 고유어 단어를 구분하도록 하였다. 질문에 사용된 단어는 한국어 교육 과정 초급에 해당한다.[4] 두 번째 파트는 같은 음과 다른 의미의 한자어들이 사용된 단어의 목록을 제시하고 학습자가 단어의 의미에 기반하여 공통된 한자를 공유하는 단어를 구별해 낼 수 있는지 알아보았다.

[4] 설문에 제시된 한자어와 고유어 단어 목록은 다음과 같다.
한자어 단어: 가수, 가족, 감기, 내일, 냉면, 단점, 동물, 등산, 맥주, 무료, 미술, 방송, 비밀, 사계절, 시험, 여행, 우유, 자유, 자전거, 점심, 친구, 태풍, 표현, 행복, 홍차.
고유어 단어: 가을, 고기, 구름, 나라, 날씨, 누나, 다리, 달, 마음, 모레, 바람, 별, 비누, 사흘, 새벽, 섬, 소리, 어른, 언니, 어린이, 옛날, 치마, 코, 하늘, 햇빛.

〈그림 1〉 한자 어휘 지식 점검 문항 예시

Question: 밑줄 친 글자들이 동일한 의미를 가진다고 생각되는 단어끼리 분류하고 밑줄 친 글자의 의미를 쓰세요. 제시된 단어들은 1개, 2개 또는 3개의 그룹으로 분류할 수 있습니다.

Example) 하

빙<u>하</u>(glacier), 부<u>하</u>(subordinate), 지<u>하</u>(basement), <u>하</u>차(get off), <u>하</u>천(river)

(water)	(under)	( )
빙하(glacier) 하천(river)	부하(subordinate) 지하(basement) 하차(get off)	

▶출처: Choi & Lee(2023; 2024)

　퀴즈 결과를 통해 발견한 사실은 다음과 같다. 먼저 많은 학습자가 한자어와 고유어 어휘 구분에 어려움을 겪고 있는 것으로 조사되었다. 각 단어에 1점의 점수를 부여해 채점한 결과, 해당 문항에 대한 평균 점수는 2023년 50점 만점에 20.5점, 2024년 50점 만점에 28.3으로 나타났다. 2024년 결과가 2023년보다 다소 높기는 하지만 평균적으로 학습자들은 주어진 50개의 단어 중 절반 이상에 대해 한자인지 고유어인지 구별하지 못했다. 특히 낮은 정답률(40% 이하)을 보인 단어는 '감기', '나라', '날씨', '맥주', '모레', '방송', '새벽', '시험', '우유', '자유', '친구', '자전거', '햇빛'이었다. '맥주', '시험', '우유', '친구'는 2023년과 2024년 조사에서 학습자들이 공통적으로 고유어라고 응답한 어휘였다. 퀴즈에 사용된 모든 단어가 한국어 학습에서 초급 수준에 해당하지만 해당 단어들은 특히 한국어 학습 초기에 반복적으로 등장하고 학습자가 한국어 학습에서 활용하는 비중도 높은 어휘이다. 이러한 어휘를 고유어로 인식하고 있다는 것은 앞 절에서 학습자들이 한자는 초급 단계의 한국어 학습, 일상 회화 한국어에서 불필요하다고 본 것과 연관 지어 해석할 수 있다. 다시 말해 학습자들은 한국어 초급 수준의 어휘, 특히 자신들이 일상생활에서 반복적으로 자주 접하는 어휘들에 한자가 사용된다는 사실을 인식하지 못하고 있었다.

　또한 학습자들은 '달', '별', '섬', '코'와 같은 1음절 단어를 한자어로 인식하는 경향이 있었다. 2023년의 조사에서 대다수의 학습자가 4개의 1음절 단어를 한자어로 인식했으며, 2024년의 조사에서도 절반의 학습자가 '달', '별', '섬' 3개의 단어를 한자 어휘로 골랐다. 이는 단어의 음절 수가 학습자의 한자 어휘 판별에 중요한 요소로 작용한다는 점을 보여 준다.

　같은 한자를 공유하고 있는 어휘를 고르는 문항에서도 몇 가지 일관된 경향이 나타났다. 먼저 다수의 응답에서 '가족(家族)'과 '휴가(休暇)', '가수(歌手)'와 '대가(大家)'를 관련 있는 어휘로 묶는 경향이 드러났다. 여기에는 '휴가'는 '가족'과 함께 보내는 시간이라는 개념, 영어 또는 이탈리아어의 맥락에서 '가수'와 '대가'는 음악과 관련해 사용되는 단어라는 배경지식이 작용한 것으로 보인다. 이러한 결과는 학습자가 어휘 간 관련성을 파악하고자 할 때 어휘에 사용된 한자를 주의 깊게 인식하거나 활용하지 못하고 단어 그 자체의 의미, 특히 영어로 제시된 등가어 의미에 기대고 있음을 보여 준다. 따라서 많은 응답에서 학습자들은 '선배(先輩)'나 '선생님(先生님)'의 '선(先)'처럼 영어 또는 모국어로 'before/previous'라고 일대일 대응이 되는 한자어는 의미를 쉽게 인식하지만, '선수(選手)'의 '수(手)'나 '대가(大家)'의 '가(家)'와 같이 확장된 의미에 대해서는 한자의 의미를 유추하지 못했다. 이러한 한자어는 어휘에 따라 다양한 맥락의 해석이 가능한, 다시 말해 범용성이 높은 한자로 어떤 단어에 쓰이느냐에 따라 각기 다른 의미로 해석될 수 있다. 학습자들의 오답을 중심으로 분석한 결과, 범용성이 높은 한자어일수록 학습자들은 어휘의 의미 연관을 파악하는 데에 어려움을 겪는 것으로 나타났다. 덧붙여 '자연(自然)'과 같이 고전에서 쓰이던 어휘를 가져와 새로운 의미를 부여한 경우 역시 단어의 의미를 알고 있다 하더라도 단어에 사용된 각각의 한자 의미에 대해서는 유추하지 못했다. 따라서 학습자들은 한자의 의미가 단어에 그대로 적용된 경우 해당 어휘에 사용된 한자를 파악하는 데 어려움을 겪지 않았지만, 한자의 의미가 확장되어 어휘를 구성하는 각 음절의 해석에서 일대일 대응이 어려운 경우에는 한자 파악에 어려움을 겪었다.

　본고는 학습자의 설문 내용 분석을 통해 한자의 문자 체계와 한자 어휘를 학습하고자 하는 학습자들이 학습 과정에서 겪을 수 있는 어려움을 구체적으로 파악해 보았다. 한국어 학습자를 위한 한자 교육은 학습자로 하여금 한자 어휘가 한국의 일상어에도 상당량 편재된, 한국어 학습의 중요한 매질(Medium)임을 깨닫게 해 주었다는 점에서 그 의미를 찾을 수 있다. 나아가 한자 학습을 통해 학습자가 한국어 어휘의 어원 및 의미를 깊이 있게 이해할 수 있다는 점에서 한자 교육이 한국어 어휘의 조어력 신장에 긍정적인 영향을 미칠 수 있다는 시사점 또한 이 연구의 중요한 발견이다.

4. 나가며

지금까지 유럽어권 한국어 학습자들의 구체적인 한자 교육 방안과 효과를 검토하기 위한 기초적 연구로 학습자의 한자에 대한 기초 지식과 인식을 살피고, 한자 교육 후 설문을 실시해 한자에 대한 지식과 어휘력이 얼마나 신장되었는지를 확인해 보았다. 먼저 사전 설문 조사 결과를 요약, 정리하면 다음과 같다.

　첫째, 학습자들은 한자 교육이 필요하다고 느끼고 중요하다고 생각한다.

　둘째, 한자의 필요성에 대해서는 동감하나 초급 수준의 한국어에서는 한자가 잘 사용되지 않는다고 생각하는 경향이 있고, 현대 한국어나 일상 회화에서는 불필요하다고도 여긴다.

　셋째, 학습자들은 한자어와 고유어의 구분을 어렵게 느끼며 제대로 구분하지 못했다. 특히 한 음절 단어에서 혼란을 느꼈다.

　넷째, 한자어가 영어 또는 모국어로 쉽게 일대일 대응되는 경우 한자의 의미를 쉽게 유추했다.

　다섯째, 확장성이 높은 한자어의 경우 학습자들은 한자어의 확장된 의미를 파악하기 위해 알아야 할 해당 문화나 역사적 배경에 대해 알지 못해 의미 유추에 어려움을 겪었다.

　비한자권 학습자들은 한자를 배우는 것이 한국어 학습에 효용이 있다고 생각하지만, 실제 한자어를 학습하는 데에는 모국어의 방해, 확장성 문제 등의 해결해야 할 숙제가 많음을 확인할 수 있었다. 특히 확장성에 관해서는 이미 많은 선행 연구에서 비한자권 학생들에게 한자어를 가르칠 때 범용성이 높은 한자어를 효과적으로 교수할 수 있는 방향으로 한자어 의미망 구조를 제시하고 설득하는 방향이 논의되어 왔다. 그러나 이번 설문 결과에서 알 수 있듯이, 각 한자가 가지는 의미망을 제대로 제시하고 지도하지 않으면 학생들이 잘못된 의미망을 습득하고 그것이 고착화될 위험성이 있다. 이는 비한자권 학습자들이 한자를 학습할 때 범용성이 높은 한자어들을 체득하고 이를 통해 어휘력을 증폭시킬 수 있다 하더라도, 한자어를 가르치는 현장에서 더욱 세심히 주의를 기울여 의미망을 올바르게 전달하는 방안에 대해 고민할 필요가 있음을 시사한다.

  마지막으로 주목할 점은 학습자들이 주로 중급 이상의 어려운 어휘에서만 한자어가 사용
된다고 생각한다는 점이다. 이는 학습자뿐만 아니라 실제 많은 교수자가 중급 이상의 어려운
과제에서 한자를 제시하거나 어려운 단어를 쉽게 이해하는 용도로 사용함으로써 교수자와 학
습자 모두에게 한자어에 대한 선입견을 심어 준 탓일지도 모른다는 점에서 생각할 거리를 남
긴다.
  이 연구는 이탈리아어를 모국어로 하는 학습자만을 대상으로 삼은 한계를 가지고 있다. 향
후 연구에서는 한자권이 아닌 다양한 국가의 학습자들을 포함해 연구 범위를 확대하고, 사전
설문 조사를 바탕으로 구성한 커리큘럼을 실제 교육 현장에 적용해 한자 교육의 효과를 검증하
는 후속 연구를 진행하여 더욱 의미 있는 결과를 도출하고자 한다.

참고문헌

김지형. 2003a. 외국인 학습자를 위한 교육용 기본 한자의 선정. **어문연구**. pp. 31-2.

김지형. 2003b. 한국어 교육에서의 한자 교수법–비한자권 외국인 학습자를 중심으로. **국제어문**. 27.

미시라 하시 쿠마르. 2018. 인도 한국어학과의 한자·한자어 교육 현황과 인도인 한국어 학습자를 위한 한자어 교육 방안–힌디어 모어 환자 중심으로. **어문논총**. 33.

박세진. 2014a. 外國人을 위한 韓國語 敎育에서 漢字·漢字語 敎育의 現況과 問題點–하와이대학교 사례를 중심으로. **漢文古典研究**. 28-1.

박세진. 2014b. 외국인을 위한 한국어 교육에서 바람직한 한자 한자어교육의 방안1. **漢文敎育研究**. 43.

박덕유. 2009. 외국인 학습자를 위한 어휘력 신장 연구(I) 한국어 한자 및 한자어를 중심으로. **언어와 문화**. 5-1.

박준석, 이용. 2014. 외국어로서의 한국어 학습을 위한 한자 교재 개발 연구. **한국어문학연구**. 63.

손연자. 1984. 비한문 문화권 외국인에 대한 한자교육 방법론 소고. **외국어로서의 한국어 교육**. 9.

송병렬. 2012. 외국인을 위한 한국어 교육에서 한자 어휘 교육의 문제. **한문교육연구**. 38.

설혜경, 심혜령. 2009. 비한자 문화권 학습자를 위한 한자어 교육 연구. **외국어로서의 한국어 교육**. 34.

이영희. 2008. **외국인을 위한 한자어 교육 연구**. 숙명여자대학교 박사 학위 논문.

이영희. 2020. 모바일 기반 한자어 교육에 대한 연구. **외국어로서의 한국어교육**. 57.

이효진. 2022. 한자 교재의 현재와 유럽에서의 한자 교육. **팬데믹 이후 한국어 교육의 새로운 도전과 모색**. 공앤박.

유홍주. 2003. 외국인을 위한 한국어 한자교육 방안–터키 에르지예스대학교를 중심으로. **어문연구**. 31-2.

허철. 2013. 한국어 교육에서 학습자의 특성에 따른 한자계 어휘 학습 전략 설계를 위한 통합 어휘 비교 연구의 필요성과 방향에 대한 일견. **한국한자한문교육학회**. 32.

Choi G. & Lee H. 2024. *A study into the recognition of 'Hanja'(Chinese characters used in Korean)*. https://docs.google.com/spreadsheets/d/1MoQq8pbKL8csZiFKfHROu5vBuibmf1TI/edit?usp=sharing&ouid=100885391963699432091&rtpof=true&sd=true.

Choi G. & Lee H. 2023. *A study into the recognition of 'Hanja'(Chinese characters used in Korean)*. https://forms.gle/o9AJAUWBDCgn1MDEA.

Hyojin Lee. 2022. *EASY HANJA 500: per la lingua coreana*. Venice: Cafoscarina.

Min Jung & Young-mee Yu Cho. 2006. *Chinese Character Education in Teaching Korean as a Foreign Language: A New Paradigm of Cognitive Expansion. The Korean Language in America*. 11.

백예리. 2014. "한국은 전통을 자랑하는 나라지만, 한자 쓰지 않는다면 표면적 전통만 남을 것". *ECONOMY Chosun*. https://economychosun.com/site/data/html_dir/2014/09/29/2014092900008.html.

J. S. Shin. 2021. University of Cambridge Opens Graduate Programs in Korean Studies. The Korea Bizwire. http://koreabizwire.com/university-of-cambridge-opens-graduate-programs-in-korean-studies/180248.

Potential Applicability of Intercomprehension for Sino-Korean Words and Loanwords

명성욱

이탈리아 카포스카리 베네치아대학교
Università Ca' Foscari Venezia

1. Introduction

Vocabulary is essential to language learning(Wilkinson 1972). The Korean language is no exception. As students advance to more academic and professional vocabulary, the ratio of Pure-Korean vocabulary significantly decreases and Sino-Korean, and loanwords become indispensable(National Institute of the Korean Language, n.d.).

Korean vocabulary education can incorporate European plurilingual approaches, as it may align with language policies and trends of Europe. Among numerous strategies, Intercomprehension requires learners to actively apply previous knowledge to expand their idiolect, which suggests its potential for studying/ teaching Sino-Korean and loanwords. In this paper, I will further investigate Korean vocabulary and previous research on Korean vocabulary education, plurilingualism, and intercomprehension. Then I will present predictive Korean vocabulary content with intercomprehension and discuss how it can be applied to learners with previous exposure to Chinese characters and those without.

2. Content: Korean Vocabulary

2.1. Categories and Definitions

Korean vocabulary can be categorized into three groups according to origin—Pure-Korean words, Sino-Korean words, and loanwords.

2.1.1. Pure-Korean Words

Also known as Native-Korean words, they originate from the Korean language(The Academy of Korean Studies, n.d.).

2.1.2. Sino-Korean Words

These words derive from single or paired Chinese characters with a Korean pronunciation. Although they come from Chinese characters, their origin is not solely Chinese but Korean or Japanese(The Academy of Korean Studies, n.d.), and they can be grouped by whether they are also used in other countries that have adopted Chinese characters(Lee 1999).

Sino-Korean words in Korean have been attested since the 2nd century BC. Their proportion increased as the titles of kings and nations and names of places and bureaucratic positions were changed from Pure-Korean words to Sino-Korean ones. Sino-Korean words were continuously used for the Entry Exam for Government positions and Buddhist terms during the Goryeo Dynasty and Confucianism in the Joseon Dynasty. By the end of the Joseon Dynasty, the proportion of Pure-Korean words to Sino-Korean words was 7:3. Despite constant Chinese influence, Pure-Korean words predominated nonetheless(Lee 1999).

This phenomenon engendered a dual modality to refer to the same things in the Korean language. Sino-Korean words tended to be continuously used interchangeably with their Pure-Korean counterparts until a fair portion of Pure-Korean words became extinct. In contrast, Sino-Korean words survived(The Academy of Korean Studies n.d.).

This tendency was fortified as new technologies and concepts(The Academy of Korean Studies n.d.) from Western civilization entered the Korean peninsula through Japan and China, mostly Japan, during the mid-19th century Enlightenment. This potent phenomenon led to the importation of numerous Chinese character words from Japan and their replacement with equivalent counterparts already extant in Korean. Consequently, Sino-Korean words of Japanese origin outnumbered those of Korean and Chinese origins(Lee 1999), especially in modern professional/academic language(National Institute of the Korean Language n.d.).

⟨Table 1⟩ shows how similar the Sino-vocabulary is among Korean, Chinese, and Japanese languages is demonstrated below:

⟨Table 1⟩ Similarity among Korean, Chinese, and Japanese

Similarity among Sino-vocabulary	Percentage (%)
Korean - Japanese	75.8
Korean - Chinese	62
Chinese - Japanese	58.6

▶Source: (Lee 1999)

2.1.3. Loanwords

Loanwords are words borrowed from one language and assimilated to another. While Sino-Korean words share this trait with loanwords, these two are considered different and are classified separately(Lee 1997).

Movements to standardize the spelling of Chinese loanwords(Sino-Korean words) gained momentum at the beginning of the 1930s. The First Organization of Non-Korean Vocabulary in 1940 was stopped in its tracks due to the Korean Eradication

Policy during the Japanese colonial period. After the Liberation from Japanese occupation, the first official law for loan words was enacted and amended further in 1958 and 1969 as the Koreanized Spelling of Roman Alphabets(로마자의 한글화 표기법) and Korean Spelling of Foreign Languages(외국어 한글 표기법)(이덕호 1980). In 1986, the official standard for loanwords in Korean(외래어표기법) was released and has been used ever since(Gyeoremalkeunsajeon Committee 2020).

The foreign origin of a word does not automatically render the word a loanword. The word must be frequently and widely used by the Korean population for a certain extent of time, possess localized pronunciation, form, usage, etc., and not require an explanation of the definition(The Academy of Korean Studies n.d.).

2.1.4. Vocabulary Ratio

The current usage of the Korean language is organized by the origins of the words as 〈Table 2〉.

〈Table 2〉 shows that in the colloquial language, Pure-Korean words are predominantly utilized, but for professional, academic, or advanced language, other categories of words are more actively spoken and written. In other words, Sino-Korean and loan words should be the focus in the classroom at intermediate and advanced levels(Lee 2016).

〈Table 2〉 Word Ratio in Daily and Professional/Academic Languages

	Daily Language Usage		Professional Language Usage	
	Number of Words	Percentage (%)	Number of Words	Percentage (%)
Pure-Korean words	232,008	47.953	23,213	8.387
Sino-Korean Words	160,998	33.276	166,059	59.999
Loanwords	5,943	1.228	45,942	16.6
Sino-Korean + Loanwords	3,065	0.634	11,638	4.205
Sino-Korean + Pure-Korean Words	79,325	16.396	28,167	10.177
Loan + Pure-Korean Words	1,218	0.252	1,270	0.459
Sino-Korean + Loan + Pure-Korean words	1,263	0.261	480	0.173
Total	483,820	100	276,769	100

▶Source: National Institute of the Korean Language n.d.

〈Table 3〉 Status Quo of Loanwords and Mixed Words

	Loanwords	+ Sino-Korean Words	+ Pure-Korean Words	+ Other Loanwords	+ Sino-Korean Words + Pure-Korean Words	Total
English	69,644	71,275	4,724	4,230	3,522	153,395
French	1,709	562	81	872	50	3,274
German	708	1,236	54	204	60	2,262
Japanese	973	215	179	138	21	1,526
Italian	706	177	43	194	21	1,141
Latin	565	228	30	70	26	919
Greek	277	315	15	134	8	749
Spanish	336	55	15	79	1	486
Russian	249	135	14	7	12	417
Chinese	94	50	23	10	10	187
Total	75,261	74,248	5,178	5,938	3,731	164,356

▶Source: National Institute of the Korean Language n.d.

In the original data, 46 origins of loan words are identified. 〈Table 3〉 shows the Top 10 most prominent languages of origin(〈Table 3〉).

Out of 164,356 loanwords in total, approximately 93.3%, 153,395 words derived from the English language. The reasons for the prevalence of English loanwords and the addition of Chinese loanwords beyond the Sino-Korean vocabulary are complex and beyond the scope of this paper.

2.2. Previous Research about Korean Vocabulary Education

Teaching vocabulary started to gain attention in the 1970s with the release of a notional-functional syllabus. The later emergence of the Communicative Approach and Lexical Semantics emphasized the importance of vocabulary even more(Lee 2016). As Wilkins noted, communication is hindered without grammar but becomes impossible without vocabulary(1972).

This trend was also demonstrated in Korean language and education research. Further research was specified by vocabulary categories. Despite the direction in which the research progressed, there has not been a notable policy or method that nationally unified the previous work, which had been done separately and individually for both Sino-Korean and loanwords.

2.2.1. Sino-Korean Words

Sino-Korean vocabulary education became a discussion topic in the 1970s. How to teach it to learners completely unfamiliar with Chinese characters was fervently discussed in the 1980s. The ideal number of Chinese characters and Sino-Korean words derived from them, as well as what approaches and methods should be used, were investigated. These topics intensified in the 1990s, and more characters were selected based on language corpora in the 2000s(Lee 2016).

Despite dedicated progress, as of 2024, policies and guidelines regarding which Chinese characters and Sino-Korean Words should be covered are still absent at the national level. Moreover, since Sino-Korean words come from Chinese characters, many scholars propose Chinese character education. Although Chinese character and Sino-Korean vocabulary education can be combined, it remains controversial(Seoul National University 2014; Lee 2016). Further research should be conducted to establish and solidify a framework for Sino-Korean vocabulary education.

2.2.2. Loanwords

Research about loanwords and their pedagogy started in the late 1990s, first classifying loanwords whose meanings changed over time(Choi 1997, as cited in Moon 2020) and subsequently standardizing their pronunciations, forms, parts of speech(Moon 2004, as cited in Moon 2020). This standardization was later refined(Cho 2006, as cited in Moon 2020), becoming a catalyst for material development(Oh & Lee 2007, as cited in Moon 2020) and methods(Park 2011, as cited in Moon 2020) to teach and learn loanwords in the Korean language.

3. Europe: Plurilingualism and Intercomprehension

3.1. Plurilingualism

The context of learning and the education policies of a place determine the quality and modality of lessons. To enrich Korean language education in Europe, it is necessary to examine European language teaching policies and strategies.

Plurilingualism has been actively embraced and implemented in the past 30 years in Europe(Menegale 2023). Although the term 'plurilingualism' has been used interchangeably with multilingualism on numerous occasions, the two terms should be distinguished and used accordingly. Multilingualism recognizes solely the presence of languages other than the official language in the community, whereas plurilingualism not only recognizes the existence of other languages but also attempts to incorporate them to enrich the society linguistically and culturally for all(CEFR 2001).

In the last 30 years, pluralistic approaches such as Translanguaging, Content and Language Integrated Learning(CLIL), Eveil Aux Langues, Intercultural Approach, and Integrated Didactic Approach to Different Languages(Menegale 2023) were introduced to fulfill the purpose of using languages for communication and (taking) part in intercultural interaction, where a person, viewed as a social agent has proficiency, of varying degrees, in several languages and experience of several cultures(CEFR 2001, 168).

3.1.1 Intercomprehension

Intercomprehension is one of the plurilingual approaches.

3.1.1.1. Definition

Intercomprehension, also known as Lingua Receptiva or Receptive-Passive Multilingualism(European Union 2012), takes place when each person uses his or her own language and understands that of the other(Doye' 2005, 7). It happens receptively with spoken and written language; hence, only partial linguistic competence is required.

By technical definition, Intercomprehension refers to a situation where the source language is European as well as the student's native language, while Lingua Receptiva includes all languages the learner knows, regardless of whether they are spoken natively(van Klaveren, de Vries & te Thije 2010). However, many examples demonstrate that the two terms are used indiscriminately(European Union 2012). Therefore, the two terms are used interchangeably in this article.

Furthermore, it is widely accepted that intercomprehension between related languages works better because they share similar structures and are inherently mutually intelligible(Goosekens 2019). On the other hand, intercomprehension between languages of different language families is being investigated. To illustrate, Intercomprehension strategies and proper use of Lingua Franca helped to improve the intercomprehension between Dutch and Italian, one Germanic language and one Romance language with different roots(Muilwijk 2014).

3.1.1.2. Effects

Intercomprehension provides a quick yet effective approach to languages from the same or other language families in plurilingual contexts and competencies. It also activates students' schemas, may increase their Communicative Competence, and can be used simultaneously in other plurilingual learning, contributing to a natural linguistic and cultural integration(Menegale 2023).

3.1.1.3. Strategies

Intercomprehension strategies that maximize language learning include 'language bridging, focusing on contextualization, collocations, categories, word order, enunciating written words or texts, reading to understand the gist, deducing unknown words'(Bonrino 2011 Cited in Menegale 2023). In particular, cognate recognition, a lexical strategy to notice words of the same root between languages, is especially effective(Gooseken 2019).

3.1.1.4. Intercomprehension in Action

So far, there have been research projects regarding Intercomprehension between related languages in Romance, Slavic, and Germanic families, such as EU +1, Intercomprehension for Germanic Languages Online(IGLO), EuroComRom, etc. A pair of projects, ILTE and Intercom, include Intercomprehension between related and unrelated languages(European Union 2012).

Certain materials—books—such as Euromania, Eurom5, and PanoramanIC were released, and those targeted learners of specific age groups. Euromania is for young learners, and the other two book series are for Secondary school students and adults(Menegale 2023).

4. Implementation of Intercomprehension for Korean Vocabulary Learning

How can Sino-Korean and loanwords be taught with Intercomprehension? According to discussions of Intercomprehension with regard to Chinese characters(European Union 2012), people raised within the Sinosphere are generally able to spot cognates in other Sinosphere languages although the languages may not be related(Lee 1999).

In this section, I have first selected certain 20 loanwords that went through shifts in meaning or form from Moon's list(2020) and 16 Sino-Korean words that are not

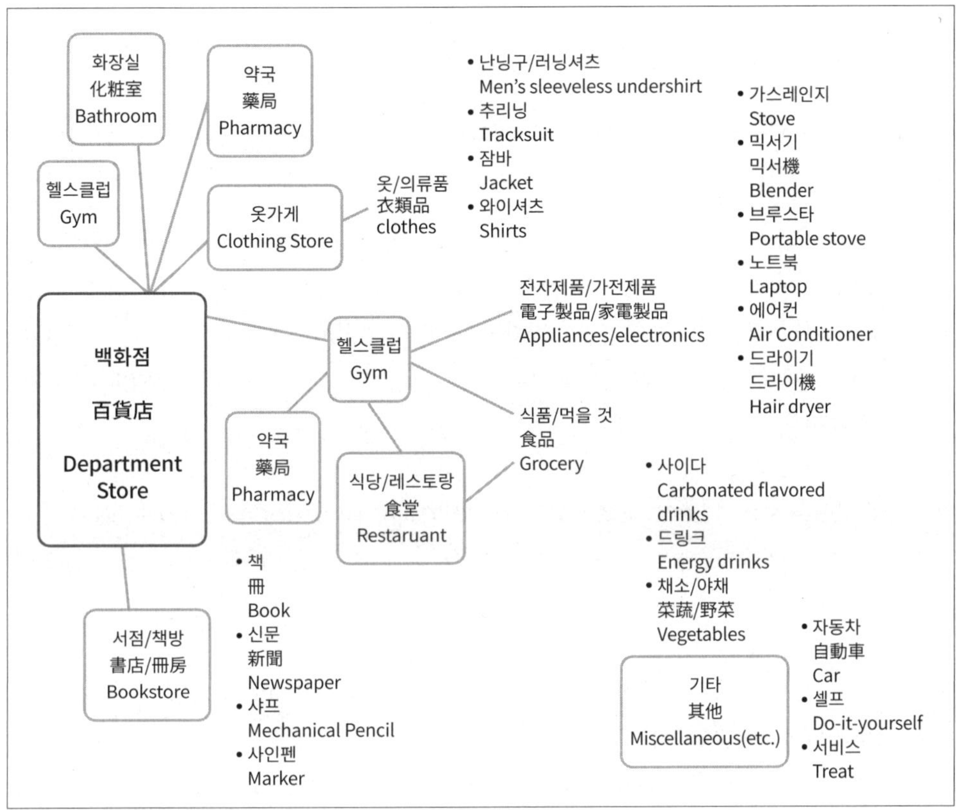

interchangeable among Korean, Japanese, and Chinese(Nam 2015, cited in 올읽쓰 2021). Then, a department store was set as the context of the lesson because the majority of Sino-Korean and loanwords were nouns, and 4 theme-related Pure-Korean words were added. Learners hopefully can extend their idiolect by applying their previous knowledge of Chinese characters and English. The 40 words are organized in Korean and Chinese character spellings with an English definition in a mind map:

4.1. Pre-lesson Reminder

In the original data, 46 origins of loanwords are identified. 〈Figure 1〉 shows the Top 10 most prominent languages of origin below:

Teachers should first remind students that two ways of saying the same thing exist in Korean and train students to possess a habit of identifying which category the target vocabulary belongs to:

1. Cases Where Only Loanwords are Acceptable

2. Cases Where Only Korean words(Sino & Pure) are Acceptable

3. Cases Where Both are Acceptable

For cases where both Sino-Korean and loanwords are acceptable, potentially different registers must be identified.

Learners tend to assume that English words would suffice for communication, which is a misconception. If students have Sino-Korean words as an option, they should use them rather than loanwords because the former are more socially appropriate, as they demonstrate one's social class and command sophisticated, formal Korean.

4.2. Strategies For Learners with Knowledge of Chinese Characters

Learners familiar with Chinese characters could apply two types of previous knowledge: Chinese characters for Sino-Korean words and the English language for English loanwords.

4.2.1. Sino-Korean Words

Chinese, Korean, and Japanese speakers all utilize Chinese characters. However, due to differences in arrangement and false friends, strategies should be differentiated according to the learner's language—Chinese or Japanese.

4.2.1.1. Speakers of Chinese

It would be a misconception to assume that all Korean words written in Chinese characters will be intelligible to native speakers of Chinese. Therefore, the Korean version of Chinese character combinations for Sino-Korean words should be addressed first. By doing so, false friends may be spotted as well. Lastly, students should be reminded of alternate ways to refer to the same thing with the other vocabulary categories, which would include pure Korean(Lee 1999) or loanwords.

As an example, newspaper(신문, 新聞), book(책, 冊), vegetable(채소, 採蔬), car(자동차, 自動車), and bathroom(화장실, 化粧室) are Sino-Korean, but Chinese character combinations are not the same as their corresponding words in Chinese. First, the words can be introduced in the Korean Chinese character combinations, then pronunciation later.

4.2.1.2. Speakers of Japanese

Although the origins and similarities between the Korean and Japanese languages remain controversial(Jung 2018), they are both agglutinative and share similar grammar. Due to the history, there have been numerous exchanges, including an influx of Japanese Chinese characters and Sino words derived from them. Japanese learners are aware of the modality because the concepts 'On-yomi' and 'Kun-yomi' exist in Japanese.

The difficulty for Japanese learners is recognizing Sino-Korean words in Korean letters and false friends(Lee 1999).

For example, since numerous words from the instance, such as newspaper(신문), pharmacy(약국), car(자동차), restaurant(식당), appliance(가전제품), etc. are similar and easily recognizable by Japanese speakers, strategies like guessing the Korean pronunciation of those similar words and writing them in Hangul, and vice versa can be used.

Despite these similarities, the teacher should double-check for student comprehension because Sino-Korean words with different Chinese character combinations, book(책), vegetable(채소) in this case, or false friends can be easily misunderstood.

4.2.2. Loanwords

English is the modern Lingua Franca(Escobar Urmeneta 2019), so unsurprisingly, the majority of loanwords in the Korean language derive from English(National Institute of the Korean Language n.d.). Hence, English loanwords can be covered by comparing English pronunciations and Koreanized ones.

Certain vocabulary may have originated from English, but the pronunciation or meaning may mismatch or be unintelligible, such as 난닝구(running shirt/men's sleeveless undershirt), 노트북(notebook/laptop), 브루스타(blue star/portable stove). Still, this strategy would be valid for the majority of English loanwords. If the English loanwords are not recognizable, referring to Chinese or Japanese loanwords to figure out the Korean counterparts may work as a subsidiary strategy. 난닝구(running shirt/men's sleeveless undershirt), 잠바(jumper/jacket), 추리닝(training/tracksuit), etc.

Although false loanword friends are not identified in this example, students and teachers should be informed of those, such as 헬스클럽(health club, gym in Korean, or brothel in Japanese).

4.3. Strategies For Learners without Knowledge of Chinese Characters

4.3.1. Targeting Loanwords → Sino-Korean Words

This group of learners has sufficient knowledge of English but may lack knowledge of Chinese characters. In order for them to apply their English knowledge to Sino-Korean words, English loanwords in Korean could work as a bridge. As previously witnessed, certain loanwords may be difficult to recognize because of their changes in form and pronunciation, so covering these words remains necessary, such as 사이다(cider/carbonated flavored drink), 잠바(jumper/jacket), 믹서기(mixer+기/blender), 슈퍼(super/supermarket), 와이셔츠(Y-shirt/shirt).

Then, the teacher should assist students in identifying the English loanwords' counterparts and comparing/contrasting the registers. In other words, the English loanword strategy can work as an introduction to learning Sino-Korean words and their Chinese character association for the first time. This may be interesting and more entertaining for students, for they will be able to apply what they already know and process new information more easily.

Since writing Chinese symbols is not required as in Chinese and Japanese education, simply recognizing the Chinese characters will suffice. Learners can first be introduced to a given character combination. The teacher says the words and has the students repeat them. Then, the teacher briefly explains the meaning of each character and their combinations. Now that students can associate the sound with the definition, they will be given the same information, but this time visually both in Hangeul and Chinese characters.

To illustrate, the English loanword for restaurant, 레스토랑, can be utilized for an initial encounter with its Sino-Korean counterpart, 식당 食堂. '식' means 'eating', and '당' means 'a place or a building'. Therefore, 식당 食堂 means a building for eating or a restaurant. By guessing and associating the meanings of individual letters with the combined ones, students can deepen their understanding of the vocabulary and address misconceptions. Learners can expand their Chinese character schema with a reduced cognitive load as they will learn about cuisines such as(한식 Korean, eat/cuisine), 중식(Chinese, cuisine), or 일식(Japanese, cuisine).

Then the registers can be addressed concisely right after such as 레스토랑, 럭셔리해요[it is a luxury] 식당, 안(with an X gesture to express negation) 럭셔리해요[it is not luxurious]. This phase would be for addressing misconceptions and using cognitive strategies to process information.

5. Discussion

The strategy above should enable students to learn Sino-Korean and loanwords—possibly simultaneously—in a more plurilingual, enjoyable, relatable, and accessible manner. Despite its advantages, this strategy is still in progress and may require further refinement and modification:

1. This has been just a theoretical and predictive approach without long-term and short-term data collection and analysis. Practical data collection from projects and experiments would be imperative.
2. This strategy would heavily rely on the teachers' content knowledge not only in Korean but also in English and other Chinese-character-influenced languages. In other words, this confirms the importance of a vocabulary(language) analysis before teaching to solidify teachers' content knowledge.
3. The dual modality of expressing the same thing in either Pure-Korean or Sino-Korean words(or both) was observed between Sino-Korean and loanwords as if Sino-Korean words replaced Pure-Korean words and were 'competing' with loanwords. This validates that Sino-Korean words have integrated and been localized in the Korean language, and it would be interesting to research exactly when and how it happened.

6. Conclusion

I have suggested one way to conduct a Sino-Korean and loanword vocabulary lesson tailored to students' linguistic backgrounds by applying Intercomprehension. I hope that students will be able to target two of the three vocabulary categories in a more plurilingual and communicative way in the European setting.

This theory could be solidified through numerous test drives, observations, data collection, and support. Future research should investigate whether this strategy can also be applied to learning pure Korean words as well as explore the potential for integrating these methods into a comprehensive language learning curriculum. Continuous experimentation and adaptation with this strategy will contribute to effective Korean vocabulary and language education.

Bibliography

Bonvino, Elisabetta. 2011. *EuRom5: Ler E Compreender 5 Línguas Românicas = Leer Y Entender 5 Lenguas Románicas = Llegir I Entendre 5 Llengües Romàniques = Leggere E Capire 5 Lingue Romanze = Lire E Comprendre 5 Langues Romanes.* Milano: Ulrico Hoepli.

Council of Europe(CEFR). 2001. *Common European Framework of Reference for Languages: Learning, Teaching, Assessment.* Cambridge: Cambridge University Press.

Doye', P. 2005. *Intercomprehension Guide for the Development of Language Education Policies in Europe: From Linguistic Diversity to Plurilingual Education.* Strasbourg: Council of Europe. pp. 1–22. Retrieved from https://rm.coe.int/intercomprehension/1680874594.

Escobar Urmeneta, C. 2019. "An Introduction to Content and Language Integrated Learning (CLIL) for Teachers and Teacher Educators." *Journal of Innovation and Research in Plurilingual and Pluricultural Education.* 2(1). p. 7. Retrieved from https://doi.org/10.5565/rev/clil.21

European Union. 2012. *Studies on Translation and Multilingualism: Intercomprehension Translation.* Retrieved from https://doi.org/10.2782/ 63143.

Gooskens, C. 2019. "Receptive Multilingualism." *Multidisciplinary perspectives on multilingualism: The fundamentals.* pp. 149–174.

Gyeoremalkeunsajeon Committee. 2020. "제 6 장 표기의 원칙." Retrieved from https://www.gyeoremal.or.kr/data/pds/pds_f_3_5_2.html.

Jung, I. 2018. *Manuale di Lingua e Linguistica Coreana.* Mimesis.

Klaveren, S., de Vries, J. & ten Thije, J. 2010. "Practices and Potentials of Intercomprehension Research into the Efficiency of Intercomprehension with Regard to the Workflow at the Directorate-General for Translation of the European Commission." Retrieved from https://www.jantenthije.eu/wpcontent/uploads/2010/08/Intercomprehension-Report-DGT-tenthije2013.pdf.

Lee, K. 1997. "외래어 요소가 포함된 단어 형성 연구." **관악어문연구** 22. pp. 519–542. Seoul National University Institutional Repository. Retrieved from https://hdl.handle.net/10371/153727.

Lee, M.H. 1999. "한·중·일 어휘 비교를 통한 한국 한자어의 특성 고찰 (The feature of a Chinese character in Korea)." *The Journal of Linguistics Science.* 16. pp. 403–425.

Lee, Y.H. 2016. "외국인을 위한 한자어 교육 연구." **소통.** Retrieved from https://www.nl.go.kr/.

Menegale, M. 2023. "Lesson 9 Presentation: Intercomprehension" [Theories of Language Education]. First Year Graduate School, University of Ca' Foscari Venice. Retrieved from https://moodle.unive.it/mod/folder/view.php?id=741071.

Moon, K.H. 2020. "Korean Vocabulary Education on Changed English Loanwords." *The Korean Language and Literature.* 193. pp. 515–541. Retrieved from https://doi.org/10.31889/kll.2020.12.193.515.

Muilwijk, M. A. 2014. "Intercomprehension between Two Unrelated Languages: A Case Study on Italian and Dutch." Ca' Foscari University of Venice. Retrieved from http://dspace.unive.it/handle/10579/5431.

National Institute of the Korean Language. n.d.. **우리말샘-함께 만들고 모두 누리는 우리말 사전**. Opendict.korean.go.kr. Retrieved from https://opendict.korean.go.kr/main.

Seoul National University. 2014. *Han'gugŏ kyoyukhak sajŏn=The encyclopedia of Korean Language education*. Hau. The Academy of Korean Studies. n.d.. **한국민족문화대백과사전**. Retrieved from https://encykorea.aks.ac.kr/.

Wilkins, David A. 1972. *Linguistics in Language Teaching*. Cambridge: MIT Press.

올읽쓰. 2021. 한중일 한자어 표현 비교(한중일 공용한자). Retrieved from https://youtu.be/DZu1lwDf16g?si=gpOwzWUIE3cxXkLs.

이덕호. 1980. 언어 차용에 관한 연구-우리나라 외래어 연구의 역사와 외래 어휘의 분류와 정의 문제. **한글**. 169. pp. 221-261.

제4장

Exploring Effective Approaches to Sino-Korean Vocabulary Education in KFL:

Hanja-derived Morphemes for Vocabulary Inferencing and Acquisition

다니엘레 디 파스쿠알레
Daniele Di Pasquale
이탈리아 사피엔차 로마대학교
Sapienza Università di Roma

1. Introduction

The importance of Hanja(한자, 漢字, Chinese characters in the Korean language) education in Korean as a foreign language(KFL) cannot be overstated. The employment of Chinese characters in premodern Korea gave birth to Sino-Korean words, known in Korean as Hanja-eo(한자어, 漢字語), accounting for up to 70% of the Korean language's vocabulary(Jung & Cho 2006, 65). Therefore, teaching Hanja and specifically Sino-Korean vocabulary has become an integral part of the KFL curriculum. However, many resources and textbooks for both Chinese characters and Sino-Korean vocabulary education are focused on teaching the stroke order, the radicals, or how to recognize and memorize Hanja.

The purpose of this study is to propose an innovative and effective method to Sino-Korean vocabulary education that underlines the importance of Hanja-derived morphemes in Sino-Korean vocabulary acquisition and to provide empirical evidence of the theorized hypothesis. The first chapter delves into the role of Hanja and Sino-Korean vocabulary in general, exploring the various strategies employed by KFL learners to infer and acquire Sino-Korean vocabulary. The study also introduces the concept of Hanja-derived morphemes, the smallest linguistic units with meaning derived from Chinese characters in the Korean language, investigating their significance and usage in KFL, and how these morphemes contribute to the formation of words in Korean. Subsequently, the training and testing stages conducted to facilitate learners' understanding and use of Hanja-derived morphemes are outlined. Finally, the results obtained from the previously cited stages are presented to draw meaningful conclusions concerning Sino-Korean vocabulary inferencing and acquisition.

This study was born from the fact that most of the resources for Sino-Korean language education place a lot of emphasis on individual Chinese characters while also paying attention to composition and stroke order. This approach lacks a logical framework for organizing relevant vocabulary and expanding learners' understanding of word formation. Furthermore, it does not provide systematic explanations of derived morphemes, nor does it make significant efforts to link vocabulary usage to an understanding of each morpheme's meaning. As a result, learners are often required to rely solely on rote memorization to acquire and utilize complex vocabulary that could instead be learned through logical reasoning and tools such as knowledge of Hanja-derived morphemes.

Therefore, for the sake of vocabulary inferencing and retention, this research underlines why Hanja education in KFL should also focus on showing the learners how impactful knowing Hanja-derived morphemes could be on textual comprehension, new word acquisition and, most importantly, the enhancement of the learning experience, especially at and beyond the intermediate level. Other important research questions that will be considered are: (1) To what extent does prior knowledge of Hanja-derived morphemes help KFL learners guess the meaning of new Sino-Korean words? (2) How does the knowledge of Hanja-derived morphemes influence the learning experience of Sino-Korean vocabulary? In order to answer these questions, lessons focusing on Hanja-derived morphemes have been provided for 72 Italian learners of Korean at Sapienza University of Rome with the purpose of enhancing Sino-Korean vocabulary inferencing and acquisition skills. Finally, the students have been tested and interviewed to inquire about the achievements of the aforementioned method. The result suggests the idea that Hanja-derived morphemes should be incorporated into Korean vocabulary education by showing that teaching how to employ these morphemes can aid students in inferencing the meaning of unknown words and deeply understanding new Sino-Korean vocabulary. In summary, a focus on Hanja-derived morphemes in KFL, rather than mainly on Hanja's stroke order and recognition, can greatly benefit learners of Korean as a foreign language.

2. Hanja, Hanja-eo, and Hanja-derived Morphemes

2.1. Background for Research

Hanja, the Korean name for Chinese characters, has historically played a significant role in the Korean language. As a matter of fact, approximately 70% of Korean vocabulary nowadays is derived from Hanja, and is known as Sino-Korean vocabulary (Hanja-eo). Despite the prominence of Sino-Korean vocabulary, its educational approaches for KFL learners have often overlooked the systematic teaching of these words. Traditional teaching methods have focused more on rote memorization and recognition rather than understanding the underlying morphological structures.

Considering their tight relationship, the education of Sino-Korean vocabulary within the context of KFL has not been distinguished from Hanja education. Since the 1980s, scholars(Son 1984; Kim 2005) emphasized that understanding Hanja enhances language comprehension and aids in distinguishing homophones. However, it is also acknowledged the additional burden it places on learners, especially those from non-

Chinese cultural areas. Son(1984) suggested a balanced approach to Hanja education, integrating it thoughtfully into the curriculum to help learners grasp the cultural and conceptual aspects embedded in the language. Similarly, Kim(2005) explored strategies for improving Chinese character learning, focusing on language awareness, cognitive processes, and 'language ecology'. More recently, Kim(2008) pointed out the challenges faced by learners from non-Chinese cultural backgrounds and proposed tailored teaching strategies for effective Hanja education. In Europe, early studies by Choe(1986) and recent research by Lee(2023) have examined the status and methods of Hanja education. Choe advocated for introducing Hanja to European students studying Korean, while Lee highlighted the evolving approaches to Hanja education in Europe. Integrating Hanja education into Korean language learning is seen as almost essential for achieving higher language proficiency and understanding the numerous Sino-Korean words used in daily life. However, careful implementation is required to avoid overburdening learners and to ensure that they can effectively use and understand Sino-Korean vocabulary in context.

This research suggests that a more effective method for Sino-Korean education would involve teaching the morphological and semantic properties of Hanja-derived morphemes. By doing so, learners can develop a more comprehensive understanding of vocabulary, which aids in better inference, retention, and application without burdening them excessively with Chinese characters education. This methodology is particularly beneficial for KFL learners outside of academic fields—those who are not required to study Hanja for academic, professional, or specialized purposes but who are interested in learning Korean as enthusiasts. This includes both self-learners and students enrolled in language programs, such as those offered by the Sejong Institute or private courses.

This research focuses on inferencing the meaning of unknown Sino-Korean words through Hanja-derived morphemes, providing empirical evidence for their adoption as a strategy for second language acquisition(SLA). In the context of KFL, teaching students to recognize and use Hanja-derived morphemes can significantly improve their inferencing skills in learning new vocabulary as well as train their deduction skills for everyday situations.

2.2. Hanja-derived Morphemes

Since Hanja-eo not only covers some of the basic vocabulary that beginners learn but also the more complex, specific, and technical ones, learners might find that vocabulary acquisition seems to get more difficult as time passes rather than easier. That might be because, as learners progress in their studies, they may encounter more complex words that require a deeper understanding of how the language works to properly use and remember them. Moreover, as learners advance to higher-level Korean language studies, they may encounter a higher frequency of unknown vocabulary words, which can make it feel like they are not making progress or that the study of language is becoming more challenging. Additionally, if learners are relying solely on rote memorization techniques, they may find it difficult to understand new words and may struggle to remember them over time. In these situations of difficult Sino-Korean vocabulary learning, a valuable resource is the knowledge of Hanja-derived morphemes.

A morpheme is the smallest unit of meaning in a language(Haspelmath, 2010) and, in Korean, most of them are derived from Chinese characters. For example, a common Hanja-derived morpheme that learners encounter in their learning experience is 학(*hak*, 學). It means 'to study' or 'to learn' and is used to form words related to education or learning, such as 학교(*hakkyo*, school), 학생(*haksaeng*, student), and 학비(*hakbi*, tuition). See the 〈Figure 1〉 below for a visual representation of the Sino-Korean word 학비 and the Hanja-derived morphemes(학, *hak*; 비, bi) it is composed of.

In Korean, each Hanja has a single-syllable vocal articulation, with most having just one reading while a small number has two or more(De Benedittis & Kim 2013).

〈Figure 1〉 Visual Representation of a Sino-Korean Word
and its Hanja-derived Morphemes

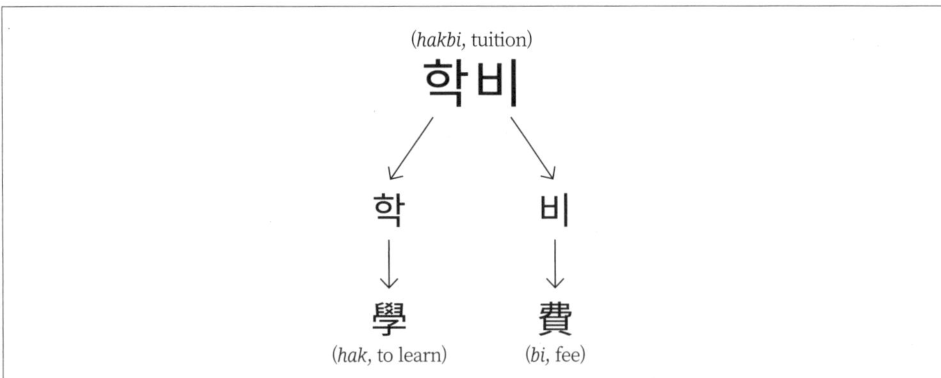

〈Figure 2〉 Search Results for 水 (su, water) on koreanhanja.app

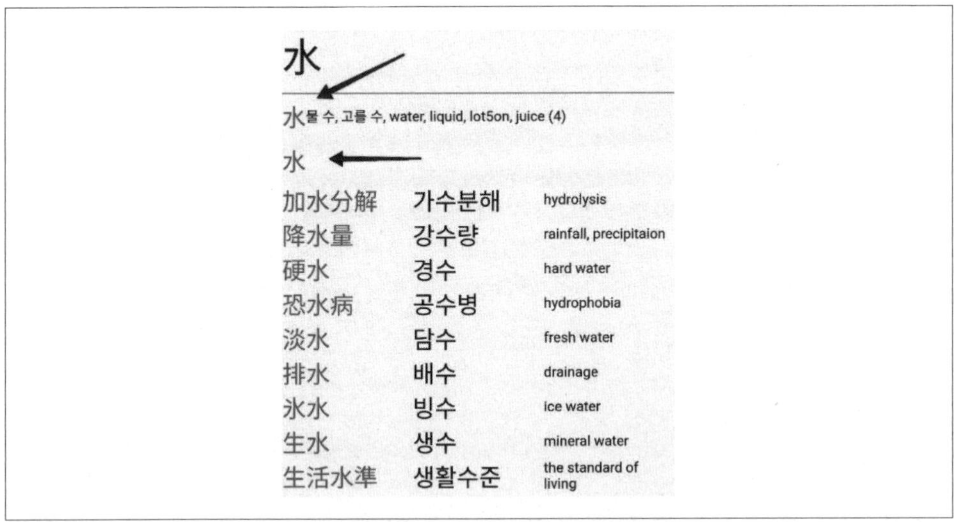

〈Figure 2〉 shows the search results on the website https://koreanhanja.app, an online dictionary that provides Hanja alongside Sino-Korean words and English translations. When searching for the Hanja 水(*su*, water), only one corresponding Hanja-derived morpheme(수, *su*) shows up. This shows that, in most cases, each Hanja has only one reading(i.e. phonetic value) in Korean. Cases of Hanja with more than one Korean reading and meaning(i.e. different phonetic and semantic values for one Hanja) are rare(see 更: 경, 갱). On the other hand, it is common for Hanja-derived morphemes to correspond to different Chinese characters(i.e. have more than one semantic value). In order to better understand this, please refer to 〈Figure 3〉.

When searching for all the Hanja that are pronounced 수(*su*), more than just one Chinese character shows up. According to the dictionary, there are about 95 Hanja that correspond to the Korean reading 수, which means that the Hanja-derived morpheme 수 could refer to 95 Chinese characters in Korean. In other words, the Hanja-derived morpheme 수 has 95 different semantic representations(i.e. meanings) in the Korean language.

This high density of homophones in the Sino-Korean lexicon is a direct result of the adaptation of Chinese characters to the Korean language. When Hanja were first brought to the Korean peninsula, the Korean pronunciation of those characters was based on the Chinese one. Chinese sounds were extremely homophonous even in those times but tones provided an important differentiation. The lack of tones in contemporary Korean makes it impossible to differentiate between homophones,

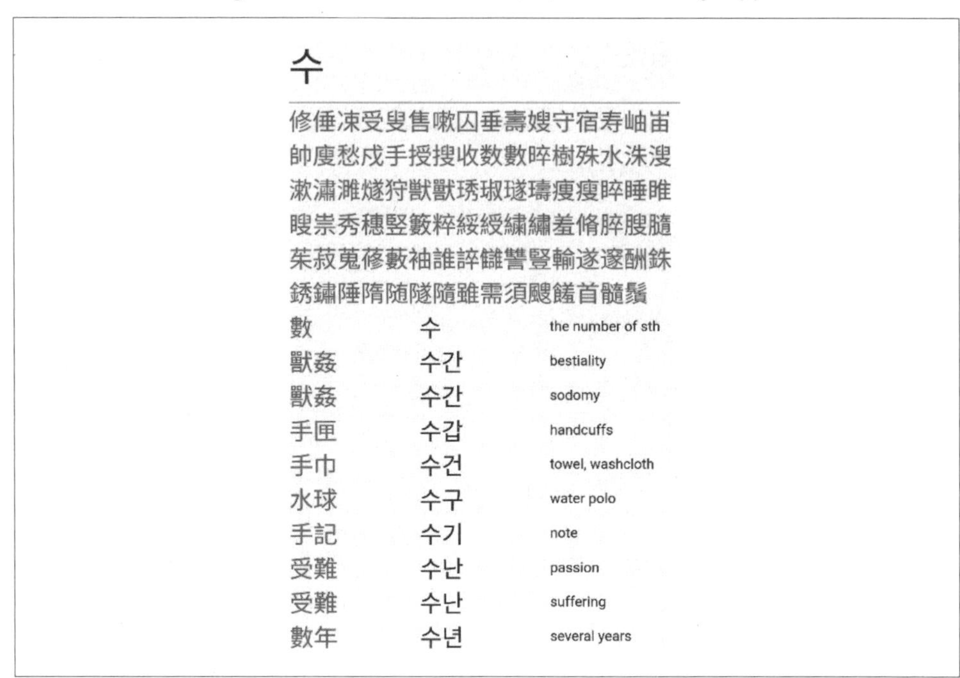

which makes the issue worse and increases the number of homophonous words. Therefore, homophonous Hanja-derived morphemes are not rare. For example, the Hanja-derived morpheme 수(*su*) may refer to more than one Chinese character, such as 數(수, *su*, number), 手(수, *su*, hand), 水(수, *su*, water), etc.

〈Figure 4〉 Difference between Hanja and Hanja-derived Morphemes

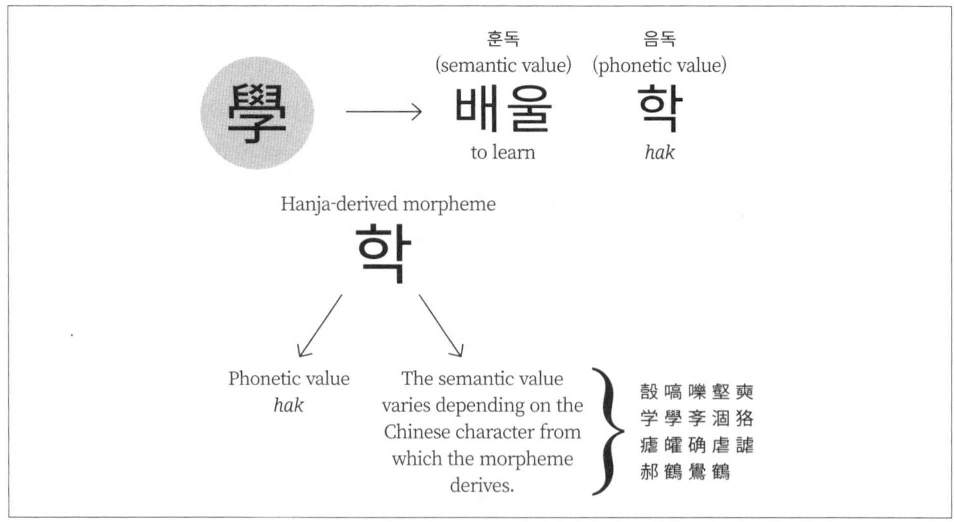

In conclusion, Hanja generally have one semantic value(i.e. 훈독, *hundok*, 'meaning' reading) and one phonetic value(i.e. 음독, *eumdok*, 'sound' reading), while Hanja-derived morphemes have one phonetic value(how it is read in Korean through Hangeul) and a variable semantic value according to the Hanja from which it derives.

Therefore, a Hanja-derived morpheme holds both the semantic and phonetic values of the Hanja from which it derives and its orthographic form corresponds to the pronunciation of the reference Hanja written in Hangeul.

A KFL learner who has never been educated on Hanja-derived morphemes may never notice that the morpheme 수(*su*) in the Korean word for 'swimming' means 'water' because there are many other words in everyday life that contain syllables that sound the same but have nothing to do with water, such as the word 수학 (*suhak*), which means 'mathematics'. Most significantly, as previously mentioned, the majority of Korean textbooks used in KFL education never address the meaning of individual Hanja-derived morphemes. Therefore, learners may come across a large number of terms that sound identical but differ semantically. For example, 사과(沙果, *sagwa*, apple) and 사과(謝過, *sagwa*, apology) or 의사(醫師, *uisa*, doctor) and 의사(意思, *uisa*, intention).

2.2.1. Understanding Sino-Korean Vocabulary for KFL Education: Word-compounding via Hanja-derived Morphemes

Learners may not be aware of that Sino-Korean words, which often seem extremely complex and particular, are actually formed of simpler terms(e.g. Hanja-derived morphemes). However, the presence and the meaning of those simpler terms are rarely addressed in KFL education. At a certain point, if learners start studying Chinese characters in the Korean language, they may finally realize the existence of these hidden mechanisms. But when they get the opportunity to face this problem, they eventually come across another challenge(which is solely learning how to recognize and write Chinese characters), rather than finding the answers to their doubts. It is not rare that even after studying Hanja, learners may still have a difficult time seeing the hidden patterns that regulate how Sino-Korean vocabulary works. For those learners who want to understand Korean better and improve their language skills, it may be pointless to do some exercises to learn how to write and memorize Chinese characters. Students may realize that they will likely never need to read or write them. Instead, it seems that understanding the meaning of each individual morpheme, understanding how Sino-Korean words can be divided into smaller, simpler parts, and looking at examples of words that contain the same morphemes should be one of the objectives of Hanja and Sino-Korean vocabulary education. This can provide students with useful skills, such as the ability to break down many unfamiliar words into their component parts in order to infer their meaning, comprehend them better, and then memorize them more easily, as well as the ability to make connections between terms they already know.

To do this, KFL learners should be provided with an explanation about word compounding in Korean with a focus on Sino-Korean words since it is directly linked to how these morphemes constitute words in Korean. Sino-Korean words are nothing more than compounds of Hanja-derived morphemes. These can be analyzed and classified according to different categories and sub-categories, such *as semantic transparency or opacity, length, and hybridization. Semantic transparency* refers to how easy it is to link the meaning of a compound word back to the meaning of the Hanja-derived morphemes that form it. For example, given that 학(學, *hak*) means 'to learn' or 'school' and that 비(費, *bi*) means 'fee', it is no surprise that 학비(學費, *hakbi*) means 'school fees' or 'tuition'. On the other hand, semantic opacity refers to the lack of a clear connection between the meaning of the whole and the meaning of its parts. Examples of such compounds are 낭만(浪漫, *nangman*, romance) and 현관(玄關, *hyeongwan*, porch). For the former, it is difficult to grasp the relationship between the components 낭(浪, *nang*, wave or wasteful) and 만(漫, *man*, overflow of water) with the meaning of 'romance'. The same goes for the latter, whose components 현(玄, *hyeon*, deep) and 관(關, *gwan*, close) seem to have nothing to do with the meaning of 'porch'. Fortunately, most Sino-Korean vocabulary is semantically transparent, meaning that a targeted education about Hanja-derived morphemes and how to use them in vocabulary inferencing and acquisition would be useful to get a deeper knowledge of almost every Sino-Korean word that learners may encounter in their studies. The length of the compounds refers to the number of a word's components. While most Sino-Korean compounds are binary, a large number of them also consist of more than two Hanja-derived morphemes. By adding one or more additional components to an existing binary compound, several longer compounds can be created. For example, 가입자(加入者, *gaipja*, member) comes from the compounding of the already compound word 가입(加入, *gaip*, affiliation or to join) and 자(者, *ja*, that which or person). Moreover, Sino-Korean idioms formed of four Chinese Characters(사자성어, 四字成語, *sajasŏngŏ*) belong to the category of long compounds. Even though these idioms are not grammatically complete sentences, they express a complete thought or preposition. Some examples are 남녀노소(男女老少, *namyeonoso*, which literally translates to 'men, women, elders, and children' and means 'everybody'), 동서고금(東西古今, *dongseogogeum*, which is formed of 'east, west, past and present' and means 'every time, everywhere'), and 일석이조(一石二鳥, *ilseokyijo*, to kill two birds with one stone). Additionally, truncated compounds, which are all those Sino-Korean words that were originally longer than binary compounds but have lost some components without any semantic change, are also quite numerous in the Korean language. For example, the word 대학(大學, *daehak*, university) consists of the Hanja-derived morpheme 대(大, *dae*, big) and the Sino-Korean word 학교(學校, *hakkyo*, school). Even though its complete form is 대학교(大學校, *daehakkyo*, university), it is today especially used in its shorter form. Finally, hybridization refers to the compounding of a Hanja-derived morpheme with a Native Korean morpheme or word, or a Hanja-derived morpheme with an English loanword. An example of the former case is 노래방(*noraebang*, karaoke) from the native word 노래(*norae*, song) and the Hanja-derived morpheme 방(房, *bang*, room). While some examples of the latter are the word 깡통 (*kkangtong*, can), which comes from the English word 'can' and the Hanja-derived morpheme 통(筒, *tong*, pipe), and the word 헬기(*helgi*, helicopter), which consists of an abbreviation of the English word 'helicopter' and the Hanja-derived morpheme 기 (機, *ki*, machine).

Overall, in order to deeply comprehend Sino-Korean words, which are in fact compounds of Hanja-derived morphemes, one should understand how word compounding functions in Korean. Taking all of this into account, the methodology of the research is introduced and explained below, along with the data collection, analysis, and results of the study.

3. Training and Testing Students on Hanja-derived Morphemes

The primary objective of this particular study is to examine whether the provision of education on Hanja-derived morphemes contributes to enhancing vocabulary inferencing and acquisition in KFL learners. To achieve this aim, lessons focusing on Hanja-derived morphemes were implemented for students enrolled in the second and third year of their bachelor's degree, as well as the first and second year of their master's degree, within the Korean curriculum of Oriental Languages and Civilizations at Sapienza University of Rome. The participants involved in this study were exclusively Italian native speakers who were enrolled in Korean language classes ranging from intermediate to low-advanced levels. The selection process for the participants was based on their proficiency in the Korean language, ensuring that they possessed the necessary skills to comprehend the lessons and effectively perform in the subsequent assessments. Specifically, it was crucial for the participants to possess a level of proficiency that would enable them to grasp the new Hanja-derived morphemes and, subsequently, identify at least one example term incorporating the specific morpheme.

The study proceeded with a systematic approach, comprising four distinct stages, to ensure a comprehensive analysis of the impact of Hanja-derived morpheme education on vocabulary inferencing and understanding among KFL learners. These stages, described below, were meticulously designed and examined individually in 3.5, where the training and test outcomes are analyzed.

• Stage 1: Theoretical training

To familiarize the students with this topic and provide them with the necessary theoretical background, a 30-minute presentation was delivered. This presentation aimed to equip the participants with a solid understanding of how the Korean lexicon is structured, particularly Sino-Korean vocabulary and Hanja-derived morphemes, their significance, and why they might need to know them.

• Stage 2: Introduction to Hanja-derived morphemes

During the second stage, students were given two sets of twelve Hanja-derived morphemes, with each set containing six morphemes. Following the presentation of the first set, students were instructed to associate each morpheme with a Sino-Korean word they were already familiar with.

• Stage 3: Inferencing activities with Hanja-derived morphemes

Following the introductory presentation, the students actively engaged in a series of exercises specifically designed to facilitate the acquisition of Hanja-derived morphemes. These exercises encouraged lively discussions among the participants, allowing them to explore the meanings of the morphemes, their interconnections with other words in Korean, and how to use them to deduce the meanings of new Sino-Korean terms. The objective was to provide them with ample opportunities to practice incorporating these morphemes into their vocabulary acquisition strategies and reinforce their understanding through various activities and exercises.

• **Stage 4: Data collection through testing**
The final stage comprehends an assessment to evaluate the students' progress and measure the effectiveness of the Hanja-derived morpheme education. The test included various tasks that required the participants to apply their knowledge of Hanja-derived morphemes in inferring the meaning of unfamiliar Sino-Korean words. The results were subsequently analyzed to measure the impact of Hanja-derived morpheme education on vocabulary inferencing and acquisition.

3.1. First Stage: Theoretical Training

In the first stage, students were introduced to the categorization of Korean vocabulary into 외래어(*oerae-eo*, loanwords, which make up roughly 5% of the whole lexicon), 고유어(*goyu-eo*, native vocabulary, which accounts for about 35% of it), and most importantly for this study, 한자어(*hanja-eo*, Sino-Korean words, which consists of about 60% of Korean lexicon)(Sohn 1999). It was pointed out to them that, given the preponderant presence of the Sino-Korean lexicon, most of the words they have learned and will continue to learn are precisely those of Chinese origin. They were also informed on Sino-Korean words' composition, usage, origin, the difference to Hanja, and semantic transparency or opacity: "Most Sino-Korean words are usually composed of two syllables, with few of them composed of three or four syllables; they are broadly used in basic contexts but particularly in academic, literary, scientific, and abstract ones; they derive from the adaptation of the Chinese characters' reading to Korean phonetic system; and if broken down into individual morphemes, it is often possible to infer and trace the meaning of the word." Therefore, the lesson focused on this latter characteristic of Sino-Korean words and how this strategy can be helpful for KFL learners to both guess the meaning of an unknown Sino-Korean word and learn it by creating logical cognitive connections rather than rote memorization alone.

3.2. Second Stage: Introduction to Hanja-derived Morphemes

In the second stage, students were presented with two sets of six Hanja-derived morphemes each(twelve morphemes in total): The *eum* reading and *hun* reading were shown, directing the students' attention to the *eum* reading, which actually coincides with the Korean pronunciation of the Chinese characters and the Hanja-derived morphemes. Corresponding Hanja were shown along with the Hanja-derived morphemes for reference, but the students were told to focus on the morphemes and the already-known Sino-Korean words that include those morphemes. An example will be shown below.

hun reading   *eum* reading

차 (車)   →   수레 / *vehicle*   차[1]

After showing the first set of morphemes to the students, they were asked to try to associate each morpheme with a Sino-Korean word they already knew. For example, in the above-presented case of 차(車, *cha*), students regularly came up with homophonous words, such as 'tea'(茶, 차, *cha*). In these cases, they were informed about linguistic homophony for Sino-Korean words and asked to try with another association. When this specification was not necessary, students easily referred to 자동차(自動車, *jadongcha,* automobile) or 기차(汽車, *gicha,* train) as related words. The same *modus operandi* was applied for the rest of the morphemes of the two sets.

It is particularly interesting to report that most of the students realized that their first encounter with this strategy of breaking down the words unconsciously occurred during their beginning Korean classes when learning the words for the world's countries and nationalities.[2] Therefore, when introduced to the Hanja-derived morpheme 국(國, *guk*) which refers to the words 'country' or 'nation', they realized that they have unconsciously been carrying out this same cognitive mechanism since they started learning words like 한국(韓國, *hanguk,* Korea), 미국(美國, *miguk,* America), and 중국(中國, *jungguk,* China). For this reason, when they came across a word containing the morpheme 국, they imagined that it referred to 'nation'. However, they had never been correctly instructed on when and how to use this same strategy for other unknown words.

3.3. Third Stage: Inferencing Activities with Hanja-derived Morphemes

After reviewing the sets of morphemes, their meaning, and the sample words with the students, they were engaged in different activities to reinforce their application of this strategy. In the third stage, the students participated in activities that included inferencing Sino-Korean words with the aid of known related Sino-Korean words and previously discussed Hanja-derived morphemes and translating an Italian word into Korean just with the aid of known Sino-Korean words and previously discussed Hanja-derived morphemes.

First, the students were given an unknown word and two known related words to

VI. 한자와 한국어 교육

---

help them infer the meaning of the former. An example will be shown below.

Unknown word: 비용 (費用, *biyong*, expense)
Known words: 생활비 (生活費, *saenghwalbi*, cost of living),
소비 (消費, *sobi*, consumption)[3] ·

Students were asked the meaning of the two known words. After pointing out the presence of the Hanja-derived morpheme 비(費, *bi*, fee) in all three words and explaining its meaning, the students were asked to try to infer the meaning of the unknown word using their new knowledge about the morpheme 비 and the morpheme 용(用, *yong*, use) which they saw in the second stage of the lesson. Most of the students guessed the meaning of the word 비용 correctly by using the individual morphemes' meanings. The students who did not come up with a precise Italian translation of the word guessed at least that the word must have had something to do with 'the money used to do something'. Then, they were asked to translate the word 'school tuition' into Korean. The students recollected what was told during the second stage about the morpheme 학(學, *hak*, to learn/school) and the previously mentioned morpheme 비(費, *bi*, fee) and spontaneously tried to form the word 학비(學費, *hakbi*, tuition), which ultimately resulted in a correct inference. The recollection of the morpheme 학 was certainly aided by the prior knowledge of other derived Sino-Korean words such as 학교(*hakgyo*, school) and 학생(*haksaeng*, student).

Consequently, two unknown Sino-Korean words were shown to the students. The words 식비(食費, *sikbi*, food expenses) and 출비(出費, *chulbi*, expenditure) both include the previously mentioned morpheme 비 and the other two morphemes that were discussed during the second stage. In order to guess the meaning of the first word, the students compared the meaning of 'meal' to that of 'fee' and assumed the meaning as 'money for food', which is exactly what 'food expenses' mean. The second word was a bit more difficult to understand since most of the students associated the meaning of the morpheme 출(出, *chul*, go out) with 'physically going out of a place'. However, after helping them analyze the word from a different perspective, they guessed the meaning of 'expenditure' as 'money that goes out'.

Then, another unknown Sino-Korean word was shown to them. The word was 시외(市外, *sioe*, suburbs), which does not include any previously discussed Hanja-derived morpheme. So, the word was completely new to the students, and they felt like they had no chance of guessing its meaning. Therefore, two other related known

---

[3] The known words were chosen taking into account the vocabulary studied in the Korean language classes and in the textbook used for the classes.

words were shown to them, highlighting the important morphemes in the two words (in bold) for inferencing: 도시(都市, *dosi*, city) and 외국(外國, *oeguk*, foreign country). Once these two words were added alongside the unknown one, the students started making guesses about the meaning. The reasoning was that, since the unknown word included morphemes from the other two words, it must have had something to do with the meanings of the other two. From their knowledge of the word 외국 and the previously mentioned morpheme 국(國, *guk*, country), they realized that the other morpheme that formed the word meant something like 'outside', which is exactly what it indicates. The same reasoning was applied to the word 도시, recognizing that the morpheme 시(市, *si*, city) is common in a lot of words related to the concept of the city and when the name of a city is cited, such as 부산시(*busansi*, city of Busan), 수원시(*suwonsi*, city of Suwon), etc. Therefore, the students combined the meaning of the morpheme 외 with the meaning of the morpheme 시, guessing that the unknown word roughly means 'outside of the city', which is exactly a description of the word 'suburbs'. The students were also provided with an example of how the word 시외 is used in Korean. The example was 시외버스(*sioe bus*, intercity bus), a compound word made of the Sino-Korean word 시외 and the English loanword 버스 (bus). Moreover, since providing students with antonyms in this phase of learning Hanja and derived vocabulary has been proven to be very helpful and productive for a rational acquisition of Sino-Korean words(Jung & Cho 2006), the word 시내(市內, *sinae*, city center) was shown too. This can help students not only to remember the two words by associating them with each other but also to give them the opportunity to reason individually about the morphemes of a word that is not explicitly broken down in class. In this case, once the students learned that 시외 means 'outside of the city', knowing that 시내 means 'city center', they may guess that the morpheme 내(內, *nae*, inside) is the contrary of the morpheme 외(外, *oe*, outside). By adopting this unconscious strategy, the learners are taught two important Hanja-derived morphemes at the same time, and they are also stimulated to make this kind of reasoning by themselves.

Finally, the word 'windmill' was shown to the students and they were asked to translate it into Korean. Their confusion was palpable so they were asked to think about the concept of the windmill and to describe it in easier terms. Most of them described it as 'wind machinery' but still did not have any idea of how to build the unknown Korean word. Therefore, they were suggested to think about words related to the wind and to the concept of machine. The words provided to help them were 태

풍(颱風, *taepung*, typhoon) and 기관차(機關車, *gigwancha*, engine). Then, they made use of the same approach discussed for guessing the meaning of an unknown Sino-Korean word using other known words that are made of the same morphemes. This time, they had to apply the approach to try to say a Korean word they did not know. Eventually, they used the morphemes 풍(風, *pung*, wind) and 차(車, *cha*, car—also used with the meaning of 'engine' or 'machinery') to make the word 풍차(風車, *pungcha*, windmill), which is the correct Korean term for the word they were asked to translate.

These preparatory activities were fundamental for a correct comprehension of why it is important for KFL learners to rely on Hanja-derived morphemes during their studies. After these activities were completed, the students were ready to put their newly learned abilities to the test.

3.4. Fourth Stage: Data Collection through Testing

The fourth stage consists of a test carried out after the presentation and the activities. The test included a total of 23 questions and was divided into three main parts. The first part consisted of twelve multiple-choice questions. In this part, students were asked to select the correct meaning of each Hanja-derived morpheme among the four proposed. Each morpheme was also accompanied by one derived word as an example.

> For each Hanja-derived morpheme in bold, choose the correct meaning. Each morpheme will be presented with one example word.
> (1) **입**(입구)
>   a) to enter   b) lip   c) to go out   d) food

The twelve morphemes in the first part were the same twelve morphemes(two sets of six morphemes) that were shown to the students during the presentation (second stage). The purpose of this first part is to guarantee that the students knew the Hanja-derived morphemes that would be considered in the research.

The second part consisted of five multiple-choice questions. In this part, students were asked to choose the correct translation of each Sino-Korean word among the four proposed.

For each Sino-Korean word, choose the correct meaning.

(1) 입학

    a) pilgrimage   b) matriculation   c) useless   d) degree

Among these four choices for each Sino-Korean word, two were completely unrelated to the word, one was close to the correct answer and the other was the correct one. All five Sino-Korean words were unknown to all of the students, but they were made of different combinations of the previously discussed Hanja-derived morphemes or included at least one of those morphemes. Therefore, the only way to complete this exercise correctly was to infer the meaning of the Sino-Korean words by breaking them down into Hanja-derived morphemes. An example is the word 입학 (入學, *iphak*, matriculation) which consists of the morphemes 입(入, *ip*, to enter) and 학(學, *hak*, to learn). Thus, the students may exclude all the words that are not related to the morphemes and choose the answer that is closer to the meaning of 'entering school', which is 'matriculation'.

The third part consisted of six questions. In this part, students were asked to write the meaning of the Sino-Korean words in bold from the example sentences.

Write the meaning of just the word in bold from these example sentences. Use your knowledge of Hanja-derived morphemes to guess the meaning of the unknown ones.

(1) 이렇게 더운 날에는 **미풍**이 불면 나무 그늘에 앉는 것이 최고다.

    미풍: _______________

All six Sino-Korean words were unknown to all of the students, but they were made of different combinations of the previously discussed Hanja-derived morphemes including the morphemes used in the activities in the third stage. Therefore, the only way to complete this exercise correctly was to infer the meaning of the Sino-Korean words by breaking them down into Hanja-derived morphemes, with the help of the context provided by the sentence. This exercise was particularly important to include in the test since it replicates an ordinary situation in which the previously discussed inferencing strategies should be applied. In the sentence "이렇게 더운 날에는 **미풍**이 불면 나무 그늘에 앉는 것이 최고다.", the Sino-Korean word to translate was 미풍(美風, *mipung*, breeze), formed by the Hanja-derived morphemes 미 (美, *mi*, beauty) and 풍(風, *pung*, wind). In this case, the possible inferencing aids for the students are semantic context, specific terms, and Hanja-derived morphemes. It is important to pay attention to the context in which an unknown word is used in order to accurately infer its meaning. The situation described in this sentence can very much help the learners understand the meaning of the word. Moreover, the presence of specific terms related to the unknown word can reveal a lot about its meaning. For example, the verb 불다(*bulda*, to blow) is mostly used with words related to the 'wind', so it can lead the students to a more correct inference. However, guessing the precise meaning of the word by just looking at the context and specific terms is not enough. These two resources can surely assist the students in deducing the term, but they are insufficient to fully comprehend the unknown word. Therefore, the most important strategy for a correct and logical inference is still through Hanja-derived morphemes. In this case, the students replicated the approach used during the presentation and during the second exercise. This time, the words contained both Hanja-derived morphemes from the two sets and Hanja-derived morphemes from the example provided during the activities of the presentation(third stage). The level of difficulty of this exercise was higher to stimulate the students' reasoning ability through Hanja-derived morphemes. The students had to use all the available resources and knowledge to solve this problem.

When the test was over, the correct answers were given and explained in detail to the students who were satisfied with the language skills they did not know they possessed and were fascinated by this new way of approaching Korean vocabulary learning.

3.5. Results in Sino-Korean Vocabulary Inferencing via Hanja-derived Morphemes

By employing Hanja-derived morphemes, students were expected to demonstrate their ability to infer the meanings of new Sino-Korean words encountered in the test. This evaluation aimed to determine the efficacy of incorporating Hanja-derived morpheme education in fostering vocabulary inferencing and acquisition among KFL learners.

The students who participated in the test were 72. Eight students scored 100%(23 correct answers out of 23 total questions), twelve students scored 95.6%(22 out of 23), nineteen students scored 91.3%(21 out of 23), eight students scored 86.9%(20 out of 23), twelve students scored 82.6%(19 out of 23), twelve students scored 78.2%(18 out of 23), and one student scored 65.2%(15 out of 23).

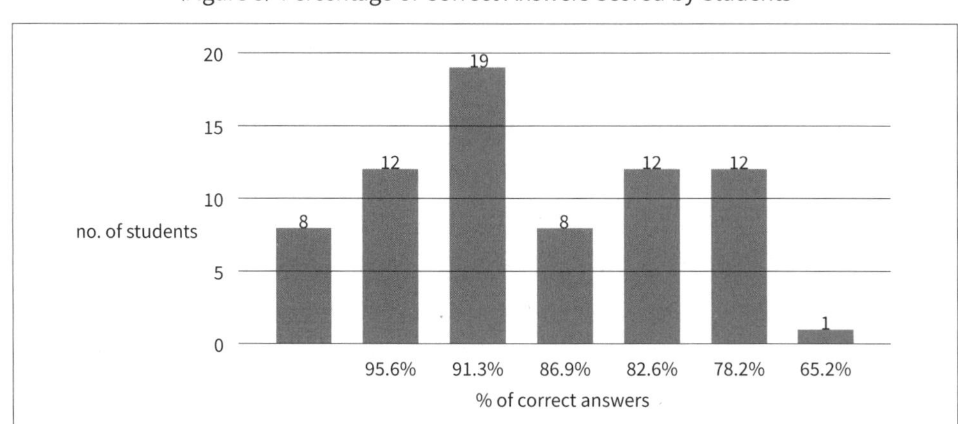

Keeping into account the premises of the test—all the Sino-Korean words in the test were unknown to the students—the results show that in most cases the students managed to infer the meaning of the unknown words through their knowledge of Hanja-derived morphemes. In order to highlight the most significant achievements reached by the students in the test, each section is analyzed individually.

The first part, which consisted of twelve multiple-choice questions, served as a 'control exercise'. Therefore, it was mainly helpful to check if every student remembered correctly the Hanja-derived morphemes that would later be found in the other parts of the test. For this part, only two students made mistakes, which is not a compromising number for the analysis. The most interesting parts to analyze are the second and the third.

In the second part, which consisted of five multiple-choice questions, students were asked to choose the correct translation of each Sino-Korean word among the four proposed. The words were presented without any context or sample sentence that could have helped students guess the meaning of the word. Therefore, the knowledge of Hanja-derived morphemes was the only cue for the inference. In this section, ≃54.17% of the tested students(39 out of 72) scored 100%, hence guessing the meaning of all the unknown words using only the knowledge of Hanja-derived morphemes, ≃23.61% of the tested students(17 out of 72) scored 80%, therefore guessing the meaning of four out of five unknown words and getting only one wrong, and the rest ≃22.22% of the tested students(16 out of 72) scored 60% or less, thus getting two or more wrong. Even in the last case, the students were able to infer the meaning of at least one of the unknown words, which is still an important achievement considering the fact that, without any Hanja-derived morpheme education, they might not have guessed any. Therefore, the results of this section of the test suggest that Hanja-derived morphemes are of great help in inferencing unknown Sino-Korean vocabulary in case the context is absent or not supportive of the students' comprehension of the text.

In the third part, students were asked to write the meaning of six new Sino-Korean words, made of different combinations of the previously discussed Hanja-derived morphemes, which were provided with example sentences. In this section, 25% of the tested students(18 out of 72) scored 100%, hence guessing the meaning of all the unknown words using both the knowledge of Hanja-derived morphemes and the context provided by the example sentences, $\simeq$20.83% of the tested students(15 out of 72) scored 83%, therefore guessing the meaning of five out of six unknown words and getting only one wrong, $\simeq$40.28% of the tested students(29 out of 72) scored 67%, therefore guessing the meaning of four out of six unknown words and getting only two wrong, and the remaining $\simeq$13.89% of the tested students(10 out of 72) scored 50% or less, thus getting three or more wrong. The results of this exercise, which replicates an ordinary situation in which the strategies of inferencing via Hanja-derived morphemes might be applied, suggest that Hanja-derived morphemes' use in inferencing strategies proves to be exceptionally productive in cases in which it can be coupled with contextual cues.

To sum up, the test results analysis gives preliminary evidence that knowledge of Hanja-derived morphemes aids KFL students in guessing the meaning and translating unknown Sino-Korean terms. This shows that using such a strategy could aid students' recall of vocabulary both in receptive modalities, such as reading and hearing, and when they need to retrieve language in productive modalities, such as speaking and writing. Moreover, personal communication with a small number of students who adopted this method for studying and memorizing new Sino-Korean words reveals that the strategy proposed here may be particularly helpful in vocabulary retention as well as inferencing.

4. Conclusion

The study concludes that educating KFL learners on Hanja-derived morphemes effectively enhances their ability to infer and acquire new vocabulary. The structured approach, from theoretical training to practical exercises and testing, demonstrated that students could leverage their knowledge of morphemes to understand unfamiliar words, both with and without contextual support. The initial phase of theoretical training and the introduction to Hanja-derived morphemes revealed a significant result in participants' understanding of the morphological structure of Sino-Korean vocabulary. Results from inferencing activities and analysis of the test scores indicate important achievements in participants' vocabulary inferencing abilities. The test results showed a positive outcome regarding the number of correctly inferred Sino-Korean words, even in the absence of contextual clues.

These results indicate that incorporating Hanja-derived morphemes into the KFL curriculum can significantly improve learners' ability to infer and retain Sino-Korean vocabulary. The enhanced inferencing abilities observed in the study participants demonstrate the effectiveness of a morpheme-based approach in vocabulary acquisition. These findings have important implications for KFL education. Integrating Hanja-derived morphemes into the curriculum can provide learners with a systematic and logical framework for understanding Sino-Korean vocabulary. This approach not only aids in vocabulary inferencing but also fosters a deeper comprehension of the language's morphological structure. By adopting a morpheme-based approach, educators can create more dynamic and effective learning experiences for KFL students.

However, it is important to note that not all KFL students have the same goals or interests, so their approaches to learning Korean may differ. Some students may choose to focus more on learning Chinese characters for their own personal knowledge or academic purposes. In contrast, others may prioritize vocabulary acquisition and therefore may choose to adopt acquisition strategies based on Hanja-derived morphemes rather than just Hanja. Ultimately, the choice of whether or not to study Hanja and Hanja-derived morphemes will depend on each student's goals and interests. However, presenting the students with the possibility to study both Chinese characters and Hanja-derived morphemes may be the best choice for a comprehensive and complete Korean language education.

Including a section about Hanja-derived morphemes alongside vocabulary lists in KFL textbooks could be a useful addition for learners who are interested in deepening their understanding of the language's origins and use. It could be particularly useful for intermediate and advanced learners who are interested in reading and understanding more complex texts, such as academic or literary works. However, it is important to note that some KFL learners may find it overwhelming or distracting to see Hanja-derived morphemes right alongside vocabulary lists without any previous introduction and instruction from the teacher or the textbook itself. Therefore, it is important that proper instructions are given about these morphemes and how to use them for vocabulary inferencing and acquisition before presenting them to the students.

An example of the implementation of Hanja-derived morphemes might be through digital flashcards. In contemporary language education, digital platforms are essential for engaging students in independent language learning, especially with challenging aspects such as Sino-Korean vocabulary. This method can be implemented through digital flashcard sets on Quizlet, the most popular and widely used mobile flashcard app. Digital flashcards offer a structured and logical means for learners to acquire and organize challenging Sino-Korean words. They go beyond static memorization by incorporating interactive features like pronunciation exercises, quizzes, and gamification elements, enhancing engagement and transforming the learning experience into an enjoyable and immersive one. Mobile integration further caters to self-learners and the on-the-go lifestyle of today's learners, especially the youth, aligning seamlessly with each learner's daily routines and attention spans.

Future research could address the limitations of this study by expanding the sample size and comparing the performance of groups that have received prior instruction on Hanja-derived morphemes with those that have not. Moreover, subsequent studies could include homophonous Sino-Korean words and Hanja-derived morphemes, which were excluded from the current training and testing phases to prevent confusion among first-time users.

Bibliography

Bae, S., Yi, K. & Park, H. 2012. "한자어 인지와 학습에서 의미투명성의 효과(Semantic Transparency Effects in the Recognition and Learning of Sino-Korean Words)." *KJEP*. pp. 607–620.

Bisson, M., van Heuven, W., Conklin, K. & Tunney, R. 2015. "The Role of Verbal and Pictorial Information in the Multimodal Incidental Acquisition of Foreign Language Vocabulary." *Quarterly Journal of Experimental Psychology*. pp. 1306–1326.

Choi, E., Kim, M., Kim, S., Min, J. & Oh, M. 2015. *Useful Chinese Characters for Learners of Korean*. Darakwon.

Choo, M. & O'Grady, W. 1996. *Handbook of Korean Vocabulary: A Resource for Word Recognition and Comprehension*. Honolulu: University of Hawaii Press.

Ciancaglini, C. & Keidan, A. 2018. *Linguistica Generale e Storica (General and Historical Linguistics)*. Florence: Le Monnier.

De Benedittis, A. & Kim, H. 2013. *I Caratteri Cinesi Nella Lingua Coreana (Chinese Characters in Korean Language)*. Milan: Hoepli.

Haspelmath, M. 2010. *Understanding Morphology*. London: Hodder Education.

Hu, H. & Nassaji, H. 2014. "Lexical Inferencing Strategies: The Case of Successful Versus Less Successful Inferencers." *System*. 45. pp. 27–38.

Kim, J. 2005. "한국어 교육에서 한자 교육의 위상과 방향(Status and Direction of Chinese Character Education in Korean Language Education)." *Linguistic Studies*. 33(3). pp 329–424.

Jung, M. & Cho, Y. 2006. "외국어로서 한국어 교육에서 한자 교육의 문제점과 개선방향(Chinese Character Education in Teaching Korean as a Foreign Language: A New Paradigm)." *The Korean Language in America*. 11. pp. 64–83.

Kim, D. 2011. "개정 교육 과정에서 한자 영역의 평가 방향과 실제(Evaluation System and Its Practices in the Domain of Chinese Characters within the Revised Educational Curriculum)." *The Korea Association for Education of Chinese Characters*.

Kim, H. 2008. **비한자문화권 한국어 학습자를 위한 한자, 한자어 선정과 교수 학습 방안**(*Selecting Chinese Character and Word Written in Chinese Character, and Teaching-Learning Method for Learners*). Hanyang University Press.

Laufer, B. 1988. "The Concept of 'Synforms' in Vocabulary Acquisition." *Language and Education*. 2(2). pp. 112–132.

Laufer, B. 2009. "Second Language Vocabulary Acquisition from Language Input and from Form-focused Activities." *Language Teaching*. 42(3). pp. 341–354.

Lee, H. 2023. "한자 교재의 현재와 유럽에서의 한자 교육(The Current Hanja Textbook for Foreign Students and Hanja Education in Europe)." *New Challenges and Perspectives in Korean Language Education After the Pandemic*. Kong&Park.

Lee, K. & Ramsey, S. 2011. *A History of the Korean Language*. Cambridge: Cambridge University Press.

Lee, Y. 2007. **외국인을 위한 한국어 한자 교육의 현황과 방향**(*Current Status and Direction of Korean and Chinese Character Education for Foreigners*). Korean Language Education Association. pp. 269–294.

Lee, Y. 2021. **외국인을 위한 재미있는 한자**(*Learn Hanja the Fun Way*). Hangukmunhwasa.

Li, Y. L., Wei, H. & Li, Y. 2022. "Second Language Teaching with a Focus on Different Learner Cultures for Sustainable Learner Development: The Case of Sino-Korean Vocabulary." *Sustainability*. 14(13). pp. 7997, 1–17.

Macedonia, M. 2015. "Learning Styles and Vocabulary Acquisition in Second Language: How the Brain Learns." *Frontiers in Psychology*. 6. p. 1800.

Norris, J. & Ortega, L. 2000. "Effectiveness of L2 Instruction: A Research Synthesis and Quantitative Meta-Analysis." *Language Learning*. 50(3). pp. 417–528.

Park, C. 2020. "Explicit Instruction of Meaning Inference Strategies and Success in Meaning Inference." *The Jungang Journal of English Languages and Literature*. 62(3). pp. 327–346.

Park, S. 2014. "Current Status and Problems in Chinese Characters Education as Part of Korean Language Education for Foreigners–with a Focus on Chinese Characters Education Program at the University of Hawaii." *Journal of Korean Classical Chinese Literature*. 28(1). pp. 375–405.

Seow, Y. 2021. "다국적 학습자를 위한 LBH 한자어 학습교수법(Teaching Sino-Korean Vocabulary with LBH Method in a Multinational Classroom)." *Journal of Korean Language Education*. 83. pp. 151–176.

Sohn, H. 1999. *The Korean Language*. Cambridge: Cambridge University Press.

Song, J. 2005. *The Korean Language: Structure, Use and Context*. London: Routledge.

Spada, N. & Tomita, Y. 2010. "Interactions Between Type of Instruction and Type of Language Feature: A Meta-Analysis." *Language Learning*. 60(2). pp. 263–308.

You, Y. 2011. "Factors in Vocabulary Acquisition". *International TESOL Journal (ITJ)*. 8(1). pp. 43–57.

다중언어·다문화 사회에서 한국어 교육의 역할과 방향
Korean as a Second Language in Plurilingual and Multicultural Societies

초판 1쇄 인쇄 2025년 5월 23일
초판 1쇄 발행 2025년 5월 30일

엮은이 정임숙, 김국진
발행인 공경용

발행처 공앤박 주식회사
주소 05116 서울시 광진구 광나루로56길 85, 프라임센터 3411호
전화 02-565-1531
팩스 02-6499-1801
전자우편 info@kongnpark.com
홈페이지 www.kongnpark.com

© 유럽한국어교육자협회(EAKLE), 2025

ISBN 978-89-97134-70-0 (93710)

*이 학술 회의(논문집)는 2024년도 한국학중앙연구원 해외한국학지원사업의 지원에 의하여
 수행되었음(AKS-2024-C-003).

Publisher's Cataloging-in-Publication data

Names:	European Association for Korean Language Education(EAKLE), issuing body.
Title:	Korean as a Second Language in Plurilingual and Multicultural Societies / European Association for Korean Language Education(EAKLE).
Description:	Seoul, Republic of Korea: KONG & PARK, INC., 2025.
Identifiers:	ISBN 9788997134700 (print)
Subjects:	LCSH: Korean language--Study and teaching--Foreign speakers. | Korean language--Acquisition. | Korean language--Grammar.
Classification:	LCC PL907 .E98 2025 | DDC 495.78-dc23